TRATADO DE DIREITO ANTIDISCRIMINATÓRIO

ADILSON JOSÉ MOREIRA

TRATADO DE DIREITO ANTIDISCRIMINATÓRIO

Adilson José Moreira

TRATADO DE DIREITO ANTIDISCRIMINATÓRIO

1ª Reimpressão

SÃO PAULO
2023

Copyright © EDITORA CONTRACORRENTE
Alameda Itu, 852 | 1º andar |
CEP 01421 002
www.loja-editoracontracorrente.com.br
contato@editoracontracorrente.com.br

EDITORES
Camila Almeida Janela Valim
Gustavo Marinho de Carvalho
Rafael Valim
Walfrido Warde
Silvio Almeida

EQUIPE EDITORIAL
COORDENAÇÃO DE PROJETO: Juliana Daglio
REVISÃO: Douglas Magalhães e Graziela Reis
PREPARAÇÃO DE TEXTO: Amanda Dorth
REVISÃO TÉCNICA: Ayla Cardoso
DIAGRAMAÇÃO: Pablo Madeira
CAPA: Maikon Nery

EQUIPE DE APOIO
Fabiana Celli
Carla Vasconcelos
Valéria Pucci
Regina Gomes
Nathalia Oliveira

Dados Internacionais de Catalogação na Publicação (CIP)
(Câmara Brasileira do Livro, SP, Brasil)

Moreira, Adilson José
    Tratado de Direito Antidiscriminatório / Adilson José Moreira. -- 1. ed. -- São Paulo: Editora Editora Contracorrente, 2023.

    ISBN 978-65-88470-20-6

    1. Direito civil 2. Direito civil - Brasil 3. Direito constitucional - Brasil 4. Discriminação 5. Racismo - Leis e legislação - Brasil I. Título.

21-69985   CDU-34:323(81)

Índices para catálogo sistemático:
1. Brasil : Discriminação racial : Direito 34:323 (81)
Maria Alice Ferreira - Bibliotecária - CRB-8/7964

@editoracontracorrente
Editora Contracorrente
@ContraEditora

Este livro é legado de minha mãe Ephigênia Clara de Souza Moreira e de sua luta diária pela sobrevivência, a quem o dedico, em memória. Por muito tempo, sonhei entregar um exemplar finalizado deste longo ensaio a ela, o que, infelizmente, não me foi possível, dada a sua recente passagem. Porém, essa tristeza é atenuada, visto que Dona Figena, como era conhecida, cumpriu brilhantemente a missão que traçou para a sua vida: garantir aos filhos e filhas, por meio da educação, um futuro diferente da realidade vivida por ela e seu marido Alcides, ou simplesmente, Duca. Eles se insurgiram contra os estigmas e restrições que nossa sociedade insiste em impor a negros e pobres. Eles lutaram contra a doutrinação baseada na ideia de que devemos aceitar passivamente o papel de subserviência, eles combateram estereótipos que propagam a nossa suposta inferioridade moral, algo que rouba o direito de termos sonhos ou metas. Juntos quebraram grilhões, retiraram mordaças, cultivaram esperanças. Reproduzo uma foto da minha mãe na abertura deste livro para que todos possam conhecer o rosto de uma das centenas de milhares de mulheres anônimas que lutam contra todos os obstáculos para que seus filhos possam viver com um nível mínimo de dignidade. Esta obra também é dedicada a todas as mães negras deste país, em especial a Mirtes Renata Santana, Vanessa Francisco Sales e Rafaela Matos e à memória de seus filhos, Miguel Otávio, Ágatha e João Pedro, que se foram tão precocemente, vítimas da violência, do preconceito e da estupidez, situação que nos distancia do sonho de uma sociedade democrática.

"Bem, se uma pessoa realmente deseja saber qual é a qualidade da administração da justiça de um país, ela não deve fazer esse questionamento a policiais, a advogados, a juízes ou aos que são protegidos por esse sistema em função de seu status social. Ela deve se dirigir aos que não conseguem acolhimento adequado – exatamente aqueles que mais precisam de proteção jurídica – e ouvir os seus testemunhos. Pergunte a quaisquer membros de minorias raciais, pergunte aos miseráveis como eles são tratados nos salões do sistema judiciário e então se saberá, não necessariamente o que é a justiça, mas se esse país tem algum amor por ela ou qualquer compreensão dela. Devemos estar certos de que o desprezo, quando aliado ao poder, é o inimigo mais feroz que a justiça pode ter".

James Baldwin

"O preconceito é um peso que confunde o passado, ameaça o futuro e torna o presente incompreensível".

Maya Angelou

"À medida que meus sofrimentos aumentavam, percebi que havia duas maneiras de responder à minha situação: reagir com amargura ou transformar o sofrimento em força transformadora. Decidi seguir a última opção".

Martin Luther King.

"Justiça é consciência, não consciência pessoal, mas a consciência de toda a humanidade. Os que reconhecem a voz de sua própria consciência, também reconhecem a voz da justiça".

Alexander Solzhenitsyn

SUMÁRIO

AGRADECIMENTOS 17

APRESENTAÇÃO 21

INTRODUÇÃO 27

CAPÍTULO I – DIREITO ANTIDISCRIMINATÓRIO: DEFINIÇÕES, PROPÓSITOS, ORIGENS, DESAFIOS 51

    1.1 Direito Antidiscriminatório: definições 53

    1.2 Fundamentos filosóficos 74

        1.2.1 Justiça 74

        1.2.2 Liberdade 79

        1.2.3 Dignidade 81

    1.3 Fundamentos antropológicos 83

    1.4 Fundamentos políticos 88

        1.4.1 Normas antidiscriminatórias e cultura democrática 88

        1.4.2 Política da identidade e sociedade democrática 93

    1.5 Fundamentos jurídicos 97

        1.5.1 Subjetividade jurídica 97

        1.5.2 Racionalidade constitucional 100

1.5.3 Universalidade de direitos 102

1.5.4 Critérios de distribuição de oportunidades e de direitos 105

1.6 Normas de Direito Antidiscriminatório 107

1.6.1 Normas gerais do Direito Antidiscriminatório 107

1.6.2 Normas específicas de Direito Antidiscriminatório 114

1.7 Desafios do Direito Antidiscriminatório 117

CAPÍTULO II – IGUALDADE: DIMENSÕES, DEFINIÇÕES, TEORIAS, PRINCÍPIOS 121

2.1 A igualdade e suas dimensões 125

2.1.1 A dimensão lógica da igualdade 125

2.1.2 A dimensão jurídica da igualdade 130

2.1.3 A dimensão política da igualdade 134

2.1.4 A dimensão moral da igualdade 138

2.1.5 A dimensão psicológica da igualdade 141

2.1.6 A dimensão diferenciativa da igualdade 145

2.2 O conceito de igualdade: definições e parâmetros 151

2.3 Das teorias monistas às teorias complexas da igualdade 158

2.3.1 Igualdade formal e igualdade proporcional 159

2.3.2 Teoria da igualdade moral e a teoria utilitarista da igualdade 161

2.3.3 Igualdade de recursos: igualdade e responsabilidade 165

2.3.4 Igualdade de oportunidades e igualdade de resultados 168

2.3.5 Igualdade de respeito e teorias expressivas da igualdade 172

2.4 A teoria da igualdade como capacidade 177

2.5 Justiça: entre reconhecimento e redistribuição 190

2.6 Igualdade relacional 195

CAPÍTULO III – A EVOLUÇÃO DA IGUALDADE 203

3.1 A igualdade no mundo grego 204

3.2 A igualdade no mundo romano 210

3.3 A igualdade no mundo medieval e no mundo renascentista 215

3.4 A igualdade no mundo moderno 223

3.5 A igualdade formal e a representação abstrata do sujeito humano 234

   3.5.1 O constitucionalismo social e a categorização do Direito 246

   3.5.2 A categorização de direitos no Estado Democrático de Direito 253

CAPÍTULO IV – CRITÉRIOS DE PROTEÇÃO ESPECIAL: CONTROLE DE CONSTITUCIONALIDADE E DEMOCRACIA 261

4.1 Controle de constitucionalidade e separatismo social 263

4.2 Critérios de proteção especial 273

4.3 A jurisprudência americana e canadense sobre critérios de proteção 279

4.4 O que é um critério de proteção especial 286

CAPÍTULO V – ALGUMAS CONSIDERAÇÕES SOBRE IGUALDADE E LIBERDADE 289

5.1 A concepção de liberdade no mundo moderno 290

5.2 As correlações estruturais entre igualdade e liberdade 295

5.3 O que devemos entender por liberdade antropológica hoje? 303

CAPÍTULO VI – PRINCÍPIOS DE INTERPRETAÇÃO DA IGUALDADE ... 307

6.1 Razoabilidade e proporcionalidade: a perspectiva antidiscriminatória ... 309

6.2 Antidiscriminação e antissubordinação ... 316

6.3 As bases constitucionais da perspectiva antissubordinatória ... 326

6.4 A hermenêutica do oprimido ... 329

    6.4.1 A crítica de minorias às perspectivas hermenêuticas tradicionais ... 331

    6.4.2 Os pressupostos epistemológicos da hermenêutica do oprimido ... 340

    6.4.3 Pressupostos teóricos da hermenêutica do oprimido ... 344

    6.4.4 Pressupostos jurídicos da hermenêutica do oprimido ... 353

CAPÍTULO VII – DISCRIMINAÇÃO: SENTIDOS E DIMENSÕES ... 359

7.1 Definições ... 360

7.2 Dimensões da discriminação ... 365

7.3 Discriminação: aspectos sistêmicos e políticos ... 372

7.4 Discriminação e desvantagem ... 381

7.5 Discriminação, igualdade e liberdade ... 384

7.6 Discriminação e legitimação ... 387

7.7 Níveis de análise de atos discriminatórios ... 392

CAPÍTULO VIII – A PSICOLOGIA SOCIAL DA DISCRIMINAÇÃO ... 395

8.1 Processos cognitivos e processos discriminatórios ... 396

8.2 A dinâmica psicológica dos preconceitos ... 402

8.3 A dinâmica psicológica dos estereótipos ... 406

8.4 Disposições cognitivas implícitas e práticas discriminatórias ... 420

8.5 A dinâmica cultural dos estigmas ... 424

CAPÍTULO IX – DISCRIMINAÇÃO DIRETA E DISCRIMINAÇÃO INDIRETA ... 429

9.1 Discriminação direta ... 430

9.2 Discriminação indireta ... 444

CAPÍTULO X – DISCRIMINAÇÃO INTERSECCIONAL E DISCRIMINAÇÃO MULTIDIMENSIONAL ... 455

10.1 A discriminação interseccional ... 456

10.2 A teoria da multidimensionalidade de opressões ... 471

CAPÍTULO XI – DISCRIMINAÇÃO INCONSCIENTE E DISCRIMINAÇÃO ORGANIZACIONAL ... 481

11.1 A discriminação inconsciente ... 483

11.2 Discriminação organizacional ... 488

11.2.1 Cultura institucional e discriminação estética ... 494

11.2.2 Cultura organizacional e discriminação racional ... 496

11.2.3 Cultura organizacional e negociação da identidade ... 499

11.3 Relações raciais e mercado de trabalho ... 501

CAPÍTULO XII – DISCRIMINAÇÃO INSTITUCIONAL, ESTRUTURAL E INTERGERACIONAL ... 507

12.1 Discriminação institucional ... 508

12.2 Discriminação estrutural ... 518

12.3 Discriminação intergeracional ... 528

CAPÍTULO XIII – O PRIVILÉGIO COMO MECANISMO DE DISCRIMINAÇÃO SOCIAL ... 537

13.1 O que é um privilégio? ... 538

13.2 A epistemologia social do privilégio ... 544
13.3 A invisibilidade social do privilégio branco ... 546
13.4 Explicitando o funcionamento dos sistemas de privilégios ... 551

CAPÍTULO XIV – A TEORIA DAS MICROAGRESSÕES ... 557

CAPÍTULO XV – DISCRIMINAÇÃO E TECNOLOGIA ... 569
15.1 Inteligência artificial: conceitos básicos ... 570
15.2 Inteligência artificial e padrões culturais ... 573
15.3 Inteligência artificial, discriminação indireta e estrutural ... 575
15.4 Discriminação genética ... 578
15.5 A ciência e a estrutura democrática ... 585

CAPÍTULO XVI – DISCRIMINAÇÃO E ESTRATIFICAÇÃO ... 589
16.1 A psicologia social da estratificação social ... 595
16.2 Estratificação social e processos de legitimação ... 599
16.3 Legitimação e discriminação: sobre as relações raciais no Brasil ... 603

CAPÍTULO XVII – DISCRIMINAÇÃO RACIAL ... 619
17.1 A lógica da operação de uma ordem racial ... 620
    17.1.2 Raça e racialização ... 623
17.2 Por uma definição adequada da discriminação racial ... 627
17.3 O racismo e suas várias manifestações ... 634
17.4 O racismo como prática discursiva ... 647
17.5 Proteção social de minorias raciais ... 655
    17.5.1 Ações institucionais ... 656
17.6 Ações individuais e coletivas ... 662

CAPÍTULO XVIII – DISCRIMINAÇÃO SEXUAL 667
   18.1 A significação social do sexo 668
      18.1.1 A dimensão cultural da discriminação sexual 668
      18.1.2 A dimensão política da discriminação sexual 674
      18.1.3 A dimensão econômica da discriminação sexual 677
   18.2 A definição legal e conceitual de discriminação sexual 680
   18.3 Quais são os objetivos da luta feminista? 687

CAPÍTULO XIV – DISCRIMINAÇÃO POR ORIENTAÇÃO SEXUAL 695
   19.1 Homossexualidade e orientação sexual 696
   19.2 A discriminação por orientação sexual: aportes teóricos 698
   19.3 A discriminação por orientação sexual: definição e manifestações 705
   19.4 Proteção política e jurídica de minorias sexuais 710
   19.5 Cidadania sexual 718
   19.6 A cidadania sexual no Brasil 724

CAPÍTULO XX – OS CUSTOS EMOCIONAIS DOS SISTEMAS DE DISCRIMINAÇÃO 731
   20.1 Identidade e personalidade 732
   20.2 Processos discriminatórios e dinâmica psicológica da regulação social 735
   20.3 Os custos emocionais dos sistemas de discriminação 739
      20.3.1 Sistemas de discriminação e trabalho emocional 739
      20.3.2 As consequências emocionais da discriminação 742

CAPÍTULO XXI – ANTIDISCRIMINAÇÃO, GOVERNANÇA CORPORATIVA E *COMPLIANCE* 747
   21.1 Princípios da ordem econômica brasileira 751

21.1.1 Governança corporativa: definição e funções 756
21.2 Teorias de governança corporativa 765
21.3 Governança corporativa e *compliance* 770
21.3.1 Responsabilidade social corporativa 779
21.4 Governança corporativa e práticas discriminatórias 783
21.4.1 Discriminação como vantagem econômica 787
21.5 Diversidade racial e governança corporativa 794
21.6 Ações afirmativas, cidadania corporativa e repertório identificatório 806

CAPÍTULO XXII – PARÂMETROS PARA POLÍTICAS PÚBLICAS E MEDIDAS LEGISLATIVAS 815

CAPÍTULO XIII – POR QUE É ERRADO DISCRIMINAR? 825

REFERÊNCIAS BIBLIOGRÁFICAS 837

AGRADECIMENTOS

Esta extensa obra representa o ponto culminante de uma longa jornada traçada ao longo dos últimos trinta anos, caminho que teve a contribuição de muitos indivíduos. Tenho uma grande dívida intelectual com professoras e professores que me guiaram nos estudos de vários aspectos dos temas aqui tratados. Sou grato aos seguintes mestres e mestras da Faculdade de Filosofia e Ciências Humanas e da Faculdade de Direito da Universidade Federal de Minas Gerais, da Faculdade de Direito da Universidade de Yale, da Faculdade de Direito e da Faculdade de Artes e Ciências da Universidade de Harvard: Maria Auxiliadora Bahia, Teresa Calvet Magalhães, Menelick de Carvalho Netto, Miracy Barbosa de Souza Gustin, José Luiz Quadros de Magalhães, Owen Fiss, Reva Siegel, Jed Rubenstein, William Eskridge, Randall Kennedy, Kenneth Mack, Lewis Sargentich, Janet Halley, Duncan Kennedy, Michael Klarman, David Wilkins, Orlando Patterson, Kenneth Maxwell e Tommie Shelby.

Este trabalho é produto da cooperação intelectual com muitos colegas e muitas colegas de magistério. Meus agradecimentos pelos comentários e sugestões a Alexandre de Castro Coura, Alexandre de Melo Franco Bahia, Alessandra Benedito, Alessandro Soares, Arthur Roberto Giannattasio Capella, Danilo Tavares da Silva, Dimitri Dimoulis, Djamila Ribeiro, Edson Luis Knippel, Eduardo

Altamore Ariente, Fábio Sampaio Mascarenhas, Flávio Leão de Bastos, Gislene Aparecida dos Santos, Ivar Alberto Martins Hartmann, Joice Berth, José Emílio Medauar Omnati, Lea Vidigal Medeiros, Lúcia Helena Bettini, Mara Marçal Sales, Marco Antônio Alves de Souza, Mariana Pargendler, Mário André Machado Cabral, Patrícia Tuma Bertolin, Paulo Roberto Iotti Vecchiatti, Pedro Alves Lavacchini Rammuno, Rodrigo Oliveira Salgado, Rubens Cassara, Tiago Vinícius André dos Santos e Wallace Corbo. Expresso também minha gratidão aos alunos e alunas da Faculdade de Direito da Universidade Presbiteriana Mackenzie por terem proporcionado a oportunidade de debater muitas das ideias aqui apresentadas, principalmente àqueles e àquelas que fazem parte dos meus grupos de estudos sobre Direito Antidiscriminatório e Jurisdição Constitucional.

Este trabalho não teria adquirido consistência adequada sem a influência de intelectuais que elaboraram importantes reflexões teóricas sobre sistemas de dominação, nem sem a inspiração de lideranças que dedicaram sua existência à luta contra a opressão. Essas pessoas têm sido referências permanentes na construção da compreensão do meu lugar no mundo e da minha missão intelectual. Meu respeito e gratidão a Abdias do Nascimento, Aimé Césaire, Al Hajj Malik Al-Shabazz, Angela Davis, Bayard Rustin, Carlos Moura, Daren Lenard Hutchinson, Derick Bell, Dora Lúcia Bertúlio, Douglas Belchior, Franz Fanon, Kimberlé Crenshaw, Lélia Gonzalez, Luiz Gama, Martin Luther King, Nina Simone, Patricia Hill Collins, Patricia Williams, Ralph Ellison, Sueli Carneiro e Toni Morrison. Mais do que todos eles, eu dedico esta obra a James Baldwin, autor cujos escritos me permitiram entender a vida psíquica do racismo como nenhum outro.

Agradeço o apoio e o afeto de muitas pessoas que acompanharam minha carreira acadêmica e que me estimularam a escrever sobre os temas aqui tratados. Abraços fraternos para Abdul Bassit Aziz Bamba, Altair Almeida Soares, Ana Cristina Natividade, Ana Fátima de Brito, Ana Cristina Natividade, André Zanardo, Andrea

AGRADECIMENTOS

Allen, Andrei Roman, Antônio Padova Marchi Júnior, Bruno Camilloto, Caitlin Elwood, Brenno Tardelli, Caetano Altafin Rodrigues da Cunha, Carlos Alberto Moraes, Carlos Eduardo Araújo, Charles Kim, Damião Alves Azevedo, Doug Campbell, Duval Guimarães, Elton Dias Xavier, Erica Chioca Furlan, Ester Gammardella, Filipe Scherer Oliveira, Felipe Chiarello, Gonçalo Ribeiro Almeida, Gilson Ianini, Iara Moraes, Jairison Reis, Jeanne Haffner, Jéssica Paschoal, João Demétrio Calfat Neto, José Francisco Siqueira Neto, Juliana Borges, Jung Ju, Kamari Clarke, Karen Louise Villanova, Lais Silva Cisalpino, Laís Machado, Leda Marçal Sales, Leonardo Augusto Marinho Marques, Lori Gross, Lisa Kelly, Ludmila Tito, Lynn Ansaldo, Magda Cristina Ferreira Pinto, Márcia Brandão Carneiro Leão, Maria Natalina, Maria Raimunda Nunes da Silva, Marco Aurélio Alves, Marise Aquino, Michelle Ratton Sanchez Badin, Neto Waite, Paulo Daflon Barrozo, Pedro Henrique de Cristo, Rafael Polidoro Barbosa, Renato Santiago, Ricardo Fernandes, Rodrigo de Abreu Fudoli, Roger Raupp Rios, Ronaldo Silva, Sílvio Luiz de Almeida, Thiago Freire, Vagner Gonçalves, Vilma Carvalho de Souza e Yentu Su.

Meus agradecimentos a Rafael Valim pela continuidade da parceria intelectual que teve início com a publicação de minha obra sobre hermenêutica negra. Espero que este projeto intelectual tenha continuidade e sucesso.

Este livro representa o resultado de um longo processo de formação intelectual de um estudante de uma universidade pública que sempre contou com o apoio financeiro de instituições de fomento à pesquisa. Agradeço ao Conselho Nacional de Desenvolvimento Tecnológico – CNPq e à Coordenação De Aperfeiçoamento de Pessoal de Nível Superior – CAPES por terem cumprido um papel de importância fundamental na minha formação acadêmica. Sou especialmente agradecido ao Programa de Pós-Graduação da Faculdade de Direito da Universidade de Harvard por ter me proporcionado a grande oportunidade de ser aluno de uma das mais conceituadas instituições de ensino superior do mundo.

Agradeço ao auxílio dos meus assistentes de pesquisa pela ajuda inestimável no processo de elaboração desta obra: Antônio Cazarine, Bárbara Martins, Camila Ioca Brito, Diana Oliveira e Felipe Natil Moreira. Muitos abraços para Rafael Polidoro Barbosa por ter me proporcionado acesso e material bibliográfico indispensável para a elaboração deste trabalho. Também expresso minha gratidão aos bibliotecários e às bibliotecárias da Faculdade de Direito da Universidade de Harvard pelo apoio que tive durante minha estada naquela instituição.

Como sempre, agradeço aos meus familiares por fornecerem o suporte necessário para a continuidade da minha carreira intelectual. Beijos e abraços para Heloisa, Maria, Sílvia, Isabela, Edmilson, Nilson, Denilson, Valéria, Aline, Francisco, Fátima, Flávia, Leandro, Lígia, Lucas, Arthur, Pedro e Laura.

APRESENTAÇÃO

É com imenso prazer que apresento esta obra ao público brasileiro. Penso que sua leitura será conveniente por alguns motivos importantes. Ela chega em um momento histórico no qual o obscurantismo ameaça a cultura dos direitos humanos, um problema que contribui para a manutenção da situação de vulnerabilidade de muitos segmentos sociais. Além do compromisso de certos setores da nossa sociedade com a permanência das desigualdades, a ausência de um referencial teórico adequado para a condução dos debates sobre os problemas enfrentados por minorias impede o alcance de soluções adequadas. Muitos dos assuntos aqui abordados ainda não são devidamente estudados nas nossas faculdades, embora devessem ser temas permanentes de análise acadêmica. Mas este livro também aparece em um momento no qual muitas pessoas estão interessadas em entender a complexidade dos assuntos aqui tratados, uma vez que males de escala mundial mostraram de forma clara que eles estão presentes em todas as sociedades humanas. Afinal, não podemos entender a dinâmica e o propósito do sistema protetivo presente na nossa legislação sem a devida compreensão dos processos que dificultam ou impedem o acesso de diversos grupos sociais ao gozo de direitos. Esse sistema protetivo não deve ser visto como um mero conjunto de normas, mas sim um campo que opera de acordo com princípios e lógicas específicas e que tem objetivos particulares. Ofereço então, neste trabalho, uma sistematização de um campo de estudo cuja dinâmica ainda permanece largamente obscura para grande parte dos operadores jurídicos e também para outros atores sociais. Embora essa disciplina esteja sempre sendo ampliada em função do caráter dinâmico das relações sociais, acredito que exploro aqui a maioria de seus tópicos principais. A publicação deste longo ensaio também almeja ser uma fonte para reflexões sobre teorias de igualdade e sistemas de discriminação; talvez ele também poderá ser um ponto de partida para o estabelecimento e consolidação de linhas de pesquisas em um campo cuja exploração concorre para o avanço da agenda democrática na sociedade brasileira.

Minha motivação para a elaboração e publicação deste livro teve início nos primeiros anos de minha experiência como aluno da graduação em Direito. Foram momentos angustiantes porque não existiam parâmetros plenamente adequados para minha reflexão sobre o papel do sistema jurídico no processo de transformação em uma sociedade marcada por formas estruturais de desigualdades. Nossas normas constitucionais não atribuem um sentido claro ao princípio da igualdade e nossos doutrinadores raramente abordam o tema da discriminação, motivos pelos quais sempre pensava que a possibilidade de transformação da nossa sociedade seria difícil ou impossível devido à ausência de entendimento de temas relacionados ao funcionamento de sistemas de marginalização social. Acredito que muitas pessoas ainda enfrentam a mesma angústia, mas eu quero acreditar que temos hoje uma possibilidade maior de termos acesso a meios teóricos para operar como agentes de mudança porque há muitos autores dentro das nossas instituições de ensino superior produzindo trabalhos que fornecem contribuições importantes para o alcance desse objetivo. Esses estudos versam sobre diferentes formas de interpretação da igualdade, sobre a operação de mecanismos discriminatórios. Quero acreditar que a publicação deste livro poderá servir como um ponto de partida para a elaboração de ações transformadoras a serem operacionalizadas por pessoas que atuam nos mais variados campos sociais.

APRESENTAÇÃO

O processo de elaboração e publicação desta obra não se resume aos estudos que permitiram a escrita das páginas que se seguem. Este é o resultado de um longo percurso no qual questões pessoais e intelectuais se articularam para motivar a elaboração deste trabalho. Minha experiência como membro de minorias tem motivado meu interesse pelos temas aqui propostos e fico feliz que eu tenha tido acesso aos meios para realizar esta obra. Encontrei ao longo da minha carreira acadêmica várias pessoas que compartilharam experiências e interesses intelectuais e políticos semelhantes e elas tiveram um papel muito importante na formação da minha percepção da complexidade dos temas aqui examinados. Também tive a oportunidade de estudar em algumas das melhores instituições de ensino do mundo, locais nos quais pude ser orientado por grandes estudiosos dos assuntos aqui discutidos.

Mas devo dizer que os obstáculos pessoais e institucionais também foram significativos. A ausência de interesse de muitos professores e colegas pelos tópicos das minhas pesquisas restringiu chances de interações pessoais e diálogos intelectuais. Meu interesse por esses temas também impediu o acesso a oportunidades profissionais porque muitas instituições classificam debates sobre direitos de minorias como questões alheias aos debates centrais do constitucionalismo. Um aspecto da postura acadêmica de pessoas que pertencem a grupos dominantes sempre me intrigou de maneira profunda. Várias delas expressavam orgulho por terem amplo conhecimento de obras clássicas de grandes constitucionalistas estrangeiros, mas os textos que elas escreviam a partir dos escritos deles sempre omitiam um aspecto central das obras desses pensadores: o fato de que elas respondem a problemas teóricos gerados por demandas de direitos elaboradas por minorias. Muitos desses autores sempre estiveram engajados com esse tema, mas os membros dos grupos dominantes que controlam a academia jurídica brasileira raramente abordam essa dimensão dos trabalhos deles. Embora essa atitude possa expressar algum tipo de comportamento estratégico, eu acredito que ela está relacionada com a ausência de compreensão da lógica de normas antidiscriminatórias no sistema constitucional. Ela também decorre da atitude negacionista que membros de grupos dominantes mantêm em relação à relevância de sistemas de dominação na nossa sociedade, perspectiva que também está associada à ausência de livros que elaboram uma sistematização dos princípios que regulam nosso sistema protetivo de direitos. Esse problema tem implicações muito mais amplas do que os interesses estratégicos ou da atitude negacionista de pessoas que circulam nos espaços acadêmicos. A ausência de um amplo debate sobre a operação de mecanismos de exclusão social dificulta a construção de uma sociedade igualitária porque as pessoas não têm uma compreensão correta do funcionamento desses processos e do papel do sistema jurídico na sua reprodução e combate. Esta obra procura apresentar algumas respostas para esse problema.

O avanço dos debates políticos sobre direitos de minorias e uma maior diversificação do corpo discente das nossas universidades fizeram com que as discussões anteriormente consideradas como questões so ciológicas insignificantes sejam vistas agora por muitas pessoas como um tópico central de pesquisa de muitas instituições de ensino superior brasileiras. A crescente legislação que tem como propósito proteger minorias sociais exige novas formas de interpretação de um tema central do tema aqui discutido: as relações estruturais entre as várias dimensões da igualdade e as diferentes formas de discriminação. A relevância desse assunto transcende suas implicações dentro do sistema judiciário, uma vez que diz respeito aos mais diversos aspectos das interações humanas nas diferentes esferas da vida social. Quero acreditar que esta obra abrirá caminhos para o entendimento de muitas questões, além de servir como referência para medidas destinadas à promoção da integração de grupos marginalizados.

Esta obra tem ambições muito mais amplas do que apresentar aos leitores e leitoras brasileiras teorias sobre normas antidiscriminatórias. Ela faz parte de um projeto intelectual que pretende defender parâmetros para a reconstrução de um aspecto central

APRESENTAÇÃO

do constitucionalismo brasileiro: a compreensão e interpretação do princípio da igualdade. Embora muitos pensem que obras já publicadas oferecem todas as respostas para essa pergunta, eu penso que estamos longe de compreender a grande complexidade desse tópico. Este livro constitui a segunda parte desse projeto que teve início com um livro sobre interpretação constitucional chamado *Pensando como um negro: ensaio de hermenêutica jurídica*. Procurei naquele trabalho solucionar um grande problema presente no nosso ordenamento jurídico: a influência de ideologias sociais na formação subjetiva do intérprete do Direito e as consequências de tal fato no processo de interpretação da igualdade. Defendi que esse princípio deve ser entendido como uma exigência de igualdade de *status* cultural e de *status* material entre grupos sociais. Este trabalho explora uma dimensão central dos assuntos discutidos no trabalho mencionado: a forma como os processos de exclusão social são reproduzidos e como os diversos operadores jurídicos devem atuar para combater a estratificação social, seja por meio de uma interpretação constitucional dirigida à reforma social, seja por meio de iniciativas que procuram promover a integração social.

Este livro será seguido por outras duas obras: *Raça, Constituição e justiça: estratégias de exclusão e inclusão racial na história constitucional brasileira* e *Por que os seres humanos sofrem? Uma teoria psicológica dos direitos humanos*. O primeiro explorará as estratégias elaboradas por pensadores negros para a construção da igualdade racial ao longo da história constitucional brasileira, além de demonstrar como devemos interpretar a Constituição Brasileira como um sistema protetivo destinado à promoção da igualdade racial. Os temas explorados no livro sobre hermenêutica e nestas reflexões sobre igualdade e discriminação cumprirão um papel central para entendermos como o sistema constitucional brasileiro pode ser utilizado para a garantia da proteção de minorias raciais. Serão examinadas as diferentes formas de governança racial utilizadas para a reprodução de práticas discriminatórias, mas também as estratégias criadas para que princípios liberais não se tornassem meras promessas vazias. O segundo partirá da discussão sobre os efeitos negativos de processos discriminatórios na saúde mental e física dos indivíduos para formular uma teoria psicológica de direitos humanos. Esta teoria terá como objetivo defender a hipótese de que devemos pensar os direitos humanos como estratégias destinadas à promoção da autonomia individual por meio da luta contra mecanismos que tentam institucionalizar formas de identidades hegemônicas. Ela recorre à reflexão elaborada por autores ligados à Psicologia Social para analisar as formas como a percepção de ausência de controle sobre aspectos básicos da vida pode levar os indivíduos a desenvolver um processo permanente de estresse emocional que produz sofrimento psíquico significativo ao longo da vida.

Como afirmei na primeira obra que iniciou esse ciclo de publicações, sou um jurista negro e penso como um negro. Minha reflexão intelectual tem como objetivo postular parâmetros para uma inter pretação da igualdade comprometida com um ponto bem específico: a emancipação de grupos minoritários e grupos vulneráveis. As obras acima mencionadas estão situadas dentro de uma reflexão jurídica que parte da reflexão crítica do sistema jurídico como um instrumento de reprodução da dominação. Penso que isso seja necessário para que o igualitarismo de caráter substantivo presente no nosso texto constitucional possa ser adequadamente compreendido e aplicado às mais di versas situações. Por esse motivo, esse programa intelectual procura não apenas elaborar meios adequados para a interpretação jurídica, ele procura oferecer perspectivas críticas para a transformação da nossa cultura jurídica. Penso que esse propósito inaugurado na obra sobre hermenêutica negra tenha contribuído para isso, mas precisamos também agora oferecer um aparato intelectual para que operadores jurídicos possam entender a prática do Direito dentro das dinâmicas sociais mais amplas presentes na sociedade brasileira. Espero que este Tratado de Direito Antidiscriminatório possa ser uma referência para o que muitos brasileiros anseiam: o gozo da igualdade de direitos por meio de uma vida digna de ser vivida.

INTRODUÇÃO

Tauana é funcionária de uma grande fábrica de produtos plásticos. Por ser uma mulher negra e homossexual, ela é tratada de forma claramente inadequada. Sua raça, seu gênero e sua sexualidade são motivos de constantes comentários preconceituosos por parte de seu superior e de seus colegas. A atitude dessas pessoas demonstra que ela não terá quaisquer chances de promoção. Essa realidade torna aquele ambiente de trabalho intolerável, motivo de seu pedido de demissão e posterior ação judicial contra a empresa.[1] Muitos tribunais teriam dificuldade de analisar a situação dela de forma adequada. Alguns classificariam o tratamento que ela recebia na empresa como exemplo de racismo, outros pensariam que estava sendo vítima de sexismo, sendo que alguns órgãos julgadores examinariam a questão a partir da discriminação baseada na sexualidade. Quase todos exigiriam a demonstração de atos que tinham a intenção de discriminar Tauana por ser mulher, por ser negra e por ser homossexual. Ela teria que provar ainda um nexo de causalidade entre as ações dos seus superiores e um tratamento desvantajoso, o que poderia então caracterizar uma prática discriminatória. Poucos

---

[1] BRASIL. Tribunal Regional do Trabalho – 2ª Região. RO n. 0002582-32.2012.5.02.0014, Órgão Julgador: 7ª Turma, Rel. José Carlos Fogaça, 29.01.2015.

tribunais examinariam os efeitos convergentes e cumulativos do racismo, do sexismo e da homofobia na vida dessa mulher negra que encontra grandes dificuldades para ser reconhecida como um ator social competente no ambiente profissional.

    Ubertina possui todas as qualificações intelectuais necessárias para ser delegada federal, mas o edital do concurso para esse cargo exige altura mínima para os candidatos, o que a impossibilita de exercer essa função. Seu caso indica que o tratamento distinto entre indivíduos igualmente situados pode estar relacionado com um interesse legítimo, mesmo que tenha um impacto negativo sobre a vida de pessoas específicas. Sua situação talvez seja diferente da de Tauana porque podemos encontrar aqui relações racionais entre meios adequados e finalidades legítimas. De qualquer forma, Ubertina se pergunta se todas as pessoas que atendem a exigência do edital poderão desempenhar o cargo de forma adequada e se todas as pessoas que não têm a altura mínima realmente não são qualificadas para o exercício da função.[2] Anderson, por sua vez, questiona uma norma de um concurso público que estabelece diferenças de altura mínima entre homens e mulheres. Ele acredita que essa distinção viola o princípio da igualdade; as regras deveriam ser as mesmas para ambos os sexos. O sistema judiciário entendeu que essa norma não viola a igualdade porque editais de concursos públicos devem reconhecer as diferenças físicas entre os sexos, caso contrário, eles seriam discriminatórios contra mulheres.[3] Esses questionamentos levantam um problema significativo: quais são os parâmetros que devemos observar para termos certeza de que medidas razoáveis não sejam também discriminatórias? A igualdade exige tratamento simétrico entre membros de todos os grupos em

---

[2] BRASIL Supremo Tribunal Federal. Recurso Extraordinário n. 140.899-8. Órgão Julgador: 2ª Turma, Relator: Ministro Marco Aurélio, DJ, 15.12.200.

[3] BRASIL. Superior Tribunal de Justiça. Recurso em Mandado de Segurança n. 47.009/MS, Órgão Julgador: Segunda Turma, Relator: Herman Benjamim, 24.05.2016.

INTRODUÇÃO

todas as situações ou órgãos públicos podem fazer diferenciações entre eles em situações específicas?[4]

Enquanto Tauana e Ubertina estão certas de que estão sendo discriminadas de alguma forma por práticas arbitrárias, Paulo está convicto de que suas ações não poderiam expressar quaisquer intenções discriminatórias. Seu chefe pede que ele indique um profissional para uma vaga no escritório de advocacia no qual trabalha; ele recomenda um de seus colegas de faculdade, pessoa que considera ser altamente competente. Paulo está certo de que sua escolha foi baseada em critérios meritocráticos e o excelente desempenho da pessoa contratada reforça a sua convicção, bem como a de todas as pessoas responsáveis pela avaliação da decisão, de que a indicação foi correta. Entretanto, essas pessoas não consideram o fato de que Paulo não indicou seus colegas negros e homossexuais, pessoas com as quais ele raramente manteve ou mantém contato. Tauana possivelmente perguntaria: por que muitos indivíduos acham que o processo de contratação por indicação é um método correto de seleção de funcionários em uma sociedade na qual impera a segregação entre grupos raciais? Por que essa decisão pode ser vista como neutra se essa pessoa deliberadamente não se relaciona com negros ou homossexuais? Isso significa que a discriminação só pode existir quando podemos demonstrar a presença da intenção de discriminar a partir de atitudes preconceituosas?[5]

Mariana é uma profissional extremamente gabaritada, mas, como boa parte das suas colegas de trabalho, não consegue chegar aos cargos mais altos da empresa. Sua condição de mulher casada condiciona o comportamento de seus superiores, pessoas que já partem do pressuposto de que mulheres não possuem características

---

[4] BRASIL Supremo Tribunal Federal. RE n. 140.899-8. Órgão Julgador: 2ª Turma, Relator: Ministro Marco Aurélio, DJ, 15.12.200.

[5] DASGUPTA, Nilanja. "Implicit ingroup favoritism, outgroup favoritism, and their behavioral manifestations". *Social Justice Research*, vol. 17, nº 2, 2003, pp. 146-156.

necessárias para o desempenho de funções de comando, qualidades geralmente associadas ao sexo masculino.⁶ Fabiana está se candidatando a um emprego em uma loja. Sua contratação fica condicionada ao alisamento do seu cabelo, pois o empregador afirma que isso melhorará sua aparência.⁷ Cristiano é funcionário de um banco público e seus colegas reconhecem sua grande competência. Entretanto, sua obesidade é motivo de piadas desagradáveis, o que o leva a processar a empresa na qual trabalha por danos morais.⁸ Seus colegas e superiores afirmam que esse comportamento não pode ser visto como demonstração de preconceito porque apenas expressa o ambiente descontraído que existiria dentro daquele espaço. Essas piadas expressam mesmo camaradagem ou indicam que muitos empregadores esperam encontrar indivíduos que possuem certas características físicas dentro do ambiente do trabalho, mesmo que elas não tenham relação com as habilidades exigidas pelo cargo? O espaço de trabalho parece ser um lugar no qual se manifestam valorações culturais que não estão relacionadas com requisitos para o desempenho de funções laborais. Uma delas é a exigência de que membros de minorias se assemelhem o máximo possível com os membros dos grupos dominantes. Podemos esperar que empresas estabeleçam um tipo de funcionário ideal, sendo que ele representaria a pessoa mais qualificada para o desempenho de um cargo. De qualquer forma, devemos formular a pergunta: por que ele está sempre associado aos traços dos segmentos majoritários? Por que o ambiente corporativo parece ser um espaço hostil para pessoas como Cristiano e Mariana? Que percepções sociais sobre

---

6   MANDALAZZO, Regina. "CEOS e composição do conselho de administração: a falta de identificação pode ser um motivo para a existência de um teto de vidro para mulheres no Brasil?" *Revista de Administração Contemporânea*, vol. 15, nº 1, 2011, pp. 129-135.

7   BRASIL. Tribunal Regional do Trabalho – 1ª Região. Recurso Ordinário 0010110- 54.2015.5.01.0204, Órgão Julgador: Quinta Turma, Relator: Enoque Ribeiro dos Santos, 16.03.2016.

8   BRASIL. Tribunal Regional do Trabalho – 19ª Região. RO n. 0064400-31.5.19.2009.0009, Relator: Pedro Inácio, 27.10.2011.

INTRODUÇÃO

as mulheres influenciam as decisões dos que são responsáveis pela decisão de quem será promovido? As empresas são então exemplos de como certos traços sociais de minorias determinam a possibilidade destas ascenderem profissionalmente? Que mecanismos poderiam ser implementados para que problemas dessa natureza não ocorram em um ambiente que também deve respeitar as normas de direitos fundamentais? As pessoas que lideram empresas não deveriam exigir que a respeitabilidade fosse um aspecto central da cultura corporativa?

Um desembargador indefere o pedido de adoção de ações afirmativas em um banco privado, decisão baseada na premissa de que estatísticas de disparidades entre negros e brancos no mercado de trabalho não são evidência de tratamento discriminatório.[9] Também decidindo sobre políticas de inclusão racial, outro tribunal afirma que essas medidas são ilegais porque utilizam a raça como critério de tratamento diferenciado, sendo uma forma de discriminação contra pessoas brancas.[10] Essas decisões sugerem que diferenciações entre indivíduos baseadas na raça são sempre inadequadas, mesmo quando pretendem beneficiar grupos minoritários. Mas será mesmo que todos os tipos de tratamento diferenciado entre grupos raciais são ilegais? Iniciativas estatais que buscam a integração de grupos minoritários podem ser classificadas como um tipo de discriminação contra brancos? As instituições estatais que adotaram essas medidas operam de acordo com a mesma lógica dos colegas de Tauana e Mariana? As normas programáticas presentes no nosso texto constitucional não obrigam as instituições estatais a implementarem medidas para que grupos minoritários possam ter melhores condições de vida? A noção de igualdade material não

---

9   BRASIL. Tribunal Regional do Trabalho – 10ª Região, RO n. 00936-2005-012- 10-00-9, Órgão Julgador: 1ª Turma, Relator: Oswaldo Florêncio Neme Júnior, 21.03.2007.
10 BRASIL. Tribunal de Justiça do Rio de Janeiro. Representação de Inconstitucionalidade n. 00009/2009, Órgão Julgador: Órgão Especial. Relator: José Carlos S. Murta Ribeiro, 25.05.2009.

obriga a adoção de medidas dessa natureza? Por que normas legais oferecem tratamento especial para certas características pessoais? O que devemos entender por critério de tratamento diferenciado? Ele possui alguma relação com o combate da marginalização, um dos objetivos do nosso sistema constitucional?

Fernando mora perto de um aterro sanitário, lugar no qual é depositado lixo hospitalar. Ele está exposto à possibilidade de contrair uma série de doenças porque as autoridades não fazem nenhum tratamento desse material, situação bastante complicada para um homem negro desempregado e dependente de um sistema de saúde pública que pode ser deficiente em muitas áreas, a mesma situação de seus pais e avós.[11] Embora não tenha nenhuma relação com as funções do cargo, uma empresa exige que os candidatos apresentem uma declaração de antecedentes criminais sob a alegação de que ela precisa ter certeza da boa índole de seus futuros empregados, o que tem um impacto negativo em pessoas que pretendem retornar ao mercado de trabalho.[12] Algumas pessoas diriam que esses casos não podem ser utilizados como exemplos de práticas discriminatórias porque não há intenção de prejudicar pessoas; as normas não fazem referência a quaisquer características que poderiam designar grupos sociais. Entretanto, essa afirmação parece ser problemática porque essas normas têm um impacto desproporcional nas vidas de grupos vulneráveis, apesar da inexistência da intencionalidade. Análises sobre discriminação devem também considerar os efeitos de normas e práticas no *status* de determinados grupos?

Rafael é um jovem negro que mora em uma região periférica da cidade do Rio de Janeiro. Policiais o acusam de estar transportando

---

[11] BRASIL. Tribunal de Justiça do Rio de Janeiro. Ação Civil Pública n. 0724-91.2006.8.19.0065, Órgão Julgador: 8ª Câmara Cível, Relator: Mônica Maria Costa de Piero, 10.09.2014.

[12] BRASIL. Tribunal Superior do Trabalho, Agravo de Instrumento n. 239.34.2014.5.10.0802, Órgão Julgador: 3ª Turma, Relator: Maurício Godinho Delgado, 13.04.2016.

INTRODUÇÃO

substâncias entorpecentes. Eles o prendem e ele é condenado por porte de drogas e por associação ao tráfico. As acusações são contestadas, testemunhas afirmam que ele não estava portando drogas, mas apenas os testemunhos dos policiais são considerados. O magistrado que julgou o caso afirmou que os policiais não tinham motivos para discriminar o rapaz negro porque não o conheciam. Além disso, afirmou o magistrado, eles são agentes públicos, o que pressupõe a veracidade de suas afirmações. Sua condenação determina o cumprimento em regime fechado, embora não houvesse nenhuma prova de envolvimento com o tráfico, apenas o fato de que Rafael mora em uma área periférica dominada pelo tráfico.[13] Esse caso também suscita algumas questões muito relevantes. A decisão parte do pressuposto de que os testemunhos de policiais são sempre legítimos, perspectiva que parece ser problemática, uma vez que inúmeros estudos demonstram que estereótipos impulsionam a forma como muitas pessoas julgam membros de minorias. Isso significa que a pressuposição da racionalidade dos atos de agentes estatais pode encobrir práticas discriminatórias, dado confirmado por estudos sobre discriminação racial por agentes policiais. A situação em questão também sugere que preconceitos e estereótipos podem motivar agentes públicos e privados a tratar pessoas de forma discriminatória, motivo pelo qual a ação desses indivíduos também deve ser questionada em processos judiciais. O caso de Rafael suscita questionamentos sobre a motivação da discriminação. O que leva as pessoas a desenvolverem atitudes aversivas em relação a membros de certos grupos? Por que sempre atribuímos características positivas aos membros dos grupos aos quais pertencemos e pensamos que membros de outros grupos sempre se comportam da mesma forma?

Geni está em um supermercado para comprar frutas e legumes para o restaurante no qual trabalha. Uma mulher branca

---

[13] BRASIL. Tribunal de Justiça do Rio de Janeiro, Ação Penal n. 0008566-71.2016.8.19.0001, Ricardo Coronha Pinheiro, 20.04.2017.

desconhecida se aproxima e diz que ela deve ter muitos macacos em casa porque ela estava comprando uma grande quantidade de bananas. Inconformada, ela processa essa mulher por injúria racial. A sentença condenatória de primeira instância é reformada porque, segundo o Tribunal de Justiça do Estado de São Paulo, a acusada teria proferido o comentário em um tom jocoso, motivo pelo qual o crime de injúria não poderia ser caracterizado.[14] Assim como Cristiano em relação aos seus colegas, Geni interpreta o comportamento dessa mulher como uma agressão à sua dignidade, mas o Tribunal afirma que ofensas raciais ditas em tom jocoso não podem ser caracterizadas como atos criminosos. A situação dessa mulher negra nos convida a levantar a seguinte questão: a interpretação de normas jurídicas é sempre neutra ou pode expressar as inclinações ideológicas do magistrado? Tauana, Geni e Fernando possivelmente pensam que o sistema jurídico deveria operar para proteger grupos vulneráveis, que o intérprete deve examinar a norma jurídica a partir do lugar social do oprimido. Essa posição encontra fundamento na nossa tradição constitucional?

Muitos dos casos citados acima parecem expressar algum tipo de discriminação, embora as situações sejam diferentes e os sujeitos muito distintos. Certas pessoas são discriminadas em função de determinadas características comuns a membros de grupos vulneráveis, mas outras parecem ser tratadas de forma arbitrária por normas legais ou ações governamentais que não fazem referência a traços individuais. O tratamento diferenciado a alguns dos indivíduos mencionados parece ser justificado enquanto o de outros é claramente indevido. Vemos que cidadãos perdem oportunidades profissionais porque não correspondem a ideais estéticos e outros por terem identidades consideradas como desviantes. Percebemos que certos atores sociais partem do pressuposto de que todos os

---

[14] BRASIL. Tribunal de Justiça de São Paulo, Apelação Criminal n. 990.08.068488-4, Órgão Julgador: 16ª Câmara Criminal, Relator: Pedro Menin, 18.11.2008.

INTRODUÇÃO

grupos estão na mesma situação, argumento utilizado para classificar como discriminatórias políticas que pretendem melhorar as condições de vidas de segmentos específicos. Temos a situação daqueles que parecem sofrer as consequências de práticas excludentes por terem um determinado traço e outros que enfrentam problemas decorrentes da convergência de mecanismos discriminatórios. Embora também enfrentem formas de distinção indevidas, a vivência deles é diferente da de outros membros dos grupos aos quais pertencem. Notamos que algumas pessoas são excluídas de proteção jurídica por uma determinação legal e outras estão na mesma situação por práticas invisíveis ao sistema jurídico. Podemos também inferir dessas situações que privilégios sociais têm um efeito discriminatório sobre pessoas que não possuem acesso a redes de influência. Além de tudo isso, vemos que a exclusão pode ocorrer em função da intenção e da omissão de agentes estatais cuja atuação é pautada por estereótipos culturais.

Na verdade, percebemos que todas as pessoas mencionadas nesses casos pertencem a grupos estigmatizados e as discriminações que sofrem concorrem para a subordinação de todos os seus membros em maior ou menor grau. Os atos arbitrários mencionados acontecem dentro ou em função de uma relação hierárquica entre pessoas ou classes de pessoas; certos atores sociais usam o poder que lhes é conferido para impedir que membros de alguns grupos tenham acesso a oportunidades, perpetuan do a subordinação destes. Isso indica que práticas discriminatórias não se expressam apenas como comportamentos dirigidos apenas a indivíduos específicos. Pelo contrário, eles são discriminados por pertencerem a mais de um grupo. Assim, podemos dizer que o destino destes está diretamente relacionado à situação do segmento social ao qual pertencem.

Um número significativo de normas jurídicas que pretendem prevenir ou punir práticas discriminatórias foi promulgado desde a restauração da democracia no nosso país. Muitas delas procuram proteger grupos específicos que enfrentam uma história de discriminação.[15] Essas normas utilizam uma linguagem que denota uma concepção de discriminação bastante clara: elas implicam os conceitos de intencionalidade e arbitrariedade. Podemos identificar nelas a regulação de comportamentos que pressupõem tanto a existência de agentes sociais que têm o propósito de impedir o exercício de algum direito, como também a noção de que o ato constitui um desvio do parâmetro segundo o qual todas as pessoas devem ser tratadas como se fossem iguais.[16] Apesar da relevância dessas normas jurídicas, elas parecem carecer de efetividade porque estão inseridas em uma cultura cujos pressupostos e práticas ainda não acompanham os avanços legislativos. Mais do que uma expressão das formas como hierarquias de poder permeiam o funcionamento das nossas instituições, esse problema também decorre da ausência de consenso entre operadores jurídicos a respeito dos meios a partir dos quais elas devem ser operacionalizadas. O sistema protetivo presente no nosso texto constitucional depende da transformação de uma cultura jurídica que ainda se move nos parâmetros liberais, perspectiva incompatível com o tipo de interpretação e prática exigida no atual paradigma constitucional.

    O sentido do termo *discriminação* parece ser bastante claro para boa parte dos legisladores: ele é definido por muitos deles como um ato que contraria a vedação geral da arbitrariedade. Juristas célebres expressam entendimento similar ao caracterizar a discriminação como uma forma de tratamento que não pode

---

[15] Ver, por exemplo, Lei n. 8.842, de 4 de janeiro de 1994 (Estatuto do Idoso); Lei n. 12.228, de 20 de julho 2010 (Estatuto da Igualdade Racial); Lei n. 13.146, de 6 de julho de 2015 (Estatuto da pessoa com deficiência).

[16] Essa é a linguagem, por exemplo, de vários artigos da Lei n. 7.716, que regula crimes de racismo: art. 3º *Impedir* ou obstar o acesso de alguém, devidamente habilitado, a qualquer cargo da Administração Direta ou Indireta, bem como das concessionárias de serviços públicos; art. 4º *Negar* ou *obstar* emprego em empresa privada; art. 5 *Recusar* ou *impedir* acesso a estabelecimento comercial, negando-se a servir, atender ou receber cliente ou comprador.

INTRODUÇÃO

ser juridicamente justificado.[17] Vemos, então, que legisladores e doutrinadores compreendem a discriminação fundamentalmente como discriminação direta, termo que designa a imposição de um tratamento desvantajoso por um indivíduo a outro, tratamento baseado em um critério de diferenciação que as normas jurídicas consideram como inválido. Segundo essa perspectiva, atos discriminatórios ofendem o princípio da isonomia formal, mandamento constitucional centrado na noção de justiça simétrica, princípio que requer o tratamento igual entre todas as pessoas que estão igualmente situadas. Parte-se do pressuposto de que as noções de intencionalidade e arbitrariedade são elementos indispensáveis para a caracterização de um ato como discriminatório. A compreensão desse termo como proibição de arbitrariedade parte da premissa de que o princípio da igualdade procura eliminar atos irracionais, fatos que podem ser identificados quando analisamos a compatibilidade do uso de um determinado discrímen com um interesse estatal legítimo. Assim, um ato pode ser visto como discriminatório quando não corresponde à exigência de racionalidade das normas legais: ele utiliza classificações que não guardam uma relação racional com interesses estatais.

Se muitos dos nossos juristas e magistrados ainda comungam concepções restritas do que seja discriminação, vários outros recorrem a teorias complexas da igualdade para resolver questões relacionadas a direitos de minorias. Vitor viveu décadas ao lado de seu companheiro Cláudio. Após ter seu pedido de pensão por morte negado pelo sistema de seguridade, ele ajuizou uma ação judicial para garantir esse direito. A decisão final lhe foi favorável. O Superior Tribunal de Justiça utilizou uma concepção incomum de igualdade para justificar a concessão do benefício previdenciário. O

---

[17] BANDEIRA DE MELLO, Celso Antônio. *O conteúdo jurídico do princípio da igualdade*. 6ª ed. São Paulo: Malheiros, 2006, pp. 5-11; SILVA, José Afonso da. *Curso de Direito Constitucional positivo*. São Paulo: Malheiros, 2004, pp. 214-219.

ministro relator afirmou que vivemos em uma sociedade pluralista que deve operar de acordo com uma lógica de inclusão social, o que implica a acomodação entre igualdade e diferença. Esse preceito constitucional não pode desconsiderar as diferenças de *status* entre os vários grupos sociais, motivo pelo qual minorias sexuais devem receber a devida proteção legal.[18] Candidatos negros a vagas em concursos públicos por meio de programas de ações afirmativas puderam, como Vitor, comemorar uma decisão muito relevante do nosso sistema judiciário. Essas medidas foram consideradas compatíveis com o princípio da igualdade porque buscam garantir a inclusão de grupos tradicionalmente discriminados. Em um momento raro, nosso sistema jurídico reconheceu que a raça é um fator de diferenciação de *status* entre grupos e que as instituições políticas devem criar mecanismos para promover a inclusão de minorias raciais.[19]

É importante notar a diferença entre as perspectivas dessas decisões analisadas no parágrafo anterior de outras que negaram benefícios a minorias raciais e sexuais. As decisões que declararam a inconstitucionalidade de ações afirmativas recorreram a uma noção de igualdade como tratamento simétrico entre pessoas em todas as situações, uma posição que entende a igualdade a partir de uma perspectiva procedimental. Para os que defendem essa perspectiva, a igualdade é um princípio a partir do qual podemos identificar classificações irracionais. Essa postura permite classificar ações afirmativas como violações da igualdade porque muitos acreditam que negros e brancos vivem nas mesmas condições sociais. Uma concepção procedimental desse princípio legitimava decisões segundo as quais casais homossexuais não podem ter

---

[18] BRASIL. Superior Tribunal de Justiça, Recurso Especial n. 395.904/RS, Órgão Julgador: 4ª Turma, Relator: Hélio Guaglia Barbosa.
[19] BRASIL. Supremo Tribunal Federal. Ação Direta de Constitucionalidade n. 41, Órgão Julgador: Tribunal Pleno, Relator: Luis Roberto Barroso, 07.05.2018.

INTRODUÇÃO

acesso a direitos matrimoniais porque a procriação é o objetivo principal do casamento, objetivo estatal que casais homossexuais não podem atingir.[20]

É importante analisar alguns aspectos de decisões recentes sobre direitos de minorias como contraponto a essa forma de argumentação jurídica. Muitos tribunais brasileiros utilizam uma perspectiva hermenêutica que adota uma interpretação sistemática das normas constitucionais, motivo pelo qual afirmam que o princípio da igualdade deve ser analisado ao lado de princípios estruturantes do nosso sistema jurídico. A classificação do Brasil como um Estado Democrático de Direito implica a ideia de que instituições estatais devem operar como agentes de transformação social, motivo pelo qual políticas destinadas a promover a integração de pessoas com deficiência são plenamente compatíveis com a igualdade, argumento baseado na noção de que instituições públicas devem atuar como agentes de integração de grupos tradicionalmente discriminados.[21] Muitas decisões utilizam os conceitos de cidadania racial e cidadania sexual para garantir maior inclusão social de minorias raciais e sexuais, evidência de que nossos tribunais têm adotado uma compreensão da igualdade como um princípio central para a proteção social dos segmentos vulneráveis da nossa população.[22]

---

[20] Para uma análise desses casos, ver: MOREIRA, Adilson José. *Cidadania sexual*: estratégia para ações inclusivas. Belo Horizonte: Arraes, 2017.

[21] BRASIL. Superior Tribunal de Justiça. Agravo em Recurso Especial n. 137.112/ SP, Órgão Julgador: Primeira Turma, Relator: Napoleão Maia Filho, 13.05.2019 (afirmando que a isenção tributária para aquisição de veículos por pessoas portadoras de deficiência física é uma forma de proteção social de um grupo que enfrenta diferentes formas de discriminação).

[22] Para uma análise dessas decisões, ver: MOREIRA, Adilson José. "Cidadania racial". *Quaestio Iuris*, vol. 10, nº 2, 2016, pp. 1052-1089; MOREIRA, Adilson José. "Cidadania sexual: postulado interpretativo da igualdade". *Direito, Estado e Sociedade*, vol. 48, 2016.

Nossos tribunais têm reconhecido que uma concepção da discriminação vista apenas como vedação de arbitrariedade não é suficiente para identificar o caráter estrutural dos processos de exclusão aos quais membros de certos grupos estão expostos. Isso significa que a compreensão comum da discriminação apenas como uma forma de tratamento que não pode ser juridicamente justificado parece ser altamente problemática. Essa perspectiva não possui elementos suficientes para abarcar aqueles processos decorrentes da interseção de discriminações que criam minorias dentro de minorias, como o caso de Tauana, que é mulher, negra e homossexual. Uma interpretação desse termo baseada na comparação entre grupos a partir de certo critério também se mostra insuficiente para a identificação de formas de exclusão que não estão baseadas em atos arbitrários, mas sim no privilégio sistemático de muitas pessoas em relação a outras, como é o caso dos colegas de Paulo, os quais sempre obtêm vantagens por serem brancos e heterossexuais. Essa perspectiva também encontra dificuldades para uma explicação do caso de Mariana, uma pessoa prejudicada pela existência de uma cultura institucional supostamente neutra, mas que identifica certas qualidades ideais com o sexo masculino, fato que cria processos de exclusão que não parecem ser propriamente discriminatórios. Ela também não oferece parâmetros adequados para a solução de proble mas que surgem da ação simultânea de mecanismos discriminatórios, como o caso de candidatos negros a empregos em instituições bancárias. Além disso, essa perspectiva também se mostra insuficiente para entender práti cas que não classificam indivíduos, mas cuja operação afeta certos grupos de forma negativa, como é o caso dos moradores negros de áreas próximas a aterros sanitários.

Observamos ainda o reconhecimento, por parte de nossos tribunais, de que a análise tradicional da igualdade sob um ponto de vista formal e um ponto de vista material também se mostra esgotada. Essas duas perspectivas ainda estão fortemente ligadas a uma concepção liberal da sociedade e a uma noção de que

INTRODUÇÃO

diferenças entre grupos podem ser plenamente compreendidas a partir de uma análise de desvantagem material. Embora esse elemento seja relevante, a evolução social e o progresso da reflexão teórica demonstram que a igualdade tem uma pluralidade de dimensões, motivo pelo qual não podemos nos ater a formulações tradicionais. Teóricos e juristas argumentam que a vida humana possui uma série de dimensões e a integração social depende da igualdade em todas elas. Além da tradicional compreensão da dimensão jurídica e da dimensão política desse princípio, devemos também reconhecer sua dimensão moral e sua dimensão psicológica. Como vimos anteriormente, esse preceito também deve ser pensado em articulação com a questão da diferença.

Essas reflexões sobre diferentes manifestações do fenômeno da discriminação, o debate sobre os vários aspectos da igualdade, a escolha de critérios que serão legalmente protegidos, os parâmetros para interpretação da igualdade, as políticas públicas que devem ser implementadas para a promoção da inclusão social fazem parte de um campo jurídico que ainda carece de sistematização na nossa cultura jurídica. O chamado *Direito Antidiscriminatório* designa uma área que tem por objetivo principal regular e operacionalizar o sistema protetivo presente no sistema jurídico de uma nação. Ele contém normas dirigidas à generalidade das pessoas, mas principalmente normas destinadas à inclusão de grupos vulneráveis. Estamos diante de normas jurídicas que pretendem proteger indivíduos pertencentes a certos segmentos sociais que enfrentam uma história social de discriminação. Esse objetivo encontra legitimidade em muitas premissas da noção de Estado de Direito, preceito compreendido aqui a partir de uma relação estrutural entre sistema jurídico e cultura democrática.[23]

---

[23] BRASIL. Supremo Tribunal Federal, Ação Direta de Inconstitucionalidade n. 3.330, Tribunal Pleno, Relator: Min. Ayres Britto, 03.05.2012 (Afirmando que, em relação ao ProUni, o que se está a evidenciar é a adoção de uma política de inclusão social, um típico caso de discriminação positiva ou inversa que leva em conta o critério da raça, porém não de forma exclusiva,

O Direito Antidiscriminatório compreende então um aparato teórico, um corpo de normas jurídicas, precedentes jurisprudenciais, medidas legislativas e políticas públicas necessárias para a consecução de um programa de transformação social presente nos textos constitucionais das democracias contemporâneas. Ele está estruturalmente relacionado com o objetivo de construção de uma sociedade justa na qual as pessoas possam ter acesso aos meios necessários para poderem viver de forma digna. Isso inclui o gozo do mesmo nível de respeitabilidade social e também das condições materiais necessárias para a inserção social. O ideal da antidiscriminação não designa apenas um princípio que proscreve atos arbitrários, mas sim um projeto social que pretende expandir a prática democrática por meio da promoção de medidas inclusivas e da construção de uma cultura social baseada no reconhecimento de todos como atores que podem atuar de forma competente no espaço público. O avanço da democracia requer então a construção de um sistema protetivo que possa garantir os meios para que a criação de uma sociedade democrática seja realizada, o que só pode acontecer quando mecanismos que promovem hierarquias sociais são devidamente identificados e eliminados.[24]

---

mas conjugado com o critério socioeconômico); BRASIL. Supremo Tribunal Federal, Ação Direta de Inconstitucionalidade n. 4.275, Tribunal Pleno, Relator: Min. Marco Aurélio, Redator do Acórdão: Min. Edson Fachin, 01.03.2018 (Afirmando que é preciso conferir ao transgênero um verdadeiro estatuto de cidadania, pois ninguém pode ser privado de direitos nem sofrer quaisquer restrições de ordem jurídica por motivo de identidade de gênero).

24 Ver nesse sentido: BRASIL. Supremo Tribunal Federal, Ação Direta de Inconstitucionalidade n. 4.277, Tribunal Pleno, Relator: Min. Ayres Britto 05.05.2011 (Afirmando que aqueles que fazem opção pela união homoafetiva não podem ser desigualado em sua cidadania. Ninguém pode ser tido como cidadão de segunda classe porque, como ser humano, não aquiesceu em adotar modelo de vida não coerente com o que a maioria tenha como certo ou válido ou legítimo); BRASIL. Supremo Tribunal Federal, Recurso Extraordinário n. 888.815, Tribunal Pleno, Relator: Min. Roberto Barroso, Redator do Acórdão: Min. Alexandre de Moraes, 12.09.2018 (Afirmando que a educação é um direito fundamental relacionado à dignidade da pessoa humana e à própria cidadania, pois exerce dupla função: de um lado,

INTRODUÇÃO

O alcance desse objetivo encontra grandes dificuldades. Muitos membros dos grupos majoritários, pessoas que se beneficiam de arranjos sociais arbitrários, classificam medidas antidiscriminatórias como uma ameaça à democracia, motivo pelo qual procuram adotar uma compreensão restrita de igualdade. O controle da maioria das instituições públicas e privadas por membros dos grupos dominantes também traz grandes dificuldades em função de reações coletivas a medidas inclusivas. Muitas sociedades carecem de uma cultura republicana, motivo pelo qual normas antidiscriminatórias deixam de ser adequadamente respeitadas. Mesmo quando há consenso sobre o dever de tratamento igualitário entre todos os grupos, temos a dificuldade relacionada com os meios a serem utilizados para a promoção desse objetivo. Alguns argumentam que desigualdades são apenas uma falha na exigência de tratamento imparcial entre todas as pessoas, outros afirmam que elas decorrem de práticas individuais, enquanto há aqueles que classificam a situação de subordinação como produto de processos de exclusão social.[25]

Esse campo jurídico procura responder algumas questões fundamentais sempre presentes nos sistemas jurídicos democráticos. Elas estão relacionadas com debates sobre os propósitos do princípio da igualdade, com questões referentes ao tipo de ação a ser adotada para promover os objetivos desse princípio, com discussões sobre quem são os atores sociais obrigados a promover essas metas, com os meios a serem adotados para a promoção da igualdade e ainda se esse princípio deve priorizar indivíduos ou grupos. Esses

---

qualifica a comunidade como um todo, tornando-a esclarecida, politizada, desenvolvida; de outro, dignifica o indivíduo, verdadeiro titular desse direito subjetivo fundamental).

[25] Para uma análise desse debate ver, sobretudo: FERREIRA, Renato (Coord.). *Ações afirmativas*: a questão das cotas – análises jurídicas de um dos assuntos mais controvertidos da atualidade. Niterói: Impetus, 2011; CURRY, George (Coord.). *The affirmative action debate*. Nova York: Addison-Wesley Company, 1996.

questionamentos demonstram a existência de diferentes níveis de análise sobre os propósitos do Direito Antidiscriminatório. Podemos identificar objetivos sistemáticos, mecanismos de fomento e formas de justificação. Esse campo jurídico está baseado na premissa de que mesmo sociedades democráticas são permeadas por relações hierárquicas de poder. Por esse motivo, ele procura atenuar as desvantagens relativas entre grupos sociais, um requisito para o avanço da agenda democrática. Assim, esse campo jurídico está centrado em concepções de igualdade que legitimam as medidas necessárias para promover a integração social de grupos vulneráveis. Essas teorias de igualdade oferecem então parâmetros para o alcance dos objetivos sistemáticos do Direito Antidiscriminatório. Por outro lado, teorias de discriminação permitem identificar mecanismos discriminatórios, requisito essencial para identificarmos os mecanismos responsáveis pela marginalização social. Elas oferecem elementos concretos para juristas estabelecerem o dano causado e os responsáveis por ele, o que presta legitimidade à decisão judicial. O entendimento das forças sociais responsáveis pela desvantagem de grupos também oferece meios para que os gestores públicos possam atuar na criação de medidas destinadas ao combate dos efeitos dessas práticas.[26]

Ao fazermos essa diferenciação entre objetivos sistêmicos e meios de operação, estamos apontando para o fato de que a lógica desse campo jurídico pode seguir diferentes formas de legitimação. Alguns autores recorrem a teorias de igualdade, outros a teorias de liberdade e há também aqueles que utilizam concepções de dignidade para justificar os objetivos sistêmicos de normas e práticas antidiscriminatórias. Esta obra adota uma postura pluralista ao reconhecer que esses três parâmetros são relevantes para o estabelecimento dessa disciplina jurídica. Tendo em vista a centralidade da noção de dignidade humana no nosso sistema jurídico,

---

[26] KHAITAN, Tarunabh. *A theory of antidiscrimination law*. Oxford: Oxford University Press, 2015, pp. 1-7.

nós partiremos do pressuposto de que os objetivos sistêmicos do Direito Antidiscriminatório encontram fundamento na promoção desse preceito. Ele será entendido aqui a partir da perspectiva que tem sido utilizada por várias decisões dos tribunais brasileiros: a dignidade humana designa um princípio de natureza relacional derivada do gozo de uma série de direitos e garantias necessários para o reconhecimento das pessoas como agentes autônomos. Uma existência digna significa o acesso ao controle de uma série de mecanismos a partir dos quais as pessoas podem tomar decisões sobre aspectos fundamentais da vida, o que só pode ocorrer quando elas vivem em uma sociedade na qual formas de tratamento discriminatório são efetivamente combatidas. Essa concepção de dignidade humana expressa uma compreensão da igual dade como princípio comprometido com a emancipação humana, uma perspectiva que consideramos relevante para justificar medidas que procuram promover liberdades substantivas, expressão indicadora de medidas que podem promover capacidades individuais.[27]

---

[27] BRASIL. Supremo Tribunal Federal, Ação Direta de Inconstitucionalidade n. 26.496, Tribunal Pleno, Relatora: Min. Cármen Lúcia, 08.05.2008 (Afirmando que a Lei n. 8.899/94 é parte das políticas públicas para inserir os portadores de necessidades especiais na sociedade e objetiva a igualdade de oportunidades e a humanização das relações sociais, em cumprimento aos fundamentos da República da cidadania e dignidade da pessoa humana, o que se concretiza pela definição de meios para que eles sejam alcançados); BRASIL. Supremo Tribunal Federal, Recurso Extraordinário n. 888.815, Tribunal Pleno, Relator: Min. Roberto Barroso, Redator do Acórdão: Min. Alexandre de Moraes, 12.09.2018 (Afirmando que a educação é um direito fundamental relacionado à dignidade da pessoa humana e à própria cidadania, pois exerce dupla função: de um lado, qualifica a comunidade como um todo, tornando-a esclarecida, politizada, desenvolvida; de outro, dignifica o indivíduo, verdadeiro titular desse direito subjetivo fundamental); BRASIL. Supremo Tribunal Federal, Ação Direta de Constitucionalidade n. 19, Tribunal Pleno, Relator: Min. Marco Aurélio, 09.02.2012 (Afirmando que a Constituição, por meio do princípio da dignidade da pessoa humana, confere à mulher, em alguns dispositivos, tratamento protetivo diferenciado sem prejuízo ao princípio da igualdade); BRASIL. Supremo Tribunal Federal, Ação Direta de Inconstitucionalidade n. 4.275, Tribunal Pleno, Relator: Min. Marco Aurélio, Redator do Acórdão: Min. Edson Fachin, 01.03.2018

Esta obra apresenta uma fundamentação para o Direito Antidiscriminatório que tem como ponto central a dignidade humana, princípio constitucional estruturante que pressupõe a noção de paridade entre grupos como manifestação de justiça social. Esta perspectiva está baseada em uma associação entre dignidade humana e alguns propósitos políticos presentes no nosso texto constitucional, notoriamente a construção de uma sociedade solidária. O alcance desse objetivo requer a luta contra os diferentes processos de discriminação que recaem sobre grupos de pessoas que enfrentam obstáculos sistêmicos à inclusão e ao alcance de respeitabilidade. Uma sociedade organizada em torno da ideia de paridade está comprometida com a construção de mecanismos destinados a promover a igualdade de *status* entre os vários segmentos sociais. Observaremos ao longo deste livro que esta é uma condição essencial para que todas as pessoas possam ser reconhecidas como atores sociais competentes, motivo pelo qual a busca por paridade deve estar centrada na promoção de igualdade de *status* cultural e de *status* material entre indivíduos. Argumentaremos que esse é o objetivo sistêmico central do Direito Antidiscriminatório: combater práticas excludentes responsáveis por diferenciações arbitrárias que impactam de maneira negativa o *status* social das pessoas.[28] Este livro objetiva promover uma sistematização desse campo jurídico, o que acreditamos ter importância

---

(Afirmando que resulta inviável e atentatório aos princípios da dignidade da pessoa humana, da integridade física e da autonomia da vontade, condicionar o exercício do legítimo direito à identidade à realização de um procedimento cirúrgico ou de qualquer outro meio de se atestar a identidade de uma pessoa); BRASIL. Supremo Tribunal Federal, Ação Direta de Constitucionalidade n. 41, Tribunal Pleno, Relator: Min. Roberto Barroso, 08.06.2017 (Afirmando que a ordem constitucional não apenas rejeita todas as formas de preconceito e discriminação, mas também impõe ao Estado o dever de atuar positivamente no combate a esse tipo de desvio e na redução das desigualdades de fato).

[28] FRASER, Nancy. "Redistribuição, reconhecimento e participação: por uma concepção integrada de justiça". *In*: SARMENTO, D.; IKAWA, D.; PIOVESAN, F. (Coord.). *Igualdade, diferença e direitos humanos*. Rio de Janeiro: Lumem Juris, 2008, pp. 169-189.

INTRODUÇÃO

central para o avanço da cultura democrática neste país. Embora tenhamos normas protetivas muito avançadas, elas carecem de efetividade em função da ausência de obras que permitam uma formação acadêmica especializada nesse campo. O estudo do Direito Antidiscriminatório transcende os temas das disciplinas de Direitos Humanos e Direitos Fundamentais. É certo que elas também compreendem teorias de interpretação e aplicação dessas categorias de direitos, mas devemos estar atentos ao fato de que esse campo tem uma natureza específica. Ele engloba os temas dessas disciplinas, mas também reflexões sociológicas e filosóficas sobre o fenômeno da discriminação, estudos de psicologia jurídica, parâmetros para políticas públicas e medidas legislativas, teorias de estratificação social, análise sobre as relações entre sistema jurídico e cultura democrática. Ele também desenvolve elementos para a promulgação, interpretação e aplicação de legislação protetiva de grupos vulneráveis, um campo de estudo de imensa relevância em uma sociedade que se recusa a reconhecer a relevância dessas leis para o progresso da democracia.

Como a marginalização está centrada no pressuposto da existência de processos de diferenciação que afetam classes de pessoas que possuem características comuns, nós examinaremos teorias da igualdade e da discriminação como temas referentes a *grupos sociais*. Nosso sistema constitucional possui um projeto emancipatório cujas bases estão presentes nos seus fundamentos e nos seus objetivos políticos, bem como na ordem objetiva de valores decorrentes dos direitos fundamentais. Esta obra está construída sobre a premissa segundo a qual nosso sistema jurídico está comprometido com a construção de uma democracia substantiva. Este projeto intelectual se justifica porque esse objetivo não pode ser alcançado enquanto relações arbitrárias de poder continuarem pau tando a ação de muitos atores públicos e privados. Uma sociedade nunca será genuinamente democrática enquanto sistemas de dominação social continuarem regulando o funcionamento de seus diversos sistemas sociais. Uma sociedade se torna mais igualitária na medida em que cada ser humano pode ser reconhecido como um agente autônomo que merece o mesmo respeito e consideração, o que requer a eliminação dos estigmas culturais e desvantagens materiais que subordinam parcelas consideráveis da população brasileira. A estigmatização impede a construção de uma comunidade política baseada no princípio da solidariedade, preceito cuja realidade depende do reconhecimento recíproco de todos como pessoas livres e iguais. Pretendemos assim ampliar os parâmetros para a discussão sobre igualdade e discriminação em uma cultura jurídica ainda dominada por uma perspectiva individualista e procedimentalista da igualdade e pela identificação da discriminação como mero tratamento arbitrário. Pretendemos assim apontar novas direções para pensarmos a situação de grupos socialmente vulneráveis que continuam nessa situação em função de uma compreensão inadequada da operação efetiva de mecanismos discriminatórios.

Este livro está dividido em quatro partes. A primeira apresenta definições, explora as origens, examina os pressupostos jurídicos, políticos, antropológicos e filosóficos da disciplina que estamos discutindo. Ela também analisa as características das normas antidiscriminatórias, além dos desafios enfrentados para a efetivação do sistema protetivo presente em nossa legislação. A segunda parte discute diferentes temas relacionados ao princípio da igualdade, debate necessário para entendermos os objetivos sistêmicos do Direito Antidiscriminatório. Ela começa com uma apresentação de definições da igualdade, debate seguido pela apresentação de suas diferentes dimensões, além das teorias monistas e complexas de igualdade. Enfrentaremos ainda outros temas centrais dessa disciplina, como a evolução da igualdade, os grupos que merecem proteção jurídica especial, as relações entre igualdade e liberdade, além das perspectivas que devemos adotar para a interpretação da igualdade no atual paradigma constitucional. A terceira parte discute diferentes gerações de teorias de discriminação, referências relevantes para a operação de normas e

INTRODUÇÃO

medidas antidiscriminatórias. Teremos a oportunidade de observar como os estudos sobre a discriminação evoluíram gradualmente de uma perspectiva comportamental para uma concepção estrutural. O exame de diferentes gerações de teorias de discriminação nos permitirá analisar de forma mais complexa os meios a partir dos quais desvantagens entre grupos sociais são criadas e reproduzidas. A quarta parte, por sua vez, discute o papel que agentes públicos e privados podem ter na promoção da inserção social de minorias raciais e sexuais. Ela tem início com breves considerações sobre o custo emocional da discriminação e depois desenvolve uma longa discussão sobre governança corporativa e medidas antidiscriminatórias. Os dois capítulos finais examinam princípios para medidas legislativas e políticas públicas destinadas à proteção de minorias e também os motivos pelos quais devemos proscrever a discriminação como prática social.

CAPÍTULO I
DIREITO ANTIDISCRIMINATÓRIO: DEFINIÇÕES, PROPÓSITOS, ORIGENS, DESAFIOS

A igualdade ocupa um papel fundamental na arquitetura do constitucionalismo moderno. Sua proteção e promoção tem relevância central na lógica do funcionamento das democracias constitucionais, regimes políticos que têm como um de seus praincipais objetivos criar condições necessárias para que todas as pessoas tenham tratamento igua litário perante as normas jurídicas. Todos os indivíduos devem ser vistos como seres que possuem o mesmo valor moral, motivo pelo qual pre cisam ser considerados como atores sociais competentes, além de poderem participar do processo de deliberação política. Os membros de uma comunidade política democraticamente organizada são pessoas que merecem ter a igual dignidade jurídica reconhecida, um dos elementos principais da cultura moderna dos direitos humanos.[29] Entretanto, o alcance desse objetivo ainda se mantém distante para muitos segmentos

---

[29] Para uma análise da evolução do princípio da igualdade, ver: ROCAFORT, Piza. *Igualdad de derechos y no discriminación*. São José de Costa Rica: Universidad Autônoma de Centro America, 1997; VIDA, Maria Ángeles

das democracias liberais atuais. Todas as sociedades democráticas são permeadas por relações arbitrárias de poder que produzem a exclusão de grupos sociais. Estes não possuem o mesmo nível de respeitabilidade social ou segurança material desfrutado pela maioria daqueles que pertencem aos grupos dominantes. Muitas representações culturais e arranjos institucionais que privilegiam alguns e subordinam outros são criados e reproduzidos ao longo do tempo. Por esse motivo, os sistemas jurídicos modernos criaram diversas normas que procuram proteger indivíduos e grupos submetidos aos mais diversos tipos de tratamentos discriminatórios para que eles possam ter uma vida minimamente digna.[30]

Essa realidade tem sido responsável por uma grande transformação dos sentidos do princípio da igualdade ao longo dos últimos dois séculos. Quase todas as sociedades democráticas promulgaram normas jurídicas que se articulam para formar um esquema protetivo contra essas discriminações, mas ele inclui ainda outros elementos muito relevantes. As decisões judiciais sobre a aplicação dessas normas a variadas situações de exclusão, a reflexão teórica sobre processos responsáveis pela subordinação, a elaboração de novas perspectivas de interpretação da igualdade e a criação de mecanismos institucionais e políticas públicas destinadas à proteção de minorias e grupos vulneráveis são elementos que formam um campo jurídico que tem sido chamado de *Direito Antidiscriminatório*. Essa área precisa ser compreendida adequadamente porque ocupa um papel central na operação dos sistemas constitucionais contemporâneos. O estudo dela tem relevância significativa para a operação adequada de um regime político democrático, forma de organização social baseada no pressuposto da universalidade

---

Martín. *Evolución histórica del princípio de igualdad y paradoxas de exclusión*. Granada: Editoral Universidad de Granada, 2004.

[30] Para uma explicação geral dos pressupostos desse campo de estudo, ver, entre outros: MCCOLGAN, Aileen. *Discrimination, equality and the law*. Oxford: Hart Publishing, 2014.

de direitos. Analisaremos neste capítulo os elementos principais desse campo de estudo, que ainda requer a devida sistematização, embora quase todos os seus elementos estejam presentes em nosso sistema jurídico.

1.1 Direito Antidiscriminatório: definições

Podemos definir o Direito Antidiscriminatório a partir de diferentes parâmetros. Ele pode ser visto, quanto à sua *natureza específica*, como um campo jurídico composto por uma série de normas que pretendem reduzir ou eliminar disparidades significativas entre grupos, um dos objetivos centrais dos textos constitucionais das sociedades democráticas. Essa meta pode ser alcançada por meio da criação de um sistema protetivo composto por normas legais e iniciativas governamentais destinadas a impedir a discriminação negativa, forma de tratamento desvantajoso intencional e arbitrário, e também por iniciativas públicas ou privadas destinadas a promover a discriminação positiva, ações voltadas para a integração social de minorias.[31] Isso se torna necessário porque membros desses grupos enfrentam desvantagens estruturais decorrentes da existência de um ou mais sistemas de discriminação que operam paralelamente ao longo do tempo para produzir desigualdades que se transformam em diferenças de *status* duráveis entre classes de indivíduos.[32] Esse campo pretende então estabelecer uma relação igualitária entre segmentos sociais, um objetivo do constitucionalismo contemporâneo que só pode ser atingido a partir de mecanismos legais e políticos que procuram combater a discriminação. Assim, as normas que formam esse campo jurídico

---

[31] KOPPELMAN, Andrew. *Antidiscrimination law and social equality*. Nova Haven: Yale University Press, 1998, pp. 1-7; MCCOLGAN, Aileen. *Discrimination, equality and the law*. Oxford: Hart Publishing, 2014, pp. 1-6.

[32] Ver, nesse sentido, especialmente: SIDANIUS, Jim; PRATTO, Felicia. *Social dominance*: an intergroup theory of social hierarchy and oppression. Cambridge: Cambridge University Press, 1999, pp. 31-59.

operam a partir da análise conjunta das relações estruturais entre dois elementos centrais: *a igualdade e a discriminação*. Ele constitui um estudo das normas que direta ou indiretamente são relevantes para a construção de um sistema protetivo, o que tem relevância em sociedades que, mesmo sendo reguladas por regimes democráticos, ainda estão estruturadas a partir de relações hierárquicas de poder entre seus diferentes segmentos. A igualdade preconizada na legislação desses países só pode ser alcançada com a identificação e a eliminação dos mecanismos que impedem o reconhecimento da igual humanidade das pessoas.[33]

A construção desse sistema protetivo encontra fundamento em dois elementos centrais da cultura constitucional. Primeiro, leis antidiscriminatórias são meios a partir dos quais se alcança a racionalização do poder estatal: uma sociedade se torna democrática na medida em que o sistema jurídico está comprometido com a proteção das liberdades individuais, com os direitos sociais e também com práticas inclusivas. Se, por um lado, muitas instituições estatais estão frequentemente engajadas no tratamento desvantajoso e arbitrário de minorias, por outro, elas também podem promover a inclusão na medida em que operam de acordo com os princípios que permeiam a ordem constitucional, entre eles, a construção de uma democracia substantiva. A operação delas está necessariamente vinculada aos direitos fundamentais, aspecto que procura chegar ao objetivo central da cultura democrática: a proteção da igualdade e da liberdade de indivíduos e grupos.[34] Segundo, ele também está ancorado no claro programa de transformação social presente nos

---

[33] Para uma análise dos sistemas de opressão presentes em sociedades democráticas, ver: KERBO, Harold. *Social stratification and inequality*: class conflict in historical, comparative, and global perspective. Boston: McGrrasw Hill, 2003.

[34] Ver, nesse sentido: SARLET, Ingo; MARINONI, Luiz Guilherme; MITIDIERO, Daniel. *Curso de Direito Constitucional*. São Paulo: Saraiva, 2015, pp. 567-583; BOBBIO, Norberto. *Igualdade e liberdade*. Rio de Janeiro: Ediouro, 1996.

textos constitucionais transformadores de democracias atuais. Parte do pressuposto de que certos princípios democráticos básicos devem regular o espaço público e o espaço privado, notoriamente os princípios da dignidade humana e da cidadania igualitária. O programa de transformação social presente nesse campo jurídico almeja a criação de uma sociedade igualitária, sociedade na qual membros de todos os grupos são reconhecidos como atores sociais competentes, como pessoas capazes de estabelecer e alcançar objetivos pessoais e coletivos.[35]

A busca pela efetivação das diversas formas de igualdade contemplada nesse programa de transformação requer a anulação de mecanismos discriminatórios que mantêm grupos sociais em uma situação de desvantagem estrutural. Esse campo jurídico opera com uma pluralidade de sentidos de igualdade, pois deve reconhecer a diferença entre as situações e também a diversidade de pertencimentos que os indivíduos possuem. Se a igualdade procedimental pode ser relevante em certos contextos, a igualdade substantiva deve ser utilizada em outros. Pela mesma razão, devemos estar atentos ao fato de que a igualdade deve promover a igualdade de tratamento entre *indivíduos* em situações nas quais a igualdade de procedimento se torna relevante, mas esse princípio deve privilegiar a igualdade entre *grupos* quando se pretende promover a inclusão social. Se ele procura afirmar a igualdade *simétrica* entre as pessoas em certos contextos, deve estar preocupado em afirmar a igualdade de *status* entre grupos em outras situações.[36]

---

[35] Para uma análise dos pressupostos do atual paradigma conhecido como constitucionalismo transformador, ver: KLARE, Karl. "Legal culture and transformative constitutionalism". *South African Journal of Human Rights*, vol. 146, nº 1, 1998, pp. 146-157; FIGUEROA, Alfonso García. "La teorìa del derecho en tiempos de neoconstitucionalismo". *In*: CARBONELL, Miguel (Coord.). *Neoconstitucionalismo(s)*. Madrid: Editorial Trotta, 2003, pp. 159-186.

[36] Para uma análise de diferentes dimensões e suas relações com a construção de uma sociedade mais igualitária, ver: SIEGEL, Reva. "Discrimination in the eyes of the law: how 'color blindness' discourse disrupts and rationalizes social stratification". *California Law Review*, vol. 77, nº 1, 2000; SARLET,

Quanto ao seu *status jurídico,* podemos afirmar que esse ramo do Direito deve ser visto como um subsistema do Direito Constitucional, motivo pelo qual ele encontra sua fundamentação nos princípios fundadores da cultura jurídica moderna. Primeiro, estamos diante de um campo de estudo que ocupa papel fundamental na operação de uma concepção democrática do Estado de Direito, que pressupõe uma rela ção estrutural entre Direito e Democracia. Esse conceito jurídico e político encontra fundamento na noção de que uma das funções essenciais do ordenamento jurídico é a tutela dos direitos fundamentais. Se, por um lado, essa instância está marcada pelo princípio da difusão do poder, o poder político deve ser exercido por diferentes esferas para que as liberdades individuais e sociais possam ter a melhor proteção, por outro, ela está também caracterizada pela diferenciação do poder, uma vez que se distingue de outras formas de poder em função do seu caráter especificamente jurídico. O princípio do Estado de Direito encontra fundamentação na inversão ocorrida no seio da modernidade a partir da qual a obrigação estatal da proteção dos direitos individuais assume prioridade em relação à obediência dos interesses dos que ocupam o poder político. O princípio do Estado de Direito tem então uma natureza constitutiva porque expressa a dimensão material, procedimental e formal da regulação do poder estatal. A organização da ordem política por meio de normas jurídicas indica uma forma de racionalização do poder político por meio de regras de procedimento, conteúdos substan tivos e também formas de organização que devem sustentar o Estado. As normas antidiscriminatórias surgem dentro desse contexto como uma manifestação e um conteúdo de justiça em nome de todos os membros da comunidade políticas e em especial daqueles que se encontram em situações de vulnerabilidade ou que enfrentam tipos de exclusão social duradouros. Essa situação se mostra inteiramente incompatível com o um regime político centrado na igual

---

Ingo; MARINONI, Luiz Guilherme; MITIDIERO, Daniel. *Curso de Direito Constitucional.* São Paulo: Saraiva, 2015, pp. 567-583.

consideração e respeito pelos mem bros da comunidade política. A dimensão moral e a dimensão política da igualdade operam como parâmetros para a atuação ética dos indivíduos e também para a ação das instituições estatais.[37]

Segundo, o Estado de Direito assume uma forma específica que é a de uma democracia constitucional. Esse documento jurídico está construído no princípio da separação dos poderes, no princípio democrático, na centralidade da proteção dos direitos fundamentais, sendo que estes formam o núcleo dos sistemas jurídicos modernos. As normas de direitos fundamentais possuem um caráter axiológico devido à dimensão material que elas ocupam dentro das Constituições modernas. As normas constitucionais não apenas respeitam uma relação lógica em relação a outras normas, mas determinam também a forma de operação de todas as outras que são inferiores. Além disso, há também a exigência da conformidade dos atos estatais com a legislação, principalmente com a exigência do tratamento igualitário entre os indivíduos. A responsabilidade estatal com esse princípio também determina que omissões podem configurar uma violação do princípio da constitucionalidade.[38]

Terceiro, estamos diante de um campo jurídico que encontra fundamento no princípio da legalidade, preceito que ordena a vinculação dos poderes estatais às normas inscritas no sistema constitucional. Há uma clara correlação entre a noção de legalidade e a noção de democracia: as normas jurídicas são tidas como legítimas porque expressam a vontade popular e também porque são produto de um processo político deliberativo legítimo. A noção de legalidade possui uma relação constitutiva com a igualdade

---

[37] Ver: ZOLO Danilo. "Teoria e crítica do Estado de Direito". *In*: ZOLO, Danilo; COSTA, Pietro. *O Estado de Direito*: história, teoria, crítica. São Paulo: Martins Fontes, 2006, pp. 5-17; CANOTILHO, J. J. Gomes. *Direito Constitucional e Teoria da Constituição*. Lisboa: Almedina, 2011, pp. 243-250.
[38] CANOTILHO, J. J. Gomes. *Direito Constitucional e Teoria da Constituição*. Lisboa: Almedina, 2011, pp. 245-250.

porque expressa a necessidade de que o processo de produção das normas observe o dever de que a legislação esteja de acordo com os direitos fundamentais. O princípio da legalida de está baseado na noção de que a legislação deve ser vista como o resultado do processo democrático, mas também que ela é a forma mais adequada para a regulação dos direitos fundamentais, um dos elementos do princípio da segurança jurídica.[39]

Quarto, as reflexões sobre os temas da igualdade e da discriminação estão também baseadas na noção da responsabilidade estatal e de seus agentes sobre possíveis ações ou omissões que atentem contra os direitos fundamentais. O Direito Antidiscriminatório pressupõe a existência de um regime jurídico de responsabilidade estatal que implica a ideia da necessidade de reparação de danos causados aos indivíduos por ações intencionais ou omissivas que lhes tragam prejuízos. A responsabilidade objetiva dos agentes estatais opera como um elemento importante do sistema protetivo cujos elementos estamos delineando. Sua caracterização depende da comprovação de um nexo causal entre a ação estatal e um dano causado pelo indivíduo, ou seja, é necessário demonstrar que um ato discriminatório estatal tenha causado um dano a uma pessoa ou grupo de pessoas. Essa responsabilidade também poderá ocorrer quando normas que são neutras impactam de forma desproporcional membros de grupos vulneráveis. O tema da responsabilidade estatal está, portanto, relacionado com o princípio da legalidade, a exigência de que a ação dos agentes estatais seja integralmente baseada na legislação.[40]

Quinto, esse ramo do Direito estabelece o princípio da igualdade como um parâmetro de aplicação das normas estatais. A igualdade tem o *status* de uma norma estruturante porque

---

[39] SARLET, Ingo; MARINONI, Luiz Guilherme; MITIDIERO, Daniel. *Curso de Direito Constitucional*. São Paulo: Saraiva, 2015, pp. 256/257.
[40] SARLET, Ingo; MARINONI, Luiz Guilherme; MITIDIERO, Daniel. *Curso de Direito Constitucional*. São Paulo: Saraiva, 2015, pp. 278/279.

prescreve condições e procedimentos que devem ser seguidos pelos poderes estatais. Por ser uma norma básica material, a igualdade opera como um parâmetro teleológico de ação estatal: instituições públicas devem procurar garantir o tratamento igualitário entre os membros da comunidade política. Vemos, pois, que o Direito Antidiscriminatório é um campo jurídico que encontra fundamento na proibição da discriminação negativa dos indivíduos, como também nas normas que expressam a opção política pela criação de uma sociedade fundada na justiça social.[41] Embora seja um princípio jurídico entre outros, ele opera como pressuposto central de um sistema protetivo formado por várias outras normas constitucionais. Estas, por sua vez, devem direcionar a ação de atores públicos e privados, entes cuja atuação deve estar pautada por normas antidiscriminatórias, além de medidas destinadas à promoção da inclusão daqueles que enfrentam formas sistemáticas de exclusão social.[42]

Sexto, o objetivo de promover a inclusão social de grupos marginalizados decorre não apenas das normas específicas desse campo de estudo, mas, principalmente, daquelas que expressam a racionalidade do paradigma filosófico adotado no texto constitucional, princípios que exprimem concepções de justiça, sentidos da igualdade, formas de democracia, além das várias funções das instituições estatais.[43] Estamos falando aqui dos princípios que estruturam o sistema jurídico e que le gitimam então a criação do

---

[41] O art. 3º da CF determina: "Constituem objetivos fundamentais da República Federativa do Brasil: I – construir uma sociedade livre, justa e solidária; II – garantir o desenvolvimento nacional; III – erradicar a pobreza e a marginalização e reduzir as desigualdades sociais e regionais; IV – promover o bem de todos, sem preconceitos de origem, raça, sexo, cor, idade e quaisquer outras formas de discriminação".

[42] Ver, nesse sentido: WALZER, Michael. *Esferas da justiça*: uma defesa do pluralismo e da igualdade. São Paulo: Martins Fontes, 2003.

[43] O art. 1º da CF estabelece: "A República Federativa do Brasil, formada pela união indissolúvel dos Estados e Municípios e do Distrito Federal, constitui-se em Estado Democrático de Direito e tem como fundamentos: I – a soberania;

sistema protetivo previsto no texto constitucional. Essas normas apresentam os parâmetros que devem organizar a moralidade pública dentro de uma sociedade democrática, sendo que essa moralidade está formada a partir dos preceitos do reconhecimento do mesmo valor de todas as pessoas e o dever de se tratar a todos com a mesma consideração, preceitos básicos do constitucionalismo moderno.

Quanto ao seu *status teórico*, esse campo jurídico incorpora uma série de reflexões sobre conteúdos tais como teorias de igualdade, critérios de tratamento diferenciado, mecanismos de discriminação, as funções e a interpretação das normas de direitos fundamentais no sistema constitucional, como também as relações entre igualdade e democracia. Podemos afirmar, tendo em vista esses temas, que ele compreende uma área de investigação necessariamente interdisciplinar. Por ser um campo jurídico que versa sobre as relações estruturais entre igualdade e discriminação, há uma necessidade de interlocução com outras áreas do saber que possam fornecer elementos sobre diversos mecanismos responsáveis pela reprodução da exclusão social, como também sobre medidas que possam promover a emancipação de minorias. Assim, ele compreende reflexões jurídicas, sociológicas, psicológicas, políticas e filosóficas sobre os diferentes tipos da igualdade, sobre as formas como esse princípio deve ser interpretado e aplicado. Além disso, constitui também um campo de reflexão teórica sobre a discriminação, o que pode ser compreendido genericamente como uma expressão de diversos mecanismos que direta ou indiretamente impactam de forma negativa grupos minoritários.[44] O imenso avanço das reflexões sobre esses dois temas nesse campo de estudo revela que esses conceitos possuem uma complexidade estrutural, o que exige

---

II – a cidadania; III – a dignidade da pessoa humana; IV – os valores sociais do trabalho e da livre iniciativa".

[44] Ver, nesse sentido: RIOS, Roger Raupp. *Direito da antidiscriminação*: discriminação direta, indireta e ações afirmativas. Porto Alegre: Livraria do Advogado, 2008.

uma análise que possa transcender a compreensão tradicio nal da igualdade como tratamento simétrico e da discriminação como tratamento arbitrário. Por esse motivo, devemos pensar o Direito Antidiscriminatório como uma disciplina em constante estado de mudança devido às transformações das práticas adotadas para a preservação das relações hierárquicas de poder presentes nas sociedades liberais.[45]

Quanto às suas *funções*, devemos classificar, primeiro, as normas antidiscriminatórias como ponto de partida para o processo de jurisdição cons titucional. Elas englobam princípios que os tribunais devem utilizar para analisar a correspondência de atos e normas com os princípios que estruturam o sistema constitucional. As reflexões teóricas sobre esse tema cumprem um papel fundamental nesse processo porque oferecem parâmetros para que tribunais possam ter uma compreensão adequada do papel das normas antidiscriminatórias no sistema jurídico. O Direito Antidiscriminatório permite a articulação entre três temas importantes para a jurisdição constitucional: direitos fundamentais, legislação ordinária e democra cia substantiva. Normas antidiscriminatórias informam medidas de integração que legitimam o sistema democrático ao permitirem um nível maior de igualdade entre membros e grupos da comunidade política. Elas operam como uma maneira de impedir ou mitigar a marginalização material e cultural que grupos vulneráveis enfrentam dentro de uma dada sociedade.[46]

Esse campo jurídico também opera como um conjunto de princípios para a ação do Poder Legislativo e do Poder Executivo porque estabelece objetivos e prioridades para a ação estatal. A

---

[45] Esse campo do direito integra contribuições das mais diversas áreas, embora concentrada no estudo da aplicação de normas jurídicas. Para uma análise de sua evolução teórica e histórica, ver: FREDMAN, Sandra. *Discrimination law*. Oxford: Oxford University Press, 2011, pp. 38-106.
[46] Ver: SANCHÍS, Luis Prieto. *Justicia constitucional y derechos fundamentales*. Madrid: Trotta, 2007.

concepção de Estado presente no atual paradigma constitucional o compreende como um agente transformador, o que exige diversas ações estatais destinadas à promoção de medidas inclusivas. Mais do que referências para limites materiais para a formulação da legislação infraconstitucional, normas antidiscriminatórias devem ser vistas como preceitos que impõem obrigações positivas para instituições governamentais. Elas devem criar políticas públicas tendo em vista a lógica dos direitos fundamentais, bem como dos princípios que regulam nosso sistema jurídico. Ao lado disso, devemos também mencionar o papel que estudos acadêmicos sobre esse campo têm na elaboração e operacionalização de políticas públicas destinadas a promover a inclusão de grupos minoritários.[47]

Quanto aos seus *objetivos*, podemos designar propósitos jurídicos, políticos e filosóficos. Em primeiro lugar, deve-se ressaltar que um dos objetivos jurídicos centrais desse campo é a produção da igualdade entre indivíduos e entre grupos sociais, o que implica diferentes tipos de igualdade, entre eles a igualdade formal e a igualdade substantiva. A evolução da reflexão teórica sobre esse princípio nos mostra que uma concepção individualista deste se revela inadequada para o alcance da autonomia, porque o destino pessoal está ligado ao destino dos grupos aos quais as pessoas pertencem. Desse modo, a interpretação e aplicação da igualdade deve ter como meta a promoção da igualdade de *status* entre grupos sociais; ela deve ter como meta a produção da igualdade, entre grupos sociais e não apenas entre indivíduos. Portanto, nos afastaremos nesta obra de uma defesa liberal-individualista da igualdade tendo em vista o objetivo da promoção de *status* entre grupos humanos; sempre trabalharemos com uma compreensão substantiva de igualdade, o que encontra fundamento no objetivo constitucional de transformar a sociedade brasileira em uma democracia substantiva e pluralista, o que está expresso em nossa

---

[47] Ver: COLLINS, Hugh. "Discrimination, equality and social inclusion". *Modern Law Review*, vol. 66, nº 1, 2003, pp. 16-43.

Constituição Federal.⁴⁸ Esse campo jurídico congrega reflexões e práticas destinadas a promover a inclusão de membros de grupos vulneráveis, um mecanismo essencial para a construção de uma sociedade democrática.⁴⁹

Segundo, a promoção da inclusão social deve ser vista como um dos propósitos centrais do Direito Antidiscriminatório. Muitos membros de grupos sociais sofrem processos de marginalização que os impedem de ter gozo de elementos básicos da cidadania. Essas diversas barreiras fazem com que sejam afetados das mais diferentes maneiras, seja no plano político, no plano cultural, no plano social, no plano econômico e no plano psicológico. Por esse motivo, a inclusão aparece aqui como um propósito de justiça que pretende melhorar o bem-estar social de grupos que estão em uma situação de desvantagem perene. Autores afirmam que esse campo do Direito tem como propósito fundamental a igualdade entre grupos sociais, mas muitos acreditam que tal objetivo não poderá ser atingido sem a correspondente transformação cultural.⁵⁰

Essa posição decorre do fato de que desvantagens sistemáticas entre grupos estão baseadas na presença de estigmas culturais que afetam minorias em praticamente todas as esferas da vida social. Esses estigmas impedem que eles sejam vistos como agentes competentes, indivíduos capazes de desempenhar funções sociais básicas de forma competente. Por esses motivos, falamos hoje em

---

48 FREDMAN, Sandra. *Discrimination law*. Oxford: Oxford University Press, 2011, pp. 1-35; MCCOLGAN, Aileen. *Discrimination, equality and the law*. Oxford: Hart Publishing, 2014, pp. 70-96.

49 Para uma defesa dessa perspectiva, ver CRENSHAW, Kimberlé. "Race, reform, and retrenchment: transformation and legitimation in antidiscrimination law". *Harvard Law Review*, vol. 101, nº 7, 1988, pp. 1331-1387.

50 Ver, nesse sentido: HABERMAS, Jurgen. *A inclusão do outro*: estudos de teoria política. São Paulo: Unesp, 2019, pp. 341-397; TAYLOR, Charles. *Argumentos filosóficos*. São Paulo: Edições Loyola, 2000; SANTOS, Milton. *O espaço do cidadão*. São Paulo: Edusp, 2014.

mecanismos que garantam a possi bilidade de reconhecimento da igual dignidade e que possibilitem condições materiais dignas.[51]

Estigmas são responsáveis pela transformação de certos grupos em castas sociais, um processo que impede o reconhecimento deles como pessoas que devem ter a mesma consideração e respeito. Práticas discriminatórias decorrem de divisões de *status* cultural entre membros de grupos sociais, distinções que legitimam práticas discriminatórias em todas as outras áreas. Por esse motivo, um dos objetivos centrais desse ramo do Direito deve ser a criação de uma realidade na qual as pessoas possam viver livres de estigmas. Dessa maneira, esse campo jurídico procura identificar e corrigir dinâmicas culturais responsáveis pela criação de hierarquias sociais baseadas em diferenças de *status* cultural entre grupos. É importante mencionar que o Direito Antidiscriminatório também pretende celebrar o pluralismo como um aspecto positivo da realidade das democracias liberais. Normas antidiscriminatórias desempenham o importante papel de serem razões para ações de atores públicos e privados. Assim, elas constituem um dos pontos centrais da moralidade pública democrática porque permitem a afirmação de um senso de eticidade que deverá governar as ações dos indivíduos nas suas diversas interações e funções enquanto agentes sociais.[52]

Terceiro, devemos estar atentos ao fato de que a proteção de grupos humanos contra formas de discriminação deve ser perseguida porque vivemos em um sistema constitucional que tem por objetivo a proteção da ação autônoma dos indivíduos, o que

---

[51] Para uma análise dessa dinâmica social, ver: MOREIRA, Adilson José. *Racismo recreativo*. São Paulo: Pólen Livros, 2019, pp. 37-66; ANTUNES, Pedro Paulo Sammarco. *Homofobia internalizada*: o preconceito do homossexual contra si mesmo. São Paulo: Annablume, 2017; KILOMBA, Grada. *Memórias da plantação*: episódios de racismo cotidiano. São Paulo: Cobogó, 2017.

[52] Para uma análise das relações entre estigma e desigualdade, ver: GOFFMAN, Erving. *Stigma*: notes on the management of spoiled identity. Londres: Penguin, 1990; LOURY, Glenn. *The anatomy of racial inequality*. Cambridge: Harvard University Press, 2003.

permite a eles a busca de suas concepções particulares do que seja uma boa vida. Dessa forma, uma sociedade igualitária é o lugar no qual as pessoas podem alcançar ideais de vida que entendem relevantes, o que implica a igualdade de *status* cultural e material. Mais do que isso, a realização das diversas dimensões da igualdade implica a existência de uma realidade social na qual todos são vistos como pessoas que merecem o mesmo respeito e consideração. A possibilidade de ação autônoma só se torna possível quando o indivíduo está certo de que possui respeitabilidade social, o que não pode existir em uma sociedade marcada pela domina ção social de certos grupos sobre outros. Assim, o bem-estar pessoal está relacionado à possibilidade de os indivíduos terem acesso a oportunidades materiais e também ao respeito social devido a todos os membros da sociedade política.[53]

Embora existam grandes controvérsias jurídicas e políticas sobre os meios a serem utilizados para promover a inclusão de grupos minoritários, a maioria dos membros da nossa comunidade política concorda com a premissa segundo a qual uma sociedade justa deve eliminar práticas discriminatórias. O sistema protetivo presente no nosso texto constitucional incorpora um projeto antidiscriminatório que almeja modificar nossa realidade por meio de projeto de transformação institucional e cultural que permita a inclusão mediante a identificação e luta contra práticas sociais e sentidos culturais que legitimam condutas discriminatórias. Devemos pensar esse ramo do Direito como uma seara jurídica que tem o propósito específico de promover transformações culturais necessárias para que membros de minorias não sejam vítimas permanentes da animosidade dos grupos majoritários. Essa renovação cultural implica a tentativa de eliminação das diferenças de *status* cultural entre grupos, diferenças construídas em torno de estigmas que determinam a percepção do valor social das pessoas.

---

[53] Ver, nesse sentido: DWORKIN, Gerald. "Acting freely". *Nous*, vol. 4, nº 4, 1970, pp. 367-383.

Esse propósito parte do pressuposto de que modificações legislativas precisam ser acompanhadas também de mudanças na cultura pública e na cultura jurídica de forma de que agentes públicos e privados e operadores jurídicos também estejam comprometidos com seus propósitos.[54]

Quanto à sua *estrutura*, compreende alguns elementos essenciais. Ele engloba uma série de categorias especiais de proteção jurídica, critérios que indicam uma desvantagem significativa entre grupos, critérios que indicam desvantagens de caráter sistemático, sendo que elas podem assumir diversas formas nas diferentes áreas da vida dos indivíduos. O Direito Antidiscriminatório também incorpora uma série de obrigações dirigidas a atores públicos e privados, sendo que elas podem assumir a forma de garantia da observação de direitos ou uma imposição de medidas para a promoção de inclusão de grupos vulneráveis. Tendo como um de seus objetivos centrais a eliminação de desvantagens entre grupos, normas antidiscriminatórias se dirigem ao Judiciário, ao Legislativo e ao Executivo. O primeiro deve analisar a validade de normas que utilizam certos critérios de tratamento diferenciado, o segundo deve observar se a utilização desses critérios não promove a exclusão social e o terceiro, por sua vez, deve também implementar medidas que não podem promover desvantagens entre grupos. O Direito Antidiscriminatório congrega, portanto, um conjunto de normas jurídicas que vinculam a ação dos poderes estatais, normas que fazem referência a classificações usadas para identificar grupos sociais necessitados de proteção para que se possa alcançar princípios de justiça presentes em diversos documentos jurídicos.[55]

---

[54] KOPPELMAN, Andrew. *Antidiscrimination law and social equality*. Nova Haven: Yale University Press, 1998, pp. 8-12.

[55] MCCOLGAN, Aileen. *Discrimination law*: texts, cases and materials. Oxford: Hart Publishing, 2005, pp. 1-32; FREDMAN, Sandra. *Discrimination law*. Oxford: Oxford University Press, 2011, pp. 111-152.

Não podemos deixar de mencionar as diferentes classes de ações e remédios disponíveis a indivíduos e grupos para a proteção de seus direitos, mecanismos que cumprem o importante papel de contribuir para a identificação e eliminação de práticas discriminatórias. Temos aqui a relação estrutural entre esses mecanismos e normas antidiscriminatórias. A estrutura desse campo jurídico pode ser vista como um campo normativo que engloba normas constitucionais, normas de tratados internacionais, normas específicas de Direito Antidiscriminatório, além das decisões judiciais sobre a interpretação delas. A estrutura desse campo jurídico também inclui a organização e atuação das instituições políticas responsáveis pela interpretação e proteção de direitos constitucionais. Vemos então que esse campo do Direito implica a existência de uma cultura democrática na qual as instituições políticas estão efetivamente comprometidas com as normas jurídicas que vinculam o funcionamento delas. Mais uma vez, pressupomos a existência da relação estrutural entre Direito e democracia, uma vez que o sistema protetivo presente na nossa Constituição Federal prevê a existência de uma cultura pública que permite o gozo individual da autonomia pública e da autonomia privada dos indivíduos.[56]

Quanto às suas *fontes*, esse campo jurídico engloba normas pre sentes em uma pluralidade de documentos legais, sendo que podemos identificar os mesmos objetivos em todas elas. Todas fazem parte de documentos responsáveis pela construção de um sistema protetivo no plano nacional e internacional. Dessa forma, estamos diante de legislações que formam um campo que contém tanto normas dirigidas à proteção da universalidade dos indivíduos como também normas destinadas a proteger especificamente grupos minoritários. Tratados internacionais, textos constitucionais e legislação especial estão entre as normas destinadas a proteger grupos que se encontram em uma situação de desvantagem. Elas

---

[56] Conferir HABERMAS, Jurgen. *A inclusão do outro*: estudos de teoria política. São Paulo: Unesp, 2019, pp. 419-438.

sempre estabelecem categorias que são legalmente protegidas contra discriminação, categorias que designam grupos expostos a processos de exclusão.[57]

Além de normas jurídicas, esse campo jurídico também encontra nas decisões dos tribunais nacionais e internacionais referências importantes para a construção de um sistema protetivo. Normas antidiscriminatórias precisam acompanhar a dinâmica social, motivo pelo qual o controle de constitucionalidade com seu papel contramajoritário deve ser visto como uma fonte relevante desse campo. A jurisprudência dos tribunais é o meio principal a partir do qual os sentidos das normas que regulam esse campo jurídico são analisados, uma das principais maneiras pelas quais a constitucionalidade de medidas destinadas a promover a inclusão social é examinada. É importante mencionar que estudos doutrinários são também fontes de grande relevância para essa seara jurídica. A construção desse sistema protetivo eficaz depende da possibilidade de termos uma compreensão adequada dos mecanismos responsáveis pela exclusão social de grupos minoritários. Ele também se beneficia das várias análises teóricas sobre a formulação e aplicação de medidas de inclusão social, como também dos vários estudos sobre as diversas dimensões da igualdade. Estudos doutrinários influenciam decisões judiciais de forma direta e indireta, além de fomentar discussões sobre a necessidade de modificações legislativas destinadas ao aperfeiçoamento do sistema protetivo.[58]

Quanto à suas *origens*, o surgimento do sistema protetivo presente no nosso sistema jurídico está relacionado com três eventos principais. Primeiro, as normas protetivas especiais surgem principalmente a partir da primeira metade do século passado com o constitucionalismo social, momento no qual temos mudanças

---

[57] CONNOLLY, Michael. *Discrimination law*. 2ª ed. Londres: Sweet & Maxwell, 2011, pp. 15-55.

[58] Para uma análise doutrinária desse campo de estudo, ver: CONNOLLY, Michael. *Discrimination law*. 2ª ed. Londres: Sweet & Maxwell, 2011, pp. 1-15.

significativas na lógica do funcionamento de normas constitucionais, com o aparecimento de normas programáticas, evento responsável pela celebração da igualdade substantiva como um valor central da ordem constitucional. É também neces sário mencionar o surgimento dos direitos sociais como direitos fundamentais, o que leva juristas a atribuir ao Estado o papel de instância responsável pela segurança material dos indivíduos. Segundo, esse sistema protetivo encontrou amplo espaço para sua solidificação e expansão das transformações que aconteceram na cultura constitucional a partir da segunda metade do século passado. Notoriamente, estamos diante do surgimento de várias Constituições de caráter substantivo que incorporam as noções de dignidade humana, de justiça social e de igualdade material, o que caracteriza o Estado como um agente de transformação social. Além disso, observamos nesse período histórico mudanças jurisprudenciais importantes, como o caráter normativo dos princípios constitucionais, o reconhecimento dos valores éticos presentes no texto constitucional como referências relevantes para o controle de constitucionalidade de normas legais, a percepção de que a ciência jurídica deve estar compromissada com a construção de transformação social, além da constitucionalização de diversas áreas do Direito.[59]

Terceiro, o aparecimento do sistema protetivo que mencionamos acima também decorre da mobilização política de grupos minoritários que ocorreu ao longo dos últimos dois séculos. Esse processo produziu inúmeras mudanças legislativas e jurisprudenciais, principalmente o aparecimento e proliferação de normas legais contendo a proibição específica de discriminação baseada em categorias legalmente protegidas. Se, de início, elas estavam restringidas a categorias da raça e sexo, ao longo tempo outras

---

[59] Para uma evolução histórica da noção de igualdade do ponto de vista teórico e jurídico, ver FREDMAN, Sandra. *Discrimination law*. Oxford: Oxford University Press, 2011, pp. 1-36; KLARMAN, Michael. "An interpretive history of modern equal protection". *Michigan Law Review*, vol. 90, n° 2, 1991, pp. 214-316.

categorias foram sendo incluídas, como a orientação sexual, identidade de gênero e limitações físicas. É importante observar que essas categorias também são formas de identidades que não são meras construções culturais, mas formas de classificação criadas por membros dos grupos dominantes para determinar quem merece ter acesso a direitos. A luta desses grupos não se reduz a uma afirmação de meros traços identitários, mas a mudanças culturais que possibilitam a transformação das diversas hierarquias de *status*, à mobilização de oportunidades sociais necessárias para uma vida dignificada, como também à possibilidade de participação no processo político. É importante notar que sistemas de proteção dos grupos designados por essas categorias possuem também uma dimensão internacional, uma vez que essa mobilização política possui uma dimensão transnacional.[60]

Devemos estar atentos ao fato de que os últimos dois fatores estão intimamente interligados. A luta dos diversos movimentos minoritários tinha como um de seus objetivos principais a expansão dos sentidos e interpretação de normas constitucionais, notoriamente do princípio da igualdade. Essas transformações não se resumem apenas ao reconhecimento da igual dignidade, mas também a outros fatores, tais como a natureza múltipla dos sistemas de discriminação, o impacto desproporcional de normas aparentemente neutras, além da insuficiência da igualdade formal para tratar pessoas que possuem formas de inserção social bem distintas. Os sistemas protetivos criados ao longo das cinco últimas décadas consideram as diferenças de *status* cultural e de *status* material entre os grupos, além de reconhecer a influência deles em quase todas as esferas da vida social. Essa luta teve importância

---

[60] Ver: nesse sentido: MOREIRA, Adilson José. *Cidadania sexual*: estratégia para ações inclusivas. Belo Horizonte: Arraes, 2017; TREVISAN, João Silvério. *Devassos no paraíso*. São Paulo: Objetiva, 2018; BRANCH, Taylor. *Parting the waters*: America in the King Years. Simon & Schuster, 1989; FEDERMAN, Lilian. *The gay rights revolution*: the story of the struggle. Nova York: Simon & Schutter, 2015.

central no processo descrito por certos autores como movimento de categorização do Direito, o que descreve a criação gradual de normas jurídicas destinadas à proteção de grupos específicos, algo que se afasta do ideal moderno da universalidade dos direitos pressupostos pela filosofia dos direitos humanos.[61]

Vemos então que podemos identificar as origens desse campo jurídico em certos elementos centrais da luta por emancipação de grupos minoritários. Ele está associado ao conflito entre diferentes paradigmas de libertação social presentes no mundo contemporâneo, um deles relacionado com a defesa de justiça simétrica como forma de justiça social e outro que combate a ideia de assimilação como caminho para integração. A primeira perspectiva se mostra problemática porque desconsidera as consequências da operação estrutural de sistemas de exclusão em aspectos centrais da sociedade, como a economia, o Direito, a cultura e a política. A segunda também apresenta problemas porque defende medidas de inclusão de acordo com os pressupostos do liberalismo individualista, uma posição que desconsidera a relevância de critérios de diferenciação social na vida dos indivíduos. Essas duas ideias defendem concepções de libertação social que propõem a transcendência da diferença entre grupos como meio para a superação dos problemas enfrentados por minorias. De acordo com seus formuladores, apenas a eliminação do uso de categorias dessa natureza pode criar uma sociedade na qual as pessoas serão vistas apenas como indivíduos. Essas perspectivas têm sido duramente combatidas por membros de grupos que defendem uma política da diferença em contraposição a uma política assimilacionista. Propostas dessa natureza ignoram

---

[61] Para uma análise desse tema, ver: ACKERMAN, Bruce. *We, the people*: the civil rights revolution. Cambridge: Harvard University Press, 2017; JOSEPHY, Peniel E. *Waiting 'til the midnight hour*: a narrative history of black power in America. Nova York: Henry Holt & Co, 2006; FEDERMAN, Lilian. *The gay rights revolution*: the story of the struggle. Nova York: Simon & Schutter, 2015; COLLINS, Patricia Hill. *Pensamento feminista negro*. São Paulo: Boitempo, 2019.

as características distintivas da experiência social de minorias, mas também suas características culturais, exigindo que se comportem de acordo com os parâmetros dos grupos dominantes para serem respeitadas. Os grupos mencionados afirmam que a inclusão social não pode ter como custo a eliminação das características que marcam a cultura de grupos minoritários. A proposta assimilacionista contraria o interesse de minorias em afirmar um sentido positivo de identidade, um aspecto importante quando se vive em uma sociedade que impõe comportamentos hegemônicos como condição para inclusão.[62]

A oposição contra a assimilação como forma de inclusão está baseada nas lutas por empoderamento comunitário presente nas últimas décadas. Esse termo implica os meios a partir dos quais a mobilização de minorias pode melhorar a qualidade de vida de todos os seus membros. Empoderar significa garantir protagonismo para minorias, de forma que elas possam participar dos processos decisórios, condição para a construção de uma democracia substantiva. Empoderar significa criar as condições para que as pessoas possam traçar seus próprios destinos, o que só pode ser alcançado quando não existem obstáculos estruturais para esse exercício. As lutas por empoderamento desses grupos estão, portanto, relacionadas com a construção de uma luta mais ampla pela criação de uma sociedade na qual a diversidade seja vista como um aspecto positivo e não como uma ameaça ao *status* privilegiado dos grupos majoritários. Essa política da diferença e a política do empoderamento ocupam um papel importante nos processos que permitiram a expansão do alcance protetivo do Direito Antidiscriminatório, marcando uma perspectiva que tem sido reconhecida por tribunais constitucionais como legítima. A emancipação por meio de uma política da diferença está baseada na noção de que é impossível

---

[62] Ver, nesse sentido: YOUNG, Iris Marion. *Justice and the politics of difference*. Princeton: Princeton University Press, 1990, pp. 157-160.

construir uma sociedade democrática sem o reconhecimento das diferenças de *status* entre grupos sociais.[63]

Quanto às *esferas de aplicação*, podemos situar o Direito Antidiscriminatório como um campo jurídico que procura aplicar o ideal da igualdade àquelas dimensões da vida dos indivíduos nas quais o tratamento igualitário é relevante para o alcance de uma vida digna. O desenvolvimento das democracias liberais sempre esteve marcado por lutas pela eliminação de formas de subordinação de certos grupos em relação a outros. Várias normas foram criadas para eliminar relações arbitrárias em espaços essenciais para que as pessoas possam ser reconhecidas como pessoas livres e iguais. O aspecto liberacionista desse campo jurídico aponta um movimento a partir do qual o sistema protetivo deve ser expandido para que as pessoas possam alcançar maiores níveis de dignidade pessoal. A igualdade de acesso ao direito de voto, a igualdade de acesso ao direito à educação e a igualdade de acesso a direitos matrimoniais são exemplos nos quais normas jurídicas passaram a incidir com o propósito de expandir o alcance do sistema protetivo consagrado nas Constituições modernas.[64]

A expansão dessas esferas de atuação decorre da atuação de membros de minorias que lutaram por maior nível de proteção legal tendo em vista os tipos de opressão aos quais estão submetidos. Esse processo não ocorre sem grande oposição social porque se procura desestabilizar relações hierárquicas que beneficiam os grupos majoritários, mas que são apresentadas como formas de operação normal da sociedade. Esse processo se torna possível em função de uma característica dos regimes democráticos: a política como forma de mobilização e transformação social. Observamos, pois, que a expansão dos regimes protetivos obedece a uma lógica que

---

[63] Ver, nesse sentido: BERTH, Joice. *Empoderamento*. São Paulo: Polén Livros, 2018.
[64] ACKERMAN, Bruce. *We, the people*: the civil rights revolution. Cambridge: Harvard University Press, 2017, pp. 127-154.

passa por um período de dominação, um período de mobilização, um período de oposição e reação e um possível momento de integração e reconhecimento de direitos. Assim, vemos que as relações próximas entre igualdade e democracia sugerem que a realização do ideal de inclusão social depende da vontade de uma sociedade de expandir as esferas de aplicação desse campo jurídico, um dos temas centrais dos debates atuais sobre jurisdição constitucional.[65]

1.2 Fundamentos filosóficos

1.2.1 Justiça

A reflexão sobre a igualdade também deve ser vista como uma análise sobre padrões de justiça, motivo pelo qual as diversas normas que compõem o Direito Antidiscriminatório se articulam para alcançar um objetivo jurídico e político fundamental: a construção de uma sociedade mais justa. O conceito de justiça implica meios racionais de justificação para a ação estatal nas suas mais diversas manifestações. Tendo em vista o fato de que vivemos em uma sociedade democrática na qual os direitos fundamentais vinculam a ação de agentes públicos e privados, todos os seus atos devem obedecer às maneiras pelas quais a comunidade política justifica meios de tratamento entre os indivíduos, bem como formas de distribuição de oportunidades entre eles. Essa racionalidade encontra legitimidade na moralidade pública democrática, padrão que deve ser utilizado nos contextos de aplicação das normas jurídicas a casos concretos, sendo que diferentes princípios de justificação serão utilizados nos diversos contextos nos quais as relações humanas estão em questão. Assim, embora as formas de justificação possam variar entre os diversos contextos, sempre será necessário que elas expressem formas de racionalidade socialmente aceitas

---

[65] Ver, nesse sentido: ESKRIDGE, William. "Pluralism and distrust: how courts can lower the stakes of politics". *Yale Law Journal*, vol. 114, n° 4, 2005.

como razoáveis. O julgamento ético implícito nas considerações sobre justiça será feito a partir dos elementos presentes em uma dada situação moralmente relevante.[66]

Devemos então buscar essa forma de racionalidade nos princípios que regulam o sistema constitucional brasileiro, pois eles expressam o conjunto de valores que nossos legisladores constituintes escolheram para pautar a ação das instituições estatais, bem como as relações entre elas e os membros da comunidade política. O sistema protetivo presente em nosso sistema constitucional tem o propósito de promover a inclusão de grupos sociais que estão em uma situação duradoura ou permanente de desvantagem social. Isso só pode ser alcançado quando as instituições articulam formas para eliminar os mecanismos que os mantêm nessa situação. Uma sociedade democrática não pode permitir que grupos sociais permaneçam em uma situação permanente de exclusão social, resultado das diferenças de *status* cultural e material entre grupos que vivem em uma sociedade. Mais do que um princípio jurídico, a noção de justiça requer a construção de meios para que as pessoas possam realizar o ideal de autonomia que marca a moralidade pública das sociedades democráticas modernas.[67] A permanência de grupos minoritários em uma situação permanente de subordinação prejudica a criação de um sentimento de que a ordem política e jurídica opera de maneira adequada, o que pode contribuir para a perda de legitimidade das instituições, criando assim um déficit democrático.[68]

---

[66] KOLM, Serge-Cristophe. *Modern theories of justice*. Cambridge: MIT University Press, 1996, pp. 38-43.

[67] Ver, nesse sentido: MASSEY, Douglas S. *Categorically unequal*: the American Stratification system. Nova York: Russell Sage Foundation, 2007; COLLINS, Hugh. "Discrimination, equality and social inclusion". *The Modern Law Review*, vol. 66, nº 1, 2003, pp. 16-43.

[68] KOPPELMAN, Andrew. *Antidiscrimination law and social equality*. Nova Haven: Yale University Press, 1998, pp. 8/9.

O tema da justiça tem uma variedade de dimensões e cada uma delas adquire relevância quando consideramos as diversas situações nas quais os indivíduos se encontram. A noção de justiça simétrica entre indivíduos tem relevância quando estamos falando sobre procedimentos a serem adotados no tratamento perante as instituições estatais, mas uma concepção de justiça substantiva deve regular o debate jurídico sobre medidas distributivas. Essas duas concepções de igualdade refletem concepções distintas sobre a noção de igualdade dentro de uma sociedade democrática, embora as duas possam produzir a inclusão social. A primeira enfatiza a preocupação com a proteção de indivíduos; ela parte da igualdade de *status* jurídico entre todos os indivíduos, motivo pelo qual todos eles devem ter o mesmo tipo de tratamento em situações nas quais a igualdade simétrica se torna relevante. A concepção de justiça substantiva, por sua vez, considera as distinções entre grupos uma condição para que se possa equiparar materialmente os diversos grupos sociais. Se, no primeiro caso, há uma preocupação com a igualdade de procedimento entre as pessoas, no segundo, existe uma preocupação com medidas para que as pessoas tenham os meios efetivos para alcançar seus objetivos. Esse tipo de justiça requer a adoção de medidas distributivas para que o propósito seja alcançado, uma vez que ela está baseada na noção de igualdade material entre os indivíduos. Esse tipo de igualdade cria então meios para que as pessoas possam ter acesso aos recursos necessários para que tenham uma vida minimamente digna.[69]

O Direito Antidiscriminatório engloba três linhas de reflexão sobre noções de justiça incorporadas ao nosso texto constitucional. Alguns autores elaboram teorias baseadas na premissa segundo a qual a construção de uma sociedade justa pressupõe a universalização de um determinado bem para que as pessoas possam ter uma vida digna. Há aqueles que defendem uma concepção de

---

[69] SANDEL, Michael J. *Justiça*: o que é fazer a coisa certa. Rio de Janeiro: Civilização Brasileira, 2011, pp. 133-197.

justiça que propõe a maximização do acesso das pessoas aos meios necessários para que elas possam alcançar seus objetivos pessoais. Não podemos deixar de mencionar aquelas posições que enfatizam a necessidade de igualdade de *status* moral entre os indivíduos para a construção de uma sociedade mais igualitária. Podemos identificar no texto constitucional normas que expressam essas concepções de justiça, sejam as que regulam as garantias processuais, as que regulam o sistema de seguridade social e também as que estabelecem a luta contra a marginalização como um preceito central do nosso sistema jurídico.[70]

Apesar da presença dessas formas de igualdade no texto constitucional, devemos ter em mente que uma leitura sistemática dos princípios estruturantes do nosso sistema constitucional demonstra que outras formas de justiça devem regular a interpretação de normas constitucionais. A compreensão do Estado como um agente de transformação social, a dimensão material dos direitos fundamentais, a concepção da cidadania como um princípio que engloba a igualdade moral determinam que um sistema político justo deve estar comprometido com a produção de capacidades dos indivíduos, com a criação dos meios para que eles possam desenvolver as liberdades substantivas, além da chance de poderem afirmar a liberdade de ser, o que anteriormente chamamos de direito a uma existência autêntica. Decisões constitucionais recentes apontam a importância de uma compreensão de justiça bivalente, perspectiva que procura permitir que os indivíduos possam gozar de condições objetivas de paridade de participação por meio do gozo de igualdade material e também de condições subjetivas de paridade de participação por meio da igualdade de *status* cultural entre grupos. Essas duas formas de igualdade são essenciais para a criação de uma cultura pública na qual todos os

---

[70] Para uma análise das noções de justiça dentro do pensamento contemporâneo, ver: GUTMANN, Amy. *Liberal equality*. Cambridge: Cambridge University Press, 1980.

indivíduos sejam vistos como pessoas capazes de atuar de forma competente no espaço público.[71]

Mas uma concepção de justiça adequada ao programa protetivo presente no texto constitucional não pode partir do pressuposto de que as pessoas possuem as mesmas experiências sociais ou que concepções universais de subjetividade podem servir como ponto de partida para a justiça social. As formas de exclusão que impedem a realização do ideal de justiça estão relacionadas com o caráter multidimensional das diversas formas de discriminação. Isso significa que a possibilidade de construção de uma sociedade justa requer medidas que considerem a ação convergente dos diversos sistemas de opressão. Esses sistemas operam a partir da diferenciação de *status* material e cultural, o que impede o reconhecimento de membros de minorias como atores sociais competentes. Por esse motivo, devemos pensar em condições subjetivas e objetivas de paridade de participação para que a sociedade possa alcançar um nível maior de integração; nós precisamos criar os meios para que as pessoas possam desenvolver suas capacidades de forma mais plena para que toda a sociedade possa se beneficiar com o talento das pessoas.[72]

---

[71] BRASIL. Supremo Tribunal Federal. Arguição de Preceito Fundamental n. 186. Órgão Julgador: Tribunal Pleno. Relator: Ricardo Lewandowski, 25.04.2012 (afirmando que a igualdade no mundo contemporâneo requer a consideração das noções de reconhecimento e redistribuição); BRASIL. Arguição de Preceito Fundamental 132. Órgão Julgador: Tribunal Pleno. Relator: Carlos Ayres Brito (mencionando que o atual paradigma constitucional está baseado em um constitucionalismo fraternal que exige o reconhecimento da igualdade moral entre todos e medidas de redistribuição).

[72] FREDMAN, Sandra. "Redistribution and recognition: reconciling inequalities". *South African Journal of Human Rights*, vol. 23, nº 2, 2007, pp. 214-222.

1.2.2 Liberdade

Demandas de direitos elaboradas por grupos minoritários giram em torno da questão da liberdade, preceito filosófico que guarda relações estruturais com a noção de igualdade. Esse princípio está baseado na premissa segundo a qual os indivíduos que vivem em uma sociedade democrática devem ter a possibilidade de agir livremente, o que implica dar sentido e propósitos às suas próprias ações. O conceito de liberdade requer então o reconhecimento dos indivíduos como atores sociais capazes, como pessoas capazes de atuar de forma competente no espaço público. Uma pessoa será livre quando tiver a possibilidade de determinar sua ação por meio de sua vontade sem quaisquer tipos de constrição indevida de agentes externos. A ação livre se torna possível quando as pessoas possuem direitos socialmente definidos, situação que lhes permite agir de acordo com a determinação contida naquela norma. Tratamentos discriminatórios impedem, portanto, que as pessoas possam se autodeterminar porque as excluem da possibilidade de autodeterminação aberta a outros grupos de pessoas.[73]

Primeiramente temos a defesa da liberdade individual, o que requer a garantia da igualdade de direitos civis e políticos. Apresentar-se como um ser humano livre significa poder ter o mesmo tratamento dispensado a todas as pessoas; essa é uma condição para que possamos construir nossa própria existência. A representação dos seres humanos como sujeitos autônomos significa que eles podem dar sentido às suas ações, podem criar projetos pessoais e também coletivos. Dar sentido às próprias ações significa também reconhecer a si mesmo como um sujeito capaz de atuar como um ator social competente. A vida em uma sociedade verdadeiramente democrática permite que os indivíduos consigam levar adiante um plano de vida no qual são reconhecidos por todos como indivíduos

---

[73] KOLM, Serge-Christophe. *Modern theory of justice*. Cambridge: MIT University Press, 1996, pp. 37-40.

moralmente capazes e como sujeitos sociais eficazes. A presença pervasiva de sistemas de discriminação em todas as esferas da vida humana aparece como um obstáculo significativo à possibilidade de as pessoas se reconhecerem e serem reconhecidas como atores sociais competentes. No lugar da experiência da autonomia, esses indivíduos enfrentam a estigmatização e a marginalização, o que implica a dificuldade ou a impossibilidade de se ter uma existência livre. A liberdade humana só pode ocorrer quando as pessoas encontram meios para uma existência autônoma, para atuarem como atores sociais competentes, motivo pelo qual normas antidiscriminatórias são necessárias para que tais processos sejam corrigidos. A experiência social de sujeitos que vivem em uma sociedade democrática não pode ser a da permanente estigmatização, razão pela qual as sociedades democráticas devem promover a devida transformação cultural para que sujeitos sociais sejam reconhecidos como pessoas que possuem o mesmo nível de humanidade.[74]

Por ser um princípio moral e jurídico ligado à individualidade, o princípio da liberdade também possui relações próximas com outras dimensões da vida das pessoas. O acesso a direitos é uma forma de garantia do livre desenvolvimento da personalidade humana, de uma área de ação autônoma que tem um papel central no desenvolvimento moral e psíquico para os seres humanos. O regime geral das liberdades individuais que está presente nos sistemas jurídicos contemporâneos procura criar os meios para que as pessoas possam não apenas desenvolver suas capacidades, mas também exercer a liberdade de ser, a condição de agente que pode determinar aspectos centrais da própria vida. Assim, o direito ao livre desenvolvimento da personalidade implica a existência de uma proteção abrangente das diversas dimensões da vida dos seres humanos pelas instituições públicas, seja por meios especiais destinados a proteger os direitos da personalidade, seja por aqueles

---

[74] Para uma análise das relações entre igualdade e liberdade, ver: HONNETH, Axel. *O direito à liberdade*. São Paulo: Martins Fontes, 2017.

que também garantem a inserção social das pessoas nas diversas instituições públicas.[75]

1.2.3 Dignidade

Vemos, portanto, que esse campo jurídico tem um papel muito relevante para o alcance de um dos preceitos centrais da filosofia moderna: a proteção da autonomia individual, medida da dignidade dos seres humanos. O tema da dignidade humana deve ser analisado a partir de uma pluralidade de fatores. Esse princípio conheceu uma transformação significativa tanto do ponto de vista conceitual quanto do ponto de vista substantivo. Ele foi por muito tempo associado à noção de honra, o que era visto como algo natural de certos grupos que tinham posições sociais privilegiadas. As transformações culturais ocorridas no mundo moderno, notoriamente o avanço do individualismo e do racionalismo, fizeram com que a dignidade humana se tornasse um elemento atribuído a todos os seres humanos. O conceito se tornou então um atributo universal, um pressuposto do funcionamento da moralidade pública de democracias liberais; todas as pessoas são agora vistas como indivíduos titulares de direitos universais.[76]

Se esse princípio estava intrinsicamente ligado ao conceito de igualdade formal durante o período do constitucionalismo liberal, duas outras dimensões começam a ter prevalência ao longo do último século. A noção de dignidade passa a pressupor condições materiais de existência para que os indivíduos possam ter uma vivência autônoma; não há possibilidade de dignidade sem um conjunto de direitos que permita uma estrutura material mínima para a vida dos indivíduos. Diversas lutas contra violações de direitos também foram importantes para enfatizar outro

---

[75] CUPIS, Adriano de. *Direitos da personalidade*. São Paulo: Quorun, 2008.
[76] TAYLOR, Charles. *Argumentos filosóficos*. São Paulo: Edições Loyola, 2000, pp. 241-275.

aspecto desse preceito, qual seja, a noção de que a dignidade está relacionada com a respeitabilidade social, com o reconhecimento dos indivíduos como agentes sociais competentes. Por esse motivo, autores afirmam que ele só pode ser alcançado quando as pessoas possuem acesso a processos de redistribuição e reconhecimento, o primeiro designando garantias que permitam segurança material, o segundo, a afirmação da igualdade moral entre todos os membros da comunidade política.[77]

O conceito de dignidade encontra fundamento em outro elemento importante da cultura moderna: o ideal da autenticidade. Ser autônomo significa ter a liberdade de poder viver de acordo com as suas determinações, de acordo com as características de sua personalidade. Embora a vida em sociedade implique a internalização de papéis sociais, isso não pode ocorrer de tal modo que a individualidade não possa ser expressa de forma verdadeira pelos indivíduos. Como tem sido defendido por membros de minorias, o custo da vida social não pode pressupor a completa anulação da individualidade em nome da conformidade cultural. Os indivíduos devem ter a possibilidade de expressar os diversos aspectos da sua personalidade sem serem submetidos a formas de exclusão e estigmatização por não corresponderem a padrões de comportamentos que são muitas vezes institucionalizados por normas jurídicas.[78]

Um conceito de dignidade humana adequado à presente discussão precisa levar em consideração as diferentes formulações sobre o desenvolvimento da personalidade nas diferentes sociedades democráticas ao longo da história. Esses fatores não são estáticos,

---

[77] FREDMAN, Sandra. "Redistribution and recognition: reconciling inequalities". *South African Journal of Human Rights*, vol. 23, nº 2, 2007, pp. 218-222; CORBO, Wallace. *Discriminação indireta*: conceitos, fundamentos e uma proposta de enfrentamento à luz da Constituição de 1988. Rio de Janeiro: Lumen Juris, 2017, pp. 13-109.

[78] Ver: TRILLING, Lionel. *Autenticidade e sinceridade*: a vida em sociedade e a afirmação do eu. São Paulo: É Realizações, 2014.

uma vez que novas dimensões da vida e novos grupos elaboram demandas reconhecidas como legítimas. Dentro do horizonte das sociedades organizadas de forma democrática, esse conceito deve ser entendido como algo que engloba as condições para que os cidadãos sejam sujeitos de sua ação em diferentes esferas da vida. Assim, podemos entender o preceito como algo que estabelece as condições para que os indivíduos possam construir uma biografia pessoal que seja produto das suas escolhas. Isso significa que a noção de dignidade está diretamente relacionada com o regime democrático na medida em que o último cria as condições para o exercício da determinação pessoal. A relação entre esses dois elementos aponta seu caráter intersubjetivo porque a afirmação da dignidade humana está ligada ao reconhecimento recíproco do igual valor moral dos indivíduos. A garantia das diferentes instâncias de igualdade permite que as pessoas possam reconhecer umas às outras como capazes de conduzir uma história pessoal.[79]

1.3 Fundamentos antropológicos

Normas antidiscriminatórias são criadas para proteger indivíduos de práticas excludentes que os impedem de ter uma vida digna. Práticas sociais excludentes impedem que as pessoas possam ter acesso ao exercício de direitos necessários para a proteção de diferentes dimensões da vida dos indivíduos. Os seres humanos existem enquanto corpos orgânicos e isso significa que precisam ter acesso a direitos necessários para a proteção dessa dimensão. O corpo humano precisa ser nutrido para que possa se desenvolver de maneira adequada; ele também precisa receber os devidos cuidados para que não esteja em uma situação de vulnerabilidade contínua. Cuidados dessa natureza são necessários para que todos possam desenvolver as habilidades físicas e cognitivas imprescindíveis para

---

[79] HABERLE, Peter. *El Estado Constitucional*. Buenos Aires: Editorial Astrea, 2007, pp. 291-293.

o pleno funcionamento na vida social. Mas o corpo humano não deve ser pensado apenas como uma realidade orgânica: ele é a forma como os seres humanos existem no mundo, ele é o meio pelo qual desenvolvemos e também exercemos nossa individualidade. Nossa existência como corpos nos situa dentro de um tempo histórico e no espaço social, um dos motivos centrais pelos quais nossas vidas precisam ser protegidas por diversos direitos que permitam que nossa existência finita seja uma existência digna.[80]

Os seres humanos possuem duas características importantes para a reflexão sobre as funções das normas antidiscriminatórias em uma sociedade democraticamente organizada: a sociabilidade e a politicidade. Enquanto a primeira designa nossa propensão ao estabelecimento de laços sociais com nossos semelhantes, a segunda indica o fato de que também criamos relações associativas destinadas a regular as relações de poder que estruturam as sociedades. Essas duas características fazem com que as pessoas formem associações para que a própria existência seja possível. As formações políticas pressupõem uma esfera de existência na qual se possa agir de forma minimamente livre, requisito para que as pessoas possam dar sentido à própria vida. A sociabilidade e a politicidade assumem novas formas na medida em que as sociedades políticas evoluem e se especializam, razão pela qual as nações ocidentais adotaram uma estrutura política que pretende proteger a vida dos seres humanos por meio do exercício de direitos que incluem a possibilidade de participação na formação da vontade estatal, o que significa a possibilidade de criação de uma esfera de liberdade pessoal por meio de leis democráticas. Os fenômenos da sociabilidade e da politicidade cumprem um papel central na própria formação da individualidade, uma vez que a concepção que

---

[80] MONDIN, Battista. *O homem, quem é ele?* elementos de antrolopologia filosófica. São Paulo: Paulus, 2014, pp. 27-38.

temos do nosso valor está diretamente relacionada com o nível de respeitabilidade que as pessoas gozam na sociedade em que vivem.[81]

A sociabilidade ocorre por meio da linguagem, o veículo pelo qual conseguimos dar sentido às nossas ações e às ações dos outros. A linguagem permite o processo de simbolização, mecanismo pelo qual as pessoas podem desenvolver o senso de moralidade; por meio dela, os seres humanos têm acesso a códigos culturais a partir dos quais formam a identidade pessoal e podem avaliar a legitimidade das normas que regulam as relações sociais. A linguagem é a forma pela qual os indivíduos representam a si mesmos e toda a realidade que está diante deles, e isso significa que eles só podem se constituir como seres humanos dentro do campo de significações presentes no mundo da cultura, significações estruturadas na forma de símbolos linguísticos. Mais uma vez, a linguagem abre o ser humano para o mundo da cultura e para o mundo dos valores, meios pelos quais ele pode dar significado às suas ações e também à sua própria identidade.[82]

Devemos interpretar a politicidade como uma dimensão complementar à questão da sociabilidade porque ela mantém correlações diretas com o tema da juridicidade das relações sociais. Os seres humanos possuem uma tendência a formar vínculos políticos com outros seres humanos que serão também regulados por relações jurídicas, sendo que estas fazem parte de uma forma de associação que pode permitir a realização das várias dimensões da vida humana. Eles só podem desenvolver plenamente suas capacidades dentro de um regime político que opera por meio de um sistema de direitos baseado na proteção das liberdades individuais. Esses direitos permitem a devida proteção da dimensão corpórea dos seres humanos, que é a forma como existimos no mundo. É certo

---

[81] MONDIN, Battista. *O homem, quem é ele?* elementos de antrolopologia filosófica. São Paulo: Paulus, 2014, pp. 159-170.
[82] MONDIN, Battista. *O homem, quem é ele?* elementos de antrolopologia filosófica. São Paulo: Paulus, 2014, pp. 136-154.

que outros animais também formam vínculos de sociabilidade que lhes permitem ter uma vida organizada, mas apenas os seres humanos criam códigos morais que permitem a proteção de interesses coletivos, mas também individuais. A estrutura política permite a ação livre e concorre para o desenvolvimento das capacidades humanas, motivos pelos quais ela deve ser organizada a partir de critérios racionais de justificação que possibilitam o tratamento igualitário entre todas as pessoas.[83]

Não podemos perder de vista o fato de que os seres humanos também possuem uma dimensão psicológica. O gozo de direitos fundamentais não deve ser visto apenas como meio de atuação autônoma dos indivíduos. A sociabilidade permite que nós desenvolvamos uma identidade individual, produto dos processos intersubjetivos que estabelecemos com outras pessoas. Nossa personalidade não nasce pronta; ela é o produto de um processo de interação com os outros, o que nos permite desenvolver uma consciência individualizada, requisito para a operação de processos mentais de maneira adequada, o que garante a formação de uma unidade psíquica mínima. O psiquismo humano opera por uma série de mecanismos mentais que articulam conteúdos que não operam em um vácuo: eles estão marcados pelas experiências que temos ao longo da nossa vida, pelos laços afetivos que estabelecemos com outras pessoas. O senso de pertencimento social, de respeitabilidade social está também relacionado com o tema do gozo de direitos. A compreensão que um ser humano tem de si mesmo depende do tipo de respeitabilidade que ele recebe do seu meio. Assim, o tratamento igualitário nas diversas formas de interação possibilita a formação de um senso de valor individual, um requisito para que a pessoa desenvolva o sentimento de que ela é e que é vista como um ator social competente. A dimensão afetiva da vida humana não pode ser reduzida à dinâmica dos relacionamentos

---

[83] Para uma análise desse aspecto, ver: GIDDENS, Anthony. *Sociology*. Cambridge: Polity Press, 1996, pp. 509-514.

da vida privada. Ela também está relacionada com a percepção do tratamento justo que os indivíduos recebem no espaço público, motivo pelo qual distúrbios de caráter psíquico estão vinculados a formas sistêmicas de discriminação. Elas impedem a formação de um sentimento de valor de eficácia pessoal, o que produz estresse mental nos indivíduos e pode levar ao sofrimento psíquico.[84]

Normas antidiscriminatórias cumprem outra função que tem sido tema de reflexão de muitos pensadores ao longo do tempo: a proteção da atividade laborativa dos seres humanos, um espaço que também marca a existência das pessoas. Diversos filósofos argumentam que a vida social implica a transformação da natureza por meio do trabalho. Essa atividade humana específica tem importância significativa porque ela permite a criação de tecnologias por meio das quais se formulam meios de subsistência mais eficazes, como também a partir dela são construídas relações econômicas e também jurídicas. A atividade laborativa está relacionada com as condições materiais de existência porque determina em última instância as relações de produção. O trabalho pode ser visto como uma atividade técnica, mas também como uma atividade criativa que possibilita formas de sustento e de realização pessoal por meio da integração ao processo produtivo. Essa concepção do ser humano como um ser criativo existe ao lado de sua representação como agente cuja inserção no mercado econômico precisa ser garantida para que ele possa sobreviver, uma das razões pelas quais normas antidiscriminatórias procuram proteger as pessoas nessa dimensão da vida social.[85]

---

[84] Para uma análise da conexão entre a dimensão psicológica e a dimensão jurídica dos indivíduos, ver: HONNETH, Axel. *A luta pelo reconhecimento*. São Paulo: Editora 34, 2003.
[85] MONDIN, Battista. *O homem, quem é ele?* elementos de antrolopologia filosófica. São Paulo: Paulus, 2014, pp. 198-209.

1.4 Fundamentos políticos

1.4.1 Normas antidiscriminatórias e cultura democrática

O Direito Antidiscriminatório encontra legitimação em alguns elementos centrais da doutrina democrática. Em primeiro lugar, ele está baseado na ideia de que uma comunidade verdadeiramente democrática requer o reconhecimento do mesmo valor moral entre todos os membros da comunidade política. Esse objetivo não pode ser alcançado quando grupos de pessoas são constantemente submetidos a processos de exclusão que provocam a marginalização duradoura ou permanente de certos grupos sociais. Portanto, o Direito Antidiscriminatório procura identificar e corrigir aqueles processos que dificultam ou impedem o reconhecimento do mesmo valor moral das pessoas. Em segundo lugar, a legitimidade das instituições políticas depende do reconhecimento pelos diversos grupos sociais de que elas operam de acordo com a moralidade jurídica presente nos textos constitucionais. Dessa forma, pretende-se criar uma série de medidas para que mecanismos discriminatórios possam ser corrigidos, atos necessários para que a democracia seja preservada enquanto projeto político. Tal racionalização assume a forma de meios que exigem a vinculação de agentes públicos e privados aos direitos humanos positivados, direitos cuja proteção deve ser vista como uma das funções principais das instituições estatais. A democracia é um regime político baseado na necessidade permanente de legitimação das ações dos agentes estatais, motivo pelo qual normas jurídicas procuram afirmar comprometimento com os princípios democráticos. Elas cumprem um papel na dimensão formal e na dimensão material da democracia ao permitir que o projeto de criação de uma sociedade inclusiva seja alcançado.[86]

---

[86] Para uma discussão da democracia enquanto regime político e suas dimensões, ver: GOYARD-FABRE, Simone. *O que é a democracia?* a genealogia filosófica de uma grande aventura moderna. São Paulo: Martins Fontes, 2003;

A regulação do processo político de forma que grupos vulneráveis possam ser protegidos constitui um dos propósitos centrais do Direito Antidiscriminatório. Seus membros não estão nessa situação apenas em função de práticas discriminatórias que ocorrem no plano interpessoal. Isso acontece porque maiorias usam o processo político para atingir interesses setoriais, interesses que não correspondem à moralidade democrática. Assim, esse campo do Direito tem o papel importante de agir como uma força que pode proteger grupos minoritários por meio de restauração do equilíbrio político entre os vários segmentos sociais. Sendo a Constituição um conjunto de normas destinadas à criação de regras para a convivência social, ela deve expressar os interesses de todos os grupos, não podendo se identificar com os interesses de segmentos específicos. Dessa maneira, o consenso político expresso pelas normas constitucionais deve criar as regras para que o pluralismo social seja integrado ao processo de razão pública fundada em princípios reconhecidos por todos como sendo minimamente razoáveis. Precisamos discutir novamente as relações entre pluralismo e democracia. Decisões judiciais recentes sobre a constitucionalidade de medidas protetivas enfatizam o tema da diversidade como um fator regulador da democracia. Esses tribunais afirmam que todos os segmentos sociais devem estar adequadamente representados no processo decisório para dar voz aos interesses dos grupos que representam. O mesmo pluralismo existente na realidade deve ser espelhado nas instituições cujas decisões afetam toda a sociedade. Por esse motivo, a promoção da diversidade aparece como um ponto de grande importância no funcionamento das nossas instituições.[87]

GOYARD-FABRE, Simone. *Os fundamentos políticos do direito político moderno*. São Paulo: Martins Fontes, 1999.

[87] Para uma análise dessas decisões, ver: MOREIRA, Adilson José. *Pensando como um negro*: ensaio de hermenêutica jurídica. São Paulo: Contracorrente, 2019.

A proteção jurídica de grupos minoritários encontra fundamento na premissa do atual paradigma constitucional que engloba uma forma de regime político que é a democracia participativa. A democracia significa um regime político exercido em nome e a favor do povo, mas um povo no qual as pessoas vivem de acordo com a regra da igualdade de tratamento entre todas as pessoas.[88] Isso significa que normas de Direito Antidiscriminatório têm um papel importante porque pretendem eliminar práticas que impedem a plena participação das pessoas nos processos decisórios. O ideal de uma democracia participativa só pode se realizar se membros de todos os seguimentos sociais são reconhecidos como atores competentes. Assim, normas antidiscriminatórias estabelecem parâmetros para as relações entre as instituições e os indivíduos e entre eles em uma sociedade democrática.[89]

Podemos dizer que normas antidiscriminatórias, normas que buscam garantir a igualdade e liberdade de todos os membros da comunidade política, também integram o que tem sido chamado de razão pública. Esse termo designa os princípios que membros de uma comunidade política democrática podem apresentar uns aos outros como parâmetros válidos para a regulação das relações entre eles. Dentro de uma sociedade assim regulada, os indivíduos devem reconhecer parâmetros que afirmem o dever de reciprocidade, o que requer o reconhecimento da validade de concepções de justiça compatíveis com o regime democrático, aplicáveis a temas centrais da vida social (inclusive nos processos discriminatórios),

---

[88] Uma análise da concepção de democracia no atual paradigma constitucional pode ser encontrada em KLARE, Karl. "Legal culture and transformative constitutionalism". *South African Journal of Human Rights*, vol. 146, nº 1, 1998.

[89] Ver, nesse sentido: RAWLS, John. *Justiça como equidade*. São Paulo: Martins Fontes, 2003, pp. 23-30; HABERMAS, Jurgen. *A inclusão do outro*: estudos de teoria política. São Paulo: Unesp, 2019, pp. 341-397.

reguladoras do comportamento de atores públicos e privados e reconhecidas por todos como legítimas.[90]

Essas reflexões nos levam a repensar a noção de cidadania, preceito que ocupa papel central nos debates democráticos contemporâneos. Se em momentos históricos anteriores ele foi pensado fundamentalmente como o *status* jurídico dos membros de uma comunidade política, hoje expressa também formas de ação e pertencimento social. Primeiro, a cidadania tem sido representada como um princípio estruturante do atual paradigma constitucional, compreensão que determina as funções das instituições estatais: a promoção da inclusão. Muitos tribunais compreendem a cidadania dessa forma, o que fez com que eles a defendessem como um parâmetro de controle de constitucionalidade, um tema muito relevante no Direito Antidiscriminatório no mundo contemporâneo.[91] Segundo, esse princípio também deve ser visto como uma forma de promoção da integração de identidades públicas e privadas para que as pessoas possam ser melhor protegidas. O espaço privado começa então a ser pensado como uma esfera que também deve ser democratizada porque relações hierárquicas de poder também podem ocorrer nessa dimensão da vida das pessoas.[92] Terceiro, essa visão ampliada da cidadania implica uma cidadania ativa e

---

[90] RAWLS, John. "The idea of public reason revisited". *University of Chicago Law Review*, vol. 64, nº 3, 1997.

[91] Ver, nesse sentido: KARST, Kenneth. Foreword: "Citizenship Equal citizenship under the Fourteenth Amendment". *Harvard Law Review*, vol. 91, nº 1, 1976, pp. 1-67; MOREIRA, Adilson José. "Cidadania racial". *Quaestio Iuris*, vol. 10, nº 2, 2016, pp. 1052-1089.

[92] BRASIL. Supremo Tribunal Federal, Arguição de Descumprimento de Preceito Fundamental 132, Órgão Julgador: Tribunal Pleno, Relator: Carlos Ayres Brito, 2012 (reconhecendo uniões homoafetivas como uniões familiares sob o argumento de que o espaço privado também deve ser regulado por valores democráticos).

responsável que está em consonância com a dimensão formal e material da noção de dignidade humana.[93]

O campo do Direito que estamos analisando está baseado em alguns pressupostos que informam o constitucionalismo liberal: a construção de uma sociedade justa requer o reconhecimento recíproco entre os membros da comunidade democrática como pessoas livres e iguais. Essa possibilidade decorre do que tem sido chamado de faculdades morais necessárias dos agentes que vivem em uma sociedade dessa natureza, quais sejam, esposar um senso de justiça a partir do qual a cooperação social ocorrerá e também a capacidade do indivíduo de formar concepções do bem, de forma que possa estabelecer como objetivo de sua vida a busca de objetivos informados por essas faculdades. A posse dessas capacidades permite então que as pessoas possam construir uma existência política baseada na cooperação com as outras, meio de associação que poderá ser benéfica para todos os membros da comunidade democraticamente organizada. Isso nos mostra que práticas discriminatórias impedem o reconhecimento da igualdade moral entre os indivíduos, bem como a possibilidade de cooperação entre os diferentes grupos sociais.[94]

Embora a democracia tenha sofrido modificações ao longo do tempo, podemos identificar o papel central de alguns de seus princípios para a formação e evolução das normas antidiscriminatórias na afirmação desse regime. Primeiro, esse regime político está associado a uma esfera pública regulada por normas jurídicas igualmente aplicadas a todas as pessoas. Essas normas são produto do consenso político entre os membros da comunidade política, sendo que o conteúdo delas deve observar o tratamento igualitário entre todas as pessoas. A esfera pública democrática opera

---

[93] SARLET, Ingo; MARINONI, Luiz Guilherme; MITIDIERO, Daniel. *Curso de Direito Constitucional*. São Paulo: Saraiva, 2015, pp. 266-268.
[94] RAWLS, John. *Justiça como equidade*. São Paulo: Martins Fontes, 2003, pp. 26/27.

segundo princípios presentes em textos constitucionais, sendo que eles vinculam a ação de instituições públicas e privadas. O espaço público pode ser caracterizado como a esfera de operação da democracia em função da vinculação dessas instituições aos direitos consagrados aos indivíduos. A esfera pública surge como o local de interação entre aqueles que são vistos como cidadãos, como uma instância na qual eles poderão desenvolver um espaço de cooperação. Assim, a cidadania ocupa um papel central no processo democrático porque ela indica tanto um *status* político como um *status* moral das pessoas dentro desse lugar. O espaço público ocupa a centralidade dentro desse regime porque opera a partir dos princípios da legalidade. A legitimidade das ações de agentes públicos e privados decorre do grau que eles expressam em conformidade com as normas que regulam as relações entre os diversos polos das relações sociais. O sistema protetivo presente nas Constituições modernas encontra legitimidade na convergência desses valores que constituem pontos centrais da cultura democrática ao longo da história, sendo que todos eles têm o objetivo de garantir a igualdade de tratamento entre as pessoas.[95]

1.4.2 Política da identidade e sociedade democrática

As sociedades humanas são atravessadas por relações hierárquicas de poder, relações responsáveis por diferenciações de *status* entre grupos sociais, um processo que possui consequências significativas ao longo do tempo. As pessoas não são excluídas de oportunidades sociais apenas por características individuais, elas estão expostas a processos de estigmatização coletivos por compartilharem traços que designam pessoas que supostamente não possuem o mesmo valor dentro de uma dada sociedade. Estigmas sociais podem ser institucionalizados por meio de normas jurídicas

---

[95] GOYARD-FABRE, Simone. *O que é a democracia?* a genealogia filosófica de uma grande aventura moderna. São Paulo: Martins Fontes, 2003, pp. 40-50.

ou por práticas culturais que influenciam a operação de muitas instituições públicas e privadas. Eles criam grupos sociais por meio de um processo de atribuição de sentidos negativos a características comuns a várias pessoas, o que forja uma identidade que designa um grupo inferior. Atores públicos e privados passam a atuar a partir desses estigmas e impedem que minorias possam ter pleno gozo de direitos. Estigmas criam diferenciações entre grupos que se tornam formas normais de operação da sociedade, o que faz com que a situação de exclusão atinja membros do grupo geração após geração. A existência de castas sociais contraria princípios básicos da ordem democrática, um regime político comprometido com a criação dos meios para que as pessoas possam ser sujeitos autônomos. Em resumo, normas legais e práticas sociais que estigmatizam grupos de indivíduos criam divisões sociais incompatíveis com a lógica democrática.[96]

O regime democrático permite que pessoas possam se mobilizar para lutar contra formas de opressão coletiva, motivo pelo qual grupos vulneráveis formulam demandas de direitos que procuram proteção coletiva de processos sociais de discriminação. Essas demandas estão centradas na questão da diferença, termo que indica nesse contexto os critérios utilizados pela sociedade como instrumentos para estigmatizar certos grupos sociais. A atribuição de sentidos negativos a traços a partir dos quais grupos são criados faz com que as experiências sociais destes sejam distintas das experiências dos membros dos grupos majoritários. Assim, eles são meios de diferenciação social utilizados para marginalizar indivíduos, mas também possuem uma consequência relevante: a formação de grupos de pessoas que se organizam a partir de uma mesma identidade, parâmetro para o engajamento político delas. Os membros desses grupos não fazem demandas de igualdade

---

[96] Para uma análise desse mecanismo, ver, sobretudo: BALKIN, Jack M. "The constitution of status". *Yale Law Journal*, vol. 106, nº 6, 1996, pp. 2326-2340.

baseadas na identidade como um meio de afirmar a diferença. Eles reclamam a necessidade de consideração das formas como identidades socialmente construídas se tornam referência para práticas discriminatórias que procuram estabelecer e preservar relações hierárquicas de poder. Tendo em vista essa realidade, eles procuram reformas sociais que possam eliminar as consequências das diferenças de *status*, um tipo de demanda que muitos sistemas jurídicos reconhecem como legítimos, o que os leva a classificar certas características como critério que merece proteção estatal legítima devido à sua significação social.[97]

Grupos sociais podem ser criados a partir de diferentes maneiras e com diferentes propósitos. Pessoas podem formar associações por afinidades culturais, por afinidades sociais, por afinidades ideológicas. Estaremos interessados na situação dos grupos formados por pessoas que possuem uma identidade *atribuída*: elas se associam porque fazem parte de grupos que estão em uma situação de subordinação. Os membros desse grupo não estão à procura de algum tipo de diferenciação, de reconheci mento de suas particularidades; eles formam grupos porque procuram lutar contra as formas de dominação às quais estão sujeitos. Grupos formados por identidades atribuídas encontram dificuldades para ter uma vida minimamente autônoma porque as marcas sociais que os caracterizam são traços socialmente salientes a partir dos quais as pessoas fazem julgamentos morais imediatos, o que os situa em uma situação permanente de exclusão social, situação muitas vezes legalmente institucionalizada.[98]

O surgimento de uma política da identidade nas sociedades oci dentais deve ser visto como algo relevante para o Direito

---

[97] Ver, sobretudo: ESKRIDGE, William. "Channeling: identity-based social movements and public law". *University of Pennsylvania Law Review*, vol. 150, nº 2, 2001, pp. 419-511.

[98] Ver: GOFFMAN, Erving. *Stigma*: notes on the management of spoiled identity. Londres: Penguin Books, 1990.

Antidiscrimi natório porque está relacionada com o fortalecimento da política democrática. A mobilização política em torno da identidade se torna relevante porque opera como um meio a partir do qual membros de minorias podem lutar por melhores condições de vida. Esse processo está diretamente relacionado com o processo de empoderamento, termo que indica os meios a partir dos quais grupos sociais se articulam para promover melhorias coletivas. A resistência contra a justiça requer uma luta conjunta entre membros de grupos minoritários, requer a identificação mútua como pessoas que possuem propósitos políticos comuns. Esse processo de mobilização política e jurídica em torno da identidade deve ser visto como legítimo porque tem o propósito de lutar contra as desvantagens geradas por formas de diferenciação de *status* contrárias à lógica democrática. A política da identidade que nos interessa está então centrada na mobilização política contra formas de opressão às quais grupos sociais são submetidos. Uma sociedade democrática deve tratar todas as pessoas como iguais, devem proporcionar a todas as pessoas o mesmo respeito e consideração. O alcance desse objetivo passa também pela eliminação das várias diferenciações que impedem as pessoas de serem vistas como indivíduos.[99]

Como afirma Amy Gutman, grupos que se mobilizam em torno da identidade desempenham um papel relevante na política democrática porque podem promover mudanças sociais. As pessoas conseguem atingir seus objetivos quando estão coletivamente organizadas, conseguem resistir melhor contra mecanismos que criam diferenças de *status* entre grupos sociais. A mobilização política em torno da identidade possibilita a criação de estratégias de luta pelos membros de grupos minoritários; a luta contra a opressão requer a identificação do funcionamento dos vários mecanismos de opressão, requer a luta contra legislação discriminatória, requer

---

[99] EVERS, Tilman. "Identidade: a face oculta dos novos movimentos sociais". *Novos Estudos Cebrap*, vol. 4, nº 2, 1984, pp. 11-23; JENKINS, Richard. *Social identity*. Nova York: Routledge, 2004, pp. 1-28.

a transformação de tradições culturais. Esses objetivos dependem do empenho dos vários membros do grupo, das diferentes formas de especialização necessárias para lutas em diferentes frentes. Grupos formados por identidades atribuídas não operam da mesma forma que grupos de interesses. Os últimos se formam em torno de objetivos comuns, mas não estão necessariamente organizados em função de traços identitários; organizam-se em torno de interesses materiais. Os primeiros são formados por um propósito coletivo de lutar contra a situação na qual se encontram; eles possuem propósitos políticos voltados para a transformação da situação de opressão na qual se encontram.[100]

1.5 Fundamentos jurídicos

1.5.1 Subjetividade jurídica

Veremos no segundo capítulo deste livro que a representação do ser humano como um sujeito jurídico desempenha um papel essencial na operação do Direito: possuímos uma existência concreta como pessoas, mas também uma identidade abstrata como sujeitos de direito, o que constitui um *status* comum entre todos os membros da comunidade política. Os seres humanos podem demandar direitos porque gozam de direitos públicos subjetivos; eles possuem um *status* jurídico que lhes permite fazer isso. A construção do homem como sujeito de direito é fruto de um processo histórico sobre o qual intervêm as noções de indivíduo, sujeito e pessoa. O primeiro momento da constituição da noção de sujeito de direito está na definição moderna dos direitos como qualidades morais, posteriormente conhecidos como direitos subjetivos. A retomada da noção de pessoa como ser moral marca outro passo importante na formação do conceito de sujeito de direito.

---

[100] GUTMANN, Amy. *Identity in democracy*. Princeton: Princeton University Press, 2004, pp. 5-17.

A noção de pessoa aparece novamente como sujeito de imputação lógica; a personalidade é entendida na forma de capacidade geral de exercer direitos e de obrigar-se. Ela se funda principalmente na capacidade do indivíduo responder por seus atos. A personalidade como condição de aquisição de direitos será a forma de existência jurídica de todo indivíduo.[101]

Este renascimento da noção de pessoa está relacionado com mudanças conceituais na filosofia jurídica moderna, que operam uma passagem da consideração da correlação entre direitos e indivíduos empíricos à correlação entre direitos e pessoa moral. Sendo os direitos qualidades morais que se distinguem de uma qualidade física, eles não podem estar relacionados a uma faculdade física do agir, mas sim a uma relação moral estabelecida entre uma faculdade de fazer e uma obrigação correlativa.[102] Partindo da noção antiga de *persona*, podemos então entender a noção de sujeito de direito como um *status* específico da pessoa dentro da sua comunidade política, ou seja, podemos compreender o ser humano como uma certa posição que o sistema jurídico lhe outorga dentro da sociedade em função de sua personalidade jurídica.[103]

O pensamento jurídico moderno também estabelecerá uma relação de identidade entre pessoa moral e identidade pessoal. Observamos nesse momento histórico o aparecimento da noção de *self*, de uma identidade individualizada produto das relações entre as experiências psicológicas e as experiências sensíveis dos indivíduos.[104] A identidade pessoal será formada pela relação reflexiva

---

[101] TRIGEAUD, Jean Marc. "La personne juridique dans la philosphie européenne". *In*: _____. (Coord.). *Philosophie juridique europeenne*: les institutions. Roma: Jupadre, 1988, pp. 199/200.

[102] ZARKA, Yves Charles. "L'invention du sujet du droit". *Archives de Philosophie*, Paris, vol. 60, nº 4, 1997, pp. 531-550.

[103] GRZEGORCZYK, C. "Le sujet du droit. Trois hypostases". *Archives de Philosophie du Droit*, vol. 34, 1989, p. 13.

[104] NOONAM, Harold. *Personal identity*. Nova York: Routledge, 1991, p. 37.

da consciência que sempre acompanha a atividade do pensamento e da memória. Tal definição de identidade pessoal busca estabelecer um fundamento certo para a moral em função do fato de que a consciência sempre está voltada para suas ações e também pelo fato de que ela surge como fundamento da responsabilidade de seus atos. Assim, o problema da identidade pessoal estará no centro da determinação do ser humano como ser moral. Essas duas noções estão vinculadas na própria formação do conceito de personalidade, dando à noção de pessoa um alcance jurídico dentro desse momento histórico.[105] O terceiro momento da construção do conceito de sujeito de direito refere-se à passagem do paradigma do sujeito do campo metafísico para o campo jurídico. Esse processo é produto da subjetivação que acompanha toda a modernidade, isto é, do deslocamento do materialismo ontológico ao idealismo metafísico. A noção de sujeito vem possibilitar a universalização das características anteriormente apontadas. O Direito, sendo definido como uma qualidade moral, tem sua realidade referente na compreensão do homem como pessoa, aqui designando um *status* jurídico dentro da comunidade. O Direito entendido como uma faculdade de um sujeito permite a universalização desse mesmo *status* de ser moral a todos os membros da comunidade política.[106]

Essa análise da noção de sujeito de direito nos mostra como os dois paradigmas metafísicos essenciais da modernidade, o individualismo e a subjetividade, determinarão a concepção de cidadania no mundo moderno e a compreensão do ser humano a ela associada. O discurso antropológico subjacente ao Direito na modernidade está centrado na representação do ser humano como sujeito e como indivíduo. Essa representação desse ente na filosofia como uma essência estável, permanente e imutável será legitimada pelo Direito,

---

[105] ZARKA, Yves Charles. "L'invention du sujet du droit". *Archives de Philosophie*, Paris, vol. 60, nº 4, 1997, pp. 543/544.
[106] ZARKA, Yves Charles. "L'invention du sujet du droit". *Archives de Philosophie*, Paris, vol. 60, nº 4, 1997, p. 549.

tanto na sua prática como na sua aplicação teórica. O conceito de sujeito de direito expressa uma essência humana genérica porque concebe as pessoas primordialmente como subjetividade. Tal noção permite a elas reconhecerem-se na figura do indivíduo que possui direitos e obrigações na ordem jurídica, podendo alcançar por esses meios a sua realização. O Direito surge assim como produtor de formas identitárias, opera como um mecanismo de formação de sujeitos. Mas a transformação do princípio da subjetividade em sujeito de direito apresenta um paradoxo, pois, por um lado, ela aparece como condição necessária ao Direito, por outro, não pode ser pensada em toda a sua riqueza por esse sistema de regulação social em função da necessidade de universalidade.[107] A representação do homem como sujeito de direito designa uma entidade genérica e indiferenciada: é ao mesmo tempo uma expressão ativa e reflexo passivo da norma jurídica, ela também é um fenômeno geral e abstrato. Os dois princípios apresentam-se como formas que devem absorver toda a realidade.[108] A ideia de sujeito de direito possibilita a formação de um princípio antropológico universal passível de ser atribuído a todos os indivíduos. Tal conceito não pretende descrever sujeitos empíricos, mesmo porque pressupõe a ideia de uma dignidade universal; ele expressa uma compreensão da subjetividade compreendida como princípio abstrato e genérico decorrente na noção de pessoa jurídica.[109]

1.5.2 Racionalidade constitucional

Como apontado anteriormente, o Direito Antidiscriminatório opera de acordo com a racionalidade que regula o paradigma constitucional atual. Por ser um subsistema constitucional, incorpora

---

[107] BROEKMAN, Jan. *Derecho y antropologia*. Madrid: Civitas, 1993, pp. 261-263.
[108] AMATO, Salvatore. *Il soggetto e il soggetto di diritto*. Torino: Giappichelli, 1990, p. 12.
[109] BROEKMAN, Jan. *Derecho y antropologia*. Madrid: Civitas, 1993, p. 255.

as mesmas orientações que sustentam o sistema jurídico como um todo. Vivemos em um regime constitucional que pressupõe uma visão específica do papel do Estado: ele aparece como um agente de transformação social. Mais do que ser uma instância que protege liberdades negativas como no constitucionalismo liberal, mais do que uma instância que garante acesso a direitos sociais, o Estado atualmente aparece como um ator que deve fazer o possível para transformar o *status* de grupos vulneráveis. Por ser uma das premissas centrais do constitucionalismo atual, observamos que o campo jurídico sob análise tem um papel instrumental nesse processo. Ele existe para permitir que as instituições estatais possam alcançar o objetivo de transformar nossa sociedade em uma nação na qual o problema da marginalização seja diminuído ou eliminado.[110] O atual paradigma constitucional esposa uma concepção específica da nossa Constituição Federal: um sistema aberto de princípios e regras. Esse aspecto é muito importante quando consideramos os objetivos desse campo de estudo tendo em vista a natureza cambiante das práticas discriminatórias. Compreender o sistema constitucional dessa forma significa corroborar a ideia de que essa área é regulada por normas que possuem uma abertura capaz de integrar novos sentidos. Mais do que isso, significa reconhecer que os últimos atuam como instância de legitimidade para medidas que procuram promover a integração de grupos minoritários.[111]

O sistema protetivo consubstanciado nas normas antidiscriminatórias expressa os valores que marcam a ordem objetiva dos direitos fundamentais presentes em um sistema constitucional.

---

[110] MAIA, Antônio Cavalcanti. "Neoconstitucionalismo, positivismo jurídico e a nova filosofia constitucional". *In*: QUARESMO, Regina (Coord.). *Neoconstitucionalismo*. Rio de Janeiro: Forense, 2009, pp. 3-24.

[111] Ver, nesse sentido: DWORKIN, Ronald. *Taking rights seriously*. Cambridge: Harvard University Press, 1977; FERNANDES, Bernardo Gonçalves. *Curso de Direito Constitucional*. São Paulo: Juspodium, 2014, pp. 159-251; CANOTILHO, J. J. Gomes. *Direito Constitucional e Teoria da Constituição*. Lisboa: Almedina, 2003, pp. 1159-1189.

Dissemos anteriormente que esse campo do Direito está baseado no reconhecimento dos direitos fundamentais como direitos públicos subjetivos, mas não podemos esquecer que eles expressam a dimensão política da ordem constitucional. Além da dimensão normativa, o texto constitucional possui uma dimensão programática que estabelece a obrigatoriedade da criação de um programa de ação para as instituições estatais. O programa de transformação social presente no sistema constitucional das normas antidiscriminatórias encontra fundamentação na dimensão programática dos textos constitucionais. Elas incluem obrigações que se manifestam como imposições constitucionais que caracterizam o que tem sido chamado de Constituição Dirigente.[112]

1.5.3 Universalidade de direitos

O Direito Antidiscriminatório está amplamente ancorado em um processo central do pensamento jurídico moderno: a cultura dos direitos fundamentais. Ela pressupõe uma concepção muito específica dos seres humanos, expressa na noção de que todos eles são agentes racionais. Isso indica a capacidade de todos os membros da comunidade política de viverem de maneira autônoma, de poderem levar uma vida cujos objetivos podem ser estabelecidos por eles mesmos. Dessa forma, a cultura dos direitos fundamentais está baseada na premissa de que todos os seres humanos são atores sociais competentes porque possuem uma série de capacidades pessoais que lhes permitem estabelecer razões para suas ações, evidência de que podem criar e atuar de acordo com planos de vida que lhes parecem mais adequados do ponto de vista individual. Quando falamos em direitos fundamentais, estamos falando em pessoas que são vistas como entes racionais

---

[112] Ver, nesse sentido: VECCHIATTI, Paulo Roberto Iotti. *Constituição dirigente e concretização judicial das imposições constitucionais ao legislativo*. São Paulo: Spessotto, 2019, pp. 271-319.

CAPÍTULO I – DIREITO ANTIDISCRIMINATÓRIO...

capazes de viver de acordo com ideais considerados passíveis de serem universalizados.[113]

A ideia de universalidade dos direitos fundamentais encontra fundamento em princípios da cultura política moderna como o racionalismo, o individualismo e também o contratualismo. O conceito da universalidade parte do pressuposto de que todos são titulares de direitos por terem o mesmo *status* jurídico, posição atribuída às pessoas porque são sujeitos racionais. A racionalidade possibilita a construção de uma ordem social na qual as pessoas são vistas como entes abstratos, algo importante no processo de reconhecimento de todas as pessoas como indivíduos que possuem os mesmos direitos. O racionalismo permite que indivíduos possam construir uma sociedade baseada em um acordo jurídico que expressa a racionalidade dos indivíduos. O tema da universalidade dos direitos humanos não se reduz ao reconhecimento do mesmo *status* a todos membros da comunidade política, mas ao fato de que faz referência a pessoas de todas as sociedades humanas e em todos os tempos históricos.[114]

Essa capacidade de reflexão pessoal aponta para o fato de que todos os seres humanos devem ser compreendidos como uma pessoa tanto no seu sentido sociológico quanto no sentido jurídico. Ser reconhecido como uma pessoa significa ser visto como alguém capaz de ação autônoma, de um ente racional e capaz de estabelecer normas de conduta. Ser reconhecido como uma pessoa significa também ser visto como alguém que tem um *status* jurídico específico comum a todos os outros membros da comunidade política. Esse *status* garante à pessoa direitos públicos subjetivos necessários para que possa agir de maneira livre, para que possa participar do processo político; enfim, a autonomia pública e a autonomia

---

[113] CANOTILHO, J. J. Gomes. *Direito Constitucional e Teoria da Constituição.* Lisboa: Almedina, 2003, pp. 61-74.

[114] MARTINEZ, Gregório Peces-Barba. *Curso de derechos fundamentales.* Madrid: Universidad Carlos II de Madrid, 1999, pp. 297-305.

privada garantem a ela a possibilidade de exercício da liberdade. Esses direitos públicos subjetivos fazem parte de textos legais que têm a função de racionalizar o poder estatal de forma que ele possa contribuir para a liberdade dos indivíduos. A compreensão dos seres humanos como seres que possuem uma capacidade racional legitima então a noção de que direitos humanos são universais, são meios pelos quais as pessoas podem atuar de forma livre no espaço público e no espaço privado.[115]

A igualdade deve então ser vista como um dos preceitos centrais desse campo de estudo porque ele estabelece um padrão de racionalidade do tratamento que deve ocorrer entre os membros de uma comunidade política. Esse princípio estimula agentes públicos e privados a tratarem as pessoas de maneira justa, o que opera aqui como ausência de tratamentos arbitrários e, portanto, contrários aos padrões racionais que devem moldar as relações sociais. A igualdade pode assumir formas diversas, mas estas fomentam tipos de tratamento que impedem comportamentos que podem colocar as pessoas em uma situação de desvantagem temporária ou permanente. O pressuposto do igualitarismo é o tratamento simétrico entre os indivíduos em situações relevantes, uma formulação que nos remete mais uma vez ao tema da racionalidade que deve governar escolhas feitas nos processos nos quais esse elemento se mostra relevante. É importante observar que os critérios de racionalidade também estão em um constante processo de transformação social tendo em vista as demandas de justiça. Atualmente, o Direito Antidiscriminatório engloba um aparato de proteção estatal que adquire relevância social cada vez maior em diversos países do mundo. Tendo na sua origem a preocupação com a garantia de tratamento jurídico igualitário entre todos os membros da comunidade política, ele considera hoje que a mera igualdade formal está longe de ser um princípio suficiente para a

---

[115] HABERMAS, Jurgen. *A inclusão do outro*: estudos de teoria política. São Paulo: Unesp, 2019, pp. 397-419.

promoção da inclusão social dos indivíduos. A demanda por mesmo tratamento jurídico começou a ser acompanhada por exigências de medidas para a proteção social por meio de garantias materiais básicas, o que se tornou um elemento básico para a compreensão de como sociedades devem funcionar. A constatação de que diversas formas de discriminação recaem sobre pessoas que possuem formas de identidades estigmatizadas fez com que surgissem movimentos para que estas fossem transformadas em elementos especiais de proteção jurídica para que as pessoas pudessem ter uma vida digna.[116]

1.5.4 Critérios de distribuição de oportunidades e de direitos

Como afirmado anteriormente, o igualitarismo é um dos princípios jurídicos fundamentais desse campo do Direito. Entretanto, quando falamos sobre esse princípio filosófico precisamos também mencionar alguns de seus pressupostos fundamentais, como as noções de universalidade, de generalidade e de equidade. O projeto de construção de uma sociedade igualitária requer a presença de normas que englobem a totalidade dos indivíduos e incluam todas as pessoas criadas pela norma, e que essa norma obedeça a um padrão de tratamento entre as pessoas. Esses elementos são muito relevantes porque a luta contra desvantagens sistemáticas enfrentadas por minorias está baseada na ideia de que uma sociedade democrática deve buscar a igualdade entre todas as pessoas nos seus aspectos essenciais para o alcance de uma vida digna. Isso poderá ser alcançado por meio de aproximações sucessivas, motivo pelo qual é necessário identificar os vários mecanismos responsáveis pela marginalização.[117]

---

[116] VALCÁRCEL, Amelia. *El concepto de igualdad*. Madrid: Editorial Pablo Iglesias, 1994, pp. 1-17.

[117] BREST, Paul. "In defense of the antidiscrimination principle". *Harvard Law Review*, vol. 90, nº 1, 1976, pp. 1-54; COLLINS, Hugh. "Discrimination,

Por ser uma doutrina que defende a maior igualdade possível entre o maior número de bens, o igualitarismo percebe os seres humanos como entes genéricos; parte-se do pressuposto da igualdade moral entre os membros da comunidade política, razão pela qual devemos pensá-los a partir do *status* jurídico e político que compartilham. Essa forma de igualitarismo tem sido superada na medida em que demandas de direitos observam a necessidade de se considerar o papel das muitas formas de identidade nos processos de exclusão social. Por esse motivo, o igualitarismo não pode ser visto como uma defesa intransigente do tratamento isonômico entre todos os indivíduos e em todas as situações. Os seres humanos podem ter o mesmo *status* jurídico, mas podem ter características que os distinguem de outros, o que justifica tratamento diferenciado para a garantia de tratamento justo entre eles. Sua defesa também se torna problemática quando observamos que normas e práticas sociais moralmente neutras podem ter um impacto desproporcional entre grupos sociais. O igualitarismo também não pode ser usado contra medidas que procuram corrigir uma história de desvantagem social em uma dada sociedade.[118]

O Direito Antidiscriminatório procura estabelecer respostas legítimas a questões jurídicas suscitadas por demandas de direitos elaboradas por grupos que estão em uma situação de desvantagem. Elas incluem temas tais como a justificação dos propósitos de normas que estabelecem acesso diferenciado a direitos e a oportunidades a membros de diversos grupos. Normas jurídicas sempre instituem

---

equality and social inclusion". *The Modern Law Review*, vol. 66, n° 1, 2003, pp. 16-43.

[118] Para uma análise dos problemas envolvidos com uma defesa de uma noção de igualdade compreendida como tratamento simétrico, ver: GAETNER, Samuel *et al*. "Racial stereotypes: associations and ascriptions of positive and negative characteristics". *Social Psychology Quarterly*, vol. 46, n° 1, 1983, pp. 23-30; HERNSTEIN, Ori J. "Historic injustice, group membership, and harm to individuals". *Harvard Blackletter Law Journal*, vol. 25, n° 2, 2009, pp. 230-276.

critérios para poder distribuir direitos e oportunidades às pessoas; elas devem ser justificadas para que possam ser vistas como legítimas. Esse campo jurídico procura definir parâmetros legítimos para solucionar questões tais como os critérios necessários para se promover a igualdade, a consideração sobre quais grupos devem ser considerados quando falamos sobre igualdade e quais critérios de comparação devem ser observados quando direitos e oportunidades são distribuídos. Essas questões serão respondidas pelas noções de justiça e igualdade presentes no texto constitucional, compreensões que encontram fundamento na forma de racionalidade jurídica presente no paradigma constitucional vigente.[119]

1.6 Normas de Direito Antidiscriminatório

1.6.1 Normas gerais do Direito Antidiscriminatório

O aparecimento de um sistema protetivo destinado a eliminar as consequências das diferenças de *status* entre grupos sociais exprime um elemento importante da nossa realidade: a distância entre o projeto político presente nos textos constitucionais e a nossa realidade social. Como aponta Konrad Hesse, o tema que estamos abordando abordando alude à tensão essencial entre a racionalidade expressa nas normas jurídicas e o caráter mutante e muitas vezes irracional das relações entre os indivíduos. Essa diferença expressa um conflito entre o projeto político presente nos textos constitucionais e as várias práticas discriminatórias que procuram manter relações arbitrárias de poder em uma dada sociedade. Mas o autor afirma que não podemos identificar nesse problema uma evidência da impossibilidade das normas constitucionais em racionalizar relações sociais. Ordenação jurídica e realidade social possuem uma relação recíproca porque precisamos interpretar a

---

[119] ELLIS, Evelyn; WATSON, Philipa. *Euroepan Union anti-discrimination law*. Oxford: Oxford University Press, 2013, pp. 22-42.

norma constitucional dentro da realidade social na qual ela se encontra. Uma leitura de princípios abstratos dela desconectados impede que o texto constitucional tenha força normativa, motivo pelo qual essas duas dimensões precisam ser consideradas nas suas relações estruturais. Por esse motivo, devemos afirmar que normas antidiscriminatórias procuram concretizar os princípios que regulam esse campo jurídico. O programa de transformação social decorrente desse campo do Direito Constitucional pode ser visto como um exemplo claro de como a Constituição pode ter força normativa na medida em que molda a realidade social a partir de seus princípios. Precisamos então compreender de forma detalhada como os diversos tipos de normas desse campo podem adquirir força normativa na medida em que promovem as modificações necessárias para o alcance de uma sociedade mais igualitária.[120]

Devemos também compreender o Direito Antidiscriminatório como um campo que opera a partir da mesma lógica que regula o nosso sistema constitucional: ele deve ser visto como um sistema aberto de regras e princípios, de normas que possuem diferentes níveis de concretização. Dessa forma, temos dentro desse campo do Direito aquelas normas que possuem diferentes níveis de abstração, diferentes graus de determinação, que ocupam funções distintas dentro da estruturação do sistema jurídico, aquelas que expressam parâmetros juridicamente vinculantes enquanto outras expressam conteúdo funcional, além das que operam enquanto fundamentos de regras e as que apenas possuem um comando jurídico objetivo. É também relevante para esse campo de estudo a distinção entre princípios jurídicos e princípios hermenêuticos, entre aqueles princípios que desempenham uma função argumentativa e interpretativa e os que operam como normas jurídicas que possuem graus de concretização distintos, permitindo a harmonização entre valores

---

[120] Ver, nesse sentido: SIEGEL, Reva. "Discrimination in the eyes of the law: how 'color blindness' discourse disrupts and rationalizes social stratification". *California Law Review*, vol. 77, nº 1, 2000.

e interesses. Se, por um lado, temos normas que indicam direções e valores que prestam racionalidade ao sistema de proteção de grupos minoritários, por outro, temos aquelas que determinam ações específicas para atores públicos e privados. Assim, temos normas que mencionam o princípio da igualdade e outras que diretamente impedem tratamento discriminatório baseado em certa característica. Observamos então que o sistema jurídico do qual as normas de Direito Antidiscriminatório fazem parte possui um caráter aberto, aspecto necessário para a análise de uma realidade social marcada por amplas desigualdades sociais, desigualdades que assumem novas formas ao longo do tempo. Devemos então analisar esse campo jurídico como uma área do Direito também organizada de acordo com a mesma lógica de outras searas jurídicas.[121]

Princípios constitucionais estruturantes. Essas normas expressam as direções básicas presentes em um sistema constitucional. São os parâmetros que expressam os valores centrais da ordem política. Essas normas têm uma função fundamental na construção desse campo jurídico porque expressam o tipo de racionalidade a partir da qual será organizada a ordem política de um país. São os princípios centrais da ordem jurídica que estabelecem os preceitos de operação dos poderes estatais, da regulação das relações entre os indivíduos e da relação do Estado com eles. Englobam o princípio do Estado Democrático de Direito, o princípio da democracia pluralista, o princípio da cidadania, o princípio da dignidade e o princípio da justiça social.[122]

Ao apontar o Estado Democrático de Direito como um princípio estruturante do Direito Antidiscriminatório, estamos

---

[121] CANOTILHO, J. J. Gomes. *Direito Constitucional e Teoria da Constituição*. Lisboa: Almedina, 2003, pp. 1162-1176; SAMPAIO, José Adércio Leite. *Teoria da Constituição e dos direitos fundamentais*. Belo Horizonte: Del Rey, 2013, pp. 91-117.

[122] CANOTILHO, J. J. Gomes. *Direito Constitucional e Teoria da Constituição*. Lisboa: Almedina, 2003, pp. 1159-1168.

esposando uma compreensão específica do papel do Estado na promoção da igualdade.

Atribuímos a essa instituição o papel de atuar como o principal agente no projeto de transformação cultural e política presente no nosso texto constitucional. Ele implica um projeto de interpretação e aplicação da igualdade que tem como meta transformar relações arbitrárias de poder em uma sociedade. Esse projeto inclui não apenas a adoção de uma forma específica de igualdade; ele também opera como um meio de legitimação de medidas inclusivas para a garantia do igualitarismo. Ao lado desse princípio está também a incorporação da democracia como um princípio estruturante, o que dentro desse projeto de transformação significa a incorporação do pluralismo como um fator central do processo do funcionamento das nossas instituições. A democracia aparece aqui muito mais do que como um sistema político representativo; trata-se, nesse caso, de um regime político que tem objetivos substantivos, como a construção de uma sociedade igualitária na qual relações arbitrárias de poder são sistematicamente combatidas.[123]

Mais do que uma mera categoria jurídica, a cidadania surge nesse contexto como um princípio que possui um caráter substantivo, significando não apenas um *status* jurídico, mas também formas de pertencimento que indicam a possibilidade de proteção de diversas áreas da existência pessoal e coletiva. Essa concepção de cidadania está relacionada com a noção de identidade, conceito que dá sentido especial a esse termo porque reconhece os diferentes pertencimentos que os indivíduos possuem e também a necessidade de proteção da autonomia nas diversas esferas da existência. Da mesma forma, o projeto de transformação social pretendido pelo Direito Antidiscriminatório não pode se ater a

---

[123] Para uma análise do *status* da democracia e da ciência do direito no atual paradigma constitucional, ver: CARBONELL, Miguel. *Teoria del neoconstitucionalismo*. Madrid: Trotta, 2010; CARBONNEL, Miguel; JARAMILLO, Leonardo García. *El canon neoconstitucional*. Madrid: Trotta, 2010.

uma noção de dignidade humana apenas como defesa de uma concepção subjetiva de autonomia. A dignidade humana aparece aqui como um princípio que empresta sentido a todas as outras normas antidiscriminatórias porque implica a noção básica que o sistema jurídico deve ter: a defesa dos seres humanos como atores sociais competentes para atuar em todos os espaços sociais.[124]

Normas programáticas. Essa categoria de normas constitucionais tem um papel especialmente importante porque congrega mandamentos que devem direcionar a ação de instituições estatais com vistas à promoção da segurança material dos indivíduos. Por serem diretrizes para a fixação de objetivos e serem ainda normas de caráter interpretativo destes, as normas programáticas devem ser vistas como programas de ação. Essa categoria de normas impõe deveres políticos como os do compromisso estatal com a eliminação da marginalização e a promoção de meios para eliminação da desigualdade; essas normas incorporam a ordem objetiva de valores que o legislador constituinte estabeleceu como propósitos centrais do sistema jurídico, além de servirem como parâmetros teleológicos para a interpretação e aplicação de várias outras normas constitucionais. Elas decorrem de um avanço importante do constitucionalismo, que abandona uma concepção meramente jurídica das Constituições para uma compreensão substantiva. Elas estabelecem a obrigatoriedade da ação estatal para a garantia de categorias de direitos que pretendem garantir um nível mínimo de bem-estar social para as pessoas, o que indica o compromisso constitucional com a ação do Estado como uma instância de integração social. A noção de uma "programaticidade" levará posteriormente à identificação de uma ordem material na Constituição, de uma

---

[124] Ver, nesse sentido: KHAITAN, Tarunabh. "Dignity as an expressive norm: neither vacuous nor a panacea". *Oxford Journal of Legal Studies*, vol. 32, nº 1, 2012, pp. 1-19; FLETCHER, G. "Human dignity as a constitutional value". *University of Western Ontario Law Review*, vol. 22, nº 1, 1984, pp. 171-182.

ordem que congrega os valores políticos e jurídicos fundamentais de uma dada ordem jurídica.[125]

Normas de direitos fundamentais. Os direitos fundamentais se apresentam tanto como um conjunto de valores básicos da ordem jurídica quanto como normas que designam a proteção de posições jurídicas subjetivas. Eles operam então como princípios que direcionam a ação do Poder Público e também como os direitos que os indivíduos podem utilizar para alcançar diferentes formas de inclusão social. Esse conjunto de normas compreende aqueles direitos públicos subjetivos que ao longo do tempo foram positivados em diversos textos constitucionais. Esses direitos se converteram em direitos dos membros da comunidade política, sendo então meios necessários para a existência de uma vida verdadeiramente autônoma. Eles se tornaram direitos disponíveis a todas as pessoas em função da universalização de direitos presentes nos regimes democráticos constitucionais. Direitos fundamentais possuem uma dimensão subjetiva porque são atribuídos a todos os membros da comunidade política, mas também possuem uma dimensão objetiva porque expressam o aspecto substantivo do texto constitucional ao designar as opções políticas que uma dada comunidade política estabeleceu. Essa dimensão objetiva possibilita a atribuição de efeitos concretos mesmo a normas que necessitam de integração legislativa para sua plena realização, sendo que elas poderão operar ao menos como parâmetros para a interpretação jurídica. Normas de direitos fundamentais designam então o *status activus* de pessoas que podem participar da formação da vontade estatal e também o *status positivus* porque confere aos indivíduos a possibilidade de requerer prestações estatais positivas.[126]

---

[125] DINIZ, Maria Helena. *Norma constitucional e seus efeitos.* São Paulo: Saraiva, 2009, pp. 119-122.

[126] SAMPAIO, José Adércio Leite. *Teoria da Constituição e dos direitos fundamentais.* Belo Horizonte: Del Rey, 2013, pp. 561-578.

É por esse motivo que essa categoria de direitos desempenha a função de racionalização do poder político, pois estabelece a racionalidade a ser seguida por instituições públicas e privadas nas interações com as pessoas. Embora sejam definidos como direitos que possuem diferentes gerações, eles são mais adequadamente vistos como categorias que permitem diferentes níveis de funcionamento dentro da sociedade. Assim, temos aqueles que protegem a dimensão política de nossas vidas, aqueles necessários para garantir nossa segurança material, como também aqueles que permitem tratamento igualitário perante instituições, além dos que possibilitam escolhas privadas sobre a direção da própria vida. Essa perspectiva tem levado muitos autores a enfatizar o caráter irradiante dos direitos fundamentais, posição que indica a função deles de operar como parâmetros para a interpretação e aplicação de demais normas do sistema jurídico pelas diferentes esferas do poder estatal.[127]

Normas de abertura dos direitos fundamentais. Tendo em vista o caráter plural da nossa realidade social, devemos estar atentos ao fato de que, apesar do pressuposto da universalidade dos direitos fundamentais, a consideração de uma característica como um critério protegido pela legislação antidiscriminatória pode não acompanhar a evolução social. Esse é um dos motivos pelos quais textos constitucionais e tratados internacionais de direitos humanos possuem normas de abertura que permitem a extensão de proteção legal a grupos minoritários que não se enquadram nas categorias delimitadas por documentos legais. Essas cláusulas são especialmente importantes porque criam a possibilidade tanto para o legislador quanto para o magistrado de proteger um grupo que sofre processos de marginalização, inclusive a partir de novos meios de exclusão que podem surgir em função do caráter dinâmico da sociedade. Esse caráter aberto das normas de direitos fundamentais

---

[127] SARLET, Ingo. *A eficácia dos direitos fundamentais.* Porto Alegre: Livraria do Advogado, 2006, pp. 45-59.

permite então um diálogo maior entre grupos minoritários e os operadores do Direito, de forma que eles também possam ter um nível maior de proteção. Além disso, essas normas também permitem um diálogo entre o sistema jurídico nacional e o sistema jurídico internacional, uma vez que é também necessário o diálogo entre as normas antidiscriminatórias que operam nesses dois níveis.[128]

1.6.2 Normas específicas de Direito Antidiscriminatório

Muitas normas antidiscriminatórias englobam elementos específicos que as distinguem de outras normas do sistema constitucional. Primeiro, elas mencionam certos traços que devem ser legalmente protegidos por serem meios a partir dos quais indivíduos e também instituições praticam atos discriminatórios. As características mencionadas nessas normas são apontadas como critérios a serem utilizados para proteção contra formas de diferenciação arbitrária e também para determinar que elas serão utilizadas para a promoção da inclusão de um grupo vulnerável. Dessa forma, essa categoria de normas impõe obrigações positivas ou negativas a atores públicos e privados, o que pode incluir uma proibição da utilização de uma característica como parâmetro para discriminação negativa ou como a designação de um elemento que deve ser utilizado na formação de medidas que agentes estatais e particulares podem utilizar para promover a inclusão. Normas antidiscriminatórias, ao incorporarem certas características como critérios que merecem proteção especial, criam grupos que operam como cognatos àqueles que são vulneráveis. Esse critério de tratamento designa então membros de dois ou mais grupos cuja

---

[128] MARTINEZ, Gregório Peces-Barba. *Curso de derechos fundamentales.* Madrid: Universidad Carlos II de Madrid, 1999, pp. 381-387.

situação deve ser analisada em conjunto para que se possa medir a situação diferenciada na qual eles se encontram.[129]

Observamos, pois, que as normas antidiscriminatórias partem do pressuposto de que certas características designam segmentos sociais que se encontram em uma situação temporária ou histórica de desvantagem em relação aos grupos cognatos. Embora nem todos os membros de um grupo minoritário podem estar nessa condição, grande parte de seus membros são discriminados, o que justifica a proteção jurídica deles. Mesmo que o princípio da igualdade proteja todos os membros da comunidade política, devemos ter em mente que membros de grupos vulneráveis sempre terão mais chances de sofrer algum tipo de discriminação; além disso, eles são afetados por práticas sociais que promovem a estratificação, processo que contribui para que estejam em uma situação de vulnerabilidade durável. A desvantagem na qual esses grupos se encontram pode ser produto de comportamentos intencionais e arbitrários, como também o resultado de práticas que não fazem menção a grupos, mas cujos efeitos afetam pessoas que já se encontram em uma situação de desvantagem de maneira desproporcional. Desse modo, a análise da desvantagem que um grupo sofre não pode ser reduzida a um exame de uma relação racional entre meios legais e fins legítimos, mas também a partir dos efeitos imediatos e duradouros que uma norma ou uma prática social pode ter, mesmo que sejam neutras.[130]

Normas antidiscriminatórias, categoria que inclui princípios e regras, possuem também outra dimensão importante: elas determinam os atores sociais que têm a responsabilidade de promover ações negativas e positivas destinadas à integração de grupos minoritários. Normas programáticas designam os princípios e objetivos que os poderes estatais devem observar para que o ideal da construção de

---

[129] Para uma análise e crítica desse preceito, ver: GOLDBERG, Suzanne. "Equality by comparison". *Yale Law Journal*, vol. 120, nº 4, 2011.
[130] KHAITAN, Tarunabh. *A theory of discrimination law*. Oxford: Oxford University Press, 2015, pp. 23-35.

uma sociedade mais igualitária seja alcançado. Ao fazerem isso, elas também indicam quem são as pessoas e as instituições que têm o dever de criar medidas protetivas e inclusivas em uma dada comunidade política. O crescente entendimento doutrinário e jurisprudencial do caráter horizontal dos direitos fundamentais tem levado estudiosos a afirmar que essa função também se estende a atores privados, pois todos os setores da sociedade devem trabalhar para que o ideal da inclusão social seja alcançado. O princípio antidiscriminatório vincula todas as instituições sociais, entendimento que permite a expansão da proteção de minorias e grupos vulneráveis.[131]

Normas antidiscriminatórias podem ser classificadas a partir de critérios que têm sido adotados pela doutrina jurídica ao longo do tempo. Vários princípios ocupam uma posição central dentro desse campo do Direito porque cumprem uma série de funções. Eles evidenciam quais são os objetivos centrais do ordenamento jurídico referente às normas antidiscriminatórias; indicam quais dessas normas têm um caráter central em relação às outras normas que constituem esse campo; eles também podem ser vistos como elementos que expressam os juízos valorativos que regulam essa área do sistema jurídico. Princípios podem ser vistos como fundamentos jurídicos por estabelecerem uma finalidade para o ordenamento político, por expressarem concepções de justiça. Dessa forma, vemos que nosso texto constitucional estabelece a eliminação da marginalização como um objetivo a ser alcançado, fator que confere um caráter teleológico ao nosso sistema constitucional. Observamos que ele também aponta os princípios da dignidade e da cidadania como elementos que adquirem prevalência sobre outros e observamos que a justiça social e a democracia pluralista são também preceitos que devem pautar a ação de nossas autoridades em todas as situações.[132]

---

[131] KHAITAN, Tarunabh. *A theory of discrimination law*. Oxford: Oxford University Press, 2015, pp. 62-64.

[132] SGARBI, Adrian. *Introdução à Teoria do Direito*. São Paulo: Marcial Pons, 2013, pp. 76-78.

Os princípios constitucionais que regulam esse campo podem ser vistos como normas de estrutura, uma vez que tem a função de regular a utilização de outras normas responsáveis pela dinâmica normativa desse campo jurídico. Essas normas operam como critérios de interpretação de outras normas que compõem esse campo do Direito, estabelecem sanções para os agentes sociais que discriminam outros, operam como parâmetros para a produção de outras normas, além de indicarem quem são as pessoas competentes para exercer funções relevantes para a promoção da igualdade entre os indivíduos e grupos. Normas antidiscriminatórias podem também ser vistas como normas de conduta porque determinam as regras de exercício, categorias de leis que indicam quem são e quais as condições de ação das pessoas que cumprem cargos públicos relevantes para o avanço do Direito Antidiscriminatório. Essas normas existem exatamente para regular situações que violam o dever de tratamento igualitário; elas existem para alterar a realidade e também para manter a situação desejada, uma vez que ela seja alcançada. Esse tipo de norma estabelece a proibição de atos discriminatórios, mas também impõe a obrigação de se adotarem medidas para a inclusão de grupos minoritários.[133]

1.7 Desafios do Direito Antidiscriminatório

O campo que estamos analisando enfrenta uma série de dificuldades que devem ser mencionadas e analisadas. A primeira delas diz respeito à fundamentação teórica dessa área jurídica. Certos autores procuram justificar a validade das proposições desse subsistema constitucional a partir de uma perspectiva igualitarista. Eles argumentam que a igualdade é o objetivo central desse campo jurídico e o parâmetro a partir do qual o tema da discriminação deve ser avaliado. Outros estabelecem a proteção das liberdades

---

[133] SGARBI, Adrian. *Introdução à Teoria do Direito*. São Paulo: Marcial Pons, 2013, pp. 60-82.

individuais como propósito central dessa seara jurídica, o que os leva a afirmar que normas antidiscriminatórias existem para garantir o exercício da autonomia individual. Há ainda aqueles que defendem a dignidade como ponto de partida para a análise da fundamentação teórica das normas antidiscriminatórias. Para eles, nosso sistema de direitos fundamentais existe para proteger os indivíduos contra práticas arbitrárias que afrontam a dignidade pessoal ao permitirem a perpetuação de várias desigualdades de *status* entre os indivíduos.[134]

Embora sistemas constitucionais ao redor do mundo tenham promulgado normas destinadas à criação de um sistema protetivo, tal fato não significa que elas serão realmente respeitadas ou aplicadas. Como tem sido afirmado por muitos autores, a efetividade dessas normas depende da existência de uma cultura jurídica também comprometida com elas. Mais do que a existência de normas direcionadas à proteção de grupos minoritários, também é necessário que operadores do Direito estejam empenhados na transformação das condições sociais e práticas culturais. O objetivo da construção de uma sociedade igualitária se torna mais difícil quando mecanismos discriminatórios impedem a criação de condições básicas de existência. A efetividade de normas antidiscriminatórias também depende de modificações na cultura jurídica de uma sociedade. O problema da jurisdição constitucional se torna claro quando normas inclusivas são interpretadas de forma restritiva, o que anula o potencial transformador delas. Esse tem sido um problema em sociedades marcadas por fortes mecanismos de estratificação: o formalismo jurídico surge como um mecanismo estratégico para que se possa impedir a aplicação de medidas antidiscriminatórias. Por esse motivo, a possibilidade de transformação social está

---

[134] KHAITAN, Tarunabh. *A theory of discrimination law*. Oxford: Oxford University Press, 2015.

amplamente relacionada com as tendências políticas presentes em uma Corte Constitucional.¹³⁵

Outro desafio presente nesse campo jurídico diz respeito às muitas controvérsias relativas às medidas necessárias para a promoção da inserção de grupos minoritários. Se alguns defendem a utilização de medidas que não envolvam qualquer classificação entre as pessoas, outros argumentam que o alcance desse objetivo requer a utilização de critérios de tratamento diferenciado porque processos de exclusão são direcionados a partir de certos critérios identitários. Há dentro desse debate a oposição entre aqueles que negam a relevância social de mecanismos discriminatórios e defendem políticas universais e aqueles que apontam para a influência estrutural deles dentro da sociedade. Enquanto os primeiros alegam que a utilização dos mesmos critérios de discriminação em políticas públicas contribui para a preservação da discriminação, outros alegam que as normas precisam levar em consideração esses elementos para que sejam efetivas. Essas diferenças são produto de dissenções políticas que expressam também os conflitos de interesses entre grupos dominantes e dominados. A possibilidade de construção de uma sociedade mais justa decorre de uma incompatibilidade entre posturas interpretativas: enquanto algumas enfatizam o caráter transformador do atual paradigma jurídico, outros insistem em utilizar uma lógica formalista para interpretar normas que têm um claro caráter progressista.¹³⁶

---

[135] Esse tem sido um aspecto central do debate sobre a constitucionalidade de medidas de inclusão de minorias raciais e sexuais. Ver: MOREIRA, Adilson. "Direito, poder, ideologia: discurso jurídico como narrativa cultural". *Direito & Práxis*, vol. 8, nº 2, 2017, pp. 830-868; CARVALHO, José Jorge de. *Inclusão étnica e racial no Brasil*: a questão das cotas no ensino superior. São Paulo: Attar, 2006; BALKIN, Jack M. "Understanding legal understanding: the legal subject and the problem of legal coherence". *Yale Law Journal*, vol. 103, nº 1, 1993, pp. 105-176.

[136] CARROLL, David. *The color of freedom*: race and contemporary American liberalism. Nova York: State University of New York Press, 1990; WEST,

Ao lado dessa controvérsia entre posturas interpretativas, está também presente um debate sobre as formas de discriminação que requerem algum tipo de ação estatal reguladora. Há aqueles que reconhecem apenas a discriminação direta como uma prática passível de ser juridicamente reconhecida, enquanto outros afirmam que práticas discriminatórias também fazem parte da operação normal das instituições.

Os que privilegiam o primeiro tipo de discriminação como expressão de prática ilegítima argumentam que ela está baseada no requisito da intencionalidade, o que indica a irracionalidade do ato discriminatório. Essa postura também encontra fundamento na premissa segundo a qual aqueles que são discriminados precisam comprovar que essa intencionalidade ocorreu naquele caso específico, não podendo ser baseado na noção de processos de discriminação que operam de forma generalizada. Essa perspectiva ignora questões importantes, por exemplo, as formas como privilégios estruturais gozados pelos membros dos grupos dominantes beneficiam os últimos de forma sistemática, realidade que não pode ser adequadamente remediada apenas com o ataque à discriminação de caráter intencional e irracional. A utilização estratégica do formalismo jurídico tem sido interpretada por muitas pessoas como exemplo de como projetos de dominação adquirem novas formas em novos contextos sociais e históricos. A luta eficaz contra meios de discriminação precisa levar em consideração o caráter dinâmico dos sistemas de dominação, uma das razões pelas quais o uso do formalismo jurídico e a pressuposição da inexistência da relevância social de práticas discriminatórias pervasivas são fatos que encobrem a realidade social.[137]

Robin. "Progressive and conservative constitutionalism". *Michigan Law Review*, vol. 88, nº 3, 1991, pp. 641-721.

[137] Para uma análise desse debate, ver: ROSENFELD, Michel. *Affirmative action & justice*: a philosophical and constitutional inquiry. New Haven: Yale University Press, 1991; ALEINKOFF, T. Alexander. "A case for race consciousness". *Columbia Law Review*, vol. 91, nº 4, 1991, pp. 1060-1125.

CAPÍTULO II
IGUALDADE: DIMENSÕES, DEFINIÇÕES, TEORIAS, PRINCÍPIOS

A complexidade do princípio da igualdade pode ser entendida a partir de um problema presente nas sociedades democráticas modernas: o conflito entre a necessidade de atribuirmos um *status* comum que garanta tratamento igualitário entre todas as pessoas e as várias diferenças pessoais e situacionais que exigem considerações particulares das condições nas quais elas vivem. Contraposta ao ideal de igualdade está a realidade da desigualdade baseada em diferenças de experiências em vários âmbitos da vida social. O comprometimento com a igualdade não pode se resumir a uma elegia dos seus pressupostos, mas sim a ações efetivas para que eles se tornem preceitos reguladores da realidade. Tendo em vista essa complexidade, surge a pergunta: a que sentidos da igualdade devemos recorrer para que possamos construir uma sociedade justa? A compreensão desse princípio tem variado de forma significativa ao longo da história, sendo que diferentes teorias sobre ele foram responsáveis pela incorporação de novos parâmetros e dimensões. A dificuldade da realização da igualdade também está relacionada com a própria variedade da experiência humana dentro de contextos sociais e históricos específicos. O ideal do tratamento igualitário raramente consegue abarcar a situação de todos os seguimentos sociais, consequência das várias formas de pertencimentos daqueles que vivem em sociedades hierarquizadas.[138]

Precisamos entender os motivos pelos quais enfrentamos essa grande dificuldade e isso requer uma comparação das características da sociedade na qual vivemos com aquelas que regulam uma sociedade ideal construída a partir das premissas que sustentam esse preceito nas sociedades liberais. Como aponta Douglas Rae, uma sociedade estritamente regida por esse princípio pressupõe formas de classificações sociais que podem englobar todos os seus membros e também a possibilidade de alocação de oportunidades para todos eles nos mesmos termos. Mais do que a possibilidade de dividir essas oportunidades da mesma forma entre todas as pessoas, elas poderão satisfazer as necessidades de todos os indivíduos, uma vez que todos eles possuem experiências sociais uniformes. Além disso, os valores que regem essa sociedade são reconhecidos por todos os seus membros como legítimos, o que impede conflitos sobre as formas de organização de uma sociedade democraticamente organizada.[139] Essa visão corresponde ao ideal filosófico e político do liberalismo, doutrina que compreende a comunidade política como uma organização de indivíduos que gozam de direitos abstratos que se relacionam a partir da compreensão do outro como indivíduos autônomos. A igualdade opera aqui como um princípio que regula as relações entre pessoas de

---

[138] Para uma análise dos conflitos entre ideologias igualitárias e a situação de grupos minoritários na modernidade, ver: FREDRICKSON, George. *White supremacy*: a comparative study of American and South African history. Oxford: Oxford University Press, 1981 (analisando regimes de dominação racial no mundo moderno); HAMMING, John. *Ouro vermelho*: a conquista dos índios brasileiros. São Paulo: Edusp, 2008 (examinando o processo de genocídio e expropriação dos povos indígenas brasileiros).

[139] RAE, Douglas. *Equalities*. Cambridge: Harvard University Press, 1981, pp. 1-7.

uma mesma identidade social, o que aproxima esse princípio de uma forma de regulação das relações entre indivíduos que possuem uma identidade comum derivada do compartilhamento do mesmo tipo de *status* jurídico e político. Como eles possuem experiências comuns, suas necessidades podem ser realizadas a partir do acesso aos mesmos recursos e oportunidades disponíveis nessa sociedade ideal.[140] Observamos que uma sociedade organizada de acordo com o ideal de simetria de tratamento entre indivíduos pressupõe uma homogeneidade de valores decorrente de uma homogeneidade de identidades e de experiências. O princípio da igualdade pode ser classificado como um tipo de identidade porque todas as pessoas possuem a mesma experiência social e essa uniformidade permite que normas jurídicas abstratas possam regular a vida delas porque representam a experiência de todos os membros da comunidade política. Não há hierarquias sociais responsáveis por diferenças relevantes de *status* entre os membros dessa comunidade, motivo pelo qual uma concepção abstrata de igualdade como identidade de posição jurídica pode garantir tratamento igualitário entre todas as pessoas em todas as situações.

Essa sociedade tem pouca correspondência com a realidade das sociedades democráticas nas quais vivemos, organizações marcadas por várias formas de diferenças de *status* e de hierarquias entre identidades. A pluralidade de experiências e de valores impede o alcance dessa realidade porque as democracias liberais estão longe de serem homogêneas, o que permitiria a eleição do tratamento simétrico como uma forma suficiente de justiça.[141] A igualdade pode ser definida a partir de muitas maneiras porque tem sido utilizada como um parâmetro de organização de sistemas morais,

---

[140] Para uma análise da ideia de igualdade a partir da perspectiva liberal, ver: GUTMANN, Amy. *Liberal equality*. Cambridge: Cambridge University Press, 1980.

[141] Ver, nesse sentido: SEN, Amartya. *The idea of equality*. Cambridge: Harvard University Press, 2009, p. 225 (criticando teorias que ignoram a diversidade dos seres humanos).

jurídicos e políticos. Porém, sua elucidação a partir de uma única perspectiva não permite a compreensão de sua grande complexidade. Seguindo a ampla produção bibliográfica sobre esse tema, demonstraremos neste capítulo que a evolução desse princípio está relacionada com o surgimento de novas dimensões articuladas com aquelas já existentes, o que permite um nível maior de proteção das pessoas. Verificaremos que processos discriminatórios implicam a desconsideração ou negação dessas dimensões e das formas como elas se articulam para estruturar um sistema protetivo. Este capítulo demonstrará que a efetividade deste princípio depende do reconhecimento e da afirmação das muitas dimensões da igualdade, sobre as quais discutiremos nas páginas seguintes. Esse debate será relevante para a discussão posterior sobre as diversas definições da igualdade, sobre teorias que oferecem definições para esse princípio e também sobre manifestações de discriminação. Acreditamos que essa análise seja necessária para que possamos entender os fatores motivadores do desenvolvimento das teorias da igualdade, posições que evoluíram de uma compreensão desse princípio como algo que envolve a consideração de um único parâmetro para a equiparação entre indivíduos em direção àquelas formulações que o examinam como um fator a envolver diferentes categorias de análise para se alcançar, assim, o objetivo de construção de uma sociedade justa.

Algumas dessas diferenças são revestidas de grande relevância social; elas são formas a partir das quais distinções antijurídicas são estabelecidas entre indivíduos e grupos. Designam elementos que denominam diferenças de *status* entre grupos, fato responsável pela subordinação de muitos segmentos sociais. As sociedades democráticas formularam diferentes soluções para esse problema, variando desde a afirmação da irrelevância jurídica das diferenças entre as pessoas até a garantia jurídica da proteção delas, situação que caracteriza boa parte das democracias ocidentais atuais. Tal fato decorre de um longo processo de desenvolvimento no qual dimensões da igualdade foram paulatinamente sendo acrescidas, de forma que hoje esse princípio tem o papel de operar como um

CAPÍTULO II – IGUALDADE: DIMENSÕES, DEFINIÇÕES...

parâmetro organizador do pluralismo presente nas sociedades democráticas. O presente estudo objetiva analisar um aparato conceitual de imensa relevância para a compreensão da forma como o sistema protetivo presente na nossa legislação precisa operar para que possamos estar mais próximos de uma realidade social mais igualitária.[142]

2.1 A igualdade e suas dimensões

2.1.1 A dimensão lógica da igualdade

O princípio da igualdade está diretamente relacionado com a ideia da universalidade de direitos, pressuposto que implica a titularidade de direitos de todos os membros da comunidade política. Essa premissa faz referência ao fato de que todas as pessoas possuem uma forma de identidade comum dentro de uma sociedade democrática, motivo pelo qual todas elas devem ser vistas como indivíduos que possuem o mesmo valor. Esse pressuposto jurídico decorre da necessidade presente em democracias liberais de classificarmos os membros da uma sociedade política a partir de um mesmo *status*; precisamos atribuir a eles uma mesma identidade. Essa identidade comum permite a formação da unidade do corpo social, o que tem sido visto como um requisito para a construção de um regime jurídico que encontra fundamento no tratamento igualitário, uma sociedade que se apresenta como uma organização política baseada na cooperação entre seus membros. Dentro dessa lógica, a organização de uma sociedade a partir de uma única categoria opera então como uma condição para que todos os seus membros possam ter os mesmos direitos. Esse fato nos convida a explorar as relações entre igualdade e identidade, uma vez que esse último conceito tem

---

[142] FERRAJOLI, Luigi. "Igualdad y diferencia". *In*: FERRAJOLI, Luigi; CARBONELL, Miguel. *Igualdad y diferencia de género*. Cidade do México: Consejo Nacional para Prevenir la Discriminación, 2007, pp. 7-9.

sido um parâmetro central das formas como o pensamento jurídico organiza categorias sociais. Embora saibamos que uma sociedade não pode operar a partir da premissa da completa uniformidade social, não podemos deixar de pressupor que elas precisam ser vistas como tendo uma identidade comum pelo menos em relação a alguns parâmetros. Devemos então entender o conceito de identidade do ponto de vista metafísico, uma vez que ele ocupa papel central na racionalidade jurídica e política das sociedades democráticas.[143]

O princípio da igualdade designa um campo semântico que compreende termos muito relevantes para a reflexão jurídica e filosófica sobre as relações entre aqueles que vivem em uma comunidade política organizada de forma democrática. O conceito de identidade é certamente um desses termos que possui uma relação próxima com a noção de igualdade, pois o sistema jurídico atribui direitos aos indivíduos a partir do pressuposto de que eles possuem uma identidade comum expressa na noção de sujeito de direito. Não podemos pensar a noção de igualdade entre as pessoas sem essa categoria central do pensamento jurídico, categoria baseada no princípio de um *status* político e jurídico comum entre todos os membros da comunidade política. Mas quais são as consequências de afirmarmos que todas as pessoas são iguais aos olhos do sistema jurídico? A partir de que parâmetros devemos analisar essa representação abstrata dos membros de uma comunidade política democrática? Precisamos compreender a noção de identidade adequadamente, pressuposto do conceito de sujeito de direito, tema central da cultura dos direitos humanos. A análise metafísica desse conceito nos permitirá observar que ela opera como um pressuposto das outras dimensões da igualdade.[144]

---

[143] Para uma análise desse tema, ver: CONNOLLY, William. *Identity/difference*: democratic negotiations of political paradox. Minneapolics: University Of Minnesota Press, 2002, pp. 64-95.

[144] YOUNG, Iris Marion. *Justice and the politics of difference*. Princeton: Princeton University Press, 1990, pp. 96-116.

CAPÍTULO II – IGUALDADE: DIMENSÕES, DEFINIÇÕES...

A tradição filosófica concebe a ideia metafísica da identidade como uma propriedade de todos os seres. Ela designa um aspecto fundamental da essência deles: a permanência das mesmas propriedades em diferentes situações. Essa proposição tem uma dimensão ontológica porque a identidade designa uma característica essencial de todos os entes, mas ela também possui uma dimensão lógica porque a identidade opera como um requisito essencial das leis do pensamento. O conhecimento do mundo só se torna possível na medida em que os seres podem ser reconhecidos e designados em função das propriedades sempre presentes na sua constituição. Quando alguém afirma que um ser é igual a ele mesmo, esse alguém está dizendo que a existência desse ser pressupõe a identidade com ele mesmo. Todos poderão construir conclusões lógicas baseadas em premissas que designam qualidades dos seres que são permanentes. O princípio lógico da identidade afirma a igualdade do ser com ele mesmo e também a possibilidade de identificação daquilo que distingue os seres entre si. Assim, quando afirmamos que uma coisa é igual a ela, estamos dizendo que suas propriedades são estáveis ao longo do tempo; quando dizemos que duas coisas são iguais, identificamos as mesmas propriedades nelas, quando dizemos que as coisas são diferentes, afirmamos que possuem características distintas. Vemos então que a identidade possui também uma dimensão relacional porque ela só pode ser presumida quando duas coisas são comparadas. Também pressupomos que podemos fazer diferenciações entre os seres porque eles não possuem os mesmos traços, o que garante coerência às nossas formulações sobre o mundo. Se a identidade não fosse uma característica essencial de todo ser, não poderíamos partir do pressuposto de que a linguagem se refere a entes que podem ser claramente conhecidos por nós a partir da diferenciação que eles guardam com outros entes.[145]

---

[145] HARTMANN, Nicolai. *Ontologia III*: la fabrica del mundo real. Ciudad do México: Fondo de Cultura Econômica, 1954.

Tendo em vista o fato de que a diversidade é um elemento constitutivo da realidade, o pensar é entendido como uma atividade unificadora possibilitada pelo princípio de identidade. As palavras podem designar seres que guardam uma identidade e uma unidade; as categorias do pensamento podem depreender leis genéricas a partir da possibilidade de subsumirmos a unidade da realidade a partir da identidade da multiplicidade que os entes guardam consigo mesmos. Dessa forma o pensamento humano pode perceber e classificar os diversos estímulos presentes no mundo a partir de categorias genéricas porque os seres que fazem parte de uma categoria sempre guardam uma forma de identidade entre eles, embora possam diferir em outras. Ao captar a unicidade dos seres pelo pensamento, o ser humano cria a possibilidade de conhecimento adequado do mundo, um princípio que também se aplicará às normas morais e jurídicas das sociedades organizadas de forma democrática.[146]

A questão discutida no parágrafo anterior faz referência a um elemento central dos diferentes paradigmas metafísicos da história do pensamento. Todos eles tentaram apresentar formas a partir das quais podemos depreender a unidade a partir da multiplicidade. Todos eles são respostas à necessidade teórica de deduzirmos a unidade a partir da multiplicidade das coisas existentes. Para que os entes individuais possam ser adequadamente conhecidos, eles têm que ser referidos àquilo que os subsome, ou seja, ao todo e ao uno, princípio do entendimento de toda multiplicidade dos seres. Assim, todo o ser existente no plano da realidade objetiva precisa ser conduzido a um ente que seja idêntico a si mesmo para que possa, assim, ser identificado e conhecido como um objeto específico. A explicação dos fenômenos não pode estar presente no próprio mundo fenomênico, mas num outro plano superior a eles que está no espaço conceitual onde o princípio da unidade cria

---

[146] FINANCE, Joseph de. *El conocimiento del ser*. Madrid: Gredos Editorial, 1971, p. 109.

CAPÍTULO II – IGUALDADE: DIMENSÕES, DEFINIÇÕES...

a possibilidade de inteligibilidade desses fenômenos. A realidade precisa ser conhecida a partir de categorias genéricas construídas a partir das relações de identidade e de similaridade que os seres possuem uns com os outros.[147]

Esse processo de redução da multiplicidade e heterogeneidade ao uno e ao idêntico operado pela razão humana expressa o que se poderia chamar de uma lógica da identidade, lógica esta que se refere à igualdade em contraste com a diferença. Essa lógica da identidade tem origem na concepção matemática da realidade desenvolvida por filósofos gregos, que procuravam delimitar relações de igualdade presentes na realidade. Essa lógica de caráter matemático e metafísico organiza não apenas as formas de operação da razão em determinado momento histórico, como também determina a forma de autocompreensão do sujeito. Ela configura não apenas as formas operacionais da racionalidade humana, mas também determinará os modos a partir dos quais a identidade se estabelecerá como programa cultural que, por sua vez, permitirá a autocompreensão dos indivíduos em função de seus pertencimentos sociais.[148]

A dimensão lógica da igualdade nos permite articular um aspecto central da comunidade democrática: ela oferece um suporte lógico para a afirmação de que seus membros possuem uma identidade comum que se manifesta no *status* de sujeito de direito. Essa categoria de caráter ontológico opera como um meio de organização da realidade ao subsumir da multiplicidade das diferenças individuais uma forma de identidade universal que possibilita a organização política. A lógica da identidade opera nesse contexto por meio da construção de uma condição abstrata à qual todas as pessoas podem aspirar porque designa a identidade de todos no espaço público. As pessoas existem enquanto sujeitos de direito

---

[147] HABERMAS, Jurgen. *Pensamento pós-metafísico*. Lisboa: Almedina, 1990, pp. 154/155.
[148] GUEL, Pedro E. "El programa cultural de la identidad". *Persona y Sociedad*, vol. 10, nº 1, 1996, pp. 9-11.

apenas no plano abstrato e essa abstração permite legitimar uma organização que atribui um *status* às pessoas composto por uma série de direitos. A possibilidade de demandar direitos decorre da atribuição do *status* de portador de direitos a todos os indivíduos, na medida em que todos os reconhecem a partir dessa categoria genérica, embora saibam que ela não reflita necessariamente a identidade individual de cada pessoa. O caráter lógico da igualdade possui, portanto, um papel central na formação das categorias jurídicas ao assumir que todas as pessoas se valem de um *status* para poderem operar dentro de um espaço público no qual as relações entre os indivíduos ocorrem por meio da presunção da igualdade de direitos. Não podemos pensar o sistema jurídico e o sistema democrático sem referência à dimensão lógica da identidade, embora ambos não possam ser reduzidos a ela. Essa característica constitui uma premissa da sua dimensão normativa. Como bem observa Iris Marion Young, não podemos conceber a dimensão jurídica da igualdade sem uma forma de identidade comum a partir da qual as pessoas possam demandar direitos. O conceito de sujeito de direito não pressupõe a identidade absoluta entre todos os membros da comunidade política; ele opera como uma condição lógica para o funcionamento de um sistema jurídico baseado na universalidade de direitos, sistema que encontra fundamento na universalidade da razão, característica de pessoas que podem regular o comportamento a partir de leis gerais.[149]

2.1.2 A dimensão jurídica da igualdade

O conceito de igualdade pressupõe uma identidade jurídica entre as pessoas, aspecto que deve ser analisado detalhadamente. A

---

[149] Ver, nesse sentido: YOUNG, Iris Marion. *Justice and the politics of difference*. Princeton: Princeton University Press, 1990, pp. 107-116; AMATO, Salvatore. *Il soggetto e il soggetto di diritto*. Torino: Giappichelli, 1990; DABIN, Jean. "Droit subjectif et subjectivism juridique". *Archives de Philosophie du Droit*, Paris, vol. 102, 1972.

proteção da liberdade política, que se apresenta como fundamento do sistema democrático, implica a atribuição de um *status* jurídico aos indivíduos. A atribuição do *status* jurídico de cidadão ao indivíduo lhe abre a possibilidade de efetivação da sua liberdade em sentidos importantes. Primeiro, o reconhecimento de uma igualdade jurídica a todos os que pertencem à comunidade política, o que decorre da atribuição da mesma identidade a todas as pessoas. Segundo, a atribuição de um conjunto de direitos e deveres que tem a função de permitir e proteger uma esfera de ação a cada indivíduo por parte do Estado e por parte dos outros sujeitos. Terceiro, a possibilidade, fundamentada na liberdade política, de atingir a sua realização pessoal como um ser livre e autônomo. A dimensão jurídica da igualdade guarda então relações próximas com sua dimensão lógica na medida em que essa última opera como uma categoria de operação do pensamento jurídico e político por permitir a criação de um regime político regulado por normas jurídicas que pressupõem uma unidade social, uma vez que todas as pessoas são livres, mas precisam regular seus atos a partir de parâmetros aceitos por essa comunidade.[150]

A representação do homem como ser político implica que ele se torna um ser aberto para a universalidade, na medida em que pode reconhecer e se comportar a partir de normas que considera legítimas. Pautar seu comportamento a partir de referências comuns significa que pode construir uma consciência de si mesmo a partir de referências pessoais e universais. Isso possibilita tanto a socialização como também a organização da sociedade; isso permite que ele construa uma identidade pessoal baseada nas relações interpessoais estabelecidas com outros indivíduos. Ao se distinguir de outros sujeitos, o ser humano toma consciência de sua individualidade radical, mas também reconhece traços morais comuns com os outros, o que permite pautar seus atos a partir de

---

[150] HUGUES, R. A. *Identity, law and politics*. Boston: University of New England Press, 1995, pp. 6-13.

um horizonte moral universal. Portanto, a sua individualidade só se define no horizonte da universalidade, estando aí correlacionados o reconhecimento recíproco entre as pessoas e o conhecimento do mundo a partir de categorias gerais, um elemento central para a construção de sua identidade individual.[151]

Vemos então que a dimensão jurídica da igualdade indica que as pessoas têm acesso igual a um *status* jurídico que lhes garante os direitos assegurados a todos os membros da comunidade política. A igualdade deve ser vista, portanto, como um direito fundamental que permite o reconhecimento dos indivíduos como pessoas possuidoras de um *status* específico consubstanciado na classificação delas como sujeitos jurídicos. Isso significa que elas têm uma existência singular, mas também uma existência que designa um determinado lugar dentro de uma sociedade juridicamente organizada. Tornam-se sujeitos de direito e isso lhes permite demandar direitos, inclusive a igualdade de tratamento pelas instituições estatais. A igualdade jurídica está em correlação direta com a igualdade política; essas duas formas de igualdade guardam essa relação dentro de uma comunidade política democrática, sendo que elas formam a base de uma forma de existência fundamental, que é a cidadania. Esta, por sua vez, pode ser vista então como um *status* social, mas também como uma forma de subjetivação dos indivíduos porque permite a eles serem reconhecidos como atores competentes na ordem pública e também na ordem privada.[152]

A dimensão jurídica da igualdade tem uma relevância especial em função da possibilidade que oferece aos indivíduos, a de demandar acesso a direitos. Mas esse processo tem outro aspecto ainda mais relevante porque os direitos são o meio a partir do qual as pessoas podem afirmar outras dimensões da igualdade.

---

[151] VAZ, Henrique Cláudio de Lima de Lima. "Antropologia e direitos humanos". *Revista Eclesiástica Brasileira*, vol. 37, nº 145, 1977, pp. 8-11.
[152] Para uma análise das relações entre igualdade e cidadania, ver: BARBALET, John. *Cidadania*. Lisboa: Estampa, 1999, pp. 1-25.

Como tem sido afirmado por muitos autores, os direitos possuem um caráter intersubjetivo, motivo pelo qual eles são mecanismos facilitadores do processo de reconhecimento recíproco. Além disso, possuem um caráter interdependente porque o alcance da igualdade requer o acesso a diferentes categorias de direitos que pretendem proteger diferentes dimensões da vida das pessoas, sendo que uma opera como requisito para o alcance de outras. O gozo de direitos tem ainda uma função psicológica e moral significativa porque eles são meios a partir dos quais as pessoas podem exercer tanto sua autonomia pública quando a autonomia privada. A igualdade de direitos tem sido elaborada como um meio para a garantia de condições de paridade de participação das pessoas, sejam elas condições subjetivas, sejam objetivas, perspectiva que reconhece as diferentes dimensões da existência humana.[153]

O princípio da igualdade faz referência a uma forma de existência específica que um indivíduo ocupa dentro de uma sociedade; está relacionado com a ideia de personalidade jurídica, conceito que designa um conjunto de direitos e deveres que os indivíduos possuem em função do pertencimento à comunidade jurídica. O princípio da igualdade representa os seres humanos como sujeitos de imputação jurídica, como sujeitos capazes de ter o gozo de direitos por serem sujeitos racionais. Estamos aqui diante de uma compreensão dos seres humanos enquanto pessoas individualizadas que existem socialmente como indivíduos aos quais é atribuída a propriedade de atuarem como detentores de direitos e garantias.[154] A igualdade jurídica pode ser vista então como um tipo de identidade abstrata entre os indivíduos, o que também designa a forma de organização política de uma sociedade. É importante enfatizar que esse princípio tem um sentido específico na modernidade: a igualdade faz referência

---

[153] Ver, nesse sentido: PORTIS, Edward. "Citizenship and personal identity". *Polity*, vol. 18, n° 9, 1986, pp. 457-472.

[154] TRIGEAUD, Jean-Marc. "La personne". *Archives de Philosophie du Droit*, Paris, vol. 34, 1989, pp. 197-203.

a pessoas que existem enquanto indivíduos que têm como objetivo central a proteção das liberdades públicas e privadas. A pressuposição de uma igualdade jurídica deve ser vista como um ponto de partida para a concretização da autonomia pública e privada dos indivíduos, a primeira relacionada com a atuação deles no espaço político, a segunda com a possibilidade de buscar seus interesses particulares. A igualdade jurídica está então construída sobre as categorias de uma subjetividade e de uma individualidade abstrata, mas que fazem referência a sujeitos que existem enquanto seres concretos em uma sociedade. Vemos, assim, que a igualdade jurídica possui um caráter normativo porque estipula direitos e deveres e também vincula instituições públicas e privadas. A igualdade jurídica circunscreve a esfera de ação livre dos indivíduos, estabelecendo os limites para a ação de outros atores sociais.[155]

2.1.3 A dimensão política da igualdade

A igualdade regula uma sociedade baseada no tratamento isonômico entre todos os membros da comunidade política, o que permite a participação no processo de formação da vontade estatal. A democracia tem a cidadania como pressuposto fundamental, um regime de governo no qual o poder político é exercido coletivamente. Esse governo pelo povo ocorre de uma forma específica: mediante o debate entre os representantes dos cidadãos em uma esfera pública na qual todos podem participar por meio do exercício do voto. A política se torna possível apenas quando se distingue, no interior de uma comunidade política, um domínio público entendido em dois sentidos: um setor de interesses comum que se opõe aos interesses privados e o estabelecimento de práticas sociais abertas ao conhecimento de todos.[156] Tendo

---

[155] WOLLHEIN, Richard; BERLIN, Isaiah. "Equality". *Meeting of the Aristotelian Society*, vol. 56, 1955, pp. 281-326.

[156] VERNANT, Jean Pierre. *As origens do pensamento grego*. São Paulo: Difel, 1984, p. 35.

CAPÍTULO II – IGUALDADE: DIMENSÕES, DEFINIÇÕES...

como pressuposto a soberania das normas jurídicas como forma de organização social, a democracia permite também a liberdade política dos indivíduos, não apenas porque estes não estão mais submetidos a formas de arbitrariedade, mas também porque podem participar da condução tanto do destino pessoal quanto do destino da comunidade.[157] Portanto, a constituição desse espaço público implica um dado fundamental: a liberdade. Essa liberdade se manifesta dentro dos regimes democráticos pelos institutos da *isonomia* e *isegoria*. O primeiro indica a igualdade de todos os cidadãos perante a lei; o segundo designa o direito de todo cidadão de participar nos interesses públicos.[158]

A dimensão política da igualdade se expressa em função da sua centralidade no funcionamento dos regimes democráticos: ela vincula a ação e operação das instituições públicas. Mais do que isso, a efetivação da igualdade nas suas diferentes dimensões surge como uma finalidade dessas instituições, operando então como um fator de racionalização do poder político. Esse processo decorre exatamente do dever estatal de proteger a esfera de ação individual e também do tratamento igualitário entre todas as pessoas. A igualdade vincula a ação do poder executivo porque exige o respeito do tratamento igualitário e também a adoção de medidas destinadas a promover a igualdade de *status* dos grupos em situação de desvantagem. Esse princípio constitucional também deve ser observado na ação do Poder Legislativo porque dele depende a legitimidade da formação da legislação que regulará as relações sociais.[159] Não podemos deixar de enfatizar o papel que a igualdade tem na formação da moralidade pública de uma sociedade democrática. Um regime democrático pressupõe o reconhecimento

---

[157] GAUDAMET, Jean. *Instituitions de la antiquité*. Paris: Sirey, 1967, p. 154.
[158] ROMILY, Jacqueline de. *La loi dans la pensée grecque*: des origens a Aristote. Paris: Belles Letres, 1971, pp. 9-55.
[159] RAWLS, John. *A theory of justice*. Cambridge: Harvard University Press, 1999, pp. 47-86.

de todas as pessoas como sujeitos livres e iguais, um parâmetro de relevância central para a formação do consenso político sobre o destino da sociedade política. A igualdade como princípio político informa então um tipo de racionalidade que organiza a maneira como os cidadãos estabelecem critérios para a criação de normas que regulam as relações entre eles. Ela também opera como um parâmetro para o tratamento dos membros da comunidade política pelas instituições estatais. Essa mesma forma de racionalidade informa o tratamento das pessoas no espaço privado, uma vez que os direitos fundamentais possuem uma dimensão horizontal. Não podemos deixar de enfatizar a conexão direta entre o reconhecimento do *status* igualitário entre todos os membros da comunidade política e a formação da dimensão psicológica dos indivíduos, pois a formação do valor moral das pessoas está ligada ao reconhecimento que elas recebem no espaço público.[160]

A igualdade política está relacionada ainda com um aspecto importante das sociedades democráticas: os parâmetros a partir dos quais as pessoas se relacionam. Esse tema tem preocupado teóricos ao longo da história porque uma sociedade na qual o poder político é exercido coletivamente precisa criar vínculos entre pessoas que possuem um projeto social comum. Esse vínculo político precisa ter uma dimensão moral; precisa estar baseado em um tipo de solidariedade entre os membros da comunidade política, pessoas que precisam ser reconhecidas como indivíduos que possuem o mesmo valor. Relações políticas são relações sociais, mas elas não se pautam em vínculos de simpatia pessoal, mas em empatia política entre pessoas que possuem o interesse em construir uma sociedade que possibilita a construção do bem-estar coletivo. Vínculos de solidariedade pressupõem a necessidade da formação racional das pessoas de forma que a atuação na vida pública não

---

[160] JAEGER, Werner. *Paideia*: a formação do homem grego. São Paulo: Martins Fontes, 2013, pp. 511-583; HOLLINGER, David. "From identity to solidarity". *Daedalus*, vol. 135, nº 4, 2006, pp. 23-31.

CAPÍTULO II – IGUALDADE: DIMENSÕES, DEFINIÇÕES...

seja meramente estratégica. Por esse motivo, as relações de solidariedade pressupõem o reconhecimento da igualdade moral entre elas e também o reconhecimento de que merecem o mesmo respeito e consideração. O regime democrático, um regime político baseado na igualdade moral, permite a construção de uma esfera pública na qual os interesses da comunidade podem estar em harmonia com os interesses dos indivíduos na medida em que todos concorrem para a criação de melhores condições de vida para todos.[161]

A dimensão política da igualdade opera como um elemento central de um aspecto das sociedades democráticas: a construção de uma cultura pública baseada na regra da equidade. Esse aspecto da cultura democrática permite que as pessoas desenvolvam a ideia de uma justiça política expressa no funcionamento das instituições públicas. Isso permite a formação de uma sociedade como um sistema equitativo de cooperação entre pessoas que se reconhecem como atores sociais competentes. A igualdade deve condicionar então o funcionamento das instituições políticas para que a esfera pública possa operar de forma adequada. Isso só pode ocorrer quando essa cultura política está comprometida com o reconhecimento de todos os cidadãos como pessoas livres e iguais, o que mostra a correlação entre a dimensão política e a dimensão moral da igualdade. Esse sistema de cooperação implica a igualdade de procedimentos por parte das instituições públicas, a aceitação da legitimidade das normas que organizam a sociedade, além da noção de que essa cooperação permite a realização das liberdades.[162]

---

[161] Para uma análise da noção de esfera pública na modernidade, ver: TAYLOR, Charles. *Argumentos filosóficos*. São Paulo: Edições Loyola, 2000, pp. 275-305.

[162] RAWLS, John. *Justiça como equidade*. São Paulo: Martins Fontes, 2003, pp. 6-9.

2.1.4 A dimensão moral da igualdade

O princípio da igualdade possui uma dimensão moral porque está relacionado com alguns elementos anteriormente examinados. A inserção do ser humano na vida política permite que ele possa regular suas ações por meio das normas políticas e jurídicas que regulam uma comunidade política. A ordem política suscita uma questão fundamental para os seres humanos: como é possível estabelecer uma harmonia entre a normatividade cultural e a autonomia individual? Como solucionar a tensão existente entre as várias formas de controle social que visam à regulação dos comportamentos individuais e a busca do gozo pleno de uma vivência autônoma? Se aprofundarmos ainda mais esse questionamento, perceberemos que a questão decorre da tensão sempre existente entre o sujeito e a norma. O homem se constitui como ser social dentro dessa relação entre particularidade e universalidade, pois esses dois polos lhe permitem desenvolver tanto uma consciência social como também a sua própria noção de individualidade. São elementos constitutivos da formação dos seres humanos, mas guardam também uma tensão essencial que parece impossível de ser eliminada.[163]

A existência política do ser humano poder ser compreendida a partir da dialética entre esses dois polos constitutivos. Por um lado, temos o homem individual, portador de uma racionalidade que permite sua elevação a um plano de existência universal que possibilita a criação de um espaço de comunicação com os outros homens e a superação da sua mera particularidade. Por outro, temos a universalidade objetiva de normas racionais expressa na dialética de valores universais, os quais têm por função estruturar o espaço

---

[163] Para uma análise da dimensão moral dos indivíduos e suas relações com a vida política, ver: VÁSQUEZ, Adolfo Sánchez. *Ética*. Rio de Janeiro: Civilização Brasileira, 2014; MACITYRE, Alasdair. *After virtue*. Notre Dame: Notre Dame University Press, 1984, pp. 244-256.

CAPÍTULO II – IGUALDADE: DIMENSÕES, DEFINIÇÕES...

no qual se realizará a experiência política.[164] Se analisarmos essa questão numa perspectiva sociológica, veremos que essa relação dialética entre a particularidade e a universalidade, ou seja, entre a consciência individual e a consciência do seu pertencimento ao gênero humano, apresenta-se como fator constitutivo da experiência social do homem. A consciência do homem como ser genérico só se torna possível pela sua sociabilidade, pela sua integração social concreta. Se, por um lado, a vida em sociedade implica a necessidade de mediação das suas ações pela referência às normas gerais, por outro, a consciência da particularidade é o elemento essencial da constituição do indivíduo. O homem só consegue tornar-se indivíduo quando articula o viver particular com o viver do humano genérico. Ele só se torna indivíduo quando consegue abstrair da sua particularidade pela consciência do seu pertencimento ao gênero humano.[165] Esse processo se torna possível a partir do caráter político da vida em uma sociedade democrática; o reconhecimento recíproco entre os indivíduos permite que eles possam reconhecer a legitimidade da normatividade social porque são reconhecidos como pessoas livres e iguais. O valor moral dos indivíduos opera como um ponto de partida para a formação da identidade deles enquanto sujeitos políticos. A vida moral em uma democracia pluralista significa a existência de conflitos de natureza moral, consequentemente da dificuldade das pessoas como atores sociais competentes.[166]

A dimensão moral da igualdade está relacionada com processos culturais importantes que ocorreram na modernidade. A noção da universalidade de direitos decorre da noção da percepção de que

---

[164] VAZ, Henrique Cláudio de Lima de Lima. "Antropologia e direitos humanos". *Revista Eclesiástica Brasileira*, vol. 37, nº 145, 1977, pp. 17/18.

[165] PELLISARI, Maria Aparecida. *Valores éticos da cidadania*. Piracicaba: UNIMEP, 1995, pp. 25/26.

[166] Para uma análise dos conflitos morais nas sociedades contemporâneas, ver: MOUFFE, Chantall. *The return of the political*. Nova York: Verso, 1993; RAWLS, John. *Political pluralism*. Nova York: Columbia University Press, 1993.

todos os membros da comunidade política são agora pessoas que devem ser vistas como indivíduos que possuem o mesmo nível de dignidade. Essa característica deixa de ser associada apenas com elites sociais e se torna um traço ligado às pessoas que agora são representadas como sujeitos racionais, sendo que a racionalidade surge como expressão da dignidade. Ao lado da dignidade, estão também as noções de autenticidade e sinceridade na medida em que o processo de subjetivação dos sujeitos humanos implica a ideia de viver de acordo com a própria regra pessoal. O conceito de diferença adquire relevância dentro desse contexto porque os sujeitos humanos não querem mais ter uma existência inteiramente estruturada de acordo com expectativas sociais; eles também querem viver a partir das diversas identidades que os marcam, sendo que algumas delas devem ser critérios de proteção jurídica especial porque são motivos de práticas discriminatórias.[167]

Assim como o Direito, a moral procura regular o comportamento humano a partir de normas que devem ser observados por todas as pessoas; a possibilidade de agir a partir delas será vista como expressão da dignidade pessoal e como evidência de que a pessoa pode atuar de forma competente no espaço público. O tratamento igualitário entre todas as pessoas por meio das instituições e também entre os indivíduos garante a coesão social entre os membros da comunidade política. Essa coesão tem papel de grande relevância na medida em que a sociedade reflete as formas de relação existentes entre os indivíduos. Embora as regras morais tenham um horizonte mais amplo do que as normas jurídicas, elas estão construídas sobre o mesmo pressuposto: a necessidade do reconhecimento dos outros membros da comunidade como atores sociais competentes. As normas jurídicas regulam aspectos dos comportamentos mais próximos à organização das instituições estatais, mas elas também operam como parâmetros éticos para

---

[167] WALZER, Michael. *Esferas da justiça*: uma defesa do pluralismo e da igualdade. São Paulo: Martins Fontes, 2003, pp. 341-359.

CAPÍTULO II – IGUALDADE: DIMENSÕES, DEFINIÇÕES...

os indivíduos. A construção de uma esfera pública democrática requer então uma convergência entre dois aspectos dessas duas categorias de normas, o que mostra o papel da igualdade dentro de uma sociedade política democrática.[168]

2.1.5 A dimensão psicológica da igualdade

Podemos perceber que a referida lógica da identidade desempenha um importante papel no processo de constituição do pensamento e das práticas jurídicas. O princípio da universalização dos direitos só se torna possível na medida em que os indivíduos se reconhecem como iguais, e essa igualdade está baseada em uma identidade que lhes é comum. Dessa forma, o conceito metafísico da identidade possibilita a construção de um mesmo tipo de pertencimento, consubstanciado no conceito de cidadania. Essa lógica da identidade é o pressuposto de alguns elementos centrais da noção de cidadania, como a igualdade de direitos e o pertencimento ao grupo político. Mas observamos no mundo da cultura uma série de tensões que giram em torno da temática da identidade, termo que será agora entendido como identidade pessoal. Essas tensões assumem duas formas principais: a primeira entre uma subjetividade individual e uma subjetividade coletiva, e a outra entre uma concepção de subjetividade concreta e uma concepção que entende a subjetividade como algo abstrato e sem espaços definidos. Essas duas tensões estão na base da teoria social e política da modernidade e podem ser apresentadas também na forma de um conflito entre identidade pública e identidade privada.[169]

Mas a existência social não esgota a realidade humana e, por isso, devemos precisar as características dessa consciência individual

---

[168] VÁSQUEZ, Adolfo Sánchez. *Ética*. Rio de Janeiro: Civilização Brasileira, 2014, pp. 97-101.
[169] SANTOS, Boaventura de Souza. *Pela mão de Alice*: o social e o político na pós- modernidade. São Paulo: Cortez, 2018, pp. 120/121.

que se constitui no processo de socialização acima descrito. Se atentarmos para os elementos presentes na antropologia subjacente ao pensamento político clássico, perceberemos que a consciência que os indivíduos têm de si mesmos possibilita um conhecimento mais claro de sua própria natureza. Em primeiro lugar, essa consciência de si ou *eu ontológico* possui uma *unidade*: o indivíduo se percebe como um ser uno que assim se manifesta nas diferentes situações ou estados psíquicos. Possui uma *identidade* que o faz reconhecer como idêntico a si mesmo e distinto das demais consciências. Essa identidade tem também um caráter histórico, fazendo com que o indivíduo reconheça a si mesmo nos diferentes estágios de seu desenvolvimento psíquico, como também no transcorrer do tempo. O *eu ontológico* possui ainda uma vontade que exerce uma atividade de controle e de unificação da vida psíquica, tornando o homem um ser capaz de deliberar sobre suas ações. Se o ser humano é um ser pensante, consciente, capaz de estabelecer regras de conduta e finalidades para as suas ações, chegamos àquela que talvez seja a sua característica mais importante: a capacidade de autodeterminação. O sujeito humano possui a liberdade psicológica para determinar por si mesmo os fins de suas ações. Dessa forma, a liberdade humana apresenta-se como um dado imediato da consciência. A liberdade, compreendida como autonomia, é a característica central da consciência humana que dela se deduz racionalmente segundo o pensamento filosófico.[170]

Mas esse eu ontológico é também a referência para a construção do *eu psicológico*. A constituição do espaço psicológico parte, por um lado, dessa mesma subjetividade ideal, pois ela também instituirá uma separação nítida entre o conhecimento do mundo exterior e o conhecimento do mundo interno, aqui entendido como o campo da razão, ou seja, de sua mente, que coincide com a sua subjetividade racional. Nesse sentido, a mente daria ao indivíduo

---

[170] GONZALEZ URIBE, Hector. *Teoria política*. Cidade do México: Porrua, 1973, pp. 522-524.

CAPÍTULO II – IGUALDADE: DIMENSÕES, DEFINIÇÕES...

uma experiência da consciência de si e de uma identidade.[171] Por outro lado, o espaço psicológico constitui-se justamente a partir daquilo que foi expurgado pelas exigências da racionalidade metafísica, o que era visto como obstáculo ao projeto de construção de uma subjetividade puramente reflexiva. O corpo, visto como a origem das paixões, da singularidade individual, não tem espaço para esse projeto que se delineia. A força constitutiva desses fatores na existência humana desafia o projeto da representação do indivíduo como um eu totalmente identificado com sua consciência racional. O sujeito psicológico surgirá como efeito desse processo histórico-cultural instituído pela cisão da experiência subjetiva que, ao instaurar a mente como o campo da totalidade da experiência subjetiva, institui também outro campo constitutivo da subjetividade identificada com a experiência passional humana e também com as diferenças concretas que existem entre eles.[172]

Como tem sido afirmado por diversos especialistas do campo da psicologia, a personalidade humana se desenvolve dentro de um processo intersubjetivo a partir do qual a pessoa constitui sua subjetividade por meio de relações identificatórias. Estar inserida em espaços sociais nos quais ela pode ter referências positivas permite o desenvolvimento de uma percepção adequada de si mesma. A formação da percepção de um sujeito como um ator social competente depende então do reconhecimento de outras pessoas que ela pode operar dentro do espaço público dessa forma. O acesso igualitário de direitos desempenha um papel estratégico nesse processo porque permite ao indivíduo reconhecer a si mesmo como uma subjetividade estruturada. Processos sistemáticos de exclusão social dificultam a percepção do valor pessoal dos indivíduos pela sociedade; os processos de estigmatização social não apenas

---

[171] FIGUEIREDO, Luis Cláudio. *Modos de subjetivação no Brasil e outros escritos*. São Paulo: Escuta, 1995, pp. 141/142.
[172] FIGUEIREDO, Luis Cláudio. *Revisitando as psicologias*. Petrópolis: Vozes, 1995, p. 27.

dificultam a construção de um sentimento de solidariedade entre os membros da comunidade política, mas também criam obstáculos para a forma de uma concepção integrada do psiquismo individual. Ter acesso a direitos significa ter acesso a um repertório de possibilidades de projetos pessoais; ser visto como um ator social competente permite que a pessoa desenvolva uma percepção positiva de si mesma. Esses dois elementos formam um aspecto de grande importância para a segurança psíquica dos indivíduos: o acesso a um repertório identificatório que se concretiza por meio do acesso a direitos e também a possibilidade de se ver livre de estigmas que legitimam práticas excludentes.[173] Nesse sentido, a dimensão psicológica da igualdade está relacionada com uma série de processos que tiveram um papel importante na formação dos diferentes âmbitos da subjetividade moderna, sendo que eles serão responsáveis pela correlação estrutural entre a vida psíquica e a vida política dos indivíduos.[174] A inserção social das pessoas permite que elas encontrem na vida política os direitos e os meios necessários para a sua afirmação como sujeitos sociais competentes; elas poderão encontrar os meios para a realização pessoal. Em outras palavras, a igualdade política e jurídica permite a formação de um repertório identificatório que possibilitará às pessoas uma

---

[173] MOREIRA, Adilson José; FABRETTI, Humberto. "Masculinidade e criminalidade em *Moolight*: um estudo sobre as relações entre identidade e delinquência". *Revista de Direitos e Garantias Fundamentais*, vol. 19, nº 2, 2018, pp. 43-98.

[174] BRASIL. Supremo Tribunal Federal. Ação Direta de Constitucionalidade n. 19, Órgão Julgador: Tribunal Pleno, Relator: Marco Aurélio, 09.02.2012 (afirmando que o Estado não pode institucionalizar disparidades entre as pessoas de forma que as impeça de obter o mesmo nível de dignidade necessário para uma vida social integrada); BRASIL. Supremo Tribunal Federal. Ação Direta de Inconstitucionalidade n. 4275, Órgão Julgador: Tribunal Pleno, Relator: Edson Fachin, 01.02.2018 ("A tutela estatal deve levar em conta a complexidade ínsita à psique humana, presente a pluralidade dos aspectos genésicos conformadores da consciência. É inaceitável, no Estado Democrático de Direito, inviabilizar a alguém a escolha do caminho a ser percorrido, obstando-lhe o protagonismo, pleno e feliz, da própria jornada").

afirmação para si mesmas como sujeitos moralmente capazes, como sujeitos que podem encontram meios adequados para encontrar a realização psicológica.[175]

2.1.6 A dimensão diferenciativa da igualdade

Se a noção metafísica da identidade nos permitiu compreender a dimensão lógica da igualdade, a noção psicológica da identidade possibilita a discussão de uma dimensão central desse princípio no mundo contemporâneo. Embora a concepção moderna de igualdade esteja relacionada com o preceito da universalidade de direitos, observamos neste período histórico uma tensão entre esse pressuposto e a doutrina do individualismo, tensão decorrente do conflito entre o *status* de sujeito de direito como identidade abstrata e as identidades que as pessoas possuem no espaço privado. O individualismo pode ser entendido como uma forma de subjetivação política, mas também de subjetivação psicológica na medida em que atribui ao sujeito a possibilidade da ação de acordo com a sua própria determinação. Essa determinação não opera apenas a partir dos mandamentos da moral universal, mas também a partir da necessidade da integração das diversas formas de identidades pessoais. A liberdade moderna também está relacionada com as ideias de autenticidade e sinceridade: ser livre significa poder ter autonomia para se determinar, mesmo que essa possibilidade esteja em desacordo com parâmetros de socialização, os quais estabelecem a conformação com certos papéis sociais como exigência para o acesso a direitos individuais.[176]

---

[175] Para uma análise da dimensão psicológica da igualdade, ver, sobretudo: HONNETH, Axel. "Recognition and justice: outline of a plural theory of justice". *Acta Sociológica*, vol. 47, nº 4, 2004, pp. 351-364.

[176] Ver, sobretudo: TRILLING, Lionel. *Sincerity and authenticity*. Cambridge: Harvard University Press, 1973.

A indiferença em relação à variedade humana característica das dimensões lógica e jurídica da igualdade se torna cada vez mais problemática em uma realidade na qual as pessoas lutam contra manifestações arbitrárias de diferenciações sociais. Elas procuram garantir proteção jurídica para formas de identidade que são socialmente atribuídas e sistematicamente desvalorizadas, o que impede a realização dos seres humanos nas suas diversas dimensões. As demandas atuais de direitos estão relacionadas com o desejo de que essas identidades não sejam transformadas em desigualdades antijurídicas. O individualismo está pautado na noção de que os membros de uma comunidade política devem ser vistos como seres que possuem o mesmo valor moral porque são racionais. Mas essa perspectiva também abre espaço para demandas relacionadas com as diferenças reais entre as pessoas. Elas não existem apenas como entes abstratos, possuem uma história individual, possuem diferentes formas de pertencimento social e estão situadas em diferentes lugares dentro das hierarquias sociais. Os indivíduos também anseiam por ter os meios necessários para viver suas vidas de forma digna e autêntica, o que requer acesso a meios materiais de subsistência e também respeitabilidade social. Entretanto, muitos deles não conseguem ter essa possibilidade porque certos aspectos de suas identidades entram em conflito com papéis sociais institucionalizados por meio de normas culturais e práticas sociais, papéis que correspondem a traços identitários e aos interesses dos grupos majoritários. Observamos na modernidade o aparecimento de uma política da diferença que afirma a necessidade do reconhecimento da igual dignidade daqueles grupos que têm sido sistematicamente marginalizados por não corresponderem aos ideais sociais majoritários. Esse processo promove também a exclusão econômica desses segmentos sociais, criando clivagens sociais entre diversas classes de pessoas.[177]

---

[177] Ver FERRAJOLI, Luigi. "Igualdad y diferencia". *In*: FERRAJOLI, Luigi; CARBONELL, Miguel. *Igualdad y diferencia de género*. Cidade do México: Consejo Nacional para Prevenir la Discriminación, 2007, pp. 11-16; CAHN,

Em função dessa realidade, a política da diferença almeja uma organização social na qual as pessoas não podem ser marginalizadas em função de traços benignos, nem estar em situação durável ou perene de desvantagem. O alcance de uma sociedade justa requer então a ênfase no aspecto diferenciativo da igualdade: a democracia requer que as pessoas possam ter uma existência autêntica por meio do reconhecimento da sua igual dignidade, por meio do gozo da liberdade de poder ser o que elas são, por meio da defesa de uma compreensão de direitos fundamentais que operam como forças contra-hegemônicas.[178] Essa dimensão da igualdade também engloba a necessidade de as pessoas poderem ter condições materiais para que possam operar dentro da sociedade de maneira adequada. Estigmas culturais e exclusão econômica sustentam um processo sistêmico de desigualdades incompatível com a democracia. Por esse motivo, a igualdade precisa operar como um princípio que reconhece a paridade entre as pessoas dentro das diferenças reais existentes entre elas. Elas podem demandar esse tipo de reconhecimento porque possuem uma identidade comum como sujeitos de direito; elas também podem elaborar tais reinvindicações porque a igualdade precisa ter um compromisso com o pluralismo de experiências sociais, o que não se resume à afirmação do individualidade, mas também

---

Edmond. "Ego and equality". *Yale Law Journal*, vol. 60, nº 1, 1951, pp. 58-65; COHEN, Joshua. "Democratic equality". *Ethics*, vol. 99, nº 4, 1989, pp. 727-751.

[178] BRASIL. Supremo Tribunal Federal. Ação Direta de Inconstitucionalidade n. 4275, Órgão Julgador: Tribunal Pleno, Relator: Edson Fachin, 01.02.2018 ("A linha mestra do direito contemporâneo, que reveste o homem de cidadania, garante-lhe a liberdade para tornar-se *o que é*, e não para ser o que *aparenta* ou o que *querem que seja*"); BRASIL. Supremo Tribunal Federal. Ação Direta de Constitucionalidade n. 41, Órgão Julgador: Tribunal Pleno, Relator: Luiz Roberto Barroso, 08.06.2017 ("Por fim, na questão da igualdade como reconhecimento, ela identifica a igualdade no que se refere ao respeito às minorias e ao tratamento da diferença de uma maneira geral. Assim, igualdade como reconhecimento significa respeitar as pessoas nas suas diferenças, mas procurar aproximá-las, igualando as oportunidades").

das identidades socialmente criadas e desvalorizadas.[179] Por esse motivo, diversos sistemas jurídicos criaram normas específicas que garantem proteção especial para aqueles grupos tradicionalmente discriminados, o que certos autores classificam como processo de categorização ou diferenciação dos direitos. O conceito genérico de cidadania permite a proteção das pessoas, mas ele deve proteger o indivíduo que vive em um contexto social e histórico específico, o indivíduo que está atravessado por diversas formas de identidades sociais, sendo que cada uma delas o situa em relações específicas de poder.[180]

---

[179] BRASIL. Supremo Tribunal Federal. Ação Direta de Inconstitucionalidade n. 4275, Órgão Julgador: Tribunal Pleno, Relator: Edson Fachin, 01.02.2018 ("Ocorre que esse dever de tutela do direito à igualdade pelo Estado constitucional, conquanto encontre seu lugar-comum de realização no plano formal do tratamento igualitário perante o direito, assim como no substantivo, tem no plano da alteridade e diferenças a exigência de sua força normativa. Ou seja, nas situações fáticas, valoradas pelo Direito, caracterizadas pela diferença entre os indivíduos, é que a igualdade incide como vetor interpretativo de resolução dos problemas jurídicos. Nesse cenário, o direito ao tratamento igualitário, em consideração e respeito entre os cidadãos, exige que a sexualidade e sua manifestação como expressão da personalidade da pessoa humana sejam asseguradas, ainda que esse reconhecimento implique diferenças nas formas de expressão dessa identidade de gênero, quando confrontadas com o padrão esperado pela sociedade"); BRASIL. Supremo Tribunal Federal, Ação Direta de Inconstitucionalidade n. 3000, Órgão Julgador: Tribunal Pleno, Relator: Carlos Ayres Brito, 03.05.2012 ("Numa frase, não é toda superioridade juridicamente conferida que implica negação ao princípio da igualdade. A superioridade jurídica bem pode ser a própria condição lógica da quebra de iníquas hegemonias política, social, econômica e cultural. Um mecanismo jurídico de se colocar a sociedade nos eixos de uma genérica horizontalidade como postura de vida cidadã (o cidadão, ao contrário do súdito, é um igual). Modo estratégico, por consequência, de conceber e praticar uma superior forma de convivência humana, sendo que tal superioridade de vida coletiva é tanto mais possível quanto baseada em relações horizontais de base. Que são as relações definidoras do perfil democrático de todo um povo").

[180] Ver, nesse sentido: RICHARDSON, Diane. "Sexuality and Citizenship". *Sociology*, vol. 32, nº 1, 1998, pp. 83-100.

A problemática aqui levantada nos mostra a necessidade de pensarmos a cidadania a partir de uma perspectiva inclusiva. Entendemos que uma reflexão sobre as diferentes dimensões da igualdade passa necessariamente por uma reelaboração da representação de subjetividade que subjaz ao discurso jurídico. Como bem assinala Chantal Mouffe, o avanço em direção a uma nova forma de cidadania que possa abarcar a pluralidade da vida social passa pelo rompimento com a ideia de um sujeito unitário como fonte última de inteligibilidade das suas ações. Para que se possa compreender a natureza da luta dos novos movimentos sociais, é necessário desenvolver uma nova teoria do sujeito, não mais entendido como fundamento de inteligibilidade, mas como um agente descentrado e não total. Se a nossa identidade pessoal se constitui em função de múltiplos pertencimentos, deve-se compreender o sujeito como um ponto de interseção dessa multiplicidade de posições subjetivas. Não havendo uma identidade que seja definitivamente estabelecida, haverá sempre uma abertura para as diferentes posições que o sujeito assume nas diversas formas de interação social. Embora a cidadania tenha sido possibilitada justamente por esses pressupostos, quais sejam, o individualismo, o racionalismo e o universalismo, esses mesmos conceitos são hoje o principal obstáculo à expansão da cidadania. Os direitos hoje reivindicados expressam diferenças que não podem ser universalizadas porque dizem respeito à singularidade de seguimentos sociais deixados à margem. A luta democrática exige o reconhecimento da diferença, do particular, do múltiplo e do heterogêneo, tudo aquilo que tinha sido excluído pela imagem abstrata do homem. Em resumo, ela exige uma reflexão sobre os mecanismos discriminatórios construídos a partir de processos culturais.[181]

A ideia de igualdade no mundo contemporâneo está relacionada com a necessidade de regulação entre o ideal da igualdade e a diferença de *status* dos membros da comunidade política. Esse

---

[181] MOUFFE, Chantal. *O regresso do político*. Lisboa: Gradiva, 1996, pp. 25-27.

princípio precisa ser pensado então como um ideal que procura combinar a noção de universalidade de direitos com as diferenças entre os diversos grupos sociais.[182] A formação da identidade individual decorre de um processo constante de interação social entre a consciência psicológica e a consciência social, processo a partir do qual a pessoa desenvolve um senso de individualidade. À consciência social corresponde uma série de parâmetros normativos que entram em conflito com os que não se enquadram neles, motivo pelo qual as identidades universais começam a ser questionadas de forma que não sejam um requisito para o acesso ao *status* de titular de direitos. A igualdade deve permitir que as pessoas não sejam permanentemente coagidas a se adequarem a parâmetros comportamentais elegidos como necessários para a organização social. Assim, certos traços que designam identidades desvalorizadas têm sido protegidos a fim de garantir que as pessoas tenham a possibilidade de tratamento igualitário em situações relevantes. A igualdade precisa então ser um meio a partir do qual identidades diferentes possam conviver dentro do espaço social democrático de forma que a dinâmica política não expresse apenas o interesse dos grupos majoritários.[183]

---

[182] BRASIL. Supremo Tribunal Federal, Arguição de Descumprimento de Preceito Federal n. 186, Órgão Julgador: Tribunal Pleno, Relator: Roberto Lewandowski, 26.04.2012 (afirmando que medidas de inclusão social têm como propósito fomentar a inclusão daqueles grupos que são submetidos a processos históricos de exclusão social); BRASIL. Superior Tribunal de Justiça, Recurso Especial n. 1.085.646-RS, Órgão Julgador: Segunda Seção, Relatora: Nancy Andrighi. 11.05.2011 (afirmando que a construção de uma sociedade igualitária requer o respeito à diferença o que deve ser alcançado por meio do combate à discriminação racial).

[183] ROSENFELD, Michel. "Equality and the dialectic between identity and difference". *Israel Law Review*, vol. 39, nº 1, 2006, pp. 52-78.

2.2 O conceito de igualdade: definições e parâmetros

A complexidade da igualdade apresenta uma série de dificuldades para sua definição, uma vez que ela possui várias dimensões que se tornam relevantes em situações diversas. Sua definição tradicional decorre de uma compreensão liberal associada à doutrina do individualismo, o que pressupõe a simetria de tratamento entre pessoas a partir de uma determinada perspectiva. Essa concepção parte do pressuposto de que o sistema jurídico deve operar a partir da noção de que todos os membros da comunidade política possuem uma mesma forma de *status*, o que confere a eles o reconhecimento como indivíduos merecedores do mesmo respeito e consideração. O ideal da igualdade no mundo contemporâneo ainda está fortemente influenciado por uma perspectiva a partir da noção de que podemos organizar a sociedade democrática por meio da atribuição de uma identidade genérica a todas as pessoas. Mas essa posição se mostra problemática na medida em que a ideia de igualdade adquire novas significações ao longo do tempo e em diferentes sociedades. O desenvolvimento desse princípio no mundo moderno parte da passagem de uma realidade histórica na qual diferenças de *status* configuravam a organização social para uma realidade na qual a igualdade pressupõe uma identidade comum, sendo que hoje estamos em um momento no qual a igualdade tem sido pensada como diferença, como um pressuposto da organização de sociedades pluralistas.[184]

O termo igualdade tem sido definido a partir de várias perspectivas ao longo da história, mas podemos identificar alguns aspectos comuns a muitas teorias sobre esse princípio. Primeiro, o termo igualdade implica relações de correspondência entre pessoas

---

[184] Para uma defesa de uma compreensão liberal da igualdade, ver, entre outros: NAGEL, Thomas. *Equality and partiality*. Oxford: Oxford University Press, 1995; GUTMANN, Amy. *Liberal equality*. Cambridge: Cambridge University Press, 1980.

e situações que possuem uma ou mais qualidades em comum quando comparadas a partir de um critério juridicamente relevante. Não estamos falando de pessoas ou de situações idênticas, mas de pessoas e situações que possuem traços que as equiparam do ponto de vista jurídico. Segundo, a igualdade implica uma relação qualitativa porque os critérios a partir do qual as pessoas são comparadas possuem relevância jurídica; eles designam fatores legalmente protegidos de forma que as pessoas não sofram tratamento desvantajoso a partir deles.[185] Terceiro, as relações de igualdade são estabelecidas a partir de certas características que ao longo do tempo se tornaram legalmente relevantes por serem parâmetros a serem observados para o alcance da justiça. Quarto, o conceito de igualdade pode ser visto como uma relação quantitativa a partir dos conceitos de justiça presentes em uma dada sociedade. A justiça tem sido pensada ao longo do tempo como uma expressão da igualdade porque representa o tipo de valoração social sobre padrões de distribuição e de alocação de direitos e oportunidades.[186] Quinto, a noção de igualdade suscita a pergunta sobre as pessoas que devem ser comparadas a partir de um critério socialmente relevante. Assim, a igualdade pode significar a igualdade entre indivíduos ou pode ser uma igualdade entre grupos sociais. Sexto, esse preceito constitucional levanta a questão sobre quais são os critérios a partir dos quais as relações qualitativas entre as pessoas estarão baseadas. Sétimo, a noção de igualdade está baseada na avaliação das relações entre identidade e diferença, critérios importantes para analisarmos que formas de igualdade são relevantes na aplicação de casos específicos. A igualdade opera então como um tipo de acomodação entre as diversas formas de identidade presentes em uma dada realidade, identidades

---

[185] PORTILLA, Karla Pérez. *Principio de igualdad, alcances y perspectivas*. Cidade do México: Porrúa, 2007, pp. 5-11.
[186] WESTEN, Peter. "The empty idea of equality". *Harvard Law Review*, vol. 95, n° 3, 1982, pp. 555-570.

formadas a partir de parâmetros de valoração social que situam as pessoas em lugares distintos nas várias hierarquias sociais.[187]

Definições de igualdade devem partir da sua função dentro de uma ideologia política que tem sido chamada de igualitarismo, uma perspectiva que procura garantir o mesmo tratamento entre todos os membros da comunidade política nos aspectos relevantes para que eles possam alcançar um nível adequado de dignidade. O igualitarismo pretende regular uma sociedade na qual as pessoas possam ter o maior nível de proteção jurídica, embora se reconheça que esse objetivo só será alcançado de forma aproximada. Essa doutrina está relacionada com o regime democrático, forma de organização política que pretende fazer com que condições ideais de vida possam estar disponíveis para um número cada vez maior de indivíduos. O igualitarismo entende a sociedade como uma organização que procura garantir o tratamento entre pessoas vistas como seres que devem ter a possibilidade de buscar seus propósitos pessoais. Doutrinas igualitárias estão baseadas na concepção dos seres humanos como sujeitos autônomos, como entes que devem ser reconhecidos como capazes de construir seu próprio destino. Essa perspectiva encontra fundamento na ideia de que práticas discriminatórias devem ser eliminadas porque uma sociedade construída em torno de divisões sociais arbitrárias impede o alcance da liberdade, além de dificultar a construção de um sistema de cooperação social. O igualitarismo não está necessariamente fundamentado em uma concepção liberal de sociedade, embora tenha como objetivo expandir as liberdades individuais. O igualitarismo também pressupõe a promoção de medidas substantivas para a integração dos diversos grupos

---

[187] TAYLOR, Charles. *Argumentos filosóficos*. São Paulo: Edições Loyola, 2000, pp. 241-274; YOUNG, Iris Marion. "Polity and group difference: a critique of the ideal of universal Citizenship". *Ethics*, vol. 99, nº 2, 1989, pp. 250-274.

porque é necessário reconhecer as consequências da operação de diferentes formas de discriminação na sociedade.[188]

A criação de uma sociedade igualitarista requer então a definição do tipo de igualdade relevante para que esse objetivo possa ser alcançado. A igualdade pode ser definida genericamente como a exigência de tratamento igual entre pessoas igualmente situadas, mas essa concepção imediatamente levanta problemas porque pressupõe relações comparativas entre elas. A interpretação e a aplicação da igualdade levam em consideração as relações entre sujeitos que possuem algum traço em comum, mas essa regra não se mostra suficiente para a análise sobre seu caráter comparativo. É necessário perguntar que parâmetros específicos serão considerados para estabelecermos a existência de uma relação de igualdade ou desigualdade entre os indivíduos, sendo que eles serão relevantes para determinarmos se procuramos estabelecer a igualdade formal ou material entre indivíduos e grupos. Precisamos nos perguntar quais critérios são relevantes para a construção de uma sociedade justa, necessitamos saber que grupos sociais precisam ser equiparados e que recursos devem ser equitativamente distribuídos. A pergunta levanta o problema da adequação dos critérios de distribuição a serem seguidos para que uma sociedade possa ser minimamente justa. É também muito importante determinar quais são as pessoas que precisam ser consideradas quando estabelecemos ideias de justiça.

Esses elementos indicam que o princípio jurídico da igualdade pode ser definido, em uma primeira aproximação, como um preceito que consiste em uma comparação entre duas pessoas ou grupos de pessoas a partir de uma ou mais qualidades. Assim, a análise sobre a igualdade envolve a comparação a partir de um determinado fator que precisa ser especificado em cada caso para que as devidas considerações sejam feitas. Análises de igualdade

---

[188] BOBBIO, Norberto. *Igualdade e liberdade*. Rio de Janeiro: Ediouro, 1996, pp. 35-43.

englobam sempre juízos valorativos porque expressam os padrões de julgamento que uma sociedade utiliza para atribuir consequências normativas a uma situação de comparação entre indivíduos ou grupos. Dizer que dois ou mais indivíduos são iguais de acordo com certo critério significa dizer que eles deverão ter a mesma forma de tratamento nas situações relevantes. Mesmo que eles sejam factualmente diferentes, eles merecem ter um tratamento igual ou distinto para que o ideal de justiça presente em uma dada sociedade seja realizado.[189]

Mas essa análise não se resume a critérios de comparação porque os seres humanos possuem pertencimentos bastante distintos, pertencimentos que os localizam em diversas hierarquias sociais, o que torna problemática a comparação entre eles a partir de uma única perspectiva. As pessoas não possuem uma experiência unificada, uma questão que precisa ser considerada quando examinamos a situação de indivíduos e grupos. Se a dimensão jurídica da igualdade requer a aplicação de uma avaliação comparativa quando discutimos os procedimentos a serem adotados em determinadas situações, a dimensão diferenciativa da igualdade requer que consideremos o contexto no qual os indivíduos estão situados e os impactos diferenciados que uma norma ou prática poderá ter sobre eles. A comparação entre pessoas e grupos precisa reconhecer também a situação específica na qual se encontram. A igualdade implica as questões sobre quem são os indivíduos em comparação e também os critérios a partir dos quais eles são comparados. Tendo em vista o que discutimos na parte anterior, essas comparações devem incidir sobre pessoas e grupos a partir de critérios cuja complexidade deve ser avaliada no contexto social no qual os indivíduos se encontram. Dessa forma, a raça não deve ser vista apenas como uma mera categoria biológica, mas como uma construção social a partir do qual pessoas são

---

[189] PORTILLA, Karla Pérez. *Principio de igualdad, alcances y perspectivas*. Cidade do México: Porrúa, 2007, pp. 12-17; CANTÓN, Octávio. *Igualdad y derechos*: apuntes y reflexiones. Cidade do México: Porrúa, 2006, pp. 1-9.

discriminadas. Grupos raciais não podem ser comparados a partir de uma identidade abstrata, mas a partir das formas de inserção social nas quais se encontram e que determinam o acesso a direitos que eles possuem dentro de uma sociedade e em relação a certas esferas da vida social.[190]

Essas considerações demonstram que a igualdade tem uma dimensão descritiva e também uma dimensão prescritiva. Como princípio regulador do sistema constitucional, ela pode ser utilizada para analisar a situação fática na qual indivíduos estão situados: o tratamento entre eles será considerado como igualitário se eles estiverem igualmente situados ou se as consequências de uma norma ou prática se distribui entre todos da mesma forma. A ideia de igualdade tem um caráter prescritivo porque ela expressa uma concepção de justiça. Designa a forma como uma sociedade organizada de acordo com certos princípios de justiça deve tratar pessoas que estão em uma situação de desigualdade. É também importante atentar para o fato de que o termo sob análise incorpora uma valoração moral das pessoas que são comparadas. A igualdade faz parte de um regime político baseado no reconhecimento de que todos os membros da comunidade política são atores sociais competentes, todos eles são capazes de regular seus próprios comportamentos e também de contribuir de forma adequada para a construção de uma sociedade mais justa. A possibilidade de liberdade decorre então do reconhecimento de todos os membros da comunidade política de agirem de acordo com um conjunto de regras morais e

---

[190] ALEINIKOFF, T. Alexander. "A case for race-consciousness". *Columbia Law Review*, vol. 91, nº 4, 1991, pp. 1060-1154 (defendendo uma interpretação da igualdade que considera o contexto social e histórico no qual as pessoas estão inseridas); VALDES, Francisco; CHO, Sumi. "Critical race materialism: theorizing justice in the wake of global neoliberalism". *Connecticut Law Review*, vol. 43, nº 5, 2011, pp. 1513-1580 (analisando como a articulação da exclusão econômica no plano nacional e internacional contribui para a opressão de minorias raciais).

CAPÍTULO II – IGUALDADE: DIMENSÕES, DEFINIÇÕES...

políticas, pressuposto do reconhecimento deles como pessoas que possuem respeitabilidade social.[191]

Nesse sentido, não podemos esquecer o fato de que os juízos de igualdade possuem uma dimensão valorativa porque eles são feitos a partir de elementos que se tornaram socialmente relevantes para uma comunidade jurídica. Os indivíduos guardam uma identidade abstrata comum como seres humanos, mas também são pessoas que possuem diversas particularidades, o que nos permite dizer que nunca são completamente iguais. Muitas particularidades são utilizadas como diferenciações antijurídicas, motivo pelo qual sistemas jurídicos consideram certas características como critérios de proteção especial. Isso significa que os juízos de igualdade não partem da pressuposição da igualdade total entre os seres humanos, mas sim de um critério juridicamente relevante. Os indivíduos efetivamente possuem traços em comum que podem ser juridicamente importantes, razão pela qual os últimos se tornam parâmetros necessários para a comparação entre os primeiros. Dentro dessa lógica, a igualdade possui um caráter normativo porque a comparação entre as pessoas será realizada a partir de um critério que a sociedade reconhece como adequado para se atribuir consequências jurídicas.[192]

O princípio da igualdade tem sido constantemente definido como a regra básica de justiça porque estabelece meios adequados para o tratamento entre pessoas e grupos. Para certos autores, a igualdade precede o conceito de direitos porque significa um parâmetro a partir do qual estes serão interpretados ou aplicados; além disso, estabelece a coerência deles com os seus pressupostos de tratamento igualitário entre pessoas que estão igualmente

---

[191] WESTEN, Peter. *Speaking of equality*: an analysis of the rethorical force of equality in moral and legal discourse. Princeton: Princeton University Press, 1990, pp. 12-19.

[192] PORTILLA, Karla Pérez. *Principio de igualdad, alcances y perspectivas*. Cidade do México: Porrúa, 2007, pp. 6-8.

situadas. Vemos então que a igualdade opera como um padrão de racionalidade para a distribuição de valores reconhecidos como necessários para a construção de uma sociedade mais justa. Ela determina os critérios pelos quais as diferentes formas de justiça serão alcançadas, uma vez que o tratamento igualitário permite a satisfação da identidade moral entre os membros da comunidade política. Igualdade e justiça podem significar a mesma coisa quando pensamos que essas duas ideias englobam análises jurídicas e morais sobre as formas pelas quais as pessoas devem ser tratadas a partir de um critério. Tratar os iguais de maneira igual e os desiguais de maneira desigual significa estabelecer uma regra valorativa de como os direitos serão administrados.[193]

2.3 Das teorias monistas às teorias complexas da igualdade

Observamos no mundo contemporâneo o surgimento de uma série de teorias que procuram superar alguns problemas postos pela compreensão de igualdade como tratamento simétrico entre todas as pessoas. Seus autores estão preocupados em analisar questões decorrentes da presunção de que todos os indivíduos possuem experiências sociais comuns, perspectiva que ignora o fato de que eles possuem diferentes identidades e diferentes pertencimentos sociais. Esses autores também estão interessados em analisar a pluralidade interna dos fatores utilizados para a comparação entre indivíduos, além dos problemas derivados de teorias de justiça que estabelecem o acesso a certo bem como meio para se alcançar níveis maiores de igualdade social. Também se torna necessária a consideração das formas como comportamentos privados afetam a situação de grupos minoritários e dos modos como privilégios sistemáticos concorrem

---

[193] WESTEN, Peter. "The empty idea of equality". *Harvard Law Review*, vol. 95, nº 3, 1982, pp. 556-565; BARRY, Brian. *Justice as impartiality*. Oxford: Oxford University Press, 2002, pp. 28-72; RAWLS, John. *A theory of justice*. Cambridge: Harvard University Press, 1999, pp. 47-65.

CAPÍTULO II – IGUALDADE: DIMENSÕES, DEFINIÇÕES...

para a reprodução da estratificação social. O que chamamos de teorias complexas de igualdade partem, assim, da consideração da pluralidade interna dos fatores de comparação, da pluralidade das identidades sociais e da pluralidade de mecanismos de exclusão social que provocam a situação de desvantagem na qual grupos minoritários se encontram.

2.3.1 Igualdade formal e igualdade proporcional

Autores têm elaborado diferentes compreensões da igualdade ao longo do tempo. A igualdade formal é uma das mais influentes teorias sobre esse princípio, tendo sido incorporada como preceito básico do funcionamento dos sistemas jurídicos de sociedades democráticas. Segundo essa teoria, as pessoas são iguais por terem o mesmo *status* moral e jurídico, o que justifica o mesmo tipo de tratamento dispensado a todas elas. A igualdade aparece aqui como uma regra de racionalidade decorrente do fato de que as instituições estatais existem para garantir o tratamento igualitário entre todas as pessoas. Esse conceito de igualdade também reconhece o fato de que todos os membros de uma sociedade democrática possuem o mesmo valor político. O reconhecimento recíproco da igualdade moral e da capacidade da participação política legitima uma sociedade na qual todos os seus membros devem ser reconhecidos como indivíduos que são atores sociais competentes. Esse conceito de igualdade exige justificação para o tratamento desigual, pois está baseado na universalidade de direitos, pressuposto de um regime democrático.[194]

O conceito de igualdade formal está associado no mundo moderno ao liberalismo, doutrina que possui uma dimensão política

---

[194] FERNANDES, Bernardo Gonçalves. *Curso de Direito Constitucional*. São Paulo: Juspodium, 2014, pp. 390-404; DIMITRI, Dimoulis; MARTINS, Lenardo. *Teoria Geral dos Direitos Fundamentais*. 2ª ed. São Paulo: Rt, 2010.

e jurídica. Ela designa um tipo de organização estatal na qual as instituições públicas operam para proteger liberdades individuais. As instituições existem em função dos interesses dos indivíduos, que possuem direitos públicos subjetivos, o que lhes permite exigir a igual consideração de seus interesses perante as normas jurídicas. A ideia de igualdade formal também pressupõe uma forma de racionalidade jurídica decorrente da premissa da universalidade dos direitos, reconhecimento de um *status* comum a todos os membros da comunidade política. Assim, as liberdades individuais só podem ser adequadamente protegidas em um regime no qual a possibilidade de exercício de liberdades individuais está aberta a todas as pessoas. Estão aqui articuladas duas dimensões importantes da dimensão da igualdade: a dimensão lógica e a dimensão jurídica. O conceito de igualdade formal permite a exigência de tratamento igualitário pelos indivíduos a partir de uma identidade abstrata comum a todas as pessoas, identidade que fundamenta um *status* jurídico comum a todos.[195]

    O conceito de igualdade proporcional está construído sobre a premissa segundo a qual as diferenças entre as pessoas precisam ser resolvidas para que a equidade seja alcançada. A ideia de igualdade proporcional pode ser vista como um ideal de justiça apenas quando as pessoas estão em uma situação de equidade. O alcance desse estado ideal requer a consideração dos meios ou práticas distributivas necessárias para que pessoas em posições distintas possam alcançar uma situação de equidade. Essa concepção abre espaço para um tipo de igualitarismo que prescreve o tratamento de acordo com a situação na qual as pessoas estão. O conceito de igualdade proporcional envolve uma equação na qual se consideram a situação entre pessoas em situações diversas no que diz respeito ao acesso de oportunidades e também ao bem

---

[195] Ver, nesse sentido: WOLLHEIN, Richard; BERLIN, Isaiah. "Equality". *Meeting of the Aristotelian Society*, vol. 56, 1955, pp. 281-326.

visto como necessário para que estejam em situação proporcional de acordo com sua situação inicial.[196]

O conceito de igualdade proporcional está, portanto, baseado na necessidade de reconhecimento de que as pessoas podem ser diferentes em relação a critérios relevantes para o sistema jurídico comprometido com a construção da democracia. Ele aparece como um preceito de grande importância em sociedades nas quais hierarquias sociais impedem que todos os indivíduos possam ter pleno acesso a oportunidades para poderem gozar suas liberdades individuais. Temos aqui a aplicação da dimensão diferencial da igualdade, uma vez que esse preceito opera de uma forma prescritiva ao determinar em relação a que parâmetros as pessoas devem ser tratadas da mesma forma. As instituições estatais devem atuar para que essas disparidades possam ser corrigidas de forma que o ideal do tratamento igualitário possa ser alcançado.

2.3.2 Teoria da igualdade moral e a teoria utilitarista da igualdade

A ideia de igualdade como expressão do mesmo valor moral das pessoas pode ser vista como uma formulação recente de discurso cultural e político. A igualdade moral entre os indivíduos só pode ser formulada em um momento histórico no qual a noção de honra deixa de ser algo atribuído a eles em função do nascimento e passa a ser vista como uma característica comum a todos, sendo que os seres humanos são compreendidos agora como agentes racionais e capazes de operar de forma adequada no espaço público. Dessa forma, é necessário que a virtude moral seja algo que pode ser desenvolvido por todas as pessoas a fim de que a noção de igualdade moral possa surgir como um imperativo social e jurídico. Observamos nos tempos modernos o aparecimento da

---

[196] STANFORD ENCYCLOPEDIA OF PHILOSOPHY. *Equality*. Disponível em: https://plato.stanford.edu/entries/equality/. Acessado em: 21.07.2020.

igualdade moral como um pressuposto central do regime democrático porque os seres humanos são agora vistos como indivíduos, como agentes racionais que possuem uma dignidade inata à sua condição humana. Essa presunção permite a afirmação do ideal de construção de uma sociedade baseada no pressuposto da igual dignidade de todas as pessoas, o que comanda também o igual respeito por todos os indivíduos.[197]

O conceito de igualdade moral está baseado na premissa do racionalismo, tese que informa a concepção de que todos os indivíduos podem instituir sua própria norma de conduta, o que os faz sujeitos possuidores de uma dignidade intrínseca. Essa formulação de dignidade como expressão de racionalidade também empresta suporte para a necessidade de as pessoas serem reconhecidas como merecedoras do mesmo nível de respeito. Esse respeito deve ser expresso tanto pelo gozo de direitos quanto pelo acesso aos meios simbólicos e materiais para as pessoas desenvolverem respeito próprio, o que tem sido visto por juristas como um bem humano básico, um requisito para que todos possam operar de forma adequada dentro da sociedade. O senso de valor próprio não surge como uma ideia abstrata na mente dos indivíduos; ele é produto de um processo intersubjetivo a partir do qual somos reconhecidos como seres humanos. Formamos em nós um sentimento de respeito próprio na medida em que somos reconhecidos como agentes capazes de operar na sociedade de forma competente.[198]

Muitas teorias filosóficas apresentam formulações de igualdade que têm grande influência sobre o mundo político. O utilitarismo tem sido uma referência importante na reflexão sobre a igualdade no mundo contemporâneo por expressar muitos valores tidos como liberais. Dentro dessa perspectiva, considerações sobre

---

[197] Ver, nesse sentido: SCHNEEWIUD, J. B. *A invenção da autonomia*. São Leopoldo: Unisinos, 2001.
[198] Ver, nesse sentido: TAYLOR, Charles. *As fontes do self*. São Paulo: Loyola, 1997, pp. 77-125.

igualdade devem ser vistas a partir de um cálculo social que permite atender os interesses do maior número de pessoas. Como todos os indivíduos que vivem dentro de uma sociedade têm o mesmo valor, os interesses de todos eles devem ser considerados da mesma maneira. Essa posição advoga uma relação imparcial em relação aos julgamentos morais, uma vez que todas as pessoas são igualmente consideradas. A promoção da igualdade deve então estar centrada na promoção da expansão dos bens considerados úteis pelos indivíduos para o alcance de seus propósitos.[199]

Essa expressão do igualitarismo pode ser definida como um tipo de teoria de justiça baseada na proteção das vontades dos indivíduos, seres cuja realização pessoal depende da efetuação de seus interesses sensíveis. Estes, por sua vez, variam de forma significativa, e não devemos fazer decisões políticas a partir do julgamento de interesses particulares, mas sim garantir que as pessoas possam ter a possibilidade de tomar decisões por meio da garantia contínua da disponibilidade dos meios para isso. A satisfação dos interesses sensíveis se dá por meio do acesso a mecanismos que permitem a satisfação do prazer com a imposição do menor custo possível. Estamos diante de uma proposta de caráter eudemonista que procura aumentar o nível de felicidade dos indivíduos por meio do aumento crescente da possibilidade de satisfação dos desejos pessoais. Mas esses interesses devem ser devidamente balanceados porque eles não podem ter maior relevância do que os dos outros indivíduos.[200]

O utilitarismo compreende uma perspectiva de justiça que opera a partir do pressuposto de que os parâmetros de tratamento igualitário não devem ter como parâmetro de distribuição um elemento socialmente determinado, mas sim as preferências subjetivas dos indivíduos. Uma das correntes mais influentes dessa

---

[199] GUTMANN, Amy. *Liberal equality*. Cambridge: Cambridge University Press, 1980, pp. 69-72.
[200] KOLM, Serge-Christophe. *Modern theory of justice*. Cambridge: MIT University Press, 1996, pp. 405-415.

perspectiva entende a felicidade como uma perspectiva individual que pode ser quantificada a partir dos estados mentais superiores que podem proporcionar realização individual. Essa perspectiva prega a neutralidade de julgamentos sobre os interesses das pessoas; questões de justiça social devem ter como objetivo expandir as possibilidades de satisfação pessoal, o que deve ser feito sem julgamentos substantivos dos valores a partir dos quais as pessoas procuram satisfazer seus propósitos. Esse princípio da neutralidade requer que as pessoas possam fazer escolhas a partir de suas preferências, o que não deve ser mensurado a partir de julgamentos morais sobre a propriedade delas a partir de critérios exteriores. Estamos aqui diante de uma ênfase na autonomia das preferências em relação à ponderação sobre critérios sociais de distribuição de recursos. No lugar da decisão social sobre os destinos pessoais deve estar a escolha do próprio indivíduo sobre os meios de se alcançar o bem-estar.[201]

O pensamento utilitarismo, afirma Amartya Sen, requer a maximização das utilidades desfrutadas por todos de forma que o acesso a elas permita o aumento das possibilidades de satisfação dos interesses pessoais. Estamos diante de uma forma de igualitarismo no qual a isonomia deve ser medida em termos dos descompassos existentes entre ganhos e perdas de utilidades pelos indivíduos. Uma sociedade igualitária deve dar o mesmo peso aos mecanismos adotados para a satisfação dos interesses dos membros de uma comunidade política. Essa perspectiva enfatiza o individualismo como ponto de partida como parâmetro ontológico para decisões sobre meios de distribuição de recursos entre as pessoas. As escolhas dos indivíduos devem ter o mesmo peso no processo de alocação de oportunidades, parâmetro que garante a possibilidade de as pessoas tomarem decisões sobre aspectos centrais de suas vidas. Não se procura garantir uma igualdade entre todos em um espaço

---

[201] VITA, Álvaro de. *A justiça igualitária e seus críticos*. São Paulo: Martins Fontes, 2007, pp. 146-149.

específico ou a partir de um elemento específico, mas garantir o máximo acesso das pessoas aos meios necessários para que façam suas escolhas.[202]

2.3.3 Igualdade de recursos: igualdade e responsabilidade

Proposições mais recentes sobre igualdade enfatizam a importância do acesso a recursos, o que seria um requisito para a construção de uma sociedade igualitária. Os teóricos que defendem essa posição afirmam que as pessoas são responsáveis por seus atos, mas eles também consideram que as desigualdades podem ser produto de fatores que estão além da vontade dos indivíduos. Disparidades entre grupos sociais decorrem de padrões de subordinação que excluem esses segmentos da possibilidade de acesso a recursos necessários para que possam ter controle sobre aspectos centrais de suas vidas, como o acesso a meios materiais, para poderem planejar seus projetos individuais. Relações hierárquicas de poder são construídas a partir de elementos que não estão relacionados com o valor moral das pessoas, um dos motivos pelos quais a igualdade de oportunidade não pode ser um critério de justiça suficiente. Os seres humanos deveriam ter a expectativa de poderem gozar dos mesmos recursos para que possam alcançar seus objetivos, mas isso não ocorre porque não possuem os meios para terem uma vida digna. Por esse motivo, eles deveriam ter acesso a bens básicos de forma que tenham como operar de maneira adequada dentro da sociedade. Torna-se então necessário que as instituições políticas implementem medidas distributivas que permitam um nível mínimo de equidade material entre todas as pessoas.[203]

---

[202] SEN, Amartya. *Desigualdade reexaminada*. Rio de Janeiro: Record, 2001, pp. 43-47.
[203] BAKER, C. Edwin. "Outcome equality or equality or respect: the substantive content of equal protection". *University of Pennsylvania Law Review*, vol. 131, nº 4, 1983, pp. 933-955.

Essa teoria de igualdade parte do pressuposto de que as pessoas precisam ter acesso a um conjunto de recursos relevantes para garantir o controle de diferentes aspectos das próprias vidas. Esses recursos podem ser vistos como condições para a integração dos indivíduos nos diferentes aspectos da vida social, o que inclui aqueles recursos para o alcance da integridade física e psíquica, dos meios necessários para a integração no mercado de trabalho, além das possibilidades de participação na vida pública de forma competente. Os seres humanos deveriam ter a possibilidade de acesso a bens necessários para que possam tomar decisões sobre suas vidas. As pessoas possuem diferentes talentos que podem levar a diferentes possibilidades de sucesso pessoal, mas a ausência de recursos, decorrente de fatores exteriores a elas, violam a ideia de igualdade. Uma sociedade justa cria as oportunidades para que todas as pessoas tenham as mesmas condições para alcançar seus objetivos, motivo pelo qual critérios de distribuição devem ser corrigidos para que isso ocorra. A distribuição de recursos não pode ser organizada a partir de critérios abstratos ou do acaso; ela precisa obedecer a parâmetros que garantam o acesso aos meios básicos para a realização dos indivíduos. Apenas aquelas desigualdades que decorrem das ações dos indivíduos podem ser justificadas; diferenças que são produto de processos de estigmatização ou de exclusão precisam ser contrabalançadas com meios de redistribuição justos.[204]

Se as teorias elaboradas a partir do conceito de igualdade de recursos propõem medidas distributivas como meio principal de realização da igualdade do ponto de vista material, os teóricos que focam no tema da liberdade defendem uma posição minimalista desse preceito constitucional. Os que esposam essa posição priorizam os interesses do mercado, instância que operaria como uma força de racionalização das relações sociais. Medidas redistributivas de

---

[204] Ver, nesse sentido: RAWLS, John. *A theory of justice*. Cambridge: Harvard University Press, 1999, pp. 47-98.

CAPÍTULO II – IGUALDADE: DIMENSÕES, DEFINIÇÕES...

larga escala são vistas, dentro dessa lógica, como problemáticas porque interferem na liberdade de outras pessoas. Os indivíduos são vistos como responsáveis pela situação na qual se encontram em uma sociedade que garante os mesmos direitos para todos. As instituições estatais têm funções muito restritas dentro dessa perspectiva; elas existem apenas para garantir a proteção das liberdades individuais e uma estrutura jurídica que protege direitos individuais e a ação livre das pessoas no plano econômico.[205]

Baseada nos pressupostos do libertarianismo, essa posição analisa questões relacionadas com a igualdade também a partir de outros elementos. Os que adotam essa perspectiva entendem as formas de organização social a partir das decisões feitas pelas pessoas; as escolhas morais são responsáveis pela situação na qual elas vivem. As desvantagens se tornam injustas na medida em que elas são produto de forças exteriores, quando as pessoas são excluídas de oportunidades por meio de mecanismos como o racismo ou o sexismo. A questão da responsabilidade individual deve ocupar um elemento central na discussão sobre igualdade e justiça porque uma sociedade democrática parte do pressuposto de que as pessoas são atores sociais racionais capazes de fazer escolhas duradouras ou permanentes sobre as suas vidas. Dentro dessa perspectiva, elas não devem ser recompensadas por desigualdades que resultam das suas próprias escolhas e também devem fazer o possível para melhorar a situação na qual se encontram. Medidas compensatórias devem ocorrer quando as pessoas são sistematicamente excluídas da possibilidade de tomar decisões sobre suas vidas.[206]

---

[205] KOLM, Serge-Cristophe. *Modern theories of justice*. Cambridge: MIT University Press, 1996, pp. 335-355.
[206] VITA, Álvaro de. *A justiça igualitária e seus críticos*. São Paulo: Martin Fontes, 2007, pp. 217-221.

2.3.4 Igualdade de oportunidades e igualdade de resultados

Os debates sobre esse princípio constitucional também giram em torno da noção de igualdade de oportunidades e de igualdade de resultados. As sociedades humanas estão sempre se confrontando com dificuldades na criação de critérios para distribuição de recursos e oportunidades restritas. Uma sociedade democrática cria meios para que os indivíduos sejam livres para alcançar seus objetivos, mas eles precisam ter as mesmas condições para competir pela busca deles. Uma comunidade política democraticamente organizada está construída sobre a noção de que posições estão abertas às pessoas a partir do mérito que possuem; as oportunidades não são atribuídas a elas em função de *status* social, mas sim a partir da competência que que demonstram. Em uma sociedade construída em torno de premissas liberais, as oportunidades estão abertas a todas as pessoas porque todas elas são vistas como atores sociais igualmente competentes. Por esse motivo, a recompensa social decorre dos méritos demonstrados pelos indivíduos na avaliação da capacidade para o desempenho de determinadas funções. Mas essa avaliação só pode ser justa na medida em que as pessoas também têm acesso aos meios para poderem fazer escolhas sobre os objetivos que querem buscar; uma vez que as mesmas oportunidades estão abertas a todos, todos devem ser recompensados pelas qualidades que demonstram.[207]

O que chamamos de igualdade de oportunidade corresponde à realidade de uma ordem social na qual as pessoas devem ter as mesmas oportunidades iniciais para que possam levar adiante seus planos de vida. Os seres humanos são livres para estabelecer diferentes objetivos de vida e devem ter a possibilidade de ter os mesmos meios para competir pelo alcance desses objetivos. Uma

---

[207] STANFORD ENCYCLOPEDIA OF PHILOSOPHY. *Equality*. Disponível em: https://plato.stanford.edu/entries/equality/. Acessado em: 21.07.2020.

sociedade não pode permitir que seus membros sejam impedidos de ter acesso aos mesmos meios em função de fatores que não são moralmente relevantes. Seus formuladores procuram então construir uma ordem social na qual desigualdades só serão permitidas se elas decorrerem de escolhas feitas pelos próprios indivíduos. Para tanto, é preciso equalizar os meios necessários a fim de que as pessoas atinjam seus objetivos, é preciso equalizar os meios de ação das pessoas pela eliminação de mecanismos discriminatórios e por práticas redistributivas que permitam um mínimo de justiça social. Em resumo, o objetivo principal dessa teoria é a garantia de que as pessoas tenham os meios adequados para poderem competir por oportunidades sociais de maneira paritária. Os indivíduos não podem ser impedidos de participar desse processo por motivos que não sejam suas qualidades pessoais. Enquanto a igualdade de recursos está relacionada com a adequação de padrões distributivos, a igualdade de oportunidade implica a eliminação dos mecanismos que impedem a participação equitativa dos indivíduos na busca por objetivos pessoais. Uma sociedade justa garante que todas as pessoas terão condições iguais para competir por oportunidades abertas a partir da perspectiva que todos podem ter acesso a elas por meio do empenho com o qual se dedicam a seus objetivos. Essa teoria da igualdade está preocupada com procedimentos transparentes no processo de competição por oportunidades; está relacionada com a existência de uma sociedade na qual oportunidades econômicas e institucionais não estão concentradas nas mãos dos membros do mesmo grupo ao longo do tempo. Princípios como a da meritocracia só podem operar de forma adequada quando postos de trabalho estão realmente abertos para as pessoas mais competentes e não para as pessoas que têm acesso a círculos de influência. Essa concepção de igualdade exige que as oportunidades sejam devidamente divulgadas, que os meios para a disputa sejam transparentes e que todas as qualificações sejam razoáveis. Esses pressupostos raramente operam em realidades nas quais membros de certos grupos controlam as instituições públicas e privadas e criam meios para que seus pares tenham acesso privilegiado a oportunidades econômicas e institucionais.[208]

Enquanto a igualdade de oportunidades procura garantir procedimentos justos na competição entre os indivíduos, aqueles que priorizam a igualdade de resultados defendem a necessidade de medidas que permitam o alcance do ideal de igualdade substantiva entre os membros da comunidade política. Um sistema jurídico que estabelece a eliminação da marginalização social como um objetivo central deve criar mecanismos para que isso se torne possível. Isso deve ocorrer na forma de medidas destinadas a assegurar que grupos sociais chegarão a resultados compatíveis com uma sociedade organizada em torno da ideia de igualdade substantiva. No lugar de uma garantia de igualdade procedimental, estamos diante de uma forma de administração de recursos que reconhece as diferenças estruturais entre os vários grupos sociais, situação que justifica políticas de distribuição e compensatórias. Estamos diante de uma compreensão da igualdade que encontra expressão em arranjos institucionais que possam maximizar a situação dos que estão em uma situação de opressão durável.[209]

A teoria da igualdade de resultados parte do pressuposto de que o Estado deve operar como um agente transformador, função presente em formulações constitucionais da igualdade substantiva. O princípio da igualdade deve funcionar como um ponto de partida para medidas que procuram promover um tipo específico de organização social, baseado na noção de que todos os grupos devem estar igualmente posicionados no que diz respeito aos objetivos que eles efetivamente almejam. Não temos aqui uma preocupação

---

[208] RICHARDS, Janet Radcliffe. "Equality of opportunity". *Ratio*, vol. 10, nº 2, 1997, pp. 253-279; GREEN, S. J. D. "Competitive equality of opportunity". *Ethics*, vol. 100, nº 1, 1989, pp. 5-32.

[209] BAKER, C. Edwin. "Outcome equality or equality or respect: the substantive content of equal protection". *University of Pennsylvania Law Review*, vol. 131, nº 4, 1983, pp. 930-938.

CAPÍTULO II – IGUALDADE: DIMENSÕES, DEFINIÇÕES...

apenas com procedimentos, mas sim com um tipo de ordem social na qual mecanismos responsáveis pela exclusão social devem ser identificados e eliminados para que indivíduos e grupos possam ter um nível mínimo de bem-estar, o que não seria alcançado diante da existência de formas permanentes de exclusão que promovem a estratificação social. A igualdade opera aqui como um princípio que legitima medidas emancipatórias; ela não está reduzida a uma noção de igualdade identificada com a necessidade de se garantir que os mesmos procedimentos sejam aplicados a todos os grupos.[210]

Os resultados esperados pela operação dessa forma de igualdade estão relacionados com o tipo de propósitos estabelecidos por um dado sistema jurídico que opera dentro de uma realidade histórica específica. Dentro de uma sociedade cujo sistema jurídico incorpora a igualdade substantiva, a busca pela igualdade de resultados pode significar a necessidade de adoção de medidas que possam garantir que grupos raciais possam alcançar níveis similares de bem-estar. Como o racismo faz parte da operação normal das instituições públicas e privadas, minorias raciais dificilmente terão as mesmas chances de competir pelas mesmas oportunidades. Essa situação requer medidas estatais para contrabalançar os resultados desiguais da operação do racismo em instituições públicas e privadas. A justificação para a adoção de medidas baseadas nessa perspectiva encontra legitimidade nos textos constitucionais comprometidos com a ideia de igualdade substantiva, preceito que também está relacionado com a ideia de uma cidadania igualitária, noção que corresponde, por sua vez, ao princípio de que a sociedade deve estar comprometida com a construção de vida digna para todas as pessoas.[211]

---

[210] PHILIPS, Anne. "Defending equality of outcome". *Journal of Political Philosophy*, vol. 12, nº 1, 2004, pp. 1-19.

[211] BAKER, C. Edwin. "Outcome equality or equality or respect: the substantive content of equal protection". *University of Pennsylvania Law Review*, vol. 131, nº 4, 1983, pp. 933-940.

2.3.5 Igualdade de respeito e teorias expressivas da igualdade

Certos autores contemporâneos têm enfatizado uma dimensão importante do que eles chamam de igualdade moral. Argumentam que esse princípio possui uma dimensão expressiva e exprime valores políticos que estruturam o regime democrático, notoriamente o preceito de que todas as pessoas merecem o mesmo respeito e consideração. Por esse motivo, eles afirmam que devemos pensar esse princípio como uma exigência do reconhecimento de que as pessoas são participantes competentes da comunidade política. O seu elemento central seria a igualdade de respeito entre as pessoas, um requisito necessário para que as pessoas possam se ver e serem vistas como atores sociais competentes. Mecanismos de discriminação estão baseados em diferenças de *status* cultural entre grupos sociais, o que justifica tratamentos discriminatórios entre eles. A discriminação negativa seria então uma violação do direito das pessoas se verem livres de estigmas sociais que as representam como seres de menor valor.[212]

As teorias expressivistas da igualdade exploram um aspecto característico das normas jurídicas: o fato de que muitas delas exprimem valores morais e políticos sobre o *status* dos diferentes grupos que vivem em uma dada sociedade. Seus teóricos afirmam que muitas práticas institucionais envolvem avaliações morais, motivo pelo qual o entendimento da estrutura expressiva das ações estatais e das práticas coletivas permite uma avaliação mais adequada das normas responsáveis pela organização social. Regimes democráticos deveriam operar de acordo com a premissa segundo a qual as instituições estatais deveriam demonstrar o mesmo nível de respeito e consideração por todos os indivíduos.

---

[212] HELLMAN, Deborah. "Equality in the key of respect". *Yale Law Journal*, vol. 123, n° 8, 2014, pp. 3038-2080; ARMITAGE, Faith. "Respect and types of justice". *Res Publica*, vol. 12, 2006, pp. 9-34.

Esse é um parâmetro moral a partir do qual julgamos se uma ação é moralmente correta ou se ela contraria nossas expectativas sobre o tratamento entre pessoas, o que nos permite identificar os valores que ações estatais exteriorizam sobre determinados grupos. Os autores dessa teoria asseveram que os mesmos parâmetros que utilizamos para examinar atitudes e propósitos de indivíduos podem ser utilizados para analisar práticas de agentes coletivos como instituições estatais. Eles argumentam que o termo *expressão* designa os meios a partir dos quais uma ação manifesta um estado de espírito, sendo que este pode se tornar conhecido por meio de falas ou atos. A expressão dos estados de espírito por meio de palavras ou atos permite que eles sejam manifestados ou realizados; ela também permite que sejam conhecidos por outras pessoas de forma a serem reconhecidos; podem ser examinados a partir dos meios e formas a partir dos quais são expressos. Estados mentais podem ser atribuídos a coletividades porque grupos sociais são formados por meio de identidades entre pessoas que se reconhecem como tendo interesses e percepções comuns sobre determinadas questões, uma indicação que organizações coletivas, como instituições estatais, manifestam valores sobre como entendem o funcionamento de instituições sociais. Membros de grupos interagem de forma regular; compartilham valores por meio de consensos formados por debates entre seus integrantes. Eles também compartilham regras de ação e normas sociais que manifestam os valores compartilhados, o que possibilita a análise de seus interesses e ideologias.[213]

O Estado pode ser visto como um agente coletivo regulado por meio de normas que expressam valores comuns. Dentro de uma democracia, os agentes públicos devem expressar o mesmo respeito e consideração por todas as pessoas, o que ocorre pelas normas que regulam as relações entre os indivíduos. Aquelas normas que

---

[213] ANDERSON, Elizabeth; PILDES, Richard. "Expressive theories of law". *University of Pennsylvania Law Review*, vol. 148, n° 5, 2000, pp. 1503-1515.

restringem direitos de determinados grupos e manifestam animosidade por eles são normas que expressam, na verdade, o consenso de grupos majoritários, motivo pelo qual podemos dizer que elas possuem uma dimensão expressiva. As leis que regulam as relações entre grupos em uma dada sociedade exprimem os valores sociais a partir dos quais grupos sociais são vistos por parte significativa da realidade. A lógica democrática requer que todas as leis expressem a mesma consideração e respeito; leis discriminatórias manifestam a lógica de uma ordem social que utiliza o sistema jurídico para expressar valores que indicam diferenças de *status* entre grupos, de forma que elas se tornam institucionalizadas. Não podemos compreender a dominação social sem esse aspecto simbólico das normas jurídicas na organização das relações sociais. Assim, uma norma jurídica que estabelece a diversidade de sexos como critério para o acesso a direitos matrimoniais não regula apenas a instituição do casamento, ela também exprime quais são os valores culturais que devem regular essa instituição. Uma norma que impede relacionamentos entre pessoas de raças diferentes também contém uma dimensão expressiva porque opera como um meio para afirmar a supremacia branca.[214]

As teorias expressivas da igualdade estão particularmente interessadas no exame do papel das normas jurídicas na manutenção e na possibilidade de transformação de sentidos sociais que legitimam práticas discriminatórias. Elas auxiliam a identificação dos danos causados por conteúdos morais que permeiam normas legais, conteúdos que contribuem para criar e manter diferenças de valoração de *status* cultural entre grupos. Esses sentidos culturais têm consequências concretas nas vidas das pessoas porque interferem nas interações cotidianas e impedem que se tenha o mesmo nível de respeitabilidade, o que compromete também o *status* material de membros de grupos vulneráveis. Violações da

---

[214] ANDERSON, Elizabeth; PILDES, Richard. "Expressive theories of law". *University of Pennsylvania Law Review*, vol. 148, n° 5, 2000, pp. 1520-1526.

CAPÍTULO II – IGUALDADE: DIMENSÕES, DEFINIÇÕES...

igualdade seriam então danos que expressam uma atitude inapropriada em relação a membros de determinados grupos. Esses danos expressivos estão relacionados com o *status* social dos grupos humanos; eles nos permitem identificar ações que prejudicam as vidas das pessoas em diferentes instâncias, principalmente a negação da mesma estima e consideração, bens aos quais todos os membros de uma comunidade política democrática deveriam ter acesso. A moralidade pública de uma sociedade democrática se mostra incompatível com práticas sociais que expressam desconsideração por minorias porque esse tipo de comportamento impede que estas sejam vistas como atores sociais competentes.[215]

A noção de respeito faz referência a uma pluralidade de significados que precisam ser adequadamente discutidos. David Middleton argumenta que o respeito próprio é um dos bens mais importantes que os seres humanos podem ter, sendo que está relacionado com outros elementos relevantes, como dignidade, segurança e autonomia. A destruição do respeito tem consequências significativas na vida das pessoas porque legitima disparidades entre grupos sociais e justifica formas de discriminação que se reproduzem por gerações. O respeito assume diferentes manifestações; ele opera por meio dos processos intersubjetivos a partir dos quais as pessoas podem se reconhecer como detentoras desse bem porque são reconhecidas pelos outros como merecedoras disso. O respeito também está relacionado com a ideia de que as pessoas possuem um *status* específico dentro de uma sociedade democrática, o de pessoas que podem ser reconhecidas como atores sociais competentes. O respeito também se expressa por meio de reconhecimento das qualidades específicas, o que desperta a admiração dos seus pares.[216]

---

[215] ANDERSON, Elizabeth; PILDES, Richard. "Expressive theories of law". *University of Pennsylvania Law Review*, vol. 148, n° 5, 2000, pp. 1529-1545.

[216] MIDDLETON, David. "Three types of self-respect". *Res Publica*, vol. 12, n° 1, 2006, pp. 59-76.

Aqueles que enfatizam o aspecto expressivo da igualdade asseveram que análises sobre esse princípio devem priorizar as considerações sobre os efeitos que uma norma ou prática pode ter na vida dos diversos grupos sociais. Uma norma ou prática violará a igualdade se seu conteúdo implica uma violação do dever das instituições estatais de tratar as pessoas com o mesmo respeito. Assim, uma norma que estabelece um regime de segregação racial ou que impede uniões entre pessoas de raças distintas expressa uma intenção clara de afirmar a superioridade de um grupo racial em relação a outro, expressa a ideia de que um grupo não tem o mesmo valor do que o outro, o que vai de encontro ao princípio de que todos os membros da comunidade política devem ser vistos como pessoas que têm o mesmo valor moral. Pensar a igualdade como exigência de mesmo respeito pelas pessoas significa pensar esse preceito como algo que deve impedir a disseminação de normas e práticas que demonstram desprezo pelas pessoas, de normas e práticas que impedem as pessoas de terem o mesmo nível de respeitabilidade social. Atos discriminatórios podem ser vistos como práticas que comunicam desprezo por alguém porque estigmatizam grupos de pessoas com o objetivo de impedir que possam ter o mesmo nível de respeitabilidade social possuído por membros dos grupos dominantes. Por esses motivos, certos autores elaboram perspectivas de interpretação da igualdade que enfatizam a expressividade da prática discriminatória, a forma como ela se mostra como um tipo de comportamento que reproduz estigmas sobre grupos minoritários. O respeito deve então ser pensado como um ponto de partida central para a interpretação da igualdade, um preceito que tem o objetivo de garantir que as pessoas terão o mesmo nível de estima dentro de uma sociedade democraticamente organizada.[217]

---

[217] HELLMAN, Deborah. *When is discrimination wrong?* Cambridge: Harvard University Press, 2008.

2.4 A teoria da igualdade como capacidade

Algumas teorias contemporâneas de igualdade diferem das que analisamos anteriormente em um ponto importante. Ao contrário de perspectivas que procuram criar uma sociedade mais justa a partir de um critério particular, elas examinam alguns aspectos especialmente relevantes como a pluralidade das identidades dos seres humanos, a diversidade de *status* que eles possuem dentro da sociedade, além do problema da multiplicidade de fatores a que precisam ter acesso para que possam alcançar melhores condições de vida. Elas representam um distanciamento de perspectivas que pensam a igualdade a partir de um único vetor. A teoria da igualdade como capacidade se situa nessa vertente teórica que tem possibilitado um avanço significativo no entendimento dos elementos necessários para a construção de uma sociedade mais justa. Ela está fundada na premissa de que todos os seres humanos possuem o mesmo valor, o que os torna merecedores de igual consideração e respeito. Segundo os proponentes dessa teoria, o respeito pelos seres humanos implica o apoio ao desenvolvimento e exercício de algumas habilidades ou capacidades fundamentais, principalmente a possibilidade de seleção e escolha de oportunidades.[218]

A teoria da capacidade atribui especial importância ao princípio da dignidade humana, mas os seus autores reconhecem que esse princípio só pode ser atingido a partir do acesso a liberdades substantivas. Os seres humanos podem estar em situações de grande vulnerabilidade, condição que impede o pleno gozo da ação autônoma. Parte-se do pressuposto de que a autonomia humana tem uma natureza social e isso significa que a liberdade de escolha está também sujeita a fatores externos à consciência individual. As instituições governamentais têm um papel importante na garantia das condições de vida digna. Os seres humanos vêm

---

[218] SEN, Amartya. *Inequality reexamined*. Oxford: Oxford University Press, 1998, pp. 39-43.

ao mundo com habilidades rudimentares, eles precisam do suporte do mundo exterior para desenvolvê-las, especialmente das instituições que regulam o poder político. Por isso, a ideia de igualdade como capacidade demonstra clara coerência com as teorias que compreendem os direitos fundamentais como posições subjetivas públicas que procuram garantir o florescimento dos indivíduos.[219]

Da mesma forma que muitas teorias de justiça procuram garantir a extensão de uma variável a todos os membros de uma comunidade política, a teoria da igualdade como capacidade parte do pressuposto de que uma sociedade justa deve garantir a equalização das capacidades entre os indivíduos. Esse enfoque nas capacidades procura superar o problema posto pela diversidade humana para as teorias que procuram uniformizar o acesso a determinados bens como objetivo da justiça social. O estabelecimento da equalização do acesso a esses bens enfrenta o problema das diferentes possibilidades que os indivíduos têm de converter esses bens em liberdades individuais. Ao procurar garantir o exercício das mesmas capacidades a todos os indivíduos, essa teoria estabelece as liberdades substantivas como um ponto central da noção de igualdade. As políticas públicas devem levar em consideração as diferenças entre os indivíduos para que possam tornar efetiva a igualdade entre os cidadãos. Tais políticas públicas devem utilizar diferentes estratégias ou diferentes quantidades de recursos para compensar os diferentes níveis de possibilidade de conversão de liberdades em bem-estar.[220]

A noção de capacidade representa a liberdade que uma pessoa tem de escolher diferentes estilos de vida, levando-se em consideração as possibilidades que lhe são abertas. A capacidade de uma pessoa reflete as combinações alternativas de estados e ações que

---

[219] Para uma análise sistemática da teoria da igualdade como capacidade, ver: ALEXANDER, John M. *Capabilities and social justice*: the political philosophy of Amartya Sen and Martha Nussbaum. Nova York: Routledge, 2008.

[220] SEN, Amartya. *Inequality reexamined*. Oxford: Oxford University Press, 1998, pp. 28/29.

CAPÍTULO II – IGUALDADE: DIMENSÕES, DEFINIÇÕES...

ela pode alcançar e a partir dos quais pode escolher.[221] O direito à educação pode ser tomado como um exemplo de uma capacidade que permite o desenvolvimento de capacidades ulteriores: ela torna possível a participação política consciente, o acesso a uma profissão por escolha própria e o desenvolvimento das habilidades intelectuais. Esses estados e ações podem ser classificados como funcionamentos necessários para o desenvolvimento da capacidade de participação política. As habilidades humanas necessitam de um cultivo apropriado, o que pode ser alcançado principalmente pelas oportunidades educacionais oferecidas aos indivíduos. Por meio da escolarização e da socialização, as pessoas são capazes de desenvolver as suas capacidades internas. Mas o cultivo das capacidades internas não garante necessariamente o seu exercício. Esta, por sua vez, implica o pleno gozo dos direitos políticos, o que só acontece em um regime democrático.[222]

O papel do governo não se restringe ao cultivo das habilidades internas; as instituições estatais também devem cultivar as capacidades combinadas. Elas podem ser definidas como um conjunto de capacidades internas combinadas com condições externas favoráveis ao seu exercício. As capacidades combinadas pressupõem a possibilidade real de escolha entre possibilidades que a vida apresenta aos indivíduos. O desenvolvimento das capacidades combinadas requer a ação das instituições estatais, pois dependem da existência de uma série de direitos e garantias presentes no texto constitucional. Essas garantias e direitos articulam-se para produzir as oportunidades que os indivíduos têm diante de si. A participação política pode ser apontada como um exemplo claro da necessidade de produção de capacidades combinadas e a importância da articulação das mesmas para o exercício das

---

[221] SEN, Amartya; NUSSABAUM, Martha (Coord.). *The quality of life*. Oxford: Oxford University Press, 1993, pp. 30/31.

[222] SEN, Amartya. *Inequality reexamined*. Oxford: Oxford University Press, 1998, p. 40.

liberdades individuais. Os direitos políticos são um requisito para a participação política, o que só pode existir dentro um regime democrático. Mas a participação política não depende apenas de direitos; demanda também o acesso à educação, pois os indivíduos precisam primeiro ser adequadamente alfabetizados para poderem ter uma compreensão plena do funcionamento das instituições políticas. Vemos que a universalização dos direitos políticos depende do princípio da igualdade formal entre os indivíduos, mas o exercício desses direitos requer também o acesso à educação, o que é garantido pelo acesso a direitos sociais.[223]

Os autores dessa teoria entendem que quaisquer análises sobre a igualdade no mundo contemporâneo devem levar em consideração dois tipos de diversidade: a heterogeneidade básica de todos os seres humanos e a multiplicidade interna das variáveis a partir das quais os seres humanos podem ser comparados. Amartya Sen observa que os seres humanos diferem uns dos outros em vários aspectos. Eles nascem com diferentes níveis de riquezas e responsabilidades, são expostos a condições naturais distintas e crescem em sociedades que não oferecem as mesmas oportunidades para os indivíduos. Mas, além das diferenças externas, presentes no ambiente natural e social que afetam os indivíduos, os seres humanos também possuem características físicas e psicológicas bastante diversas. Essas diferenças internas são particularmente importantes para a avaliação da origem da desigualdade entre as pessoas. Constantemente utilizadas para a comparação entre grupos sociais, tornam-se, assim, parâmetros para o tratamento diferenciado entre as pessoas. Muitas dessas diferenças determinam diretamente as chances que os indivíduos têm de promover o bem-estar pessoal e de alcançar a liberdade para atuar como agente.[224]

---

[223] NUSSBAUN, Martha. "Capabilities and human rights". *Fordhan Law Review*, vol. 66, nº 1, 1997, pp. 273-296.

[224] SEN, Amartya. *Inequality reexamined.* Oxford: Oxford University Press, 1998, pp. 1-5.

Sen argumenta que as teorias da igualdade sempre escolhem uma variável que deve ser estendida a todos os indivíduos, condição necessária para a garantia de um nível mínimo de justiça social. Parte-se do pressuposto de que todos os membros da sociedade devem ter acesso a certo nível dessa variável para que a sociedade possa ser genuinamente igualitária. Essas teorias enfrentam vários problemas porque elas geralmente estão baseadas na ideia de que essas variáveis possuem um caráter unidimensional. Tal posição desconsidera a possível multiplicidade interna desses critérios e a sua consequência para a comparação entre os indivíduos. A igualdade em um determinado espaço não implica necessariamente a equalização das condições de todas as pessoas que pertencem a um determinado grupo. Isso acontece porque as características pessoais podem ter consequências adversas sobre a possibilidade de realização de propósitos como o alcance do bem-estar.[225] Vemos então que as vantagens e desvantagens que as pessoas possuem em relação às outras devem ser levadas em consideração quando as comparamos; a desconsideração da diversidade humana contribui para o aumento da desigualdade. Homens e mulheres podem ter as mesmas oportunidades profissionais, mas a dupla rotina de trabalho à qual as mulheres são submetidas pode comprometer a carreira delas. Uma análise adequada da igualdade exige, portanto, a consideração de que os seres humanos não são iguais em todos os espaços nos quais são comparados, em função das diferentes posições que ocupam nas diversas formas de interação social.[226]

A posição de uma determinada pessoa no ordenamento social pode ser julgada pela liberdade para realizar e a realização de fato conseguida. As realizações referem-se ao que as pessoas efetivamente conseguem alcançar, enquanto a liberdade para

---

[225] SEN, Amartya. *Inequality reexamined*. Oxford: Oxford University Press, 1998, pp. 19-22.
[226] SEN, Amartya. *Inequality reexamined*. Oxford: Oxford University Press, 1998, pp. 19/20.

realizar refere-se às oportunidades reais que as pessoas têm de alcançar o bem-estar. Amartya Sen alega que a desigualdade pode ser analisada em termos de realizações pessoais e liberdades para realizar. Essas duas categorias podem ser julgadas de diferentes maneiras, tendo em vista os espaços escolhidos para comparar os indivíduos. Independentemente da forma como se julgam as realizações, deve-se distinguir a extensão dessas realizações e a liberdade para realizar. Muitas teorias normativas concentram-se nas realizações dos indivíduos, atribuindo à liberdade de realizar um caráter meramente instrumental. Essa perspectiva, lembra o autor, passou a ser contestada por teorias recentes que privilegiam os meios para a realização. A mudança de enfoque da realização efetivamente conseguida para os meios de realização significa, segundo o autor, um passo significativo em direção à percepção de que a liberdade deve ser caracterizada como um conjunto de realizações efetivamente disponíveis às pessoas.[227]

A liberdade para alcançar o bem-estar representa de forma bastante clara a caracterização da noção de capacidade como liberdade para alcançar determinados estados ou possibilitar certas ações. A teoria da igualdade como capacidade desloca a concepção do bem-estar como os recursos disponíveis aos indivíduos para os meios efetivos que as pessoas têm para realizar as liberdades. Esse enfoque implica uma mudança significativa na concepção do bem-estar como o resultado de realizações dos indivíduos para uma concepção do bem-estar relacionada com o controle de uma pessoa sobre recursos necessários para a sua realização. A compreensão adequada dessa questão exige a diferenciação entre os recursos que auxiliam uma pessoa a alcançar a liberdade e a extensão da liberdade propriamente dita. Os recursos que uma pessoa tem podem ser indicadores imperfeitos da liberdade que ela realmente possui para alcançar os seus objetivos. A enorme variação existente entre os

---

[227] SEN, Amartya. *Inequality reexamined*. Oxford: Oxford University Press, 1998, pp. 31-35.

indivíduos pode resultar em diferenças substanciais na possibilidade de conversão de bens primários em realizações.[228]

    Essa ênfase na liberdade para realizar é um dos aspectos centrais da teoria da igualdade como capacidade, pois está centrada na possibilidade que os indivíduos efetivamente têm de converter recursos em liberdades. Ao dar maior importância aos meios para se alcançar o bem-estar, essa teoria da igualdade enfatiza a análise da liberdade. Torna-se necessário, entretanto, fazer uma clara diferenciação entre liberdade, realizações e recursos. O consumo de mercadorias pode servir como um exemplo para fazermos uma diferenciação entre essas categorias. O conjunto de mercadorias representa a liberdade que uma pessoa tem de poder consumir diferentes tipos de mercadorias, enquanto o conjunto de mercadorias em si mesmo deriva dos recursos financeiros aos quais essa pessoa tem acesso para a sua aquisição. A diferença entre os recursos para se adquirir o conjunto de mercadorias e o próprio conjunto de mercadorias exemplifica a distinção entre os meios para se alcançar a liberdade e a extensão da liberdade propriamente dita. A teoria da igualdade como capacidade dá ênfase ao comando que a pessoa tem sobre os recursos em vez de privilegiar o que o indivíduo realmente consegue comprar. Ao enfatizar os meios que a pessoa tem para alcançar os recursos, a teoria da igualdade como capacidade presta especial atenção à noção de liberdade individual, um ponto necessário para a compreensão adequada da correlação entre igualdade e liberdade.[229] Deve-se distinguir a liberdade tanto da sua realização como também dos recursos para atingi-la, se se quer compreender a importância da diversidade humana na teoria da igualdade como capacidade. A variação interpessoal, argumenta Sen, pode parecer ter pouca importância no processo de conversão de recursos em

---

[228] SEN, Amartya. *Inequality reexamined*. Oxford: Oxford University Press, 1998, pp. 33-37.

[229] SEN, Amartya. *Inequality reexamined*. Oxford: Oxford University Press, 1998, pp. 36/37.

pacotes de mercadorias diante das condições unificadoras do mercado. Mas ela adquire importância quando desviamos a atenção do espaço da mercadoria para a consideração daquilo que as pessoas podem fazer ou ser. As diferenças pessoais e sociais podem resultar em diferenças substanciais na habilidade que os indivíduos têm em converter recursos em realizações. Liberdade de escolha pressupõe as escolhas de fato que uma pessoa tem, mas precisamos pressupor que as pessoas obterão os mesmos resultados apesar das diferenças existentes entre elas.[230]

O contraste entre o aspecto da condição de agente e o aspecto do bem-estar sugere que o primeiro é mais abrangente do que o segundo. As metas que uma pessoa elege para si incluem necessariamente o seu bem-estar, e o equilíbrio global dos objetivos pode ser visto como um reflexo dos pesos que uma pessoa atribui ao seu bem-estar entre os diversos objetivos que pretende promover. Essa consideração oferece uma base para o argumento de que o critério apropriado de comparação das vantagens relativas de pessoas diferentes seria as respectivas liberdades da condição de agente que os indivíduos possuem. Mas essa referência de comparação parece ser particularmente problemática porque não leva em consideração a persistência do conflito entre a pluralidade de objetivos que as pessoas possuem, mesmo quando tomam decisões em uma determinada direção. A escolha de um ou outro objetivo em um determinado momento da vida não significa que os conflitos presentes naquele momento da decisão tenham cessado de existir. As escolhas sempre envolvem a eliminação de outras oportunidades na vida dos indivíduos e esse problema se torna ainda maior quando as pessoas não têm acesso a todas as escolhas que poderiam estar disponíveis.[231]

---

[230] SEN, Amartya. *Inequality reexamined*. Oxford: Oxford University Press, 1998, pp. 37/38.

[231] SEN, Amartya. *Inequality reexamined*. Oxford: Oxford University Press, 1998, pp. 85-89.

CAPÍTULO II – IGUALDADE: DIMENSÕES, DEFINIÇÕES...

Devemos considerar ainda que o aspecto da condição de agente e o aspecto do bem-estar podem ocupar lugares muito diferentes quando recorremos a comparações interpessoais para determinar a possibilidade de exercícios das capacidades humanas. A sociedade pode aceitar, baseada na noção de igualdade material, a responsabilidade pelo bem-estar pessoal, especialmente quando esse fator é particularmente baixo. Mas isso não significa que a sociedade deva promover outros objetivos que o indivíduo considere igualmente ou mais importante do que o bem-estar. Os poderes públicos devem promover políticas cujo objetivo seja a eliminação de formas extremas de pobreza, mas eles certamente não precisam contribuir para a consecução de objetivos que pretendem avançar interesses puramente individuais.[232] Mas existem algumas situações nas quais o aspecto da condição de agente tem importância particular para o estabelecimento de comparações interpessoais. O interesse pela efetivação da democracia demanda a identificação de quem tem mais poder para alcançar seus objetivos e o nível de sucesso que as diferentes pessoas têm em concretizá-lo. Torna-se particularmente importante saber quais são as pessoas que conseguem promover os seus objetivos e quais são as pessoas que se veem impossibilitadas de fazer a mesma coisa em função de barreiras sociais. Deve-se levar em consideração aqui não apenas a pluralidade de espaços, mas também a pluralidade de propósitos para se estabelecerem comparações interpessoais.[233]

A teoria da igualdade aqui analisada está diretamente relacionada com a ideia de direitos porque eles ocupam um espaço de grande importância na definição das capacidades humanas. Inúmeras capacidades humanas apresentam-se na forma de direitos; muitas delas podem ser definidas como a garantia de acesso

---

[232] SEN, Amartya. *Inequality reexamined*. Oxford: Oxford University Press, 1998, pp. 69/70.
[233] SEN, Amartya. *Inequality reexamined*. Oxford: Oxford University Press, 1998, p. 71.

e exercício de um determinado direito. O direito de participação política pode ser apontado como uma forma de capacidade de grande importância, pois serve como base para toda uma série de outras capacidades. Essa capacidade se expressa na forma de um direito garantido pelo Estado a todos os membros de uma comunidade política. Pode-se fazer um paralelo entre os tipos de capacidade e certas categorias de direitos para que a relação entre direitos e capacidades fique mais clara. As capacidades básicas podem ser classificadas como as características inatas dos indivíduos que são necessárias para desenvolver capacidades mais avançadas. As atividades humanas associadas à atividade de cognição podem ser tomadas como exemplos aqui. Existem também as capacidades internas, que podem ser classificadas como as condições ou estados que uma pessoa entende como necessários para o exercício de certos funcionamentos. As capacidades combinadas compreendem a articulação entre as capacidades internas e as condições externas favoráveis ao exercício de funcionamentos. Direitos e capacidades se relacionam em duas formas principais. Pode-se identificar a noção de capacidades básicas com direitos humanos quando pensamos que uma pessoa, pelo simples fato de ser um ser humano, tem o direito de demandar diversas formas de capacidades. Direitos podem ser classificados como capacidades combinadas porque o exercício de um determinado direito pressupõe a existência de uma capacidade interna que se manifesta como uma demanda de direito e a consequente garantia do exercício desse direito pelas organizações estatais.[234]

A noção de capacidade refere-se a um ideal central da história do constitucionalismo moderno: o princípio de que o sistema jurídico deve garantir as condições necessárias para que os indivíduos possam desenvolver as suas potencialidades. A teoria da capacidade sugere a necessidade de classificar a Constituição como um sistema

---

[234] NUSSBAUN, Martha. "Capabilities and human rights". *Fordhan Law Review*, vol. 66, n° 1, 1997, pp. 289-293.

que estabelece a promoção das capacidades humanas como um de seus objetivos centrais. Os pressupostos dessa teoria identificam-se claramente com preceitos básicos do constitucionalismo moderno. Várias normas jurídicas e categorias de direitos podem ser mencionadas como prova de que a promoção das capacidades humanas constitui um objetivo político fundamental do sistema constitucional brasileiro. O nosso texto constitucional consagra a proteção de inúmeras capacidades. Essas capacidades vão desde direitos de participação política e direito à igualdade e à liberdade ao direito de acesso à justiça, o direito à seguridade social e o direito à educação. O texto constitucional contém também uma série de normas que têm por objetivo a construção de uma sociedade solidária e justa. A existência de uma carta de direitos fundamentais e de normas programáticas indica o comprometimento com a produção de capacidades combinadas: o nosso texto constitucional procura criar condições para que os indivíduos possam atingir a emancipação por meio de políticas que possibilitem o exercício das suas capacidades.[235] Essa inclusão social pode ser alcançada quando há a garantia do exercício de capacidades que servem como condição para o alcance de outras capacidades. O direito à educação pode ser apontado como uma capacidade que tem importância fundamental para o exercício de outras capacidades. O estabelecimento da produção de capacidades combinadas como objetivo político central do nosso sistema constitucional demonstra o comprometimento do nosso sistema político com a igualdade material entre os indivíduos. Cabe ao Estado possibilitar a criação de condições externas para que as pessoas possam ser ou alcançar estados necessários para a felicidade pessoal.[236]

---

[235] SARLET, Ingo. *A eficácia dos direitos fundamentais*. Porto Alegre: Livraria do Advogado, 2006, pp. 99-102.

[236] NUSSBAUN, Martha. "Capabilities and human rights". *Fordhan Law Review*, vol. 66, nº 1, 1997, pp. 289/290.

Como afirmamos na seção anterior, a noção de igualdade como capacidade está diretamente relacionada com as liberdades que as pessoas têm de poder realizar ações e alcançar estados necessários para o gozo da felicidade pessoal. A garantia de igualdade formal entre os indivíduos permite que eles tenham liberdade para realizar os seus objetivos. Os direitos de primeira geração sempre foram entendidos como liberdades negativas que os indivíduos possuem em relação às instituições estatais: elas devem evitar quaisquer intervenções arbitrárias na vida das pessoas, entendidas como entes capazes de estabelecer as suas próprias normas de vida em função do uso da razão. Os direitos de segunda geração são classificados como liberdades substantivas existentes como garantias que assumem a forma de direitos a prestações positivas destinadas a propiciar bem-estar mínimo às pessoas. A realização efetiva dessas prestações positivas pode ser interpretada como uma garantia do exer- cício de capacidades humanas, pois elas fomentarão a liberdade de alcançar uma determinada forma de bem-estar. O estabelecimento da produção de capacidades como um objetivo político central do sistema político implica uma nova concepção de direitos. A perspectiva da capacidade não compreende o direito como uma relação entre duas partes fundadas em ações negativas de uma em relação à outra. O direito é aqui entendido como uma relação entre um indivíduo e uma capacidade: o direito surge como uma garantia da existência de condições externas que possibilitarão o exercício de capacidades internas.

Tal perspectiva afasta-se assim da compreensão segundo a qual o Direito é apenas um limite para a ação da interação entre os membros da comunidade ou um limite para a atuação estatal. Os direitos são vistos aqui como uma série de capacidades que promovem a emancipação pessoal. Isso significa que essa teoria abole a separação entre direitos de primeira geração e direitos de segunda geração. Esses direitos são compreendidos como direitos a diferentes formas de capacidades que permitem aos indivíduos

CAPÍTULO II – IGUALDADE: DIMENSÕES, DEFINIÇÕES...

funcionarem em diferentes dimensões.[237] A garantia da capacidade para os indivíduos significa o pleno exercício de direitos em uma determinada área, ideia derivada do princípio de que todos os cidadãos têm o direito a um nível mínimo de vida capaz de garantir a sua dignidade. Essa garantia pode assumir a forma de eliminação de formas de discriminação arbitrária ou como uma prestação positiva. Garantir o tratamento igualitário entre os indivíduos permite que eles possam alcançar sucesso profissional desejado; o acesso à educação permite que as pessoas possam exercer capacidades importantes, como o acesso à formação adequada para o exercício de uma profissão.[238]

Dizer que a produção das capacidades é um objetivo central da ordem constitucional implica classificar o princípio da igualdade não apenas como um direito fundamental de tratamento equivalente, mas também como um objetivo político a ser alcançado pelas políticas estatais. A noção da igualdade como um objetivo a ser realizado pelo sistema jurídico tem especial importância, principalmente quando consideramos as noções de igualdade material e igualdade inclusiva, dimensões da isonomia que requerem a atuação estatal para a realização das capacidades humanas. Tal perspectiva torna-se importante principalmente no caso de formas de tratamento diferenciado que se mantêm encobertas e exigem a coleta de dados ao longo de um certo tempo para que uma demanda de direitos possa ser feita. Essa perspectiva também pode ser aplicada às liberdades positivas, pois a promoção de igualdade formal entre indivíduos também possui importância considerável. A eliminação de tratamento discriminatório entre indivíduos igualmente

---

[237] SEN, Amartya. "Rights and agency". *Philosophy & Public Affairs*, vol. 11, nº 1, 1982, p. 16.
[238] NUSSBAUN, Martha. "Capabilities and human rights". *Fordhan Law Review*, vol. 66, nº 1, 1997, pp. 290-292.

situados também pode ser classificada como um objetivo porque isso compromete o exercício de capacidades humanas.[239]

2.5 Justiça: entre reconhecimento e redistribuição

Muitas controvérsias sobre demandas de direitos elaboradas por minorias estão relacionadas com reinvindicações de respeitabilidade e acesso à segurança material. A primeira delas busca medidas distributivas mais justas para que as pessoas possam ter melhores condições materiais de existência. A segunda perspectiva está associada à luta pelo reconhecimento: procura eliminar aquelas práticas sociais responsáveis pelo tratamento discriminatório dos indivíduos em função de traços identitários. Assim, enquanto a primeira posição está intimamente relacionada com as lutas de classe social, a segunda está associada com as políticas de identidade. Muitos atores sociais entendem que essas lutas representam formas diferentes de demandas por igualdade, o que exige também soluções distintas. Se alguns dos proponentes das políticas de redistribuição classificam as políticas da identidade como um obstáculo à construção de uma sociedade comprometida com a igualdade material entre os indivíduos, os proponentes da política da identidade apontam as falhas de políticas sociais que não levam em consideração as diferenças estruturais entre os grupos sociais. Tal oposição parece ser falsa quando consideramos que muitas demandas associadas às políticas de identidade pleiteiam justiça econômica e que as lutas de classe social também almejam alcançar certo nível de reconhecimento e não apenas a busca de igualdade substantiva.[240]

---

[239] SEN, Amartya. *Equality and discrimination*: essays in freedom and justice. Stuttgart: Franz Steiner, 1985, pp. 11-19.

[240] FRASER, Nancy; HONNETH, Axel. *Redistribution or recognition?* a political- philosophical exchange. Nova York: Verso, 2003, pp. 7-9.

CAPÍTULO II – IGUALDADE: DIMENSÕES, DEFINIÇÕES...

A teoria da justiça desenvolvida por Nancy Fraser procura articular essas duas posições ao demonstrar que os problemas enfrentados por esses indivíduos implicam questões decorrentes dos dois problemas. A autora argumenta que reconhecimento e redistribuição constituem, na verdade, diferentes aspectos da luta pela justiça que podem ser aplicados a quaisquer movimentos sociais. Esses dois paradigmas de justiça podem ser contrastados em quatro pontos principais. O paradigma da redistribuição procura eliminar as injustiças relacionadas com o sistema econômico presente em uma determinada sociedade. O paradigma do reconhecimento trata das injustiças decorrentes de padrões culturais que impedem a representação de pessoas como iguais, processo que inflige dano à sua identidade, ao serem representadas por meio de estereótipos sociais que geram tratamento discriminatório contra elas. O paradigma da redistribuição propõe a reestruturação econômica da sociedade como remédio para as injustiças sociais, o que pode envolver a redistribuição de salários ou de riqueza por meio de algum arranjo político e também a transformação da estrutura econômica básica da sociedade. A transformação social no paradigma do reconhecimento só pode ser alcançada por meio de transformações culturais, o que envolve a valorização positiva de traços identitários e da diversidade cultural, a eliminação da invisibilidade social de grupos minoritários, como também a alteração de padrões de representação social. Se o paradigma da redistribuição classifica os indivíduos em termos de classe social, um conceito que pode ser aplicado a todos movimentos sociais, o paradigma do reconhecimento não classifica os indivíduos em termos de relações de produção, mas em termos de relações de reconhecimento. Os grupos são distinguidos em função da falta de respeito e prestígio social aos quais são submetidos. Isso significa que o paradigma da redistribuição encara os fatores de tratamento diferenciado como produtos de relações econômicas e não como características intrínsecas desses grupos. O paradigma do reconhecimento classifica essas diferenças como algo criado socialmente, mas também como variações benignas interpretadas pelos grupos majoritários como algo negativo.[241]

Como afirmarmos, Fraser classifica essa oposição como falsa porque problemas de reconhecimento e de redistribuição estão estruturalmente associados. Problemas de reconhecimento estão sempre associados a problemas de classe social porque as classes economicamente privilegiadas também constroem representações culturais das classes pobres, com o objetivo principal de justificar a exploração econômica. Isso significa que as injustiças econômicas demandam tanto políticas de redistribuição como também políticas de reconhecimento. A mesma premissa parece ser válida para os problemas associados aos processos de marginalização cultural de certos grupos sociais. Injustiças econômicas sempre surgem como decorrência da construção de padrões culturais que reproduzem imagens negativas de certos grupos. Os membros desses grupos não têm o mesmo acesso a oportunidades econômicas em função da representação social reservada a eles. Uma pura política de reconhecimento seria incapaz de resolver todos os problemas associados às demandas de grupos sociais tradicionalmente marginalizados. É certo que muitas injustiças sociais requerem políticas de redistribuição ou políticas de reconhecimento, mas isso não significa que essas duas dimensões desenvolvam-se paralelamente nos diferentes processos sociais de marginalização. O gênero pode ser citado como um desses elementos que requerem tanto políticas de reconhecimento como políticas de redistribuição porque ele é um princípio fundamental da organização econômica da sociedade. O gênero dos indivíduos serve como base para uma série de representações culturais que determinam o *status* social das mulheres, como também justifica inúmeras práticas discriminatórias que

---

[241] FRASER, Nancy; HONNETH, Axel. *Redistribution or recognition?* a political- philosophical exchange. Nova York: Verso, 2003, pp. 12-14.

confinam muitas mulheres a um *status* social inferior.[242] Fraser afasta-se dos defensores das teorias do reconhecimento fundadas na identidade de grupo, adotando uma teoria da justiça baseada na noção de *status* social. Essa perspectiva evita uma série de problemas, como a pressão que muitos indivíduos sofrem para se adequarem à identidade do grupo, a construção de obstáculos para a interação com outros grupos, como também os problemas decorrentes da diversidade existente dentro de um mesmo grupo social. O modelo de reconhecimento baseado no *status* social de um determinado grupo demanda o tratamento dos membros desse grupo como indivíduos totalmente capacitados para participar no processo de interação social. A teoria da justiça baseada na noção de *status* social nos permite articular as diferentes dimensões incorporadas ao princípio da igualdade ao longo do desenvolvimento do constitucionalismo moderno. A busca da justiça nesse modelo de reconhecimento, baseado no *status* social dos grupos, procura promover políticas capazes de superar os processos de subordinação que impedem o reconhecimento do outro como uma pessoa capaz de participar no processo social nos mesmos termos que os demais cidadãos.[243]

A noção de reconhecimento baseado no *status* social leva em consideração os efeitos de padrões culturais institucionalizados sobre os atores sociais. O reconhecimento recíproco ou a igualdade de *status* ocorre quando esses padrões culturais tratam os indivíduos como pessoas capazes de participar da mesma forma que as outras na vida social. A desigualdade social e o não reconhecimento surgem em função da institucionalização de padrões culturais que posicionam os membros de um grupo como inferiores ou promovem processos de exclusão social que impossibilitam a participação social da mesma

---

[242] FRASER, Nancy; HONNETH, Axel. *Redistribution or recognition?* a political- philosophical exchange. Nova York: Verso, 2003, pp. 23-26.
[243] FRASER, Nancy; HONNETH, Axel. *Redistribution or recognition?* a political- philosophical exchange. Nova York: Verso, 2003, p. 24.

forma que os outros membros da sociedade. O não reconhecimento ocorre então quando as instituições estruturam as relações sociais segundo normas culturais que impedem a paridade de participação entre os indivíduos. Leis que excluem casais homossexuais de direitos matrimoniais ou práticas policiais que associam negros com criminalidade podem ser citadas como exemplos de padrões culturais que constroem alguns atores sociais como uma forma normativa de identidade, enquanto concebem as outras formas como imorais ou inferiores. Todas essas práticas são caracterizadas por um processo que nega aos membros de um determinado grupo o reconhecimento como membros plenamente capazes de participar na sociedade nos mesmos parâmetros que os outros. A justiça baseada na noção de *status* social procura eliminar os padrões culturais institucionalizados que impedem a paridade de participação, com sua substituição por práticas que a estimulem.[244]

Mas o ideal de justiça não se reduz à questão do reconhecimento e tal fato requer a análise da correlação entre reconhecimento e redistribuição. A noção de justiça aqui explorada trata essas duas categorias como perspectivas distintas de uma mesma concepção do justo. Fraser estabelece a noção de paridade de participação como o conceito central de sua teoria de justiça. Segundo a autora, o ideal de justiça requer a existência de arranjos sociais que permitam a participação de todos os membros adultos da sociedade. Assim, eles poderão interagir com outros adultos nas mesmas condições. A paridade de participação requer a satisfação de duas condições: a condição objetiva de paridade de participação e a condição intersubjetiva da paridade de participação. A primeira está baseada na necessidade de uma extensa distribuição de recursos materiais de forma que a independência e a possibilidade de expressão sejam asseguradas a todos da sociedade. Já a segunda condição requer que os padrões culturais institucionalizados expressem o mesmo

---

[244] FRASER, Nancy; HONNETH, Axel. *Redistribution or recognition?* a political- philosophical exchange. Nova York: Verso, 2003, pp. 24/25.

respeito por todos os participantes e assegurem as mesmas oportunidades para o alcance do respeito por outros grupos sociais. Essa segunda condição estabelece as condições intersubjetivas de participação na sociedade. Tanto a condição objetiva da participação quanto a condição intersubjetiva da participação procuram responder as demandas de redistribuição e de reconhecimento para que todos os membros da sociedade possam participar do processo de deliberação em condições de igualdade. Enquanto a condição objetiva de participação procura estabelecer condições mínimas de bem-estar para que os indivíduos possam participar do jogo político, a condição intersubjetiva está relacionada com as demandas de reconhecimento.[245]

2.6 Igualdade relacional

Vimos anteriormente que muitas teorias de igualdade estão construídas sobre o pressuposto de que uma sociedade pode se tornar mais justa na medida em que todas as pessoas possuem acesso a certos elementos necessários para a integração social. Os que defendem essa perspectiva enfatizam a ideia de que a igualdade tem um caráter essencialmente distributivo e de que certos fatores necessários para a segurança material das pessoas precisam estar à disposição de todos os indivíduos. Outros autores pensam que devemos analisar a igualdade a partir de outra perspectiva porque ela implica relações de comparação entre pessoas e grupos. Essas interações podem assumir diversas formas dentro de uma sociedade, motivo pelo qual devemos examinar o papel que elas podem ter nas estruturas sociais. As relações humanas podem ser justificadas a partir de diferentes perspectivas, sendo que esses fatores determinam o nível de justiça presente em uma dada sociedade. Considerações sobre expressões de justiça dentro de uma

---

[245] FRASER, Nancy. "Recognition without ethics?" *Theory, Culture and Society*, vol. 18, nº 21, 1997, pp. 29/30.

sociedade devem ser então analisadas a partir dos meios a partir dos quais as interações humanas estão estruturadas, motivo pelo qual devemos considerar o aspecto relacional da igualdade. Esse princípio opera como um critério para a consideração das maneiras como as conexões humanas são responsáveis pela construção de interações baseadas em princípios igualitários e em princípios hierárquicos injustificáveis. Os propositores dessa perspectiva argumentam que elaborações clássicas sobre igualdade sempre levaram em consideração os problemas associados com padrões culturais que referendavam estruturas hierárquicas entre pessoas e grupos, algo incompatível com o ideal moderno de que as pessoas possuem uma dignidade intrínseca.[246]

Os autores que trabalham nessa perspectiva chamam atenção para o fato de que relações arbitrárias entre os seres humanos também influenciam padrões de distribuição de recursos e oportunidades entre eles. Independentemente dos elementos a serem distribuídos para alcançarmos uma sociedade mais justa, as formas a partir das quais eles serão alocados dependem do tipo de relações existentes em uma sociedade, depende da valoração que as pessoas possuem em uma dada ordem cultural. Dessa maneira, interações sociais igualitárias concorrem para que as pessoas possam estar em uma situação na qual possam gozar de maior autonomia sobre seus próprios destinos porque os critérios a partir dos quais uma sociedade garante acesso a bens está construído de acordo com parâmetros justos. Estamos então diante da noção de que a distribuição não deve ser o foco central da reflexão sobre igualdade, mas sim as relações que determinam as formas como padrões serão estabelecidos, uma vez que critérios igualitários não são os únicos parâmetros a partir dos quais eles são construídos.

---

[246] FOURRIER, Carina; SCHUPPERT, Fabian; WALLIMAN-HELMER, Ivo. "The nature and distinctiveness of social equality: an introduction". *In*: _____. (Coord.). *Social equality*: on What it means to be equals. Oxford: Oxford University Press, 2015, pp. 1-3.

Esses padrões estão relacionados com o nível de respeitabilidade que pessoas e grupos desfrutam em uma sociedade, com o nível de estima que possuem e ainda com representações culturais, as quais influenciam a cultura das instituições responsáveis pela adoção desses padrões.[247]

Essas reflexões nos levam a considerar o fato de que a igualdade não pode ser vista apenas a partir do seu caráter político ou jurídico. A construção de uma sociedade igualitária requer a aplicação desse princípio em instâncias para além da esfera pública. O valor da igualdade deve regular as interações humanas no espaço privado; ele deve ser uma forma a partir da qual as relações humanas são construídas dentro dessa esfera constitutiva da vida das pessoas, esfera na qual são construídos valores que também governam as relações humanas no espaço público. As interações no espaço privado também devem ser pautadas por valores tais como a reciprocidade e o respeito mútuo. Interações igualitárias estão baseadas no reconhecimento da legitimidade dos interesses das pessoas com as quais interagimos, sendo que eles devem ter um papel relevante nas nossas decisões. Relações igualitárias permitem a resolução de conflitos por meio de um processo de deliberação no qual as demandas das pessoas são igualmente consideradas; há uma disposição recíproca em reconhecer a importância de analisarmos os interesses e necessidades do outro. Assim, vínculos humanos igualitários estão baseados na noção de que deve haver um equilíbrio entre os agentes reconhecidos como sujeitos capazes e autônomos. Observamos então que a mesma lógica democrática que governa as relações humanas no espaço público também deve regular as relações humanas no espaço privado.[248]

---

[247] Ver: SCHEMMEL, Christian. "Why relational egalitarians should care about distributions". *Social Theory and Practice*, vol. 37, nº 3, 2011, pp. 365-390; NORMAN, Richard. "The social basis of equality". *Ratio*, vol. 10, nº 3, 1997, pp. 238-252.

[248] SCHEFFLER, Samuel. "The practice of equality". *In*: FOURRIER, Carina; SCHUPPERT, Fabian; WALLIMAN-HELMER, Ivo. *Social equality*: on What

Reconhecer a igualdade do outro significa também ter a disposição de tratar os interesses dele com a mesma validade com que uma pessoa trata os próprios. Mais do que isso, essa disposição em considerar as demandas do outro da mesma forma significa abrir um espaço para justificação desses interesses. Além disso, parte-se do pressuposto de que os sujeitos dentro de relações sociais igualitárias pressupõem a validade dos interesses do outro quando eles permitem a afirmação de sua dignidade. Os indivíduos atuam a partir do pressuposto de que todas as pessoas têm o direito de ocupar a mesma posição social, o que transcende diferenças que não são moralmente relevantes.[249] Assim, o reconhecimento da igualdade moral requer também o reconhecimento da mesma capacidade de deliberação dos indivíduos. Os interesses justificáveis dos indivíduos devem então ter o mesmo peso nos processos de deliberação social, o que só pode ser alcançado quando relações de dominação entre os indivíduos são paulatinamente eliminadas.[250]

Essas reflexões indicam que interações humanas igualitárias estão baseadas no reconhecimento do outro como um agente social que merece gozar da mesma estima social quando ela afirma qualidades que enfatizam a sua humanidade. A expressão de mesma consideração entre as pessoas impede a construção de relações de dominação baseadas em distinções inadequadas de *status* entre os indivíduos. Dessa forma, o conceito de igualdade relacional pressupõe o reconhecimento do outro como um agente moral, sentimento de reciprocidade essencial para a construção de uma comunidade fundada em relações igualitárias. Esse tipo de reconhecimento implica também a afirmação da sua autonomia. O igualitarismo

---

it means to be equals. Oxford: Oxford University Press, 2015, pp. 21-27.

[249] MILLER, David. "Equality and justice". *Ratio*, vol. 10, nº 3, 1997, pp. 233/234.

[250] SCHEFFLER, Samuel. "The practice of equality". *In*: FOURRIER, Carina; SCHUPPERT, Fabian; WALLIMAN-HELMER, Ivo. *Social equality*: on What it means to be equals. Oxford: Oxford University Press, 2015, pp. 21-35.

CAPÍTULO II – IGUALDADE: DIMENSÕES, DEFINIÇÕES...

relacional que ora abordamos propõe um modelo de sociedade no qual as instituições sociais criam as mesmas condições para todos os indivíduos, o que impede a criação de hierarquias de *status* entre eles. Relações de dominação não apenas impedem a construção de solidariedade social, mas também constituem por si mesmas formas de tratamento injusto entre indivíduos, pois envolvem a subjugação a relações de dominação. Interações sociais desiguais fundadas em hierarquias de *status* impedem que as pessoas possam desenvolver um senso de respeito próprio, como pessoas que podem atuar livremente enquanto agentes e serem reconhecidas como tal.[251]

    O conceito de igualdade relacional está baseado no fato de que certos tipos de hierarquias sociais são incompatíveis com o regime democrático porque decorrem de formas de relações humanas que pressupõe disparidades naturais entre as pessoas. As hierarquias de *status* social responsáveis pela construção e reprodução de processos de estratificação são altamente problemáticas porque não podem ser justificadas. A noção de igualdade social encontra fundamento na premissa de que relações humanas dentro de sociedades democráticas devem expressar respeito pelas pessoas, conceito associado ao reconhecimento da igual dignidade entre as pessoas. Embora o tema do respeito não esgote as reflexões sobre igualdade relacional, ele ocupa um papel importante dentro dessa teoria. O conceito de igualdade relacional parte das preocupações com as desigualdades de *status* presentes em sociedades democráticas, uma questão que guarda relações próximas com o tema da estima social. Embora nem todas as diferenças de estima sejam filosófica ou juridicamente relevantes, muitas delas merecem ser objeto de reflexão por expressarem formas como grupos sociais são tratados. Se as pessoas são mais apreciadas do que outras em função de algum talento pessoal ou qualidade moral, outras são desprezadas ou ignoradas porque não possuem certos traços tidos

---

[251] SCHEMMEL, Christian. "Why relational egalitarians should care about distributions". *Social Theory and Practice*, vol. 37, nº 3, 2011, pp. 366/367.

pelos grupos majoritários como desejáveis. Se o primeiro tipo de estima reflete o apreço por características tidas por todos como fontes legítimas de apreço, o segundo não pode ser visto da mesma forma porque serve como base para construção de relações de dominação entre indivíduos e grupos. Se no primeiro caso temos um processo que enfatiza o reconhecimento do outro como um ser humano, no segundo temos um processo de distinção de outras pessoas. As diferenças de estima estão, de certa forma, intimamente relacionadas com diferenças de respeito entre pessoas; muitas diferenças de *status* estão baseadas em diferenças de estima social, o que as torna questionáveis. Hierarquias de estima baseadas na raça ou no gênero fundamentam desigualdades de *status* porque estabelecem um dado particular para afirmar o valor social dos indivíduos. Diferenciações de estima entre indivíduos se tornam problemáticas quando elas também expressam violações de respeito pelos indivíduos; toda diferença de estima que funciona como uma forma de humilhação de um indivíduo também expressa desrespeito.[252]

Partindo do pressuposto de que os indivíduos estão dentro de relações sociais igualitárias, devemos então pensar o problema dos padrões a serem seguidos para a distribuição de bens e oportunidades entre indivíduos. A igualdade relacional também possui uma dimensão distributiva, pois uma sociedade que procura eliminar hierarquias de *status* também estabelece padrões distributivos igualitários. Parte-se do pressuposto de que, em uma sociedade comprometida com esse tipo de isonomia, as pessoas possuem disposições e motivações para considerar os interesses do outro como igualmente relevantes. Relações sociais igualitárias são, portanto, marcadas por uma distribuição igualitária de *status* entre indivíduos, o que informa também políticas sociais. Mais do

---

[252] FOURRIER, Carina. "To praise and to scorn: the problem of inequalities of esteem for social egalitarianism". *In*: FOURRIER, Carina; SCHUPPERT, Fabian; WALLIMAN-HELMER, Ivo. *Social equality*: on What it means to be equals. Oxford: Oxford University Press, 2015, pp. 87-94.

que um critério distributivo, a igualdade relacional é uma prática social que se aplica às decisões institucionais sobre questões de distribuição. Esses padrões de distribuição são igualitários quando estão pautados no reconhecimento do outro como um agente, o que implica a necessidade de estabelecermos padrões de conduta que podem ser reconhecidos por ele como válidos.[253] Os meios pelos quais as instituições tratam os indivíduos são uma questão relevante para a justiça, afirmam aqueles que escrevem sobre a igualdade relacional. Por esse motivo, o tema da isonomia precisa ser examinado, em primeiro lugar, a partir dos meios como os indivíduos são tratados porque elas determinam o sucesso de políticas distributivas. Como eles estão submetidos a diferentes formas de opressão, a busca pela equalização de todos a partir da distribuição de um determinado bem não será alcançada, porque os indivíduos estão estruturalmente situados de maneira distinta.[254]

---

[253] ANDERSON, Elizabeth. "What is the point of equality?" *Ethics*, vol. 109, n° 2, 1999, pp. 313/314.
[254] SCHEMMEL, Samuel. "Distributive and relational equality". *Politics, Philosophy & Economics*, vol. 11, n° 2, 2011, pp. 137-141.

CAPÍTULO III
A EVOLUÇÃO DA IGUALDADE

Uma análise da evolução histórica do princípio da igualdade certamente requer que o consideremos a partir de alguns elementos que determinaram suas manifestações ao longo do tempo: os regimes políticos que o instituíram como parâmetro de regulação de direitos, as formas de racionalidade filosófica presentes em cada momento histórico e também as concepções dominantes de cidadania nas diversas etapas do pensamento político. Esses três elementos conformam a racionalidade jurídica que influenciará os significados da igualdade, preceito que encontrou um longo processo de transformação ao longo do tempo. Observaremos neste capítulo os fatores responsáveis pela elaboração das diferentes dimensões da igualdade, análise muito importante para que se possa entender como passamos de um regime que pensa a igualdade como articulação de uma mesma identidade para a igualdade como elemento articulador de diferenças. Nossa opção por desenvolver essa análise da evolução histórica da igualdade a partir da reflexão sobre a cidadania em diferentes momentos decorre da necessidade de refletirmos sobre como esse preceito tem sido um elemento a partir do qual a compreensão do primeiro tem sido modificada. A articulação de uma cidadania racial, de uma cidadania sexual e de uma cidadania moral decorre da necessidade de defendermos relações igualitárias de poder no espaço privado, tal como os defensores da igualdade relacional afirmam. Este capítulo pretende traçar um percurso histórico que tornou a igualdade um meio de inclusão de grupos sociais ao longo do tempo, o que também será feito a partir do exame dos meios que permitiram a exclusão de grupos desse tipo de *status*.

3.1 A igualdade no mundo grego

A reflexão sobre o princípio da igualdade tem início em um momento histórico bem específico: o surgimento da democracia como regime político. O propósito do exercício coletivo do poder político pressupõe a ideia de que todos os cidadãos possuem o mesmo direito de participar na formação da vontade estatal, motivo pelo qual eles possuem o mesmo *status* na comunidade política. Se as normas jurídicas deverão governar o comportamento de todas as pessoas vistas como seres livres, todas elas devem ser reconhecidas como indivíduos moralmente capazes de se envolver nessa atividade. A vida democrática estabelece o princípio da isonomia como um pressuposto central dessa ordem política na qual as normas são dirigidas à generalidade dos indivíduos, que podem dizer que são livres porque são capazes de determinar o próprio destino. Os gregos fundam então a reflexão sobre o tema da cidadania, termo que indica o pertencimento jurídico e político característico dessa forma de organização social que é a democracia, regime que permitirá ao homem afirmar-se como livre. A democracia permite uma vida livre porque está constituída pelos institutos da *isonomia* e *isegoria*. O primeiro indica a igualdade de todos os cidadãos perante a lei; o segundo designa o direito de todo cidadão poder participar do processo de formação da vontade estatal.[255]

---

[255] JAEGER, Werner. *Paideia*: a formação do homem grego. São Paulo: Martins Fontes, pp. 123-125.

CAPÍTULO III – A EVOLUÇÃO DA IGUALDADE

A reflexão sobre a igualdade não decorre apenas da afirmação dessa nova forma de *status* que os seres humanos criaram naquele momento histórico. Aquele também era o momento do início da investigação filosófica, um tipo de reflexão que encontrará sua vocação principal na análise da vida do homem dentro da vida política. Os princípios da isonomia e da isegoria também devem ser vistos como meios de racionalização de organização social. Se assim nós os compreendemos, devemos então nos perguntar sobre como esse ser político deve se comportar dentro dessa realidade. A filosofia contribuirá para o aperfeiçoamento da experiência democrática ao afirmar a necessidade do aprimoramento moral dos seres humanos envolvidos nessa nova situação. A igualdade também possui uma dimensão moral porque pressupõe que as pessoas terão como objetivo o interesse comum.[256] Por esse motivo, a reflexão política nasce junto com a reflexão moral, uma vez que o espaço público deve ser o local no qual as pessoas poderão exercer e crescer moralmente por meio do exercício das virtudes morais e políticas. A cidadania e a democracia serão assim construídas a partir da noção da igualdade moral entre todos os membros da comunidade política, o que estabelece a possibilidade da estabilidade desse regime político no qual as pessoas exercem o poder coletivamente.[257]

A sociedade política terá como paradigma fundamental a correspondência entre os valores que expressam a justa medida que rege a conduta do indivíduo e as normas que governam a comunidade política. O marco fundamental para a constituição da vida política no mundo grego é a criação da lei positiva. É a partir dela que os cidadãos obterão acesso à vida política: a lei escrita é o fator que faz nascer a esfera pública porque institui as regras para a existência em comum. No nascente regime democrático, a lei

---

[256] VLASTOS, Gregory. *Studies on greek philosophy*: the presocratics. Princeton: Princeton University Press, 1994, pp. 57/58.
[257] FASSO, Miguel. *História de la filosofia del derecho*: antiguidad y Edad Media. Madrid: Piramide, 1979, pp. 54-57.

positiva regerá todos os aspectos da vida pública, sendo que a sua autoridade deverá substituir a soberania, até então nas mãos dos grupos aristocráticos. A lei será o fundamento de toda vida política democrática.[258] O poder da palavra e a consequente publicização das principais formas de manifestação da vida social criarão um espaço público que se constituirá como um lugar de discussão dos assuntos de interesse comum, o oposto das antigas práticas secretas ou das decisões sem participação dos afetados pela norma. A palavra torna-se o principal instrumento da vida política: por um lado, será no campo da linguagem que se desenvolverá todo o exercício do debate político, fazendo com que a vida política seja um espaço privilegiado para a ação da razão; de outro, ao se dar a forma escrita à lei da cidade, a justiça deixe de ser um princípio puramente divino e se torna um princípio humano, uma norma racional, um preceito que encontra na noção de tratamento igualitário seu fundamento principal.[259]

A democracia ateniense estava constituída sobre o princípio de uma estrita legalidade. O processo de constituição da lei escrita que instituirá o espaço da política tem um longo caminho, que precisa ser mencionado para podermos compreender a estruturação da vida democrática grega. A cidadania nasce no mundo grego como resultado da articulação de três fatores principais: a invenção da política como processo de resolução das questões comunitárias, a publicização das normas jurídicas e o aparecimento da democracia como regime político. A cidadania surge dentro dessa realidade como um *status* atribuído ao indivíduo em função do reconhecimento da igualdade jurídica entre todos os membros da comunidade; ela passa a ser governada por um regime político em que esses mesmos cidadãos estabelecem as diretrizes-guias, o que se torna possível

---

[258] ROMILLY, Jacqueline de. *La loi dans la pensée grecque*: des origens à Aristote. Paris: Belles Letres, 1971, pp. 10-13.

[259] VERNANT, Jean Pierre. *As origens do pensamento grego*. São Paulo: Difel, 1984, pp. 35-37.

CAPÍTULO III – A EVOLUÇÃO DA IGUALDADE

pela constituição do espaço público como local do exercício da função política.[260] Vemos então que a cidadania é um instituto criado pelos gregos. Seu aparecimento respondia a uma série de exigências individuais e coletivas que colocaram a necessidade de se estabelecer um princípio ou instituto de individuação que pudesse estabelecer critérios de pertencimento à comunidade política. Por isso, os indivíduos que compunham aquela comunidade deviam ser distinguidos por uma forma de *status* especial, baseado em direitos e deveres daqueles estranhos àquela comunidade.[261] Essa relação entre indivíduo e comunidade política está inscrita na palavra grega que designa cidadania, *politeia*. A palavra *politeia* guarda então duas significações. Em primeiro lugar, ela quer dizer que a cidade tem como sua condição de existência a cidadania e o modo de repartição desta; a constituição depende do número e da qualidade dos cidadãos. Significa ainda que ela tem um sentido maior que designa o direito da cidade. A palavra *politeia* mostra toda a coerência da vida cívica, pois ela não é apenas a soma dos seus membros, mas sim do conjunto de governantes e governados e as instituições políticas, elementos que formam a vida política de cada cidadão. O emprego da mesma palavra para designar a cidadania e a estrutura geral da cidade indica que a relação do indivíduo com a *polis* não é apenas jurídica, mas é condicionada pelo pertencimento integral do indivíduo à comunidade política.[262]

A cidadania impunha uma plena identificação dos interesses do indivíduo com os da cidade. A vida cívica presente na democracia ateniense estabelecia um conjunto de valores que tinha por função reforçar a identificação do cidadão com os interesses públicos. A comunidade de cidadãos constitui-se então por uma série de aspectos

---

[260] ROMILLY, Jacqueline de. *La Grèce antique à la découverte de la liberté*. Paris: Fallois, 1989, p. 59.
[261] RIESENBERG, Peter. *Citizenship in the western tradition*. Chappel Hill: North Carolina University Press, 1992, p. 3.
[262] EHRENBERG, Victor. *L'État grec*. Paris: Foundations, 1984, pp. 78/79.

que tinham por objetivo a formação do indivíduo para a vida política. Para os gregos, o fator que fundamenta as relações sociais dentro da comunidade política é a *philia*, elemento último de todas as relações humanas. Esse termo designa o vínculo social que torna possível as relações sociais em todos os níveis, desde a relação comum da amizade, passando pela relação entre familiares, até chegar à relação política. A *philia*, termo geralmente traduzido para as línguas modernas como amizade, foi entendido pelos gregos como um valor moral que se apresenta como elemento central da ética e da política. A *philia* é o elemento central da moral, pois é por seu intermédio que a relação moral com o outro será exteriorizada; é também o princípio fundamental da vida política, pois permitirá a construção da concórdia necessária para a manutenção da ordem social.[263]

Fomentar a *philia* entre os cidadãos deve ser um ideal para o legislador, pois ela garante a unidade da cidade. Enquanto a justiça tem um caráter institucional que impele os indivíduos a observarem as leis, a *philia* se estabelece sobre o homem como um valor em si que se fundamenta na virtude. A justiça pretende estabelecer formas de equidade sobre elementos que são, de início, desiguais; a *philia* visa a uma igualdade em um plano no qual as diferenças materiais ou sociais têm uma importância menor ou, pelo menos, encontram-se subordinadas a ela.[264] Aqueles que formam a comunidade política, mesmo diferindo entre si em outros aspectos, aparecem como semelhantes uns aos outros. É exatamente essa semelhança proporcionada pela *philia* que garante a unidade espiritual da *polis*. Dentro da comunidade política, esse vínculo do homem com o seu semelhante substituirá as relações hierárquicas existentes em outros planos.[265]

---

[263] Para uma análise da ética política no mundo grego, ver: KRAUT, Richard. *Aristotle*: political philosophy. Oxford: Oxford University Press, 2002.

[264] FRAISSE, Jean. *Philia, la notion de l ámitie dans la philosophie antique*. Paris: Vrin, 1974, pp. 210/211.

[265] VERNANT, Jean Pierre. *As origens do pensamento grego*. São Paulo: Difel, 1984, p. 42.

CAPÍTULO III – A EVOLUÇÃO DA IGUALDADE

A reflexão sobre o nascimento da igualdade no mundo grego nos mostra como certas dimensões da igualdade surgiram e se consolidaram nesse momento histórico. Para operar como um elemento central do regime democrático, a igualdade precisa ser ser um preceito que congrega uma dimensão jurídica e política: o *status* jurídico opera como pressuposto do *status* político. A possibilidade de ação dentro do espaço público requer também uma formação moral adequada, motivo pelo qual a igualdade também compreende uma dimensão moral porque a formação ética do indivíduo é um requisito para o reconhecimento da igualdade de direitos do outro. A dimensão moral da igualdade torna possível a construção de uma ordem pública baseada na formação de vínculos de sociabilidade entre os que são cidadãos. A constituição desse sujeito ético é uma manifestação da lógica da identidade que governa o paradigma metafísico presente nesse momento histórico: a política pode estabelecer uma igualdade jurídica entre todos os indivíduos quando unifica o seu corpo de cidadãos em função do princípio ontológico da identidade. A cidadania surge como uma forma de identidade que pretende eliminar no plano político as desigualdades presentes nos outros campos sociais. Isso só se torna possível pela consagração de um ideal moral que fundamenta a cidadania. Se, no plano dos fenômenos, a identidade possibilita a constituição da unidade do ser, no plano político, a igualdade jurídica dos indivíduos permite a criação de uma identidade comum que torna possível a constituição do ideal ético e político da cidadania.[266]

A experiência grega estabelece duas dimensões centrais da igualdade: sua dimensão política e sua dimensão moral. Esse princípio nasce relacionado com noção de que as pessoas podem não ter a mesma identidade, mas elas possuem o mesmo *status*, o que lhes permite reconhecer umas às outras como seres capazes

---

[266] Ver nesse sentido MOSSÉ, Claude. *O cidadão na Grécia antiga*. Lisboa: Edições 70, 1998; MOSSÉ, Claude. *Politique et societé en Gréce ancienne*: Le "modèle" athénien. Paris: Aubier, 1995.

de operar de forma competente no espaço público porque são igualmente qualificadas para participarem dos processos decisórios responsáveis pelo exercício do poder político. A igualdade surge então como um valor que exprime uma postura ética em relação às pessoas com as quais criamos relações de solidariedade para que a vida em uma sociedade política seja possível. A vida política requer um aperfeiçoamento moral porque a condução dos interesses coletivos não pode ser realizada a partir dos interesses privados; o espaço político é o espaço do aperfeiçoamento moral de pessoas que podem manifestar nessa instância virtudes morais que podem realizar o ideal moral humano surgido nesse momento histórico. A noção de igualdade no mundo grego está relacionada com um tipo de práxis política que permite a realização moral dos indivíduos, uma práxis a partir da concepção de uma noção do bem que se confunde com o agir ético no espaço público. Essa práxis será mediada por um exercício do pensar de acordo com regras racionais que guiam a reflexão do ser dentro das suas relações sociais. O saber adequado guia a ação correta no espaço público.[267]

3.2 A igualdade no mundo romano

A experiência democrática no mundo romano contribuirá de forma significativa para o desenvolvimento histórico do preceito da igualdade ao enfatizar sua dimensão jurídica. A noção de igualdade está vinculada à atribuição do *status* jurídico de *persona* aos indivíduos; eles existem como membros de uma comunidade política, mas com um caráter notoriamente jurídico. Os sujeitos humanos também serão tidos como portadores de direitos, desde que tenham o *status civitatis*, a condição de cidadãos. As pessoas agora têm uma existência jurídica construída a partir do gozo de categorias de direitos destinadas a proteger as dimensões da vida

---

[267] Para uma análise da ética antiga, ver: VAZ, Henrique Cláudio de Lima. *Introdução à ética filosófica*. São Paulo: Loyola, 1999, pp. 85-93; REALE, Giovanni. *O saber dos antigos*. São Paulo: Loyola, 1999.

dos cidadãos. Igualdade dentro desse contexto implicará de maneira ainda mais clara os conceitos de generalidade da norma jurídica, além da necessidade de que todos os membros da comunidade política sejam tratados da mesma maneira.[268]

De acordo com o pensamento filosófico prevalente no mundo romano, as instituições estatais não eram apenas uma materialização histórica determinada, mas uma forma realizada da lei universal que governa a natureza e predispõe os homens para a vida social. No Estado, poder-se-ia realizar o conceito universal de humanidade presente no pensamento filosófico. Naquele momento histórico, o ser humano era pensado principalmente na sua abstração, mais do que na sua manifestação individual. O que confere dignidade ao indivíduo era seu pertencimento à humanidade como gênero; a humanidade é o fator concreto e a individualidade apenas uma abstração. Essa linha de pensamento está presente na compreensão do estoicismo. O homem aparece como portador da mesma racionalidade imanente ao cosmos, sendo então um princípio universal. Entretanto, para outros autores, a representação é uma forma de valor. As representações sociais do indivíduo permitem a objetivação da vontade, constituindo, assim, uma segunda identidade, uma segunda *persona*, que se identifica com a singularidade individual, com a personalidade do próprio indivíduo.[269]

Essa forma de representação é entendida como as diferentes escolhas que o homem pode fazer ao se apresentar, por exemplo, como *persona civitatis*, como membro de uma comunidade, lugar onde o indivíduo pode atualizar a sua essência humana. Acompanhando essas duas expressões de identidade, há uma terceira, a identidade social, composta dos diferentes papéis que lhe correspondem enquanto membro da comunidade cívica, identidade a partir

---

[268] CIZEK, Eugen. *Mentalités et institution politiques romaines*. Paris: Fayard, 1990, pp. 41-43.
[269] REALE, Giovanni. *História da filosofia antiga*: os sistemas da era helenística. São Paulo: Loyola, 1994, pp. 328-365.

da qual se constituirá a noção de pessoa jurídica.[270] Entretanto, essa diferenciação não elimina um elemento fundamental da noção de pessoa: a identificação entre o princípio do juridicamente justo e a noção abstrata de pessoa. Essa identificação é possibilitada pelo pensamento filosófico que, ao afirmar a universalidade racional subjacente ao conceito de *humanitas*, estabelece a ideia de um conjunto de direitos inerentes ao indivíduo, entendido agora como ente genérico.[271] Dessa maneira, no Direito Romano, todo cidadão é antes de tudo uma *persona*, é compreendido como um portador de direitos que se apresenta ao mundo social pela sua personalidade jurídica. O cidadão possui personalidade jurídica que lhe é conferida pelo direito da cidade. Essa personalidade consiste em um conjunto de direitos e deveres que constituem o seu papel social de cidadão.[272]

Surge então no mundo romano dois elementos de fundamental importância para a evolução histórica do princípio da igualdade. A ascensão do homem individual como portador de direitos e deveres, ou seja, como uma pessoa jurídica. Decorrente desse novo estatuto do homem, temos o desenvolvimento de outro fenômeno: a fusão do indivíduo concreto com a noção de pessoa, o que leva as normas jurídicas a se referirem ao indivíduo como um ente genérico identificado com um conjunto de papéis socialmente construídos. Essa fusão entre indivíduo e *persona*, ou entre o sujeito e a norma, implica, entre outras coisas, a funcionalização do homem que começa a constituir-se como um meio para a estabilidade da organização social, a despeito de sua personalidade concreta. Certamente, tal perspectiva não era pensada naquele

---

[270] CORMIER, Phillipe. *Généalogie da la personne*. Paris: Ad Solen, 2015, pp. 116-119.

[271] TRIGEAUD, Jean-Marc. "La personne". *Archives de Philosophie du Droit*, Paris, vol. 34, 1989, pp. 110/111.

[272] CORMIER, Phillipe. *Généalogie da la personne*. Paris: Ad Solen, 2015, pp. 110/111.

CAPÍTULO III – A EVOLUÇÃO DA IGUALDADE

momento histórico, pois ainda temos uma correspondência entre os interesses do Estado e os interesses do indivíduo, apesar da diferenciação entre espaço público e espaço privado já estar presente. A igualdade será pensada não apenas como algo decorrente do *status* moral e político comum dos indivíduos, mas principalmente como igualdade jurídica, por meio do exercício de direitos devidos a todos os membros da comunidade política.[273]

A cidadania romana também era concebida como um *status* que permitia a participação do indivíduo na ordem política, além de significar a liberdade política decorrente das garantias previstas pelas leis jurídicas a todos os cidadãos. Esses valores estão fundamentados no princípio da igualdade dos cidadãos perante a lei. Ao princípio da igualdade entre os cidadãos está ligado o ideal de liberdade. Os autores romanos, seguindo a tradição grega, afirmavam que a liberdade é um produto das leis. No mundo romano, o termo *lex* designa, de início, um texto proposto por um magistrado aceito pelos cidadãos, tornando-se uma *lex pública*. O adjetivo "pública" tem aqui uma grande importância, pois indica a participação do povo no processo de sua elaboração.[274] A *libertas* romana tem o mesmo estatuto da liberdade presente no mundo grego: é a liberdade política inserida numa ordem jurídica existente. Ela consiste, portanto, na submissão voluntária dos cidadãos a um corpo de leis votado por eles próprios. A sua garantia reside no equilíbrio de poderes presentes na ordem política e que se combinam e se controlam.[275]

Um dos elementos que diferenciam a cidadania romana daquela existente no mundo grego é o processo de subjetivação do Direito. Para os gregos, o *nomos* era um princípio ordenador que existia no

---

[273] TRIGEAUD, Jean-Marc. "La personne". *Archives de Philosophie du Droit*, Paris, vol. 34, 1989, p. 114.
[274] DUCOIS, Michelle. *Les romans et la loi*. Paris: Belles Lettres, 1984, p. 24.
[275] GAUDAMET, Jean. *Instituitions de la antiquité*. Paris: Sirey, 1967, pp. 154 e 357.

universo e dentro da cidade, não significando apenas o conjunto de leis escritas que tinham o papel de ordenar a política. Ele significava a normatividade presente na própria ordem da realidade. Para os romanos, o sistema jurídico, apesar de também referir-se a uma ordem transcendente de legitimidade, tem a função de precisar o Direito. Para os romanos, a *lex* é uma fórmula que fixa um *ius*, respondendo à necessidade de certeza e estabilidade do Direito. A lei serve principalmente para estabelecer uma regulamentação detalhada e precisa para que se possa garantir a ordem jurídica. A lei deve ser estável e permanente, não variando em função das circunstâncias, nem em função dos indivíduos. Ela aparece como uma garantia de certeza, pois estabelece uma ordem que garante a harmonia social.[276]

Observamos nesse período histórico uma evolução importante para a reflexão sobre a igualdade: a especificação da sua dimensão jurídica. A compreensão dos seres humanos como um ponto de imputação jurídica opera como um parâmetro central para o processo de universalização dos direitos, o que permitirá a afirmação da igualdade como um princípio normativo, como algo que vincula as relações entre diferentes atores sociais e as relações deles com as instituições estatais. A dimensão lógica da igualdade se torna mais clara nesse momento no qual a atribuição de um mesmo *status* a todas as pessoas permite que elas sejam vistas como pessoas jurídicas, lugar do qual poderão formular demandas de direitos. Estão presentes nesse momento histórico a noção de que a igualdade possui uma dimensão moral; esse preceito só pode fazer sentido em uma realidade na qual as pessoas reconhecem que os outros possuem o mesmo valor moral. Importante notar que a noção de cidadania deixa de ser um *status* relacionado com a origem dos indivíduos para ser um *status* jurídico e político que pode ser atribuído a diferentes pessoas, independentemente de serem romanas. De qualquer forma, devemos enfatizar que a ideia de

---

[276] DUCOIS, Michelle. *Les romans et la loi*. Paris: Belles Lettres, 1984, pp. 38-43.

igualdade designa algo que precisa ser observado, tendo em vista o pressuposto da universalidade de direitos atribuídos àqueles que possuem o *status* jurídico de cidadãos, o mesmo elemento que fundamentará esse princípio no mundo moderno. A compreensão do homem como um sujeito de imputação jurídica solidifica a noção de que as pessoas só poderão atuar de forma livre na medida em que possuem um *status* jurídico comum: a liberdade pressupõe os limites da forma como as pessoas podem agir dentro de uma sociedade juridicamente organizada.

A ênfase na dimensão jurídica da igualdade estabelece elementos relevantes para a compreensão desse princípio. Ele não poderá ser pensado primordialmente como produto de alguma identidade natural de uma pessoa, mas sim do *status* que ocupa dentro uma sociedade juridicamente organizada. A igualdade aparece como um princípio que deve ser aplicado de forma equitativa entre os diversos povos que fazem parte do império romano. A cidadania passa a ser vista como um *status* que estabelecia direitos e privilégios para as pessoas, uma indicação de que a igualdade agora adquire um caráter jurídico ao indicar uma posição a partir da qual as pessoas poderiam fazer demandas jurídicas.[277]

3.3 A igualdade no mundo medieval e no mundo renascentista

O advento do cristianismo no espaço cultural ocidental instituirá a teologia como forma unificadora da cultura medieval, processo que desenvolverá de duas maneiras. A primeira delas consistiu na interpretação do mundo a partir de uma contemplação puramente teologal: a verdade revelada pelas escrituras era o critério pelo qual se deveria interpretar a realidade do mundo para que se chegasse ao fundamento de todas as coisas, Deus. O outro corresponde ao

---

[277] ABERNETHY, Goerge L. *The idea of equality*. Richmond: John Knox, 1964, pp. 15-23.

encontro do cristianismo com a filosofia grega, possibilitando a sistematização da teologia segundo os critérios da razão grega. A teologia utilizará categorias filosóficas para explicar a natureza de Deus, o mundo e as suas criaturas como criação divina, e a redenção dos seres pela vinda de Cristo ao nosso mundo. Nesse sentido, afirma-se que a Idade Média é marcada por uma matriz ontoteológica em que Deus é o princípio em torno do qual orbita todo o espaço de inteligibilidade.[278]

Essa compreensão da realidade gera uma nova imagem do ser humano e essa imagem antropológica no contexto da Idade Média tem contornos bastante claros: o ser humano é uma criatura de Deus. A sua natureza, a sua história e o seu destino são conhecidos pelas Escrituras. Ele não é um ser autárquico, como entendiam os gregos e os romanos; a significação de sua vida só poderia ser dada por Deus. Distante das visões antropológicas do mundo antigo, a imagem do ser humano no espaço cultural medieval adquire contornos bastante claros. Ele é um *homo viator*, ou seja, um ser em marcha permanente nessa terra e nessa vida, espaços efêmeros diante da perspectiva da vida eterna. É também um ser penitente, pois a sua culpa original coloca a necessidade constante de se expurgar a sua culpa perante Deus. O homem medieval vê-se cindido entre o dilema da relação do corpo e da alma. Cada sintoma do corpo remete necessariamente à alma; por outro lado, é pelo corpo que a alma pode alcançar a sua salvação pelo prenúncio da ressurreição dos corpos. O homem medieval possui ainda um espírito que o anima e o inspira.[279] Nesse novo espaço cultural, configura-se uma nova imagem do homem e uma nova formulação do Direito. A concepção cristã do homem proveniente da Bíblia apresenta alguns traços fundamentais. O primeiro deles é

---

[278] VAZ, Henrique Cláudio de Lima. *Escritos de filosofia*: problemas de fronteira. São Paulo: Loyola, 2002, pp. 80/81.

[279] LE GOFF, Jacques. *O homem medieval*. Lisboa: Editorial Presença, 1989, pp. 13-15.

CAPÍTULO III – A EVOLUÇÃO DA IGUALDADE

a unidade radical do ser humano que se depreende de sua relação constitutiva com Deus. Ele oferece ao seres humanos a possibilidade de salvação que deve ser aceita sob o risco da própria cisão interior do indivíduo, uma vez que ele tem em Deus a sua origem e o seu destino. Decorre daí outro traço de fundamental importância dessa imagem antropológica: a revelação do ser humano a si mesmo se dá pela narração histórica dos atos de Deus que podem proporcionar a salvação eterna.[280]

A essa concepção do ser humano e da cidadania corresponde uma estrutura social e jurídica específicas. A natureza não se apresenta mais como princípio de racionalidade que informa os ideais que estruturaram a vida social no mundo antigo. A natureza e a ordem social são produtos da criação divina. Nelas está inscrita a vontade de Deus, que as criou como uma ordem permanente. Sendo assim, o lugar do homem na natureza e na sociedade são produtos dessa mesma vontade divina. Se aceitarmos a hipótese de que a concepção do Direito dominante numa sociedade baseia-se no lugar que o indivíduo nela ocupa, veremos como todas essas compreensões do homem justifica o sistema jurídico presente nesse momento histórico. Vemos no mundo medieval a ascensão das monarquias de Direito divino. A teocracia medieval que sustenta o poder dos monarcas contrapõe-se à ideia de participação popular no governo. Esse foi um dos motivos pelo qual a Idade Média não conheceu nenhum sistema de Direito Público, pois a teocracia que fundamenta o poder dos soberanos não permite a formação de uma esfera pública. Não podemos falar então de uma cidadania no sentido aqui exposto, pois não estão presentes no mundo medieval os requisitos essenciais para a criação de uma esfera política tal como pensada pelos autores antigos. Não há uma separação entre esfera pública e esfera privada e, consequentemente, não há espaço para a participação do indivíduo na determinação do

---

[280] VAZ, Henrique Cláudio de Lima. *Antropologia filosófica I*. São Paulo: Loyola, 1992, pp. 60/61.

destino da comunidade política, e, portanto, na determinação do seu próprio destino.[281]

A igualdade nesse período histórico será pensada a partir da ideia de que todos os seres humanos possuem uma origem e objetivos comuns que serão estabelecidos pela vontade divina. Todos são criaturas de Deus e isso significa que todos são pessoas que possuem uma alma, sede da mente racional, mas também meio a partir do qual as pessoas podem estabelecer contato com o plano superior. A igualdade não decorre da capacidade moral de todas as pessoas poderem compreender a si mesmas e o mundo a partir do exercício de suas capacidades racionais, mas sim porque todos fazem parte de um mesmo plano de criação divina. Não se trata mais de uma igualdade moral entre pessoas, mas sim daqueles que seguem a vontade transcendental expressa na própria constituição da sociedade.[282]

O humanismo renascentista representa o momento inicial da formação do individualismo moderno. A realização pessoal se torna um objetivo de grande relevância porque será agora identificada com os interesses de cada um e não apenas com as expectativas sociais em torno da pessoa. Ocorre uma separação gradual entre as aspirações particulares e as expectativas da tradição. A individualidade surge como um valor cardeal de uma sociedade na qual transformações ocorridas na base material da existência promovem modificações significativas no plano cultural.[283] Os seres humanos não esquecem que são criações divinas, mas adquirem a consciência de pertencerem a si mesmos em primeiro lugar. A sua consciência deixa de ser um lugar privilegiado de contato com

---

[281] RIESENBERG, Peter. *Citizenship in the western tradition.* Chappel Hill: North Carolina University Press, 1992.

[282] PÉREZ LUNO, Antônio Enrique. *Dimensiones de la igualdad.* Madrid: Dykinson, 2007, pp. 44-48.

[283] HELLER, Agnes. *O homem do renascimento.* Lisboa: Editorial Presença, 1982, pp. 165-167.

CAPÍTULO III – A EVOLUÇÃO DA IGUALDADE

Deus para se tornar um espaço de fruição pessoal e também de exercício da razão.[284] Essa mudança de perspectiva antropológica estabelece as bases da divisão entre espaço público e privado quando se separam paulatinamente a personalidade individual dos papéis sociais pensados como naturalmente criados.[285]

Outro elemento de grande importância no plano político surge com este novo paradigma: a recuperação do republicanismo. Esse movimento tem início nas cidades italianas que se constituem como repúblicas independentes. O Renascimento representa um momento de grande importância para o desenvolvimento da igualdade e da cidadania. Ela novamente se assenta sobre o ideal antropológico que guarda referências importantes com o mundo antigo, principalmente com um aspecto importante, o ideal da educação do cidadão para uma vida em comunidade, como se depreende dos princípios do humanismo cívico. Além disso, a ética renascentista coloca novamente o problema da interioridade da lei moral que a pessoa sábia observa naturalmente. Vemos acontecer um fenômeno de grande importância, a utilização do princípio da subjetividade para se pensar o Direito, pressuposto básico do Direito Natural moderno, pressuposto central da reflexão sobre a igualdade.[286] A cidadania renascentista representa, assim, um momento de estruturação de categorias centrais para o pensamento jurídico posterior, e o mais importante para a presente exposição é a transformação do ser humano como pressuposto do pensamento jurídico.

Se no mundo medieval o destino do ser humano estava inscrito na vontade divina, situando a questão da liberdade humana em termos do livre arbítrio, o humanismo renascentista, instituindo

---

[284] GUSDORF, Georges. *Les sciences humaines et la pensée occidentale*: les origenes des sciences humaines. vol. 2. Paris: Payot, 1966, p. 491.
[285] HELLER, Agnes. *O homem do renascimento*. Lisboa: Editorial Presença, 1982, p. 171.
[286] FASSÓ, Miguel. *Historia de la filosofia del derecho*: la Edad Moderna. vol. 2. Madrid: Piramides, 1982, p. 29.

um novo fundamento ontológico, afirma que o ser humano é o centro de toda a verdade. Os valores culturais passam a ter um significado propriamente humano, deixando de se referir à realidade transcendente como fonte de justificação da ação. O imobilismo da ordem social é paulatinamente substituído pela livre iniciativa do homem que será agora o centro de referência de um mundo onde se multiplicam as possibilidades de significação da existência humana.[287] Paralelamente a essa descoberta da liberdade como fundamento ontológico da vida humana, há também a descoberta da consciência como sede da verdade. A consciência individual adquire um novo estatuto, qual seja, um espaço interno sede de valores propriamente humanos. A relativização de valores no mundo renascentista, decorrente da superação progressiva da ideia de que a totalidade do mundo se ordena em função da presença de Deus, produz uma nova postura, em que os valores se referem à existência relativa de cada um.[288]

Se no mundo medieval o exame do espaço interior era pautado pelo princípio da confissão, do diálogo do fiel com o Criador, impondo uma limitação da possibilidade do conhecimento de si, o humanismo renascentista abre a possibilidade da descoberta psicológica da consciência individual pela dessacralização da ordem teológica, o que tem como consequência essa mudança essencial em relação a si mesmo.[289] A existência humana não gravita mais em torno de Deus: a consciência individual torna-se um novo centro de perspectiva, pressuposto essencial do individualismo renascentista. A esfera do infinito deixa de ser uma característica apenas da divindade para também se tornar um símbolo da

---

[287] HELLER, Agnes. *O homem do renascimento*. Lisboa: Editorial Presença, 1982, pp. 11/12.

[288] GUSDORF, Georges. *Les sciences humaines et la pensée occidentale*: les origenes des sciences humaines. vol. 2. Paris: Payot, 1966, p. 485.

[289] VAZ, Henrique Cláudio de Lima. *Antropologia filosófica I*. São Paulo: Loyola, 1992, pp. 78/79.

CAPÍTULO III – A EVOLUÇÃO DA IGUALDADE

consciência humana.[290] Os saberes se multiplicam e a consciência da eficácia operativa do ser, presente na imagem do homem como ser empreendedor, afirma-se nessa época de transição cultural. Esta multiplicação dos saberes, consequência da reordenação da relação do homem com a realidade, faz nascer uma nova interação do homem com a natureza.[291]

A modernidade introduz uma nova forma de relação entre o ser humano e a sociedade. No mundo medieval a relação dele com a comunidade possuía um caráter exclusivamente natural: sua inserção social na comunidade era determinada em função de seu nascimento. Numa sociedade em que toda organização estava estabelecida e justificada por leis divinas, as expectativas de desenvolvimento pessoal já estavam determinadas de antemão. Além de estar sedimentada sobre relações de pertencimento natural, a sociedade medieval se caracterizava pelas relações de dependência natural, pois o bem-estar social dependia diretamente do cumprimento adequado das atribuições de cada pessoa da comunidade, sendo que o caráter individual era avaliado pelo cumprimento das expectativas sociais fixadas em torno do lugar social que se ocupava. Não havia espaço para qualquer perspectiva existencial fora daqueles socialmente estabelecidos.[292] Essas sociedades são chamadas de holistas, pois a organização delas seguia princípios diferentes daqueles existentes nas sociedades individuais governadas por leis impessoais. A principal característica desse tipo de sociedade é a sua hierarquização construída sob preceitos religiosos e a completa submissão dos seres humanos ao todo social.[293]

---

[290] GUSDORF, Georges. *Les sciences humaines et la pensée occidentale*: les origenes des sciences humaines. vol. 2. Paris: Payot, 1966, p. 487.

[291] VAZ, Henrique Cláudio de Lima. *Antropologia filosófica I*. São Paulo: Loyola, 1992, pp. 80/81.

[292] HELLER, Agnes. *O homem do renascimento*. Lisboa: Editorial Presença, 1982, p. 14.

[293] DUMONT, Louis. *O individualismo*: uma perspectiva antropológica de uma ideologia moderna. Rio de Janeiro: Rocco, 1993, p. 57.

A história da consciência do ser humano como existência individual nasce quando ele começa a tomar consciência de que se distingue do mundo natural e que é entidade separada dos demais homens. Esses elementos demonstram que a história da humanidade é um processo contínuo de individualização.[294] Cabe destacar dois fatores responsáveis pelo estabelecimento dessa nova relação do ser humano com a sociedade, processos que terão um papel central na construção da noção de igualdade como um princípio destinado à proteção de indivíduos. O nascente capitalismo, tendo na produção de riquezas seu principal objetivo, pressupõe o desenvolvimento universal das forças produtivas, criando uma base de riqueza material que implica a multiplicação de possibilidades de existência. O processo de trocas de riquezas que surge com o renascimento comercial leva o homem a uma nova situação, na qual é obrigado a colocar-se numa posição diferente daquela assumida no período feudal. Com o desenvolvimento das forças de produção capitalistas, a estrutura social e o indivíduo nela inserido se tornam dinâmicos, como observa Agnes Heller. A nova realidade econômica traz condições para que os indivíduos possam determinar o curso de sua existência, criando a consciência do homem como ser autônomo. O capitalismo promove a dissolução da relação natural entre homem e sociedade e modifica as formas dos vínculos pessoais, que agora assumem a forma de uma livre interação entre pessoas livres e independentes. Na nova realidade social que vai se formando, o ser humano afirma-se pela sua posição na divisão social das riquezas, transformando o estatuto econômico em norma universal de organização social.[295]

Mas o individualismo moderno tem raízes culturais bastante precisas. Segundo Louis Dumont, a origem do individualismo

---

[294] MUNOZ VALLE. Isidoro "Las origenes socioculturales del hombre moderno". *Revista de Estudios Políticos*, nº 204, 1975, p. 35.
[295] HELLER, Agnes. *O homem do renascimento*. Lisboa: Editorial Presença, 1982, pp. 15-17.

está na própria sociedade medieval. O autor identifica o princípio cristão da igualdade de todos os homens diante de Deus, a universalização do conceito de pessoa e a pregação de uma vivência ética interior como os elementos que construíram uma forma de individualização das consciências que se consolidaria ao longo da História.[296] O humanismo renascentista coloca-se como um momento decisivo na constituição dessa ideologia, ao afirmar no mundo das ideias um dos pressupostos básicos do individualismo: a representação do homem como ser autônomo, capaz de instituir sua própria norma de conduta e de fundamentar os seus atos a partir de sua própria razão e vontade. Decorre daí o trabalho de reflexão dos pensadores renascentistas de procurar reintegrar o homem no devir da história, buscando no ideal antigo da educação política, a educação do ser humano pelas disciplinas teóricas para que este possa exercer a sua liberdade tendo em vista a sua autonomia racional.[297] O nascimento do individualismo moderno tem como uma de suas fontes principais a divulgação dos ideais do humanismo renascentista, que concebem o ser humano como ser capaz de autonomia, como fonte de suas próprias representações e de seus atos. O homem do humanismo não pretende mais receber a sua norma de conduta de nenhuma fonte exterior, mas apenas de sua razão e de sua vontade.[298]

3.4 A igualdade no mundo moderno

A principal marca da modernidade é, portanto, a instauração do sujeito como princípio metafísico, elemento que será o ponto de partida para a afirmação da dimensão lógica da igualdade

---

[296] DUMONT, Louis. *O individualismo*: uma perspectiva antropológica de uma ideologia moderna. Rio de Janeiro: Rocco, 1993, pp. 69-71.
[297] LIBERTY. *Encyclopedia of philosophy*. vol. 4. Nova York: Free Press, 1972, p. 67.
[298] RENAUT, Alain. *L'ere de l'individu*: contribuition a une histoire de la subjectivité. Paris: Gallimard, 1988, pp. 52/53.

neste momento histórico. Dentro da filosofia moderna, a noção de subjetividade designa a consciência de si, pressuposto essencial da existência e fundamento de todo conhecimento possível.[299] Na modernidade, sujeito e razão estão intrinsecamente unidos, e o surgimento do ser humano como sujeito possibilitará a criação de um mundo regido por leis racionais e inteligíveis para o pensamento humano. Não estando mais guiado por uma razão objetiva, ele surge como liberdade e criação.[300] Mas esse deslocamento de uma razão objetiva para o princípio da subjetividade é fruto de um complexo processo que analisaremos a seguir. Paralelamente a essa descoberta da liberdade como fundamento ontológico da vida humana, há também a descoberta da consciência como sede da verdade. A consciência individual adquire um novo estatuto, qual seja, um espaço interno sede de valores propriamente humanos. A relativização de valores no mundo renascentista, decorrente da superação progressiva da ideia de que a totalidade do mundo se ordena em função da presença e Deus, produz uma nova postura em que os valores se referem à existência relativa de cada um.[301]

O pensamento humanista terá um papel central no processo de construção do princípio moderno de igualdade porque recupera elementos centrais da reflexão moral e política: os seres humanos como seres racionais que podem viver de acordo com normas de conduta, as quais representam o acordo político entre pessoas de mesmo *status* moral e político. O individualismo e o racionalismo serão responsáveis pela recuperação da ideia de que as pessoas possuem uma mesma igualdade moral baseada no pressuposto da igualdade jurídica como indivíduos. Vemos renascer a noção jurídica de pessoa, de um ente que possui direitos públicos subjetivos,

---

[299] FAYE, Ernest. *Subjectivités-Encyclopedie philosophique universelle*: le notions philosophiques. vol. 2. Paris: PUF, 1990, p. 2477.

[300] TOURAINE, Alain. *Crítica da modernidade*. Petrópolis: Vozes, 2011, p. 218.

[301] GUSDORF, Georges. *Les sciences humaines et la pensée occidentale*: les origenes des sciences humaines. vol. 2. Paris: Payot, 1966, p. 485.

CAPÍTULO III – A EVOLUÇÃO DA IGUALDADE

processo que abrirá caminhos para as transformações políticas que estabelecerão a igualdade e a liberdade como preceitos centrais da ordem política. Ao lado desse processo cultural, será posta a necessidade de limite ao poder político estatal, condição para a proteção das liberdades individuais, ponto central da luta pelo estabelecimento de uma organização estatal baseada em normas destinadas a proteger a liberdade dos indivíduos. As revoluções liberais modernas serão responsáveis pela restituição de uma esfera pública e de uma esfera privada, condição para que se possa reestabelecer um regime democrático.[302]

A liberdade dos modernos opera então na medida em que as pessoas poderão agora gozar de liberdades individuais protegidas por normas jurídicas contidas em Constituições que representarão o contrato político entre pessoas igualmente situadas. O reconhecimento dessa igualdade decorre diretamente do conceito de razão presente dentro desse momento histórico. O processo de formação da cidadania moderna está marcado pela ascensão de um novo paradigma filosófico, que estabelece uma descontinuidade radical com os parâmetros determinantes da cidadania nos momentos históricos anteriormente analisados. Tal fato está ligado à ascensão do ser humano como sujeito do conhecimento, fundamento do novo paradigma presente na modernidade. Esse novo paradigma instituirá uma nova compreensão do ser humano, o que assentará a cidadania em bases inteiramente novas. Mais uma vez, o nosso objetivo é investigar como a chamada lógica da identidade estabelecerá os critérios para a determinação dos limites da noção de cidadania.

Os seres humanos são entes racionais, mas também sensíveis, estando neles presentes tanto a faculdade de desejar quanto a vontade racional. Se a primeira faculdade restringe o homem ao

---

[302] Para uma análise sistemática desse tópico, ver: HABERMAS, Jürgern. *Mudança estrutural na esfera pública*. São Paulo: Unesp, 2014.

plano da mera individualidade, a vontade racional almeja a universalidade, que se tornará o critério do agir moral. A ação moral será então um meio para a elevação do ato particular, que atende apenas a singularidade do sujeito, à universalidade exigida pela lei moral. Essa universalidade da lei moral, que se fundamenta na própria natureza racional do sujeito, traz uma grande novidade para a constituição do sujeito moderno, ao recusar toda forma de eticidade de natureza heterônoma, referindo-se primordialmente ao sujeito enquanto princípio ontológico.[303] A vontade, entendida como a própria razão que se constitui sob o fundamento da liberdade, cria a própria lei moral à qual se submete, tornando o homem o legislador de si mesmo. A vontade não é uma faculdade exterior a ele, mas a sua própria essência, um dado *a priori* da existência humana.[304]

A autonomia da vontade é a possibilidade de que o ser humano tem de determinar a si mesmo, o que requer uma organização política baseada nos princípios da igualdade e da liberdade. Essa autonomia moral, entretanto, comporta dois aspectos indissociáveis. O ser humano, como ente racional, impõe a si mesmo uma lei que deve ser acolhida por todo ser de razão. Mas como ser finito, o homem deve impor-se uma lei que toma a forma de um imperativo moral.[305] A lei moral como imperativo se define necessariamente como *dever ser*, preceito que deriva do próprio fato de estar fundada no princípio da liberdade transcendental, ou seja, na razão. Como a ética kantiana está também baseada no princípio da subjetividade e o sujeito é um ser finito que pretende elevar a ação moral ao nível da universalidade, a lei moral coloca-se necessariamente

---

[303] SALGADO, Joaquim Carlos. *A ideia de Justiça em Kant*. 3ª ed. Belo Horizonte: Del Rey, 2012, pp. 158/159.
[304] CARNOIS, Bernard. *La cohérence de la doctrine kantienne de la liberté (l'ordre philosophique)*. Paris: Éditions du Seuil, 1973, p. 123.
[305] CARNOIS, Bernard. *La cohérence de la doctrine kantienne de la liberté (l'ordre philosophique)*. Paris: Éditions du Seuil, 1973, p. 119.

CAPÍTULO III – A EVOLUÇÃO DA IGUALDADE

em termos de dever ser, pressupondo que a sua ação moral deva ser universal, derivando da Razão, que é o elemento *a priori* da essência humana e que obriga a todos a agir moralmente com o intuito de tornar o ato racionalmente fundamentado.[306]

O Direito moderno nasce sob a influência de dois grandes princípios: o individualismo e o racionalismo. O individualismo, além de expressar as necessidades reais do homem da época, torna-se o ponto de partida das doutrinas filosóficas e jurídicas da modernidade. A razão, sistema de princípios próprios da natureza humana que permite a aquisição do conhecimento verdadeiro da realidade, é o outro paradigma que determinará a evolução do Direito moderno. A fundamentação do Direito moderno por esses dois paradigmas mostra como a racionalidade científico-matemática desempenhará papel de suma importância na sua construção, pois a partir de agora a racionalidade moral-prática estará submetida à racionalidade cognitivo-instrumental da ciência moderna, fazendo com que o Direito se transforme em uma ordem de legitimação da racionalidade instrumental da modernidade.[307]

Se, na antiguidade clássica, a Teoria do Direito Natural fundamenta-se na racionalidade imanente à natureza, na modernidade, ela encontra a sua justificação no ser humano entendido como indivíduo. A liberdade não é mais algo decorrente da submissão dele à uma ordem normativa transcendente, mas é uma característica constitutiva do sujeito individualmente considerado. A ordem social não encontra mais a sua fonte de legitimação numa ordem racional transcendente, mas é deduzida da natureza humana, tornando-se um direito subjetivo. Com a referência necessária do Direito Natural ao paradigma da subjetividade, os preceitos dessa doutrina jurídica são estabelecidos pela autorreferência do sujeito.

---

[306] SALGADO, Joaquim Carlos. *A ideia de Justiça em Kant*. 3ª ed. Belo Horizonte: Del Rey, 2012.
[307] SANTOS, Boaventura S. *A crítica da razão indolente*: contra o desperdício da experiência. São Paulo: Cortez, 2000, p. 52.

A lei natural não encontra mais a sua justificação na racionalidade imanente à natureza, mas na postulação de princípios originários e imanentes ao próprio sujeito capaz de se autodeterminar.[308]

Não podemos compreender a noção moderna de igualdade sem fazermos referência ao individualismo. O individualismo jurídico constitui-se sob as premissas gnosiológicas da época, isto é, da compreensão do ser humano como ser autônomo, dono de uma vontade livre e como ser racional capaz de deduzir de si mesmo todo o conhecimento. Mas ele tem suas origens em diversos fatores. Vale a pena traçar um breve percurso das formas de relação entre indivíduo e sociedade para que possamos ter uma ideia mais clara de como se origina o individualismo jurídico. A tentativa de se estabelecer a sociedade e o Estado a partir do isolamento natural do indivíduo é o ponto comum a todas as correntes doutrinárias do jusnaturalismo moderno. As diferentes correntes dessa escola partiram de dois conceitos comuns: o estado de natureza e o contrato social. Essa construção teórica tem como fundamento a intenção de se construir uma teoria do Estado de Direito que leve em conta o pressuposto do homem representado como sujeito e indivíduo.[309]

O estado de natureza é uma construção hipotética que procura demonstrar a condição de vida dos seres humanos numa situação em que não existe qualquer tipo de organização política ou jurídica. Ali, os indivíduos possuem sua própria soberania, sendo originariamente livres, embora independentes e isolados em relação aos demais. Essa igualdade natural deriva da própria constituição da natureza humana, que tem na liberdade seu principal fundamento. Os indivíduos exercem seus direitos naturais sem qualquer restrição, conforme o entendimento de sua natureza

---

[308] RAMOS, César Augusto. "A individualização do direito natural moderno e a referência à subjetividade". *Anais do 4º Encontro Brasileiro de Filosofia*, Diamantina, 1994, pp. 365/366.

[309] RIBEIRO, Eduardo Ely Mendes. *Individualismo e verdade em Descartes*: o processo de construção do sujeito moderno. Porto Alegre: EDIPUCRS, 1995.

CAPÍTULO III – A EVOLUÇÃO DA IGUALDADE

como racional ou sensível. Cada indivíduo é guardião de sua própria soberania, ou seja, de seus direitos derivados da lei natural. No estado de natureza, apesar de não estar sob nenhuma norma de direito positivo, o homem estava de qualquer modo obrigado pela lei natural, o que colocava o premente problema de se reconciliar a soberania individual e as obrigações da lei natural. Partindo desses problemas e da ideia de uma natural tendência humana para o convívio social, elaborou-se a doutrina do contrato social, segundo a qual os seres humanos, por um ato livre de vontade, passam de um estado de natureza à sociedade civil, na qual as bases de convivência são estabelecidos pelas normas de Razão natural. A representação do ser humano como um ente racional é pressuposto comum a todas as concepções contratualistas: é o fator determinante para o estabelecimento do pacto social.[310]

O individualismo institui o ser individual como critério e valor absoluto da organização social. A afirmação do individualismo é o resultado da confluência de diversos fatores que contribuíram para a formação da concepção do ser humano como realidade individual autônoma. Dentre eles, podemos citar o cristianismo, que, afirmando a necessidade de salvação das almas individuais, vê o ser humano como o valor mais alto; a Reforma Protestante, que, ao colocar o homem em contato direto com Deus, provoca a interiorização da consciência moral; o humanismo, que faz do homem a medida de todas as coisas; o racionalismo, que identifica o homem com a sua racionalidade subjetiva; citamos ainda o princípio da autonomia da vontade, que, colocando a liberdade interior como princípio da vontade, afirma o valor absoluto da liberdade.[311]

A modernidade emancipa o indivíduo das relações que o mantinham em um estado de assujeitamento e o Direito desempenha

---

[310] GIERKE, Otto. *Natural law and theory of society*: 1500-1800. Boston: Beacon Press, 1957, pp. 114-116.
[311] BURDEAU, Georges. *O liberalismo*. Lisboa: Europa-América, 1985, p. 81.

um papel fundamental nesse processo. A universalização dos direitos é o princípio que garante a todos os indivíduos a liberdade e o valor absoluto do indivíduo tem como corolário a igualdade. Entretanto, essa igualdade só pode ser afirmada se abstraídas todas as particularidades presentes na vida social. O individualismo não pode considerar o ser humano a partir das suas contingências, pois atribui a autonomia à sua essência universal e não à sua existência concreta. Essa concepção de igualdade tem a sua origem na doutrina kantiana do Direito, na qual a igualdade aparece como um princípio decorrente da natureza racional do homem.[312] Se, na antiguidade, a igualdade estava baseada nos princípios da racionalidade imanentes à realidade, na modernidade, essa igualdade, que continua tendo um estatuto primordialmente metafísico, estará ligada agora a outra forma de justificação, que é a racionalidade inerente à própria natureza humana. A igualdade é um princípio necessariamente abstraído da realidade concreta dos indivíduos.

O individualismo nega à sociedade qualquer objetivo próprio, mas como o homem necessita viver em sociedade para que possa alcançar o seu pleno desenvolvimento, ela deve estar organizada segundo os princípios da liberdade e da igualdade. Portanto, as normas necessárias para a organização social devem ser criadas em função desses princípios. O sistema jurídico deve garantir a coexistência das próprias liberdades, não sendo nada mais do que uma organização das liberdades, segundo a doutrina liberal.[313] Assim, o indivíduo não é apenas como parte integrante da sociedade, é também seu fim principal, a sua razão de ser. Partindo desse pressuposto, o indivíduo, na sua dupla qualidade de cidadão e de pessoa, pode reivindicar a liberdade política como defesa de seus direitos políticos e a liberdade física como proteção da sua condição de indivíduo.

---

[312] BURDEAU, Georges. *O liberalismo*. Lisboa: Europa-América, 1985, p. 81.
[313] BURDEAU, Georges. *O liberalismo*. Lisboa: Europa-América, 1985, pp. 84/85.

CAPÍTULO III – A EVOLUÇÃO DA IGUALDADE

As revoluções liberais ocorridas no mundo moderno encontrarão nessa reflexão sobre a liberdade e a igualdade os motivos principais para a reformulação da ordem política porque ela deve espelhar essa nova realidade antropológica afirmada pelo pensamento filosófico. Seguindo esse parâmetro, as declarações de direitos e os textos constitucionais incorporarão o preceito da igualdade de direitos como um pressuposto central da vida política. O conceito de cidadania volta a designar não apenas um tipo de pertencimento político, mas também um ideal de realização pessoal que só poder ser alcançado por meio da existência da relação entre autonomia pública e autonomia privada. O ideal moderno de cidadania engloba não apenas a igualdade de direitos, mas também a proibição de discriminações arbitrárias, porque elas impedem a realização desse ideal humano, que possui uma dimensão abstrata, mas também muito concreta, a igualdade de direitos. Os indivíduos são factualmente diferentes, mas possuem uma identidade comum como membros de uma comunidade política, o que também está predicado na igualdade moral entre as pessoas.[314]

A evolução histórica do princípio da igualdade nos mostra que a reflexão e a prática desse princípio sempre estiveram relacionadas com as formas de racionalidade dominantes em um momento histórico. Elas também influenciam diretamente a maneira como a cidadania será representada e também estruturam o regime político adotado. Isso significa que a reflexão da igualdade precisa ser feita a partir das formas de identidade política, da identidade ontológica, da identidade moral e da identidade psicológica atribuída às pessoas. O conceito de igualdade pressupõe a existência dessas três dimensões, embora se refira a pessoas distintas nas mais diversas maneiras. Assim, esse preceito possui elementos que precisam ser sempre considerados: a dimensão antropológica, que reconhece as várias distinções reais entre as pessoas; o fato de que

---

[314] PÉREZ LUÑO, Antonio Enrique. *Los derechos fundamentales*. Madrid: Tecnos, 1984, pp. 29-41.

essas pessoas possuem uma identidade jurídica comum decorrente de seu reconhecimento como sujeitos de direitos; esse reconhecimento permite a afirmação da universalidade dos direitos, o que justifica o tratamento igualitário entre aqueles que possuem o mesmo *status* jurídico e político.[315]

A análise dos fundamentos da igualdade moderna mostra as formas a partir das quais suas dimensões serão articuladas nesse momento histórico. Sua dimensão lógica decorre da concepção da subjetividade metafísica como princípio de organização da reflexão jurídica e moral e permite a elaboração das bases sobre as quais a dimensão política será elaborada. O sujeito moderno será mais uma vez categorizado como uma pessoa jurídica, como um ponto de imputação de direitos e deveres; ele será visto como um sujeito de direitos, expressão que designa um *status* a partir do qual as pessoas poderão demandar direitos públicos subjetivos. Essa dimensão jurídica da igualdade está relacionada com a dimensão política da igualdade; a primeira determina a forma de existência dentro de uma sociedade política organizada de forma democrática. Esse modo de organização política assume a forma de um Estado Liberal de Direito, de uma instância política que tem o propósito de proteger a liberdades dos indivíduos. A dimensão política da igualdade moderna está relacionada com o objetivo de proteger uma esfera de ação que se identificará com o espaço público, mas também com o espaço privado.[316]

A identidade moderna também mostra a importância da dimensão moral da igualdade: estamos agora diante de uma situação na qual a construção de uma sociedade democrática pressupõe a compreensão das pessoas como sujeitos morais autônomos, sujeitos que se reconhecem como atores sociais competentes, requisito para

---

[315] PÉREZ LUÑO, Antonio Enrique. *Derechos humanos*: Estado de Derecho y Constitución. Madrid: Tecnos, 1992, pp. 223-228.
[316] ABERNETHY, George L. *The of equality*: an antology. Richmond: John Knox Press, 1959, pp. 97-161.

CAPÍTULO III – A EVOLUÇÃO DA IGUALDADE

a construção de uma sociedade solidária. As relações solidárias entre os membros da comunidade política serão um elemento central para a formação da dimensão psicológica dos indivíduos. A dimensão política da igualdade demonstra que os direitos individuais possuem um caráter intersubjetivo; eles são instrumentos a partir dos quais as pessoas podem se reconhecer e reconhecer os outros como agentes sociais. Esse processo também terá um papel central na possibilidade de as pessoas se reconhecerem como individualidades subjetivadas. A igualdade não operará apenas a partir de um processo de reconhecimento do outro a partir de uma perspectiva jurídica, mas a proteção de um espaço de ação individual também será responsável pela construção do espaço psicológico, o que passa a ter maior inteligibilidade a partir das noções de individualismo e de subjetividade.[317]

O princípio da igualdade no mundo moderno recupera alguns elementos presentes no mundo antigo, mas a partir de novos elementos, notoriamente nas doutrinas do individualismo e do racionalismo. A igualdade será também um elemento regulador da vida política democrática na medida em que se torna um objetivo buscado por todos que participavam dos movimentos revolucionários. Ela se tornará um elemento central da noção de esfera pública, que novamente volta a pautar a vida política, dimensão que será marcada pelo princípio da legalidade, elemento central da organização jurídica dos Estados modernos. A reflexão filosófica novamente volta oferecer os elementos para uma práxis marcada pelo ideal da solidariedade entre os membros da comunidade política. Mas a política não será o espaço primordial de realização das pessoas; elas também procurarão a realização moral dentro do espaço privado. O sujeito moderno também se afirmará como um sujeito psicológico, como um sujeito individualizado cuja realização também está relacionada com suas particularidades

---

[317] SCHENEEWIND, J. B. *A invenção da autonomia*. Porto Alegre: Unisinos, 2001, pp. 197-220.

psicológicas. Esse objetivo só poderá ser alcançado na medida em que a dimensão política e jurídica da igualdade permite o florescimento da dimensão psicológica desse princípio. O sujeito humano se reconhecerá como um indivíduo na medida em que a igualdade política e a igualdade jurídica garantem a afirmação da autonomia pública e a autonomia privada. O sujeito moderno não procura se desvencilhar de relações sociais baseadas em relações de mútua dependência e pertencimentos naturais. Ele quer criar um espaço de ação autônoma que também permite a ele reconhecer a si mesmo como um ser único.[318]

3.5 A igualdade formal e a representação abstrata do sujeito humano

O conceito de igualdade está diretamente relacionado com as representações do ser humano no discurso jurídico. Seu reconhecimento como centro do universo inteligível teve implicações consideráveis para o pensamento jurídico moderno. Representado como um indivíduo racional capaz de estabelecer a sua própria norma de conduta, o indivíduo adquire o *status* de princípio fundamental do pensamento político e jurídico. Teorias modernas sobre a sociedade e sobre o Estado utilizarão essa representação dos seres humanos para estabelecer os pressupostos de uma democracia liberal, primeira manifestação do Estado de Direito. Pode-se construir uma sociedade baseada em leis universais e abstratas a partir da premissa de que todos as pessoas possuem uma identidade comum como cidadãos. A faculdade racional de todos os membros da comunidade política permite que eles desenvolvam uma consciência moral universal, o que os torna capazes de

---

[318] Para uma análise da dimensão política, da dimensão jurídica e da dimensão psicológica da igualdade, ver: PÉREZ LUÑO, Antonio Enrique. *Dimensiones de la igualdad*. Madrid: Dykinson, 2007, pp. 48-74; TAYLOR, Charles. *As fontes do self*. São Paulo: Loyola, 1997, pp. 149-257; SEIGEL, Jerrold. *The idea of the self*. Cambridge: Cambridge University Press, 2005, pp. 171-248.

CAPÍTULO III – A EVOLUÇÃO DA IGUALDADE

construir uma organização social baseada em leis que expressam a própria racionalidade humana.[319] A identidade comum de todos os cidadãos engendra uma identidade de direitos e a rejeição a quaisquer privilégios injustos em nome de um princípio geral da igualdade. Como todas as pessoas têm os mesmos direitos, elas devem ser igualmente protegidas, posição que rejeita o tratamento arbitrário entre os cidadãos, o que era característico dos regimes políticos anteriores. A ideologia individualista toma a identidade comum de todos os indivíduos como um elemento central para a universalização dos direitos fundamentais. Um processo dessa natureza requer a homogeneização social a partir da compreensão dos seres humanos como entes abstratos, representados pela figura do sujeito de direito. Essa ideologia estava fundada na negação de que as diferenças de *status* social tenham relevância jurídica, pois o reconhecimento delas não teria lugar no processo de construção de uma sociedade que almejava a uniformização do tratamento jurídico entre as pessoas.[320]

Estabelece-se aqui uma correlação direta entre direitos fundamentais e o princípio democrático. Os direitos fundamentais só podem existir dentro de uma sociedade pautada pela igualdade política e jurídica entre os indivíduos. As teorias democráticas modernas tomaram as noções de autonomia pública e autonomia privada como princípios centrais da organização política. Essas duas esferas da existência estão diretamente relacionadas porque a autonomia pública serve de suporte para a autonomia privada, instâncias da existência humana protegida pela relação necessária entre os direitos fundamentais e o princípio democrático.[321] O

---

[319] HEARSCHER, Guy. *Filosofia dos direitos do homem*. Lisboa: Instituto Piaget, 1993, pp. 18-27.

[320] ATTAL-GALY, Yael. *Droits de l'homme et categories d'individus*. Paris: LGDJ, 2003, p. 4.

[321] BURDEAU, George. *Droit Constitutionel et institutions politiques*. Paris: LGDJ, 1974, pp. 77-86.

ideal universalista, assentado na noção de identidade comum entre todos os indivíduos, parte das regras de direito que governam a sociedade, o que possibilita a construção do indivíduo racional como centro do universo político e jurídico.[322]

Essa representação dos seres humanos está relacionada com alguns processos importantes da cultura jurídica moderna. Presencia-se nesse período histórico a emergência da noção de direitos subjetivos, conceito decorrente da afirmação de que o direito é uma qualidade moral das pessoas. Sendo faculdades individuais, os direitos subjetivos permitem que elas gozem da liberdade individual. Essa nova concepção de direito torna possível o reconhecimento do poder de exigir que as instituições estatais reconheçam e garantam o exercício da sua liberdade.[323] O conceito de direito subjetivo está igualmente ligado à noção de pessoa, uma representação dos seres humanos que também possui um caráter jurídico. Esse conceito designa o *status* dos indivíduos dentro de uma comunidade política, indicando que essa comunidade os reconhece como sujeitos possuidores de direitos e também como indivíduos passíveis de imputação jurídica. Como observamos anteriormente, assistimos, na modernidade, uma convergência da categoria de pessoa com a noção de ser moral, processo operado pela percepção de que o indivíduo é também uma unidade psicológica. Além de indicar a existência de um ser detentor de uma personalidade jurídica, o conceito de pessoa designa um ente que possui uma consciência racional, o que o torna capaz de agir moralmente.[324] O conceito de sujeito de direito contém, assim, dois polos. Primeiro, é a afirmação de que o sujeito humano é uma realidade psicológica cujo espaço

---

[322] ATTAL-GALY, Yael. *Droits de l'homme et categories d'individus*. Paris: LGDJ, 2003, p. 6.

[323] ZARKA, Yves Charles. "L'invention du sujet du droit". *Archives de Philosophie*, Paris, vol. 60, n° 4, 1997, pp. 533-537.

[324] LACHANCE, George. *Le droit et les droits de l'homme*. Paris: PUF, 1954, pp. 147-155.

CAPÍTULO III – A EVOLUÇÃO DA IGUALDADE

de ação requer a proteção da autonomia privada. Mas ele também é um cidadão, um ser que possui um *status* jurídico e político cuja liberdade está protegida pela autonomia pública.[325]

Mas a noção de sujeito de direito decorre também da transposição da concepção do homem no discurso filosófico para o discurso jurídico. Sua representação metafísica permite a construção de uma imagem genérica dos seres humanos enquanto seres que possuem direitos e obrigações. A noção de sujeito de direito designa, assim, um ser abstratamente considerado, uma categoria fundada na concepção moral dos indivíduos que possuem faculdades traduzidas na forma de direitos e deveres. Tal representação do homem abre espaço para o reconhecimento de uma intersubjetividade jurídica, pois a noção de direito como uma faculdade pessoal permite a extensão do *status* jurídico a todos os indivíduos. Essa construção de uma subjetividade jurídica fundada na ideia de uma racionalidade universal torna possível a construção de uma organização social baseada em normas que expressam a racionalidade humana. Então vemos que a lei surge como um ato de vontade e de razão, permitindo a equiparação de todos os membros da sociedade ao criar uma representação exterior ao indivíduo.[326]

O conceito de igualdade formal decorre diretamente da representação racional do sujeito humano, racionalidade que também está expressa nas normas jurídicas, produto do acordo entre indivíduos igualmente. A criação de normas gerais que reconhecem todos os membros da comunidade política como sujeitos de direito permite o tratamento isonômico entre todas as pessoas, eliminando-se assim aquelas distinções baseadas em critérios ilegítimos. A generalidade das normas permite o respeito da igualdade formal entre os cidadãos, o que transforma a noção de igualdade em um

---

[325] ZARKA, Yves Charles. "L'invention du sujet du droit". *Archives de Philosophie*, Paris, vol. 60, n° 4, 1997, pp. 533-537.
[326] AMATO, Salvatore. *Il soggetto e il soggetto di diritto*. Torino: Giappichelli, 1990, pp. 51-67.

critério fundamental de legitimação da ordem política. Pode-se, assim, falar do ser humano como um sujeito jurídico quando se leva em consideração essa estrutura racional que caracteriza todos os indivíduos, o que permite um processo de codificação das normas jurídicas fundado no pressuposto da liberdade como um direito fundamental de todas as pessoas. Esse processo revela a relação entre a noção de igualdade formal e a representação de subjetividade dominante nesse período histórico. O conceito de igualdade torna-se então o pressuposto de leis gerais e abstratas válidas porque são produto da vontade política de indivíduos igualmente racionais.[327]

Nosso texto constitucional incorpora duas concepções de igualdade: a igualdade formal e a igualdade material. O princípio da igualdade formal pode ser definido como a exigência de que as normas jurídicas sejam uniformemente aplicadas a todos os membros da comunidade política. Parte-se do pressuposto de que elas devem ser gerais e abstratas, eliminando-se assim quaisquer tipificações que estabeleçam consequências jurídicas arbitrárias. Reconhece-se que as pessoas são faticamente diferentes em vários aspectos, mas muitas dessas diferenças não podem ser levadas em consideração, porque irrelevantes para o exercício de direitos. O princípio da igualdade possui uma natureza relacional porque procura garantir tratamento isonômico entre pessoas que possuem características comuns, não se fundamentando em uma relação de identidade absoluta entre indivíduos ou situações. Isso significa que esse princípio procura estabelecer uma equiparação de pessoas ou de situações que possuem as mesmas características e sobre as quais incidem uma regulação jurídica. Tais considerações demonstram que o princípio da igualdade formal demanda o tratamento igualitário de pessoas que estão igualmente situadas.

---

[327] AMATO, Salvatore. *Il soggetto e il soggetto di diritto*. Torino: Giappichelli, 1990, pp. 53-55.

CAPÍTULO III – A EVOLUÇÃO DA IGUALDADE

Baseado nos princípios do liberalismo moderno, o princípio da igualdade formal requer a aplicação uniforme das normas jurídicas. Como todos os seres humanos são igualmente livres, as diferenciações que não estejam baseadas nesse dado fundamental devem ser eliminadas. O tratamento igualitário entre todos os membros da comunidade política pelas instituições estatais presume também uma identidade de procedimento, o que demonstra a correlação íntima entre o princípio da igualdade e o princípio do Estado de Direito. O tratamento igualitário entre os indivíduos só pode existir em uma sociedade na qual as instituições estatais atuam de acordo com as normas jurídicas que representam os interesses da sociedade como um todo.[328]

O princípio constitucional da igualdade formal também está baseado nos pressupostos da generalidade e da universalidade. A exigência da generalidade incorpora um preceito do Direito Natural moderno segundo o qual as leis devem ter um caráter impessoal. As normas jurídicas podem estabelecer tratamento diferenciado entre os indivíduos, mas tal tratamento deve levar em consideração apenas as diferenças relevantes entre eles. A aplicação uniforme das leis surge então como um requisito para a proteção da liberdade de todos os cidadãos porque impede a utilização de categorias que estabelecem tratamento discriminatório. O sistema jurídico nos períodos históricos anteriores estabelecia tratamento diferenciado entre classes de pessoas, legitimando privilégios sociais. Por isso, as leis devem ser dirigidas à generalidade dos indivíduos nessa nova ordem social baseada no pressuposto de que todos eles estão igualmente submetidos a elas. O requisito da generalidade incorpora a ideia de que as normas jurídicas têm como função principal a consecução de interesses comuns de todos os cidadãos, constituindo, pois, mecanismos de limitação do poder estatal ao excluir diferenciações legislativas ilegítimas. As diferenciações presentes

---

[328] MARTINEZ, Gregorio Peces-Barba. *Curso de derechos fundamentales*: teoria general. Madrid: Boletin Oficial del Estado, 1995, pp. 284-289.

nas normas jurídicas devem ser adequadamente justificadas, tendo em vista os pressupostos que norteiam o princípio da igualdade formal.[329] Tal exigência está diretamente relacionada com as noções de legalidade e segurança jurídica, princípios baseados na ideia de que todos os cidadãos e todos os órgãos do Poder Público estão igualmente submetidos à lei. Surgindo como uma reação a uma ordem política fundamentada em privilégios sociais, o princípio da generalidade procura eliminar aquelas normas construídas para estabelecer consequências jurídicas arbitrárias.[330]

O princípio da igualdade formal encerra uma noção de justiça calcada na premissa de que indivíduos similarmente situados devem ser tratados de forma similar. Dessa forma, o princípio da igualdade deve levar em consideração a diversidade entre os indivíduos, mas também deve reconhecer o mesmo valor de todos eles perante a lei. O princípio da igualdade formal está baseado em uma concepção de justiça de caráter instrumental porque parte do pressuposto da uniformidade de tratamento. Quaisquer diferenciações entre classes de pessoas devem ser adequadamente justificadas, sendo que a norma em questão deve ser uniformemente aplicada a todos os membros daquela classe. O tratamento desigual de pessoas igualmente situadas é arbitrário porque estabelece consequências jurídicas diversas a pessoas que estão na mesma situação ou que possuem traços comuns.[331]

O princípio da igualdade formal, visto como elemento organizador das relações entre os indivíduos, pressupõe a existência

---

[329] PIZA ROCAFORT, Rodolfo. *Igualdad de derechos*: isonomía y no discriminación. San José (Costa Rica): Universidad Autonoma de Centro America, 1997, pp. 50-59.

[330] PÉREZ LUÑO, Antonio Enrique. "El concepto de igualdad como fundamento de los derechos economicos, sociales y culturales". *Anuario de Derechos Humanos*, vol. 1, nº 1, 1981, pp. 262/263.

[331] BOBBIO, Norberto. *Igualdade e liberdade*. Rio de Janeiro: Ediouro, 1996, pp. 11-15.

de uma organização estatal regulada por normas jurídicas legítimas. Esse princípio constitucional só pode existir dentro de uma realidade social na qual o poder estatal está submetido às leis. A igualdade jurídica dentro desse paradigma é então um elemento fundamental do Estado de Direito, um princípio que estrutura a relação entre os indivíduos e as instituições estatais. O conceito de Estado de Direito pode ser definido como uma organização estatal baseada na democracia, o que pressupõe a criação das normas jurídicas pela intervenção ou representação dos governados, normas que são parâmetro e limitação do poder estatal. Tal princípio está fundamentado na premissa de que o poder estatal deve ser regulado pelo Direito, um sistema de normas que tem como função central a garantia da liberdade e da igualdade entre os indivíduos.[332]

O conceito de igualdade perante a lei também pressupõe uma exigência de equiparação. Se a exigência da generalidade das leis está fundamentada na proposição de que as normas devem ser dirigidas a todas as pessoas, a noção de equiparação implica a desconsideração das diferenças entre indivíduos considerados irrelevantes para o exercício de direitos. Mais uma vez, o princípio de equiparação constitui uma garantia diante de qualquer forma de discriminação, pois requer tratamento igualitário entre pessoas que podem ter diferenças no plano fático, mas que possuem o mesmo *status* como sujeitos de direito. O sistema jurídico deve então tratar as pessoas de forma abstrata, requisito necessário para o processo de universalização dos direitos fundamentais. A exigência de equiparação refere-se então ao preceito de que todos os seres humanos devem ser considerados abstratamente iguais porque o sistema jurídico atribui o mesmo *status* jurídico a todos os membros da comunidade política.

---

[332] VANOSSI, José Reinaldo. *El estado de derecho nel constitucionalismo social.* Buenos Aires: Editorial Universitária de Buenos Aires, 1982, pp. 44-46.

Devemos observar que a exigência de equiparação está diretamente relacionada com a noção de identidade de procedimento. O princípio da igualdade jurídica também requer a aplicação das mesmas regras procedimentais a todos os cidadãos nas mesmas situações. A igualdade de procedimento é uma forma de legitimação do ordenamento jurídico, pois regula as várias situações de forma imparcial. Isso significa que todas as diferenças devem ser ignoradas, exceto quando elas possuem uma relevância real para a solução do problema jurídico em questão. Procura-se aplicar as mesmas regras jurídicas a todos os indivíduos que se encontram em situações semelhantes; a aplicação delas às diferentes situações promove a igualdade porque afirma a natureza procedimental desse princípio.[333]

Esses aspectos da igualdade formal sugerem a existência de outra dimensão fundamental desse princípio, que adquire uma função de suma importância no constitucionalismo liberal. Todos eles demonstram que o princípio da igualdade está diretamente ligado à ideia de racionalidade. Esse conceito impõe a necessidade de justificação dos atos estatais, o que só pode ser alcançado a partir da consideração dos princípios que regulam o sistema jurídico. O princípio da igualdade jurídica não é uma exigência absoluta de tratamento igualitário entre todas as pessoas. Os seres humanos possuem características comuns e também traços que os distinguem uns dos outros. O princípio da igualdade não impede que as instituições estatais estabeleçam tratamento diferenciado entre as pessoas. As instituições estatais não podem tratar pessoas igualmente situadas de forma desigual, nem podem deixar de aplicar as mesmas regras procedimentais às mesmas situações. Como os atos governamentais estão necessariamente regulados por normas jurídicas que representam algum interesse público, todos os atos estatais devem tratar de forma igual aquelas pessoas que se

---

[333] PÉREZ LUNO, Antônio Enrique. "El concepto de igualdad como fundamento de los derechos economicos, sociales y culturales". *Anuario de Derechos Humanos*, vol. 1, nº 1, 1981, pp. 265-271.

CAPÍTULO III – A EVOLUÇÃO DA IGUALDADE

encontram na mesma situação. A noção de racionalidade implica, assim, a necessidade de que todos os atos estatais devem seguir as normas que regulam o poder estatal, normas que são produto da vontade dos cidadãos.[334]

Mais do que um direito fundamental, a igualdade é também um princípio interpretativo de outros direitos fundamentais. Esse preceito constitucional passou a ser um elemento de importância central para o controle de constitucionalidade dos atos estatais. Assim, a igualdade é ainda um parâmetro para o julgamento da racionalidade dos atos governamentais que estabelecem tratamento diferenciado entre os indivíduos. Ao assegurar o mesmo tratamento a todos os cidadãos, o princípio da igualdade é uma regra a ser observada no processo de elaboração e aplicação do Direito. Se o preceito de que todos os indivíduos devem ser tratados da mesma forma perante a lei emergiu com o liberalismo filosófico, a noção de igualdade no conteúdo da lei surgiu posteriormente, mas especificamente em função da consagração da isonomia formal como um parâmetro para o controle de constitucionalidade dos atos estatais. O aparecimento do processo de controle de constitucionalidade motivou os tribunais a impor limites substantivos à atividade estatal, de modo que eles pudessem declarar a ilegalidade dos atos governamentais que contrariassem o princípio da igualdade. A referência ao liberalismo racional sempre teve grande importância na justificação da proteção dos direitos individuais.[335]

A noção de que todos os indivíduos possuem a mesma capacidade racional, o que permite a ação autônoma, levou vários tribunais a declarar a inconstitucionalidade de leis, restringindo as liberdades dos indivíduos ao longo do desenvolvimento do constitucionalismo

---

[334] VANOSSI, José Reinaldo. *El estado de derecho nel constitucionalismo social*. Buenos Aires: Editorial Universitária de Buenos Aires, 1982, pp. 48/49.

[335] ROCAFORT, Rodolfo Piza. *Igualdad de derechos*: isonomia y no discriminacion. San José: Universidad Autonoma de Centro America, 1997, pp. 37-39.

moderno. Procurando garantir a igualdade entre os cidadãos, os tribunais adotaram uma perspectiva de interpretação da igualdade de forma que eles pudessem identificar atos estatais arbitrários.[336] Eles passaram a recorrer ao princípio da igualdade formal e à noção de razoabilidade para declarar a inconstitucionalidade de leis que utilizam critérios que não guardam quaisquer relações com o objetivo da legislação ou critérios que têm por finalidade a discriminação de grupos sociais. Tradicionalmente, a aplicação do princípio da igualdade no processo de controle de constitucionalidade das leis tem um caráter procedimental. Como esse preceito constitucional constitui um limite ao poder regulador estatal, os tribunais devem verificar se existe uma relação racional entre as classificações legislativas e o objetivo que a legislação pretende atingir. Essa metodologia está fundamentada em um pressuposto bastante simples: as classificações são constitucionais quando há uma relação racional entre o critério de tratamento diferenciado e os objetivos estatais legítimos.[337] Recorrendo ao princípio de que

---

[336] Ver, por exemplo: ESTADOS UNIDOS. Suprema Corte dos Estados Unidos. *American Sugar-Refining Co v. State of Louisiana*. 179 U.S. 89, 1 S.Ct. 43 U.S. 1900 (afirmando que uma classificação legislativa é arbitrária apenas quando utiliza um critério que não guarda nenhuma relação com o exercício de um direito); ARGENTINA. Corte Suprema de Argentina, CSJN, Fallos, 153:67, Buenos Aires, Octubre, 26 de 1928 (argumentando que o princípio da igualdade presente na Constituição Argentina não é outra coisa que a exclusão de benefícios que se estendem a outras pessoas igualmente situadas); MÉXICO. Corte Constitucional Mexicana, Amparo penal em revisión, 231/31, Juiz: Valadez Miguel, 19.11.1933, mayoría de 3 votos (afirmando que as garantias individuais consagradas na Constituição Mexicana constituem limites ao poder estatal, instância que não pode arbitrariamente restringir a liberdade dos indivíduos).

[337] Ver, por exemplo: ESTADOS UNIDOS. Suprema Corte dos Estados Unidos. *Gulf, C. & S.F. Ry. V. Ellis*, 165 U.S. 150 (1897) (afirmando que o princípio da igualdade não exclui o poder do legislador em estabelecer classificações legislativas, mas essas classificações devem manter uma relação justa e adequada com o objetivo da legislação); ESTADOS UNIDOS. Suprema Corte dos Estados Unidos. *Hayes v. State of Missouri*, 120 U.S. 68,7 S. CT. 350 U.S. 1887 (afirmando que o princípio da igualdade requer que as classificações legislativas tratem as pessoas igualmente situadas de forma igual); ESTADOS

CAPÍTULO III – A EVOLUÇÃO DA IGUALDADE

indivíduos similarmente situados devem ser tratados de forma similar, os tribunais começaram então a garantir a igualdade formal entre eles por meio da proteção das mesmas liberdades individuais, uma série de direitos que possibilitariam a manutenção da autonomia pública e privada dos indivíduos.[338]

Apesar do caráter universal que os direitos fundamentais adquiriram no paradigma do constitucionalismo liberal, o princípio da igualdade formal não foi suficiente para promover a emancipação dos indivíduos. A doutrina do individualismo parece ser parcialmente responsável por esse processo de exclusão, pois estabelece uma cisão entre a experiência real do indivíduo real e a noção jurídica de sujeito de direito. Os seres humanos são titulares de direitos no aspecto formal, como entidades abstratas das quais desconsideram as suas características específicas. Segundo a doutrina do individualismo, as pessoas devem ser consideradas como seres autônomos a viver de modo separado dos demais. Essa representação do ser humano é obviamente uma ficção, pois desconsidera o fato de que os indivíduos não vivem em estado de total

---

UNIDOS. Suprema Corte dos Estados Unidos *F.S. Royster Guano Co. v. Virginia*, 253 U.S. 412 (1920) (indicando que a classificação legislativa deve ser racional, não arbitrária e baseada em critério que guarda uma relação substancial com o objeto da legislação); MÉXICO. Corte Constitucional Mexicana, Amparo Penal em revisión 214/530, Flores Joaquim, 4 de noviembre de 1931, mayoria de 4 votos (afirmando que todas as pessoas que vivem no solo mexicano estão protegidas pelas garantias individuais e que a restrição dessas garantias só pode ter lugar quando existe uma justificação racional para tanto).

[338] Ver, por exemplo: ESTADOS UNIDOS. Suprema Corte dos Estados Unidos. *Strauder v. Virginia*, 100 U.S. 303 (1880) (declarando a inconstitucionalidade de legislação estadual que proibia a participação de negros na formação de júris populares); FRANÇA. Conseil d'Etat, 26 juin 1931, *Cambre Syndicale des Proprietaires d'autocars*, Re., p. 707 (afirmando que todos as pessoas devem ser tratadas da mesma forma, sem preferências ou favores); MÉXICO. Corte Constitucional Mexicana, *Amparo penal em reivisión* 2.315/31, Valaes Miguel, 19 de noviembre de 1931, mayoria de 3 votos (classificando o princípio da igualdade como uma garantia constitucional que tem como função principal a limitação do poder estatal).

autonomia. As pessoas vivem em contextos de mútuas vinculações sociais e isso contraria a concepção liberal do homem como um ente absolutamente autônomo. Os seres humanos se distinguem uns dos outros e cada um deles tem um valor em si mesmo. Mas os indivíduos não estão separados dos demais, a identidade pessoal não se forma por um simples processo de desvelamento da razão.

O constitucionalismo liberal foi responsável pelo processo de generalização e universalização dos direitos, criando as bases para a expansão deles para novos grupos sociais ao longo do tempo. Os diferentes movimentos sociais que propunham a superação do constitucionalismo liberal apontaram as contradições postas pela doutrina individualista que limitava a plena participação de outros grupos, principalmente em função de classe social. Essa crítica à doutrina individualista gera um processo de categorização do Direito, movimento que pretende estender direitos fundamentais a todos os seres humanos concretos, considerando os fatores que impedem a emancipação humana.[339] O processo de categorização do Direito, que tem início com o constitucionalismo social, demanda uma nova compreensão da individualidade para a operacionalização dos direitos. Torna-se necessário superar a retórica individualista dos direitos liberais, que pressupunham uma autonomia radical dos indivíduos. As transformações sociais ocorridas naquele momento abriram espaço para uma concepção de subjetividade fundada na premissa de que ela é um produto da interação social dos indivíduos, pois eles estão em permanente estado de integração social.

3.5.1 O constitucionalismo social e a categorização do Direito

Os diversos problemas gerados pela aplicação do princípio da igualdade em termos formais indicaram a necessidade da superação

---

[339] ATTAL-GALY, Yael. *Droits de l'homme et categories d'individus*. Paris: LGDJ, 2003, pp. 24/25.

CAPÍTULO III – A EVOLUÇÃO DA IGUALDADE

da sua base individualista. A concepção abstrata desse princípio demonstrou ser incompatível com o ideal de promoção da emancipação humana porque desconsiderou os múltiplos determinismos aos quais os seres humanos estão expostos. A crítica dirigida ao conceito de igualdade presente no paradigma liberal nasceu da percepção de que o caráter intersubjetivo dos direitos só poderia ser plenamente realizado a partir do estabelecimento de um sistema social capaz de garantir o acesso de todos os grupos sociais a uma base material de existência. O ideal de liberdade como autonomia só poderia ser alcançado dentro de uma ordem social capaz de garantir a proteção social dos indivíduos. Percebeu-se que a efetivação da liberdade depende da disponibilidade de garantias institucionais destinadas a estender condições mínimas de vida para todas as pessoas.[340] A demanda pela igualdade material entre os membros da comunidade política também está relacionada com as novas formulações da individualidade, concepções que dão especial importância aos processos intersubjetivos na construção da individualidade.

Essas novas concepções de subjetividade estabelecem os parâmetros a partir dos quais as noções de liberdade e igualdade serão redefinidas no paradigma constitucional que então se instaura. Esses dois princípios fundamentais da ordem constitucional serão tematizados a partir das condições reais da existência. A representação do indivíduo racional não aparece mais como o parâmetro único para a interpretação da igualdade. A igualdade material torna-se um objetivo a ser alcançado porque os indivíduos pertencem a uma coletividade que lhes deve garantir condições materiais para a realização da liberdade individual. A socialização da liberdade e da igualdade no paradigma do constitucionalismo social implica o direito dos indivíduos de exigirem prestações positivas das instituições estatais para que a liberdade possa ser realmente alcançada. Os direitos individuais, no constitucionalismo liberal,

---

[340] GOYARD-FABRE, Simone. *Os princípios filosóficos do direito político moderno*. São Paulo: Martins Fontes, 1998, pp. 332-338.

eram entendidos como liberdades que deveriam ser protegidas pelo Estado, liberdades de caráter negativo baseadas na compreensão do ser humano como portador de uma racionalidade universal. No constitucionalismo social, os direitos não são mais apenas garantias do indivíduo contra o Estado, mas sim instrumentos que devem ser utilizados para a exigência de prestações positivas, pois a realização ética do ser humano está diretamente ligada à sua existência dentro de uma estrutura social.[341]

As transformações da interpretação do princípio da igualdade estão relacionadas com um fenômeno que ganha corpo no paradigma do constitucionalismo social: o processo de categorização do Direito. O abandono da noção abstrata do indivíduo presente no constitucionalismo liberal impulsionou esse movimento no paradigma do constitucionalismo social. A concepção liberal da individualidade que subjaz à noção de igualdade formal desconsidera as múltiplas determinações presentes na vida dos indivíduos concretos e o papel das interações sociais na constituição da vida das pessoas. A noção de igualdade formulada a partir dessa representação abstrata da subjetividade torna-se insuficiente porque não leva em conta a importância dos meios materiais para o exercício dos direitos individuais. Essa igualdade formal se aplica aos seres humanos como seres abstratos, acentuando, assim, a desigualdade real existente entre os indivíduos reais. O processo de categorização do Direito caracteriza-se por um abandono gradual da representação abstrata dos seres humanos em direção da consideração das diferenças reais existentes entre os indivíduos. Apesar da noção de igualdade no paradigma do constitucionalismo social ainda pressupor a noção de uniformidade, o princípio da igualdade material passa a se referir a categorias de indivíduos. Não se trata mais do ser humano considerado na sua abstração, mas de grupos sociais como beneficiários de direitos.[342]

---

[341] BURDEAU, Georges. *Les libertés publiques*. Paris: LGDJ, 1972, pp. 11/12.
[342] ATTAL-GALY, Yael. *Droits de l'homme et categories d'individus*. Paris: LGDJ, 2003, pp. 8/9.

CAPÍTULO III – A EVOLUÇÃO DA IGUALDADE

De forma mais específica, o processo de categorização do Direito designa um movimento responsável pelo surgimento de normas jurídicas que têm o propósito de proteger grupos de indivíduos em função de uma característica responsável por processos de exclusão social. O individualismo igualitarista impedia a consideração das diferenças reais do indivíduo dentro das normas jurídicas em nome do universalismo dos direitos; esse ideal dá lugar à necessidade de consideração de elementos que impedem a concretização da igualdade, ideal que deixa de ser visto apenas a partir de seu aspecto formal. Como nos informa Yaël Attal-Galy, o ser humano abstrato presente na doutrina liberal dá lugar ao homem situado dentro de relações sociais concretas, forma necessária para o conhecimento de sua vivência real.[343]

A igualdade formal perante a lei permanece sendo um princípio importante da ordem jurídica, mas ela é complementada por uma nova dimensão de caráter substancial, que se expressa principalmente pela necessidade de igualdade de oportunidades sociais.[344] Não estamos mais diante de uma concepção da igualdade que pretende promover a autonomia a partir da liberdade jurídica e política. A isonomia material procura estabelecer a isonomia proporcional entre os indivíduos. A satisfação de necessidades materiais básicas tem especial importância para o alcance da liberdade; essa igualdade material pode ser alcançada por meio de políticas públicas que pretendem garantir acesso a condições mínimas de existência.[345]

Se a cidadania no paradigma do constitucionalismo liberal era definida em termos de direitos que procuravam garantir a

---

[343] ATTAL-GALY, Yael. *Droits de l'homme et categories d'individus*. Paris: LGDJ, 2003, pp. 8/9.

[344] SAGÜÉS, Néstor Pedro. *Elementos de derecho constitucional*. vol. I. Buenos Aires: Astrea, 1993, p. 13.

[345] MARTINEZ, Gregorio Peces-Barba. *Curso de derechos fundamentales*: teoria general. Madrid: Boletin Oficial del Estado, 1995, pp. 290-297.

igualdade jurídica entre os indivíduos de um ponto de vista funcional, a cidadania, no paradigma do constitucionalismo social, está diretamente ligada às relações sociais entre as pessoas e os arranjos institucionais existentes na sociedade.[346] A percepção da importância da atuação positiva do Estado na vida dos indivíduos implica uma concepção de individualidade distante daquela presente no paradigma liberal. Dentro desse paradigma constitucional, o sujeito deixa de ser uma entidade totalmente autônoma, pois sua autonomia decorre também de certas determinações sociais.[347] À noção de um sujeito identificada como simples portador de direitos contrapõe-se uma noção de sujeito de direito baseada na sua representação de um sujeito ativo dentro das relações sociais, não definido prioritariamente por sua essência racional, mas pela sua inserção dentro de uma estrutura social concreta.[348] A categorização do Direito permite o alcance da igualdade material na medida em que reconhece a relevância social de alguns parâmetros utilizados para classificar pessoas. Essas categorias adquirem o *status* de parâmetros de proteção especial porque serão agora utilizadas tanto para ações estatais que procuram promover grupos, como também para o escrutínio jurídico de práticas sociais nelas baseadas. Podemos dizer então que, embora não se confundam com a noção de grupos, essas categorias designam aspectos da identidade social dos indivíduos, motivo de atos discriminatórios e motivo pelo qual elas devem ser protegidas.[349]

Todas essas transformações decorrem da rearticulação de algumas dimensões da noção de igualdade jurídica no paradigma

---

[346] MARSHALL, T. H. *Cidadania, classe social e status*. Rio de Janeiro: Zahar, 1967, pp. 75-85.

[347] TWINE, Fred. *Citizenship and social rights*: the interdependence of self and society. Londres: Sage, 1994, pp. 9-11.

[348] BURDEAU, Georges. *Les libertés publiques*. Paris: LGDJ, 1972, pp. 17/18.

[349] ATTAL-GALY, Yael. *Droits de l'homme et categories d'individus*. Paris: LGDJ, 2003, pp. 19/20.

CAPÍTULO III – A EVOLUÇÃO DA IGUALDADE

do constitucionalismo social. O princípio da generalidade ainda é um aspecto importante das normas jurídicas, porque esse ciclo constitucional também incorpora o princípio da igualdade formal. Mas tal exigência começa a ser relativizada em função do processo de categorização do Direito. Como a noção de isonomia material tem um caráter prestacional, principalmente a criação de uma igualdade proporcional entre indivíduos, as normas jurídicas começam a eleger regularmente algumas características como critério de proteção especial. A eliminação de desvantagens sociais baseadas nesses elementos torna-se um objetivo estatal. Um procedimento dessa natureza distancia-se da exigência de tratamento simétrico existente na concepção de igualdade formal. Se essas categorias seriam irrelevantes segundo os parâmetros da igualdade formal, a consideração delas torna-se particularmente importante para a concretização do ideal de justiça social.[350]

    O conceito de equiparação também adquire nova significação. Ele pressupunha a eliminação de práticas discriminatórias por meio da desconsideração das diferenças entre indivíduos. Mas tal noção adquire nova significação no constitucionalismo social ao pressupor a atuação positiva das instituições estatais no processo de eliminação de desigualdades sociais. Muitas diferenças entre indivíduos são motivos de tratamento discriminatório, fator responsável pela restrição do acesso a bens materiais. Assim, a consideração delas pelas políticas públicas tem importância para a implementação da igualdade entre os cidadãos. A exigência de identidade de procedimento mantém a mesma importância nesse novo paradigma constitucional, mas os aplicadores do Direito devem estar atentos ao fato de que desigualdades entre os vários grupos podem exigir tratamento diferenciado entre os administrados. Disparidades sociais entre pessoas podem comprometer o acesso de membros de diferentes grupos à justiça, o que exige

---

[350] MARTINEZ, Gregorio Peces-Barba. *Curso de derechos fundamentales*: teoria general. Madrid: Boletin Oficial del Estado, 1995, pp. 288-292.

a consideração das condições sociais das partes no processo de administração da justiça.[351]

Assim, verificamos, no desenvolvimento do constitucionalismo social, um abandono crescente da noção de justiça simétrica presente no paradigma constitucional anterior. Se o princípio da igualdade formal pressupunha uma noção de justiça de caráter procedimental, a noção de isonomia material está baseada no conceito de justiça distributiva. A noção de igualdade material considera as condições sociais nas quais os indivíduos se encontram. Não se alcança justiça social apenas pelo tratamento simétrico entre indivíduos, desconsiderando as condições sociais em que estão. O princípio da igualdade não é apenas um parâmetro para o limite da atuação das instituições estatais; esse preceito constitucional, tendo em vista a sua dimensão material, também exige a atuação positiva delas para eliminar as disparidades entre os diversos grupos sociais.[352] Surge, nesse momento, uma compreensão dos direitos fundamentais como garantias institucionais, perspectiva segundo a qual a atuação das instituições estatais devem estar voltadas para a garantia de condições mínimas de existência dos indivíduos.[353]

---

[351] SANCHÍS, Luis Prieto. "Los derechos sociales y el principio de igualdad sustancial". *Revista del Centro de Estudios Constitucionales*, nº 25, 1995, pp. 17-29.

[352] Ver, por exemplo: BRASIL. Supremo Tribunal Federal. Ação Direta de Inconstitucionalidade, n. ADI 2.649/RS, Órgão Julgador, Relatora: Carmen Lúcia, DJ 16.10.2008 (mantendo a constitucionalidade de legislação que procura inserir deficientes físicos, porque tais políticas procuram realizar objetivos presentes no texto constitucional); BRASIL. Tribunal Regional Federal – 4ª Região, Agravo de Instrumento n. 2005.04.01.006358-2/RS Órgão Julgador: 3ª Turma, Relator: Luiz Carlos de Castro Lugon, DJU 01.06.2005 (afirmando que as disparidades sociais entre negros e brancos não são apenas consequência de estamentos sociais, mas sim da exclusão social sistemática, o que requer a atuação das instituições estatais para eliminar as diferenças entre esses grupos).

[353] BONAVIDES, Paulo. *Curso de Direito Constitucional*. 14ª ed. São Paulo: Malheiros, 2004, pp. 340-355.

CAPÍTULO III – A EVOLUÇÃO DA IGUALDADE

O princípio da igualdade material passa a ser também um parâmetro para a avaliação da constitucionalidade dos atos estatais. Eles serão constitucionais se aplicarem meios razoáveis para alcançar a igualdade proporcional entre as pessoas. A solidificação do entendimento de que os direitos sociais são direitos fundamentais é um ponto particularmente importante para a interpretação do princípio da igualdade. Uma vez que esses direitos pretendem promover a igualdade material entre grupos sociais, o foco de aplicação da razoabilidade move-se de uma mera consideração da situação similar entre esses indivíduos para o exame dos mecanismos necessários para a equiparação deles. Parte-se então do pressuposto de que pessoas diferentes devem ser tratadas de formas diferentes, porque a igualdade tem um aspecto dinâmico. A pressuposição de que o princípio da igualdade implica uma identidade absoluta de tratamento começa a ser algo atentatório à noção de isonomia em função do constante processo de diferenciação presente nas nossas sociedades. Algumas diferenças entre indivíduos são relevantes porque são indicativas do *status* que eles ocupam em uma sociedade. O ideal de justiça presente no paradigma do constitucionalismo social demanda a consideração de todos aqueles mecanismos responsáveis por diferentes situações de estratificação social. Vemos então um abandono da concepção abstrata do homem (um ser cuja autonomia é construída independentemente de processos sociais).[354]

3.5.2 A categorização de direitos no Estado Democrático de Direito

A relação entre o princípio da igualdade e a noção de subjetividade adquire importância ainda maior para a análise das

---

[354] CARVALHO NETTO, Menelick de. "A hermenêutica constitucional e os desafios postos aos direitos fundamentai". *In*: SAMPAIO, José Adércio Sampaio (Coord.). *Jurisidição constitucional e direitos fundamentais*. Belo Horizonte: Del Rey, 2003, pp. 149-151.

demandas de direitos presentes no atual paradigma constitucional. Presenciamos, no atual ciclo constitucional, uma luta pela incorporação de novas dimensões ao princípio da igualdade, processo marcado pela necessidade de harmonização entre o princípio da universalidade dos direitos e a situação particular de grupos sociais tradicionalmente discriminados. O processo de categorização do Direito, iniciado no paradigma do constitucionalismo social, conhece uma intensificação ainda maior no mundo contemporâneo em função do aumento das demandas de direitos que giram em torno da questão da identidade. Essas novas reivindicações estão baseadas no princípio de que a realização do ideal emancipatório do Direito moderno só pode ser realmente concretizada a partir da eliminação das representações essencialistas subjacentes ao discurso jurídico. As interações sociais nas sociedades complexas apontam para a natureza fragmentária das noções de subjetividade e de individualidade, não havendo mais possibilidade de se postular a figura do sujeito presente nos paradigmas anteriores como uma categoria ontológica central do Direito.[355]

O processo de categorização do direito conhece um aprofundamento ainda maior no atual paradigma, processo causado pela existência dos movimentos pela proteção daqueles traços utilizados para diferenciações antijurídicas. Processos discriminatórios atuam diretamente sobre o pertencimento das pessoas a certas coletividades, motivo pelo qual certas características devem ser tratadas como parâmetros especiais de proteção. A categorização do Direito representa uma expansão do princípio da igualdade, pois no lugar da consideração do ser humano como ente abstrato, temos o seu reconhecimento de que ele está envolto por relações hierárquicas de poder, razão pela qual precisa ser protegido enquanto membro de certos grupos. Observamos que o movimento descrito possui um caráter dinâmico que se aprofunda com as demandas de igualdade elaboradas nos diversos paradigmas constitucionais. É por esse

---

[355] MOUFFE, Chantal. *The democratic paradox*. Londres: Verso, 2000, p. 19.

CAPÍTULO III – A EVOLUÇÃO DA IGUALDADE

motivo que atualmente a questão da alteridade adquire relevância central para a reflexão dos direitos fundamentais, porque não se trata mais de afirmar apenas a universalidade dessa categoria de direitos, mas sim de incorporar a questão da diferença entre os indivíduos para que a construção de uma existência integrada seja possível para todos. A homogeneização do corpo social pretendida pelo liberalismo não pode promover a inclusão social de todos os grupos sociais, o que requer a criação de meios para a promoção da integração de certos grupos para que possam ter uma vida digna.[356]

A questão da interpretação da igualdade no paradigma do Estado Democrático de Direito adquiriu especial importância em função da expansão do sentido desse princípio constitucional. Inúmeros tribunais avaliam a constitucionalidade dessas políticas públicas examinando a coerência delas com os princípios que fundamentam a ordem constitucional.[357] A intensificação do processo de categorização do direito presente no atual paradigma constitucional demonstra a inadequação da aplicação tradicional do princípio da razoabilidade para a garantia de igualdade real entre diferentes grupos sociais. Associado a uma concepção formal de igualdade, esse critério de escrutínio dos atos estatais implica grande deferência às classificações utilizadas pelo governo, permitindo que inúmeras

---

[356] ATTAL-GALY, Yael. *Droits de l'homme et categories d'individus*. Paris: LGDJ, 2003, pp. 71-76.

[357] Ver, por exemplo: BRASIL. Supremo Tribunal Federal, RMS n. 21.046-0/RJ, Órgão Julgador: Tribunal Pleno, Relator, Sepúlveda Pertence, DJ 14.12.2000 (dissertando sobre a transformação do princípio da igualdade como expressão do processo de categorização do direito e afirmando que a idade só pode ser utilizada como fator de discriminação em situação específica); BRASIL. Superior Tribunal de Justiça, Recurso Extraordinário, n. 759.362-RJ Órgão Julgador: 2ª Turma, Relator: Eliana Calmon, DJ 29.06.2006 (afirmando a constitucionalidade de políticas públicas de ações afirmativas que estabelecem o escalonamento de pagamento de tarifas de acordo com o poder econômico dos diferentes grupos sociais).

práticas sociais discriminatórias sejam transformadas em leis que passam a regular as relações entre os indivíduos.[358]

A categorização do Direito, decorrente das lutas pela eliminação de discriminação, demonstrou que o processo de aplicação da igualdade não deve ser restringido ao papel de limite do poder de regulação estatal. O princípio da igualdade tem também uma função transformadora, impondo ao Estado a obrigação da criação de políticas públicas que possibilitem a inclusão de grupos sociais. Muitos tribunais procuram verificar se a legislação em questão contribui ou não para o aumento ou para a eliminação da subordinação dos grupos sociais. O paradigma constitucional atual tem um caráter demarcado por ser emancipador; além das dimensões da igualdade presentes nos paradigmas anteriores, pretende-se promover a transformação social por meio da eliminação das práticas sociais responsáveis pela subordinação de grupos sociais. Tal perspectiva pressupõe uma permanente articulação da igualdade com outros princípios constitucionais erigidos como princípios estruturantes do sistema constitucional.[359]

---

[358] Ver, por exemplo: ESTADOS UNIDOS. Suprema Corte de Massachusetts. *Roberts v. City of Boston*, 59 Mas. (5 Cush) 198 (1849) (alegando que a proibição do ingresso de uma criança negra em um escola frequentada por brancos não violava o princípio da igualdade porque a criança poderia frequentar uma escola em outra parte da cidade); ESTADOS UNIDOS. Suprema Corte dos Estados Unidos. *Plessy v. Ferguson*, 163 U.S. 537, 16 S.Ct. 1138 (1896) (mantendo decisão de corte inferior que manteve a segregação de passageiros nos trens interestaduais, desde que os passageiros tivessem acomodações iguais); ESTADOS UNIDOS. Suprema Corte dos Estados Unidos. *Minor v. Happersett*, 88 U.S. (21 Wall) 162, 22 L.Ed. 627 (1874) (mantendo a constitucionalidade de legislação estadual restringindo voto apenas aos homens).

[359] Ver, por exemplo: BRASIL. Superior Tribunal de Justiça. Recurso Extraordinário n. 395.904/RS, Órgão Julgador: 6ª Turma, Relator: Hélio Quaglia Barbosa, DJ 06.02.2006 (afirmando que o princípio da igualdade se articula com outros preceitos constitucionais de igual importância para se garantir a construção de uma sociedade justa); BRASIL. Tribunal Federal da 5ª Região. Agravo em Mandado de Segurança n. 2006.81.00.002921-7/CE, Órgão Julgador: 3ª Turma, Relator: Élio Siqueira, DJ 16.11.2007

CAPÍTULO III — A EVOLUÇÃO DA IGUALDADE

O movimento de categorização do Direito demonstrou que a igualdade formal não era suficiente para garantir a emancipação humana, deixando vários grupos sociais fora da proteção jurídica necessária.

Procurando reverter a situação desses grupos, o legislador implementou uma série de políticas públicas que procuram eliminar processos de exclusão social. Vemos no mundo contemporâneo o surgimento de uma noção de igualdade inclusiva, princípio baseado na ideia de que as instituições estatais devem promover a integração social por meio de políticas capazes de atender as demandas de redistribuição e reconhecimento.[360] A eliminação gradual de diferentes formas de discriminação tem sido alcançada graças à utilização de uma nova perspectiva de interpretação da igualdade.

A interpretação desse princípio no constitucionalismo liberal estava baseada em uma lógica puramente anticlassificatória, perspectiva que se mostrou incapaz de estabelecer a igualdade real entre os indivíduos. Outra metodologia de interpretação da igualdade surgiu no paradigma do constitucionalismo social, concepção relacionada com a necessidade de ações positivas do Estado. Reconhecendo a

---

(mencionando a importância de uma interpretação que possibilite a correlação de normas constitucionais necessárias para se garantir a promoção do bem comum); BRASIL. Tribunal de Justiça do Rio de Janeiro, Apelação Cível n. 2005.001.22849, Órgão Julgador: 14ª Câmara Cíve, Relator: Ferdinaldo Nascimento, 11.04.2006 (mencionando a correlação entre igualdade e dignidade para se promover o bem de todos os cidadãos brasileiros).

[360] Várias iniciativas legislativas demonstram como o processo de categorização do direito tem se desenvolvido no sistema jurídico brasileiro. Ciente dos processos de exclusão social sofridos por diferentes seguimentos sociais, o legislador brasileiro promulgou diferentes leis para proteger grupos socialmente marginalizados como crianças, mulheres, deficientes físicos, idosos e negros. Os nossos tribunais reconhecem a legitimidade dessas iniciativas, admitindo a sua compatibilidade com o princípio da igualdade. Ver, por exemplo: BRASIL. Tribunal de Justiça do Rio de Janeiro, Agravo de Instrumento n. 2003.002.07948, Órgão Julgador: 11ª Câmara Cível, Relator: Cláudio Mello Tavares, 05.11.2003 (afirmando a constitucionalidade de legislação estadual que reservou vagas para negros em instituição estadual de ensino superior).

importância da natureza teleológica das normas constitucionais, vários tribunais começaram a recorrer ao princípio da igualdade material no processo de interpretação do princípio da igualdade. Observamos recentemente que a aplicação do princípio da igualdade no processo de controle de constitucionalidade das leis no atual paradigma constitucional tem um objetivo ainda maior: procura-se proporcionar a integração social de grupos sociais por meio de uma concepção da igualdade inclusiva. A rearticulação de alguns elementos da noção de igualdade jurídica pode ser apontada como um fator de fundamental importância no processo de categorização do direito. O primeiro deles é a transformação da exigência de generalidade, princípio que sofreu um processo ainda maior de relativização em função da necessidade da implementação de políticas públicas destinadas à realização da igualdade inclusiva. Não se abandona a exigência de que as normas jurídicas devam ser impessoais e abstratas, mas se reconhece que as diferenças de indivíduos podem ser levadas em consideração quando se pretende promover a igualdade proporcional entre estes.

Assim, o trajeto percorrido do princípio da igualdade no desenvolvimento do constitucionalismo demonstra a gradual articulação do problema da diversidade humana no processo de interpretação do princípio da igualdade. Ela aparece na teorização da subjetividade subjacente ao discurso jurídico, quando vemos a incorporação da diferença e do reconhecimento na formulação da igualdade nos diferentes paradigmas constitucionais. A integração da diversidade aparece também no processo de interpretação do princípio da isonomia quando percebemos a tentativa dos tribunais de garantir proteção jurídica aos diversos grupos sociais pela eliminação de práticas discriminatórias. Pode-se afirmar que a articulação entre diversidade e igualdade se tornou um dos objetivos principais do atual paradigma constitucional, tendo em vista os princípios constitucionais que procuram garantir a dignidade humana para os diversos grupos sociais. Então podemos ver que tal movimento foi responsável pela passagem gradual de uma perspectiva anticlassificatória para uma perspectiva emancipatória no processo de interpretação da igualdade.

CAPÍTULO III – A EVOLUÇÃO DA IGUALDADE

O conceito de igualdade no mundo contemporâneo está então diretamente relacionado com as lutas de contestação das práticas sociais responsáveis por diferenças de *status* entre grupos sociais. A política da identidade presente em sociedades liberais decorre das formas a partir das quais relações hierárquicas de poder são responsáveis por processos de diferenciação social que legitimam diferentes formas de discriminação. O tema da identidade adquire uma dimensão política no mundo contemporâneo porque faz referências às formas de pertencimento dos indivíduos, mas também porque possui um aspecto político: a identidade opera como um meio de articulação de lutas contra hierarquias de *status* e distribuições desiguais de relações de poder. Aquelas identidades estigmatizadas carregam um peso psicológico porque são fontes de desrespeito sistemático, motivo pelo qual também são razões para mobilização política. A identidade também surge como um parâmetro para formação de solidariedade entre membros de grupos que sofrem desvantagens sociais. Torna-se forma de luta política e adquire um caráter normativo quando elementos que a designam se tornam elementos que não podem ser utilizados como parâmetros para discriminações negativas. A identidade não indica apenas uma forma de compreensão que alguém pode ter de si mesmo, mas uma categoria política porque designa formas de *status* socialmente relevantes. Essa discussão está então diretamente relacionada com nossa análise da dimensão diferenciativa da igualdade. Operadores do direito devem estar atentos ao fato de que demandas de igualdade baseadas na identidade não estão relacionadas apenas à defesa de distinções artificiais entre grupos, mas aos meios a partir dos quais diferenças de *status* entre eles são criadas com o intuito de reproduzir hierarquias sociais que afetam as pessoas de forma negativa.[361]

---

[361] Ver, nesse sentido: APPIAH, Kwane Anthony. *The lies that bind*: rethinking identity. Nova York: Norman & Company, 2018; BERNSTEIN, Mary. "Identity politics". *Annual Review of Sociology*, vol. 31, 2005, pp. 47-74.

CAPÍTULO IV

CRITÉRIOS DE PROTEÇÃO ESPECIAL: CONTROLE DE CONSTITUCIONALIDADE E DEMOCRACIA

Os tempos recentes têm sido marcados por debates sobre a constitucionalidade de legislações criadas para a proteção de minorias e grupos vulneráveis. Muitos atores sociais argumentam que essas medidas representam um desvio do ideal de tratamento igualitário entre todas as pessoas. Outros afirmam que elas fomentam ressentimentos entre grupos sociais porque criam privilégios para certas classes de pessoas. Por trás desses argumentos está a premissa de que os seres humanos sempre atuam de forma racional, que possíveis práticas discriminatórias refletem apenas ações de indivíduos específicos, o que mostra a inadequação dessas iniciativas. A realidade de quase todas as democracias atuais mostra um quadro bem distinto daquele presente nesses discursos. Vemos que formas de discriminação dirigidas a grupos específicos fazem parte da operação normal de instituições públicas e privadas; observamos também que essas formas de discriminação afetam as gerações presentes e futuras. Por esse motivo, várias jurisdições têm elegido certas características como critérios de proteção jurídica especial, procedimento que procura promover a igualdade, intenção oposta ao que muitas pessoas afirmam. Esse processo não decorre apenas da decisão de corpos legislativos; muitos deles foram designados por tribunais em várias decisões que tinham como objetivo examinar a legalidade de práticas sociais responsáveis pela exclusão sistemática de minorias. Esse movimento tem sido definido como processo de categorização dos direitos, um dos fatores responsáveis pela dimensão diferenciativa da igualdade.[362]

As ações desses tribunais são muitas vezes interpretadas como uma violação de princípios constitucionais que determinam as funções dos diferentes poderes estatais, argumento que nos convida a examinar a sua adequação. O princípio da separação dos poderes tem sido considerado um elemento central do constitucionalismo moderno. A própria noção de Estado de Direito está centrada na ideia da difusão do poder político, na noção de que as diferentes funções governamentais devem ser exercidas por órgãos distintos, um meio para a limitação do poder político. Esse aspecto do constitucionalismo encontra fundamento na premissa segundo a qual a separação dos poderes estatais permite a proteção dos direitos individuais. Mas o desenvolvimento da cultura jurídica e da prática política demonstrou a necessidade de um mecanismo de controle do exercício das funções governamentais. A vida política está sempre repleta de disputas de poder entre grupos sociais que pretendem utilizar a força estatal para atingir objetivos que não correspondem a ideais democráticos. O controle do exercício do poder político deve então ser um elemento importante da vida social para que o objetivo da proteção das liberdades individuais seja possível e realizado da forma mais adequada. O controle de constitucionalidade tem uma função muito importante, sendo um dispositivo para alcançar esse propósito dos sistemas constitucionais democráticos.[363]

---

[362] CONNOLLY, Michael. *Discrimination law*. 2ª ed. Londres: Sweet & Maxwell, 2011, pp. 55-79.
[363] PAES, Sara Maria Stroher. "Sistema brasileiro de controle de constitucionalidade". *Revista de Informação Legislativa*, vol. 20, nº 118, 1993.

4.1 Controle de constitucionalidade e separatismo social

O controle de constitucionalidade visa garantir o funcionamento de certos elementos importantes para a garantia da estabilidade democrática. Temos, em primeiro lugar, a proteção da supremacia das normas constitucionais dentro do sistema jurídico, de forma que elas possam ser usadas como referência para a análise da legalidade dos atos dos outros poderes. Em segundo lugar, as normas constitucionais operam como um parâmetro formal e substantivo para a análise da legalidade de atos governamentais. Em terceiro, esse mecanismo atua como um meio de proteção das liberdades individuais, uma vez que é parâmetro substantivo para seu exercício. Dessa forma, o controle de constitucionalidade atua dentro de regimes políticos regulados por uma Constituição formal e rígida, sendo que ele será exercido por um órgão que assumirá a competência para tanto, órgão que aplicará uma sanção àquelas condutas consideradas como incompatíveis com a Constituição.[364]

É importante observar que esse mecanismo nasce com um propósito relevante que não tem sido suficientemente abordado: operar como um meio de solução dos conflitos entre grupos sociais, entre os diversos segmentos que lutam para ocupar o poder político. Os fundadores da democracia moderna estavam cientes de que o texto constitucional teria que operar como um mecanismo de controle das vontades de representantes de grupos que procuram atender os interesses daqueles que representam quando ocupam o poder. Muitos deles fazem o possível para impedir que os que pertencem a grupos adversários possam gozar de plena liberdade. O Direito aparece aqui como um sistema que procura então regular as relações entre os diferentes grupos para que a vida democrática

---

[364] DIMOULIS, Dimitri; LUNARDI, Soraya. *Curso de processo constitucional*: controle de constitucionalidade e remédios constitucionais. São Paulo: Atlas, 2011, pp. 11-66.

possa existir por meio do consenso. Embora não houvesse previsão constitucional para o controle de constitucionalidade, a necessidade de um poder que pudesse controlar os atos governamentais já tinha sido discutida durante o processo constituinte. Essa discussão surge do caráter pragmático do processo revolucionário dos norte-americanos, pois havia a consciência de que a Constituição seria o meio para a solução de conflitos para aquela e para as gerações futuras. Ela teria que regular o poder daqueles que criavam normas dirigidas a seus rivais políticos por meio da violação de direitos contratuais e de propriedade. Eles perceberam a necessidade de revolver o problema que surge por meio da expressão de animosidade de um grupo em relação a outro, razão pela qual seria necessária uma forma de controle de leis que tinham o objetivo direto ou indireto de prejudicar aqueles que estavam do outro lado da linha política. O texto da decisão que implementou o controle de constitucionalidade menciona claramente a preocupação com os problemas que a animosidade entre grupos políticos poderia trazer para a preservação da democracia.[365]

O problema da existência de legislação que expressava animosidade não estava restrito apenas à luta entre segmentos políticos rivais. A nascente democracia americana era também um mosaico de classes de indivíduos que não tinham o mesmo *status* jurídico ou político. Tal fato era responsável pela criação de uma série de normas jurídicas destinadas a manter o *status* privilegiado de certos grupos ou então para preservar o *status* social subordinado de outros como minorias raciais e religiosas. Seria necessário criar meios para que essas normas, que se afastavam do princípio da generalidade das leis, fossem eliminadas, porque confrontavam o texto constitucional. Era imperativa a necessidade de criação de

---

[365] ESTADOS UNIDOS. Suprema Corte. *Marbury v. Madison*, 5 U. S. (1 Cranch) 137, 1803. Para uma análise sistemática dessa decisão, ver: NELSON, William. *Marbury v. Madison*: the origins and legacy of judicial review. Kansas: Kansas University Press, 2000.

um mecanismo político para que se evitasse uma situação na qual algumas pessoas vivessem sob um tipo de normatividade jurídica e outras em uma situação de exclusão. O controle de constitucionalidade cumpre então a tarefa relevante de racionalização da vida política na medida em que permite a identificação e eliminação de normas que violam a obrigação do tratamento igualitário, tratamento que pode incidir sobre as diferentes dimensões da igualdade. Normas jurídicas e práticas sociais podem violar uma ou mais dimensões da igualdade; elas podem violar a igualdade jurídica e política, a igualdade moral e psicológica ou podem também impedir a acomodação dos direitos de grupos marginalizados. O controle de constitucionalidade opera, portanto, como um meio de racionalização da vida política por corrigir vícios do processo político que implicam em uma violação do tratamento igualitário entre os membros da comunidade política democrática.[366]

Mas embora o controle de constitucionalidade tenha cumprido ao longo do tempo um papel importante na correção do processo político, a questão da animosidade contra certos grupos ainda permanece um problema em todas as democracias constitucionais. A existência de um consenso em torno do tratamento igualitário entre todos os membros da comunidade política não implica necessariamente um consenso sobre a eliminação de todos os tipos de diferenciação entre eles. O constitucionalismo americano mostra esse fato de maneira muito clara: a animosidade racial sempre teve o *status* de um consenso social entre os membros do grupo racial dominante que controlavam todos os poderes estatais, razão pela qual diversas normas foram criadas ao longo do tempo para manter esses grupos em uma situação de subordinação e brancos em uma situação de privilégio. Essa animosidade era expressa por meio de legislação que procurava reestabelecer o regime de servidão, por normas que adotavam a segregação racial em todos os espaços

---

[366] ARAIZA, William. *Animus*: a short introduction to bias in the law. Nova York: New York University Press, 2017, pp. 11-29.

sociais, por leis que impediam o casamento entre pessoas de raças diferentes. O próprio sistema judiciário, por meio do controle de constitucionalidade, criou mecanismos para impedir a transformação do *status* social ao impor uma leitura restrita da cláusula constitucional que estabelecia o tratamento igualitário entre pessoas de todas as raças. Entretanto, ao longo do tempo, algumas leis que tinham como objetivo manter a subordinação racial começaram a ser consideradas ilegais, embora isso não tenha sido suficiente para a eliminação de todas as formas de discriminação racial.[367]

Essas considerações mostram algo muito importante: ilustram os processos responsáveis pela eleição de certos traços que merecem proteção especial. Se o Direito tem operado como um mecanismo de opressão de grupos minoritários por meio de normas que expressam animosidade contra grupos minoritários, ele também tem sido um meio pelo qual minorias se articulam para demandar proteção jurídica. Estamos aqui diante de características que designam grupos em uma situação duradoura ou permanente de subordinação, porque são vítimas da animosidade de grupos majoritários. Ela se expressa por meio de normas jurídicas e também por meio de práticas sociais que almejam manter a diferenciação cultural e material entre segmentos majoritários e minoritários do ponto de vista de poder social. Vemos então que normas antidiscriminatórias surgiram com o propósito de proteger grupos sociais contra vícios do processo político motivados pelo interesse na manutenção da dominação de certos grupos sobre outros. Elas cumprem, assim, um papel central na racionalização do poder político ao permitir a proteção da lógica democrática baseada na igualdade moral entre todos os membros da comunidade política.[368]

---

[367] Ver, sobretudo: KLARMAN, Michael. *From Jim Crow to civil rights*: the Supreme Court and the struggle for racial equality. Oxford: Oxford University Press, 2004, pp. 8-61.

[368] Ver, sobretudo: ELY, John Hart. *Democracy and distrust*: a theory of judicial review. Cambridge: Harvard University Press, 1980, pp. 135-181;

A transformação do Direito como um instrumento de opressão em um instrumento de luta por inclusão decorre da mobilização política de minorias e também da maneira como elas são capazes de influenciar Cortes Constitucionais. O sistema jurídico teve um papel central na formação de certos traços como critérios de tratamento arbitrário ao corroborar, ao corroborar a animosidade contra determinados segmentos sociais. A luta de minorias opera em dois planos: na eliminação de estigmas culturais que impedem o gozo de respeitabilidade e também das desvantagens materiais que sofrem. É importante notar que o estigma propagado pelas instituições estatais é muito problemático porque institucionaliza a ideia da inferioridade essencial de um grupo, perspectiva contrária às dimensões moral e psicológica da igualdade. Movimentos sociais procuram influenciar o sistema jurídico de forma que ele possa promover a transformação do *status* cultural e material de seus membros, o que ocorre por meio da jurisdição constitucional. O sistema jurídico ocupa um papel importante porque é um meio que grupos procuram universalizar seus projetos ideológicos, sejam eles excludentes ou inclusivos. Dessa forma, o controle de constitucionalidade tem um papel central na regulação da moralidade pública porque determina quais grupos terão proteção contra tipos de animosidade que impedem o exercício de direitos. Certas características que são utilizadas como meio para discriminar grupos sociais tornaram-se categorias identitárias, que adquirem um valor político porque são categorias de mobilização pela luta contra a opressão. É importante notar então que essas identidades são largamente criadas pelo discurso jurídico ao elaborar mecanismos para discriminar pessoas a partir de determinado traço; esses traços passam a designar um grupo de *status* subordinado, o que o leva a demandar direitos a partir dessa identidade socialmente desvalorizada.[369]

ACKERMAN, Bruce. *We, the people*: foundations. Cambridge: Harvard University Press, 1993.

[369] Ver, nesse sentido: ALEINIKOFF, T. Alexander. "A case for race-consciousness". *Columbia Law Review*, vol. 91, n° 4, 1991, pp. 1060-1125; BAHIA,

A criação de normas constitucionais destinadas à proteção de minorias tem um papel central na jurisdição constitucional não apenas porque pode promover a inclusão desses segmentos, mas porque também protege a moralidade democrática. O controle de constitucionalidade não existe para proteger os interesses de maiorias, mas sim os pressupostos básicos da democracia, como a igualdade e a liberdade. Não devemos então ver o texto constitucional como um conjunto de normas destinado à preservação de arranjos sociais, mas sim a promover o projeto de integração social contido nas normas constitucionais. Um dos deveres centrais de uma sociedade democrática é a eliminação de práticas que impedem grupos sociais de serem vistos como membros competentes da comunidade política. A polarização social produz perversões dentro do processo político, inclusive a criação de normas destinadas a universalizar os interesses de grupos contra outros socialmente menos influentes.[370]

Vivemos em um paradigma constitucional que tem como propósito criar uma sociedade baseada no projeto de transformação contido no texto constitucional. Podemos classificar a nossa Constituição como um documento de caráter transformativo porque ela contém inúmeras normas que claramente compõem um sistema protetivo que almeja a inclusão de grupos sociais tradicionalmente discriminados. Um texto constitucional dessa natureza atribui às instituições estatais a função de desestabilizar mecanismos de exclusão, sendo que esse propósito serve como um parâmetro substantivo para o exercício do controle de constitucionalidade. É certo que a descrição de muitos direitos presentes no nosso Texto

---

Alexandre Gustavo Melo Franco. "Sobre a (in)capacidade do direito de lidar com a gramática da diversidade de gênero". *Revista Jurídica da Presidência*, vol. 18, 2017, pp. 481-506.

[370] Ver, nesse sentido: SIEGEL, Reva. "From colorblindness to antibalkanization: an emerging ground of decisions in race equality cases". *Yale Law Journal*, vol. 120, nº 6, 2011; KENNEDY, Randall. "Persuasion and distrust: a comment of the affirmative action debate". *Harvard Law Review*, vol. 99, nº 4, 1985, pp. 1327-1346.

Maior tem um caráter aberto, mas, como eles expressam uma ordem objetiva de valores, devem ser interpretados pelos tribunais de forma a realizar o projeto de transformação por meio da criação de medidas que promovam a igualdade de *status* cultural e material entre diversos grupos. Dessa forma, esse mecanismo não pode ser visto como um meio para a preservação dos arranjos sociais presentes, que são, em grande parte, responsáveis pela opressão.[371]

Por ser um mecanismo judicial de proteção de direitos fundamentais, o controle de constitucionalidade estabelece preceitos constitucionais como critérios de averiguação da compatibilidade de normas governamentais. Todos os textos constitucionais incluem normas antidiscriminatórias; entre elas, figuram aquelas que designam elementos que não podem ser parâmetros de discriminação negativa. Tal fato decorre do que tem sido chamado por certos autores como processo de categorização dos direitos: o princípio da igualdade entre as pessoas começa a se afastar do princípio da generalidade das normas e indicar meios que não podem ser utilizados como critério de tratamento diferenciado entre as pessoas ou que podem ser critério para a implementação de discriminações positivas. Vimos que a igualdade pode ser pensada como juízo comparativo entre indivíduos ou grupos a partir de certo critério. Notamos que ela possui ainda uma dimensão prescritiva porque estabelece parâmetros a partir dos quais deve ser promovida. Por que sistemas jurídicos elegem elementos que não podem ser utilizados como meios para discriminação negativa e por que eles os estabelecem como ponto de partida para ações destinadas a promover a integração de certos grupos?

Essas perguntas levantam então a questão da legitimidade dos fatores que designam grupos que devem ser protegidos ou favorecidos para que o ideal de igualdade possa ser atingido. Os

---

[371] Ver, nesse sentido: SARMIENTO, Daniel. *Direito Constitucional*: teoria, história, métodos de trabalho. Belo Horizonte: Fórum, 2012.

diversos sistemas jurídicos adotam determinados atributos que devem ser objeto de proteção especial porque são historicamente utilizadas como forma de exclusão de grupos. A caracterização da discriminação como um ato desvantajoso imposto a alguém a partir de um critério proibido pelo sistema jurídico exige que nós analisemos a relevância dos motivos pelos quais essas características recebem essa forma de proteção. Alguns autores nos informam que certas características são protegidas em função da significação social que possuem, já que são fontes de desvantagens sistemáticas dentro de uma dada sociedade. Assim, esses parâmetros de proteção especial são juridicamente relevantes porque são a base a partir da qual grupos de indivíduos são discriminados, motivo pelo qual a característica que os define deve ser protegida contra discriminações negativas ou deve ser adotada como parâmetro para a discriminações positivas. Essas características não possuem nenhuma relevância moral, não são elementos necessários para o exercício de direitos, mas são meios a partir dos quais grupos de pessoas são sistematicamente estigmatizados.[372]

Como afirma Sandra Fredman, essa discussão nos remete para a consideração dos mecanismos a partir dos quais o sistema jurídico pode proteger grupos minoritários por meio do exercício de constitucionalidade das normas. Surgem então considerações relevantes sobre o papel dos tribunais no processo político. Alguns autores afirmam que o controle de constitucionalidade tem propósitos específicos em uma democracia. Alguns alegam que esse mecanismo existe para garantir o funcionamento adequado da democracia por permitir que uma instituição política determine a compatibilidade das atividades dos poderes Legislativo e Executivo com as determinações do texto constitucional. Sendo a ideia de limitação do poder político um elemento central dos

---

[372] CONNOLLY, Michael. *Discrimination law*. 2ª ed. Londres: Sweet & Maxwell, 2011, pp. 55-79; MCCOLGAN, Aileen. *Discrimination law*: texts, cases and materials. Oxford: Hart Publishing, 2005, pp. 38-66.

sistemas constitucionais, a ação dos órgãos governamentais deve estar baseada na noção de legitimidade, o que só ocorre quando instituições públicas operam a partir das normas constitucionais. A necessidade do controle de constitucionalidade se torna vital, sendo que o judiciário seria a instituição mais adequada para desempenhar essa função.[373]

Outros autores argumentam que o controle de constitucionalidade encontra sua justificação na necessidade de se garantir a existência de responsabilidade política. Atos de instituições públicas devem obedecer ao princípio da legalidade que vincula a ação de atores governamentais. Esse princípio está presente então em teorias que entendem o processo político como expressão da vontade majoritária; dessa forma, o controle de constitucionalidade deve operar como um processo de revisão e responsabilização de atos oficiais que não se coadunam com o texto constitucional. Esse raciocínio fundamenta então a noção de que a correção do processo político deveria ser feita por meio do Poder Legislativo porque este responde diretamente aos interesses dos eleitores. Sendo o meio no qual o processo democrático se desenvolve de forma mais explícita, o legislativo teria então o poder de corrigir seus erros, reservando às cortes apenas aqueles casos nos quais o legislativo não cumpre essa função de maneira adequada. Os que advogam essa posição afirmam que os atos do legislativo estão baseados na presunção de constitucionalidade, sendo que esse poder tem então os meios para sanar esses problemas, motivo pelo qual deveria ser dada maior deferência a ele para corrigir erros.[374]

Alguns autores afirmam que esse mecanismo deve ter como objetivo principal proteger minorias que, por não terem representatividade

---

[373] FREDMAN, Sandra. *Discrimination law*. Oxford: Oxford University Press, 2011, pp. 11-143.

[374] Ver, nesse sentido: WALDRON, Jeremy. *Law and disagreement*. Oxford: Oxford University Press, 2004; BROWN, Rebecca. "Accountability, liberty, and the Constitution". *Columbia Law Review*, vol. 98, nº 2, 1998.

política, são submetidas a várias normas de natureza discriminatória. O controle de constitucionalidade teria então uma função contra majoritária porque procura proteger grupos insulares e discriminados de práticas arbitrárias, da vontade de uma maioria que pode procurar proteger seus interesses, mesmo que estes afetem negativamente grupos minoritários. Esses autores afirmam que cabe aos tribunais garantir a compatibilidade do funcionamento do processo político com a proteção de direitos fundamentais; devemos então garantir que o processo político seja impermeável a propostas destinadas a prejudicar minorias. Cabe então aos tribunais aperfeiçoar os mecanismos do processo político para que todos os grupos estejam sempre representados no processo decisório. Os tribunais devem verificar atentamente se os procedimentos políticos estão abertos aos membros de vários grupos sociais.[375] Embora essa concepção processual do controle de constitucionalidade seja influente, certos teóricos defendem a ideia de que essa teoria não pode ser vista como ideal porque os parâmetros a partir dos quais se corrige os defeitos do processo político devem ser substantivos. Dentro dessa perspectiva, o texto constitucional contém normas de caráter substantivo que estabelecem parâmetros para os procedimentos a serem observados no processo de controle de constitucionalidade. Há, portanto, a necessidade de examinarmos os valores morais e políticos presentes no texto constitucional, como o conceito de cidadania igualitária, que governa a lógica dos direitos fundamentais. Os mecanismos podem então atingir o objetivo de proteção quando eles estão orientados por valores de caráter substantivo que regulam uma ordem democrática.[376]

---

[375] Ver ELY, John Hart. *Democracy and distrust*: a theory of judicial review. Cambridge: Harvard University Press, 1980, pp. 73-105; BICKEL, Alexander. *The least dangerous branch*: the Supreme Court at the bar of politics. New Haven: Yale University Press, 1986.

[376] Ver KARST, Kenneth. "Equal citizenship under the Fourteenth amendment". *Harvard Law Review*, vol. 91, nº 1, 1977, pp. 1-68; COLKER, Ruth. "Antisubordination abovel all: sex, race, and equal protection". *New York University Law Review*, vol. 61, nº 6, 1986, pp. 1003-1066.

Se alguns juristas enfatizam a importância da garantia do funcionamento adequado do processo político e outros argumentam que o controle de constitucionalidade se desenvolve pela observação dos valores substantivos presentes na Constituição, há também aqueles que chamam a atenção para a necessidade de proteção do pluralismo político, o que implica o reconhecimento de grupos sociais como destinatários de proteção especial. Um regime democrático pluralista deve estar comprometido com a fomentação da participação de todos os grupos no processo político, o que implica um tipo específico de regulação do processo democrático. Ele deve ser o produto do debate aberto entre todos os segmentos sociais e todos os grupos relevantes devem ter acesso aos meios de deliberação e implementação. Um regime dessa natureza permite a adoção de proteção de minorias, o que é necessário para impedir que detentores do poder possam criar meios para a exclusão permanente de grupos minoritários. Dessa forma, um regime democrático pluralista deve estar baseado em uma neutralidade libertária, o que implica a proteção contra ações estatais que possam ser usadas para marginalizar membros de grupos minoritários; esse conceito de liberdade tem um papel relevante para que as pessoas possam ter um senso de segurança dentro da vida política. Esse pluralismo deve fazer parte da própria estrutura do governo. Deve-se seguir esse preceito para que a política não seja um jogo no qual certas facções que controlam o processo decisório possam utilizar o poder político para alijar minorias.[377]

4.2 Critérios de proteção especial

Devemos então analisar os processos culturais e políticos responsáveis pelo uso dessas características como alvo principal de um sistema protetivo especial. Sandra Fredman argumenta

---

[377] ESKRIDGE, William. "A pluralist theory of equal protection clause". *University of Pensylvannia Journal of Constitutional Law*, vol. 11, nº 4, 2009.

que a resposta a essa questão está fortemente relacionada com o contexto histórico e social de uma determinada sociedade. Por exemplo, a raça foi o primeiro parâmetro de proteção especial em países como o Brasil e Estados Unidos, o que se justifica em função da discriminação racial sistemática nas duas sociedades. Por outro lado, o sexo e a nacionalidade foram os primeiros critérios estabelecidos em muitos países europeus; a raça veio a ser incluída em tempos mais recentes. Novas categorias foram sendo incluídas em função da mobilização de diversos grupos sociais, fruto de ações políticas nesse sentido, sendo que a orientação sexual e as necessidades especiais estão entre os casos mais importantes nas últimas décadas. Não podemos esquecer que esses diferentes parâmetros não garantem o mesmo nível de proteção judicial, alguns deles são submetidos a escrutínios mais rígidos do que outros; em alguns casos o tratamento diferenciado será permitido pelas normas jurídicas, sendo a exclusão de casais homoafetivos das instituições matrimoniais um dos casos mais importantes.[378]

Mais uma vez, esses parâmetros são categorias imbuídas de significações culturais. Embora não tenham valor moral, eles são usados para legitimar práticas discriminatórias contra certos grupos. Assim, esses critérios são indicações que o pertencimento a um grupo implica desvantagem social em uma série de situações. Quando comparados com membros de outros segmentos, verificamos a presença de diferenças significativas de bem-estar para o grupo, razão pelo qual a característica que os designa deve ser protegida. A submissão constante a tratamento discriminatório cria uma série de divisões sociais que impedem a criação de uma sociedade integrada. Esse processo de discriminação produz danos materiais cumulativos, produtos da crença de que todos os membros de um conjunto de pessoas possuem as mesmas qualidades

---

[378] FREDMAN, Sandra. *Discrimination law*. Oxford: Oxford University Press, 2012, pp. 110/111.

negativas.[379] Além de desvantagens materiais, os membros desse grupo ainda enfrentam sérias desvantagens políticas, o que dificulta a transformação da ordem social na qual vivem, porque os membros do grupo majoritário farão o possível para que as oportunidades estejam sempre concentradas em suas mãos. Por último, certas características merecem proteção especial porque também são fonte de desvantagem cultural e simbólica. Membros de minorias são estigmatizados em função da circulação de vários estereótipos negativos que dificultam a formação de uma imagem pessoal positiva. Somado ao fato de que esses estereótipos legitimam várias práticas discriminatórias, membros de minorias estão submetidos ao estresse vinculado à ausência de respeitabilidade social e oportunidades materiais.[380]

A eleição do estabelecimento de uma categoria legalmente protegida pode ocorrer a partir de diversos critérios. Em algumas jurisdições, esses parâmetros de proteção estão claramente e exaustivamente enumerados em documentos legais, exemplo de muitos países europeus. O judiciário não pode criar novos critérios, apenas o legislativo pode fazer isso por meio de nova legislação ou emenda constitucional. Mesmo assim, os tribunais têm estendido proteção a certos grupos em situação análoga a outros que gozam de proteção. Embora alguns segmentos consigam ampliar os parâmetros de proteção por meio da pressão sobre o Poder Legislativo, eles também procuram proteção jurídica a partir dos parâmetros existentes. Em tempos recentes, minorias sexuais conseguiram convencer o judiciário de muitos países de que a discriminação por orientação sexual pode ser configurada como discriminação sexual. Essa estratégia não garante resultados sempre favoráveis

---

[379] WASSERMAN, David. "The concept of discrimination". *In*: CHADWICK, R. (Coord.). *Encyclopedia of applied ethics*. San Diego: Academic Press, 1998, pp. 807/808.
[380] KHAITAN, Tarunabh. *A theory of antidiscrimination law*. Oxford: Oxford University Press, 2015, pp. 53/54.

porque nem todas as cortes reconhecem a validade dessas teses jurídicas; além disso, há também uma constante eliminação dos limites entre os vários critérios de tratamento diferenciado, como sexualidade e gênero ou raça e etnia. Alguns critérios que não possuem ligações indiretas com critérios já legalmente reconhecidos permanecem sem proteção, como os vários casos de discriminação estética baseada na forma física das pessoas.[381]

Há um segundo modelo que permite a criação desses critérios de proteção pela ação do judiciário quando o sistema jurídico em questão possui cláusulas abertas. Uma norma que define a igualdade como uma proibição de proteção jurídica permite que os tribunais possam determinar quais parâmetros serão considerados como elementos de proteção especial. Algumas jurisdições enumeram os parâmetros de proteção especial, mas permitem que o judiciário possa estendê-los quando for necessário. Isso acontece principalmente em países nos quais a lista de parâmetros tem um caráter aberto, o que permite a

---

[381] Esse argumento encontrou expressão na jurisprudência brasileira na decisão do Supremo Tribunal Federal que reconheceu casais homoafetivos como entidades familiares. BRASIL. Supremo Tribunal Federal. Arguição de Descumprimento de Preceito Fundamental n. 132, Órgão Julgador: Tribunal Pleno, Relator Carlos Ayres, 05.04.2011 ("*Noutra maneira de falar sobre o mesmo tema, tanto nos mencionados países quanto aqui na Terra Brasilis pós- Constituição de 1988, o sexo das pessoas é um todo pró-indiviso, por alcançar o ser e o respectivo aparelho genital. Sem a menor possibilidade de dissociação entre o órgão e a pessoa natural em que sediado. Pelo que proibir a discriminação em razão do sexo (como faz o inciso III do art. 1º da nossa Constituição Republicana) é proteger o homem e a mulher como um todo psicossomático e espiritual que abarca a dimensão sexual de cada qual deles. Por conseguinte, cuida-se de proteção constitucional que faz da livre disposição da sexualidade do indivíduo um autonomizado instituto jurídico. Um tipo de liberdade que é, em si e por si, um autêntico bem de personalidade. Um dado elementar da criatura humana em sua intrínseca dignidade de universo à parte. Algo já transposto ou catapultado para a inviolável esfera da autonomia de vontade do indivíduo, na medida em que sentido e praticado como elemento da compostura anímica e psicofísica (volta-se a dizer) do ser humano em busca de sua plenitude existencial*").

CAPÍTULO IV – CRITÉRIOS DE PROTEÇÃO ESPECIAL...

inclusão de novos parâmetros.[382] No caso do Brasil, o inciso quarto do artigo terceiro do texto constitucional permite a ação judicial nesse sentido, ao dizer que não será permitido tratamento arbitrário de qualquer forma além dos que foram expressamente mencionados. A orientação sexual adquiriu o *status* de um parâmetro de proteção especial no Brasil primeiro pela ação do judiciário, desenvolvimento que também foi posteriormente acompanhada pelo legislativo no plano municipal e estadual.[383]

Como esses critérios são analisados pelos tribunais? Por um lado, temos aqueles que procuram identificar esses critérios a partir de certos elementos, como o contexto social no qual o grupo está inserido, a representatividade política de seus membros, além do fato de poderem ser identificados a partir de um critério socialmente saliente ou imutável. Tratamentos diferenciados e negativos baseados em elementos dessa natureza seriam discriminatórios porque esses traços são benignos e também porque estão fora do controle do sujeito; eles adquirem relevância social apenas em função das relações assimétricas de poder presentes nas relações sociais.[384] Mais recentemente os tribunais também classificaram como parâmetro de proteção especial aquelas características que implicam escolhas fundamentais na vida dos indivíduos. O caso paradigmático é a orientação sexual, elemento central da identidade de uma pessoa; embora talvez não possa ser qualificado como imutável como outros elementos, a sua ocultação implica a imposição de um custo pessoal significativo para o indivíduo, motivo pelo qual deve ser protegido. Ter que esconder a orientação

---

[382] FREDMAN, Sandra. *Discrimination law*. Oxford: Oxford University Press, 2011, pp. 118-124.
[383] MOREIRA, Adilson José. *União homoafetiva*: a construção da igualdade na jurisprudência brasileira. 2ª ed. Curitiba: Juruá, 2012, pp. 45-120.
[384] FREDMAN, Sandra. *Discrimination law*. Oxford: Oxford University Press, 2011, pp. 123-129.

sexual para evitar a discriminação seria uma violação da dignidade pessoal que o sistema jurídico não pode permitir.[385]

A construção de um sistema protetivo a partir de critérios específicos tem origem na jurisprudência dos tribunais norte-americanos, primeiro sistema jurídico a propor legislação destinada a eliminar tratamento negativo baseado em critérios específicos. Isso ocorreu em função da promulgação de emendas constitucionais responsáveis pela eliminação da escravidão e também pelo estabelecimento do mandamento de tratamento igualitário entre todos os membros da comunidade política. Essas normas surgiram após um confronto bélico gerado por uma decisão judicial segundo a qual pessoas negras não poderiam ter acesso ao sistema judiciário porque sua condição racial as impedia de serem reconhecidas como cidadãos. Surgem a partir desse momento várias leis federais e estaduais destinadas a promover a integração racial, mas esse esforço também promove o aparecimento de muitas legislações locais que tinham o propósito de manter negros em uma situação de subordinação. Os responsáveis por essas iniciativas puderam levar seus propósitos adiante após a decisão que exigiu a existência de intervenção de algum agente ou órgão estatal para que um ato discriminatório pudesse ser considerado uma violação da cláusula constitucional que prescreve o tratamento igualitário entre todas as pessoas.[386]

A proteção constitucional de certas características se desenvolve paralelamente aos mecanismos criados para o exercício de

---

[385] Ver, por exemplo, CANADÁ. Suprema Corte do Canadá. *Halpern v. Canada*. (AG), (2003) O. J. n. 2268. (reconhecendo o casamento entre pessoas do mesmo sexo sob o argumento de que a exclusão da casais homossexuais dessa instituição é uma forma de discriminação baseada na orientação sexual, elemento que serve para manter indivíduos em uma situação de subordinação social. A orientação sexual é uma categoria relacionada com elementos centrais da identidade pessoal que possui consequências em diversos aspectos da vida dos indivíduos).

[386] CHAMERINSKY, Erwin. *Constitutional law*. Frederick: Aspen Casebook, 2013, pp. 740-766.

controle de constitucionalidade das leis. Os tribunais começam então a utilizar o princípio da razoabilidade para poder analisar a legalidade de normas que faziam distinções entre indivíduos a partir de certos critérios. A Suprema Corte dos Estados Unidos reconhece a necessidade de órgãos estatais classificarem indivíduos, mas exige que eles obedeçam a um critério de racionalidade de forma que tratamento arbitrários possam ser evitados. O princípio da igualdade começa então paulatinamente a ser usado como referência na análise da constitucionalidade de leis que classificavam as pessoas segundo a raça partir de motivações hostis. Contudo, ao longo do tempo, aquele Tribunal começou a utilizar o princípio da razoabilidade a partir de parâmetros mais rígidos. Além da exigência da demonstração de uma relação racional entre meios e fins, os juízes também começaram a exigir um nível maior de justificação para legislação dirigida a grupos minoritários que carecem de maior representatividade política. Vemos aqui então o nascimento da concepção do controle de constitucionalidade como um meio destinado à correção de normas que são produto da ausência da paridade de representação nos processos decisórios, o que pode contribuir para que grupos de pessoas estejam sempre em uma situação de vulnerabilidade social.[387]

4.3 A jurisprudência americana e canadense sobre critérios de proteção

Embora a Constituição dos Estados Unidos contenha uma cláusula que garanta o tratamento igualitário entre todas as pessoas perante as normas jurídicas, sua efetividade encontrou grandes obstáculos em decisões que restringiram o âmbito de sua aplicação, além das estratégias utilizadas pelas elites jurídicas daquele país para manterem o sistema de dominação racial de brancos sobre

---

[387] Ver KLARMAN, Michael. "An interpretive history of modern equal protection". *Michigan Law Review*, vol. 90, nº 2, 1991, pp. 214-320.

negros. A exigência de que a cláusula da igualdade se aplica a casos nos quais a ação de agentes estatais esteja direta ou indiretamente envolvida permite até hoje a manutenção das disparidades entre grupos raciais naquela sociedade. Entretanto, o desenvolvimento da jurisprudência americana sobre igualdade conheceu uma longa evolução, evolução que tem permitido maior nível de proteção aos diversos grupos sociais, embora a efetividade da ideia de igualdade seja sempre determinada pelo tipo de configuração ideológica presente em certo momento histórico. De qualquer forma, podemos encontrar ali parâmetros importantes para a reflexão sobre quem são os grupos que merecem proteção legal especial.

Como observa Erwin Chemerinsky, a questão da racionalidade de classificações estatais está no centro do debate sobre as formas de aplicação da igualdade. Sua adequação será medida a partir de sua relação com um interesse estatal legítimo. O Estado pode classificar indivíduos, mas esse ato precisa sempre ser justificado pela referência a um interesse estatal legítimo. Uma norma pode fazer uma classificação direta a partir de um critério; ela pode estabelecer distinções entre indivíduos a partir da raça ou sexo. Mas uma norma pode usar uma classificação que não está diretamente relacionada com um grupo, embora tenha um impacto desproporcional em seus membros. Nesse caso, deverá haver uma comprovação da intenção de discriminar um grupo com o uso daquela forma de classificação. Essa classificação deve estar relacionada com um objetivo estatal legítimo, o que designa políticas públicas tradicionais, como segurança coletiva, saúde pública ou moralidade pública. A classificação utilizada pelas instituições estatais será submetida a testes de escrutínio, testes que serão determinados pela natureza do critério utilizado para classificar indivíduos: o *rational basis test*, o *intermediate scrutiny test* ou o *strict scrutiny test*.[388]

---

[388] CHEMERINKY, Erwin. *Constitutional law*. Nova York: Wolters Kluwer, 2013, pp. 713-721.

A criação de um regime de categorias legalmente protegidas na jurisprudência dos tribunais americanos está amplamente relacionada com a análise da raça como critério de tratamento diferenciado entre os indivíduos. Como a escravidão era legalizada naquele país até 1865, os tribunais sempre decidiram casos que mantinham a legalidade de medidas destinadas a manter o *status* subordinado de pessoas negras, sendo que uma decisão chegou a dizer que elas jamais poderiam ser vistas como membros da comunidade política porque os fundadores da nação não teriam previsto a possibilidade de pessoas de raças vistas como inferiores terem o mesmo *status* jurídico e político de pessoas brancas.[389] A décima quarta emenda incluiu o dever de tratamento igualitário entre todas as pessoas, mas estratégias foram imediatamente criadas para manter pessoas negras em situação de subordinação social. A doutrina segundo a qual processos judiciais baseados nessa cláusula constitucional só poderiam ser analisados se envolvessem algum ato praticado por agentes estatais criou obstáculos significativos para a proteção de minorias raciais durante várias décadas.[390] Além disso, a diferenciação entre igualdade civil e igualdade social estabelecida em *Plessy v. Ferguson* legitimou a segregação racial em todos os espaços e âmbitos da vida social daquele país.[391]

Essa situação começa a mudar a partir da segunda metade do século passado, com a criação de um novo critério de escrutínio, que seria aplicado a classificações raciais. *Korematsu v. United States* estabeleceu o parâmetro ainda seguido pelos tribunais daquele país para a verificação da compatibilidade de uma classificação racial com um interesse estatal legítimo. O Estado precisa apresentar uma

---

[389] ESTADOS UNIDOS DA AMÉRICA. Suprema Corte. *Dredd Scott v. Sandford*, 60 U. S. 393, 1856.
[390] ESTADOS UNIDOS DA AMÉRICA. Suprema Corte. *Slaugtherhouse cases* 83 U. S. 36, 1872.
[391] ESTADOS UNIDOS DA AMÉRICA. Suprema Corte. *Plessy v. Ferguson*. 163 U.S. 537, 1896.

razão bastante forte para poder utilizar classificações raciais, tese que exige a comprovação que um objetivo legítimo não poderia ser alcançado de outra forma. O *strict scrutiny test* contém ainda outro elemento importante: a consideração da raça como um critério de proteção especial por ser uma classe suspeita, uma *suspect class*, o que pressupõe que a utilização estatal desse critério possivelmente viola o princípio da igualdade. Essa categorização indica um grupo social que enfrenta uma história de discriminação, que não possui poder político e também um traço de natureza imutável e benigna. A Suprema Corte aplicou o *strict scruty test* a uma série de práticas sociais e normas legais responsáveis pela manutenção do regime de dominação racial daquela sociedade, uma vez que elas tinham o objetivo específico de impor desvantagens a minorias raciais. Mais recentemente, esse mesmo teste tem sido aplicado para considerar a constitucionalidade de normas que prejudicam pessoas negras e brancas, como as leis estaduais que proibiam o casamento entre pessoas de raças diferentes ou estabeleciam restrições a adoção inter-racial. Os tribunais daquele país também são aplicados a medidas que beneficiam minorias raciais, sendo ações afirmativas o exemplo mais significativo.[392]

Os movimentos por igualdade racial e igualdade sexual foram responsáveis pela aprovação de legislação destinada à proteção contra discriminações baseadas na raça e no sexo, o que tornou aquela nação uma das primeiras sociedades a implementar legislação nacional para proteger grupos específicos. O avanço da aplicação do escrutínio estrito levou mulheres a demandarem o mesmo tipo de proteção destinado a minorias raciais, demanda negada pelos tribunais daquele país. Surgem nas últimas décadas do século passado então um novo parâmetro para controle de constitucionalidade, o *intermediary scrutiny test*, criado para analisar classificações baseadas no sexo, critério que pode ser aplicado a

---

[392] CHEMERINKY, Erwin. *Constitutional law*. Nova York: Wolters Kluwer, 2013, pp. 711-869.

homens e mulheres. Esse teste está baseado no pressuposto de que classificações sexuais precisam estar fortemente relacionadas com um interesse estatal legítimo; não serão aceitas normas baseadas em estereótipos sexuais porque isso não pode ser considerado um interesse estatal legítimo. Os tribunais americanos também aplicam o *rational basis test*, um critério de escrutínio aplicado a categorias não cobertas pelos testes anteriores. Estamos aqui diante de uma situação na qual os tribunais mostram grande deferência para o Estado; ele precisa apenas demonstrar uma relação racional entre meios adequados e finalidades legítimas. Esse é o tipo de escrutínio aplicado a classificações baseadas na orientação sexual, embora decisões recentes demonstrem que a Suprema Corte tenha aplicado esse teste de forma diversificada.[393]

Se, no sistema jurídico norte-americano, as cortes determinam quais categorias serão legalmente protegidas, o Canadá, assim como o Brasil, está entre as jurisdições que adotam uma lista não exaustiva de características de diferenciação, as quais não poderão ser utilizadas para a prática de discriminação negativa. O direito constitucional canadense conheceu uma transformação significativa com o aparecimento da Carta de Direitos e Liberdades, documento que elenca uma série de direitos e garantias para seus cidadãos. Um tipo de controle de constitucionalidade bastante deferente a propósitos estatais desaparece para dar lugar à proeminência dos tribunais no processo de afirmação dos direitos fundamentais; todas as normas incompatíveis com a Carta passam agora a ser declaradas como inconstitucionais. A jurisprudência canadense sobre a igualdade está fortemente vinculada com as relações próximas entre igualdade e dignidade, um desenvolvimento particularmente relevante para a reflexão constitucional sobre como tribunais devem interpretar o princípio da igualdade. Esse preceito tem sido analisado a partir de um ponto de vista substantivo, uma posição

---

[393] ARAIZA, William. *Animus*: a short introduction to bias in the law. Nova York: New York University Press, 2017, pp. 120-163.

decorrente da compreensão da igualdade como algo relacionado com as noções de reconhecimento da igual dignidade das pessoas e com a redistribuição de recursos necessária para que estas possam operar de forma adequada dentro da sociedade.[394]

O caso *Law v. Canada* determinou a forma como o preceito de igualdade presente na Carta de Direitos e Liberdade deve ser interpretado. Primeiro, deve ser demonstrado que normas ou práticas sociais vistas como discriminatórias estabelecem uma diferenciação entre membros de grupos que são correlatos de forma intencional ou por meio de seus efeitos. Segundo, essa diferenciação deve estar baseada nos parâmetros de proteção especial estabelecidos pela legislação ou por outro parâmetro análogo. Terceiro, deve ser demonstrado que a diferenciação diretamente ou indiretamente impõe um custo ou impede que a pessoa tenha acesso a direitos a partir de uma aplicação estereotipada do critério de tratamento diferenciado, o que reproduz a noção de que o indivíduo a não pode ser visto como um ator social competente, como não merecedora do mesmo nível de respeito e consideração que deve ser destinado a todos os membros da comunidade política. Essa posição situa a questão da dignidade como um elemento central do processo de interpretação do princípio da igualdade, estabelecendo, assim, um parâmetro substantivo para esse processo.

Mas a decisão não menciona a questão da dignidade a partir de uma perspectiva abstrata. A avaliação do efeito do impacto do tratamento discriminatório de uma norma sobre a dignidade de uma pessoa deve ser analisada a partir de certos elementos. Primeiro, a situação de desvantagem social vivida pelo grupo ao qual pertence a parte que afirma ter sido discriminada. Segundo, uma análise da correspondência entre as distinções legislativas e as necessidades, capacidades e circunstâncias sociais e históricas

---

[394] MCCOLGAN, Aileen. *Discrimination, equality and the law*. Oxford: Hart Publishing, 2014, pp. 23-27.

na qual a pessoa vive. Terceiro, o impacto que a distinção terá no *status* social dos membros do grupo que são tratados de forma diferenciada. Quarto, a natureza do interesse da pessoa que está afirmando a inconstitucionalidade de uma norma ou prática social.[395] Esses parâmetros foram aplicados em diversas decisões referentes às normas que restringiam o casamento a pessoas de sexos opostos. Cortes estaduais argumentaram que essas normas tratavam casais homossexuais de forma diferenciada porque partiam do pressuposto de que homossexuais são pessoas não merecedoras do mesmo tratamento, uma vez que não possuem o mesmo valor social. Essas instituições entenderam que a diferenciação de *status* entre casais homossexuais e casais heterossexuais configura uma violação da igualdade porque essas duas categorias estão similarmente situadas, o que exigiria o tratamento igualitário entre eles.[396] Os critérios para a análise da compatibilidade de normas e práticas com o princípio da igualdade foram, ao longo do tempo, sendo complementados com outros parâmetros destinados a identificar casos de discriminação direta ou indireta. De acordo com eles, a discussão sobre a constitucionalidade de uma norma deve ser avaliada a partir das seguintes considerações: se a pessoa é membro de um grupo que pode ser identificado a partir de uma ou mais categorias legalmente protegidas, se essa pessoa foi submetida a um tipo de tratamento desvantajoso e se ele decorre da utilização de um critério que não pode ser utilizado como forma de discriminação negativa.[397]

---

[395] CANADÁ. Suprema Corte do Canadá. *Law v. Canada (Minister of Employment and Immigration)*, (1999) S.C.J. n. 12, (1999) 1 S.C.R. 497 (S.C.C.).

[396] CANADÁ. Suprema Corte do Ontário. *Halpern v Canada*, (2003) O.J. n. 2268.

[397] CANADÁ. Suprema Corte do Canadá. *Ontario (Human Rights Commission) v. Simpsons-Sears*, (1985) S.C.J. n. 74, (1985) 2 S.C.R. 536, at 551-52 (S.C.C.).

Essa breve análise da jurisprudência da Suprema Corte dos Estados Unidos e da Suprema Corte do Canadá mostra que a determinação dos grupos que devem ser protegidos levanta inúmeras questões. Debates recentes sobre direitos humanos incluem a pergunta se identidades devem ter proteção especial ou se grupos só podem ser protegidos por critérios objetivos, tais como raça ou sexo. Alguns ainda questionam se todas as características que resultam em desvantagem social devem ser igualmente protegidas ou se algumas distinções são mais graves do que outras. Há ainda o debate sobre o tipo de escrutínio a ser aplicado aos critérios de diferenciações entre indivíduos e grupos, além das discussões sobra qual instituição, o judiciário ou o legislativo, deve ser a responsável pelo estabelecimento dessa proteção. Outros atores chamam atenção para o fato de que grupos são formados por pessoas que possuem uma pluralidade de identidades, motivo pelo qual esse modelo se mostra muito problemático. Uma análise desse tópico demonstra que a determinação das características a serem protegidas decorre de uma combinação de fatores, os quais incluem mobilização política de minorias, mudanças na moralidade social sobre determinados temas, transformações na legislação, além da transformação da própria prática de controle de constitucionalidade.

4.4 O que é um critério de proteção especial

Uma vez que compreendemos o surgimento de critérios de proteção especial, devemos entender o que são eles. Um critério de tratamento diferenciado pode ser definido como uma característica utilizada para a classificação de pessoas em grupos. Ela deve ser suficientemente abrangente para incorporar diferentes segmentos de um universo de pessoas, o que permite identificar coletividades específicas que estão em uma relação de desvantagem em relação a outras designadas pela mesma característica. Esse traço se torna objeto de proteção especial porque opera como um meio a partir do qual membros de um grupo são sistematicamente submetidos a formas de tratamento desvantajoso. Essas características têm sido classificadas como traços que são benignos; não são moralmente relevantes, não são indicativos de habilidades das pessoas. Mais recentemente, elas também têm sido vistas como elementos que designam a possibilidade de as pessoas fazerem escolhas fundamentais nas suas vidas. Os que se encontram nessa situação obterão maior proteção jurídica do que os membros dos grupos cognatos em função da desvantagem significativa entre eles. Se a raça pode ser utilizada para exemplificar a primeira classe, a sexualidade pode ser apontada como exemplo da segunda. O critério utilizado para classificar pessoas não possui relevância normativa porque não está relacionado com interesses públicos que possam ser considerados juridicamente relevantes.[398]

Um critério de tratamento diferenciado designa grupos, mas ele opera a partir de perspectiva comparativa porque implica uma desvantagem significativa entre segmentos sociais cognatos. Normas antidiscriminatórias reconhecem então a situação assimétrica na qual os grupos vivem e torna uma determinada característica como algo que não pode ser motivo de discriminação negativa. Elas também podem lançar mão desse mesmo critério para promover a inclusão deles, uma forma de eliminar a situação de desvantagem na qual a maioria dos seus membros vive. Essa desvantagem pode assumir diversas formas e operar em diferentes esferas da existência, sendo que geralmente se manifesta por meio da combinação de diferentes fatores. A desvantagem pode ser política porque membros de um grupo são numericamente muito inferiores aos membros dos grupos dominantes, porque não conseguem transformar suas demandas em pautas políticas ou porque seu *status* é utilizado como forma de manipulação ideológica pelas maiorias políticas. A desvantagem pode ser cultural em função da prevalência de atitudes

---

[398] Para uma rica análise dos pressupostos de critérios de tratamento diferenciado, ver CLARKE, Jessica. "Against immutability". *Yale Law Journal*, vol. 125, nº 1, 2015, pp. 2-105; HALLEY, Janet. "Sexual orientation and the politics of biology: a critique of the argument from immutability". *Stanford Law Review*, vol. 46, 1993, pp. 504-570.

preconceituosas contra membros de um grupo, atitudes baseadas na noção de que todas as pessoas possuidoras da caraterística que identifica um grupo não possuem o mesmo valor, não possuem o mesmo nível de humanidade. A desvantagem também assume a forma de desvantagem material porque os membros de grupos designados por um critério legalmente protegido encontram barreiras para poderem ter acesso a oportunidades e recursos necessários para a integração social.[399]

A utilização de um critério de tratamento diferenciado por normas antidiscriminatórias guarda relação com a questão da simetria entre os grupos tidos como cognatos. Um sistema jurídico pode adotar as seguintes formas de proteção de grupos de pessoas: a proteção simétrica total entre todos os grupos, a proteção assimétrica total entre todos os grupos e uma proteção amplamente assimétrica entre grupos. A primeira posição determina que grupos protegidos e cognatos receberão a mesma proteção; a segunda determina uma situação na qual apenas grupos protegidos recebem proteção; e a terceira, uma situação na qual todos os grupos se beneficiam, mas segmentos vulneráveis serão mais protegidos. A maioria das jurisdições não adota a primeira alternativa porque criaram normas destinadas à proteção de certos grupos; elas adotam a segunda posição em relação a certos grupos, sendo que portadores de deficiência são um claro exemplo. Quase todas as jurisdições democráticas adotam a terceira alternativa, uma vez que reconhecem a necessidade de criação de mecanismos destinados à proteção dos diversos grupos; todas as pessoas são titulares de direitos universais, mas alguns grupos terão proteção especial.[400]

---

[399] KHAITAN, Tarunabh. *A theory of antidiscrimination law*. Oxford: Oxford University Press, 2015, pp. 51-55.

[400] KHAITAN, Tarunabh. *A theory of antidiscrimination law*. Oxford: Oxford University Press, 2015, pp. 58-62.

CAPÍTULO V
ALGUMAS CONSIDERAÇÕES SOBRE IGUALDADE E LIBERDADE

A reflexão sobre a questão da igualdade não pode ser dissociada da análise da liberdade, princípio que forma a base da moralidade democrática. A liberdade pressupõe uma sociedade politicamente organizada de forma democrática; ela é um estado do ser que só pode ser vivenciado dentro de uma realidade na qual os seres humanos são vistos como autores do seu próprio destino, como pessoas capazes de operar de forma autônoma. Mas a liberdade também pressupõe a existência de condições materiais para que as pessoas possam fazer escolhas imediatas, duradouras ou permanentes sobre suas vidas. Essa possibilidade requer que os indivíduos tenham as mesmas condições materiais, requer a ausência de fatores que possam restringir limitações psicológicas das pessoas, requer que elas gozem do mesmo nível de respeitabilidade e estima social. Isso significa que há um claro paralelo entre as dimensões da igualdade anteriormente examinadas e as dimensões da liberdade. Devemos examinar então as formas como esses dois valores podem se articular para a promoção da integração de grupos sociais, análise que terá relevância central para a discussão sobre a efetividade do sistema protetivo presente no nosso texto constitucional.

5.1 A concepção de liberdade no mundo moderno

O individualismo institui o ser humano como critério e valor absoluto da organização social no mundo moderno. A afirmação do individualismo é o resultado da confluência de diversos fatores que contribuíram para a formação da concepção da pessoa como uma realidade individual autônoma. Dentre eles, podemos citar o cristianismo, que, afirmando a necessidade de salvação das almas individuais, vê o indivíduo como o valor mais alto; a reforma protestante, que, ao colocar o homem em contato direto com a instância divina, provoca a interiorização da consciência moral; o humanismo, que faz do homem a medida de todas as coisas; o racionalismo, que identifica o homem com a sua racionalidade subjetiva. Citemos ainda o princípio da autonomia da vonade, que afirma o valor absoluto da liberdade. O individualismo moderno, com a defesa radical do ser humano como protagonista de todas as formas de organização social tem duas grandes implicações no campo das relações políticas: a liberdade e a igualdade.[401]

A liberdade será um tema filosófico de grande importância, constituindo-se como um dos pressupostos fundamentais da própria categoria metafísica do sujeito. A liberdade decorre da radical autonomia da consciência humana que tem em si mesma seu próprio princípio de ordenação e de conhecimento do mundo. A liberdade, enquanto categoria metafísica, estará fundada no próprio homem, entendido agora como realidade autônoma. A mais importante transformação da significação da liberdade no mundo moderno diz respeito à ideia de liberdade como categoria social e política, ideal para o qual convergem todas as diferentes mudanças de concepção dessa categoria antropológica essencial. A liberdade como categoria antropológica e a liberdade como categoria social e política fundem-se no curso da modernidade,

---

[401] BURDEAU, Georges. *Les libertés publiques*. Paris: LGDJ, 1972, p. 81.

CAPÍTULO V – ALGUMAS CONSIDERAÇÕES SOBRE IGUALDADE...

quando fica claro para o homem que a libertação social e política é a única possibilidade de realizar plenamente sua liberdade antropológica, podendo então escolher as alternativas postas pelo desenvolvimento histórico dos grupos sociais. A liberdade deixa de ser uma questão abstrata para converter-se numa possibilidade real de ação no campo social e político, único meio possível de realização de sua individualidade. A liberdade política passa a ser um fator essencial para a realização pessoal.[402]

A liberdade moderna coloca a necessidade de diferenciação entre a sua finalidade e os seus modos de exercício. Se a analisamos a partir do primeiro critério, ela deve ser considerada como princípio para realizar os fins postos pelos indivíduos para o desenvolvimento de sua personalidade. Dessa forma, o exercício da liberdade é visto como critério que cada pessoa estabelece para atingir seus objetivos, dentre eles, o reconhecimento de que é ator social competente. Por outro lado, se a liberdade é entendida como uma finalidade social, veremos que ela se constitui mais como um conjunto de direitos atribuídos ao indivíduo e cujo objetivo é fortalecer a solidariedade social. Se a examinarmos quanto aos meios de exercício, imediatamente se apresenta o problema do papel que as instituições devem ter para garantir as bases materiais e as condições institucionais para que ela seja alcançável. Esse papel deve apenas reconhecer uma zona de interesses dos indivíduos, zona na qual não deve intervir, ou deve garantir os meios materiais para o homem exercer a sua liberdade?[403]

Segundo Nicola Matteucci, a modernidade desenvolveu três grandes concepções de liberdade: a liberdade natural, a liberdade racional e a liberdade emancipatória. A concepção naturalista da liberdade baseia-se no princípio de que o ser humano é livre na

---

[402] HELLER, Agnes. *O homem do renascimento*. Lisboa: Editorial Presença, 1982, pp. 43-52.

[403] ROBERT, Jacques. *Droits de l'homme et libertes fundamentales*. Paris: Montchrestien, 1996, pp. 14-18.

medida em que obedece aos seus próprios instintos ou apetites ocasionais. Mas para conseguir tal objetivo, ele precisa possuir a força necessária para poder sobrepor os obstáculos que eventualmente encontra, ou seja, precisa ter a força necessária para coagir e subordinar a natureza e os seres humanos. Essa concepção de liberdade implica, paradoxalmente, a desigualdade entre os homens, pois o verdadeiramente livre é aquele que consegue se sobrepor aos outros. Mas, existindo uma desproporção entre as necessidades e desejos e os meios e recursos para satisfazê-los, o ser humano transfere o seu poder para uma entidade política e, subordinando-se a ela, consegue algum grau de liberdade, mas tem a garantia da proteção da vida, direito natural por excelência. Portanto, a liberdade natural em grupos sociais inteiramente organizados é limitada por regras impostas pelas instâncias que detêm o poder político e que estabelecem uma normatização indispensável para a coexistência pacífica entre os homens e entre eles e o Estado.[404]

Radicalmente oposta à liberdade natural, em que a força é o elemento que define a condição dos indivíduos, a liberdade racional supõe que eles não são livres no imediatismo e na espontaneidade do agir, mas encontram a essência do agir livre ao adequarem-se a uma ordem objetiva e necessária, que é a sociedade civil. A verdadeira liberdade se manifesta enquanto pura necessidade racional advinda da consciência do homem. Ela só pode ser vivida em uma ordem racionalmente organizada, ou seja, no Estado, que se constitui a partir das premissas da liberdade individual.[405] O pensamento de autores contratualistas é o melhor exemplo dessa concepção, fundada sobre a ideia de que a liberdade individual existente na sociedade civil permanece essencialmente igual àquela usufruída no estado de natureza, cabendo à sociedade civil, instância legisladora

---

[404] MATTEUCCI, Nicola. "Liberalismo". *In*: BOBBIO, Norberto. *Dicionário de política*. Brasília: UnB, 1988, p. 691.

[405] MATTEUCCI, Nicola. "Liberalismo". *In*: BOBBIO, Norberto. *Dicionário de política*. Brasília: UnB, 1988, p. 691.

fundada com o pacto social, preservar a ação livre dos indivíduos, garantindo assim a autonomia de cada um.[406] Uma terceira formulação sobre a liberdade surgida na modernidade consiste no ideal de emancipação ética do homem, abrindo-lhe possibilidades para escolher, manifestar e difundir seus valores morais ou políticos, a fim de realizar a si próprio. Desse modo, é preciso estabelecer formas objetivas dentro do contrato social a fim de assegurar o pluralismo de opções em todos os espaços, como também reduzir ao máximo os condicionamentos ideológicos que atuam sobre os indivíduos e regulam as suas ações de forma heterônoma.[407]

A modernidade emancipa o indivíduo das relações que o mantinham em um estado de subordinação e o sistema jurídico desempenha um papel fundamental nesse processo. A universalização dos direitos é o princípio que garante a todos a liberdade, e o valor absoluto do indivíduo tem como corolário a igualdade. Entretanto, essa igualdade só pode ser afirmada se abstraídas todas as particularidades presentes na vida social. O individualismo não pode considerar os homens a partir das suas contingências, pois baseia a sua autonomia na essência universal do homem e não na sua existência concreta. Essa concepção de igualdade tem a sua origem na doutrina jurídica kantiana do Direito, na qual a igualdade aparece como um princípio decorrente da natureza racional do homem. Se, na antiguidade, a igualdade estava baseada nos princípios da racionalidade imanentes à realidade, na modernidade, essa igualdade, que continua tendo um estatuto primordialmente metafísico, estará ligada agora a uma outra forma de justificação, que é a racionalidade inerente à própria natureza humana. A igualdade é um princípio necessariamente abstraído da realidade concreta dos indivíduos.[408]

---

[406] TINLAND. *Archives de Philosophie du Droit*, p. 87.
[407] MATTEUCCI, Nicola. "Liberalismo". *In*: BOBBIO, Norberto. *Dicionário de política*. Brasília: UnB, 1988, p. 692.
[408] BURDEAU, Georges. *Les libertés publiques*. Paris: LGDJ, 1972, pp. 81/82.

O individualismo nega à sociedade qualquer objetivo próprio, mas como o ser humano necessita viver em sociedade para que possa alcançar o seu pleno desenvolvimento, ela deve estar organizada segundo o princípio da liberdade. Portanto, as normas necessárias para a organização social devem ser criadas em função da própria liberdade. O sistema jurídico deve garantir a coexistência das próprias liberdades, não sendo, aliás, nada mais do que uma organização das liberdades, segundo a doutrina liberal. Assim, o indivíduo não é reconhecido apenas como parte integrante da sociedade, mas como o seu fim principal, a sua razão de ser. Partindo desse pressuposto, o indivíduo, na sua dupla qualidade de cidadão e de pessoa, pode reivindicar a liberdade política como defesa de seus direitos políticos e a liberdade física como proteção da sua condição de indivíduo.[409]

O individualismo moderno é o fundamento do Estado de Direito e também da forma de cidadania que nele se desenvolve. Podemos dizer que a cidadania está tão fortemente relacionada com o individualismo que o indivíduo e o cidadão formam uma entidade jurídica e sociológica única. Mas, na verdade, essa associação representa tanto o fundamento da cidadania liberal quanto a sua crise, pois atenua a dimensão de legitimação do governo e o reconhecimento das obrigações políticas. O individualismo, entendido como valor do indivíduo em si, implica a demanda constante de novas formas de reivindicação de liberdade que aparecem como expressão da capacidade de autodeterminação do homem, principalmente dentro dos domínios privados. A combinação dessas exigências e o crescimento de mecanismos impessoais de controle social cria uma crescente insatisfação frente à impossibilidade material de satisfação dessas demandas. Essa insatisfação constante leva a uma perda do civismo, pois quanto mais a cidadania é exigida menos ela se torna eficaz.[410]

---

[409] GICQUEL, Jean. *Droit constitutionnel et institution politiques*. Paris: Montchrestien, 1996, p. 77.
[410] LECA, Jean. "Individualism et citoyenneté". *In*: LECA, Jean; BIRNBAUM, J. *Essai sur l'individualism*. Paris: Presses de la Fundation Nationale des

Um novo paradigma constitucional emerge quando a ordem liberal mostra seu esgotamento. Dentre os elementos responsáveis por essa mudança, cabe destacar os vários movimentos pela luta de efetivação de direitos coletivos e sociais que surgem ao longo dos últimos dois séculos. Esses movimentos ainda batalham pelo mesmo ideal de liberdade presente no paradigma constitucional anterior, mas entendida de uma nova forma. A liberdade não pode se restringir ao seu aspecto meramente formal, devendo também incluir a igualdade de condições materiais entre os cidadãos. Ela não pode encobrir as diferenças presentes na realidade social.[411] Como ressalta Menelick de Carvalho Netto, a defesa da liberdade no paradigma do Estado Social de Direito não se reduz ao acréscimo dos chamados direitos de segunda geração, mas também envolve a redefinição dos direitos individuais proclamados no paradigma anterior. A liberdade não pode ser compreendida apenas como liberdade negativa diante do Estado, mas algo a ser alcançado por meio de leis que possam garantir pelo menos o reconhecimento das diferenças materiais e o tratamento privilegiado dos grupos economicamente em desvantagem pela criação de uma legislação de caráter material.[412]

5.2 As correlações estruturais entre igualdade e liberdade

Um estudo sobre o sistema protetivo presente no nosso sistema constitucional exige que analisemos as relações estruturais entre igualdade e liberdade. As considerações tecidas na seção anterior

---

Sciences Politiques, 1991, pp. 180/181.
[411] BONAVIDES, Paulo. *Do estado liberal ao estado social*. Belo Horizonte: Del Rey, 1993, p. 47.
[412] CARVALHO NETTO, Menelick de. "Requisitos pragmáticos da interpretação jurídica sob o paradigma do Estado democrático de direito". *Revista de Direito Comparado da Faculdade de Direito da UFMG*, Belo Horizonte, vol. 3, 1998, p. 480.

mostram que a liberdade também possui aspectos que se articulam com as dimensões do conceito de igualdade. A liberdade possui uma natureza jurídica porque ela representa uma categoria de direitos; ela possui uma dimensão jurídica porque seus limites e formas de exercícios são estabelecidos por normas legais. Esse direito decorre então da posição do ser humano dentro de um sistema jurídico que opera para promover as liberdades individuais; esse propósito vincula a ação das instituições públicas. O sistema jurídico elencará uma série de liberdades que terão um papel relevante para a garantia de diferentes formas de igualdade, para a satisfação de diferentes meios que as pessoas precisam utilizar para poderem ter uma vida autônoma. Esses objetivos serão alcançados na medida em que o tratamento igualitário entre todas as pessoas permitir que tenham os mesmos meios para exercer sua liberdade. Dessa forma, a dimensão jurídica da igualdade permite a realização jurídica da liberdade, na medida em que diferentes categorias de direitos são garantidas a todas as pessoas.[413]

Da mesma forma, a dimensão política da igualdade está diretamente relacionada com a dimensão política da liberdade. Não podemos esquecer que é na sua forma de existência como um ser político que o homem poderá encontrar os meios para o exercício efetivo dessa liberdade. Dentro da comunidade política, a liberdade terá duas esferas, uma liberdade genérica, expressa na garantia dada a cada indivíduo de uma esfera privada de ação, e uma liberdade jurídica, segundo a qual os atos humanos, principalmente aqueles exercidos na esfera pública, devem obedecer aos preceitos da ordem legal. Temos então uma liberdade antropológica e uma liberdade normativa. Como nos diz Jacques Robert, a liberdade normativa é uma liberdade juridicamente protegida, e essa proteção se exerce essencialmente sobre o seu exercício. A liberdade jurídica implica o reconhecimento positivo de uma liberdade de fato, o que dá a cada um os meios de exercer a sua

---

[413] BOBBIO, Norberto. *Igualdade e liberdade*. Petrópolis: Ediouro, pp. 49-58.

CAPÍTULO V – ALGUMAS CONSIDERAÇÕES SOBRE IGUALDADE...

liberdade efetivamente. Podemos afirmar então que a liberdade política é condição fundamental para a efetivação da liberdade antropológica e que a igualdade demanda que todos tenham as mesmas possibilidades desse exercício.[414]

A liberdade tem ainda outra função importante que demonstra as relações entre a dimensão política da liberdade e a dimensão política da igualdade. Na medida em que o homem se insere na coletividade, ele se situa em relação aos outros homens igualmente livres que vivem numa comunidade política juridicamente organizada. Ele estabelece uma relação política com outros indivíduos, fator que o afasta tanto do seu isolamento, como também da possibilidade de uma liberdade integral, que deverá ser subordinada à ordem jurídica ali existente. Mas essa liberdade, que adquire um aspecto normativo, está fundamentada na premissa de que todos os sujeitos daquela comunidade política são autônomos e livres, e a função da norma não é outra senão a de garantir essa liberdade geral, fundamento da ordem social. Assim, a liberdade também se apresenta como a noção que irá fundamentar o próprio vínculo político entre os indivíduos.[415]

A proteção da liberdade política, que se apresenta como fundamento do Direito e do regime democrático, implica a atribuição de um *status* jurídico aos indivíduos. A atribuição do *status* jurídico de cidadão ao indivíduo lhe abre a possibilidade de efetivação da sua liberdade nos sentidos acima descritos: 1) o reconhecimento de uma igualdade jurídica a todos os membros pertencentes à comunidade política; 2) a atribuição de um conjunto de direitos e deveres que tem a função de proteger uma esfera de ação a cada indivíduo por parte do Estado e por parte dos outros indivíduos;

---

[414] ROBERT, Jacques. *Droits de l'homme et libertes fundamentales*. Paris: Montchrestien, 1996, pp. 13/14.

[415] FRANKFURT, Harry. "Concerning the freedom and limits of the will". *Philosophical Topics*, vol. 17, nº 1, 1989, pp. 119-130; BOBBIO, Norberto. *Igualdade e liberdade*. Rio de Janeiro: Ediouro, 1996, pp. 59-78.

3) a representação da possibilidade, fundamentada na liberdade política, de se atingir a realização pessoal como um ser livre e autônomo. Observamos também conexões importantes entre a dimensão moral da liberdade e a dimensão política da igualdade. A existência política dos seres humanos está determinada pela necessidade de mediação entre a liberdade individual e a universalidade da norma. Se aceitarmos a ideia de que essa mediação deverá ser feita pela razão, elemento que possibilita o processo de universalização dos indivíduos na sua submissão aos processos de racionalização social, veremos que o Direito, enquanto conjunto de normas gerais que têm por função a unificação dos comportamentos, é a expressão dessa racionalidade universal dentro da esfera política e também na esfera moral.[416] O Direito enquanto manifestação da racionalidade e da universalidade da razão na esfera política só pode exercer a função mediadora acima descrita em um regime político no qual as normas jurídicas e políticas expressam as expectativas estabelecidas consensualmente pelo conjunto de indivíduos livres. A democracia aparece então como o regime político no qual a regulação do poder está fundamentada no princípio da liberdade, princípio que possibilita ainda a própria constituição do corpo social, uma vez que é o pressuposto central do vínculo político entre os indivíduos que se reconhecem como pessoas atores sociais competentes porque autônomos.[417]

Mas o ideal da liberdade não se esgota na sua análise jurídica, política ou moral. A liberdade é um elemento central da noção de cidadania, categoria que designa um processo de realização humana: a liberdade política tem por função estabelecer os meios para a realização de um ideal ético ligado tanto às finalidades estabelecidas livremente pelo sujeito autônomo, quanto a um ideal

---

[416] VAZ, Henrique Cláudio de Lima. "Antropologia e direitos humanos". *Revista Eclesiástica Brasileira*, vol. 37, nº 145, 1977, p. 19.
[417] GOYARD-FRABRE, Simone. *O que é democracia?* São Paulo: Martins Fontes, 2003, pp. 76-96.

cívico, ou seja, à evolução da comunidade política como um todo. Sob esse aspecto, a cidadania pode ser descrita como uma forma do indivíduo estar no mundo, forma que podemos caracterizar como primordialmente política. A cidadania pode ser ainda descrita como um modo específico de subjetivação, se atentarmos para o fato de que a identidade social dos indivíduos é constituída no conjunto de interações sociais das quais ele participa. Pelo seu *status* de membro de uma comunidade política, pode então obter as condições necessárias para o seu desenvolvimento pessoal na medida em que pode gozar das mesmas liberdades endereçadas a todos. Tal fato demonstra que as dimensões psicológicas da igualdade e da liberdade também estão estruturalmente relacionadas porque representam parâmetros a partir dos quais os indivíduos podem desenvolver uma concepção de competência pessoal.[418] A liberdade presente no ideal de cidadania surgido na modernidade configura-se como um poder individual de autodeterminação. Segundo Jean Gicquel, a liberdade humana subjacente ao ideal moderno de cidadania equivale a uma soberania humana similar à soberania do Estado. O indivíduo possui uma soberania pessoal, que é a sua liberdade decorrente da capacidade de dominar as suas faculdades e ajustá-las aos seus fins.[419] Assim entendida, a autonomia individual possui quatro sentidos diferentes: a capacidade para governar a si mesmo; a condição atual do autogoverno e suas virtudes associadas; um ideal de caráter associado a essa concepção; e uma autoridade soberana para governar a si mesmo que, por analogia com a soberania do Estado, é absoluta em seus domínios morais.[420]

---

[418] TWINE, Fred. *Citizenship and social rights*: the interdependence of self and society. Londres: Sage, 1994, p. 13.

[419] GICQUEL, Jean. *Droit constitutionnel et institution politiques*. Paris: Montchrestien, 1996, pp. 82/83.

[420] FEINBERG, Joel. "Autonomy, sovereignty and privacy: moral ideals in the constitution?" *Notre Dame Law Review*, vol. 58, nº 3, 1982, p. 447.

Mas observamos anteriormente que a igualdade também possui uma dimensão diferenciativa, decorrente da necessidade de acomodação das diferenças que podem designar uma forma de *status* que necessita de proteção especial. De um ponto de vista histórico, o movimento constitucionalista sempre esteve ligado à luta dos indivíduos pela limitação do poder dirigente, luta baseada na reivindicação constante de uma liberdade política relacionada com o direito de participação dos cidadãos nos processos decisórios, como também na liberdade individual fundada no reconhecimento oficial de um espaço de ação autônoma próprio de cada indivíduo. Estruturam-se assim, no desenvolvimento do Direito Constitucional, uma esfera pública e uma esfera privada, cada uma delas relacionada com um campo da existência, aquela com o campo de ação do cidadão, esta com o espaço de manifestação das liberdades individuais. Trata-se de esferas diferenciadas da existência de um personagem comum: o indivíduo, compreendido como ser racional e autônomo que, pertencendo a uma comunidade política racionalmente organizada por uma ordem constitucional, pode exercer suas prerrogativas de cidadão na esfera pública, como também suas liberdades individuais na esfera privada.[421]

Mas a história da modernidade tem sido marcada pela criação de uma série de diferenciações entre grupos, processo responsável pela subordinação de grupos sociais. Elas operam como mecanismos que impedem ou limitam o pleno gozo da igualdade; são meios a partir dos quais indivíduos e grupos são excluídos do gozo de direitos, algo que impede o exercício da liberdade nas suas diferentes dimensões. Por esse motivo, jurisdições ao longo do tempo promulgaram normas que têm o objetivo específico de proteger certas características que designam grupos vítimas

---

[421] Para uma análise das dimensões políticas e jurídicas dessa discussão, ver KARST, Kenneth. "The freedom of intimate association". *Yale Law Journal*, vol. 89, nº 2, 1980, pp. 624-691; RUBENFELD, Jed. "The rights to privacy". *Harvard Law Review*, vol. 102, nº 4, 1989, pp. 737-807.

CAPÍTULO V – ALGUMAS CONSIDERAÇÕES SOBRE IGUALDADE...

de processos de exclusão social. As normas garantem proteção especial para grupos que são impedidos de agir de forma livre em diferentes situações; mais do que garantir igualdade de tratamento, elas também permitem que os indivíduos possam atuar de forma autônoma, um dos objetivos centrais da política democrática. A liberdade significa que as pessoas não devem ter espaços de ação restringidos em função de mecanismos discriminatórios que podem se reproduzir ao longo do tempo. Portanto, cabe ao sistema jurídico garantir que normas jurídicas e práticas sociais discriminatórias sejam eliminadas, que situações de marginalização permanente possam ser recompensadas.[422]

O caráter diferenciativo da igualdade e da liberdade tem consequências significativas para pensarmos também a dimensão da esfera psicológica da vida humana. As consequências dos processos de discriminação não restringem apenas a liberdade jurídica e política; elas também restringem a liberdade psicológica, entendida aqui como a possibilidade de uma pessoa se reconhecer como um ator social competente.

Os seres humanos são seres que estabelecem propósitos para suas vidas, algo decorrente do gozo da liberdade. Mas esses propósitos só poderão ser alcançados se as pessoas possuírem os meios adequados para tomarem decisões essenciais sobre suas existências; os propósitos só poderão ser alcançados se elas forem reconhecidas como atores sociais competentes. O gozo de respeitabilidade social permite que tal coisa ocorra, motivo pelo qual as pessoas não podem estar submetidas a processos contínuos de estigmatização. Esses processos não impactam apenas o acesso a condições materiais, eles também influenciam a forma como as

---

[422] Ver, nesse sentido: RICHARDS, David. "Sexual autonomy and the constitutional right to privacy: a case study in human rights and the unwritten Constitution". *Hastings Law Review*, vol. 30, nº 4, 1978, pp. 957-1018.

pessoas percebem a si mesmas como agentes capazes de formação de objetivos e também do alcance deles por meio de suas ações.[423]

Membros de grupos que são sistematicamente marginalizados não apenas têm a liberdade pessoal restringida em diferentes aspectos; eles também são psicologicamente afetados porque a formação da ideia de que as pessoas são capazes depende de um processo de reconhecimento recíproco. Práticas discriminatórias podem operar como meios a partir dos quais os indivíduos desenvolvem o que tem sido chamado de desamparo aprendido: o sentimento de que as pessoas não possuem controle sobre aspectos básicos de suas vidas. Se o gozo de respeitabilidade social permite exercer um processo constante de verificação de sua capacidade de atuar de forma competente, a ausência dele pode levar as pessoas a desenvolverem uma representação negativa de si mesmas. As situações de restrição de liberdade por meio de formas de discriminação sistemática podem fazer com que a pessoa desenvolva problemas de ordem psicológica porque carece da possibilidade de se afirmar como um ator social competente, o que significa um dano psíquico significativo.[424]

A dimensão diferenciativa da igualdade e da liberdade se mostra então relevante para entendermos a necessidade da formação e da operacionalização de um sistema protetivo que impeça processos de marginalização.

As normas jurídicas criaram meios para que grupos minoritários não estejam em uma situação permanente de subordinação, situação que pode ter consequência para as diversas esferas da vida

---

[423] Ver BURKE, Peter. "Identity processes and social stress". *American Sociological Review*, vol. 56, nº 6, 1991, pp. 836-847; PRESSMAN, Sarah. "Does positive affect influence health?" *Psychological Bulletin*, vol. 131, nº 6, 2005, pp. 925-971.

[424] HONNETH, Axel. "Recognition". *Proceedings of the Aristotelian Society*, vol. 75, 2001, pp. 111-139.

deles. Normas jurídicas e práticas sociais discriminatórias são responsáveis pela criação e reprodução de um *status* subordinado que limita o exercício das diferentes dimensões da liberdade humana. Por esse motivo, a proteção de grupos minoritários ocupa um papel central na proteção da igualdade e da liberdade no mundo contemporâneo. Esse processo decorre da necessidade de proteção dos membros de grupos minoritários e vulneráveis para que eles não estejam submetidos a processos que restringem o exercício da cidadania. O igualitarismo opera como uma forma de correção de um processo social que procura harmonizar o princípio da universalidade dos direitos com a necessidade de proteção desses grupos. Essa articulação entre identidade e diferença não se confunde com a proteção de formas específicas de identidades, mas com a proteção de grupos de formas de discriminação que podem promover a subordinação. O ideal de uma sociedade fundada em uma única forma de pertencimento social não oferece todos os elementos para a proteção de todos os grupos; ele opera como um ponto de partida para a demanda de direitos, mas abre espaço para que as pessoas possam demandar direitos decorrentes da opressão fundamentada em diferenças que se tornam politicamente relevantes por serem pontos de discriminação. A igualdade precisa então articular igualdade e diferença para que o ideal de uma sociedade igualitária seja alcançado.[425]

5.3 O que devemos entender por liberdade antropológica hoje?

A noção moderna de liberdade engloba uma série de perspectivas, dentre elas, a noção de liberdade antropológica, conceito que implica a possibilidade de as pessoas terem os meios necessários para atingir a realização pessoal. Entretanto, essa perspectiva parece

---

[425] ALEINIKOFF, T. Alexander. "A case for race-consciousness". *Columbia Law Review*, vol. 91, n° 4, 1991, pp. 1060-1125.

estar baseada na noção de que os indivíduos podem alcançar esse objetivo na medida em que realizam seus interesses a partir da condição comum de seres racionais.

Embora essa noção encontre fundamentação em uma longa evolução de reflexão moral, ela parece ser problemática em uma realidade na qual as pessoas estão cientes da dependência que têm de reconhecimento recíproco para poderem afirmar um senso de dignidade, que opera como um elemento de liberdade. A visão tradicional de uma liberdade decorrente de uma racionalidade universal encontra problemas na medida em que os seres humanos formulam um senso de competência pessoal a partir das relações de respeitabilidade que mantêm com outros membros da comunidade política. Práticas discriminatórias impedem que as pessoas possam ter acesso a meios para a existência, mas elas também significam uma privação de respeitabilidade do meio social em relação a membros de certos grupos. A privação desse bem dificulta a criação de uma sociedade comprometida com um ideal de justiça baseado na noção de que todas as pessoas devem ter o mesmo nível de respeito e consideração.[426]

As questões acima mencionadas são os motivos principais pelos quais autores formulam teorias de justiça centradas na noção de reconhecimento. Eles observam que muitas das demandas de direitos no mundo atual decorrem da luta por questões morais substantivas oriundas das diferenças de *status* cultural entre indivíduos. Essas diferenças de *status* são ponto de partida para a formação de diferenças de tratamento entre grupos em várias dimensões da vida social, o que diminui as possibilidades de inserção social dos indivíduos, condição para o exercício da liberdade. Relações hierárquicas presentes no espaço público e no espaço privado também influenciam padrões de distribuição de oportunidades materiais,

---

[426] Ver HONNETH, Axel. *O direito da liberdade*. São Paulo: Martins Fontes, 2015, pp. 81-120.

CAPÍTULO V – ALGUMAS CONSIDERAÇÕES SOBRE IGUALDADE...

evidência da restrição da ação autônoma dos indivíduos em diferentes instâncias da sociedade. Pelos motivos acima citados, a noção de reconhecimento tem sido apresentada como um elemento normativo de teorias de justiça contemporâneas, teorias ancoradas no pressuposto de que o reconhecimento deve operar como um princípio organizador das relações jurídicas e políticas, porque dela decorre a possibilidade da ação autônoma dos indivíduos.[427]

Essa perspectiva encontra fundamentação na formação moral dos indivíduos, elemento que também regula a integração moral da sociedade. A socialização moral é um processo a partir do qual os indivíduos desenvolvem um senso de capacidade pessoal, sentimento de competência pessoal, elemento decorrente do caráter intersubjetivo da formação da consciência individual e da consciência moral de uma sociedade. As pessoas não formam uma consciência a partir de um puro processo de desvelamento da razão, mas sim a partir de interações sociais que possuem um papel fundamental no desenvolvimento das diferentes fases do desenvolvimento moral das pessoas. Os seres humanos desenvolvem um senso de integração moral a partir dos níveis de reconhecimento que eles encontram na sociedade na qual vivem. Assim, o reconhecimento recíproco das pessoas como seres que merecem o mesmo nível de respeito e consideração desempenha um papel central tanto na formação psíquica e na socialização moral dos indivíduos. Relações humanas arbitrárias e padrões culturais de estigmatização devem ser identificados e eliminados porque eles comprometem não apenas a formação da compreensão dos sujeitos como seres autônomos, mas também porque são um impedimento à construção de uma moralidade pública baseada na noção do reconhecimento recíproco como um valor político central da ordem democrática.[428]

---

[427] Ver HONNETH, Axel. "Recognition and justice: outline of a plural theory of justice". *Acta Sociologica*, vol. 47, nº 4, 2004, pp. 351-364.

[428] HONNETH, Axel. "Recognition and justice: outline of a plural theory of justice". *Acta Sociologica*, vol. 47, nº 4, 2004, pp. 351-355.

Se seguirmos aqueles autores que enfatizam o aspecto expressivo da igualdade, observaremos que práticas discriminatórias são formas de desrespeito que dificultam a formação de um sentimento de integridade pessoal, requisito para a formação da consciência de uma pessoa como um ser autônomo. Não podemos deixar de reconhecer o fato de que formas de discriminação estão amplamente baseadas na noção de que membros de grupos minoritários são indivíduos capazes de atuar de forma competente no espaço público, não são pessoas capazes de exercer a liberdade política, a liberdade jurídica e a liberdade moral da mesma forma que membros do grupo dominante.[429] Assim, as várias manifestações de desrespeito, entendido aqui como negação do reconhecimento da igual dignidade das pessoas, pode ter um impacto negativo na vida das pessoas. Aquelas identidades estigmatizadas encontram dificuldades para obter os mesmos direitos que os outros porque os padrões sociais de discriminação são responsáveis pela restrição do repertório identificatório dos indivíduos, da possibilidade de os indivíduos poderem ter acesso a diferentes formas de escolhas nas suas vidas.

---

[429] Ver, nesse sentido: MOREIRA, Adilson José. *Racismo recreativo*. São Paulo: Pólen Livros, 2019.

CAPÍTULO VI
PRINCÍPIOS DE INTERPRETAÇÃO DA IGUALDADE

O tema da interpretação da igualdade tem sido abordado pela academia e pela jurisprudência a partir de perspectivas semelhantes ao longo do tempo. Muitos teóricos argumentam que esse preceito deve ser visto como um princípio comparativo, uma vez que estabelece relações de valor entre pessoas a partir de certos critérios. Esses autores enfatizam seu aspecto procedimental, o que os leva a analisar a igualdade como um princípio mediador, como um parâmetro a partir do qual analisamos a legalidade de normas jurídicas. Entretanto, certos autores afirmam que a interpretação da igualdade deve estar relacionada com a dimensão objetiva dos direitos fundamentais, com a ordem de valores que estruturam um sistema jurídico. Se a primeira perspectiva enfatiza o aspecto instrumental da igualdade no processo de avaliação da racionalidade de classificações estatais, a segunda está interessada em examinar suas implicações no *status* social das partes envolvidas. Embora essas duas dimensões sejam muito relevantes para a interpretação e aplicação desse princípio, devemos considerar o fato de que as transformações teóricas sobre a formulação desse princípio provocaram uma mudança na perspectiva que devemos utilizar na sua interpretação. Assim, se a exigência do tratamento simétrico influenciava a noção de que a interpretação da igualdade tem como objetivo a análise da racionalidade das classificações, as teorias complexas de igualdade estabelecem a necessidade de abordar outros aspectos desse parâmetros central do constitucionalismo moderno.

As reflexões elaboradas nos capítulos anteriores nos mostraram que os sujeitos humanos possuem experiências sociais múltiplas em função dos seus diversos pertencimentos sociais. Por esse motivo, a análise da legalidade de normas que estabelecem tipos de tratamento diferenciado entre indivíduos e grupos, muitas vezes, deve ser feita a partir de elementos que transcendem a análise da relação racional entre critérios de tratamento diferenciado e interesses estatais legítimos. Esses grupos enfrentam a exclusão social ao longo de toda a vida, o que os situa em um quadro de desvantagem estrutural, esta que tem sido a experiência de minorias raciais e sexuais ao longo da história. Levando em consideração os pressupostos do atual paradigma constitucional, uma filosofia jurídica que tem como objetivo a emancipação social, devemos partir da premissa segundo a qual o processo de interpretação deve ter objetivos mais complexos do que a mera análise da racionalidade das normas jurídicas. A análise das relações racionais entre meios adequados e finalidades legítimas não perde a importância, mas certamente deve ser feita ao lado da consideração dos objetivos políticos estabelecidos no nosso texto constitucional. Pensamos que o compromisso constitucional com a eliminação da marginalização social requer que a interpretação jurídica também observe esse propósito, razão pela qual seu exercício deve ser feito a partir de um contexto mais amplo relacionado com os ideais emancipatórios presentes na Constituição Brasileira. Defenderemos neste capítulo a noção de que a interpretação desse princípio está também dirigida à reforma social, motivo pelo qual ele não pode ser restrito a uma consideração da racionalidade de normas jurídicas e práticas sociais. Elaboraremos na parte final deste capítulo uma

CAPÍTULO VI – PRINCÍPIOS DE INTERPRETAÇÃO DA IGUALDADE

proposta hermenêutica que engloba a reflexão sobre as dimensões da igualdade e também os ideais emancipatórios presentes no nosso texto constitucional.

6.1 Razoabilidade e proporcionalidade: a perspectiva antidiscriminatória

A doutrina constitucional brasileira tem sido largamente influenciada por uma posição teórica que entende a interpretação da igualdade como algo que possui um caráter procedimental. Mais do que um princípio jurídico, a igualdade opera nessa perspectiva como um critério para a averiguação de normas que violam o requisito do tratamento igualitário entre pessoas igualmente situadas. Por esse motivo, a igualdade tem sido entendida como um princípio destinado a impedir tratamento arbitrário entre indivíduos. Instituições estatais estão sempre classificando as pessoas a partir de um determinado critério; a igualdade deve garantir então a existência de uma relação adequada entre formas de tratamento razoáveis e finalidades estatais legítimas. Vemos então que essa perspectiva possui uma clara natureza antidiscriminatória: a igualdade almeja identificar classificações arbitrárias porque estão baseadas na animosidade contra um grupo específico de pessoas. Essas classificações são inadequadas porque violam o ideal segundo o qual as pessoas devem sempre receber os mesmos direitos ou sofrerem as mesmas consequências criadas por uma norma jurídica. Essa perspectiva tem então o propósito de identificar irregularidades, dentro do processo político, que podem provocar o tratamento desigual entre as pessoas.[430]

Mais uma vez, a igualdade tem sido pensada ao longo do tempo como a exigência do mesmo tratamento entre pessoas

---

[430] Para uma análise dessa perspectiva, ver BANDEIRA DE MELLO, Celso Antônio. *O conteúdo jurídico do princípio da igualdade*. 6ª ed. São Paulo: Malheiros, 2006.

igualmente situadas. Embora essa norma constitucional tenha um sentido aparentemente objetivo, ela não estabelece um parâmetro claro de interpretação a ser seguido pelos tribunais. Tendo em vista esse fato, eles criaram princípios interpretativos para a análise de normas que tratam pessoas de forma diferenciada, sendo que certos autores os identificam como a dimensão jurídica da igualdade. A noção de razoabilidade tem sido um dos parâmetros a partir do qual a interpretação do princípio da igualdade ocorre. A doutrina identifica os seguintes elementos desse parâmetro de interpretação do preceito: a análise do critério de tratamento diferenciado, a existência de uma relação racional entre ele e um interesse estatal e a legitimidade desse interesse estatal. O exame da adequação da norma observará a existência de uma relação racional entre um meio adotado para se fazer diferenciação entre indivíduos e os diversos interesses que podem ser realizados a partir da utilização dele. Normas jurídicas compatíveis com a igualdade utilizam critérios de tratamento diferenciado que podem ser justificados, o que ocorrerá quando ela está de acordo com alguns pressupostos importantes. A legislação não pode utilizar um critério que ignore o princípio da generalidade das normas de tal forma que possa singularizar um grupo de pessoas indefinidamente para objetivos discriminatórios ou para conferir privilégios. A lei deve adotar critérios que podem designar grupos bem específicos; ela não pode ter um nível de generalidade tal que quaisquer pessoas possam ser afetadas por suas consequências. Os indivíduos devem ser afetados por traços que efetivamente existem neles mesmos e não por traços abstratos que não os identificam de maneira clara.[431]

A relação entre esses dois parâmetros obedece a uma lógica procedimental: a relação racional existirá se o critério for adequado para o alcance de um interesse constitucional justificável. Mas essa regra da correspondência entre fins legítimos e meios adequados

---

[431] ÁVILA, Humberto. *Teoria dos princípios*: da definição à aplicação dos princípios jurídicos. São Paulo: Malheiros, 2005, pp. 132-137.

CAPÍTULO VI – PRINCÍPIOS DE INTERPRETAÇÃO DA IGUALDADE

também guarda certo grau de abstração. É necessário definir que critérios serão observados para que sua existência seja reconhecida. Como vimos, normas estatais sempre classificam indivíduos de acordo com algum parâmetro. Toda norma cria uma classe de indivíduos e a igualdade requer que seus membros sejam tratados da mesma forma; o pertencimento a ela significa que a pessoa será atingida pelas mesmas consequências jurídicas. Assim, a conclusão de que uma norma atende ao princípio da razoabilidade está ancorada na ideia de justiça simétrica. Como os seres humanos têm o mesmo *status* jurídico, eles devem ser tratados da mesma maneira. Uma norma que não atinge todas as pessoas que fazem parte de uma classe ou atinge indivíduos que não fazem parte dela viola a exigência de uma relação racional entre meios escolhidos e fins legítimos. As duas situações são violações da igualdade porque não atendem a finalidade que a norma estabelece. Temos, no primeiro caso, uma situação de sub-representação, porque nem todos os indivíduos que deveriam sofrer consequências jurídicas são atingidos por essa norma. Uma norma que permite alunos universitários serem transferidos de uma universidade para outra, mas não permite que alunos de primeiro grau tenham o mesmo direito não inclui todas as pessoas que estão na mesma situação: esses estudantes saíram da escola anterior pelo mesmo motivo, seus pais, funcionários públicos, foram transferidos. Essa norma viola a igualdade porque contempla apenas parte das pessoas que fazem parte de um mesmo grupo, filhos de pais transferidos.[432]

Mas a igualdade também pode ser violada quando a norma ou prática atinge um número maior de pessoas previsto na hipótese de incidência; elas não têm nada em comum com os indivíduos que deveriam ser atingidos. Policiais brancos param principalmente jovens negros, atitude baseada no pressuposto de que eles são mais

---

[432] Para uma análise desses parâmetros de análise da igualdade, ver sobretudo TUSSMAN, Joseph; TENBROEK, Jacobus. "The equal protection of the laws". *California Law Review*, vol. 37, nº 3, 1949, pp. 343-350.

inclinados à criminalidade. É possível que uma porcentagem de jovens negros esteja envolvida com crimes, mas isso não justifica uma política institucional de se abordar principalmente membros desse grupo. Assim, estaremos diante de um caso de super-representação quando uma norma ou prática atinge indivíduos que não deveriam sofrer as consequências previstas na norma. Uma norma que inclui pessoas que não fazem parte de uma classe por ela criada parece ser uma forma especialmente grave de discriminação. Essas pessoas não possuem traços que foram utilizados para criar a classe de indivíduos, mas estão sendo incluídas em função de algum tipo de culpabilidade por associação.[433]

Podemos identificar uma classificação como irracional porque ela utiliza um critério proibido pela legislação como meio para a discriminação negativa de pessoas ou grupos de pessoas. Uma norma pode usar esse critério para promover a integração desse grupo por meio de uma discriminação positiva; o emprego de um determinado critério para essa finalidade não ofende o princípio da igualdade porque estamos diante de uma iniciativa que pretende promover a integração dos membros de um determinado grupo. O emprego de um critério proibido para a criação de uma discriminação negativa nunca poderá satisfazer um interesse estatal legítimo, motivo da proscrição de seu uso. É certo que a utilização de um critério está relacionada com o interesse em discriminar, razão pela qual a racionalidade de uma classificação deve ser analisada a partir de sua adequação aos objetivos que pretende alcançar. A utilização de um critério como forma de discriminação negativa expressa hostilidade em relação a um determinado grupo, o que não pode ocorrer em uma sociedade democrática. Uma norma discriminatória opera como um veículo de promoção de hostilidade social fomentada por estereótipos e preconceitos, objetivo

---

[433] TUSSMAN, Joseph; TENBROEK, Jacobus. "The equal protection of the laws". *California Law Review*, vol. 37, nº 3, 1949, pp. 345-348.

CAPÍTULO VI – PRINCÍPIOS DE INTERPRETAÇÃO DA IGUALDADE

incompatível com o ideal da justiça que anima a moralidade das sociedades democráticas.[434]

O princípio da razoabilidade também exige a análise do que a doutrina chama de interesse estatal legítimo. Essa consideração é necessária porque quaisquer critérios de tratamento diferenciado estão racionalmente relacionados com o interesse de alguma autoridade em tratar as pessoas de maneira discriminatória. Por esse motivo, esse elemento pode ser analisado a partir de duas posições. Primeiro, uma norma será compatível com a ordem jurídica se ela puder avançar os interesses que fundamentam a ordem constitucional. Estamos aqui diante da análise da relação entre meios e fins a partir de sua compatibilidade com os interesses que estruturam a ordem constitucional. Segundo, os procedimentos das instituições estatais precisam estar de acordo com a ordem racional de justificação dos seus atos, elemento chave para a determinação se eles podem ser classificados como compatíveis com o preceito da justiça, princípio que opera como base da ordem jurídica democrática.[435]

A proporcionalidade tem sido amplamente utilizada por nossos tribunais para a avaliação da legalidade de normas que utilizam critérios de tratamento diferenciado entre indivíduos e grupos. Se o princípio da razoabilidade está preocupado com a avaliação de uma relação interna, relação entre meios e fins, e uma relação externa, relação entre o meio utilizado com interesses estatais, o princípio da proporcionalidade está baseado na análise de três elementos: a adequação, a necessidade e a proporcionalidade em sentido estrito. O primeiro requer que os critérios de diferenciação possam atingir os interesses estatais da maneira mais adequada. Esse princípio decorre da necessidade de que critérios de distribuição

---

[434] Para considerações relevantes sobre a utilização de critérios legalmente protegidos como forma de discriminação negativa, ver, entre outros, TENBROEK, Jacobus. *Equal under law*. Nova York: Collier Books, 1965.
[435] BANDEIRA DE MELLO, Celso Antônio. *O conteúdo jurídico do princípio da igualdade*. 6ª ed. São Paulo: Malheiros, 2006, pp. 41-45.

ou atribuição de direitos sejam racionalmente justificados a partir da demonstração de uma relação entre meios adequados e fins legítimos. Estamos então diante de um preceito que considera a racionalidade entre critérios de tratamento diferenciados e as finalidades atribuídas às instituições estatais pelo texto constitucional. Essas finalidades são estabelecidas por princípios que estruturam o sistema constitucional, normas que prestam o tipo de justiça que a sociedade considera como o parâmetro adequado para a ação das instituições públicas. O meio escolhido pela norma deve ser o mais eficaz para o alcance do propósito legalmente estabelecido. Alguns meios podem ser inadequados não apenas porque há vedação legal da utilização deles, mas também porque não são os mais adequados para isso em função de um julgamento falso ou incorreto sobre sua habilidade na situação em questão.[436]

O exame da necessidade consiste no exame da existência de meios alternativos àqueles utilizados pelo Poder Público, meios que poderiam atingir uma finalidade, mas sem a imposição de restrições aos interesses de membros de outros grupos. Estamos aqui diante de uma análise da consideração da igualdade de adequação dos meios e também da análise dos meios menos restritivos para o alcance de uma finalidade. Os meios utilizados por uma norma podem ter consequências distintas na aplicação da medida pretendida; isso requer que a utilização deles seja precedida de considerações sobre que critério deverá ser usado de forma que tenha o menor impacto no gozo de direitos por outras pessoas ou grupos de pessoas. Eles podem atingir objetivos de forma mais ou menos eficaz, de maneira mais ou menos célere, com maior ou menor custo social. Alguns meios poderão promover uma ou mais

---

[436] ÁVILA, Humberto. *Teoria dos princípios*: da definição à aplicação dos princípios jurídicos. São Paulo: Malheiros, 2005, pp. 149/150.

CAPÍTULO VI – PRINCÍPIOS DE INTERPRETAÇÃO DA IGUALDADE

finalidades de forma mais precisa, enquanto outros não poderão fazer isso com o nível de exatidão esperado pelo Poder Público.[437]

O terceiro elemento considera se a diferenciação feita entre pessoas e situações guarda uma relação de proporcionalidade entre os objetivos pretendidos e a restrição de direitos imposta. Ocorre aqui a análise da existência entre a relevância social da finalidade pretendida e a intensidade de restrição de direitos fundamentais, o que nos permitirá chegar a uma conclusão se o alcance dos objetivos supera as possíveis limitações de direitos que possam trazer. Esse terceiro elemento exige então que consideremos se o fim a ser atingido excede a prioridade de proteção dos interesses individuais. Haverá nesse balanço o exame dos interesses coletivos que poderão ser alcançados com uma medida que restringe os direitos de certos grupos de indivíduos, consideração feita a partir dos vários princípios que estruturam a ordem jurídica, como os princípios da justiça social, da dignidade humana e da promoção da cidadania de todos.[438]

Embora a razoabilidade e a proporcionalidade operem de acordo com níveis de análise distintos, elas possuem um caráter claramente procedimental: os dois princípios estabelecem parâmetros para os operadores jurídicos poderem avaliar a racionalidade de normas e práticas por meio da análise das relações entre finalidades estatais e critérios de diferenciação entre os indivíduos. Não podemos esquecer que eles não podem ser vistos como expressão do princípio da igualdade, mas sim como princípios interpretativos, como princípios mediadores entre a atividade jurisdicional e igualdade constitucional. Mas eles levantam algumas questões relevantes que precisam ser consideradas. A lógica procedimental imanente a esses princípios pode ser vista como um parâmetro

---

[437] ÁVILA, Humberto. *Teoria dos princípios*: da definição à aplicação dos princípios jurídicos. São Paulo: Malheiros, 2005, pp. 158/159.
[438] SILVA, Virgílio Afonso da. "O proporcional e o razoável". *Revista dos Tribunais*, vol. 798, 2002, pp. 28-30.

suficiente para a análise de questões relacionadas tanto com a igualdade formal quanto com a igualdade material?

6.2 Antidiscriminação e antissubordinação

Vimos que textos constitucionais democráticos estabelecem o conceito de igualdade como um princípio estruturante da ordem jurídica, mas não determinam como ele deve ser interpretado e aplicado nas diversas situações. Isso requer então que os tribunais criem meios para a verificação da congruidade de uma norma ou prática com esse preceito. Observamos que cortes constitucionais estabeleceram as noções de razoabilidade e da proporcionalidade como meios de interpretação da igualdade, o que permitiu a criação de uma perspectiva interpretativa baseada em dois elementos centrais: o preceito do tratamento igualitário entre indivíduos igualmente situados, elemento que encontra base no princípio de justiça simétrica, e a demonstração de uma relação racional entre meios lícitos e finalidades legítimas. Essa perspectiva está interessada na racionalização do processo político de forma que normas estatais não reproduzam padrões não coerentes com o dever estatal de tratamento igualitário entre as pessoas. Vemos então que essa perspectiva interpretativa tem o propósito de identificar e eliminar classificações que violam o dever de tratamento equiparado entre os membros da comunidade política. Por estar baseada em uma concepção de justiça simétrica, essa perspectiva tem uma natureza antidiscriminatória: seu objetivo central é garantir alocação de direitos e oportunidades segundo um princípio de justiça objetivo. Essa racionalidade instrumental percebe o meio social como uma instância às pessoas que são ou deveriam ser tratadas de forma equitativa, motivo pelo qual ela está preocupada com a regulação adequada da distribuição de oportunidades e alocação de direitos.[439]

---

[439] Ver sobretudo FISS, Owen. "Groups and the equal protection clause". *Philosophy and Public Affairs*, vol. 5, nº 2, 1976, pp. 108-115.

CAPÍTULO VI – PRINCÍPIOS DE INTERPRETAÇÃO DA IGUALDADE

Essa perspectiva interpretativa de inspiração liberal-individualista incorpora uma série de aspectos importantes da tradição constitucional moderna. Ela está em plena consonância com o princípio da igualdade formal e sua dimensão procedimental. O conceito de justiça simétrica implica o reconhecimento da igualdade entre todos os membros de uma classe de pessoas criadas por uma norma jurídica, fator que exige a atribuição do mesmo tratamento a todas elas. A simetria de tratamento exige então uma posição de neutralidade moral e política em relação a traços que não guardam uma relação adequada com fins estatais. Ela permite a proteção de grupos minoritários no processo decisório ao impor a neutralidade estatal em relação a traços que não podem ser utilizados para discriminação negativa. Os que defendem essa perspectiva também apontam sua objetividade como um elemento de grande importância porque permite a análise precisa das relações de racionalidade que uma norma pode ter com interesses reconhecidos como válidos para a ordem estatal. É importante também mencionar o fato de que essa perspectiva possui grande apelo entre operadores do Direito porque está direcionada à proteção de indivíduos, uma vez que pretende eliminar aquelas classificações que impedem o tratamento simétrico entre eles. Dessa forma, a perspectiva da antidiscriminação pode ser vista como uma forma de interpretação ideal da igualdade quando consideramos a uniformidade social como uma característica da ordem política de uma sociedade. A simetria de tratamento opera como uma perspectiva ideal para aqueles que entendem o sistema jurídico como uma instância formada por pessoas que existem fundamentalmente como indivíduos possuidores do mesmo *status* social.[440]

Embora seja uma perspectiva importante para a garantia da igualdade entre as pessoas, essa posição interpretativa gera alguns problemas significativos para a proteção de grupos sociais em

---

[440] Ver sobretudo BREST, Paul. "In defense of the antidiscrimination principle". *Harvard Law Review*, vol. 90, nº 1, 1976, pp. 1-54.

situações relevantes. Isso ocorre nas discussões sobre medidas que procuram promover a inclusão de minorias, porque utilizam critérios que têm sido usados para subordinar esses grupos. Tribunais contrários a elas afirmam que o texto constitucional não permite a utilização desses parâmetros em nenhuma situação, argumento que tem sido utilizado contra ações que procuram garantir inserção social de grupos marginalizados, como um estatal legítimo. Assim, por ter um caráter procedimental, a perspectiva antidiscriminatória permite a utilização estratégica das noções de razoabilidade e proporcionalidade, uma vez que juristas podem classificar a raça como uma categoria sem relevância social, portanto, sem relação racional com o interesse estatal em selecionar os melhores candidatos para concursos, por exemplo. Além disso, essa perspectiva não reconhece grupos como uma categoria a ser protegida pelo princípio da igualdade, tendo em vista seu compromisso com a proteção de indivíduos. Isso parece como algo problemático porque critérios de tratamento diferenciado também designam formas de identidade que recaem sobre todos os indivíduos possuidores da mesma característica, o que liga o destino da pessoa ao grupo a que ela pertence. Por ser uma postura interpretativa preocupada com a racionalidade de classificações, pode ser usada para analisar a legalidade de medidas que expressam formas de discriminação negativa ou positiva, sendo que ela abre espaço para que tribunais possam chegar a conclusões opostas.[441]

As limitações de um princípio interpretativo que tem como objetivo central a análise das relações racionais entre meios adequados e finalidades legítimas fizeram com que alguns teóricos formulassem uma perspectiva alternativa, centrada em uma concepção substantiva da igualdade. No lugar de uma compreensão procedimental desse preceito, eles defendem uma leitura da igualdade como um preceito comprometido com a emancipação, um entendimento baseada na ordem de valores materiais presentes no

---

[441] FISS, Owen. "Another equality". *Issues in Legal Scholarship*, 2004, pp. 1-5.

CAPÍTULO VI – PRINCÍPIOS DE INTERPRETAÇÃO DA IGUALDADE

texto constitucional. Esses autores iniciam sua proposta afirmando que o princípio da igualdade não deve ser visto como uma norma constitucional que tem o propósito específico de proteger indivíduos. Eles argumentam que a igualdade guarda relação próxima com outros preceitos constitucionais, como as ideias de cidadania e de dignidade, princípios estruturantes da ordem constitucional. Tal fato designa um compromisso com uma ordem social destinada a combater formas de discriminação que recaem sobre grupos de pessoas que possuem uma identidade comum, sendo ela criada por alguma norma jurídica ou por tradições culturais que atribuem *status* cultural e material distintos a eles. Em função dessa compreensão de uma concepção material do princípio da igualdade, esse princípio se torna um instrumento destinado a promover a igualdade de *status* entre grupos sociais. Por esse motivo, as diversas considerações sobre as vantagens ou desvantagens que uma norma pode trazer adquire prioridade sobre uma que tem natureza apenas procedimental.[442]

Essa perspectiva interpretativa institui a consideração da condição social efetiva de um grupo como elemento central para a análise da compatibilidade de normas com o sistema constitucional. Uma ordem jurídica comprometida com a emancipação social deve então considerar a situação social no qual eles vivem; ela deve levar em conta se essa prática contribui ou não para aumentar a situação de desvantagem de membros de grupos vulneráveis. Ao integrar a análise da situação de desvantagem na consideração da constitucionalidade de uma norma, esses autores pretendem afirmar a necessidade de analisarmos o contexto social e histórico no qual se encontram os membros de um grupo designado por um critério de classificação. Para eles, a relação de interdependência entre o indivíduo e o grupo ao qual o primeiro pertence significa que ele

---

[442] Ver BALK, Jack M.; SIEGEL, Reva. "The American civil rights tradition: antidiscrimination or antisubordination?" *University of Miami Law Review*, vol. 58, nº 1, 2003, p. 34.

não pode ser visto apenas como um indivíduo específico, porque sua existência está diretamente relacionada com a do grupo ao qual pertence. A ênfase na questão do grupo indica então que o processo de interpretação da igualdade deve procurar promover a igualdade de *status*, uma vez que uma sociedade democrática não pode permitir que segmentos sociais estejam numa situação permanente de desvantagem social. Vemos aqui uma mudança de ênfase da igualdade como procedimento para a igualdade de *status* e que se encontram em situação social distinta.[443]

A preocupação com o tema de *status* adquire relevância central dentro dessa perspectiva porque permite a consideração de muitos elementos que podem não estar presentes quando se compreende a igualdade a partir de uma perspectiva procedimental. A preocupação com a identificação de classificações irracionais considera a situação presente dos indivíduos envolvidos em uma controvérsia. Dessa maneira, considerar-se-ia a relação de racionalidade entre a raça do indivíduo e a capacidade intelectual para se chegar a uma universidade, postura que impede o exame dos vários mecanismos que não permitem ou dificultam o acesso de pessoas negras às instituições de ensino superior. Os diferentes grupos sociais estão sempre lutando por estima e oportunidades, motivos pelos quais os que controlam as instituições sociais criam os meios para assegurar que seus membros sempre terão acesso privilegiado a oportunidades. Grupos sociais não são meras formas de identidades criadas por seus próprios membros; eles são criados por normas jurídicas e políticas que atribuem a eles características e funções sociais específicas de forma a legitimar as posições que ocupam na sociedade.[444]

A busca da garantia da igualdade por meio da preocupação de grupos sociais expressa uma concepção substantiva de igualdade,

---

[443] Ver sobretudo FISS, Owen. "Groups and the equal protection clause". *Philosophy and Public Affairs*, vol. 5, nº 2, 1976, pp. 147-157.

[444] Ver sobretudo BALKIN, J. M. "The constitution of status". *Yale Law Journal*, vol. 106, nº 6, 1996, pp. 2313-2330.

CAPÍTULO VI – PRINCÍPIOS DE INTERPRETAÇÃO DA IGUALDADE

interessada nos danos que práticas sociais podem ter no *status* de grupos que estão em uma situação de desvantagem. O que está aqui em questão é o problema do dano que uma prática pode ter no *status* social que um grupo ocupa dentro de uma sociedade. A imposição de um dano ao *status* de um grupo deve ser vista como uma violação da igualdade porque pode contribuir para a piora da situação atual de seus integrantes, além de contribuir para os processos de estratificação que o mantêm nessa situação. "Dano ao *status*" deve ser entendido tanto o *status* cultural quanto o *status* material de um grupo em uma situação de desvantagem. Assim, o tema da arbitrariedade não se resume à questão da racionalidade da classificação, mas sim aos efeitos que a norma ou prática social terá no *status* do grupo em questão. Esse método permite então considerar de forma mais efetiva aquelas práticas que não são negativas em princípio, mas que têm um efeito desproporcional em grupos que já se encontram em uma situação de desvantagem. Isso significa que a igualdade não pode ser interpretada apenas como um princípio que exige tratamento simétrico entre pessoas que estão em uma situação similar, mas sim como um preceito que tem o propósito de promover a emancipação de minorias sociais. Saímos então de uma compreensão desse princípio como algo que tem um caráter antidiscriminatório, que enfatiza o tema de classificações, para uma posição antissubordinatória, perspectiva que entende a igualdade como um possível mecanismo de emancipação social. O princípio da proibição de imposição de desvantagem a grupos sociais aparece como elemento central dessa perspectiva, a que muitos chamam de antissubordinação.[445]

O princípio da proibição da imposição de desvantagem a grupos sociais encontra justificação em tradições bastante assentadas na

---

[445] DIMOND, Paul. "The anti-caste principle: toward a constitutional standard for review of race cases". *Wayne Law Review*, vol. 30, nº 1, 1983, pp. 1-15; FORBATH, William. "Caste, class, and equal citizenship". *Michigan Law Review*, vol. 98, nº 1, 1999, pp. 2-23.

história do constitucionalismo moderno. O princípio da igualdade está fundamentado na noção da igualdade moral de todos os seres humanos. Isso significa que eles merecem ser tratados de forma igual em situações iguais, mas também que eles devem ser reconhecidos como atores sociais competentes por todos os outros membros da comunidade política. Práticas sociais que sistematicamente contribuem para a exclusão de membros de grupos minoritários permitem a criação de castas sociais, de grupos de pessoas que são vistos como inferiores em todas as situações e também incapazes de atuar de forma competente no espaço público. Dessa forma, a existência de castas sociais não pode ocorrer dentro de um regime democrático, algo que contraria a ideia de que a sociedade política existe para garantir a integração social e o bem-estar de todas as pessoas. Uma sociedade verdadeiramente democrática não pode impor desvantagens sistemáticas a grupos criados a partir de categorias benignas que não têm qualquer relação com o valor pessoal dos membros desse grupo.

Dessa forma, entender a igualdade como um princípio contrário a criação de castas sociais, de pessoas que estão em uma situação duradoura ou permanente de exclusão, está baseado em princípios centrais do constitucionalismo contemporâneo, tais como a centralidade das noções de dignidade humana, cidadania inclusiva, da justiça social e do respeito ao pluralismo. Mais do que isso, o atual paradigma constitucional encara o Estado como uma instância que deve atuar como um agente de transformação, o que inclui a luta contra mecanismos responsáveis pela criação de castas sociais. Uma sociedade verdadeiramente democrática não deveria transformar traços moralmente irrelevantes e socialmente salientes em meios que criam desvantagens sistemáticas para membros de grupos minoritários. Ela deve garantir que todos os membros de todos os grupos terão condições para poderem desenvolver suas habilidades por meio do acesso a direitos fundamentais, forma a partir da qual eles podem se afirmar e serem vistos como atores sociais competentes. Uma sociedade democrática não pode ser

CAPÍTULO VI – PRINCÍPIOS DE INTERPRETAÇÃO DA IGUALDADE

complacente com mecanismos que situam indivíduos em uma situação permanente de desvantagem.[446]

O problema que a perspectiva antissubordinatória procura responder decorre do fato de que as normas constitucionais procuram resolver conflitos entre grupos sociais gerados pela luta entre eles por respeitabilidade. *Status* social reflete o nível de honra e prestígio que os diferentes grupos gozam na realidade, sendo então um requisito para que os outros possam considerá-los atores sociais competentes. Se os que possuem estima social são vistos dessa maneira, os estigmatizados são percebidos como pessoas incapazes de atuar dessa forma em função da ausência de qualidades positivas. Como os membros dos grupos dominantes são os que possuem maior *status* social, eles também possuem maior poder político e sempre o utilizam para que as diversas normas culturais e prática sociais presentes em uma dada sociedade expressem seus interesses e valores. Como estudos sociológicos demonstram de maneira clara, grupos marcados por *status* social superior compartilham o interesse em perpetuar uma ordem social que os beneficia, o que os leva a se organizarem para que as estruturas sociais não sejam modificadas.[447]

Essas considerações devem ser vistas então como elementos de um princípio de interpretação da igualdade que utiliza parâmetros distintos daqueles presentes nos que foram anteriormente considerados. Se as noções de razoabilidade e proporcionalidade expressam uma perspectiva baseada em uma lógica que enfatiza a racionalidade do processo social e político, essa teoria está interessada em compreender como a interpretação jurídica pode incorporar elementos que considerem a complexidade das relações sociais nas quais os indivíduos estão inseridos. Essa perspectiva

---

[446] FARBER, Daniel; SHERRY, Suzanna. "The pariah principle". *Constitutional Commentary*, vol. 13, nº 2, 1996, pp. 266-269.
[447] BALKIN, J. M. "The constitution of status". *Yale Law Journal*, vol. 106, nº 6, 1996, pp. 2322-2325.

antissubordinatória também procura criar meios para sanar problemas decorrentes do processo decisório, mas ela pretende analisar não apenas a irracionalidade de certas classificações, mas também outros elementos, como a continuidade dos efeitos da discriminação sistêmica sofrida por certos grupos; ela considera os efeitos negativos que normas moralmente neutras podem ter no *status* de grupos minoritários, ela se preocupa com a criação de uma cultura pública na qual as pessoas podem ter o mesmo *status* cultural e o mesmo *status* material, e com a omissão estatal em impedir a criação de castas sociais também pode ser vista como violação do dever estatal de proteger grupos sociais. Ela oferece legitimidade para aquelas medidas que procuram remediar os efeitos de práticas discriminatórias, como também para aquelas prospectivas que pretendem promover a eliminação dos vários estereótipos responsáveis pela justificação da discriminação.[448]

A perspectiva antissubordinatória aqui delineada procura estabelecer parâmetros substantivos para o processo de interpretação da igualdade no lugar de uma preocupação apenas com a adequação de procedimentos. Esse parâmetro substantivo está presente nos princípios que estruturam a ordem constitucional acima citados, sendo que todos eles têm o mesmo objetivo: a afirmação de cada membro da comunidade política como uma pessoa que merece respeitabilidade social, o reconhecimento de sua capacidade de agir de maneira responsável e também de poder participar nos diversos processos decisórios. Em resumo, o elemento central da perspectiva antissubordinatória é a constatação da plena dignidade de cada indivíduo por meio da consideração de poder operar como um membro da comunidade política em todas as formas. Esse ideal requer, mais uma vez, o reconhecimento da igualdade de *status* entre os indivíduos, o que enfatiza o aspecto moral da

---

[448] DIMOND, Paul. "The anti-caste principle: toward a constitutional standard for review of race cases". *Wayne Law Review*, vol. 30, nº 1, 1983, pp. 5-8.

CAPÍTULO VI – PRINCÍPIOS DE INTERPRETAÇÃO DA IGUALDADE

ideia de igualdade e seu compromisso com a emancipação social de grupos minoritários.[449]

O ideal de cidadania igualitária imanente a essa postura interpretativa está fundamentado no dever moral da construção de uma cultura pública baseada nos princípios do respeito mútuo e da proteção da estima pessoal como formas de se criar uma cultura pública igualitária. A certeza de pertencimento social adquire grande importância porque permite ao indivíduo desenvolver um sentimento de que ele é visto como um membro responsável da sociedade, sendo que esse sentimento de pertencimento desempenha um papel social na avaliação que as pessoas fazem do seu próprio valor e na sua capacidade de contribuir para a vida social. Isso significa que os membros de uma comunidade política devem estar protegidos de práticas culturais e institucionais baseadas em estigmas que os impedem de ter essa forma de reconhecimento. A relação entre estigma e desigualdade demonstra a necessidade de uma sociedade democrática em promover uma transformação cultural que permita as pessoas se verem livres de falsas generalizações que legitimam práticas discriminatórias. As diversas consequências da circulação de estigmas são muito claras: elas operam como formas de justificação de práticas sociais excludentes que impedem as pessoas de terem acesso ao gozo de direitos. Pessoas que são vítimas de estigma não apenas sofrem práticas discriminatórias, mas também podem perder o próprio senso de que são capazes de agir de forma competente no meio social. A perda da respeitabilidade social e o comprometimento do senso de valor pessoal são então consequências incompatíveis com a compreensão tradicional da igualdade como um princípio baseado no pressuposto da igualdade moral entre todas as pessoas.[450]

---

[449] COLKER. Ruth. "Antisubordination above all: sex, race, and equal protection". *New York Uiversity Law Review*, vol. 61, nº 6, 1986, pp. 1003-1066.

[450] KARST, Kenneth. "Foreword: equal protection the fourteenth amendment". *Harvard Law Review*, vol. 91, nº 1, 1977, pp. 5-9.

6.3 As bases constitucionais da perspectiva antissubordinatória

A perspectiva antissubordinatória aqui apresentada encontra ampla legitimidade na tradição constitucional moderna, sendo uma forma de interpretação da igualdade bem relevante para o sistema jurídico brasileiro. Nosso sistema constitucional incorpora elementos da tradição do constitucionalismo liberal e do constitucionalismo social, sendo que ambos estão integrados dentro de um paradigma constitucional que estabelece funções bem claras para as instituições estatais. Nossa Constituição contém uma categoria de normas que cumprem um papel central no nosso sistema jurídico: o estabelecimento de parâmetros para a ação dos poderes públicos. Essas normas programáticas têm um caráter teleológico porque estabelecem objetivos materiais a serem alcançados por nossos órgãos estatais. Mais do que isso, elas expressam também uma ordem substantiva e também vinculativa de valores que devem ser observados pelos poderes em seus propósitos e funções. Essa herança do constitucionalismo social indica que os órgãos estatais não devem atuar de forma meramente negativa; suas ações precisam obedecer àquilo que o legislador constituinte determinou como finalidade do sistema jurídico. A antiga neutralidade do constitucionalismo liberal é então superada por uma concepção de funções positivas das instituições estatais. O constitucionalismo social tornou a noção de igualdade material e os direitos sociais como preceitos importantes do sistema político e isso indica a preocupação com a expansão do dever estatal em garantir a igualdade de *status* material entre as pessoas.[451]

---

[451] Ver, nesse sentido: BRASIL Supremo Tribunal Federal, Ação Direta de Inconstitucionalidade n. 26.496, Tribunal Pleno, Relatora: Min. Cármen Lúcia, 08.05.2008. (Afirmando que a Lei n. 8.899/94 é parte das políticas públicas para inserir os portadores de necessidades especiais na sociedade e objetiva a igualdade de oportunidades e a humanização das relações sociais, em cumprimento aos fundamentos da República da cidadania e dignidade da pessoa humana, o que se concretiza pela definição de meios

CAPÍTULO VI – PRINCÍPIOS DE INTERPRETAÇÃO DA IGUALDADE

Uma análise das normas programáticas presentes no nosso texto constitucional demonstra de maneira clara a propriedade da perspectiva antissubordinatória ao nosso sistema jurídico. Estão ali presentes normas que expressamente determinam quais são os objetivos do nosso sistema político: a construção de uma sociedade baseada na liberdade, na justiça e na solidariedade entre as pessoas, o combate à pobreza e a luta contra todas as formas de marginalização social e desigualdades regionais, a promoção do bem-estar de todas as pessoas, sendo então vedadas discriminações negativas baseadas em quaisquer critérios. Vemos então que essas normas constitucionais estabelecem obrigações positivas para as instituições estatais, notoriamente a promoção da igualdade de *status*. Devemos estar atentos ao fato de que a luta contra a marginalização não pode ocorrer apenas por meio de medidas de caráter generalista porque a marginalização incide sobre traços que são comuns a várias pessoas, o que as torna indivíduos como uma experiência comum de discriminação. Por esse motivo, medidas públicas devem ser pensadas com o objetivo de se promover a igualdade de *status* cultural e material entre grupos sociais; a igualdade deve então ser pensada, dentro do

---

para que eles sejam alcançados); BRASIL. Supremo Tribunal Federal, Ação de Descumprimento de Preceito Fundamental n. 54, Tribunal Pleno, Relator: Min. Marco Aurélio, 12.04.2012. (Afirmando que liberdade e igualdade são condições para a convivência dos demais valores. Não há, portanto, hierarquia entre eles. Os valores deixam de ser vistos como conteúdos concretos compartilhados por uma comunidade homogênea para se transformarem em vetores da uma vida boa e justa para todos os indivíduos e não apenas para aqueles que compartilham dos mesmos pressupostos); BRASIL. Supremo Tribunal Federal, Ação de Descumprimento de Preceito Fundamental n. 186, Tribunal Pleno, Relator: Min. Ricardo Lewandowski, 26.04.2012. (Afirmando que a aplicação do princípio da igualdade, sob a ótica justiça distributiva, considera a posição relativa dos grupos sociais entre si. Ela consiste em uma técnica de distribuição de justiça, que, em última análise, objetiva promover a inclusão social de grupos excluídos ou marginalizados, especialmente daqueles que, historicamente, foram compelidos a viver na periferia da sociedade).

nosso sistema constitucional, como igualdade de *status* entre grupos sociais, como mecanismo de emancipação.[452]

O artigo constitucional que expressa os pilares do nosso sistema jurídico também apresenta elementos que corroboram a tese de que essa posição interpretativa encontra legitimidade no nosso sistema jurídico. Vemos ali a afirmação de que vivemos em um Estado Democrático de Direito, um paradigma constitucional que atribui às instituições estatais a função de criarem ações positivas para a transformação do *status* de grupos sociais, bem como a promoção de todos os membros da comunidade política. Dentro desse paradigma constitucional, as instituições estatais estão comprometidas não apenas com a criação de medidas distributivas, mas também com a promoção de uma transformação cultural que impeça a propagação de ações discriminatórias contra grupos sociais. A Constituição contém um programa de transformação que só pode ser levado adiante pela ação positiva das instituições estatais. Como tem sido apontado, esse paradigma constitucional também está construído a partir de uma forma específica de concepção da ciência do Direito: ela reconhece a dimensão valorativa do sistema jurídico, o que obriga os intérpretes e aplicadores do Direito a considerar as condições sociais concretas nas quais as pessoas vivem para que o processo de interpretação também seja transformador.[453]

---

[452] Ver, nesse sentido: BRASIL. Supremo Tribunal Federal, Ação Direta de Inconstitucionalidade n. 4.424, Tribunal Pleno, Relator: Min. Marco Aurélio, 09.02.2012. (Afirmando que a Lei Mari da Penha está em sintonia com a Convenção sobre a Eliminação de Todas as Formas de Violência contra a Mulher, no que revela a exigência de os Estados adotarem medidas especiais destinadas a acelerar o processo de construção de um ambiente onde haja real igualdade entre os gêneros); BRASIL. Supremo Tribunal Federal, Ação de Descumprimento de Preceito Fundamental n. 347, Tribunal Pleno, Relator: Min. Marco Aurélio, 09.09.2015. (Afirmando que proteção às minorias e aos grupos vulneráveis qualifica-se como fundamento imprescindível à plena legitimação material do Estado Democrático de Direito).

[453] Ver nesse sentido MOREIRA, Adilson José Moreira. *Cidadania sexual*. São Paulo: Arraes, 2017, pp. 147-170.

CAPÍTULO VI – PRINCÍPIOS DE INTERPRETAÇÃO DA IGUALDADE

Mais do que normas que estabelecem parâmetros para a ação estatal, o conteúdo examinado acima também deve ser visto como critérios para a própria interpretação do princípio da igualdade. O texto constitucional reconhece a relevância da igualdade de procedimentos em uma série de situações, situações que também podem contribuir para a promoção da emancipação social. De qualquer maneira, devemos estar cientes do fato de que essa perspectiva interpretativa está empenhada em criar parâmetros substantivos para o processo de interpretação jurídica. Nosso texto constitucional apresenta elementos para um tipo de interpretação que veja a nossa Constituição Federal como um sistema de princípios baseados na construção de uma cidadania igualitária. Isso significa que as considerações sobre congruidade de normas jurídicas e práticas sociais com o texto constitucional não pode ter como base apenas a preocupação a análise da racionalidade entre meios adequados e meios legítimos. Uma vez que os princípios da dignidade e da cidadania são parâmetros substantivos para o controle de constitucionalidade, devemos enfatizar o potencial que normas e práticas têm em afetar de forma positiva ou negativa o *status* de grupos sociais.[454]

6.4 A hermenêutica do oprimido

Contribuições recentes dos estudos sobre hermenêutica discutem tópicos que têm sido amplamente ignorados pelas análises tradicionais nesse campo de inspiração liberal. Essas propostas estão associadas à análises empreendidas por pesquisadores e pesquisadoras que são membros de grupos minoritários, sendo que eles e elas enfatizam a importância da crítica aos pressupostos de uma perspectiva de origem liberal, posição que esposa a ideia de imparcialidade como parâmetro de interpretação jurídica, o que

---

[454] MOREIRA, Adilson José. *Pesando como um negro*: ensaio de hermenêutica jurídica. São Paulo: Contracorrente, 2019, pp. 241-260.

encontra fundamentação nas noções de neutralidade e a objetividade. Esses autores e essas autoras afirmam que perspectivas tradicionais da igualdade contribuem para a reprodução da opressão porque desconsideram a existência e as consequências das formas de marginalização que membros de grupos sociais minoritários sofrem. Essa crítica está associada ao fato de que essas perspectivas interpretativas são elaboradas e empregadas por membros dos grupos dominantes, motivo pelo qual muitos interpretam normas jurídicas a partir da experiência social que eles possuem. Os que defendem essa postura crítica apontam o fato de que operadores do Direito também são agentes ideológicos, motivo pelo qual o processo de interpretação pode exprimir a percepção de pessoas que falam a partir dos lugares dentro das hierarquias sociais.[455]

Os estudiosos e estudiosas que formulam essa perspectiva utilizam alguns elementos comuns para legitimar seus argumentos. Alguns asseveram que mesmo regimes formalmente democráticos estão marcados por diversas formas de relações hierárquicas, motivo pelo qual o *status* subordinado de grupos minoritários é mantido ao longo do tempo. Embora as pessoas tenham o *status* formal de cidadãos, elas continuam em uma condição de subordinação porque estão estruturalmente afastadas do pleno gozo de direitos e da possibilidade de participação nos processos decisórios. Por esse motivo, eles argumentam que os operadores do Direito devem pensar as normas jurídicas a partir do ponto vista daqueles que vivem na condição de subordinados, o que requer a consideração dos diversos mecanismos responsáveis pela marginalização social. Eles afirmam que a experiência social de grupos marginalizados deve ter um valor normativo no processo de interpretação jurídica.

---

[455] Para uma análise dos parâmetros dessa perspectiva, ver KENNEDY, Duncan. *A critique of adjudication*. Cambridge: Harvard University Press, 1998, pp. 23-59; BALKIN, J. M. "Ideology as cultural software". *Cardozo Law Review*, vol. 16, nº 5, 1995, pp. 1221-1233.

CAPÍTULO VI – PRINCÍPIOS DE INTERPRETAÇÃO DA IGUALDADE

Esses autores argumentam então a necessidade de enfatizarmos o caráter narrativo do Direito e como ele legitima os meios para a exclusão de grupos minoritários, inclusive por meio da aplicação de métodos interpretativos baseados nas premissas de neutralidade e da objetividade. Devemos analisar os principais pressupostos dessas posições para que possamos entender como elas podem contribuir para a formulação de uma hermenêutica do oprimido.[456]

6.4.1 A crítica de minorias às perspectivas hermenêuticas tradicionais

O pensamento jurídico feminista tem sido uma das principais vertentes do movimento acima mencionado. Embora exista uma grande variedade de posições dentro desse grupo de autoras, elas concordam com as ideias de que o domínio masculino em quase todas as instituições públicas e privadas faz com que a sociedade seja essencialmente patriarcal, o que permite a subordinação das mulheres aos homens no espaço público e no espaço privado. Essa constatação é o ponto de partida para uma análise das operações da categoria gênero na organização do pensamento jurídico. Juristas frequentemente utilizam presunções de gênero na justificação de decisões judiciais, presunções formuladas por homens sobre os lugares que as mulheres devem ocupar na sociedade. Autoras feministas formularam teorias interpretativas que apontam os meios a partir dos quais os pressupostos da neutralidade e da objetividade encobrem ideologias que têm a função de legitimar a ordem de poder existente na sociedade. Por esse motivo, muitas delas problematizam uma concepção de igualdade formal e procedimental como as formas mais adequadas para o alcance de justiça social entre homens e mulheres. A justiça sexual não poderá ocorrer enquanto não se reconhecerem os diversos mecanismos que estruturalmente

---

[456] Para uma análise dos parâmetros dessas posições interpretativa, ver MINDA, Gary. *Postmodern legal movements*. Nova York: New York University Press, 1995.

impedem que as mulheres possam participar de forma equitativa nos diferentes âmbitos da vida social. Ao lado de outras perspectivas críticas, elas afirmam que ma hermenêutica deve incluir a reflexão sobre a diferença de *status*, porque homens e mulheres têm experiências muito distintas e precisam de categorias de direitos diversas para que possam ter o nível de equidade compatíveis com a especificidade da experiência feminina. A igualdade formal opera em muitas situações para acobertar as diferenças estruturais existentes entre homens e mulheres nas sociedades democráticas.[457]

Muitos autores negros e muitas autoras negras elaboraram ao longo das últimas quatro décadas uma perspectiva hermenêutica que também procura problematizar o papel da raça no processo de interpretação jurídica. A crítica desses intelectuais está centrada em temas similares aos levantados pelas autoras feministas: as formas como a raça opera como um marcador social de poder e não como uma categoria biológica, os usos feitos dessa categoria para justificar diferentes arranjos sociais que legitimam projetos de dominação racial, a importância da narrativa como um meio de desvelamento das estratégias ideológicas de dominação e também a relevância das experiências de subordinação de minorias raciais como um elemento a ser considerado no processo de interpretação jurídica. Muitas intelectuais negras e muitos intelectuais negros apontam as formas como o sistema jurídico articula teses sociológicas e políticas para negar a relevância do racismo nas sociedades atuais, um mecanismo de manutenção dos processos de estratificação racial por meio da defesa da neutralidade racial como forma de justiça. Eles também argumentam que o racismo é um problema estrutural e permanente das sociedades atuais, motivo pelo qual premissas centrais da hermenêutica de cunho liberal

---

[457] YUVAL-DAVIS, Nira. "Women, citizenship, and difference". *Feminist Review*, vol. 57, 1997, pp. 3-27; FUSS, Diana. *Essentiallly speaking*. Nova York: Routledge, 1989; MINDA, Gary. *Postmodern legal movements*. Nova York: New York University Press, 1995, pp. 128-130.

CAPÍTULO VI – PRINCÍPIOS DE INTERPRETAÇÃO DA IGUALDADE

não podem ter lugar no processo de interpretação da igualdade. Muitos desses autores e autoras enfatizam ainda a importância de considerarmos como o racismo se articula com outras formas de opressão para promover uma marginalização ainda maior de certos grupos dentro da população negra. Mulheres negras são o exemplo de grupos que são minorias dentro de minorias porque são afetadas por diferentes critérios de marginalização. Em tempos mais recentes, alguns autores negros apontaram para as formas como múltiplos fatores concorrem para promover a subordinação de diversos setores dentro dos grupos raciais, o que demonstra a natureza estrutural da exclusão social baseada na articulação entre racismo, classismo, sexismo e homofobia.[458]

De maneira similar aos grupos anteriores, autores e autoras homossexuais ao longo das últimas décadas propuseram uma reforma do processo de interpretação da igualdade, tendo em vista o fato de que ele opera como um meio de subordinação desse grupo. Eles asseveram que a opressão de pessoas homossexuais assume formas diferentes daquelas praticadas contra minorias raciais porque as obriga a esconder uma parte essencial da vida das pessoas, que é a orientação sexual. Elas são então forçadas a manter a identidade pessoal encoberta para que possam ter acesso ao gozo de direitos, o que esses autores e autoras classificam como um tipo de subordinação moral. O sistema jurídico aparece aqui também como um tipo de narrativa que associa categorias centrais do discurso jurídico como a noção de sujeito de direito a pessoas heterossexuais, processo que promove a institucionalização da heterossexualidade como requisito para acesso a mais

---

[458] Ver sobretudo DELGADO, Richard; STEFANCI, Jeanne. *Critical race theory*: an introduction. Nova York: New York University Press, 2001; BROOKS, Roy L. "Critical race theory and classical liberal civil rights scholarship: a distinction without a difference". *California Law Review*, vol. 82, nº 3, 1994, pp. 787-845.

direitos, tanto na esfera pública como na esfera privada.[459] Todo o sistema jurídico parte do pressuposto de que todas as pessoas são heterossexuais e que todas as categorias de direitos existem para proteger pessoas que possuem essa forma de identidade. Os autores que advogam uma transformação da hermenêutica afirmam que a discriminação contra homens e mulheres homossexuais pode ser compreendida como um tipo de discriminação sexual porque essas pessoas não seriam discriminadas se dirigissem seu desejo sexual para pessoas do sexo oposto. Está aqui também outro tema amplamente tematizado entre esses estudiosos: a patologização da identidade homossexual pelo sistema jurídico, meio que sustentou ao longo do tempo a exclusão de homens e mulheres homossexuais de qualquer tipo de proteção jurídica.[460]

As premissas dessas teorias fornecem elementos importantes para elaborarmos uma proposta interpretativa que procura articular diferentes dimensões da igualdade, notoriamente sua dimensão normativa, baseada no pressuposto de uma identidade comum a todas as pessoas com sua dimensão diferenciativa, aspecto que requer formas de articulação entre igualdade e diferença. Apresentaremos nas próximas partes uma análise dos pressupostos epistemológicos, dos pressupostos teóricos e dos pressupostos jurídicos dessa teoria interpretativa. Procuraremos demonstrar como os elementos dessas teorias acima exploradas nos auxiliam a pensar a interpretação da igualdade de forma que os problemas postos pelos conflitos atuais entre o ideal de igualdade de direitos e diferença de *status* possam ser articulados dentro do raciocínio

---

[459] Ver nesse sentido MOREIRA, Adilson José. *Cidadania sexual*: estratégia para ações inclusivas. Belo Horizonte: Arraes, 2017, pp. 73-105.

[460] Ver, nesse sentido: RICHARDS, David A. J. *The case for gay rights*. Kansas: Kansas University Press, 2005; VECHIATTI, Paulo Roberto Iott. *Manual da homoafetividade*. São Paulo: Método, 2012; ESKRIDGE, William. *Gaylaw*: challenging the apartheid of the closet. Cambridge: Harvard University Press, 2002.

CAPÍTULO VI – PRINCÍPIOS DE INTERPRETAÇÃO DA IGUALDADE

jurídico, de maneira a promover o ideal da construção de uma sociedade mais justa.

O pluralismo social é um aspecto central das democracias liberais e também um fato gerador de conflito político e ansiedade cultural. Esse problema adquire contornos ainda mais sérios quando grupos minoritários lutam por tratamento igualitário, demanda que, se atendida, pode modificar relações hierárquicas presentes em uma sociedade. A expansão do processo democrático permite que membros desses segmentos possam ter participação na esfera pública, o que possibilita o questionamento de arranjos sociais que os mantém em uma situação de subordinação. Certas provisões constitucionais oferecem ampla legitimidade para as demandas desses indivíduos, uma vez que elas pretendem proteger grupos sociais. Muitos interpretam o princípio constitucional da igualdade como um preceito que tem o objetivo de garantir a participação dos diversos segmentos no processo democrático, o que está assegurado por normas constitucionais que fomentam a afirmação de uma democracia participativa.[461] O engajamento na vida pública aparece então como um aspecto central do processo de integração social, o que várias pessoas pensam ser um elemento altamente positivo. Porém, a visibilidade dessas comunidades também gera um imenso desconforto entre aqueles que interpretam a maior participação de minorias como uma erosão indevida da organização tradicional da sociedade. A resistência a esse processo sempre leva certos indivíduos a defender a manutenção do *status quo*, processo frequentemente baseado na premissa de que os critérios de tratamento diferenciado entre grupos são legítimos porque correspondem ao consenso social.[462]

---

[461] ESKRIDGE, William. "No promo homo: the sedimentation of antigay discourse and the channeling effect of judicial review". *New York University Law Review*, vol. 75, nº 4, 2000, pp. 1327-1411.

[462] ESKRIDGE, William. "A pluralist theory of the equal protection clause". *University of Pennsylvania Journal of Constitutional Law*, vol. 11, nº 4, 2009, pp. 1239-1267.

O tema da proteção jurídica de grupos minoritários é um debate presente em diversas sociedades democráticas. William Eskridge, ao falar sobre a realidade social dos Estados Unidos, argumenta que a carta constitucional daquela nação tem o propósito de proteger o pluralismo, e isso implica o reconhecimento de grupos sociais e não apenas de indivíduos como destinatários de proteção do princípio da igualdade. Ele entende por um regime democrático pluralista aquele que está comprometido com a fomentação da participação de todos os grupos no processo político, o que implica o comprometimento com a participação no processo democrático. Ele reconhece que esse engajamento será motivo de embate entre diferentes setores, mas diz que isso é mais importante do que uma realidade na qual segmentos específicos controlam a vida pública. O autor afirma que uma democracia pluralista deve fornecer as condições necessárias para que todos os grupos possam participar no processo de deliberação política. Esse processo deve ser o produto do debate aberto entre todos os segmentos sociais e todos os grupos relevantes devem ter acesso aos meios de deliberação e implementação. Um regime dessa natureza permite a adoção de proteção de minorias, o que é necessário para impedir que os detentores do poder possam criar meios para a exclusão permanente de grupos minoritários. Além disso, diz o autor, um regime democrático pluralista deve estar baseado em uma neutralidade libertária, o que implica a proteção contra ações estatais que possam ser usadas para marginalizar membros de grupos minoritários; esse conceito de liberdade tem um papel relevante para que as pessoas possam ter um senso de segurança dentro da vida política.[463]

Eskridge afirma que o legislador constituinte tinha objetivo de integrar os elementos do pluralismo democrático acima descrito

---

[463] Ver, nesse sentido: ESKRIDGE, William. "Channeling: identity-based social movements and public law". *University of Pennsylvania Law Review*, vol. 150, nº 2, 2001, pp. 419-511; TULLY, James. *Strange multiplicity*: Constitutionalism in an age of diversity. Cambridge: Cambridge University Press, 1997, pp. 2-17.

CAPÍTULO VI – PRINCÍPIOS DE INTERPRETAÇÃO DA IGUALDADE

à estrutura do governo, embora não compreendessem esse termo da mesma forma que o analisamos hoje. A Constituição dos Estados Unidos procurou integrar os grupos criados pelas clivagens políticas existentes no momento de sua promulgação, o que incluía principalmente diferenças de cunho religioso, rivalidades políticas e divisões de classe. Atualmente, as divisões entre grupos se situam principalmente em relação a minorias raciais e sexuais, como também portadores de deficiência, entre outros. Uma sociedade comprometida com o pluralismo democrático criará as condições para que decisões políticas que afetam todos os grupos sociais devam ser tomadas dentro de um processo legislativo no qual minorias salientes estejam adequadamente representadas. Deve-se seguir esse preceito para que a política não seja um jogo no qual certas facções que controlam o processo decisório possam utilizar o poder político para alijar minorias. Para Eskridge, esse fato teve resultados desastrosos, como o aumento das animosidades entre grupos sociais, a dificuldade de se construir unidade social e o afastamento de minorias do jogo político.[464]

Eskridge afirma que o sistema constitucional norte-americano estabelece uma série de provisões destinadas a facilitar o funcionamento do pluralismo. Primeiro, ele incorpora uma série de garantias estruturais presentes na estrutura de funcionamento do governo. Segundo, cria e expande o escopo de direitos individuais, sendo que eles deixam de ser aplicados apenas ao governo federal para ser aplicados também aos estados. Mas, assevera o autor, a interpretação desses direitos se modifica na medida em que a sociologia dos grupos sociais sofre transformações. Uma análise da jurisprudência sobre a décima quarta emenda, o principal elemento para a proteção de grupos sociais naquela jurisdição, expandiu ainda mais a proteção do pluralismo social daquele sistema democrática.

---

[464] ESKRIDGE, William. "A pluralist theory of the equal protection clause". *University of Pennsylvania Journal of Constitutional Law*, vol. 11, n° 4, 2009, pp. 1240-1243.

Essa história constitucional permite que o autor proponha uma teoria de interpretação constitucional da igualdade protetora do pluralismo democrático.[465]

Essa teoria está fundamentada no comprometimento da história constitucional norte-americana com a proteção de grupos sociais. Para ele, o princípio da igualdade tem um propósito: a eliminação de legislação destinada a criar impedimentos à plena inclusão de grupos minoritários. Essa premissa está fundamentada na noção de que as instituições estatais devem garantir a segurança para todos os grupos sociais salientes e também deve criar os incentivos para que todos os grupos sociais defendam suas agendas políticas dentro das diversas instâncias governamentais. Os elementos da análise histórica proposta pelo autor servem como um ponto de partida para a construção de outros pressupostos de uma teoria de interpretação da igualdade capaz de fortalecer uma cultura democrática pluralista: o princípio da igualdade deve ser examinado a partir de uma perspectiva histórica, devem ser observados o interesse dessa cláusula constitucional na promoção da integração de minorias e a criação de normas que possuem um caráter libertário e neutro em relação a concepções substantivas de bem comum.[466]

O autor utiliza esse balizamento histórico para afirmar que a interpretação da igualdade deve desempenhar diferentes funções, tendo em vista a natureza da inserção do grupo social que ela pretende proteger. Isso porque a atividade hermenêutica deve ter uma natureza dinâmica em função da situação sempre distinta que grupos sociais ocupam dentro de uma sociedade em diferentes momentos. Assim, a eliminação da legislação negativa dirigida a minorias deve

---

[465] ESKRIDGE, William. "A pluralist theory of the equal protection clause". *University of Pennsylvania Journal of Constitutional Law*, vol. 11, nº 4, 2009, pp. 1245-1255.

[466] Ver, nesse mesmo sentido: KARST, Kenenth. "The liberties of equal citizens: groups and the due process clause". *UCLA Law Review*, vol. 55, nº 1, 2007, pp. 99-142.

CAPÍTULO VI – PRINCÍPIOS DE INTERPRETAÇÃO DA IGUALDADE

ser guiada por uma metodologia pautada na irrelevância, quando a sociedade considera certos traços moralmente indiferentes como nocivos, na proteção da visibilidade de grupos definidos por traços tolerados pela sociedade, mas que continuam sendo considerados como inferiores à norma social, e também na necessidade de proteção da plena participação social quando a mudança nas atitudes sociais leva a uma interpretação de um traço como benigno. Eskridge afirma então que normas jurídicas não serão consideradas como violações da proibição de legislação dirigida à classe de indivíduos se elas não se referem a grupos politicamente relevantes que serão penalizados por distinções estabelecidas pelo Estado. Por outro lado, ela terá um papel central quando um grupo é reconhecido como politicamente relevante, mesmo que sua condição social seja a de um grupo marginal. O princípio de que o Estado não deve promulgar legislação que prejudique minorias adquire ainda mais sentido, argumenta Eskridge, quando um grupo é socialmente aceitável dentro de uma democracia pluralista.[467]

Uma análise do nosso texto constitucional demonstra o comprometimento do nosso sistema jurídico com a defesa de grupos sociais. A primeira indicação está presente logo no artigo primeiro, norma que caracteriza nossa nação como um Estado Democrático de Direito. Essa expressão implica que as instituições estatais devem estar comprometidas com a transformação social; estamos diante de uma configuração estatal que engloba a dimensão material dos direitos fundamentais e isso significa a necessidade de medidas destinadas à emancipação social. O mesmo artigo também estabelece os princípios estruturais da nossa ordem jurídica, dentre eles, a cidadania, a dignidade humana e o pluralismo. Depreendemos disso que nosso sistema jurídico engloba a noção de que o Estado deve ter como uma de suas funções principais fomentar a inclusão

---

[467] ESKRIDGE, William. "A pluralist theory of the equal protection clause". *University of Pennsylvania Journal of Constitutional Law*, vol. 11, n° 4, 2009, pp. 1359-1267.

dos diferentes grupos. Isso se torna ainda mais evidente quando examinamos o artigo terceiro do nosso texto constitucional, norma que estabelece a construção de uma sociedade justa.

6.4.2 Os pressupostos epistemológicos da hermenêutica do oprimido

Observamos que as críticas anteriormente analisadas têm alvos em comum: as doutrinas do liberalismo e do individualismo como perspectivas de interpretação de normas jurídicas, o pressuposto da neutralidade das normas jurídicas por serem produto de processos deliberativos adequados, a pressuposição de que os intérpretes podem realizar julgamentos objetivos por meio da aplicação das normas jurídicas de acordo com as características do caso concreto. Esses elementos são problemáticos, especialmente quando discutimos o processo de interpretação da igualdade, porque estão baseados na universalidade da experiência social dos indivíduos, posição que não se mostra capaz de articular as acomodações entre igualdade e diferença. A consideração do indivíduo como uma figura abstrata distinta da sua realidade como um ser concreto faz com que estruturas de poder não sejam problematizadas, o que dificulta o alcance de uma igualdade substantiva entre as pessoas em função dessa análise estar distanciada da realidade social. Como os membros do grupo dominante compreendem a sociedade como uma realidade na qual as pessoas possuem as mesmas experiências, eles também interpretam as normas jurídicas como se elas pudessem ser aplicadas de maneira abstrata e de forma generalizada a todas as pessoas e a todas as situações.[468]

---

[468] Para uma explicação e crítica dessa posição, ver MOREIRA, Adilson José. *Pensando como um negro*: ensaio de hermenêutica jurídica. São Paulo: Contracorrente, 2019, pp. 119-152; BOHLER-MULLER, Narnia. "Western liberal legalism and its discontents: a perspective from South Africa". *Socio-Legal Review*, vol. 3, nº 1, 2022, pp. 1-25.

CAPÍTULO VI – PRINCÍPIOS DE INTERPRETAÇÃO DA IGUALDADE

Estamos diante de um claro conflito entre a cultura formalista dos tribunais e o mandado constitucional de emancipação de grupos minoritários. Por esse motivo, uma postura hermenêutica sensível às demandas de igualdade elaboradas por grupos oprimidos deve levar em consideração o tipo de racionalidade presente no atual paradigma jurídico, um paradigma que atribui aos poderes estatais a função de promover a inclusão social. Não podemos perder de vista que esse objetivo também regula a interpretação de normas constitucionais porque os tribunais desempenham um papel central no processo de transformação da cultura pública. Uma hermenêutica do oprimido não pode ignorar o fato de que o processo de interpretação jurídica tem também uma dimensão política que está expressa no próprio texto constitucional, mais especificamente nas normas que estabelecem os objetivos do sistema jurídico. Sendo o texto constitucional o estatuto jurídico do poder político, ele também estabelece quais são os parâmetros que devemos observar quando interpretamos o sistema protetivo, composto pelas diversas normas que têm o propósito de garantir a proteção de grupos vulneráveis.[469]

A hermenêutica do oprimido parte do pressuposto de que o intérprete não fala de um lugar de plena neutralidade. Seguindo os pressupostos do constitucionalismo sociológico, essa proposta entende a realidade de uma democracia constitucional como um lugar de diversas relações e disputas de poder, motivo pelo qual os sujeitos falam a partir do lugar que ocupam dentro dessas relações. Os seres humanos não são pessoas cujos julgamentos morais são fundamentalmente pautados por uma racionalidade universal; eles são sujeitos ideológicos e expressam os consensos culturais presentes entre os membros dos grupos sociais aos quais

---

[469] Ver sobretudo EWIC, Patricia; SILBEY, Susan. "Subversive stories and hegemonic tales: toward a sociology of narrative". *Law & Society Review*, vol. 29, nº 2, 1996, pp. 197-226; CHEMERINSKY, Erwin. *We, the people*: a progressive reading of the Constitution. Nova York: Picador: 2018.

pertencem.[470] O intérprete fala de um lugar social atravessado por manifestações ideológicas e também por relações de poder, o que o faz perceber o funcionamento das relações sociais a partir de certa perspectiva. Por esse motivo, essa proposta problematiza a posição que representa o processo hermenêutico como algo que pode estar baseado em uma imparcialidade possibilitada pela aplicação de métodos interpretativos considerados como objetivos. A noção de que os indivíduos são sempre capazes de julgamentos morais imparciais decorre de uma posição que compreende o sujeito como uma categoria transcendente, o que é exatamente a premissa que nossa proposta questiona.[471]

O que estamos chamando de hermenêutica do oprimido toma como parâmetro a ideia de que o intérprete não deve ser visto como um sujeito unitário, mas como um sujeito que ocupa diferentes posições dentro das cadeias de significação social. O ato de interpretação deve ser uma atividade que procura compreender o outro a partir desse mesmo pressuposto: os sujeitos estão posicionados em diferentes relações de poder dentro de uma sociedade. Igualdade significa igual consideração e respeito, mas dentro das circunstâncias nas quais um sujeito específico se encontra. Aquele que interpreta normas constitucionais deve estar atento às circunstâncias e ao *status* no qual o indivíduo se encontra. Essa forma de consciência múltipla permite então que ele possa situar a questão discutida de forma que o ideal de justiça possa ser realizado de maneira mais adequada, ideal que não se esgota na análise da justiça simétrica porque as pessoas possuem diferentes tipos de pertencimento. O intérprete não pode pensar sua experiência social como universal,

---

[470] Para uma análise desse tema, ver sobretudo GOLDONI, Marco; WILKINSON, Michael. "Introdução à constituição material". *Revista da Faculdade de Direito da UFPR*, vol. 63, nº 3, 2018, pp. 265-299.

[471] Ver, nesse sentido: BELL, Derick. "Racial realism". *Connecticut Law Review*, vol. 24, nº 2, 1991, pp. 363-379; CAUDILL, David. *Lacan and the subject of law*: toward psychoanalytical legal theory. Nova York: Humanity Books, 1997.

CAPÍTULO VI – PRINCÍPIOS DE INTERPRETAÇÃO DA IGUALDADE

uma vez que a realidade social não se mostra compatível com o pressuposto liberal de que sociedades democráticas são construídas a partir de relações de cooperação entre pessoas que gozam do mesmo tipo de tratamento e que sempre agem a partir de padrões morais socialmente compartilhados.[472]

A hermenêutica do oprimido está especialmente interessada em examinar os meios a partir dos quais normas e discursos jurídicos operam para promover a institucionalização de certas identidades como requisito para o acesso a direitos. O sistema jurídico tem desempenhado um papel central na construção e reprodução de sistemas de opressão, sistemas que têm como objetivo a criação de diferenciações de *status* entre grupos sociais. Esse processo permite então que grupos dominantes criem normas jurídicas que expressam seus interesses e suas formas de identidade, mecanismos a partir dos quais diferentes manifestações de discriminação são reproduzidas. A luta contra essa realidade levou diversas jurisdições a elencar categorias que merecem proteção jurídica especial por serem meios a partir dos quais as pessoas são sistematicamente excluídas do gozo de direitos. Essas categorias não indicam que o sistema jurídico protege identidades; elas indicam que o sistema jurídico não permite a existência de discriminação negativa baseada nelas; isso significa que políticas públicas destinadas à promoção da integração social desses grupos encontram justificação legal dentro dos sistemas jurídicos que se organizam de uma forma democrática.[473]

---

[472] Ver, nesse sentido: CULP JR., Jerome. "Toward a black legal scholarship and teaching: race and the original understandings". *Duke Law Journal*, vol. 1991, nº 1, 1991, pp. 39-105; MATSUDA, Mari. "When the first quail calls: multiple consciousness as a jurisprudential method". *Women's Law Report*, vol. 11, nº 1, 1989, pp. 7-10.

[473] Para uma análise desse tema, ver a coletânea de ensaios NGAIRE, Nafine. *Sexing the subject of law*. Nova York: Maxwell & Sweet, 1997.

6.4.3 Pressupostos teóricos da hermenêutica do oprimido

Nossa proposta de uma hermenêutica do oprimido deve apresentar uma definição da palavra que qualifica essa proposta interpretativa. O termo oprimido designa, nessa proposta, aquele indivíduo que faz parte de um grupo cujos membros enfrentam exclusão social em função de relações arbitrárias de poder, as quais os situam em formas de *status* subordinado. Embora essa pessoa possa não estar na mesma situação na qual a maioria dos membros do grupo se encontra, sua trajetória pessoal está associada ao destino dos demais. Os membros desse grupo não se encontram em uma mesma situação de subordinação em função da sua pluralidade interior; muitos desses indivíduos também são membros de outros grupos ou estão em diferentes classes sociais. Apesar da diferença das condições de vida entre os vários segmentos desse conjunto de pessoas, o critério que as designa submete todas elas a uma situação de vulnerabilidade, embora possa ser maior ou menor. A condição de subordinação decorre da circulação permanente de estigmas culturais que legitimam formas de discriminação, o que tem como consequência a ausência do gozo do mesmo nível de respeito e estima social. Esses estigmas legitimam práticas discriminatórias que se tornam formas ordinárias do funcionamento de instituições públicas e privadas, práticas que podem decorrer da vontade consciente de excluir essas pessoas de oportunidades ou podem operar de forma desconectada de vontades individuais porque se tornam meios de operação normal das instituições. Pessoas oprimidas sofrem danos constantes ao *status* cultural e ao *status* material, motivo pelo qual a condição de vulnerabilidade pode ser reproduzida ao longo tempo, sendo que esses danos afetam as diversas dimensões de suas vidas.[474]

---

[474] Ver sobretudo LOURY, Glen. *The anatomy of racial inequality*. Cambridge: Harvard University Press, 2003, pp. 55-108.

CAPÍTULO VI – PRINCÍPIOS DE INTERPRETAÇÃO DA IGUALDADE

Essa reflexão nos mostra que os preceitos da razoabilidade e proporcionalidade devem ser complementados por uma análise da dimensão sociológica que o processo de interpretação deve ter no sentido acima mencionado. A ênfase tradicional procedimental desses dois princípios de interpretação deve ser complementada por uma análise dos impactos que uma norma ou uma prática social terá no *status* de grupos minoritários. Não podemos incorrer no risco de reduzir a igualdade a esses princípios interpretativos, o que parece ser a situação cotidiana da atividade de muitos dos nossos tribunais. Se a análise da racionalidade de classificações permite o alcance de dimensões relevantes da igualdade, como a igualdade procedimental, ela não pode ser o parâmetro único em outras situações nas quais são discutidas a propriedade de ações estatais que afetam o *status* cultural e material de grupos minoritários. A hermenêutica do oprimido deve ser então uma forma de interpretação comprometida com a análise do contexto social no qual as pessoas se encontram, se a classificação designa um grupo que tem uma história de opressão ou designa membros de um grupo que tem poder político reduzido e se seu uso em uma situação específica pode afetar de forma negativa o *status* de um grupo.[475]

A proposta interpretativa que estamos defendendo não rejeita os pressupostos de razoabilidade e de proporcionalidade. Acreditamos que eles ainda se mostram relevantes, mas a aplicação deles deve ocorrer a partir de certos parâmetros. Primeiro, esses métodos de interpretação da igualdade não podem ser identificados com conteúdo da igualdade constitucional. Eles são princípios mediadores, não expressam o conteúdo concreto do mandamento constitucional da igualdade. Segundo, a razoabilidade e a proporcionalidade

---

[475] Ver sobretudo SIEGEL, Reva. "Discrimination in the eyes of the law: how 'color blindness' discourse disrupts and rationalizes social stratification". *California Law Review*, vol. 88, nº 1, 2000, pp. 77-118; FREEMAN, Alan David. "Legitimizing racial discrimination through antidiscrimination law: a critical review of the Supreme Court doctrine". *Minnesota Law Review*, vol. 62, nº 4, 1977, pp. 1049-1119.

devem ser governadas a partir de uma perspectiva substantiva de igualdade. Sua lógica não pode estar restrita a uma racionalidade procedimental; ela precisa estar baseada na noção de que a igualdade também está destinada à reforma social. Terceiro, os princípios constitucionais estruturantes da dignidade e da cidadania devem ser vistos como elementos que obrigam o intérprete a considerar os efeitos que a norma deve ter no *status* do grupo social em questão. Quarto, o intérprete deve ter em mente o fato de que a igualdade possui diferentes dimensões, sendo que elas precisam ser consideradas no processo de interpretação. Uma aplicação procedimental da igualdade impede que as dimensões moral, política, psicológica e diferenciativa possam ser devidamente consideradas. Quinto, a concepção da igualdade como um princípio que precisa regular a questão da diferença significa que o ato de interpretação deve ser feito a partir da consideração do *status* que um grupo ocupa na sociedade. Sexto, a presente proposta opera no plano individual, no plano coletivo e no plano político. Sétimo, a hermenêutica do oprimido tem como objetivo a promoção da igualdade de *status* entre grupos sociais; ela se afasta então de perspectivas que entendem a igualdade como um princípio destinado à proteção de indivíduos.[476]

 O que estamos chamando de hermenêutica do oprimido procura articular o aspecto procedimental da análise da igualdade com a sua dimensão substantiva. Isso significa que princípios tradicionais de interpretação da igualdade não se tornam irrelevantes; eles precisam estar pautados por parâmetros que permitam a realização do ideal de justiça social presente no nosso texto constitucional. Devemos estar atentos ao fato de que os aspectos procedimentais e substantivos da igualdade estão presentes nas diversas áreas de aplicação desse princípio. Alguns poderiam pensar que o aspecto procedimental prevaleceria na aplicação da igualdade nas garantias penais, mas não podemos esquecer do fato de que a aplicação

---

[476] Ver MOREIRA, Adilson José. *Pensando como um negro*: ensaio de hermenêutica jurídica. São Paulo: Contracorrente, 2019, pp. 241-285.

delas está amplamente relacionada com o *status* que os indivíduos ocupam dentro da sociedade. Ver a aplicação de garantias processuais penais como uma questão meramente procedimental nos impede de perceber como diferenciações de *status* entre grupos determinam como elas serão aplicadas. Isso significa que a perspectiva antidiscriminatória e a perspectiva antissubordinatória devem estar devidamente articuladas no processo de aplicação da igualdade; a utilização de uma perspectiva procedimental pode ter efeitos emancipatórios quando aplicada a uma situação de extrema desigualdade, caso da aplicação de leis processuais penais a pessoas negras e brancas na sociedade brasileira.[477]

Seguindo os ensinamentos de Colleen Sheppard, a proposta de uma hermenêutica do oprimido está interessada em elaborar um parâmetro de interpretação de normas constitucionais que permite o alcance da justiça social por meio da consideração da forma como normas e práticas afetam o *status* de grupos sociais. Ao lado da análise da relação entre diferenciações adequadas e finalidades legítimas, devemos estabelecer parâmetros substantivos para a interpretação da igualdade. Para isso, a análise do contexto social no qual os indivíduos estão situados se torna crítica. O intérprete deve ter em mente os valores constitucionais que informam a dimensão substantiva da nossa ordenação constitucional. A consideração do contexto social e histórico se torna um requisito central para a interpretação da igualdade constitucional. O exame do contexto deve ser elaborado a partir de três esferas que influenciam a vida cotidiana dos indivíduos. A primeira delas está relacionada com o plano das relações interpessoais. Devemos examinar, primeiro, a forma como as experiências sociais e a inserção do intérprete determina a percepção do mundo no qual ele vive. A mesma pergunta também deve ser feita em relação às pessoas

---

[477] BALKIN, J. M; SIEGEL, Reva. "The American civil rights tradition: anti-classification or antisubordination?" *University of Miami Law Review*, vol. 58, nº 1, 2003, pp. 24-32.

que estão sendo afetadas de forma adversa pela norma jurídica. É necessário analisar os padrões de desvantagem social no qual elas se encontram. Assim, durante a aplicação do princípio da razoabilidade e da proporcionalidade, a consideração da adequação de um critério de tratamento para alcançar um propósito estatal deve ser avaliada a partir da situação de subordinação dos membros que esse critério de diferenciação designa.[478]

A segunda etapa do processo de interpretação da igualdade ocorre a partir do exame das relações entre igualdade e desigualdade. É necessário analisar a discrepância entre os ideais de igualdade presentes nos textos legais e as manifestações cotidianas de discriminação sofridas por minorias, formas de discriminação que criam diferenciações de *status* entre os diversos segmentos sociais. O intérprete deve considerar como elas afetam as diferentes esferas da vida social dos indivíduos, as que fazem parte da esfera pública e da esfera privada. Ele deve estar ciente de que a normatividade legal que prescreve o tratamento igualitário convive com a normatividade social, construída a partir de diferenciações estruturais entre classes de pessoas. A aplicação da norma da igualdade procura exatamente transformar esses padrões sociais que operam de forma paralela ao sistema jurídico, motivo pelo qual a consideração da necessidade da adoção de uma norma que estabelece diferenciações entre indivíduos não deve estar pautada apenas pelo exame se outro critério menos custoso poderia ser utilizado, mas sim pela forma como pode contribuir para a eliminação das regras informais que reproduzem a marginalização de grupos sociais.[479]

---

[478] SHEPPARD, Collen. *Inclusive equality*: the relational dimensions of systematic discrimination in Canada. Quebec: McGill-Queen University Press, 2010, p. 9.

[479] SIEGEL, Reva. "Discrimination in the eyes of the law: how 'color blindness' discourse disrupts and rationalizes social stratification". *California Law Review*, vol. 77, nº 1, 2000, pp. 107-112; SHEPPARD, Collen. *Inclusive equality*: the relational dimensions of systematic discrimination in Canada. Quebec: McGill-Queen University Press, 2010, pp. 9/10.

CAPÍTULO VI – PRINCÍPIOS DE INTERPRETAÇÃO DA IGUALDADE

A análise contextual que caracteriza a hermenêutica do oprimido também deve considerar a questão legal discutida dentro de um contexto cultural e político mais amplo do que aquele que suscitou o debate sobre a constitucionalidade de uma norma ou prática social. O contexto social e político pode apresentar elementos importantes para essa consideração porque devemos considerar a forma como padrões estruturais de exclusão social impedem o pleno gozo de direitos dos indivíduos. Isso significa que o problema em questão pode ser uma manifestação de um problema que afeta membros de um grupo em diferentes âmbitos da existência humana. O processo de interpretação da igualdade deve sempre estar pautado pelo conhecimento do contexto no qual as pessoas vivem porque tem em vista a complexidade das suas experiências. A proposta de uma hermenêutica do oprimido precisa incorporar essa preocupação porque não podemos ignorar a natureza dinâmica dos processos de exclusão social, nem o fato de que eles perduram ao longo do tempo para promover a estratificação social. Assim, quando analisamos a ideia de proporcionalidade no sentido estrito, devemos estar cientes da proporcionalidade entre os objetivos a serem alcançados e a restrição de direitos, mas essa consideração não deve ter como parâmetro uma concepção individualista de direitos, mas sim a forma como uma norma pode melhorar ou piorar as diferenças de *status* entre grupos.[480]

O tipo de interpretação da igualdade presente dentro da hermenêutica do oprimido está especialmente comprometido com a consideração de algumas questões centrais examinadas pelas teorias complexas de igualdade. A preocupação com a dimensão diferenciativa da igualdade indica a necessidade de avaliarmos as formas a partir das quais processos de opressão são reproduzidos. Uma das primeiras preocupações que o jurista deve ter quando interpreta o princípio da igualdade está relacionada com a forma

---

[480] MOREIRA, Adilson José. *Pensando como um negro*: ensaio de hermenêutica jurídica. São Paulo: Contracorrente, 2019, pp. 261-285.

pela qual a norma ou prática afeta seu *status* como indivíduo e também como membro de um grupo, sendo que os dois elementos estão ligados. Como observamos anteriormente, os seres humanos nascem com diversas capacidades que precisam ser adequadamente cultivadas para que eles possam funcionar socialmente de maneira apropriada. Os processos de discriminação aos quais são submetidos impedem que eles possam ter acesso aos meios necessários para o cultivo de suas habilidades, criam obstáculos para o acesso a capacidades combinadas, a mesma situação na qual se encontram os outros membros do grupo. Isso nos mostra que a análise da igualdade deve considerar a forma como uma norma ou prática afeta um indivíduo específico, mas também como afeta as coletividades às quais ele pertence. Embora a hermenêutica do oprimido tenha uma preocupação com a situação coletiva dos membros de grupos minoritários, ela também examina as formas como as pessoas são individualmente afetadas de forma temporária ou permanente pela privação de direitos e oportunidades.[481]

A interpretação do princípio constitucional da igualdade dentro da proposta de uma hermenêutica do oprimido parte do pressuposto de que os indivíduos estão em uma situação de exclusão em função de práticas que impedem a paridade de participação. Como tem sido afirmado por inúmeras decisões de tribunais constitucionais, a exclusão de grupos minoritários pode ser vista como uma negação da cidadania moral dos indivíduos, o que exemplifica o fato que eles não possuem o mesmo nível de respeito e consideração desfrutado pelos grupos dominantes.[482] Essa situação também compromete a condição material deles, motivo pelo qual o processo de interpretação da igualdade deve ter especial

---

[481] MOREIRA, Adilson José. *Pensando como um negro*: ensaio de hermenêutica jurídica. São Paulo: Contracorrente, 2019, pp. 109-119.
[482] SIEGEL, Reva. "Discrimination in the eyes of the law: how 'colorblindness' discourse disrupts and rationalizes social stratification". *California Law Review*, vol. 88, nº 1, 2000, pp. 78-98.

CAPÍTULO VI – PRINCÍPIOS DE INTERPRETAÇÃO DA IGUALDADE

atenção com o potencial que uma norma ou prática pode fomentar ou comprometer as condições subjetivas e as condições objetivas de paridade de participação. O princípio da igualdade não pode ser visto como um parâmetro meramente procedimental; ele tem propósitos relevantes, como afirmar a legalidade de medidas que procuram promover o reconhecimento e a redistribuição, elementos de uma noção de justiça bivalente, perspectiva focada na avaliação do *status* que os indivíduos ocupam.[483]

A hermenêutica do oprimido incorpora um elemento importante de teorias contemporâneas de igualdade: a necessidade de eliminação de relações hierárquicas de poder presentes no espaço público e no espaço privado. Normas jurídicas e práticas sociais discriminatórias não devem ser vistas apenas como manifestações de atos irracionais, elas possuem uma dimensão expressiva e demonstram o nível de respeitabilidade que pessoas e grupos de pessoas possuem em uma sociedade. A discriminação contra homossexuais não deve ser vista somente como manifestação de atos discriminatórios, mas também como expressão cultural da forma como uma sociedade valoriza seus indivíduos. Certas normas jurídicas podem também manifestar diferenciações de *status* entre grupos; muitos dos debates atuais sobre direitos de minorias giram em torno do empenho de muitos segmentos sociais em manter um *status* social subordinado de minorias. O intérprete da igualdade deve estar especialmente atento à natureza de guerras culturais, às estratégias dos que procuram manter valores sociais responsáveis pela manutenção da subordinação de minorias. Mais do que isso, ele deve estar atento ao fato de que a opressão de grupos minoritários está amplamente relacionada com formas de exclusão que existem dentro do espaço privado, nas estratégias que membros dos grupos dominantes utilizam para manter oportunidades em suas mãos. A decisão de empregar apenas membros do próprio grupo

---

[483] FISS. Owen. "Groups and the equal protection clause". *Philosophy and Public Affairs*, vol. 5, nº 2, 1976, pp. 147-157.

reproduz as estruturas de poder porque certos segmentos sociais elaboram estratégias para garantir a concentração de poder entre seus membros, fator responsável pela exclusão de minorias.[484]

De que forma a presente proposta hermenêutica articula o problema da acomodação entre igualdade e diferença? Apresentamos as seguintes direções possíveis para a solução desse problema. Primeiro, o intérprete deve estar atento ao fato de que o princípio da igualdade regula uma realidade regida pelo ideal do tratamento igualitário entre todas as pessoas, mas esse tratamento não pode ser resumido à noção de tratamento simétrico. Nosso sistema constitucional está comprometido com o ideal da igualdade substantiva, o que obriga as instituições estatais a utilizarem diferenciações entre os indivíduos que possam garantir a igualdade de resultados, uma vez que mecanismos sistemáticos de discriminação impedem a existência de uma igualdade de oportunidades. Segundo, o intérprete deve estar atento ao fato de que a categorização das normas jurídicas não significa uma violação da igualdade. O princípio da igualdade parte da noção de generalidade das normas, mas ele deve ser relativizado quando membros de grupos sociais não se encontram na mesma situação. Terceiro, ele deve observar o fato de que as diferenças entre as pessoas podem ser consequências de dois processos sociais. Alguns *indivíduos* estão em uma situação de *status* diferenciado porque estão em uma condição que quaisquer pessoas poderiam estar em função de características temporárias ou de acontecimentos exteriores à vontade delas; os seres humanos permanecem submetidos a condições jurídicas especiais quando são crianças, e adultos também pode estar na mesma situação porque estão doentes. Mas há *grupos de pessoas* que possuem *status* diferenciado em uma sociedade por causa de traços que eles possuem,

---

[484] Ver nesse sentido KARST, Kenneth. "Sources of status-harm and group disadvantage in private behavior". *Issues in Legal Scholarship*. Disponível em: https://www.degruyter.com/view/journals/ils/2/1/article-ils.2002.2.1.1009.xml.xml?language=en.

CAPÍTULO VI – PRINCÍPIOS DE INTERPRETAÇÃO DA IGUALDADE

traços que são objeto de depreciação social, o que os coloca em situação de vulnerabilidade duradoura ou permanente em diferentes situações. Ser uma pessoa negra ou ser uma pessoa homossexual na sociedade brasileira implica impedimentos de gozos de direitos nos mais variados aspectos da vida social.[485] Quarto, o intérprete deve estar ciente de que a proteção da diferença corresponde ao desenvolvimento do próprio constitucionalismo moderno. Embora o ideal de uma sociedade baseada em uma única forma de *status* seja atraente, o alcance de justiça social requer a eliminação das desigualdades de *status* baseadas nas diferenças entre indivíduos.[486]

6.4.4 Pressupostos jurídicos da hermenêutica do oprimido

Essa proposta hermenêutica encontra fundamentação em princípios centrais do nosso sistema constitucional. Primeiro, a proposta de uma perspectiva interpretativa comprometida com a reforma social encontra legitimidade na concepção do Estado como um agente de transformação social, perspectiva decorrente da compreensão dos direitos fundamentais como expressões de uma ordem objetiva de valores que vincula as instituições estatais. Essa ordem de valores impõe obrigações substantivas aos órgãos estatais, o que inclui medidas destinadas a promover a transformação do *status* de grupos em situação de opressão. Segundo, a hermenêutica do oprimido também está amparada pelos princípios da dignidade humana e da cidadania, preceitos que não expressam valores abstratos, mas as condições objetivas de existência que os indivíduos precisam ter para cultivar suas capacidades, instâncias que se apresentam na forma de direitos. Terceiro, essa proposta também encontra fundamentação nos objetivos do nosso sistema político presentes no

---

[485] WALDRON, Jeremy. "Status versus equality: the accommodation of difference". *Israel Law Review*, vol. 39, nº 2, 2006, pp. 51-80.

[486] ROSENFELD, Michel. "Equality and the dialectic between identity and difference". *Israel Law Review*, vol. 39, nº 1, 2006, pp. 55-63.

texto constitucional. A luta contra a marginalização requer ações nos diferentes níveis que mencionamos anteriormente.

    A proposta da hermenêutica negra também encontra fundamento na premissa segundo a qual nosso sistema constitucional deve ser pensado como um sistema protetivo, sistema composto por conjuntos de normas que protegem dimensões específicas da vida dos indivíduos. Os direitos políticos permitem que os indivíduos possam participar do processo de formação da vontade estatal, sendo então um meio principal por meio do qual eles podem formular demandas de direitos. As normas constitucionais que designam garantias processuais operam para garantir que todas as pessoas tenham acesso aos mesmos procedimentos; o mesmo tipo de tratamento deve ser dispensado às pessoas segundo o que determinam as normas reguladoras da administração pública. Normas de direitos fundamentais garantem o exercício de liberdades relevantes para o funcionamento dos indivíduos na sociedade. A liberdade de expressão, de associação, de informação, de circulação são meios a partir dos quais as pessoas podem articular a participação na vida política de uma sociedade. As regras relacionadas com os direitos sociais e com a seguridade social também são relevantes para a criação de condições de paridade de participação, um dos pontos centrais do sistema protetivo presente no nosso sistema jurídico. Todas essas categorias de normas constitucionais devem ser interpretadas de forma sistemática para que todos os grupos tenham as mesmas possibilidades de desenvolverem suas capacidades.[487]

    Devemos também procurar responder a seguinte pergunta: de que forma a hermenêutica do oprimido se relaciona com elementos da definição e dos métodos de interpretação tradicionais dos direitos fundamentais? Essa proposta hermenêutica incorpora características geralmente presentes nas definições de direitos fundamentais, embora

---

[487] Ver, nesse sentido: SAMPAIO, José Adércio Leite. *Teoria da Constituição e dos direitos fundamentais*. Belo Horizonte: Del Rey, 2013, pp. 438-459.

CAPÍTULO VI – PRINCÍPIOS DE INTERPRETAÇÃO DA IGUALDADE

a abordagem se dê por uma perspectiva diferenciada. Tomamos distância da perspectiva segundo a qual os direitos fundamentais possuem um conteúdo essencial, porque acreditamos que eles adquirem significações e funções distintas em diferentes momentos históricos para diferentes grupos sociais. Mas pensamentos que a noção de universalidade subjetiva de direitos seja um elemento importante para nossa teoria porque designa uma posição a partir da qual as pessoas podem demandar direitos. Os conceitos de interdependência e indivisibilidade dos direitos fundamentais também são relevantes para nossa proposta, uma vez que diferentes categorias de direitos fundamentais possuem um caráter complementar. Uma categoria de direitos fundamentais cria as condições para o exercício da outra, cada uma delas protegem dimensões relevantes da igualdade. Os direitos que regulam a participação no processo decisório permitem a proteção da dimensão política da igualdade, os direitos sociais possibilitam a dimensão diferenciativa da igualdade, os direitos fundamentais que regulam as liberdades individuais protegem a dimensão moral e psicológica da igualdade.[488]

Outras caracterizações dos direitos fundamentais são relevantes para o que estamos chamando de hermenêutica do oprimido. Nossa proposta está fundamentada na centralidade dos direitos fundamentais na ordem democrática, direitos que constituem formas de proteção dos indivíduos em diferentes situações e em diferentes formas. A proteção de grupos vulneráveis e de grupos minoritários depende de uma série de proteções estatais que podem se manifestar por meio de direitos fundamentais, tidos como direitos de defesa dos indivíduos contra intervenções estatais abusivas. Eles operam então como barreiras contra ações estatais, são direitos que impõem restrições às instituições estatais, são direitos que restringem a ação estatal para que as pessoas possam proteger a esfera de ação no espaço público e no espaço privado. A proteção desses grupos

---

[488] CARBONELL, Miguel *Los derechos fundamentales en México*. Cidade do México: Porrua, 2019.

também pressupõe direitos de prestação por parte do Estado: são aqueles direitos que os indivíduos devem ter acesso para que possam ter condições materiais de existência. Autores também identificam outra categoria central para a proteção de grupos oprimidos: os direitos de caráter democrático, aqueles direitos que garantem às pessoas a possibilidade de participar no processo político, arena na qual poderão lutar para a transformação da situação em que se encontram.[489]

A proposta hermenêutica que estamos delineando guarda proximidade com elementos de perspectivas tradicionais de interpretação dos direitos fundamentais. A possibilidade de proteção adequada de grupos minoritários e vulneráveis depende da busca de um equilíbrio entre as limitações linguísticas das normas e a procura da eficácia máxima das normas constitucionais. O intérprete deve analisar a norma de forma que ela possa expressar da melhor maneira possível a ordem objetiva de valores que regulam o texto constitucional. O ato de interpretação constitucional deve ser feito de tal forma a promover a força integradora das normas constitucionais: o intérprete deve, por meio de seu ofício, estar atento à possibilidade de promover a integração social, sendo que a proteção de minorias pode ser vista como algo que atende esse objetivo. A hermenêutica do oprimido também encontra sustentação no princípio da interpretação sistemática das normas constitucionais: o texto constitucional deve ser considerado como uma unidade, motivo pelo qual o intérprete deve procurar interpretar as normas tendo em vista os sentidos de outras normas constitucionais. Tendo em vista o fato de que a proteção de grupos minoritários e vulneráveis depende da integração de diferentes categorias de direitos, esses princípios nos ajudam a desenvolver o argumento de que o processo de interpretação das normas constitucionais deve estar baseado em uma concepção

---

[489] SAMPAIO, José Adércio Leite. *Teoria da Constituição e dos direitos fundamentais*. Belo Horizonte: Del Rey, 2013, pp. 562-568.

CAPÍTULO VI – PRINCÍPIOS DE INTERPRETAÇÃO DA IGUALDADE

da Constituição como um sistema aberto, como um sistema de normas que estão em uma relação complementar para fomentar a inserção de grupos oprimidos.[490]

---

[490] MOREIRA, Adilson José. *Pensando como um negro*: ensaio de hermenêutica jurídica. São Paulo: Contracorrente, 2019, pp. 119-153.

CAPÍTULO VII
DISCRIMINAÇÃO: SENTIDOS E DIMENSÕES

A efetividade de um sistema protetivo de direitos não depende apenas da existência de normas jurídicas que declarem a universalidade deles. Ela também requer que tenhamos conhecimento dos diversos mecanismos sociais que impedem indivíduos e grupos de terem acesso ao gozo da plena cidadania. As normas constitucionais podem ser vistas como um programa normativo que pretende regular as relações sociais, mas elas incidem sobre uma realidade marcada por diversas formas de divisões sociais. Por esse motivo, a realização desse programa depende da identificação e correção dos processos discriminatórios; a possibilidade de atuarmos de forma adequada como agentes jurídicos também requer que conheçamos a forma como sistemas de dominação operam para criar hierarquias sociais que perduram ao longo do tempo. Voltaremos a nossa atenção, nos próximos capítulos, a um dos temas centrais desta obra: as diferentes gerações de teorias de discriminação. Esse conhecimento tem relevância fundamental não apenas para juristas, mas para todos os atores sociais envolvidos em análises teóricas ou atividades profissionais que envolvem a análise dos processos de exclusão social.

Observaremos neste capítulo que esse termo tem uma pluralidade de significações, motivo pelo qual a interpretação de normas constitucionais, a elaboração de políticas públicas e diversas iniciativas legislativas devem levar em consideração a complexidade dos sistemas de dominação aos quais os seres humanos estão submetidos. Embora estes tenham objetivos distintos, operam por meios semelhantes, meios que relegam indivíduos e grupos a uma situação temporária ou duradoura de desvantagem. A compreensão desses processos tem relevância central em qualquer sistema político comprometido com a criação de uma sociedade justa, ideal que só pode ser alcançado a partir de uma reflexão social dos fatores responsáveis pelos processos de estratificação social presentes nas sociedades humanas. Tentaremos compreender o funcionamento dos diversos sistemas de opressão por meio da análise e definições do termo *discriminação*. Isso se mostra necessário porque vivemos em uma cultura jurídica na qual poucas pessoas podem explicar de forma adequada seus significados e dimensões, fato que compromete a efetividade do sistema protetivo presente no nosso sistema constitucional. Esse conhecimento será então de suma relevância para a construção de uma postura crítica em relação a normas jurídicas e práticas sociais excludentes.

7.1 Definições

A palavra discriminação possui uma pluralidade de significados, embora tenha adquirido um sentido bem específico no mundo atual. Ela designa, por um lado, a ação de classificar objetos a partir de um determinado critério. Essa acepção genérica passou a segundo plano por causa da preponderância de sua dimensão moral e jurídica nos dias atuais. Hoje, o termo discriminar tem conotações claramente negativas, pois sugere que alguém foi tratado de forma arbitrária. Os dois sentidos dessa palavra estão presentes no vocabulário jurídico. Sabemos que instituições estatais classificam indivíduos a partir de uma série de critérios necessários para o alcance de algum interesse público. O vocábulo discriminar significa aqui categorizar

CAPÍTULO VII – DISCRIMINAÇÃO: SENTIDOS E DIMENSÕES

pessoas ou situações a partir de uma característica para atribuir a elas algum tipo de consequência. Contudo, a palavra discriminação tem também outro significado no mundo jurídico: ela indica que uma pessoa impõe à outra um tratamento arbitrário a partir de um julgamento moral negativo, o que pode contribuir para que a segunda esteja em uma situação de desvantagem.[491]

A palavra discriminação adquiriu sentidos ainda mais complexos em tempos recentes em função da percepção de que indivíduos são excluídos porque sofrem diferentes formas de tratamento desvantajoso que não expressam intencionalidade. Ela também tem sido usada para categorizar as práticas daquelas instituições que não tomam as medidas necessárias para que pessoas de diferentes grupos estejam representadas nos seus quadros. Também vemos o seu emprego quando certos indivíduos afirmam que são excluídos por causa da convergência de diferentes tipos de discriminação, o que concorre para situar membros de certos grupos em uma posição de perene subordinação. Além disso, alguém pode alegar que está sendo discriminado em função de normas moralmente neutras, mas que têm um impacto negativo sobre certas classes de pessoas. Por esse motivo, a palavra discriminação abarca também aqueles mecanismos que não classificam pessoas a partir de um determinado traço, mas que concorrem para agravar a situação na qual elas vivem. Essas diferentes acepções do termo em estudo sugerem que ele descreve pessoas ou grupos que se encontram em uma situação de desvantagem em função de atos que podem ser intencionais ou não, evidência de que não podemos identificar a discriminação apenas como manifestação da vontade de indivíduos.[492]

---

[491] BANTON, Michael. *Discrimination*. Bristol: Open University Press, 1994, pp. 20-36.
[492] WASSERMAN, David. "The concept of discrimination". *In*: CHADWICK, R. (Coord.). *Encyclopedia of applied ethics*. San Diego: Academic Press, 1998, pp. 805/806.

Nosso sistema jurídico estabelece uma série de objetivos que devem guiar a ação das instituições estatais, sendo que a erradicação da marginalização social ocupa um papel de destaque entre eles. A promoção do bem comum implica a consideração das distinções reais entre várias classes de pessoas, fator necessário para a criação de medidas destinadas a garantir melhores condições de vida para aqueles em situação de vulnerabilidade social.[493] Em função disso, as instituições estatais frequentemente impõem diferenciações entre os indivíduos, atos que devem estar ligados a um interesse governamental para serem considerados legítimos. Portanto, elas estabelecem uma série de distinções entre as pessoas; muitas dessas iniciativas, embora tratem de fato as pessoas de forma diferente, não são arbitrárias porque procuram atingir objetivos adotados pela própria comunidade política. Assim, a atividade estatal implica a constante criação de medidas que, muitas vezes, tratam pessoas de forma distinta sem que isso possa ser uma violação do princípio da igualdade.[494]

Sabemos, entretanto, que nem sempre a atividade de agentes públicos ou privados está fundamentada em parâmetros que podem ser juridicamente ou moralmente justificados. Estamos aqui diante de outra realidade: muitos atos e normas podem violar a igualdade quando tratam indivíduos e grupos de forma indevida. A moralidade pública das sociedades democráticas está centrada no pressuposto de que todos os seres humanos possuem uma dignidade intrínseca, razão pela qual merecem o mesmo tratamento. Esse mandamento é um princípio moral e jurídico segundo o qual

---

[493] O artigo terceiro da Constituição Federal estabelece: "Constituem objetivos fundamentais da República Federativa do Brasil: I – construir uma sociedade livre, justa e solidária; II – garantir o desenvolvimento nacional; III – erradicar a pobreza e a marginalização e reduzir as desigualdades sociais e regionais; IV – promover o bem de todos, sem preconceitos de origem, raça, sexo, cor, idade e quaisquer outras formas de discriminação".

[494] LAPORTA, Francisco Javier. "El princípio de igualdad: introducción a sua análisis". *Sistema Revista de Ciencias Sociales*, vol. 67, 1985, pp. 34-38.

CAPÍTULO VII – DISCRIMINAÇÃO: SENTIDOS E DIMENSÕES

não se deve estabelecer diferenciações que criam vantagens ou desvantagens indevidas entre cidadãs ou cidadãos. Estamos nesse momento diante de um caso de discriminação: uma pessoa está sendo submetida a um tipo de procedimento que viola a expectativa de tratamento isonômico entre todos os membros da comunidade política. Um ato discriminatório não apenas nega a igualdade de tratamento, mas também limita a possibilidade de ação autônoma dos indivíduos, o que são claras violações de direitos.[495]

Alguns elementos possuem grande relevância para compreendermos o sentido genérico de discriminação: intenção, comparação, desvantagem e estigma. A doutrina tradicional afirma que um ato discriminatório tem uma característica principal: a intenção de um agente de impor um tratamento desvantajoso a outro. Esse tratamento decorre então de uma comparação entre indivíduos a partir de um determinado traço. O agente discriminador parte do pressuposto de que a vítima não possui uma qualidade socialmente valorizada, atributo supostamente presente apenas em certos segmentos, notoriamente nos grupos majoritários. Esse é o motivo pelo qual os colegas de Tauana tratam-na de forma desrespeitosa, pois eles acreditam que mulheres negras não possuem a mesma estatura moral, nem a capacidade profissional de mulheres brancas ou de homens brancos. A intenção de discriminar alguém está frequentemente baseada no interesse de preservação de arranjos sociais que mantêm certos grupos em uma situação de privilégio e outros em uma condição subordinada. Os procedimentos utilizados para isso são legitimados por uma série de estereótipos culturais, representações criadas por grupos majoritários, segmentos que têm o poder simbólico e político para construir e difundir sentidos culturais. Assim, os colegas e os superiores de Tauana reproduzem uma série de ideias que procuram garantir acesso privilegiado ou

---

[495] RODRIGUEZ, Virgilio Ruiz. *Discriminación*: negación de la persona. Cidade do México: 2016, pp. 16-21.

exclusivo de pessoas do sexo masculino, de pessoas brancas e de pessoas heterossexuais a oportunidades profissionais.[496]

    A discriminação envolve vários problemas que precisam ser identificados e eliminados. A sociedade estabelece diferentes critérios para distribuir bens, sendo que eles possuem natureza distinta. Alguns desses bens são distribuídos de acordo com o empenho das pessoas, motivo pelo qual o acesso a eles decorre do empenho de indivíduos. Mas há bens que possuem importância vital e, por isso, devem ser universalizados; todos os indivíduos devem ter acesso a eles. Um ato se torna discriminatório quando ele impede o acesso de alguém a alguma oportunidade a partir de um critério que não possui relevância para o desempenho de uma atividade. Ele pode ser visto como injusto porque decorre de preconceitos contra integrantes de determinados grupos, preconceito generalizado que transforma uma característica em um estigma. Esse ato pode ser visto como discriminatório porque perpetua a condição de subordinação dos membros de certo grupo. A discriminação assume a forma de uma imposição indevida de arbitrariedade nas costas de membros de certos grupos porque adquire um caráter sistêmico, afetando diferentes esferas da vida das pessoas. Essas considerações nos mostram que a discriminação pode ser vista como inferiorização e antipatia. A primeira está relacionada com os processos de sistemas sociais de discriminação responsáveis pelas diferenciações de *status* entre grupos; a segunda indica a animosidade contra minorias em função de estigmas culturais que acompanham a vida das pessoas ao longo de toda a vida. Podemos dizer então que grupos majoritários discriminam grupos minoritários porque possuem um interesse material na discriminação, uma vez que sistemas de discriminação têm o objetivo específico de manter vantagens materiais nas mãos de seus membros. Dessa forma, diferenciações de *status* cultural

---

[496] LIPPERT-RASMUSSEN, Kasper. *Born free and equal?* a philosophical inquiry into the nature of discrimination. Oxford: Oxford University Press, 2014, pp. 14/15.

legitimam práticas responsáveis pela reprodução da noção de que apenas membros dos grupos dominantes podem atuar de forma competente na esfera pública.[497]

7.2 Dimensões da discriminação

Vemos então que o conceito de discriminação possui uma *dimensão descritiva* e uma *dimensão moral*. Temos, no primeiro caso, um uso neutro desse termo porque ele apenas designa o fato de que normas estatais estabelecem diferenciações entre as pessoas. O verbo discriminar, nesse contexto, apenas indica que as instituições estatais tratam classes de indivíduos de forma diferente tendo em vista objetivos jurídicos. Para Deborah Hellman, o termo discriminação adquire um sentido moral quando analisamos as distinções entre indivíduos a partir dos propósitos diretos ou indiretos de uma norma legal ou prática social. Se, na primeira situação, temos apenas uma distinção entre pessoas ou classes de pessoas, na segunda, devemos analisar se o ato público ou privado se afasta ou não do dever de reconhecimento do mesmo valor moral de todos os membros da comunidade política. Assim, as diferenciações entre indivíduos serão inadequadas por não estarem relacionadas com um interesse legítimo ou por falharem em reconhecer a igualdade moral das pessoas.[498]

Pode-se dizer, em um primeiro momento, que a caracterização de um ato discriminatório parte da propriedade do estabelecimento de um tratamento diferenciado a partir de um discrímen específico. Esses critérios ou atributos são utilizados pelas normas jurídicas em função da relevância social que possuem, consideração que depende da história cultural de uma determinada comunidade

---

[497] BLUM, Lawrence. *"I'm not a racist, but..."*: the moral quandary of race. Ithaca: Cornell University Press, 2002, pp. 88-90.
[498] HELLMAN, Deborah. *When is discrimination wrong?* Cambridge: Harvard University Press, 2011, p. 13.

política. Atos discriminatórios utilizam uma característica ou um *status* que se tornou uma categoria legalmente relevante em função do seu papel nos processos de exclusão social. Eles são então parâmetros que justificam ações estatais destinadas a proteger certos grupos. Categorias como raça e sexo são hoje atributos legalmente protegidos por causa da longa história de discriminação enfrentada por negros e mulheres em muitas sociedades ocidentais.[499]

Tais elementos são parâmetros para diferentes tipos de discriminação. A discriminação negativa designa um tratamento que viola o princípio segundo o qual todos os membros de uma comunidade política devem ser igualmente respeitados. Ela acontece quando um agente público ou privado trata uma pessoa ou grupo de pessoas de forma arbitrária, o que é frequentemente motivado por estigmas culturais. Como afirmado anteriormente, atos discriminatórios não acontecem dentro de um vácuo social, eles procuram afirmar a suposta inferioridade de um grupo e também manter o *status* privilegiado de membros dos segmentos majoritários.[500] Vemos então que a discriminação negativa está baseada em uma motivação ilegítima: ela procura manter certas classes de pessoas em uma situação de subordinação, propósito incompatível com o objetivo de se construir uma sociedade democrática. Dessa forma, ao contrário do que argumentou o Tribunal de Justiça do Rio de

---

[499] RONALDS, Chris; RAPER, Elizabeth. *Discrimination*: law and practice. Annandale: Federation Press, 2012, pp. 15-27.

[500] Ver, nesse sentido: DEMOND, Matthew; MUSTAFA, Emyrbayer. *Racial domination, racial progress*: the sociology of race in American. Nova York: McGraw-Hill, 2009, pp. 1-45. (examinando os motivos pelos quais conquistas de minorias raciais são sempre minadas pelo interesse na manutenção da supremacia racial); ESKRIDGE, William. "No promo homo: the sedimentation of antigay discourse and the channeling effect of judicial review". *New York University Law Review*, vol. 75, nº 5, 2000, pp. 1328-1333 (analisando os discursos utilizados por lideranças políticas para impedir o tratamento igualitário entre homossexuais e heterossexuais nos EUA); GUIMARÃES, Antônio Sérgio Alfredo. *Classes, raças e democracias*. 2ª ed. São Paulo: Editora 34, 2012, pp. 137-174 (argumentando que a democracia racial tem sido contantemente utilizada para legitimar disparidades raciais).

CAPÍTULO VII – DISCRIMINAÇÃO: SENTIDOS E DIMENSÕES

Janeiro, podemos dizer que ações afirmativas não são políticas discriminatórias contra brancos porque as instituições estatais não pretendem promover a marginalização desse grupo de pessoas; elas também não estão agindo a partir de estereótipos culturais negativos que representam os membros desse grupo como sujeitos inferiores.

A discriminação positiva pode ser distinguida da discriminação negativa porque cria uma distinção temporária ou permanente para membros de um determinado grupo que possuem uma história de desvantagem ou que estão em uma situação de vulnerabilidade. Procura-se atingir um objetivo legalmente e moralmente justificado que é a melhoria de condições de vida de grupos sociais. Assim, a discriminação positiva tem a finalidade de reverter os processos de marginalização que promovem a estratificação social ao longo de várias gerações ou então proteger certas classes de pessoas que possuem ou estão em uma condição específica.[501] Temos, no primeiro caso, a situação de políticas que querem garantir a inclusão, por exemplo, de minorias raciais e sexuais, grupos que enfrentam diferentes formas de marginalização. Podemos citar, como exemplo do segundo caso, as normas que garantem tratamento preferencial para mulheres grávidas ou pessoas idosas nos transportes públicos. A dimensão positiva da discriminação indica a necessidade de considerarmos a história e o *status* social de um grupo quando se discute políticas estatais ou iniciativas privadas. A persistência de processos discriminatórios ao longo do tempo significa que certas classes de pessoas estão em uma situação de desvantagem estrutural, motivo pelo qual uma compreensão meramente procedimental da igualdade pode contribuir para a perpetuação das disparidades sociais. Dessa forma, o conceito de discriminação positiva está ligado aos

---

[501] Para uma análise dos princípios constitucionais que justificam a proteção de grupos minoritários, ver a obra coletiva organizada por JUBILUT, Liliana Lyra; BAHIA, Alexandre Gustavo Melo Franco; MAGALHÃES, José Luiz Quadros. *Direito à diferença*: aspectos de proteção específica às minorias e aos grupos vulneráveis. vol. 2. São Paulo: Saraiva, 2013.

princípios de igualdade material, da justiça social e da solidariedade, pois pretende promover tanto a inclusão de grupos que sofrem as consequências de uma história de opressão como também o bem-estar de pessoas que se encontram em uma situação vulnerável.[502]

Outros aspectos importantes da discriminação devem ser considerados para um entendimento dos processos de subordinação social. Embora muitos comportamentos discriminatórios sejam direcionados a indivíduos e grupos estigmatizados, uma pessoa pode ser vítima de discriminação, mesmo quando faz parte dos grupos sociais dominantes. Ao contrário do que se imagina, a discriminação independe das características reais do sujeito. Estigmas culturais cumprem uma função social relevante: estabelecem padrões rígidos de diferenciação social, o que inclui parâmetros de diferenciação das identidades e dos comportamentos entre grupos.[503] Por exemplo, sabemos que a homofobia é um comportamento hostil contra homens e mulheres homossexuais. Porém, pessoas heterossexuais são vítimas frequentes dessa prática discriminatória. Isso acontece porque um dos seus propósitos é controlar os contornos sociais da heterossexualidade; pessoas heterossexuais estão sendo constantemente vigiadas e obrigadas a se adequar às expectativas sociais referentes a formas de comportamento desejáveis. Assim, quaisquer desvios desses modelos podem fazer com que heterossexuais sejam vítimas de violência homofóbica porque são interpretados como comportamentos dos membros do grupo que é socialmente desprezado. A circulação de estigmas sociais opera então como algo que pode atingir todas as pessoas, inclusive as que não pertencem a grupos são socialmente desprezados.[504]

---

[502] HELLMAN, Deborah. *When is discrimination wrong?* Cambridge: Harvard University Press, 2011, pp. 21/22.

[503] LIPPERT-RASMUSSEN, Kasper. *Born free and equal?* a philosophical inquiry into the nature of discrimination. Oxford: Oxford University Press, 2014, p. 20.

[504] PRADO, Marco Aurélio Máximo; MACHADO, Frederico Viana. *Preconceito contra homossexualidades*. São Paulo: Cortez, 2011, pp. 67-83.

CAPÍTULO VII – DISCRIMINAÇÃO: SENTIDOS E DIMENSÕES

A discriminação pode ter, em algumas circunstâncias, um caráter reflexivo. Ela não acontece necessariamente entre pessoas que pertencem a grupos sociais distintos e situados em posições diferentes nas relações assimétricas de poder. A discriminação pressupõe uma relação de hierarquia entre grupos ou indivíduos, mas ela pode ocorrer entre membros de um mesmo grupo. Essas pessoas também internalizam falsas generalizações sobre os membros da comunidade à qual pertencem e passam a tratar a si mesmas e a seus semelhantes a partir delas. É o caso do policial negro que prende outros negros de forma arbitrária por acreditar que eles são mais propensos à criminalidade. Kasper Lippert-Rasmussen nos diz que também não podemos perder de vista o fato de que muitos grupos são sistematicamente marginalizados em função de traços socialmente salientes. A visibilidade social de características como raça e sexo decorre da atribuição de sentidos negativos a elas, sentidos que legitimam diversas formas de arranjos sociais. Esses traços são investidos de determinadas significações por causa de contextos sociais e históricos, sendo que estas passam a ser institucionalizadas, servindo como parâmetros a partir dos quais grupos são socialmente construídos e tratados nas relações cotidianas. Cristiano sofre com as ofensas proferidas por seus colegas por ser um homem obeso, característica física investida de uma série de significados negativos em nossa nossa sociedade. Kasper Lippert-Rasmussen nos diz ainda que segmentos sociais marginalizados não sofrem o mesmo tipo de tratamento desvantajoso porque a discriminação pressupõe também um tratamento específico. Sistemas de opressão não operam da mesma forma contra todos os segmentos de um grupo em função da pluralidade de características e *status* internos deles. Mulheres são constantemente discriminadas no mercado de trabalho, mas mulheres brancas e negras não são tratadas da mesma forma. Mulheres brancas sofrem as consequências do sexismo, mas a experiência delas é constitutivamente diferente da vivência de mulheres negras, porque as últimas, além do sexismo, também enfrentam o racismo: esses dois sistemas de discriminação operam de forma simultânea para situar mulheres negras em uma situação distinta das mulheres brancas.[505]

O tratamento desvantajoso de uma pessoa em relação a outra está amplamente baseado na satisfação de preferências individuais, sendo que elas podem ser favoráveis ou contrárias a grupos de indivíduos. Elas podem estar relacionadas com a predileção pelo contato com pessoas que possuem traços socialmente valorizados ou então pode ser produto de atitudes preconceituosas em relação a certos seguimentos, tomados como não possuidores de características positivas. Os que fazem parte dos mesmos grupos de relacionamento serão vistos como pessoas que merecem maior consideração e respeito, enquanto a indiferença será dirigida àqueles indivíduos vistos como diferentes ou inferiores. Essa atitude faz com que elas sempre prefiram manter contato com indivíduos pertencentes ao seu próprio grupo e sempre procurem evitar contato com os que consideram ser diferentes. A preferência pelos membros do próprio grupo cria redes de solidariedade responsáveis pela permanência de oportunidades entre pessoas semelhantes, algo que pode ter efeitos negativos sobre minorias porque estão excluídas da possibilidade de acesso a esses círculos. Embora a preferência por pessoas semelhantes não seja um problema moral, poderá ter efeitos negativos quando ela decorre de preconceitos e estereótipos manifestos por pessoas que controlam acesso a oportunidades. Essas pessoas não poderão entrar em atos abertamente discriminatórios contra minorias, mas podem sempre dirigir oportunidades para pessoas do mesmo grupo em função de ideias equivocadas sobre membros de outros segmentos. Devido ao caráter coletivo desse comportamento, preferências privadas geralmente impactam a vidas de minorias de forma significativa. É certo que essa preferência não se estende a todas as situações; uma preferência por certas pessoas no que diz

---

[505] LIPPERT-RASMUSSEN, Kasper. *Born free and equal?* a philosophical inquiry into the nature of discrimination. Oxford: Oxford University Press, 2014, pp. 19-21.

CAPÍTULO VII – DISCRIMINAÇÃO: SENTIDOS E DIMENSÕES

respeito à escolha de parceiros sexuais não tem a mesma relevância na escolha de um empregado. O problema da aversão pessoal se torna problemática quando preconceitos sistemáticos operam para reforçar as hierarquias arbitrárias presentes em uma sociedade.[506]

A *discriminação racional* ocorre quando um traço é tomado como sinal da provável da existência de outro, possibilitando uma dedução plausível. Essa dedução não decorre necessariamente de atitudes preconceituosas, mas de uma expectativa razoável da probabilidade de que algo pode ocorrer. Empregadores podem deixar de contratar mulheres porque partem do pressuposto de que elas abandonarão o emprego caso venham a se casar; policiais param negros com maior frequência porque estão certos de que eles cometem mais crimes. Embora essas teses possam parecer adequadas para as pessoas, elas expressam a existência pervasiva de estereótipos que determinam a percepção social de grupos minoritários. Uma mulher que pede demissão porque pretende se casar confirma a percepção do empregador de que ele não deve investir na contratação e treinamento de pessoas do sexo feminino; o guarda que encontra drogas com uma pessoa negra depois de ter parado apenas pessoas negras confirma sua expectativa de que todos os negros são criminosos. Embora essa forma de discriminação esteja baseada em constatações falhas, elas fornecem elementos para as pessoas pautarem seus comportamentos a partir de algo que, para elas, parece ser plenamente razoável.[507]

---

[506] ALEXANDER, Larry. "What makes wrongful discrimination wrong: biases, preferences, stereotypes, and proxies". *University of Pennsylvania Law Review*, vol. 141, n° 1, pp. 155-171.

[507] BLUM, Lawrence. *"I'm not a racist, but..."*: the moral quandary of race. Ithaca: Cornell University Press, 2002, pp. 85-89.

7.3 Discriminação: aspectos sistêmicos e políticos

Não podemos perder de vista o fato de que fenômenos como o racismo e o sexismo não são apenas práticas discriminatórias. Eles são verdadeiros sistemas de dominação social porque influenciam diferentes aspectos da vida dos indivíduos, porque fazem parte da operação normal de instituições públicas e privadas. Eles também determinam como atores públicos e privados tratam grupos minoritários, além de reproduzirem o ideário social que legitima a subordinação deles. Assim, esses sistemas de subordinação social são responsáveis pela criação sistêmica de desigualdade de *status* cultural e também de desigualdade de *status* material, a primeira faz referência ao nível de respeitabilidade que os grupos possuem dentro da sociedade, a segunda, às condições materiais da existência. A articulação entre esses dois fatores é responsável por processos de estratificação que impedem o gozo de direitos de membros de um grupo social, muitas vezes, por várias gerações, razão pela qual a dificuldade de atingir a justiça social se torna especialmente difícil.[508]

O funcionamento desses sistemas de opressão possui um caráter vertical e também um caráter horizontal. O primeiro decorre do fato de que práticas discriminatórias procuram promover a permanência do *status* privilegiado dos membros dos grupos dominantes e o *status* subordinado dos grupos minoritários. O segundo está associado ao fato de que representações sociais procuram preservar a noção de que todos os membros de uma minoria são inferiores a todos os membros do grupo majoritário, independentemente da posição social que os primeiros ocupam. Comportamentos sexistas e racistas procuram manter as práticas responsáveis pela desigualdade material ao representarem todas as

---

[508] Ver, nesse sentido: BALKIN, J. M. "The constitution of status". *Yale Law Journal*, vol. 106, nº 6, 1996, pp. 2321-2330.

CAPÍTULO VII – DISCRIMINAÇÃO: SENTIDOS E DIMENSÕES

mulheres e todos os negros como inferiores a todos os homens e a todos os brancos. O aspecto horizontal da discriminação permite então que grupos majoritários obtenham satisfação moral e material das práticas sociais baseadas na sua suposta superioridade. Esse é um dos motivos pelos quais segmentos reacionários sempre se colocam contra medidas inclusivas como ações afirmativas porque elas podem desestabilizar sentidos culturais que justificam práticas de exclusão.[509]

O estudo sobre o tema da discriminação requer também que reconheçamos outro aspecto importante, mas, muitas vezes, invisível, da nossa sociedade: as interações humanas estão envoltas em relações de poder. Além de legitimarem arranjos sociais que permitem o acesso à criação e preservação de vantagens materiais para os membros dos grupos majoritários, as discriminações também possibilitam que eles possam criar sentidos culturais. Isso significa que devemos estar atentos ao fato de que as distinções entre grupos sociais não são produtos de diferenças naturais entre eles. Elas são socialmente construídas em função do poder que um grupo tem de universalizar sentidos culturais. Por esse motivo, negros e brancos, homens e mulheres, heterossexuais e homossexuais não designam meras diferenças biológicas, mas diferentes formas de pertencimento social decorrentes do *status* de subordinação no qual vivem. Essa constatação é importante para identificarmos as formas discursivas que a discriminação assume. Ela pode estar baseada em distinções biológicas entre pessoas, mas essas distinções só adquirem esse *status* na medida em que passam por um processo de significação social. Isso nos permite dizer que as diferenças entre grupos sociais são discursivamente construídas: a raça não existe enquanto realidade biológica, mas

---

[509] BLUMER, Herbert. "Prejudice as a sense of group position". *Pacific Sociological Review*, vol. 1, nº 1, 1958, pp. 3-7; BALKIN, J. M. "The constitution of status". *Yale Law Journal*, vol. 106, nº 6, 1996, pp. 2326-2340.

as pessoas são racializadas em função das significações culturais atribuídos a certos traços físicos.[510]

A discriminação pode ser entendida como uma dinâmica social que expressa relações de poder presentes em uma sociedade, uma vez que opera como um mecanismo de manutenção das hierarquias arbitrárias. Devemos reconhecer sua dimensão política porque os grupos hegemônicos utilizam o controle das instituições públicas para poderem perpetuar os processos responsáveis pela dominação. A discriminação não pode ser então reduzida a um fenômeno que ocorre apenas nas interações pessoais; ela possui um caráter sistemático porque os membros dos grupos dominantes são capazes de utilizar os poderes estatais para manter as relações hierárquicas de poder que garantem a dominação social. Portanto, a criação, a aplicação e a interpretação das normas jurídicas têm sido meios a partir dos quais a relações hierárquicas de poder vêm sendo mantidas ao longo do tempo. A discriminação implica um processo de identificação pessoal e coletiva com membros de certos grupos e também com os interesses políticos desses grupos, motivo pelo qual estão nela presentes aspectos de natureza psicológica. As representações simbólicas da ordem social permitem que as pessoas construam identidades e interesses baseados nessas identidades que também se expressam por meio de interesses políticos e econômicos.[511] A convergência entre formas identitárias com os interesses econômicos, jurídicos dos grupos dominantes transforma a identidade deles em um tipo de *status* social que opera como um tipo de propriedade: ela marca um tipo de lugar social que garante

---

[510] Para uma análise da produção discursiva de sujeitos sociais, ver principalmente: LOPEZ, Ian Haney. "The social construction of race: some observations on illusion, fabrication, and choice". *Harvard Civil Rights, Civil Liberties Law Review*, vol. 29, nº 1, 1994, pp. 1-62.

[511] ZEPELA, Jesus Rodríguez. "Las fontes culturales de la discriminación". *In*: ZEPELA, Jesus Rodríguez *et al. El derecho humano a la no discriminación*: hacia uma política pública inclusiva para el *âmbito* local. Queretaro: Par Tres Editores, 2014, pp. 13-20.

CAPÍTULO VII – DISCRIMINAÇÃO: SENTIDOS E DIMENSÕES

aos seus ocupantes uma série de vantagens decorrentes do simples pertencimento àquele grupo. Essa dinâmica estrutura formas de relações sociais baseadas no interesse na manutenção do *status* privilegiado dos membros desse grupo e no *status* subordinado dos grupos discriminados.[512]

A discriminação tem uma dimensão moral e uma dimensão jurídica, e as relações entre essas dimensões são complexas. Muitos atos podem ser moralmente condenáveis, mas isso não significa que eles sejam juridicamente inadequados; eles podem ter uma significação moral negativa, mas fazem parte das opções morais que os indivíduos fazem no campo da vida privada. Seguindo a mesma linha de raciocínio, diferenciações jurídicas entre indivíduos podem ser plenamente aceitáveis, embora muitos as entendam como medidas moralmente condenáveis. Uma pessoa que impede seus filhos de se casarem com membros de outras raças está fazendo algo moralmente problemático, mas esse ato não é passível de condenação jurídica; ações afirmativas para minorias raciais são legalmente aceitas, mas muitos condenam moralmente essas iniciativas governamentais.

Mas os sentidos legal e moral da discriminação encontram pontos de convergência quando consideramos essa relação a partir da moralidade pública democrática. O reconhecimento da igualdade entre todos os membros da comunidade política estabelece parâmetros morais e jurídicos para analisarmos esse tema. Atos discriminatórios devem ser legalmente e moralmente condenados porque violam elementos básicos da cultura democrática, tais como a noção de igualdade moral entre todas as pessoas, o dever do tratamento isonômico entre elas, elementos centrais de uma concepção de cidadania igualitária que fundamenta a cultura democrática. Atos de discriminação expressam a noção de que certas pessoas

---

[512] HARRIS, Cheryl. "Whiteness as property". *Harvard Law Review*, vol. 106, nº 8, 1993, pp. 1715-1721.

não são atores sociais competentes, pessoas que não são capazes de participação nos atos da vida pública por serem moralmente inferiores. A presunção de inferioridade implica que minorias não devem ter acesso aos mesmos direitos gozados por grupos majoritários por não terem o mesmo nível de humanidade. Concebida dessa forma, a discriminação se apresenta como algo condenável do ponto de vista moral e legal porque implica a animosidade de certos grupos em relação a outros, o que motiva práticas que impedem o funcionamento adequado das pessoas. Muitos atos são discriminatórios porque são formas de discriminação negativas contra grupos sociais e também porque expressam ausência do devido respeito e consideração que devem ser dispensados a todos os membros da comunidade política.[513]

A discriminação pode também ocorrer quando autoridades públicas ou privadas não oferecem os meios para que certos grupos possam ter acesso ou exercer direitos. A noção de igualdade implica o dever estatal de adotar medidas positivas que permitam a inclusão de grupos vulneráveis; essas pessoas precisam de iniciativas especiais porque necessitam de medidas protetivas adicionais para que possam obter inclusão social, tendo em vista alguma característica. Por esse motivo, muitas normas jurídicas incorporaram ao longo das últimas décadas a noção de *acomodação*: para garantir o tratamento de todas as pessoas, instituições públicas e privadas precisam implementar medidas de adaptação a certos grupos como meio de inclusão. Esse é o caso de pessoas portadoras de limitações físicas ou psicológicas, cuja inserção depende de uma série de procedimentos para que possam exercer direitos básicos, desde coisas mínimas, como a possibilidade de locomoção, até o acesso a oportunidades educacionais e profissionais. Assim, a ausência de políticas universais dessa natureza tem um efeito direto e indireto

---

[513] SHIN, Patrick S. "Is there a unitary concept of discrimination?" *In*: HELLMAN, Deborah; MOREAU, Sophia. *Philosophical foundations of discrimination law*. Oxford: Oxford University Press, 2013, pp. 161-167.

na vida de grupos minoritários e vulneráveis. Estamos aqui diante de uma forma de discriminação que não decorre de um ato direto de discriminação, mas sim da omissão dos órgãos públicos e privados em garantir a acomodação para certos grupos.[514]

A discriminação jurídica se manifesta por meio de diferenciações arbitrárias, mesmo aquelas encobertas, que expressam animosidade em relação a membros de certos grupos. Precisamos estar cientes de que a discriminação legal manifesta valores que circulam dentro da sociedade, valores baseados em padrões culturais que representam membros de certos grupos como pessoas que não possuem o mesmo nível de humanidade dos membros dos grupos sociais dominantes. Muitos autores afirmam que o desprezo é um dos elementos centrais da motivação psicológica individual e da cultura institucional da discriminação, um tipo de atitude contrária à moralidade pública de sociedades plurais e democráticas. Isso pode assumir as mais diversas formas, tais como o desprezo contra membro de uma minoria, a estigmatização de membros de minorias, os atos que reforçam falsas percepções sobre esses indivíduos ou assumem uma atitude derrogatória injustificada contra membros de um grupo e as práticas que implicam atos injustos em relação a membros de um grupo.[515] Devemos estar cientes então de que práticas discriminatórias possuem uma dimensão expressiva, pois elas são manifestações de atos que representam grupos como pessoas inferiores, o que contribui para a preservação de estruturas de discriminação. O princípio da igualdade assume a forma de justiça social e isso significa que ele está preocupado com aquelas práticas que, baseadas na desigualdade de *status* cultural,

---

[514] SHIN, Patrick S. "Is there a unitary concept of discrimination?" *In*: HELLMAN, Deborah; MOREAU, Sophia. *Philosophical foundations of discrimination law*. Oxford: Oxford University Press, 2013, pp. 177/178.

[515] BLUM, Lawrence. "Racial and other asymmetries: a problem for the protected categories framework for anti-discrimination thought". *In*: HELLMAN, D.; MOREAU, S. *Philosophical foundations of discrimination law*. Oxford: Oxford University Press, 2013, pp. 187-189.

contribuem para a subordinação de grupos sociais. Normas jurídicas e práticas institucionais são manifestações de sentidos sociais que expressam animosidade em relação a certos grupos, o que deve ser visto como uma violação da dimensão moral da cidadania igualitária que anima nosso sistema constitucional.[516]

A jurisprudência dos tribunais constitucionais indica outro elemento muito importante desse conceito: ela deve ser determinada a partir da *comparação de um grupo em relação a outro*. Por significar uma violação do princípio da igualdade, precisa ser estabelecida a partir de um critério; assim um grupo estará em uma situação de desvantagem em relação a outro em função de um ou mais critérios relevantes. Ela se torna notória quando grupos que vivem em uma sociedade governada pelos mesmos princípios se encontram uma situação de desigualdade durável ou permanente. As disparidades entre heterossexuais e homossexuais em todas as dimensões da vida social indica que os últimos são submetidos a mecanismos discriminatórios baseados na distinção feita a partir da sexualidade dos indivíduos. A comparação ocorre a partir dos princípios normativos que governam o sistema político da sociedade; as diferenças persistentes entre os grupos acima mencionados significam que esses preceitos não governam as práticas sociais nas situações nas quais a questão da sexualidade está envolvida. A comparação deve ser feita a partir dos danos e dos custos aos quais homossexuais estão submetidos, mas ela também pode partir da diferença de apreço que os diferentes grupos possuem na sociedade. A diferença de tratamento dessa natureza impõe danos psicológicos às pessoas porque indica que elas nunca terão o mesmo nível de respeitabilidade que outras pessoas gozam, e a saúde mental dos indivíduos está relacionada com o nível de aceitação recebido

---

[516] HELLMAN, Deborah. "The expressive dimension of equal protection". *Minnesota Law Review*, vol. 85, nº 1, 2000, pp. 1-10.

de seus concidadãos.⁵¹⁷ É tradicional o argumento que sustenta a natureza intencional da discriminação, posição que a classifica como um fenômeno psicológico e que a situa dentro das relações interpessoais. Estudos recentes enfatizam as limitações dessa compreensão porque as pessoas são vítimas de diversas formas de discriminação, processos que não ocorrem dentro de relações entre indivíduos específicos, mas que são, na verdade, produto da uma ação coletiva. A permanência de um grupo em uma situação de subordinação social implica a exclusão de oportunidades escolares, a discriminação no mercado de trabalho, o tratamento arbitrário por agentes estatais, além da circulação de estigmas culturais. Portanto, a exigência da demonstração de intenção perde sentido quando a ação de diversos atores sociais cria mecanismos que afetam negativamente certos grupos de forma direta e indireta.⁵¹⁸

Como afirmado anteriormente, a discriminação pode assumir diferentes manifestações. Ela pode assumir a forma de uma discriminação expressa presente no conteúdo de uma norma jurídica ou em algum ato governamental, o que enseja sua declaração de ilegalidade, como também os reparos legais devidos àqueles que foram submetidos a ela. A norma jurídica ou ato estatal faz uso de algum critério de tratamento diferenciado para excluir um grupo de pessoas. Esse é um exemplo de uma discriminação legal que opera por meio da vontade manifesta de agentes estatais. Mas a discriminação pode não envolver a utilização de classificações, sendo então um tipo de tratamento encoberto, mas direcionado a determinados grupos. Esses tipos de discriminação são expressões de atos arbitrários que podem assumir formas distintas, mas que expressam práticas sociais destinadas a manter grupos em uma situação de subordinação. Essa

---

517 LONG, Brooke. "Stigmatized identities". *In*: STETS, Jan; SERPE, Richard (Coord.). *New directions in identity theory and research*. Oxford: Oxford University Press, 2016, pp. 539-568.
518 ROITHMAYR, Daria. "Racial Cartels". *Michigan Journal of Race and Law*, vol. 46, n° 1, 2010, pp. 50-55.

distinção adquire importância porque muitas vezes o sistema jurídico apenas reconhece as discriminações do primeiro tipo ao exigir que as pessoas afetadas demonstrem a intencionalidade de discriminar, o que se torna problemático quando consideramos o fato de que muitas discriminações não são explícitas.[519]

A análise dos sentidos do termo discriminação precisa analisar também o tema da opressão, uma vez que esta tem uma relevância instrumental na reprodução da exclusão de minorias. Como aponta Iris Marion Young, embora esse termo seja compreendido como um tratamento tirânico de um grupo sobre outro, produto de processos de conquista e subjugação, ele tem sido utilizado nas últimas décadas para designar as formas de discriminação que minorias sofrem em sociedades que se apresentam como democracias liberais. Muitos atores sociais argumentam que a opressão possui um caráter sistêmico porque ocorre em diferentes instâncias da vida de grupos marginalizados, sendo que estes são impedidos de terem o mesmo tratamento garantido a membros de grupos dominantes. Seu caráter sistêmico significa que a opressão não está necessariamente ligada à vontade de indivíduos particulares; membros de grupos dominantes podem pautar as instituições públicas e privadas de forma que elas sempre operem para garantir seus interesses e negar a igualdade a minorias. Para a autora acima referida, a opressão assume algumas manifestações fundamentais. Primeiro, a exploração econômica dos membros de minorias, mecanismo pelo qual os benefícios das atividades laborais desses indivíduos são sistematicamente transferidos para as elites compostas por membros dos grupos hegemônicos. Segundo, a opressão assume a forma de marginalização porque minorias se tornam grupos que não possuem relevância para o sistema de produção econômica, uma vez que podem sempre ser substituídos. Terceiro, a opressão também produz a ausência de poder político, um fator necessário

---

[519] BITTON, Yifat. "The limits of equality and the virtues of discrimination". *Michigan State Law Review*, nº 2, 2006, pp. 599-603.

CAPÍTULO VII – DISCRIMINAÇÃO: SENTIDOS E DIMENSÕES

para que as pessoas possam mudar a situação na qual elas vivem. Quarto, a opressão se reproduz por meio de um sistema de legitimação decorrente do imperialismo cultural, mecanismo que afirma de forma permanente a superioridade das referências culturais dos grupos dominantes, referências que se tornam parâmetros culturais universais e legítimos. Quinto, a opressão assume a forma de expressões constantes de violência individual, institucional e simbólica contra membros de minorias.[520]

7.4 Discriminação e desvantagem

A questão da discriminação precisa ser analisada ao lado de outro processo social relevante, a desvantagem. Se a discriminação é o meio a partir do qual membros de um grupo são excluídos de oportunidades, a desvantagem é a consequência e a situação na qual eles se encontram. A discriminação pode ocorrer na forma de um ato individual ou institucional, mas ela indica que certos segmentos sociais estarão em uma situação de exclusão em função de padrões de comportamento repetidos pelos grupos em posições de poder. Atos discriminatórios não se resumem a situações específicas; eles se expressam na forma de comportamento agregado que ocorre em dimensões e situações distintas. Assim, padrões de desigualdade são reproduzidos ao longo do tempo mantendo membros de certos segmentos em uma situação duradoura ou permanente de exclusão. A desvantagem deve ser vista então como uma produção social que atinge de forma direta ou indireta aqueles grupos que não possuem o mesmo *status* cultural ou material dos membros dos segmentos sociais dominantes.[521]

---

[520] YOUNG, Iris Marion. *Justice and the politics of difference*. Princeton: Princeton University Press, 1990, pp. 39-65.

[521] BANTON, Michael. *Discrimination*. Buckingham: Open University Press, 1994, pp. 4/5.

As diversas desvantagens produzidas por mecanismos discriminatórios afetam diferentes instâncias da vida dos indivíduos, motivo pelo qual sua compreensão exige que reconheçamos sua natureza multidimensional. Processos discriminatórios provocam as mais diversas formas de desvantagens materiais porque impedem que sujeitos possam ter acesso aos recursos necessários para um funcionamento social adequado. Ser impedido de ter acesso a oportunidades educacionais significa que um indivíduo deixará de ter a formação necessária para que possa ser inserido no mercado de trabalho; a discriminação nessa instância significa que ele terá acesso restrito a uma variedade imensa de elementos, como moradia e saúde; a depreciação social sistêmica também fará com que desenvolva a consciência de que dificilmente terá respeitabilidade social, uma razão frequente de diversos distúrbios emocionais. Não podemos esquecer outro ponto importante: a discriminação sistemática também cria obstáculos significativos para que as pessoas possam atuar para transformar a situação na qual vivem porque a desvantagem também se manifesta na forma de ausência de representatividade política.[522]

A operação dos vários tipos de discriminação produz diferentes níveis de desvantagem para os diversos segmentos de um grupo social. Sistemas de discriminação operam de forma simultânea, afetando os membros de um grupo de maneira diferenciada, porque eles têm como alvo tipos distintos de identidade. Portanto, dentro de um segmento, temos aqueles que sofrem discriminação a partir de um critério específico, enquanto outros sofrem os efeitos da marginalização a partir de uma pluralidade de opressões. Isso significa que a situação de desvantagem dessas parcelas de indivíduos é mais acentuada, o que exige medidas mais complexas de ação social. Esses pertencimentos complexos são a origem de problemas ainda mais sérios, em função da inabilidade da lógica do discurso de direitos

---

[522] WOLFF, Jonathan; DE-SHALT, Avner. *Disadvantage*. Oxford: Oxford University Press, 2007, pp. 4-9.

CAPÍTULO VII – DISCRIMINAÇÃO: SENTIDOS E DIMENSÕES

universais poder compreender a situação na qual esses indivíduos vivem. As demandas de direitos de momentos sociais eram feitas a partir de um único vetor, mas na medida em que os sistemas de opressão são diagnosticados, a situação daqueles que estão em uma situação de desvantagem a partir da interseção de diversos fatores fica mais clara para a sociedade como um todo. Não podemos então ignorar que a desvantagem tem origem na condição da complexidade de pertencimentos dos sujeitos sociais, pessoas cuja situação não pode ser compreendida de forma adequada a partir da noção de identidades sociais uniformes e unívocas. Vemos então que minorias enfrentam a convergência de desvantagens que as debilitam em diferentes aspectos da vida pública e da vida privada, fato que se torna invisível perante o sistema jurídico que reproduz a noção de responsabilidade individual na qual as pessoas se encontram. Os que são discriminados dentro do sistema escolar estão mais inclinados a abandonar a escola, o que aumenta a possibilidade de se voltarem para a criminalidade; a discriminação no sistema jurídico significa que eles terão penas mais altas e ainda terão que enfrentar a discriminação ainda maior no mercado de trabalho, o que já ocorria em função do baixo nível de escolaridade.[523]

Uma análise do termo discriminação deve considerar algo muito importante: todo ato discriminatório impõe um dano a uma pessoa ou a um grupo de pessoas. Esse dano pode ocorrer pela negação de acesso a um recurso relevante para o funcionamento social dos indivíduos, como oportunidades profissionais, pode se manifestar pela negação de acesso a atos da vida civil disponíveis a todas as pessoas ou pode ser também um impedimento para que possam ter a devida representação política. Esses danos também se manifestam como ataques à respeitabilidade das pessoas, o que pode comprometer também a percepção que os indivíduos

---

[523] ABRAMS, Karthryn. "Complex claimants and reductive moral judgments: new patterns in the search for equality". *University of Pittsburg Law Review*, vol. 57, nº 2, 1995, pp. 341-345.

têm de si mesmos. Estamos diante, em todos esses casos, de um ato arbitrário que priva a pessoa de um bem social tido como relevante para que se reconheça ou seja reconhecida como um ator social competente. Mas devemos analisar os danos causados a pessoas e a grupos de pessoas não apenas a partir da vida delas no espaço público, mas também a partir dos danos que existem no espaço privado. Algumas formas de danos não são apenas de caráter funcional, mas assumem a forma de um dano moral, de um dano à dignidade dos indivíduos. Assim, o assédio moral não é só um meio de alguém ser impedido de realizar seu trabalho ou de ter acesso a promoções; o dano causado pelo assédio sexual se manifesta na forma da sexualização ou racialização em todas as esferas da vida dos indivíduos. Práticas discriminatórias podem causar prejuízos que possuem diferentes dimensões. Primeiro, elas reproduzem padrões culturais estigmatizantes, mecanismos que afetam a vida dos indivíduos de várias maneiras, mas principalmente do ponto de vista moral. Esses estigmas afetam a saúde mental das pessoas porque "ensinam" que elas nunca gozaram do respeito devido a todos os indivíduos. Tal processo tem uma dimensão mais profunda porque afeta grupos de indivíduos, fato responsável pelo desenvolvimento da ideia de que essas pessoas estão coletivamente sob uma situação de constante ameaça. Segundo, as diversas formas de discriminação contribuem para outro processo social: a subordinação econômica de minorias porque elas são privadas do acesso a oportunidades materiais.[524]

7.5 Discriminação, igualdade e liberdade

O tema da discriminação também deve ser analisado em função das suas relações diretas com os preceitos da igualdade e da

---

[524] BLUM, Lawrence. "Racial and other asymmetries: a problem for the protected categories framework for anti-discrimination thought". *In*: HELLMAN, D.; MOREAU, S. *Philosophical foundations of discrimination law*. Oxford: Oxford University Press, 2013, pp. 189-191.

CAPÍTULO VII – DISCRIMINAÇÃO: SENTIDOS E DIMENSÕES

liberdade. A discriminação não opera sempre a partir dos mesmos parâmetros, nem produz os mesmos resultados. A discriminação pode impedir a realização da igualdade *de tratamento* ao não permitir que diferentes classes de pessoas tenham acesso às mesmas oportunidades. O princípio da igualdade funciona como um elemento regulador da atividade estatal, impossibilitando que os indivíduos sejam excluídos de benefícios em função de traços moralmente e juridicamente irrelevantes. O tratamento arbitrário impossibilita a realização de diversas dimensões de justiça, o que compromete a integração de vários grupos. Isso acontece, por exemplo, quando uma empresa sistematicamente exclui candidatos homossexuais de cargos de trabalho. Temos aqui um caso no qual as pessoas são privadas de tratamento igualitário em função de uma característica que não está relacionada com a competência pessoal.[525]

Mas a discriminação também pode ser uma violação da liberdade quando indivíduos são impedidos de tomar decisões centrais para as suas vidas. O conceito da dignidade humana repousa sobre o reconhecimento da capacidade de autonomia individual, sobre a noção de que as pessoas são livres para deliberar sobre a direção que elas devem dar às suas próprias vidas. Dessa forma, aquelas práticas que impedem o exercício da autonomia individual de forma arbitrária são claramente discriminatórias e também conduzem à marginalização social. Era o caso de Helinoeliton, um homem homossexual que não podia ter acesso aos direitos matrimoniais, o que restringia a sua liberdade de construir uma vida conjugal com um companheiro de sua escolha. Nesse caso, as pessoas eram impedidas de exercer plenamente a autonomia por estarem privadas de direitos que deveriam estar abertos a todos.[526]

---

[525] REAUME, Denise. "Dignity, equality, and comparison". *In*: HELLMAN, D.; MOREAU, S. *Philosophical foundations of discrimination law*. Oxford: Oxford University Press, 2013, pp. 7-27.

[526] HELLMAN, Deborah. "The expressive dimension of equal protection". *Minnesota Law Review*, vol. 85, nº 2000, pp. 50-52.

O conceito de desvantagem requer considerações mais específicas. Esse termo pode se manifestar de diferentes formas. Sabemos que ele deverá ser medido em relação a grupos cognatos: só podemos considerar que um grupo sofre desvantagem quando comparamos a situação de seus membros em relação a outros. Membros de um grupo racial poderão estar em uma situação de desvantagem econômica quando observamos que a maioria dos seus membros não possui a mesma segurança material que membros do grupo racial dominante geralmente gozam. Eles podem estar em uma situação de desvantagem política quando estão longe de ter a mesma representação que os membros do grupo racial dominante possuem. Eles estarão em uma situação de desvantagem cultural quando estão ausentes, quando são representados de forma estereotipada ou quando não tem suas tradições presentes nas produções culturais. A desvantagem não depende de ações intencionais de indivíduos ou instituições porque ela pode ser produto de ações ou omissões que afetam de forma desproporcional membros dos diferentes grupos raciais. Ela não decorre de uma relação de causalidade direta com atos discriminatórios, mas sim com condições sociais que poderão fomentar impactos negativos no *status* social de minorias raciais quando comparadas com a situações dos grupos raciais dominantes. A noção de desvantagem que interessa ao Direito Antidiscriminatório está relacionada com seu caráter pervasivo, institucional e estrutural. Ela poderá ocorrer ao longo do tempo em função das hierarquias de poder presentes em uma sociedade; ela não se limita a determinadas situações, mas afeta todas as áreas da vida dos indivíduos. A desvantagem sofrida por minorias raciais se manifesta nas relações de trabalho, nas relações políticas, nas relações interpessoais, no estado de saúde física e mental.[527]

---

[527] KHAITAN, Tarunabh. *A theory of antidiscrimination law*. Oxford: Oxford University Press, 2015, pp. 27-35.

7.6 Discriminação e legitimação

Observamos anteriormente que a discriminação ocorre em função de diferenciações de *status* entre grupos. Mas devemos nos lembrar que esse processo precisa seguir certa lógica porque ocorre em sociedades democráticas, motivo pelo qual precisa ser harmonizado com elementos básicos da democracia. As sociedades liberais elaboraram uma série de mecanismos para resolver essa tensão, mecanismos relacionados com a questão da legitimidade do discurso dos diferentes seguimentos sociais. Estamos aqui diante de uma estratégia que assume diversas formas. Primeiro, ela precisa afirmar constantemente o comprometimento de todas as instituições com os pressupostos democráticos. Segundo, esses pressupostos são utilizados para convencer a sociedade de que os membros dos grupos que controlam instituições sociais são comprometidos com eles, pois expressam um elemento central da moralidade desses segmentos. Terceiro, a legitimação está associada ao fato de que apenas os membros dos grupos dominantes podem realmente falar sobre a realidade social, posição que desqualifica todos que falam sobre discriminação. Quarto, o *status* inferior dos grupos minoritários dificulta que eles possam causar mudanças significativas na forma como a sociedade compreende a si mesma.[528]

A discriminação ocorre em todas as sociedades humanas porque todas elas estão marcadas por relações hierárquicas entre os diversos segmentos sociais. Elas podem ter um compromisso com valores democráticos, mas isso não significa que estes operem de forma plena dentro delas. Processos de estratificação caracterizam as democracias liberais, sociedades nas quais diferenciações de *status* decorrem das posições distintas que as pessoas ocupam dentro do sistema de classes e também de significados culturais que atribuem diferentes valores às pessoas e grupos de pessoas.

---

[528] Ver nesse sentido VAN DIJK, Teun Andreas. *Elite discourse and racism*. Nova York: Sage, 1984.

O primeiro caso designa uma forma de hierarquização baseada na classe, o segundo, uma forma de hierarquização baseada na identidade. Esses processos se relacionam para promover a estratificação social entre grupos, o que tem um caráter durável porque se reproduz ao longo do tempo em função dos arranjos institucionais presentes em uma dada sociedade. Mas essa dinâmica pode ser encoberta a partir de discursos sociais que representam a sociedade como uma comunidade que opera por meio de forças racionais e é organizada por meio das leis do mercado e das leis jurídicas.[529]

A representação do sistema econômico e do sistema jurídico como forças racionalizadoras das relações sociais e a apresentação dos grupos dominantes como atores responsáveis por elas servem para apresentar esses segmentos como grupos comprometidos com valores universais. Membros dos grupos majoritários frequentemente fazem referência a princípios liberais para justificar as formas de organização social, uma estratégia para desqualificar demandas de grupos minoritários. A sociedade sempre aparece nesses discursos como uma comunidade organizada de acordo com parâmetros racionais, sinal de que alegações de discriminação só podem ser manifestações de indivíduos específicos e não expressão de um caráter sistêmico da discriminação. A narrativa da democracia racial opera de acordo com essa lógica: de acordo com ela vivemos em uma sociedade na qual a miscigenação produziu uma cultura pública baseada na cordialidade racial, o que permitiu uma articulação entre valores sociais e princípios liberais. As diferenças sociais entre brancos e negros não podem ser atribuídas ao racismo institucional porque os que controlam o poder estão comprometidos com valores liberais.[530]

---

[529] TILLY, Charles. *Durable inequality*. Los Angeles: University of California Press, 1999, pp. 35-70.
[530] Ver MUNANGA, Kabengele. *Rediscutindo a mestiçagem no Brasil*. São Paulo: Autêntica, 2019.

CAPÍTULO VII – DISCRIMINAÇÃO: SENTIDOS E DIMENSÕES

Algumas reflexões recentes sobre discriminação têm discutido um aspecto importante dos processos de legitimação de processos de discriminação. Eles giram em torno do conceito de discriminação epistêmica, o que pode assumir duas formas. A primeiro diz respeito à noção de injustiça testemunhal. Esse problema ocorre quando há um questionamento sobre a credibilidade de um testemunho dado por uma pessoa. Os seres humanos sempre dão testemunho sobre suas experiências, mas ele será visto como mais ou menos legítimo em função do tipo de credibilidade que as pessoas têm. Há pessoas que possuem um excesso de credibilidade e outras que têm um *déficit* de credibilidade. Esse é um problema que afeta principalmente membros de grupos minoritários, principalmente quando falam sobre suas experiências de discriminação. A identidade do outro provoca uma reação cognitiva negativa no ouvinte, que imediatamente questiona a veracidade do que a pessoa diz. O conceito de injustiça epistêmica também está relacionado com o conceito de injustiça hermenêutica. Estamos aqui diante do fato de que membros dos grupos dominantes possuem os recursos hermenêuticos para entender sua própria condição, uma oportunidade que não está aberta aos membros de grupos minoritários. Minorias estão fora dos espaços de poder, fora das instituições nas quais a produção do conhecimento ocorre e isso cria obstáculos para a produção do conhecimento de si mesmo, porque impede a possibilidade de reflexividade. Esses dois problemas constituem os parâmetros de compreensão da realidade associados aos membros de grupos majoritários como a forma de compreensão dominante da realidade. Essa realidade torna a luta contra a opressão mais difícil em função da constante desqualificação dos que denunciam a discriminação.[531]

A injustiça epistêmica está relacionada com o que tem sido chamado de silenciamento, um dos elementos centrais do projeto de legitimação das relações de dominação dentro de uma sociedade.

---

[531] FRICKER, Miranda. *Epistemic injustice*: power and ethics of knowing. Oxford: Oxford University Press, 2007.

O silenciamento não se resume ao não deixar falar, mas se refere especialmente ao ato de negar a legitimidade dos que combatem formas de dominação. Essa prática faz parte da situação daqueles grupos que são vistos como subalternos, um termo que designa aqueles que permanecem em uma situação de marginalização, mesmo após a transição de uma sociedade colonial para uma sociedade democrática. Ele também está relacionado com a distribuição do poder de falar dentro das sociedades liberais, problema decorrente das formas possíveis de conhecimento do mundo e da racionalidade a elas imanentes. Como articular demandas de direitos a partir das categorias do liberalismo, postura que desconhece o papel constitutivo das relações hierárquicas de poder presentes na sociedade? Como articular demandas de direitos formuladas a partir da concepção abstrata de indivíduos, o que ignora o fato de que as pessoas podem ser afetadas por diferentes vetores de discriminação? Observaremos ao longo dos próximos capítulos que as teorias de discriminação se tornam mais aptas a proteger grupos minoritários na medida em que reconhecem o pluralismo de identidades que as pessoas possuem na nossa sociedade.[532]

As relações hierárquicas de poder entre grupos sociais são então reproduzidas por meio do silenciamento, um processo que assume diferentes formas. Ele ocorre a partir da atribuição de credibilidade a atores sociais que podem falar sobre diversos aspectos da realidade. Os membros de grupos majoritários são os detentores dessa credibilidade, sendo que esta também decorre do fato de que eles são os sujeitos sociais que elaboram os tipos de racionalidade utilizadas para analisar a realidade. Hierarquias de poder são responsáveis pela depreciação de outras formas de apreensão do mundo, o que desvaloriza minorias como agentes culturais. O silenciamento também se manifesta por meio da atribuição dos lugares sociais que membros dos diferentes grupos sociais devem

---

[532] FRICKER, Miranda. *Epistemic injustice*: power and ethics of knowing. Oxford: Oxford University Press, 2007, pp. 30-59.

CAPÍTULO VII – DISCRIMINAÇÃO: SENTIDOS E DIMENSÕES

ocupar dentro da sociedade; os papéis que minorias ocupam na sociedade fazem parte de um entendimento específico das funções que elas podem ocupar, sendo que o distanciamento ou questionamento desses papéis não pode ser tolerado. Os oprimidos não podem questionar a lógica social que os confina a certas posições, não estão autorizados a levantar a voz contra as regras que determinam o que podem fazer dentro da sociedade, porque isso significa uma perturbação da ordem cultural que forma a compreensão da ordenação do mundo. Dentro dessa lógica, as mulheres teriam, por exemplo, funções específicas a serem ocupadas; a feminilidade só pode se expressar de uma maneira particular, uma maneira sobre a qual as mulheres não podem realmente criar. Elas só podem falar de um determinado lugar e essa fala só pode reproduzir os valores do sistema patriarcal. A legitimação da discriminação ocorre então pela imposição aos grupos minoritários das expectativas que eles podem ter dentro da sociedade, o que não se identifica com o lugar de poder, com o lugar dos que podem criar seu próprio discurso e formas de ser.[533]

A subordinação de grupos vulneráveis ocorre não apenas em função de atos pessoais ou institucionais de discriminação. Ela também está relacionada com as diferentes estratégias discursivas utilizadas por membros de grupos hegemônicos para impedir que o conhecimento, as demandas, as experiências e a cultura de minorias possam ser fatores considerados legítimos, como perspectivas a partir das quais a realidade pode ser interpretada. Essas estratégias discursivas procuram promover a dominação por meio do encobrimento do fato de que os indivíduos falam a partir de posições diferenciadas dentro das diversas hierarquias sociais, elemento que molda a forma como eles percebem o mundo e que situa diferentes grupos de pessoas em lugares distintos de legitimidade de produção de discursos. Ao atribuir ao próprio discurso

---

[533] Ver, nesse sentido: HOOKS, Bell. *Erguer a voz*: pensar como feminista, pensar como negra. São Paulo: Elefante, 2018, pp. 30-72.

uma forma hegemônica de compreensão das relações sociais, grupos dominantes criam mecanismos culturais para garantir que apenas a compreensão da sociedade formulada por eles possa ser tida como legítima. Entretanto, uma sociedade comprometida com a igualdade precisa considerar o fato de que as pessoas falam a partir de diferentes posições subjetivas: os lugares sociais que ocupam moldam as formas de percepção do mundo, motivo pelo qual muitos dos que pertencem a grupos dominantes acreditam que possuem todos os elementos epistêmicos para entender a situação de todos os segmentos sociais.[534]

7.7 Níveis de análise de atos discriminatórios

O conceito de discriminação está então relacionado com um tratamento diferenciado de uma pessoa em relação a outra, tratamento que a coloca em uma situação de desvantagem. Um ato pode ser classificado como discriminatório porque contraria um interesse legítimo de pessoas que vivem em uma sociedade democrática: o reconhecimento como alguém que merece o mesmo nível de respeito e consideração direcionado a todos os membros de uma comunidade democrática. Observaremos ao longo dos próximos capítulos que o termo discriminação deve ser entendido a partir de diferentes níveis de análise. O primeiro relacionado com a *racionalidade do procedimento adotado*. Ele designa um ato de classificação de pessoas a partir de um determinado critério em certas circunstâncias legalmente relevantes. Tal ato será contrário ao princípio da igualdade se não houver uma justificação para um tratamento diferenciado que traz algum tipo de desvantagem para alguém. Essa questão será posta porque o critério de diferenciação de tratamento existe porque ele designa grupos de indivíduos que são vulneráveis. Ele se tornou uma categoria protegida exatamente

---

[534] Ver sobretudo RIBEIRO, Djamila. *Lugar de fala*. São Paulo: Polén Livros, 2019, pp. 55-79.

CAPÍTULO VII – DISCRIMINAÇÃO: SENTIDOS E DIMENSÕES

para garantir que não será ponto de partida de práticas contrárias ao princípio do tratamento simétrico entre as pessoas.

Um segundo nível de análise está relacionado com os *efeitos* negativos que uma norma ou prática pode ter em grupos vulneráveis. Estamos aqui diante de uma situação que transcende o dever de tratamento simétrico para um exame sobre as consequências que um ato poderá ter no *status* de certos segmentos sociais. Embora ainda estejamos tratando com características que designam determinados grupos, o objeto de análise está relacionado com ações ou omissões que podem tornar a situação de desvantagem de um grupo ainda maior. Um terceiro nível de inquérito está relacionado com o dano que uma ação ou omissão pode ter sobre os membros de certos grupos. Esse *dano* pode significar a perda de uma oportunidade material ou pode representar um dano moral a pessoa; pode causar a perda de um emprego ou produzir estresse emocional que leva à doença mental, algo que compromete o funcionamento social dos indivíduos. Também precisamos levar em consideração os autores desses atos ou omissões para que a natureza da discriminação fique mais clara. O tratamento discriminatório pode decorrer de atores individuais ou de agentes institucionais; a ação desses atores pode ocorrer circunstancialmente ou pode representar atos coletivos que têm um caráter cumulativo. O tratamento pode não ser propriamente caracterizado como ato discriminatório aberto contra grupos minoritários, mas como ação que procura sempre beneficiar membros do mesmo grupo social, o que não implica necessariamente atos diretos de discriminação. O estudo de diferentes teorias de discriminação nos ajudará a compreender esses diferentes níveis no fenômeno da discriminação.

Um terceiro nível de análise do tema da discriminação está associado ao seu caráter estrutural. Práticas excludentes informam a operação dos sistemas centrais da vida social porque o funcionamento das instituições a partir das quais eles operam reflete as assimetrias de poder entre os diversos grupos humanos. Estaremos interessados em examinar como práticas discriminatórias contribuem para a criação de desvantagens que situam minorias em uma condição de vulnerabilidade, realidade que se reproduz ao longo do tempo porque os sistemas sociais como a economia, a política e a cultura mantêm suas formas de operação de uma geração para outra. Esse problema afeta o *status* material e o *status* cultural de vários segmentos, produzindo diversas formas de estratificação. Verificaremos que o aparecimento de novos tipos de regulação social como avanços tecnológicos incidem em uma sociedade já marcada por diferenciações arbitrárias, motivo pelo qual eles podem potencializar problemas já enfrentados por esses grupos.

CAPÍTULO VIII
A PSICOLOGIA SOCIAL DA DISCRIMINAÇÃO

Atos de natureza discriminatória acontecem em função de uma série de fatores que precisam ser devidamente analisados, principalmente porque eles estão em desacordo com um aspecto central da cultura democrática: o reconhecimento de que todos os membros da comunidade política devem ser reconhecidos como atores sociais competentes. Portanto, comportamentos dessa natureza contrariam o que deveria ser um aspecto central da moralidade pública de sociedades liberais. Isso torna necessária a análise dos motivos pelos quais membros de certos grupos sociais discriminam outros, fato que situa os últimos em uma situação de desvantagem social que pode ter um caráter durável. Mencionamos dois aspectos que permitem a identificação de atos discriminatórios: a intencionalidade e a arbitrariedade. Mas devemos nos perguntar as razões pelas quais certos grupos são alvo de discriminação sistemática, o que requer uma análise detalhada das motivações psicológicas que motivam práticas discriminatórias. Exploraremos neste capítulo motivos pelos quais a intenção de discriminar surge dentro de uma comunidade que deveria estar regulada pelo ideal do tratamento igualitário nas relações sociais.

8.1 Processos cognitivos e processos discriminatórios

Processos discriminatórios estão amplamente baseados em julgamentos morais sobre indivíduos, julgamentos que operam por meio da associação entre traços pessoais e características morais. Teorias que utilizamos para fazermos julgamentos sobre pessoas podem utilizar categorias cognitivas e também categorias sociais. Nós utilizamos categorias cognitivas para enquadrar pessoas a partir de características que nossa mente reconhece como sinais de semelhança e também recorremos a categorias socialmente criadas para classificarmos indivíduos que são diferentes de nós. Categorias sociais são mais complexas do que estímulos cognitivos, um possível motivo pelo qual temos um número maior de categorias para classificar indivíduos. As primeiras são os dados da realidade que chegam até a nossa mente, os últimos são parâmetros de entendimento. As categorias disponíveis para classificarmos animais são bem mais restritas do que as que temos para classificar pessoas porque a vida social exige diferenciações mais complexas. Nós temos compreensões imediatas sobre objetos que estão diante de nós, mas classificar pessoas demanda um esforço bem maior porque os indivíduos podem ser percebidos a partir de uma variedade significativa de atributos; as categorias sociais são então mais opacas do que aquelas que utilizamos para diferenciar objetos inanimados. Categorias também expressam valores compartilhados por grupos sociais e isso significa que o sentido de alguns elementos utilizados para classificar indivíduos pode variar de forma significativa entre grupos. Categorias sociais são mais complexas porque elas precisam responder ao fato de que pessoas podem ser categorizadas das mais diferentes formas porque pertencem a diferentes grupos. As categorias sociais expressam a interseção de dois ou mais traços que caracterizam um indivíduo; este, por sua vez, possui elementos de cada uma

CAPÍTULO VIII – A PSICOLOGIA SOCIAL DA DISCRIMINAÇÃO

das categorias, mas esse fato o torna diferente de membros dos grupos distintos a que pertence.[535]

Por serem processos mentais, devemos examinar os conceitos de preconceito e estereótipo a partir de suas dimensões cognitivas, tarefa que exige nossa compreensão de alguns elementos básicos do funcionamento do pensamento humano. A *categorização* deve ser o primeiro elemento a ser considerado nessa análise porque ela nos mostra como preconceitos e estereótipos são elementos presentes na vida cotidiana das sociedades. A mente humana recebe uma infinidade de estímulos, que possuem dimensões distintas e precisam ser processados, o que exigiria da nossa percepção uma constante repetição de esforços para que fossem compreendidos em todas as suas características; para que esse processo não se repita todas as vezes que uma nova informação é recebida, a mente cria então processos de categorização que diferenciam os estímulos a partir de determinados elementos. Isso permite que o processamento de informações se dê de forma mais imediata. Nosso pensamento reconhece semelhanças entre os estímulos, dividindo-os em categorias, as quais, por sua vez, formam esquemas mentais a partir dos quais a realidade será percebida. As categorias mentais permitem o conhecimento mais eficaz do mundo ao ordenar estímulos a partir de características que são comuns a eles, mesmo que não reflitam as muitas diferenças existentes entre os estímulos. A categorização permite a exacerbação dos contrastes entre as características deles, o que facilita o processo de percepção e formação do conhecimento do mundo. Mas a categorização pode ter um efeito negativo ao estabelecer diferenciações em um contexto no qual não há claras divisões entre estímulos. Essas categorizações podem ser feitas a

---

[535] SCHNEIDER, David. J. *The psychology of stereotyping*. Nova York: Guilford Press, 2004, pp. 64-72.

partir de critérios falsos ou imperfeitos, o que promove um conhecimento inadequado do mundo.[536]

Especialistas do campo da psicologia cognitiva apresentam diferentes concepções do conceito de categorização. A teoria clássica parte do pressuposto de que esse processo está baseado na diferenciação estabelecida por nossa mente a partir dos diferentes atributos dos objetos, sendo que eles são sempre presentes e claramente perceptíveis. Mas essa posição mostra-se problemática porque a maioria dos objetos presentes em nossa realidade não possuem características claramente diferenciadas, muitas delas também podem ser percebidas em outros objetivos, algumas delas se encaixam melhor em certas categorias do que em outras e algumas delas simplesmente não estão presentes neles. Tendo em vista o fato de que não há atributos necessários e suficientes para a plena diferenciação entre objetos, alguns autores classificam o processo de categorização a partir do conceito de protótipo: há certos membros de uma categoria que representam elementos de toda a categoria, mesmo que muitos deles não tenham alguns elementos. Esses protótipos são similares em muitos elementos, o que justifica a compreensão da categoria a partir deles, mesmo que nem todas as pessoas possuam os mesmos traços. Algumas características são mais representativas do que outras, mas isso não impede que possam ser compreendidas a partir de elementos presentes na maioria delas. Essa definição do processo de categorização parece ser mais aplicável do ponto de vista conceitual, mas ela também apresenta problemas como o fato de que a escolha de uma pessoa como representante de um grupo depende muito da situação na qual atributos estão sendo considerados. Outros argumentam que o processo de categorização deve ser pensado como aquele objeto que melhor serve como exemplo de um grupo por possuir o maior número de elementos necessários para diferenciar um grupo de

---

[536] BROWN, Rupert. *Prejudice, its social psychology*. Malden: Wiley & Sons, 2010, pp. 37/38.

CAPÍTULO VIII – A PSICOLOGIA SOCIAL DA DISCRIMINAÇÃO

outros. Esse objeto cumpriria então um tipo ideal a partir do qual as pessoas criam teorias sobre um grupo de pessoas, categorias que remetem à memória da percepção dos diferentes aspectos que um objeto pode ter. As memórias sobre as características de um grupo de pessoas permitem que nós possamos categorizar pessoas a partir de várias dimensões que elas possam ter.[537]

Precisamos então fazer uma diferenciação entre a dimensão cognitiva e a dimensão valorativa do processo de categorização. O processamento das informações sobre o mundo não ocorre por um mecanismo que permite as pessoas lembrarem das suas experiências acumuladas ao longo do tempo; as pessoas não se lembram necessariamente de todos os eventos particulares que viveram, nem de todas as formulações intelectuais que fizeram ao longo da vida. Elas fazem associações baseadas em princípios gerais, sendo que eles passam a operar como modos de condicionamento da percepção e do comportamento delas. Os indivíduos fazem julgamentos sobre pessoas e situações por meio de inferências a partir de informações coletadas sobre elas; o processo de categorização permite que as pessoas façam deduções sobre membros de outros grupos. Tendo em vista a presença pervasiva de estereótipos na vida social, considerações sobre minorias são frequentemente feitas a partir de falsas generalizações. Inferências facilitam o processo de diferenciação entre as diferentes categorias porque possibilitam a generalização de características de pessoas que fazem parte de uma mesma categoria, além de enfatizarem a diferenças em relação a membros de outros grupos.[538]

Seres humanos criam categorias que são diferentes em relevância e complexidade. Algumas características são pontos de partida para a formação de categorias sociais básicas, sendo que

---

[537] SCHNEIDER, David. *The psychology of stereotyping*. Nova York: Guilford Press, 2004, pp. 65-75.
[538] SCHNEIDER, David. *The psychology of stereotyping*. Nova York: Guilford Press, 2004, pp. 106-109.

elas estruturam normas sociais e valores culturais disponíveis para o indivíduo de forma ampla e imediata. Características como sexo e raça permitem acesso a muitas informações que estruturam as relações sociais, informações sobre vários traços de indivíduos e situações. Elas são então meios a partir dos quais as pessoas podem organizar o próprio comportamento porque possuem muitas informações para enquadrar as pessoas nas categorias corretas. Pertencimento a certos grupos pode gerar conhecimento imediato porque os elementos sobre os quais são construídas as categorias possuem um alto grau de significação cultural, significação muito detalhada e que permite aos indivíduos se portarem nas mais variadas situações e nas mais variadas formas. O processo do conhecimento sobre o outro começa a partir dessas categorias sociais básicas, mas opera também a partir do nível de especificidade que a interação social exige. O sexo de alguém pode me dar muitas informações sobre aquele indivíduo, mas minha interação também depende do conhecimento de outros de seus traços, porque ele pode ser um homem, mas isso não me oferece pleno conhecimento de sua classe social. Por esse motivo, categorias sócias são divididas em função do nível de generalidade porque muitas pessoas são sujeitos sociais complexos.[539]

A análise acima pode sugerir que o processo de conhecimento tem um caráter claramente passivo, mas essa presunção não encontra base fática. Processos cognitivos são inconscientes em larga escala, mas as pessoas também têm um papel bastante ativo no processo de formação de categorias cognitivas. Mais do que isso, elas criam as teorias que dão sentido aos julgamentos utilizados para categorizar indivíduos. Vimos que muitos estudos sobre categorização enfatizam a semelhança como meio principal para a diferenciação entre indivíduos, mas esse processo está também baseado em teorias que as pessoas ativamente criam para

---

[539] WHITLEY, Bernard; KITE, Mary. *The psychology of prejudice and discrimination*. Belmond: Wadworth, 2010, pp. 81-83.

CAPÍTULO VIII – A PSICOLOGIA SOCIAL DA DISCRIMINAÇÃO

categorizarem as pessoas. As escolhas por critérios para agrupar pessoas em certas categorias encontra fundamento em decisões feitas sobre quais elementos e razões serão utilizados para esse propósito. Esse processo está baseado em diferentes julgamentos, como relações de hierarquias entre essas categorias, gradações das características a serem consideradas e a valoração dessas características. Vemos então que o processo de categorização está marcado por teorias que são criadas para dar inteligibilidade ao processo cognitivo responsável pela atribuição de sentido a traços que usamos para diferenciar pessoas. Categorias formam esquemas mentais que operam a partir de valores que circulam no meio cultural; não categorizamos as pessoas apenas a partir de processos lógicos.[540]

Vemos, portanto, que as pessoas estão sempre categorizando outras porque isso permite a elas tomar decisões e se comportar em relação às demais; estarão prontas para processar outros estímulos que chegam a elas sempre de forma imediata. Procuram então chegar a uma situação na qual as informações obtidas sejam corretas o suficiente para que possam se comportar de maneira eficiente. Mas como essas informações são construções sociais que guardam informações que não são sempre adequadas, elas podem ter consequências negativas para as pessoas que estão sendo julgadas. Os seres humanos categorizam informações sobre a realidade à sua volta com o propósito de simplificar as informações recebidas do ambiente no qual vivem. Por meio desse processo, a mente humana classifica grupos a partir de certos traços, o que forma grupos sociais, sendo que as pessoas passam então a desenvolver crenças sobre os membros daqueles grupos. Essas crenças serão utilizadas para guiar as ações delas nas interações futuras com os membros daquele grupo, o que garante ordenar o mundo de forma adequada. Embora os indivíduos sejam aptos a fazer julgamentos complexos sobre pessoas e situações, eles operam cotidianamente

---

[540] SCHNEIDER, David. *The psychology of stereotyping*. Nova York: Guilford Press, 2004, pp. 74/75.

por meio de reações imediatas baseadas nas informações coletadas sobre os membros de um grupo.[541] A categorização é um processo cognitivo que opera a partir de valores sociais que são produto do conhecimento compartilhado entre membros de um grupo, valores utilizados como ponto de partida para a discriminação intergrupal. Muitas experiências demonstram que indivíduos desenvolvem preferências por membros do próprio grupo, sempre que estão conscientes de que foram designados como membros de uma classe de pessoas e mesmo quando possuem conhecimento mínimo sobre os outros membros. Esse comportamento decorre das diferenciações morais que utilizam para identificar a si mesmos e também os membros de outros grupos.

8.2 A dinâmica psicológica dos preconceitos

Observamos, no capítulo anterior, que muitas interações humanas estão estruturadas em torno de relações de poder, o que permite a construção de relações hierárquicas. As diversas formas de contato entre os seres humanos não estão baseadas em meios inteiramente racionais. O tratamento desvantajoso de indivíduos e grupos expressa diferentes comportamentos preconceituosos e estereótipos negativos, elementos que motivam as pessoas a tratar outras de forma incorreta. Esses preconceitos são produtos de construções culturais, mecanismos que legitimam uma série de práticas excludentes. Gordon Alport, em uma obra clássica, disse que o preconceito é uma atitude negativa de alguém em relação a membros de outros grupos, uma reação emocional de alguém quando pensa ou interage com outras classes de pessoas, reações fundadas em representações que afirmam diferenças essenciais entre os seres humanos. Se essas construções culturais atribuem qualidades desejáveis aos membros dos grupos majoritários, elas

---

[541] WHITLEY, Bernard; KITE, Mary. *The psychology of prejudice and discrimination*. Belmond: Wadworth, 2010, pp. 78/79.

CAPÍTULO VIII – A PSICOLOGIA SOCIAL DA DISCRIMINAÇÃO

também afirmam a inferioridade daqueles que fazem parte de grupos minoritários. Tendo em vista o fato de que o preconceito se refere a indivíduos que se tornam símbolos de alteridade, ele gera reações emocionais imediatas, o que impede a consideração adequada da realidade social na qual as pessoas estão inseridas. O termo preconceito deve ser visto, em uma primeira aproximação, a partir de uma perspectiva comportamental, pois faz referência aos padrões de interação que indivíduos estabelecem em relação a outros. Veremos, entretanto, que o preconceito também possui uma dimensão política porque permite processos de manipulação.[542]

A definição de termo preconceito designa uma forma de percepção que motiva atitudes e emoções que implicam direta ou indiretamente uma postura de caráter negativo ou uma antipatia em relação a integrantes de certos grupos. Essas atitudes ou emoções podem ser observadas de forma objetiva ou podem ainda ser derivadas de comportamentos que parecem ser neutros, mas que expressam atos tendenciosos e prejudiciais sobre certas classes de pessoas. O preconceito expressa então hostilidade contra uma pessoa porque ela supostamente possui as qualidades negativas atribuídas a uma comunidade de indivíduos. Mesmo quando o preconceito tem uma natureza positiva para um indivíduo, ele pode expressar visões limitadas dos membros de um grupo, sendo, nesse sentido, algo que pode esconder também percepções negativas. Embora o preconceito seja a base de atitudes e gere emoções, orientando então a valoração que se faz de um grupo de pessoas, ele opera também como motivação para atos discriminatórios contra membros de determinados conjuntos de pessoas. Embora atitudes preconceituosas sejam referidas a indivíduos singulares nas interações cotidianas, elas constituem uma atitude relativa a grupos de indivíduos; também não são construções de uma única pessoa, mas constituem um tipo de conhecimento compartilhado

---

[542] ALPORT, Gordon. *The nature of prejudice*. 2ª ed. Nova York: Perseus Books, 1992, pp. 3-15.

entre pessoas. O preconceito caracteriza disposições negativas de um grupo social em relação a outros, processo responsável pela criação de uma diferenciação coletiva entre as diferentes classes de pessoas. Esses indivíduos compartilham falsas generalizações sobre membros de outros grupos e atuam coletivamente a partir delas. As generalizações são produtos do interesse de um grupo em criar e legitimar distinções que garantem benefícios sociais conferidos a seus membros.[543]

O preconceito pode então ser definido como uma atitude irracional em relação a um grupo de pessoas, mas essa afirmação merece esclarecimentos. A irracionalidade aqui presente decorre do fato de que a atitude negativa em relação a certos grupos não encontra base adequada porque expressa conhecimento falso da realidade. Dessa forma, o preconceito pode ser visto como uma suspenção do dever e da necessidade de buscarmos conhecimento correto do mundo no qual vivemos. As várias emoções negativas em relação ao outro contraria a necessidade cognitiva do conhecimento adequado do mundo para que possamos viver de forma integrada dentro da realidade. Nem todas as generalizações sobre pessoas são expressões de preconceito; elas podem ser apenas formas inadequadas de processamento de informação sobre indivíduos ou grupos; o preconceito se afirma quando a atitude negativa se preserva mesmo quando uma pessoa encontra conhecimento adequado sobre a realidade social. Mas podemos dizer que o preconceito também pode ser classificado como um afastamento da norma moral de reconhecermos a humanidade de todas as pessoas, o que fundamenta as interações humanas em uma sociedade democrática.[544] Mas não podemos ignorar algo

---

[543] BROWN, Rupert. *Prejudice, its social psychology*. Malden: Wiley & Sons, 2010, pp. 21-25.
[544] ALPORT, Gordon. *The nature of prejudice*. Nova York: Basic Books, 1979, pp. 8-10; PETTIGREW, Thomas. "Prejudice". *In*: PETTIGREW, Thomas *et al.* (Coord.). *Prejudice*. Cambridge: Harvard University Press, 1980, pp. 1/2.

CAPÍTULO VIII – A PSICOLOGIA SOCIAL DA DISCRIMINAÇÃO

importante sobre esse processo: o preconceito também tem uma dimensão estratégica porque expressa o interesse de certos grupos em legitimar arranjos sociais que os beneficiam. Preconceitos motivam atitudes individuais e coletivas que se expressam por meio da discriminação de grupos, comportamentos que almejam manter arranjos sociais que beneficiam grupos e prejudicam outros. Por esse motivo, atitudes negativas e comportamentos discriminatórios serão mantidos porque o preconceito não deriva de um conhecimento inadequado, mas sim de um cálculo pessoal que procura legitimar hierarquias sociais.[545]

Preconceitos são avaliações sobre os membros de um segmento social baseadas em generalizações que podem ser verdadeiras em relação a alguns deles, mas que certamente não podem ser estendidas a todos por causa da variedade existente entre os seres humanos. As reações automáticas que caracterizam o preconceito estão fundamentadas nos poucos dados que o indivíduo tem sobre as pessoas que ele acredita serem diferentes. Elas podem surgir do sentimento de que essas pessoas ameaçam o *status* social de seu grupo, em função da competição por oportunidades escassas ou ainda por conta de ideologias diferentes. Até mesmo pessoas que defendem o tratamento igualitário entre os vários grupos sociais podem expressar preconceito. Apesar da posição aparentemente progressista, acabam internalizando as representações negativas sobre grupos minoritários, o que influencia de uma forma ou de outra o comportamento delas em relação a minorias.[546]

Os preconceitos não expressam apenas ideias negativas sobre membros de determinados grupos. Muitas das noções equivocadas que temos de determinados segmentos sociais possuem um caráter positivo, como a concepção de que a qualidade de comando é uma

---

[545] Ver: nesse sentido: DIJK, Teun Andreas. *Elite discourse and racism*. Londres: Sage, 1993, pp. 1-18.
[546] WHITLEY JR, Bernand; KITE, Mary. *The psychology of prejudice and discrimination*. Belmont: Wadsworth, 2010, pp. 11/12.

característica masculina. De qualquer forma, para as finalidades deste livro, o termo preconceito designará uma opinião negativa em relação a certas classes de indivíduos. Ele implica então um julgamento irracional e negativo sobre um membro de um determinado grupo, envolvendo um julgamento prematuro que prescinde da existência de evidências concretas, o que motiva comportamentos discriminatórios pelo simples fato da pessoa pertencer a uma parte da sociedade vista como diferente ou inferior. Assim, podemos dizer que ele decorre da suspensão do preceito segundo o qual todas as pessoas devem ser tratadas de acordo com a regra de racionalidade que deve guiar as relações pessoais.[547] O preconceito não é apenas um mecanismo psicológico, ele também tem uma dimensão social, porque atende aos interesses dos grupos dominantes. Ele pode surgir da percepção de que minorias ameaçam a posição de prestígio social ocupada pelas parcelas mais poderosas da sociedade. Atitudes preconceituosas procuram impedir mudanças nos arranjos sociais, sendo um meio importante para a manutenção dos privilégios dos grupos majoritários.[548]

8.3 A dinâmica psicológica dos estereótipos

Preconceitos e estereótipos são processos que implicam um ao outro, embora sejam distintos. Estereótipos designam os modelos mentais que dirigem a percepção das pessoas, expressando a internalização de valores e códigos culturais construídos por aqueles que possuem poder. Eles são internalizados pelo processo de socialização e correspondem ao conhecimento acumulado de conteúdos culturais, de representações sobre o outro. Os estereótipos são formados por uma série de associações sobre grupos, governada por um processo cognitivo automatizado, sendo eles

---

[547] PETTIGREW, Thomas. "Prejudice". *In*: PETTIGREW, Thomas *et al.* (Coord.). *Prejudice*. Cambridge: Harvard University Press, 1980, pp. 2-5.
[548] BLUMER, Herbert. "Prejudice as a sense of group position". *Pacific Sociological Review*, vol. 1, nº 1, 1958, pp. 3-5.

CAPÍTULO VIII – A PSICOLOGIA SOCIAL DA DISCRIMINAÇÃO

constituídos por associações simbólicas inseridas no imaginário social. A formação de estereótipos decorre do procedimento comum de categorização que faz parte da operação de processos cognitivos. Os estereótipos são internalizados desde o período da infância, portanto, antes mesmo do indivíduo possuir habilidades cognitivas que lhe possibilitam refletir sobre a veracidade deles. A socialização também permite que os indivíduos questionem a exatidão desses conteúdos, mas muitas pessoas passam a atuar a partir deles, mesmo quando não estão cientes disso, o que deve ser visto como o principal problema para o presente estudo.[549]

Os seres humanos frequentemente categorizam as pessoas a partir de estereótipos, um elemento cognitivo que faz parte de um elemento mais amplo, chamado de esquemas mentais por muitos psicólogos. Podemos definir esquemas mentais como estruturas cognitivas a partir das quais as pessoas processam as informações que possuem sobre o mundo no qual elas vivem. Os estereótipos cumprem um papel muito importante na operação dos esquemas mentais porque correspondem às teorias a partir das quais informações sobre membros de um determinado grupo são processadas, como elas determinarão o comportamento imediato ou futuro em relação a certos grupos. Estereótipos podem então ser definidos como opiniões baseadas em crenças que expressam falsas generalizações sobre membros de grupos sociais. Essas convicções moldam as percepções sobre características desses indivíduos e também os lugares que eles podem ocupar na sociedade. Embora expressem opiniões de indivíduos particulares, estereótipos são construídos a partir de ideias compartilhadas por membros de um grupo, geralmente dos que têm poder para tornar seus pontos de vista uma visão cultural hegemônica sobre classes de pessoas. Eles são aprendidos pelos indivíduos nas suas interações pessoais, nas

---

[549] DEVINE, Patricia. "Stereotypes and prejudice: their automatic and controlled components". *Journal of Personality and Social Research*, vol. 56, nº 1, 1989, p. 6.

várias produções culturais, em livros didáticos ou na forma como pessoas são representadas nos meios de comunicação. Embora sejam aprendidos, eles podem adquirir novas formas na mente dos indivíduos, pois são articulados com as disposições psicológicas de cada um. Mesmo que as crenças expressas por estereótipos possam ser verdadeiras em relação a certos integrantes de um grupo, não refletem a diversidade presente em todos os grupos sociais, uma vez que elas também são separadas por vários outros fatores. Estereótipos derivam então do processo de categorização de indivíduos e grupos que os seres humanos fazem cotidianamente, sendo que expressam valores sociais responsáveis pela articulação das informações colhidas na sociedade. Operam por meio de esquemas mentais a partir dos quais as pessoas processam informações e comunicam julgamentos sobre as diversas classes de indivíduos.[550]

Estereótipos podem ser descritivos porque designam supostos traços de todos os membros de um grupo; também podem ser prescritivos porque indicam os supostos lugares que as pessoas podem ocupar na sociedade. Dessa maneira, cumprem uma função muito importante para a manutenção das relações hierárquicas de poder nas sociedades humanas: naturalizar as divisões sociais nelas presentes por meio da atribuição dessa situação à condição natural das pessoas. Como tem sido apontado por psicólogos cognitivistas, os seres humanos tendem a ver heterogeneidade entre os membros dos grupos aos quais eles pertencem e homogeneidade entre membros de outros grupos. Isso significa que os aspectos descritivo e prescritivo dos estereótipos estão baseados na tendência de indivíduos perceberem pessoas de outros grupos como atores que possuem as mesmas características e ocupam os mesmos lugares sociais. Como as pessoas interagem com maior frequência com outras que são, por exemplo, da mesma raça, acumulam mais informações e são capazes de fazer maiores diferenciações

---

[550] WHITLEY JR, Bernand; KITE, Mary. *The psychology of prejudice and discrimination*. Belmont: Wadsworth, 2010, pp. 9/10.

entre elas. Quanto mais exclusiva for a interação com indivíduos que pertencem aos mesmos segmentos, maior será a tendência de uma pessoa individualizar seus pares e menor será a possibilidade dela realizar o mesmo processo com pessoas com as quais não tem contato. Assim, os comportamentos dos membros do mesmo grupo são individualizados, explicados por situações específicas e excepcionais, enquanto atos dos membros de outros grupos são analisados a partir de supostas disposições naturais.[551]

A dimensão descritiva e a dimensão prescritiva dos estereótipos requerem explicações ainda mais pormenorizadas. Estereótipos podem ser vistos como raciocínios que associam uma característica a um grupo, raciocínios que representam avaliações supostamente corretas. Mas a correção dessa correlação entre traços morais e grupos sociais pode ser facilmente superestimada, tendo em vista os interesses estratégicos dos membros dos grupos dominantes em manter uma visão distorcida sobre minorias. Estamos então diante do fenômeno das correlações ilusórias entre categorias que têm pouca ou nenhuma correlação com a realidade. Estereótipos se tornam cada vez mais arraigados na medida em que as pessoas se recusam a admitir que as relações acima referidas são válidas para um número bem pequeno de pessoas. Esses julgamentos correlativos são ilusórios porque não encontram base fática que os comprovem. O aspecto prescritivo dos estereótipos também pode ser explicado a partir do fato de que as pessoas fazem associações entre funções ocupadas e traços de personalidade. A operação dos processos de marginalização decorrentes de práticas discriminatórias cede lugar à percepção de que as pessoas estão desempenhando funções ligadas às suas próprias disposições. Os elementos dos papéis sociais se tornam traços das pessoas porque se tende a substituir questões

---

[551] WHITLEY JR, Bernand; KITE, Mary. *The psychology of prejudice and discrimination*. Belmont: Wadsworth, 2010, pp. 85-88.

situacionais e estruturais pela noção de que as situações nas quais os indivíduos se encontram representam disposições naturais.[552]

Os estudos sobre estereótipos demonstram não apenas sua presença pervasiva, mas também suas funções dentro de processos sociais mais amplos. É importante observar que falsas generalizações sobre o outro concorrem para a reprodução da marginalização de muitos grupos sociais porque a mente opera para confirmar as informações que já possui sobre as pessoas. Os seres humanos não procuram obter novas informações sobre as pessoas todas as vezes que se encontram com um novo membro de determinado grupo; na verdade, procuram confirmar os julgamentos morais que já possuem sobre aquela categoria de indivíduos. Nossas percepções tendenciosas procuram não apenas reduzir tempo para a procura de informação sobre o outro, mas também referendar as cognições sociais que moldam a percepção do outro. Percepções tendenciosas cumprem um papel central no processo de legitimação da reprodução da discriminação social: permitir que falsas generalizações sobre minorias sejam sempre difundidas e validadas. Estereótipos operam então como um tipo de racionalização dos julgamentos morais negativos sobre o outro na medida em que atribuem os falsos julgamentos existentes em nossas mentes a minorias.[553]

Os estudos em questão apontam os vários problemas relacionados com narrativas culturais baseadas na ideia de neutralidade racial como forma de justiça social e também com as pressuposições de que agentes públicos atuam de forma neutra em relação aos diversos grupos populacionais. Categorias sociais como raça e sexo têm grande relevância na maioria das interações porque ativam uma série de sentidos culturais que influenciam as ações

---

[552] WHITLEY JR, Bernand; KITE, Mary. *The psychology of prejudice and discrimination*. Belmont: Wadsworth, 2010, pp. 88-90.

[553] BIASED, Jennifer Eberhardt. *Bias*: uncovering the hidden prejudice that shapes what we see, think, and do. Nova York: Random Hause, 2019, pp. 34-37.

das pessoas de maneira automática. Esse processo que opera por meio de variáveis tais como: qual o primeiro elemento de categorização é ativado na mente da pessoa; a relevância da relação entre elemento e uma qualidade; e que informações mentais serão acionadas para que os elementos daquela interação sejam analisados.[554] Inúmeros experimentos no campo da psicologia cognitiva demonstram o caráter automático da associação de características negativas aquelas atribuídas a minorias raciais, na maior parte dos casos a pessoas negras. Eles demonstram que pessoas percebem ações de caráter criminoso que não ocorrem quando assistem a vídeos, que a percepção delas de objetos varia de acordo com a raça da pessoa que os segura e que elas enxergam pessoas negras cometendo atos criminosos em situações nas quais elas estão ausentes. Essas pesquisas mostram constantes associações entre negros e criminalidade e entre brancos e inocência, associações presentes na mente dos indivíduos, mesmo na mente daqueles conscientemente contrários a elas. Essas inclinações implícitas influenciam a vida das pessoas em situações importantes, como entrevistas de emprego ou no contato com agentes policiais. O perfilhamento racial é um exemplo de como essas inclinações operam no comportamento, processo responsável por um número bem mais significativo de prisões arbitrárias de pessoas negras, uma vez que decorre da constante representação destas como naturalmente perigosas. Isso faz com que ações corriqueiras sejam interpretadas como sinal de perigo. Algumas pesquisas demonstram como muitos policiais rapidamente interpretam objetos nas mãos de pessoas negras como armas, sendo que elas estavam carregando objetos com funções bem distintas.[555]

---

[554] KANG, Jerry. "Trojan horses of race". *Harvard Law Review*, vol. 118, nº 5, 2005, pp. 1501-1503.
[555] RICHARDSON, Song. "Implicit racial bias and racial anxiety: implications for stops and frisks". *Ohio State Journal of Criminal Law*, vol. 15, nº 1, 2017, pp. 75-85.

Os resultados dos estudos que procuram encontrar as origens de estereótipos nos mostram que a categorização não se resume a um aspecto do psiquismo humano. Pelo contrário, faz parte das formas de interação social e das dimensões simbólicas em que os critérios são criados. Algo está sempre presente nas várias situações artificiais criadas para o estudo do comportamento humano: a percepção de diferenças começa a ocorrer assim que o pertencimento a um grupo se torna uma variável a ser observada pelas pessoas para alocação de valores materiais ou culturais. Surge de forma gradual uma percepção de diferenças entre membros que fazem parte de um grupo e os que pertencem a outros, enquanto aparece um sentimento de similaridade entre os que são classificados de acordo com os mesmos parâmetros. Se as semelhanças começam a ser percebidas em função de um sentimento de pertencimento comum, a indiferenciação dos membros de outros grupos se torna ainda mais acentuada.[556]

Mecanismos psíquicos responsáveis pela presença de disposições cognitivas implícitas em relação aos outros são tão pervasivas que influenciam até mesmo o funcionamento do nosso sistema cerebral. Certos estudos indicam que membros de grupos raciais não conseguem fazer – ou encontram grande dificuldade para fazer – a diferenciação das faces de membros de outras raças. Quando submetidas a uma avaliação das ondas cerebrais durante o exercício de correlacionar faces com grupos raciais, muitas delas exibem baixo grau de atividade nas áreas cerebrais responsáveis por essa atividade. Entretanto, essa atividade sobe consideravelmente quando devem correlacionar faces brancas com grupos raciais porque a mente faz o possível para diferenciar indivíduos nesse caso. Enquanto elas processam as faces de pessoas negras por meio de

---

[556] KRIEGER, Linda Hamilton. "The content of our categories: a cognitive approach to discrimination and equal employment opportunity". *Stanford Law Review*, vol. 47, nº 4, 1994, pp. 1189-1192.

CAPÍTULO VIII – A PSICOLOGIA SOCIAL DA DISCRIMINAÇÃO

um processo geral de categorização, procuram individualizar as faces que reconhecem como brancas.[557]

Não podemos esquecer que a classificação e a generalização são elementos básicos do funcionamento do psiquismo humano. Nossas mentes sempre procuram criar coerência entre os diversos dados que absorvemos cotidianamente, o que acontece por meio da identificação de elementos comuns entre eles, conhecimento que será utilizado posteriormente quando nos deparamos com uma situação semelhante. Isso significa que estamos sempre criando esquemas mentais que nos permitem criar coerência cognitiva para que possamos ter uma vivência integrada. Mas esses esquemas mentais não são apenas processos cognitivos porque também são construídos a partir dos valores culturais que os indivíduos absorvem no processo de socialização. Assim, os estereótipos expressam valores culturais que determinam a nossa percepção dos membros de outro grupo, percepção que é construída não apenas em função das características reais dessas pessoas, mas a partir das representações e dos interesses materiais dos membros dos grupos majoritários. Estereótipos são, portanto, produções culturais que expressam mais do que generalizações sobre certos grupos sociais: eles disseminam valores culturais responsáveis pela legitimação das relações sociais entre as pessoas. Esses valores ocupam um papel preponderante na formação das diferenças de *status* cultural entre os seres humanos, processo que tem um papel central na marginalização deles.[558]

Karla Portilla nos informa que estereótipos não são apenas ideias que impedem o reconhecimento da igual dignidade de todos os membros da comunidade política. Eles cumprem uma função ideológica porque permitem a construção e a reprodução de diversos

---

[557] EBERHARDT, Jennifer. *Biased*: uncovering the hidden prejudice that shapes what we see, think, and do. Nova York: Penguin Books, 2019, pp. 23-46.

[558] KANG, Jerry. "Trojan horses of race". *Harvard Law Review*. vol. 118, nº 4, 2004, pp. 1491-1504.

arranjos sociais, principalmente aqueles que situam grupos de indivíduos em relações desiguais de poder. Mais do que um conjunto de representações, uma ideologia reflete o papel das pessoas no processo de produção de valores que reproduzem as relações de *status* dentro de uma determinada sociedade. Estereótipos são construções ideológicas que servem a propósitos específicos, com a função de referendar concepções de mundo que encobrem as relações de poder existentes dentro de uma determinada comunidade política. Isso significa que estereótipos não são generalizações estáticas, nem possuem o mesmo conteúdo em diferentes sociedades. Eles mudam ao longo do tempo e de lugar para lugar em função da dinâmica do meio onde são produzidos. Portanto, estereótipos não expressam apenas concepções equivocadas da realidade, mas valores culturais que sustentam diferentes práticas sociais e permitem a reprodução de vários tipos de discriminação, sejam as que ocorrem nas interações pessoais, sejam as que estão relacionadas com o funcionamento das instituições públicas e privadas.[559] As reflexões elaboradas neste capítulo demonstram algo muito importante. Ao lado das dimensões descritiva e prescritiva, os estereótipos também possuem um aspecto relacional e político. O primeiro decorre do fato de que eles possuem um caráter comparativo: descrevem supostas qualidades negativas de minorias, sendo que elas são construídas em contraposição àquelas associadas aos membros dos segmentos hegemônicos.

    Todas as vezes que alguém diz algo sobre um grupo também afirma algo sobre membros de outro. Identidades sociais são construídas a partir de relações binárias que estruturam os raciocínios que procuram legitimar a atribuição de certos traços a integrantes de determinadas coletividades. Assim, a ideia de que negros são indolentes é construída a partir da premissa de que pessoas

---

[559] PORTILLA, Karla Perez. *Redressing everyday discrimination*: the weakness and potential of anti-discrimination law. Londres: Routledge, 2016, pp. 82-110.

CAPÍTULO VIII – A PSICOLOGIA SOCIAL DA DISCRIMINAÇÃO

brancas são empreendedoras; a imagem da mulher como frágil está relacionada com a formação da representação do homem como assertivo; a noção de que a homossexualidade é uma degradação moral decorre da concepção da heterossexualidade como expressão normal da sexualidade humana. O segundo aspecto dos estereótipos expressa o fato de que são sistematicamente utilizados como meios de legitimação de hierarquias arbitrárias presentes em uma dada sociedade. Como observamos no capítulo anterior, eles cumprem um papel central no processo de justificação de arranjos sociais construídos em torno de diferenciações entre os diversos grupos. Dessa maneira, os estereótipos cumprem uma função ideológica de tremenda relevância na construção de identidades culturais e nas relações sociais estabelecidas a partir delas. Políticas públicas serão adotadas ou não em função do nível de estima social dos seus possíveis beneficiários: medidas que distribuem recursos financeiros para as elites brancas serão tidas como necessárias e prioritárias, já aquelas destinadas à melhoria das condições de vida de pessoas negras pobres serão sistematicamente atacadas.[560]

Não podemos deixar de levar em consideração o fato de que a resposta em relação aos estereótipos varia entre as pessoas. Mesmo que um indivíduo esteja consciente deles, suas crenças pessoais podem ou não ser congruentes com o conteúdo dessas generalizações. Muitas pessoas não interpretam crenças sobre outros grupos como falsas ideias, pelo contrário, pensam que elas fornecem parâmetros racionais de ação; indivíduos podem ser altamente preconceituosos quando estereótipos coincidem com as crenças pessoais. Eles então os endossam e atuam a partir deles. É o caso do chefe de empresa que deixa de promover uma mulher negra, pois a julga menos capaz do que um homem branco, já que ele considera o sexo masculino e a cor branca requisitos ideais para ocupar essa posição. Para esse indivíduo, mulheres negras

---

[560] PORTILLA, Karla. *Redressing everyday discrimination*: the weakness and potential of antidiscrimination law. Nova York: Routldge, 2016, pp. 12-89.

não devem estar nesses lugares em função da convergência de estereótipos raciais e sexuais. Por outro lado, muitos indivíduos reconhecem que estereótipos não são uma base apropriada para regular as relações pessoais e deliberadamente os rejeitam. Eles podem desenvolver uma personalidade que poderia ser vista como pouco preconceituosa e, portanto, menos inclinada a comportamentos discriminatórios.[561]

Por terem um caráter mutável, devemos analisar o impacto que as alterações das crenças pessoais podem ter nas respostas habituais derivadas de estereótipos arraigados nas mentes das pessoas. Autores afirmam que as mudanças nas crenças de um indivíduo não extinguem de forma instantânea suas respostas derivadas de estereótipos internalizados. Isso acontece porque eles estão presentes na memória das pessoas desde os primeiros anos de socialização e são constantemente reforçados por diversos conteúdos culturais. Assim, respostas congruentes com estereótipos podem resistir por um longo período de tempo, mesmo tendo o indivíduo conscientemente rejeitado as condutas típicas que se baseiam nos estereótipos para julgar indivíduos ou grupos. Há evidências científicas de que um indivíduo pode estabelecer respostas tendenciosas mesmo tendo renunciado às crenças pessoais congruentes com elas. Entende-se, por consequência, que manifestações de crenças igualitárias não devem ser confundidas com a eliminação de estereótipos internalizados, principalmente em sociedades nas quais a moralidade social condena expressões abertas de preconceitos. Isso se deve ao fato de que os estereótipos têm uma dimensão inconsciente que influencia o comportamento de um agente, mesmo que ele conscientemente os rejeite.[562] Por esse motivo, mulheres como Mariana frequentemente sofrem desvantagem profissional porque pessoas do sexo

---

[561] ARMOUR, Jody. "Stereotypes and prejudice: helping decision makers break the prejudice habit". *California Law Review*, vol. 83, nº 3, 1995, p. 742.

[562] ARMOUR, Jody. "Stereotypes and prejudice: helping decision makers break the prejudice habit". *California Law Review*, vol. 83, nº 3, 1995, p. 743.

CAPÍTULO VIII – A PSICOLOGIA SOCIAL DA DISCRIMINAÇÃO

masculino, muitas vezes, tomam decisões que julgam racionais, mas que, na verdade, expressam estereótipos sexuais que atuam de forma inconsciente, sendo um dos motivos pelos quais mulheres raramente ocupam cargos de comando em empresas privadas.

É relevante para essa análise o fato de que a Constituição Federal, ao incorporar o princípio da igualdade formal, estabeleceu o comprometimento dos indivíduos com o tratamento igualitário, comportamento necessário para a construção de moralidade pública em uma sociedade democrática. Entretanto, percebe-se frequentemente uma discrepância entre o ideal de tratamento igualitário e as crenças pessoais. O indivíduo acredita na validade do primeiro, mas não pode controlar inteiramente a ação dos estereótipos sobre o seu comportamento. Na primeira situação, indivíduos que atuam segundo estereótipos tendem a não exibir respostas preconceituosas, pois necessitam manter uma imagem igualitária. Dessa forma, o comprometimento dos indivíduos com a moralidade pública contribui para a exteriorização de respostas que aparentam não ser discriminatórias, mas que podem não representar uma internalização genuína de princípios igualitários. Essa hipótese tem sido afirmada por autores que desenvolveram a teoria do racismo aversivo, manifestação de tratamento preconceituoso de pessoas que condenam a discriminação racial, mas que evitam contato social com minorias raciais. Isso ocorre em função da influência de estereótipos negativos que circulam na sociedade, elementos que ainda atribuem diferentes valores aos diversos grupos sociais. Eles atuam de forma inconsciente e determinam padrões de associação psicológica e de percepção do outro.[563]

Percebemos então que o aspecto descritivo e o aspecto prescritivo podem atuar no plano inconsciente, influenciando o comportamento de indivíduos que acreditam atuar de forma

---

[563] KOVEL, Joel. *White racism*: a psychohistory. 2ª ed. Nova York: Columbia University Press, 1984, pp. 83-104.

inteiramente isenta. As pessoas podem dizer que não são preconceituosas e agem de forma racional, mas elas podem facilmente encontrar razões que não estão aparentemente ligadas à raça para discriminar uma pessoa negra. Se um juiz dá maior peso às evidências trazidas pela parte que é branca, estará prejudicando a parte que é negra. Uma situação similar pode ser observada nas entrevistas de emprego: é fácil para a pessoa responsável pela seleção achar uma razão aparentemente não ligada ao gênero para dispensar uma mulher que tenha se candidatado para o cargo de chefia.[564] Por esse motivo, evidências estatísticas de disparidades raciais podem implicar a existência de padrões discriminatórios, porque pessoas responsáveis pela contratação de grupos em uma empresa frequentemente tomam decisões determinadas por motivação discriminatória que atua de forma inconsciente. Assim, ao contrário do que defendeu o Tribunal Regional do Trabalho na decisão citada na introdução desta obra, os comportamentos tendenciosos motivados por estereótipos não determinam apenas as ações daqueles que deliberadamente excluem negros de oportunidades profissionais. A desvantagem social também decorre da atuação de estereótipos culturais no plano inconsciente e de sua reafirmação implícita – embora externamente perceptível – nas práticas cotidianas.

    Os indivíduos podem reagir de forma distinta quando estão em situação de julgamento; relembram diferentes fatos e fazem diversas associações mesmo quando foram expostos a uma mesma informação. Soma-se a isso o ambiente específico no qual se encontram as estruturas e os processos cognitivos do observador, fatores essenciais para determinar a forma como ele percebe outros grupos. Quando em situação na qual precisa julgar outra pessoa, o indivíduo inicialmente retém todas as informações recebidas sobre o comportamento em questão e as interpreta ou as codifica

---

[564] ARMOUR, Jody. "Stereotypes and prejudice: helping decision makers break the prejudice habit". *California Law Review*, vol. 83, nº 3, 1995, p. 747.

por meio da assimilação de categorias sociais.⁵⁶⁵ Essas categorias incluem informações sobre grupos que determinam a percepção do agente social, que os considera a partir delas.⁵⁶⁶ Tendo sido o comportamento assimilado a uma ou mais dessas categorias, ele permanece armazenado na memória, a partir da qual pode ser subsequentemente acessado, para realizar futuras inferências e previsões sobre os indivíduos. Essas inferências normalmente têm por base o julgamento sobre a categoria que se encontra mais acessível no momento em que a informação é recebida.⁵⁶⁷

Como aponta Glenn Loury, devemos prestar especial atenção a uma característica relevante dos estereótipos descritos e prescritivos: eles são processos cognitivos e ideológicos que operam por um processo constante de autoconfirmação. Falsas generalizações são feitas a partir de estatísticas referentes a grupos de pessoas e vistas como racionais, mas que não podem ser imediatamente avaliadas como falsas ou verdadeiras para membros específicos de uma classe de indivíduos. Estereótipos confirmam a si mesmos porque um indivíduo, ao partir do pressuposto de que uma generalização é verdadeira, ativamente adota comportamentos cujas consequências confirmam o que ele pensava sobre todos os membros de um grupo. Ele faz inferências aparentemente racionais, mas que são resultado de conhecimento limitado sobre membros de um grupo; antecipa que minorias se comportarão desta ou daquela maneira, o que o leva a interpretar os comportamentos a partir do conhecimento

---

[565] BRUNER, Jerome. "On perceptual readiness". *Psychological Review*, vol. 64, nº 2, 1957, p. 132.
[566] HIGGINS, E. Tory; KING, Gillian. "Accessibility of Social Constructs: Information- Processing Consequences of Individual and Contextual Variability". *In*: CANTOR, N.; KIHLSTROM, J. F. (Coord.). *Personality, cognition, and social interaction*. Nova Jersey: L. Erlbaum Associates, 1969, pp. 71/72.
[567] NEUBERG, Stephen L. "Behavioral Implications of Information Presented Outside of Conscious Awareness: The Effect of Subliminal Presentation of Trait Information on Behavior in the Prisoner's Dilemma Game". *Social Cognition*. vol. 6, nº 2, 1988, pp. 207/208.

restrito que possui. Esse processo produz então a confirmação das crenças que a pessoa já tinha sobre os membros de grupos minoritários, o que a levará a repetir o mesmo processo indefinidamente. Essa ação, que também tem um caráter coletivo, reafirma para a sociedade como um todo que certas classes de pessoas possuem características específicas que as impedem de atuar de forma competente no espaço público. O empregador que trata um membro de uma minoria racial com impolidez provoca reações emocionais negativas nesse candidato, o que pode provocar um baixo desempenho em um determinado teste e, desse modo, levar o empregador a afirmar para si mesmo que deveria empregar apenas membros dos grupos dominantes. A expectativa social influencia também o comportamento de membros de minorias porque muitos deles passam a modular seus comportamentos a partir das expectativas e dos incentivos que recebem da sociedade, outro processo que reforça os estereótipos que circulam em nosso meio.[568]

8.4 Disposições cognitivas implícitas e práticas discriminatórias

Nossos discursos jurídicos e práticas institucionais estão amplamente baseadas na noção de que todos os indivíduos devem ser reconhecidos como iguais em uma sociedade democrática, ideia que encontra fundamento na representação dos membros da comunidade política como sujeitos racionais. Muitos atores públicos e privados argumentam que suas formas de operação são inteiramente neutras porque são reguladas de acordo com as normas legais ou institucionais legítimas. Vemos então que os temas da neutralidade e da imparcialidade também caracterizam discursos de legitimação presentes em nossa sociedade, mas o percurso traçado neste capítulo mostra que eles enfrentam problemas significativos. A

---

[568] LOURY, Glen. *The anatomy of racial inequality*. Cambridge: Harvard University Press, 2003, p. 59.

CAPÍTULO VIII – A PSICOLOGIA SOCIAL DA DISCRIMINAÇÃO

imparcialidade moral em relação a seres humanos, principalmente a membros de grupos minoritários, aparece como algo que poucos seres humanos podem alcançar, motivo pelo qual discursos e práticas podem esconder padrões discriminatórios. Devemos então examinar outro aspecto que tem sido amplamente explorado por psicólogos cognitivistas ao longo das últimas décadas: o tema das disposições cognitivas implícitas.

Diversas pesquisas nos campos da psicologia cognitiva oferecem elementos de imensa relevância para entendermos aspectos importantes da psicologia social da discriminação. As pesquisas sobre vieses psicológicos, o que chamaremos aqui de associações cognitivas implícitas, demonstram como processos psicológicos motivam de forma direta ou indireta atitudes individuais e coletivas que podem ter um efeito discriminatório. Esses estudos mostram como processos de categorização e generalização que caracterizam o pensamento humano operam a partir de representações culturais que condicionam a forma como os seres humanos percebem outros, operando como base para associações cognitivas que influenciam as ações. Os seres humanos fazem associações cognitivas sobre características de outros grupos o tempo todo, mas algumas delas têm consequências relevantes porque são base para ações concretas. Associações cognitivas implícitas sobre o valor moral de membros de minorias sociais atuam no plano da consciência e também no plano inconsciente fazendo com que o indivíduo possa agir sem que tenha plena consciência das razões do seu comportamento. Percepções dos outros são constantemente alimentadas por representações culturais, o que as torna elementos a partir das quais nossas mentes classificam as pessoas. Essas representações são também julgamentos de valor sobre as pessoas, motivo pelo qual nossas percepções de membros de outros grupos associam certos traços a disposições morais particulares.[569]

---

[569] EBERHARDT, Jennifer. *Biased*: uncovering the hidden prejudice that shapes what we see, think, and do. Nova York: Penguin, 2019, pp. 23-30.

Associações cognitivas implícitas designam processos cognitivos de caráter automático, amplamente inconscientes e a partir dos quais fazemos julgamentos morais sobre membros de outros grupos. Elas representam uma coleção de processos associativos de conhecimentos sobre membros de outros grupos que geralmente expressam ideias que não podem ser generalizadas para todos os membros de um grupo. Essas associações não são necessariamente planejadas; são largamente involuntárias e operam a partir das categorias que as pessoas internalizam e que suas mentes utilizam para categorizar indivíduos. Associações cognitivas implícitas motivam indivíduos a agir de forma preconceituosa, frequentemente contra as suas crenças e valores. Há então dissociações entre valores conscientes e associações implícitas, o que pode levar as pessoas a afirmar que seus atos não podem ser classificados como discriminatórios. Como essas associações são automáticas e imediatas, podem motivar atos de impacto negativo na vida das pessoas. Considerações sobre características de indivíduos são frequentemente feitas a partir do pertencimento deles a determinados grupos; as pessoas são ensinadas a associar certas qualidades a certos grupos, motivo pelo qual impressões de competência, amabilidade, periculosidade e inteligência podem expressar julgamentos que expressam associações implícitas tendenciosas. Por exemplo, muitos desses estudos demonstram que a maioria das pessoas expressam associações cognitivas implícitas negativas em relação a minorias raciais, sendo que elas estão por trás de estereótipos e preconceitos em relação a membros desse grupo.[570]

Jerry Kang faz referência ao conceito de esquemas raciais para demonstrar como associações implícitas operam. Para ele, um esquema racial compreende uma estrutura cognitiva de conhecimento sobre atributos de conceitos ou estímulos a partir dos quais um indivíduo organiza seu conhecimento do mundo.

---

[570] BLAKEMORE, Jessica. "Implicit racial bias and public defenders". *Georgetown Journal of Legal Ethics*, vol. 29, nº 4, 2016, pp. 833-845.

CAPÍTULO VIII – A PSICOLOGIA SOCIAL DA DISCRIMINAÇÃO

Esses esquemas mentais podem operar a partir de representações que funcionam como um protótipo por meio do qual as pessoas categorizam outras a partir de informações gerais sobre elas. Esses esquemas mentais determinam como indivíduos percebem membros de outros grupos, o tipo de atributos que atribuem a membros de minorias ou como devem reagir quando se deparam com eles. Esquemas mentais se tornam esquemas raciais em função das categorias raciais formuladas pela cultura, pelo direito e pela sociedade, categorias que são utilizadas pelas pessoas para categorizar outras segundo traços físicos e atributos morais. Esquemas raciais estão sempre ativando sentidos culturais que determinam a forma como indivíduos interpretam pessoas e situações. Por meio desses esquemas raciais, as pessoas mapeiam comportamentos sociais e predizem comportamentos sobre diversas categorias de pessoas. Estereótipos raciais que circulam na sociedade fornecem conteúdo substantivo para os processos mentais de categorização e generalização. Todas as vezes que uma pessoa se depara com membros de outra raça, sentidos sociais são despertados para que a situação se torne coerente para ela.[571]

Quais são os impactos concretos que disposições cognitivas implícitas podem ter na forma como membros de grupos minoritários são tratados por atores públicos e privados? Diversos estudos demonstram que elas influenciam a ações de policiais em todas as fases da interação com membros de minorias raciais. As decisões de quem será parado para verificação, da forma como essa pessoa será tratada e de como será conduzida e entrevistada estão amplamente influenciadas pelas disposições cognitivas implícitas. O julgamento da periculosidade das pessoas está diretamente relacionado com a raça delas; a raça opera como uma categoria cognitiva que suscita julgamentos negativos e motiva ações automáticas de policiais. Essa mesma associação também determina diferenças nas penas recebidas

---

[571] KANG, Jerry. "Trojan horses of race". *Harvard Law Review*. vol. 118, nº 4, 2004, pp. 1491-1494.

pelo mesmo crime; enquanto pessoas brancas são beneficiadas pela ideia de que são inerentemente boas, pessoas negras são subjugadas porque são percebidas como essencialmente perigosas.[572]

8.5 A dinâmica cultural dos estigmas

O estigma é outro elemento de grande importância para nossa análise da psicologia social da discriminação. Mecanismos de subordinação social não são apenas produtos de processos cognitivos e emocionais, como preconceitos e estereótipos; eles são também causados por diferentes mecanismos de estigmatização de grupos de pessoas. Um estigma é um atributo culturalmente carregado de conotações negativas que serve para marcar indivíduos como pessoas diferentes e não merecedoras do mesmo apreço social destinado às outras. Estigmas recaem sobre traços socialmente salientes, sobre formas de *status* cultural, sobre tipos de identidades sociais, sendo que esses elementos podem ou não estar sob controle do indivíduo. Esses traços desprezados por outros dependem do contexto cultural no qual as pessoas se encontram porque eles não são características do indivíduo, mas sim produto das significações culturais que lhes são atribuídos. Os elementos que identificam uma pessoa como membro de um grupo são associados com traços negativos que alimentam estereótipos descritivos e prescritos, responsáveis por perpetuar o *status* cultural e material inferior dos grupos estigmatizados. Mais do que isso, eles são a base para atos discriminatórios que impedem a plena inserção social dos indivíduos. Por esse motivo, o conceito de estigma precisa ser entendido dentro das relações hierárquicas de poder presentes em uma sociedade, pois funcionam como um tipo de legitimação dos mecanismos de exclusão daqueles que são vistos como essencialmente diferentes.[573]

---

[572] BLAKEMORE, Jessica. "Implicit racial bias and public defenders". *Georgetown Journal of Legal Ethics*, vol. 29, n° 4, 2016, pp. 836-844.

[573] MAJOR, Brenda; O'BRIEN, Laurie. "The social psychology of stigma". *Annual Review of Psychology*, vol. 56, 2005, pp. 394/395.

CAPÍTULO VIII – A PSICOLOGIA SOCIAL DA DISCRIMINAÇÃO

Muitos grupos humanos são estigmatizados por uma variedade de processos. Os estigmas assumem algumas formas comuns de acordo com os estudiosos do tema. Primeiro, afetam o *status* material e cultural dos grupos minoritários, pois incitam discriminações contra os indivíduos nas mais diferentes esferas da vida social. A subordinação desses grupos acaba confirmando a percepção de que eles estão em uma situação de desvantagem porque são naturalmente inferiores. Tratamento desfavorável sistemático também afeta a vida mental das vítimas porque estimula processos de internalização das atitudes negativas dirigidas a elas. Os membros dos segmentos sociais dominantes que criaram os estigmas também interpretam o comportamento de minorias como confirmação das expectativas do comportamento do grupo, o que legitima suas práticas discriminatórias. A presença pervasiva de estigmas ainda pode despertar outros comportamentos nas suas vítimas, principalmente a ativação automática de estereótipos por parte delas. Associações mentais com situações específicas podem levar indivíduos a se comportarem de acordo com imagens negativas circulantes, o que afeta ainda mais a vida mental das pessoas, ao forçar que elas se comportem de acordo com os estigmas. Alguns autores também interpretam estigmas como ameaças à integridade psicológica identitárias porque acabam operando como critérios de mediação sobre a percepção que os indivíduos têm de si mesmos e também dos propósitos que estabelecem para suas vidas. Assim, estigmas expõem indivíduos ao risco de verem sua identidade pessoal ameaçadas em função dos sentidos sociais negativos que circulam no meio cultural.[574] Vários estudiosos classificam estigmas como construções sociais, mas muitos também apontam continuidades dos traços que são estigmatizados em diferentes culturas e em diferentes momentos históricos. Estigmas geralmente recaem sobre pessoas vistas como parceiros sexuais inadequados, sobre indivíduos que possuem traços físicos socialmente desprezados e

---

[574] MAJOR, Brenda; O'BRIEN, Laurie. "The social psychology of stigma". *Annual Review of Psychology*, vol. 56, 2005, pp. 397/398.

que são membros de outro segmento, cuja exploração pode trazer benefícios. Sistemas de estigmatização estão diretamente relacionados com as relações de poder estabelecidas entre grupos que procuram legitimar, no plano cultural, várias diferenciações utilizadas para manter sistemas de privilégios e de subordinação.[575]

O estigma representa uma identidade imputada a alguém, imputação que decorre de um processo de atribuição de sentidos a traços que a pessoa possui ou que são atribuídos a ela. Ele então coloca uma situação problemática: é uma forma de identidade virtual socialmente criada que não corresponde à particularidade de indivíduos. Estigmas impõem danos consideráveis às pessoas porque limitam oportunidades individuais, limitam a possibilidade dos indivíduos escolherem e buscarem projetos de vida. Esse processo pode ser visto como uma construção social porque os estigmas adquirem sentido dentro da lógica das relações de poder que se estabelecem entre grupos, relações responsáveis pela ideia de que a situação de desvantagem decorre das ações dos indivíduos, além de uma representação do outro como uma forma de alteridade radical que não pode então ser reconhecida como possuidora da mesma humanidade.[576]

Mais uma vez, mecanismos estigmatizantes não influenciam apenas as condições materiais de paridade de participação de grupos minoritários. Eles também têm o potencial de prejudicar a concepção que os indivíduos constroem sobre si mesmos no processo de socialização. As pessoas possuem uma identidade social, conceito composto pela identidade individual e pela identidade coletiva, sendo que a primeira designa a forma como as pessoas concebem a si mesmas e a segunda como interpretam o pertencimento a certos grupos. A identidade pessoal congrega as

---

[575] MAJOR, Brenda; O'BRIEN, Laurie. "The social psychology of stigma". *Annual Review of Psychology*, vol. 56, 2005, pp. 393-421.
[576] LOURY, Glen. *The anatomy of racial inequality*. Cambridge: Harvard University Press, 2003, pp. 55-67.

representações que a pessoa atribui a si mesma e também a estima que tem de si mesma. A representação que o indivíduo desenvolve sobre si decorre da estima pessoal e coletiva; este último elemento pode fazer com que a apreciação que tenha da sua própria pessoa seja amplamente influenciada pelo nível de respeitabilidade que possui por membros de outros grupos sociais. A circulação incessante de estigmas compromete a imagem pessoal dos indivíduos, o que podemos classificar como um dano moral significativo. Mas esse dano não se resume a aspectos psicológicos. Estigmas comprometem as chances de as pessoas conseguirem acesso a oportunidades materiais para sobreviver socialmente, motivo pelo qual eles impõem um dano duplo às suas vítimas. Por esse motivo, devemos analisar com cuidado as formas a partir das quais mecanismos culturais operam para manter relações de poder que obtêm legitimação a partir de representações culturais negativas sobre indivíduos e grupos.[577]

---

[577] ASHBURN-NARDO, Leslie. "The importance of implicit and explicit measures for understanding social stigma". *Journal of Social Issues*, vol. 66, n° 3, 2010, pp. 508-520.

CAPÍTULO IX

DISCRIMINAÇÃO DIRETA E DISCRIMINAÇÃO INDIRETA

Examinaremos neste capítulo as duas manifestações da primeira geração de teorias de discriminação: a discriminação direta e a discriminação indireta. A primeira corresponde à compreensão comum desse termo dentro da cultura jurídica da maior parte das sociedades liberais: um ato discriminatório que envolve intencionalidade e arbitrariedade. Verificaremos que sua formulação teórica é bem mais complexa do que aquela apresentada por muitos juristas, autores que geralmente a compreendem apenas como um afastamento do dever de tratamento igualitário. Teremos a oportunidade de estudar outra teoria que demonstra de forma clara as limitações dessa primeira formulação da discriminação: a discriminação indireta. Observaremos que os pressupostos da discriminação direta, embora relevantes para identificar práticas excludentes, não permitem um diagnóstico adequado da situação de muitos grupos sociais. A discriminação indireta surge em um momento no qual os operadores do Direito reconhecem o papel da complexidade das relações sociais no processo de interpretação da igualdade, o que torna problemática a afirmação de que atos discriminatórios acontecem apenas em função de motivações irracionais.

9.1 Discriminação direta

A movimentação política em torno da proteção dos direitos de grupos minoritários ao longo das últimas décadas teve um papel fundamental no avanço da igualdade em muitas sociedades contemporâneas. O constitucionalismo moderno estabeleceu o tratamento isonômico entre todas as pessoas perante as normas jurídicas, mas sistemas de exclusão ainda permitem a discriminação sistemática de muitos segmentos sociais. Em função do sucesso de muitas lutas pela afirmação e expansão da democracia, várias jurisdições começaram a declarar a ilegalidade de atos discriminatórios baseados em certos critérios, sendo que essas proibições adquiriram *status* constitucional. A vedação legal de tratamento desvantajoso baseado nesses parâmetros é o elemento central da noção de *discriminação direta*.[578] A discriminação direta envolve a intencionalidade: o agente discrimina outro de forma consciente porque está motivado por interesses que não podem ser justificados por estarem baseados em estereótipos ou preconceitos ou porque está motivado por algum interesse estratégico. A discriminação sofrida causa danos à pessoa, danos que estão relacionados com os critérios a partir dos quais ela foi discriminada. Vemos então que a discriminação direta constitui uma violação do preceito da justiça simétrica presente no texto constitucional.[579] Esse mandamento requer o tratamento igual entre os que estão igualmente situados, um elemento básico da moralidade

---

[578] FREDMAN, Sandra. *Discrimination law*. Oxford: Oxford University Press, 2011, pp. 166/167.

[579] BRASIL. Tribunal Regional do Trabalho da 12ª Região, Recurso Ordinário 05913.2008.016.12.01.0, Órgão julgador: 3a Câmara, Relator: Lourdes Dreyer, 16.11.2009, (afirma que a dispensa sem justa causa pelo fato de ser nordestino configura tratamento discriminatório, ferindo o princípio da isonomia); BRASIL. Tribunal Regional do Trabalho da 4ª Região, Recurso Ordinário n. 0000260-53.2010.5.04.0402, Órgão julgador: 5ª Turma, Relator: Clóvis Fernando Such Santos (afirmam que os apelidos, formas e o tratamento no ambiente de trabalho por ser negro causaram constrangimento, humilhação, atingiram a sua honra subjetiva do funcionário, contrariando assim o princípio da dignidade humana).

CAPÍTULO IX – DISCRIMINAÇÃO DIRETA E DISCRIMINAÇÃO INDIRETA

do regime democrático. A discriminação direta pode ser vista como uma manifestação de uma forma mais genérica de discriminação, que é a discriminação negativa, porque produz danos às pessoas discriminadas. Ela pode ser um tratamento desvantajoso contra ou entre pessoas porque pode representar animosidade em relação a um grupo de indivíduos e também pode expressar um tipo de tratamento que pretende criar diferenças entre pessoas para afirmar a superioridade de uma em relação a outras. Em resumo, a discriminação direta está baseada nos seguintes elementos: a arbitrariedade, a intencionalidade, um tratamento desvantajoso e a utilização de um critério proibido por lei.[580]

A discriminação direta ocorre quando um agente trata outro de maneira desvantajosa a partir de um determinado critério. Esse tratamento se dirige a pessoas que pertencem a grupos vulneráveis ou minoritários, motivo pelo qual a legislação protege esses indivíduos dessa forma de tratamento. Um aspecto importante caracteriza a discriminação direta de acordo com os doutrinadores: ela envolve um caráter comparativo. As pessoas tratam outras de forma discriminatória a partir de julgamentos morais negativos, julgamentos baseados na ideia de que as segundas não têm as mesmas qualidades dos membros de grupos majoritários. Isso significa que os agentes não tratariam esses indivíduos de maneira desvantajosa se estes fossem membros de próprio grupo. Esse tipo de discriminação envolve então duas categorias: uma classe de pessoas que sofre algum tipo de desvantagem e outra que deve ser vista cognata à primeira, pessoas com as quais foram comparadas ao sofrerem tratamento discriminatório.[581]

---

[580] THOMSEN, Frej Klen. "Direct discrimination". *In*: LIPPERT-RASMUSSEN, Kasper. *The Routledge handbook of the ethics of discrimination*. Nova York: Routledge, 2018, pp. 20-27.

[581] Ver nesse sentido, GOLDBER, Susan. "Discrimination by comparison". *Yale Law Journal*, vol. 120, nº 3, 2011, pp. 730-821.

A discriminação direta decorre de uma característica ou de um *status* socialmente desvalorizado, o que motiva o tratamento desfavorável quando comparado a pessoas que não possuem aquele traço. Devemos insistir no aspecto relacional dessa forma de discriminação, pois ela é medida em comparação com pessoas que formam um grupo congênere. Assim uma alegação de discriminação racial implica a consideração de como pessoas do grupo racial dominante cognato seriam tratadas em situação semelhante. Em função desse caráter comparativo, a pessoa que busca remédio para sua situação precisa demonstrar de forma específica o parâmetro a partir do qual foi discriminada. Além disso, os que dizem ser discriminados também precisam determinar que o motivo da discriminação está baseado em um traço que pertence a um grupo ao qual eles pertencem. A mulher então precisa comprovar que sua exclusão do emprego se deu em função da gravidez, uma característica diretamente ligada às mulheres.[582] Vemos então que a noção de discriminação direta está relacionada com a existência de um comparador adequado para o caso em questão, mas precisamos analisar de forma mais pormenorizada o que essa exigência pressupõe nas situações nas quais tratamentos desvantajosos estão envolvidos. Esse comparador pode ser real ou hipotético, desde que seja adequado para demonstrar a natureza do tratamento arbitrário ao qual uma pessoa está submetida. A análise da comparação com um membro de um grupo cognato deve ser feita de forma que permita a análise das circunstâncias relevantes para a análise da arbitrariedade da situação de discriminação. Está aqui em questão a consideração das habilidades e qualidades relevantes para a ocupação de um determinado caso e a consideração da relação entre elas e o critério utilizado para o tratamento diferenciado entre membros de grupos cognatos. Assim, a discriminação baseada na questão racial poderá ser caracterizada quando as pessoas comparadas se encontram nas mesmas

---

[582] RONALDS, Chris; RAPER, Elizabeth. *Discrimination*: law and practice. Annandale: Federation Press, 2012, pp. 32-35.

CAPÍTULO IX – DISCRIMINAÇÃO DIRETA E DISCRIMINAÇÃO INDIRETA

situações ou quando não há nenhuma relação entre a identidade racial e as habilidades necessárias. A raça de uma pessoa não está relacionada com a habilidade para o desempenho do cargo de médico ou advogado; a raça de uma pessoa não pode ser tomada como presunção de suas atitudes ou de suas funções dentro da sociedade. Da mesma forma, as limitações físicas de uma pessoa podem ser tornar base para tratamento diferenciado quando elas impedem que uma pessoa possa desempenhar funções que exigem habilidades relacionadas com o funcionamento regular das faculdades humanas por um empregado.[583]

O conceito de igualdade jurídica entre os diferentes grupos está fundamentado no princípio de que pessoas igualmente situadas devem ser tratadas de forma igual. Esse ideal de justiça simétrica estabelece que um agente não pode tratar outros de forma desfavorável quando comparados a partir de um determinado critério moralmente e juridicamente irrelevante. A discriminação direta implica uma violação do dever do tratamento simétrico entre indivíduos, envolvendo o tratamento desvantajoso de grupos que possuem características que se tornaram socialmente salientes em função de estigmatização cultural.[584] A discriminação direta dirige-se frequentemente a certas classes como minorias raciais e sexuais, grupos construídos culturalmente como pessoas de menor valor. O pertencimento a um determinado grupo passa a ter uma significação em diversos âmbitos da vida social, sendo razão

---

[583] MCCOLGAN, Aileen. *Discrimination law*: texts, cases and materials. Oxford: Hart Publishing, 2005, pp. 49-55.

[584] Ver: nesse sentido: BRASIL. Tribunal Regional do Trabalho da 9ª Região, PR 21082-2008-11-9-0-6, Órgão Julgador: 4ª Turma, Relator: Luiz Celso Napp, 09.11.2010 (considerando a dispensa de mulheres grávidas um ato de discriminação direta que viola direitos fundamentais); BRASIL. Tribunal Regional Federal da 10ª Região, Recurso Ordinário 930200501610007, Órgão Julgador: 1ª Turma, Relatora; Elaine Machado Vasconcelos, 27.04.2007 (afirmando que programas de ações afirmativas não podem ser caracterizadas como discriminação direta porque essas medidas não têm a função de impor um tratamento desvantajodo a um determinado grupo racial).

frequente para a imposição de um tratamento desvantajoso.[585] Por esse motivo, as legislações de diversos países instituíram regras que não permitem a eleição de certos elementos como critérios para tratamento negativo. Raça e sexo são exemplos mais comuns, sendo que a orientação sexual também adquiriu o mesmo *status* em tempos mais recentes.[586] Vemos então que o conceito de discriminação direta possui um caráter relacional porque está fundamentado em uma comparação entre pessoas e grupos, sendo que sua identificação depende da existência de um tratamento desfavorável de uma pessoa em relação a outra a partir de um determinado critério. O conceito parece sugerir que a solução para o problema depende da restauração da situação anterior ao ato discriminatório, o que possibilitaria a manutenção da justiça simétrica entre as partes envolvidas.[587] Lawrence Blum argumenta que parâmetros de proteção especial designam elementos utilizados para a construção de relações assimétricas entre grupos. Sabemos que a discriminação direta tem um caráter comparativo, mas ela também parte do pressuposto de que esses parâmetros são moralmente benignos, um dos motivos pelos quais não deveriam ser critério para discriminação negativa. De todo modo, embora grupos como negros e brancos e homens e mulheres possuam equivalência moral, a mera comparação entre eles pode encobrir assimetrias significativas porque os membros

---

[585] Ver: nesse sentido: BRASIL. Superior Tribunal de Justiça, Recurso Especial n. 154.857, Órgão Julgador: 6ª Turma, Relator: Luiz Vicente Cernichiaro, 26.10.1998 (afirmando que a exclusão de uma testemunha em função de sua orientação sexual constitui uma forma de discriminação incompatível com a ordem jurídica nacional); BRASIL. Tribunal Regional Federal da 1ª Região, Apelação em Mandado de Segurança n. 16.366, Órgão Julgador: 2ª Turma, Relator: Souza Prudende, 17.12.2014 (considerando ilegal a exclusão de um candidato a agente da polícia federal em função de sua suposta homossexualidade).

[586] LIPPERT-RASMUSSEN, Kasper. *Born free and equal?* a philosophical inquiry into the nature of discrimination. Oxford: Oxford University Press, 2014, pp. 30/31.

[587] FREDMAN, Sandra. *Discrimination law*. Oxford: Oxford University Press, 2011, pp. 168/169.

CAPÍTULO IX – DISCRIMINAÇÃO DIRETA E DISCRIMINAÇÃO INDIRETA

desses grupos estão situados de forma estruturalmente desigual. Por esse motivo, não poderíamos classificar medidas que procuram promover a integração de minorias como discriminatórias porque negros e brancos não estão em uma situação simétrica. Assim, o uso desses parâmetros de proteção especial tem significações diferentes dependendo do contexto aplicado a diferentes grupos. A raça designa pessoas que estão em uma situação assimétrica porque brancos não estão submetidos aos processos de subordinação a que negros sempre estiveram desde a fundação da nossa sociedade.[588]

A discriminação direta tem também um caráter interpessoal, implicando, assim, um tratamento desfavorável de uma pessoa em relação a outra, sendo ela baseada em estereótipos sociais sobre membros de um determinado grupo. Pode ocorrer quando estereótipos negativos e positivos atuam na mente das pessoas para determinar como um agente se relaciona nas suas interações sociais. Essas falsas generalizações motivam comportamentos discriminatórios que podem se expressar de formas distintas. Um agente pode evitar contato com um indivíduo particular, impedir que ele tenha acesso a uma oportunidade, garantir uma vantagem ou preferir se associar a outra pessoa por acreditar que esta faça parte de um grupo que supostamente possui uma característica socialmente valorizada. Aquele empregador que garante uma vaga de chefia a um homem o discrimina de forma positiva e comete uma discriminação negativa em relação a mulheres por acreditar que pessoas do sexo masculino possuem características ausentes no sexo feminino. Esse ato discriminatório tem como fundamento estereótipos sexuais sobre as qualidades de homens e mulheres, características que são construídas como aspectos naturais dos sexos. Devemos ter em mente que a discriminação interpessoal

---

[588] BLUM, Lawrence. "Racial and other asymmetries: a problem for the protected categories framework for anti-discrimination thought". *In*: HELLMAN, D.; MOREAU, S. *Philosophical foundations of discrimination law*. Oxford: Oxford University Press, 2013, pp. 185-195.

não se restringe à ação daqueles que tratam indivíduos de forma desvantajosa. Ela pode assumir um caráter passivo, o que implica a omissão de uma pessoa em agir quando presencia atos discriminatórios. É o caso dos clientes que permanecem em um restaurante mesmo tendo visto uma pessoa negra ser impedida de entrar naquele estabelecimento. Isso acontece porque eles também não querem manter contato social com minorias raciais, porque espaços sociais também são vistos como lugares que pertencem a grupos sociais específicos, sendo então formas de distinção de *status* entre grupos.[589]

A intencionalidade, um dos elementos centrais da discriminação direta, decorre de falsas generalizações feitas sobre membros de determinados grupos; a pessoa que os discriminam procede uma categorização de acordo com algum traço associado a todos os membros do grupo. O indivíduo discriminado representa um tipo que designa qualidades de todos os membros de uma coletividade; ele necessariamente apresenta os mesmos traços negativos que os outros elementos do grupo supostamente possuem. Quanto maior for a ignorância sobre aqueles indivíduos, maior será a referência a julgamentos morais baseados em estereótipos de caráter descritivo ou prescritivo. Como eles são visões negativas sobre classes de pessoas, fomentam a segregação social, o que diminui o conhecimento sobre os membros do grupo e aumenta a utilização de categorias baseadas em falsas generalizações. Dessa forma, as chances de a pessoa ser analisada como um indivíduo diminuem porque o empregador analisa sua capacidade a partir do seu pertencimento a um grupo específico e não a partir de suas habilidades para ocupar um cargo. Entrevistas de emprego são situações nas quais nossa capacidade de analisar de forma objetiva as habilidades dos indivíduos está muito relacionada com a familiaridade e identificação que tempos com aquelas pessoas. Isso significa que a ausência de

---

[589] FEAGIN, Joe; VERA, Hernan; BATUR, Pinar. *White racism*: the basics. Londres: Routledge, 2001, pp. 67-69.

CAPÍTULO IX – DISCRIMINAÇÃO DIRETA E DISCRIMINAÇÃO INDIRETA

contato condiciona, muitas vezes, empregadores a interpretar o comportamento das pessoas a partir de generalizações sobre os membros dos grupos aos quais elas pertencem.[590]

Outro elemento da discriminação direta que precisa ser adequadamente examinado é o conceito de tratamento desfavorável, pois pode ter vários sentidos. Ele pode implicar, por exemplo, que alguma pessoa deixou de ter acesso a um benefício ou oportunidade que deveria estar disponível a ela. Isso implica então uma negação da igualdade moral de uma pessoa em função de uma característica ou *status*.[591] Deborah Hellman utiliza termos mais contundentes, porém importantes para caracterizar o sentido da expressão desfavorável. A discriminação é um ato que expressa desrespeito ou desprezo por outra pessoa, sendo que tal possibilidade ocorre em função de estereótipos negativos, mas também porque existem relações assimétricas de poder entre os grupos nos quais as pessoas envolvidas em um ato de discriminação pertencem. Por esse motivo, o tratamento desfavorável significa não apenas degradar, mas também subordinar porque reproduz padrões sociais responsáveis pela estratificação social.[592]

Sabemos que a discriminação direta implica as noções de intencionalidade e de arbitrariedade, mas estes não são seus únicos pressupostos. David Wasserman nos diz que a discriminação direta contém uma série de aspectos, sendo que cada um deles possui uma dimensão moral específica. A discriminação direta acontece quando uma pessoa deixa de tratar outra como um indivíduo, como uma pessoa que possui particularidades distintas de todas as outras. Isso significa que ele não é julgado a partir dos seus

---

[590] MCCOLGAN, Aileen. *Discrimination law*: texts, cases and materials. Oxford: Hart Publishing, 2005, pp. 41-43.
[591] RONALDS, Chris; RAPER, Elizabeth. *Discrimination*: law and practice. Annandale: Federation Press, 2012, pp. 35/36.
[592] HELLMAN, Deborah. *When is discrimination wrong?* Cambridge: Harvard University Press, 2008, pp. 34/35.

próprios méritos ou características. Esse tratamento arbitrário decorre de seu pertencimento a um grupo, ponto de partida para que o agente discriminador acredite que o discriminado é inferior a ele. O desprezo por membros de determinadas classes de pessoas baseado em estereótipos negativos motiva várias práticas que criam desvantagens sistêmicas para indivíduos em diferentes situações.[593] A discriminação direta pode assumir algumas formas. Ela pode ser um tipo de discriminação explícita por estar baseada em uma forma de discriminação negativa a partir de algum critério de tratamento diferenciado. Uma prática que impede que negros possam ascender a cargos de chefia configura então essa possibilidade. Ela pode ocorrer na aplicação da norma jurídica na medida em que beneficia algumas pessoas e prejudica outras: o caso do policial que dispensa pessoas brancas com posse de drogas, mas prende pessoas negras na mesma situação. Ela também pode ocorrer na própria elaboração da lei porque viola abertamente o princípio do tratamento igualitário entre as pessoas. Todos esses casos configuram então tratamento desigual entre indivíduos por uma norma ou prática jurídica que viola o dever de tratamento simétrico estabelecido pelo princípio da igualdade.[594]

Casos de discriminação direta estão então relacionadas com práticas arbitrárias, o que implica a adoção de medidas que não podem ser racionalmente justificadas. Por esse motivo, uma vez que tem início um processo judicial, a pessoa que pratica esse tipo de discriminação precisa justificar o tratamento diferenciado, precisa apresentar ao tribunal uma justificação objetiva para a prática em questão. Justificação aparece, nesse contexto, como um dever que a pessoa ou instituição acusada de discriminação tem em demonstrar

---

[593] WASSERMAN, David. "The concept of discrimination". *In*: CHADWICK, R. (Coord.). *Encyclopedia of applied ethics*. San Diego: Academic Press, 1998, p. 806.

[594] RIOS, Roger Raupp. *Direito da antidiscriminação*: discriminação direta, indireta e ações afirmativas. Porto Alegre: Livraria do Advogado, 2008, pp. 89-113.

CAPÍTULO IX – DISCRIMINAÇÃO DIRETA E DISCRIMINAÇÃO INDIRETA

que o comportamento contrário à legislação pode ser válido. A prática pode ter violado a legislação em questão, mas pode ser racionalmente justificada porque procura alcançar propósitos que a legislação também considera como válidos.[595] Ela será então considerada discriminatória quando não está entre os propósitos da legislação. Assim, aquelas normas ou práticas que discriminam pessoas a partir de um *animus* negativo em relação a membros de um grupo não poderá ser justificada porque expressam apenas preconceitos contra indivíduos. A jurisprudência de outros países determina que os empregadores precisam demonstrar uma finalidade legítima e que os meios para o alcance desse objetivo são adequados e precisos. Deve haver então uma relação causal entre esses dois fatores para que a discriminação direta não esteja presente.[596]

A discriminação direta está estruturalmente relacionada com o controle de constitucionalidade das normas jurídicas. Os tribunais adotaram princípios para analisarem a concordância da norma jurídica com o princípio da igualdade, critérios que exigem a demonstração de relações racionais entre critérios adequados e fins legítimos. Uma norma será considerada inconstitucional quando constitui uma violação do dever posto pela ideia de igualdade formal de tratamento entre todas as pessoas perante a norma jurídica e no conteúdo da norma jurídica. Leis ou práticas que intencionalmente impõem tratamentos desvantajosos a determinados grupos, tratamentos que não podem ser racionalmente justificados, serão consideradas como um tipo de discriminação direta. Essa violação pode ocorrer não apenas porque utiliza critério para discriminar pessoas de forma negativa, mas também porque não inclui todas as pessoas afetadas por uma norma ou porque inclui pessoas que não

---

[595] BAMFORTH, Nicholas. "Setting the limits of anti-discrimination law: some legal and social concepts". *In*: DINE Janet; WATT, Bob. *Discrimination law*: concepts, limitations and jurisprudence. Londres: Longman, 1996, pp. 50-52.

[596] CONNOLLY, Michael. *Discrimination law*. 2ª ed. Londres: Sweet & Maxwell, 2011, pp. 182-188.

deveriam ser afetadas por ela. A discriminação direta está então baseada na noção de ausência de racionalidade na adoção de um critério para tratamento diferenciado entre as pessoas, como uma violação da justiça simétrica que deve regular as relações sociais em uma sociedade democrática.[597]

A caracterização da discriminação direta não se resume a um tipo de tratamento negativo baseado em um determinado critério; ela também pode se manifestar pela aplicação direta de estereótipos descritivos e prescritivos a uma determinada situação. Como vimos anteriormente, quanto menor o contato com membros de outros grupos, maiores serão as chances de uma pessoa se pautar por falsas generalizações; o que pode ser visto em membro de um grupo como algo positivo, pode ser classificado como algo negativo quando apresentado por pessoas de outros grupos. O tratamento negativo de membro de grupos minoritários pode decorrer de presunções baseadas em supostas características e funções que eles possuem ou podem ocupar. Um empregador pode dispensar uma mulher que se casa a partir da presunção de que seu marido será o provedor principal da família; homens homossexuais podem ser impedidos de atuar nas forças armadas por supostamente não terem o mesmo nível de assertividade que homens heterossexuais possuem; crianças teriam uma vida melhor se criadas por casais da mesma raça; mulheres assertivas podem ser socialmente percebidas como homossexuais, o que justificaria a negação de sua promoção.[598]

O interesse na exigência da justificação da conduta decorre do fato de que muitos grupos sociais são objeto constante de animosidade social, motivo pelo qual certos traços se tornam objeto de proteção especial da legislação. Observamos que muitos tipos de tratamento diferenciados são produto do desprezo dirigido a

---

[597] MCCOLGAN, Aileen. *Discrimibnation law*: text, cases and materials. Oxford: Hart Publishing, 2005, pp. 40-49.

[598] MCCOLGAN, Aileen. *Discrimination law*: texts, cases and materials. Oxford: Hart Publishing, 2005, pp. 42-49.

CAPÍTULO IX – DISCRIMINAÇÃO DIRETA E DISCRIMINAÇÃO INDIRETA

certos grupos, atitude que difere diretamente do dever de tratamento igualitário entre pessoas e grupos. Como as instituições públicas e privadas devem proteger a dignidade de todas as pessoas, não podem adotar medidas que expressam atitudes discriminatórias baseadas em estereótipos negativos sobre membros de certos grupos. A justificação decorre então da necessidade de proteger pessoas que são objetos do estigmatização presente mesmo em sociedades democráticas.[599] O conceito de justificação está diretamente relacionado com outro tema muito relevante para a caracterização da discriminação direta: a causalidade. Aquelas pessoas que alegam discriminação direta precisam comprovar uma relação causal entre aquele tratamento discriminatório e algum tipo de dano causado a elas. O autor de uma ação deve demonstrar que esse dano decore da intenção de uma pessoa em operar de acordo com as determinações legais. Para que uma pessoa possa obter reparação jurídica de um dano a ela causado, deve demonstrar uma relação direta entre ele e a intenção da pessoa que a discriminou. Dessa forma, alguém não pode alegar que foi despedido por ser homossexual quando, na verdade, foi dispensado por ter agredido fisicamente outro empregado na empresa na qual trabalha por ele ser negro.[600] Adicionalmente, os conceitos de justificação e causalidade estão relacionados com a noção de intencionalidade. Normas antidiscriminatórias proscrevem práticas sociais que expressam intenções maliciosas por parte de agentes em relação àqueles grupos que são legalmente protegidos. Elas também podem estar encobertas nos casos de normas que têm um impacto negativo desproporcional em minorias, situação na qual elas serão vistas como situações análogas aos casos de intenção aberta. Tendo em vista o fato de

---

[599] ARAIZA, William. *Animus*: a short introduction to bias in the law. Nova York: New York University Press, 2017, pp. 1-11.
[600] BAMFORTH, Nicholas. "Setting the limits of anti-discrimination law: some legal and social concepts". *In*: DINE Janet; WATT, Bob. *Discrimination law*: concepts, limitations and jurisprudence. Londres: Longman, 1996, pp. 49-59.

que as pessoas que violam normas jurídicas serão responsabilizadas por suas ações, os tribunais exigem a demonstração da intencionalidade, exigem que a ação dessa pessoa reflita preconceitos ou estereótipos contra membros de um grupo minoritário.[601] Muitos autores pensam que essa é complicada porque práticas discriminatórias contra minorias raramente assumem a forma de expressões abertas de discriminação.[602]

    O conceito de discriminação direta aparece como a referência central do princípio antidiscriminatório: as pessoas não devem ser tratadas de forma injusta em função de características que não possuem relevância moral. Esse princípio serve para construir uma sociedade igualitária e livre de estigmas, os quais dificultam a afirmação da igualdade. Essa compreensão de discriminação permanece como a referência central no processo de decisão judicial, mas muitos elementos demonstram a sua incompletude. O foco no critério de comparação como evidência de discriminação denota o seu caráter procedimental: ela é uma violação do dever de tratamento simétrico entre as pessoas. Se, por um lado, permite a proteção de indivíduos que estão sendo excluídos a partir de fatores ilegais, por outro, ela também possibilita o questionamento da violação do preceito da simetria por indivíduos contrários a políticas de caráter inclusivo, que procuram proteger grupos e não indivíduos. O conceito de discriminação direta pressupõe que as pessoas são discriminadas a partir de um único vetor e também que a imposição de um tratamento desvantajoso requer a existência da intenção de discriminar. Portanto, considerações sobre o contexto social não devem ter relevância, uma vez que ela está focada na situação atual dos sujeitos sociais concretos. Além disso, essa perspectiva está baseada na premissa de que atores sociais sempre atuam racionalmente; nesse

---

[601] ARAIZA, William. *Animus*: a short introduction to bias in the law. Nova York: New York University Press, 2017, pp. 89-97.

[602] LOPEZ, Ian Haney. "Intentional blindness". *New York University Law Review*, vol. 87, nº 6, 2012, pp. 1781-1789.

CAPÍTULO IX – DISCRIMINAÇÃO DIRETA E DISCRIMINAÇÃO INDIRETA

sentido, a discriminação seria um desvio desse padrão e, assim, só pode ser compreendida como um elemento comportamental. Portanto, ela não possui um aspecto coletivo, nem pode estar ligada ao funcionamento normal de instituições.[603]

A teoria da discriminação direta representa um instrumento importante para analisarmos a questão do tratamento desvantajoso aos quais membros de minorias estão submetidos, especialmente em uma sociedade profundamente hierárquica como a nossa. Mas alguns de seus pressupostos levantam problemas significativos para os grupos que ela pretende proteger. Primeiro, a exigência da intencionalidade levanta várias questões quando consideramos o fato de que o aumento de legislações protetivas não representa necessariamente uma mudança da atitude das pessoas; muitas delas permanecem comprometidas com sistemas de dominação social e adaptam práticas discriminatórias aos seus propósitos. Empregadores raramente afirmam frontalmente que não empregam membros de grupos minoritários; diversos artifícios podem ser utilizados para impedir que minorias possam ter acesso a oportunidades profissionais. Normas jurídicas também podem não aplicar um critério que identifica diretamente membros de certos grupos, mas podem empregar um critério fortemente relacionado com eles, o que terá um efeito próximo ao da discriminação direta. Além disso, devemos estar atentos ao fato de que a discriminação não ocorre apenas a partir de comportamentos intencionais, mas também por meio de disposições cognitivas implícitas que determinam a percepção das qualidades e habilidades de pessoas. Por esse motivo, até mesmo um processo de seleção aparentemente neutro pode ser afetado por percepções inconscientes negativas de membros de determinados grupos.

---

[603] Para uma análise dos problemas gerados pela redução do conceito de discriminação à noção de discriminação direta ver CRENSHAW, Kimberlé. "Race, reform, and retrenchment: transformation, and legitimation in antidiscrimination law". *Harvard Law Review*, vol. 101, nº 7, 1988, pp. 1331-1342.

9.2 Discriminação indireta

O tipo de tratamento discriminatório examinado na seção anterior designa o entendimento tradicional do conceito de discriminação na nossa cultura jurídica. As pessoas são tratadas de forma diferenciada e desvantajosa por motivos que não podem ser juridicamente ou moralmente justificados. Portanto, essa forma de discriminação acontece quando o ideal igualitário que anima o conceito de justiça simétrica é desrespeitado. Mas, ao contrário do que muitos atores sociais afirmam, a exclusão pode ocorrer mesmo na ausência objetiva da intenção de discriminar um indivíduo e também em situações nas quais não há a utilização de formas de diferenciação legalmente vedadas. Normas jurídicas, políticas públicas ou decisões institucionais podem obedecer ao princípio da generalidade das leis, não sendo então dirigidas a nenhum grupo específico, mas a aplicação delas pode ter um efeito negativo desproporcional sobre uma determinada classe de indivíduos, o que caracteriza a *discriminação indireta*. Uma norma dirigida à generalidade das pessoas, não fazendo, portanto, menção a quaisquer características, pode ter efeitos discriminatórios. Ela afeta negativamente membros de um grupo porque atores públicos e privados não levam em consideração todos as consequências que uma norma ou prática pode ter no *status* social de diferentes segmentos. Por esse motivo, um ato que estabelece uma mesma consequência jurídica a todas as pessoas pode afetar grupos específicos que já sofrem as consequências de outras formas de exclusão.[604]

A discriminação indireta designa uma norma ou prática institucional que tem um impacto desproporcionalmente negativo sobre um grupo vulnerável. Essa norma ou prática pode ser neutra porque a pessoa ou instituição responsável não tinha intenção de prejudicar um grupo específico. Entretanto, ela pode ser apenas

---

[604] MCCOLGAN, Aileen. *Discrimination law*: texts, cases and materials. Oxford: Hart Publishing, 2005, pp. 77-79.

CAPÍTULO IX – DISCRIMINAÇÃO DIRETA E DISCRIMINAÇÃO INDIRETA

aparentemente neutra porque, na verdade, encobre o interesse de uma pessoa ou instituição em discriminar certo grupo de indivíduos. Esse tipo de discriminação está marcado então pela ausência de um elemento central da discriminação direta: a intenção explícita de discriminar alguém. Uma norma pode ser plenamente adequada porque procura atingir fins legítimos, mas ela pode ser formulada de forma a impedir que grupos de pessoas tenham acesso a algum tipo de oportunidade ou recurso. O conceito de discriminação indireta deve reconhecer que uma norma pode utilizar um elemento aparentemente neutro, mas que opera como um elemento para atingir grupos específicos, como uma norma que estabelece a exigência de comprovação de *status* econômico ou formação acadêmica com o objetivo de eliminar possíveis candidatos negros, uma vez que o número de pessoas negras com formação superior na nossa sociedade é significativamente inferior ao de pessoas brancas.[605]

Além da ausência da intencionalidade aberta, a discriminação indireta também requer a existência de um impacto desproporcional sobre um grupo, elemento que viola o interesse estatal na eliminação das hierarquias sociais. Uma sociedade democrática requer que práticas sociais não contribuam para a deterioração das condições de vida das pessoas e, por isso, ações que as impactam desproporcionalmente devem ser eliminadas. A análise da discriminação indireta requer a consideração de exclusões sociais que operam de forma paralela; a desvantagem causada pela norma específica intensifica a situação vulnerável decorrente de processos sociais e históricos de marginalização. A identificação da discriminação indireta também requer a comparação da situação do grupo vulnerável com a de grupos que lhes são cognatos: a verificação do impacto negativo de uma prática sobre homossexuais precisa examinar a influência dela nas pessoas heterossexuais. A discriminação indireta também tem um caráter comparativo

---

[605] CONNOLLY, Michael. *Discrimination law*. 2ª ed. Londres: Sweet & Maxwell, 2011, pp. 151-158.

porque presume uma análise do impacto desproporcional de uma prática sobre um grupo em comparação com outros. Se o tema da comparação, no caso da discriminação direta, está relacionado com a comparação entre indivíduos, na discriminação indireta, claramente prioriza-se a comparação entre grupos.[606]

O conceito de discriminação indireta surgiu na jurisprudência da Suprema Corte dos Estados Unidos em um momento no qual ocorria uma discussão do fato de que processos de opressão não estão necessariamente ligados à vontade consciente de atores sociais específicos. Esse tema fazia parte de uma decisão que discutia a constitucionalidade de uma norma que exigia o segundo grau e uma nota mínima em um teste de aptidão aplicado a todos os candidatos a emprego ou transferência entre os diferentes setores de uma fábrica. Embora as exigências fossem dirigidas a todas as pessoas, elas tinham um impacto negativo sobre negros em função das disparidades de acesso à educação existentes durante o período de segregação oficial, que tinha deixado de vigorar poucos meses antes da adoção dessa medida. A norma reproduzia os mesmos padrões existentes durante o período de segregação: quase a totalidade dos candidatos que satisfaziam essa exigência eram brancos. Os juízes chegaram à conclusão que a ausência de motivação explícita não impede a caracterização da discriminação quando a operação de uma norma também implica um tratamento desvantajoso para alguém, mesmo que isso não represente uma intenção presente na norma jurídica.[607]

---

[606] LIPPERT-RASMUSSEN, Kasper. *Born free and equal?* a philosophical inquiry into the nature of discrimination. Oxford: Oxford University Press, 2014, pp. 54-69; KHAITAN, Tarunabh. "Indirect discrimination". *In*: LIPPERT-RASMUSSEN, Kasper. *The Routledge handbook of the ethics of discrimination*. Nova York: Routledge, 2018, pp. 28-33.

[607] ESTADOS UNIDOS. Suprema Corte dos Estados Unidos. *Griggs v. Duke Power Co.*, 401 US 404 (1971).

CAPÍTULO IX – DISCRIMINAÇÃO DIRETA E DISCRIMINAÇÃO INDIRETA

A discriminação indireta aparece neste livro como um conceito de caráter normativo associado à noção de igualdade proporcional presente nos textos legais. Esse tipo de igualdade procura garantir que os grupos sociais vulneráveis tenham meio para poder atingir um mínimo de segurança social. Por esse motivo, a luta contra formas de discriminação indireta tem o propósito importante de combater práticas sociais que podem agravar ainda mais a situação desses grupos. A reflexão sobre esse tipo de discriminação deve ocorrer a partir de concepções substantivas de igualdade porque está ligada à preocupação com os efeitos da discriminação e não apenas com o aspecto simétrico que orienta o conceito de discriminação direta. Assim, é importante observar as relações próximas que a discriminação indireta guarda com a discriminação estrutural porque falamos sobre impacto desproporcional sobre grupos que já estão em desvantagem em função de outras formas de discriminação sofridas nas diferentes esferas da vida social ao longo do tempo.[608]

O conceito de discriminação indireta congrega avanços importantes em relação à teoria da discriminação direta. Ele se distancia do aspecto procedimental da última: a questão da discriminação não permanece reduzida a uma análise da racionalidade entre critérios adequados e finalidades legítimas, nem a uma exigência da demonstração de uma comparação entre condições formais de um grupo em relação a outro. A discriminação indireta permite que normas jurídicas e práticas sociais prejudiciais a grupos de indivíduos sejam adequadamente problematizadas. Observamos aqui uma mudança da finalidade da igualdade: se, na discriminação direta, opera como um parâmetro que procura restaurar o tratamento simétrico entre indivíduos, na discriminação indireta, ela almeja o alcance de uma igualdade proporcional entre grupos sociais. A noção de discriminação indireta pressupõe então uma

---

[608] TOBLER, Christa. *Indirect discrimination*: a case study into the development of the legal concept of indirect discrimination under EC Law. Oxford: Intersentia, 2005, pp. 15-23.

consideração dos efeitos que uma norma ou prática pode ter no *status* social de grupos sociais, o que implica uma concepção substantiva de igualdade. A discriminação indireta atinge grupos de pessoas vítimas de sistemas de discriminação que possuem um aspecto estrutural porque estão presentes no espaço público e no espaço privado, impedindo que minorias possam ter um maior nível de mobilidade social. Se a discriminação direta opera a partir da racionalidade característica da perspectiva antidiscriminatória, a teoria da discriminação indireta expressa elementos do que tem sido chamado como perspectiva antissubordinatória.[609]

A discriminação indireta pode operar a partir de diferentes formas. Os efeitos da discriminação indireta sobre mulheres são um bom exemplo de como ela se dá. Pode ocorrer por meio da exigência de requisitos ou condições que só membros de certos grupos podem satisfazer. Requisitos de idade podem afetar mulheres que dedicaram parte da vida adulta ao cuidado de seus filhos, o que as impede de ter o mesmo tempo de experiência profissional que homens; exigência de mobilidade pode restringir oportunidades para mulheres porque boa parte de homens heterossexuais não abandonaria seus empregos para acompanhar suas mulheres; requisitos de características físicas, como altura e peso, podem ter um impacto desproporcional sobre mulheres. Manifestações da discriminação indireta em relação a minorias raciais também podem assumir uma diversidade de formas. Elas podem ocorrer por meio de normas que estabelecem requisitos que estão relacionadas com classe social, normas que estabelecem proximidade geográfica com local de trabalho, testes de conhecimento fortemente relacionados com parâmetros associados a membros do grupo racial majoritário, exigências de requisitos que não estão relacionados com as habilidades exigidas pelo trabalho, mas sim com pessoas brancas. Partindo desses exemplos, algumas jurisdições criaram parâmetros

---

[609] MCCOLGAN, Aileen. *Discrimination, equality and the law*. Oxford: Hart Publishing, 2014, pp. 70-96.

CAPÍTULO IX – DISCRIMINAÇÃO DIRETA E DISCRIMINAÇÃO INDIRETA

para identificação da discriminação indireta. De acordo com a legislação desses países, a discriminação indireta ocorre quando um agente aplica a um indivíduo o mesmo requisito que aplica à outra pessoa, mas a porcentagem de membros de minorias que poderiam satisfazê-lo é significativamente inferior à dos membros dos grupos dominantes cognatos; ela ocorre quando se exigem requisitos que não podem ser apresentadas como neutros, tendo em vista a consideração de características de diferenciação legalmente protegidas, e ainda requisitos que não podem ser justificados como formas adequadas e proporcionais para atingirem uma finalidade legítima. Todas essas situações impõem situações de desvantagem para membros de grupos minoritários, contribuindo para que a situação de vulnerabilidade deles piore.[610]

Observamos que a formulação e a aplicação da discriminação indireta variam de forma significativa nas diversas jurisdições. Sua aplicação tem sido diminuída ao longo do tempo na jurisprudência norte-americana em função da influência cada vez maior da exigência de intencionalidade nos casos de discriminação como um todo. Esse processo também está relacionado com a prevalência doutrinária da neutralidade racial como forma de justiça social, parâmetro responsável pela restrição cada vez maior da discriminação indireta. A influência dessa perspectiva tem levado a uma restrição dos critérios utilizados para a comprovação do impacto desproporcional, motivo pelo qual essa teoria tem perdido seu poder de influência sobre as cortes daquele país. Vemos naquela jurisdição que a isonomia não tem como objetivo a garantia de igualdade de resultados entre grupos, mas sim a de oportunidades entre indivíduos. Essa teoria teve outros destinos na jurisprudência canadense, jurisdição na qual firma-se a noção de que, além do impacto desproporcional, deve-se considerar também a omissão em relação à promoção da acomodação dos interesses de grupos

---

[610] MCCOLGAN, Aileen. *Discrimination law*: texts, cases and materials. Oxford: Hart Publishing, 2005, pp. 77-83.

vulneráveis. Observamos nos países europeus uma posição mais aberta à possibilidade de comprovação dessa discriminação, que tem sido interpretada a partir do conceito de proporcionalidade. A jurisprudência latino-americana tem incorporado esse tema para a proteção de diferentes grupos e não apenas no campo do direito trabalhista.[611]

Para Sandra Fredman, autora que oferece um resumo dos temas ligados a essa prática discriminatória, a discriminação indireta tem sido incorporada em vários documentos legais. Apesar das diferentes formulações, ela geralmente engloba três princípios. Primeiro, a norma ou prática em questão trata as pessoas de forma igual; ela é dirigida à generalidade dos indivíduos. Não há a presença clara de uma forma de discrímen que possa caracterizar uma motivação negativa, pelo menos não diretamente. Portanto, a discriminação indireta está marcada pela ausência da intencionalidade explícita de discriminar pessoas. Isso pode acontecer porque a norma ou prática não leva em consideração ou não pode prever de forma correta as consequências da norma. Mas isso também pode ser produto de uma intenção encoberta de discriminar membros de um determinado grupo. Então, algumas vezes, a norma jurídica não menciona diretamente uma característica de um determinado grupo, mas emprega um elemento que está fortemente associado a certos segmentos por razões sociais ou históricas. É o caso de normas ou práticas que utilizam a classe social para estabelecer tratamento diferenciado, fato que pode afetar minorias raciais de forma desproporcional em função da marginalização econômica desses grupos. Segundo, deve haver um impacto desproporcional em alguns grupos que já sofrem desvantagens. Esse impacto negativo aumenta o nível de opressão dos membros desse grupo, impedindo que atinjam os mesmos propósitos que membros de

---

[611] CORBO, Wallace. *Discriminação indireta*: conceitos, fundamentos e uma proposta de enfrentamento à luz da Constituição de 1988. Rio de Janeiro: Lumen Juris, 2017, pp. 111-175.

CAPÍTULO IX – DISCRIMINAÇÃO DIRETA E DISCRIMINAÇÃO INDIRETA

outros grupos, com os quais possam ser comparados, poderiam alcançar. Se a discriminação direta geralmente expressa práticas discriminatórias contra indivíduos, a discriminação indireta tem um caráter coletivo, pois seu pressuposto é a identificação de formas que afetam grupos específicos como um todo. Mais uma vez, a discriminação indireta também tem um aspecto comparativo, pois ela procura identificar normas ou práticas que afetam negativamente membros de um grupo em relação a outro. Assim, a avaliação da desvantagem requer uma análise de como pessoas de um determinado grupo estão sendo impactadas em relação às pessoas de outro grupo, com as quais possam ser comparadas.[612] Terceiro, deve-se levar em consideração se esse impacto desproporcional pode ser justificado tendo em vista os objetivos que a norma ou prática pretende alcançar. O fato de que a norma estabelece uma mesma exigência ou a mesma consequência para todas as pessoas precisa então ser avaliado a partir da racionalidade que guarda com um propósito. Isso é necessário porque os elementos da norma ou prática podem ser dirigidos a todas as pessoas, mas podem expressar um objetivo de excluir grupos específicos.[613]

David Wasserman observa as relações entre a discriminação direta e a indireta. Para ele, há uma linha de continuidade histórica entre as duas formas de discriminação. A discriminação indireta ocorre porque ela perpetua a situação de desvantagem social. Existe em função da tolerância de práticas discriminatórias

---

[612] BRASIL. Supremo Tribunal Federal. Ação de descumprimento de preceito fundamental n. 291, Órgão Julgador: Tribunal Pleno, Relator: Luis Roberto Barroso, 28.10.2015 (tornando ilegal artigo do Código Penal Militar supostamente referente a todos, mas que tinha um impacto negativo dobre homossexuais); BRASIL. Tribunal Regional Federal da 4ª Região, Recurso Especial em Apelação n. 2008.71.00.002546- 2/RS, Relator: Élcio Pinheiro de Castro, 05.05.2010 (reconhecendo que ações afirmativas procuram eliminar as consequências da discriminação indireta que afeta minorias raciais, o que as impede de entrar nas instituições universitárias).

[613] FREDMAN, Sandra. *Discrimination law*. Oxford: Oxford University Press, 2011, pp. 177-180.

dentro de uma sociedade. Se a discriminação direta cria padrões de discriminação que promovem a estratificação de certos grupos, a discriminação indireta os reproduz quando essa mesma sociedade permite o tratamento desvantajoso de grupos minoritários. Assim, normas facialmente neutras podem acentuar a exclusão social em função das assimetrias de poder que persistem dentro de uma sociedade.[614]

Como afirmado anteriormente, se os conceitos de igualdade de oportunidades e de justiça simétrica nos ajudam a compreender a lógica de funcionamento da discriminação direta, as noções de igualdade de resultados e justiça distributiva oferecem elementos importantes para analisarmos o tipo de discriminação em questão. Parte-se do pressuposto de que a falta de uma representação balanceada dos diferentes segmentos sociais, por exemplo, na força de trabalho, pode significar que a discriminação indireta está operando. Acredita-se que os membros de diferentes segmentos sociais deveriam estar proporcionalmente representados nas várias esferas e ocupações em uma sociedade na qual o princípio da igualdade opera de forma adequada. Mas pode existir algum obstáculo ao alcance desse resultado, sinal de que algum procedimento impede o seu próprio alcance. Por estar associada à noção de igualdade de resultados, a verificação da discriminação indireta depende, muitas vezes, de demonstração estatística, elemento que um número significativo de tribunais brasileiros se recusa a reconhecer como prova de discriminação. Talvez a discrepância do número de empregados negros e brancos no banco mencionado no início deste livro não ocorra em função de discriminação institucional. Isso pode acontecer porque o acesso a certos postos aconteça pela indicação de outros funcionários, fator que tem um impacto negativo sobre negros

---

[614] WASSERMAN, David. "The concept of discrimination". *In*: CHADWICK, R. (Coord.). *Encyclopedia of applied ethics*. San Diego: Academic Press, 1998, p. 811.

porque a maioria dos funcionários são brancos de classe média, grupo que pode manter interações com negros, mas que convive primordialmente com pessoas do mesmo grupo racial.[615]

---

[615] FREDMAN, Sandra. *Discrimination law*. Oxford: Oxford University Press, 2011, p. 177.

CAPÍTULO X
DISCRIMINAÇÃO INTERSECCIONAL E DISCRIMINAÇÃO MULTIDIMENSIONAL

Se a teoria da discriminação indireta teve um papel importante no desvelamento de mecanismos discriminatórios que permaneciam invisíveis para o sistema jurídico, as teorias examinadas neste capítulo propõem uma análise ainda mais profunda da ação de fatores de tratamento diferenciado nos processos de exclusão social. Elas partem do pressuposto de que não podemos identificar adequadamente práticas discriminatórias sem o conhecimento da pluralidade de identidades presentes em um grupo social. Sujeitos sociais estão imersos em diversas relações assimétricas de poder, sendo que elas sempre se entrecruzam, o que os torna vulneráveis de diferentes maneiras. As duas teorias analisadas neste capítulo demonstram de forma clara que sistemas de opressão racial operam conjuntamente para promover a subordinação de certos grupos. Essas teorias não se dirigem apenas ao pensamento tradicional sobre igualdade e discriminação. Observaremos que elas nasceram também de uma crítica interna aos próprios movimentos sociais, mais especificamente ao fato destes desconsiderarem o papel de diferentes vetores de discriminação no processo de subordinação desses grupos. Ao pressupor que os vários problemas do grupo decorrem de questões relacionadas a um único vetor de tratamento diferenciado, muitas lideranças impedem a construção de uma agenda de justiça social mais eficaz porque não compreendem a dinâmica interna das relações de poder que afetam grupos minoritários.

10.1 A discriminação interseccional

O estudo dos novos movimentos sociais promoveu uma ruptura com a categoria de sujeito enquanto unidade racional que empresta um significado homogêneo para todos os campos de seus atos. Dentro da reflexão recente sobre o tema da igualdade, o sujeito não é mais encarado como uma unidade que fornece um significado único para a totalidade de suas ações; ele não aparece como uma pessoa que possui uma existência universal comum a todas as pessoas. O sujeito humano será pensado a partir das diferentes posições que ocupa dentro das estruturas nas quais está inserido. São justamente essas diferentes posições ocupadas em função de identidades culturais, raciais e sexuais que se tornaram o principal ponto de partida para a construção de teorias jurídicas que precisam articular igualdade e diferença. Essa fragmentação da identidade do agente social deixa claro que não há identidade social que seja integralmente adquirida e permanentemente assegurada. Esse processo cultural terá um papel central nos debates atuais sobre direitos de minorias, uma vez que eles demonstram a necessidade de considerarmos as diferentes formas de pertencimentos dos sujeitos humanos quando debatemos temas relacionados com a discriminação.[616]

Alguns acontecimentos históricos foram responsáveis pela revisão das teorias de discriminação de primeira geração: a discriminação direta e a discriminação indireta. Embora elas continuem sendo muito relevantes, o avanço da compreensão dos mecanismos

---

[616] LACLAU, Ernesto. "Os novos movimentos sociais e a pluralidade do social". *Revista Brasileira de Ciências Sociais*, nº 2, 1986, pp. 43/44.

responsáveis pela exclusão social apontou suas limitações. Uma das razões mais significativas para esse fato diz respeito à ênfase no caráter comparativo da discriminação, elemento responsável pela reprodução da percepção de que as pessoas são discriminadas a partir de um único vetor. Esse aspecto começou a ser questionado na medida em que algumas teorias jurídicas passaram a oferecer outros parâmetros para a compreensão das relações de poder dentro da sociedade. Certos autores elaboraram uma crítica severa aos pressupostos liberais do discurso jurídico, tais como a noção de que as pessoas existem socialmente apenas como indivíduos, a representação dos seres humanos como sujeitos que possuem uma existência integrada, a afirmação de que a igualdade possui um caráter essencialmente comparativo e a análise procedimental desse princípio. Isso ocorreu porque o discurso liberal impede o reconhecimento de que relações assimétricas de poder ocorrem mesmo em sociedades democráticas. Os autores em questão argumentam que o liberalismo não oferece elementos suficientes para combater o problema das desigualdades, principalmente por causa da defesa de um igualitarismo estrito como única forma de justiça social. Princípios liberais encobrem relações assimétricas de poder que têm um papel central na forma como sujeitos e lugares sociais são construídos, motivo pelo qual a análise do papel do Direito na reprodução dessa realidade precisa ser adequadamente examinada para entendermos a complexidade da questão.[617]

A crítica ao liberalismo é também dirigida à forma como as diferenças entre grupos sociais são tratadas. Tendo em vista o fato de que os sujeitos são concebidos como pessoas que possuem identidades unificadas, demandas de discriminação precisam fazer referência a um grupo específico em relação ao qual outro sofre desvantagem. A discriminação da mulher acontece a partir da diferenciação indevida baseada no sexo; mulheres são submetidas a tratamento desvantajoso,

---

[617] DELGADO, Richard; STEFANCIC, Jean. *Critical race theory*: an introduction. Nova York: New York University Press, 2001, pp. 5-8.

enquanto homens não são prejudicados por pertencerem ao sexo masculino. A discriminação racial é produto de tratamento desvantajoso decorrente da raça dos indivíduos, membros do grupo racial majoritário não seriam vítimas de tratamento arbitrário na mesma situação. Assim, as mulheres devem ser comparadas aos homens, e negros devem ser comparados aos brancos para que a alegação de discriminação possa ser considerada legítima. Mas a luta simultânea por justiça racial e por justiça sexual foi um momento central no processo de transformação nos estudos sobre discriminação. Em primeiro lugar, porque os estudiosos perceberam que fatores como racismo e sexismo não são apenas processos que se afastam do ideal do tratamento igualitário. Eles funcionam como sistemas de dominação, afetando a vida das pessoas nas mais diferentes situações por diferentes instituições. Em segundo lugar, porque esses sistemas de dominação não operam isoladamente. Eles atuam de forma conjunta para promover a exclusão. Em função disso, feministas negras começaram a questionar a legitimidade da formulação das demandas por igualdade racial porque os líderes desse movimento eram quase todos homens, pessoas que não consideravam a especificidade da experiência feminina. Elas também se sentiam insatisfeitas com as direções do movimento feminista, pois suas líderes também não estavam atentas à forma como o racismo afeta as mulheres negras.[618]

Essas feministas formularam uma teoria de discriminação que leva em consideração a convergência do racismo e do sexismo como fatores de exclusão. A teoria da *discriminação interseccional* está baseada na premissa de que a luta requer a consideração das diferentes formas de discriminação a que muitos sujeitos sociais estão submetidos. A consideração de possíveis violações da igualdade a partir de um único parâmetro de comparação encobre a experiência de grupos sociais que sofrem as consequências da convergência de mecanismos discriminatórios. A discriminação

---

[618] HOOKS, Bell. *Ain't I a woman?* black women and feminism. Boston: South End Press, 1999, pp. 87-120.

sexual não pode ser examinada apenas a partir da comparação com a forma como um homem seria tratado em uma situação similar. Também não se pode examinar apenas se uma alegação de discriminação racial levando em consideração se uma pessoa branca seria tratada de forma indevida na mesma situação. Não se trata apenas da verificação se as pessoas que estão sendo tratadas de forma diferente estão igualmente situadas, mas sim do aspecto estrutural dos sistemas de opressão que colocam esses indivíduos em situações inteiramente desiguais. Isso significa que esses indivíduos são discriminados a partir de diferentes vetores de discriminação, o que os coloca em uma situação distinta de homens negros e mulheres brancas.[619]

Minorias raciais e sexuais nunca estarão similarmente situadas a grupos majoritários em função da ação conjunta de sistemas de opressão. Por isso, também é preciso considerar como outras variáveis atuam dentro de uma situação de exclusão. Pensar a questão da igualdade apenas a partir de um aspecto comparativo ignora a forma como as desigualdades de *status* cultural e material afetam a vida das pessoas. A teoria da discriminação interseccional parte do pressuposto de que a luta contra a discriminação requer a consideração daqueles que sofrem diferentes formas de opressão, pois a compreensão da discriminação como algo que opera apenas a partir de um único vetor contribui para a permanência das hierarquias sociais existentes, uma vez que torna invisível a forma como efeitos cumulativos da discriminação afetam a vida das pessoas. Essas autoras criticam as relações binárias a partir das quais o sistema jurídico pensa a questão da igualdade porque as pessoas não estão situadas em relação a um único grupo, mas em relação a vários deles. Além disso, as interações entre esses grupos não se apresentam sempre relações de paridade, mas de

---

[619] DELGADO, Richard; STEFANCIC, Jean. *Critical race theory*: an introduction. Nova York: New York University Press, 2001, pp. 52-57.

desigualdade estrutural, realidade frequentemente ignorada por raciocínios jurídicos baseados em premissas liberais.[620]

O conceito de interseccionalidade tem sido utilizado como uma postura analítica para o exame das relações de poder baseadas nas categorias de raça e gênero, embora possa ser aplicado a várias outras formas de opressão. Mais do que um aparato intelectual para o desvelamento de relações hierárquicas que afetam as mulheres negras de forma diferenciada, a interseccionalidade questiona uma maneira de reflexão sobre a discriminação e a igualdade. As teorias tradicionais de discriminação partem do pressuposto de que os indivíduos são discriminados a partir de um elemento, posição baseada na premissa de que eles possuem identidades unificadas. Essa tese apresenta uma série de complicações porque os seres humanos possuem uma pluralidade de pertencimentos sociais: podem fazer parte de mais de um grupo que merece ser legalmente protegido por sofrer uma histórica desvantagem social. Os vários sistemas de dominação social são construídos a partir de estigmas que permitem a legitimação de arranjos sociais; aqueles indivíduos estão na situação na qual se encontram em função de suas inclinações naturais, o que justifica a situação de desvantagem na qual se encontram. O conceito de interseccionalidade demonstra a insuficiência de teorias de justiça baseadas em noções de igualdade simétrica ou proporcional porque elas partem do pressuposto de que o tratamento procedimental entre todas as pessoas e a distribuição de um único bem a todos os indivíduos poderão melhorar a qualidade de vidas deles.[621]

O conceito de interseccionalidade representa um avanço significativo nos estudos sobre teorias de discriminação porque

---

[620] CRENSHAW, Kimberlé. "Demarginalizing the intersection of race and sex: A black feminist critique of antidiscrimination doctrine, feminist theory and antiracist policits". *University of Chicago Legal Forum*, nº 1, 1989, p. 145.

[621] Ver: nesse sentido: CARNEIRO, Sueli. *Escritos de uma vida*. São Paulo: Pólen Livros, 2019, pp. 89-101.

permite a compreensão da natureza complexa da desigualdade, pois nos mostra que mecanismos de marginalização não operam a partir de um único mecanismo de exclusão. As desigualdades enfrentadas por mulheres negras não podem ser explicadas apenas por desigualdades de classe de um lado e por desigualdades raciais de outro. O conceito de interseccionalidade permite observar que ideologias raciais e sistemas econômicos são elementos que se articulam para promover desigualdade, porque a operação deles ocorre por meio de instituições controladas por certos grupos sociais. As várias relações de poder que permeiam sistemas e instituições sociais moldam identidades individuais porque são meios que reproduzem sentidos sociais que determinam formas de pertencimento. Vemos então que relações de poder devem ser analisadas a partir de suas interseções, mas também a partir dos diferentes domínios de poder, seja no espaço público ou no espaço privado, seja no plano interpessoal ou no cultural. Assim, esse conceito implica um aspecto relacional porque parte do pressuposto de que a desigualdade decorre de certas categorias que moldam diversos processos sociais de forma simultânea; mulheres negras são afetadas pela ação paralela do racismo e do sexismo em diferentes dimensões de sua vida. Não podemos deixar de ver um aspecto importante da teoria da interseccionalidade: embora tenha sido elaborada no contexto acadêmico de certos países, ela representa uma perspectiva importante para a análise de como relações de desigualdade ocorrem em contextos sociais particulares. Mais do que isso, essa perspectiva analítica demonstra a necessidade de pensarmos uma forma de justiça social que esteja centrada nos efeitos que a convergência de diversos modos de discriminação tem sobre grupos particulares.[622]

A teoria da interseccionalidade está associada ao pensamento feminista negro, grupo social que tem elaborado reflexões teóricas

---

[622] COLLINS, Patricia Hill; BILGE, Sirma. *Intersectionality*. Maldon: Polity Press, 2018, pp. 3-30.

sobre a condição das mulheres negras a partir de perspectivas particulares. Feministas negras enfatizam a necessidade urgente de pensarmos as categorias de raça e sexo a partir de uma perspectiva conjunta porque elas determinam a formação dos lugares sociais que esse grupo ocupa na sociedade. Mais do que elementos que incidem simultaneamente para produzir a marginalização no plano das relações individuais e coletivas e também no espaço público e no espaço privado, o caráter relacional entre essas duas categorias opera também no plano das relações assimétricas existentes no plano nacional e internacional, uma vez que também são reproduzidas por sistemas econômicos e culturais globais.[623] Patricia Hill Collins parte de um pressuposto fundamental: o feminismo é uma filosofia da igualdade. Porém, ela não pode estar baseada nos mesmos valores e na mesma racionalidade que tradicionalmente sustentam a afirmação desse princípio básico dos regimes liberais. Ela tem algo especialmente importante a dizer: a conquista da igualdade por mulheres negras não poderá ser alcançada a partir da pressuposição de que todas as pessoas possuem a mesma experiência social. Assim, a presunção da universalidade dos sujeitos humanos, premissa fundamentada da necessidade de compreendermos as pessoas como atores individuais, não pode ser vista como um meio eficaz de emancipação para um grupo que se encontra na intercessão de exclusões baseadas na raça, no sexo e na classe social. Além disso, afirma Collins, essa transformação também requer mudanças na forma como apreendemos e pensamos as nossas experiências sociais. A autora nos instiga então a entender as particularidades dessa maneira de exclusão que consiste no apagamento intelectual e cultural das experiências sociais das mulheres negras e também da maneira como elas construíram meios específicos de pensar sua própria existência.[624]

---

[623] AKOTIRENE, Carla. *Interseccionalidade*. São Paulo: Pólen Livros, 2018, pp. 18-28.
[624] COLLINS, Patricia Hill. *Pensamento feminista negro*. São Paulo: Boitempo, 2019, pp. 29-61.

CAPÍTULO X – DISCRIMINAÇÃO INTERSECCIONAL E...

Essa autora nos convida a ver o pensamento feminista negro como uma epistemologia do ser no mundo que propõe também uma epistemologia do olhar. Ela nos mostra como as condições materiais da existência das mulheres negras nos seu país determinaram um tipo específico de mobilização política que se afasta das demandas que requerem um mero tipo de tratamento simétrico entre as pessoas. Se os meios de vida das mulheres negras são distintas de todos os outros grupos, os meios de conscientização e emancipação também devem ser diferentes. Esse movimento requer então que mulheres negras possam construir as próprias definições a partir das quais elas analisarão a situação na qual se encontram. Mais do que menções a princípios abstratos, devem incorporar a sabedoria adquirida e acumulada por elas mesmas em função da experiência história de subordinação, mas também de resistência cultural a esse processo. É preciso lutar contra a supressão do pensamento das mulheres negras, mas também utilizar as reflexões elaboradas pelo grupo para adquirir conhecimento de si mesmas, o que permite a construção de políticas de empoderamento que passam necessariamente pela afirmação de uma proposta de emancipação coletiva. Decorre daí a necessidade de construirmos uma forma de racionalidade que expresse as perspectivas de um grupo específico, uma perspectiva baseada em um tipo de olhar do mundo, mas que precisa dialogar com outros sujeitos sociais.[625]

Essa racionalidade está fundamentalmente marcada pela interseccionalidade das diversas formas de opressão que as mulheres negras sofrem. Mulheres negras são afetadas por práticas sociais responsáveis pela criação de diferenças de *status* cultural e de *status* material. Essas diferenças legitimam uma série de mecanismos discriminatórios que incidem simultaneamente sobre os membros desse grupo. A construção cultural do racismo e do sexismo está ancorada em imagens sociais que reproduzem generalizações sobre

---

[625] COLLINS, Patricia Hill. *Pensamento feminista negro*. São Paulo: Boitempo, 2019, pp. 401-433.

pessoas negras e sobre pessoas do sexo feminino, simultaneamente. Elas designam supostas características desses indivíduos e também os lugares que podem ocupar dentro da sociedade. Mulheres negras se encontram em uma situação de vulnerabilidade social extrema porque são vistas como pessoas que não podem atuar de forma competente no espaço público por serem mulheres e por serem negras. Feministas analisam os processos culturais responsáveis pela subordinação da mulher negra, processos que as representam como pessoas que só podem ocupar lugares sociais específicos em função de suas supostas características sociais. Esses estereótipos descritivos e prescritivos são manifestações do funcionamento conjunto do racismo e do sexismo, dois sistemas de dominação que se reproduzem a partir da objetificação social dos indivíduos. Políticas raciais e políticas sexuais são então responsáveis pela subordinação da mulher negra em dimensões da vida social. A elas são negados postos de trabalho em função do racismo, uma vida sexual autônoma em função do sexismo, como também a integração no mundo político e acadêmico em função da ação conjunto desses dois fatores.[626]

    Mais do que uma teoria de discriminação, a interseccionalidade deve ser vista como um instrumento crítico que tem como objetivo compreender a realidade social a partir da experiência social de grupos subordinados. Os estudos interseccionais permitem a análise de processos de dominação social encobertos por formas de interpretação da realidade que consideram mecanismos de opressão a partir de um único parâmetro. Essa produção acadêmica demonstra a necessidade de considerarmos como processos múltiplos operam para promover a opressão de grupos minoritários. Além disso, essas análises são meios relevantes para relacionar a teoria acadêmica com uma prática política que possa transformar a realidade dos membros desses segmentos sociais. Essa perspectiva crítica pode ser vista como uma estratégia importante para a promoção do

---

[626] RIBEIRO, Djamila. *Lugar de fala*. São Paulo: Pólen Livros, 2019, pp. 34-40.

empoderamento de marginalizados, uma vez que cria condições para a elaboração de medidas que possam ser mais eficazes na luta contra a opressão. No campo jurídico, esse conceito cumpre o papel importante de demonstrar como métodos hermenêuticos que compreendem as pessoas como entes que possuem experiências sociais universais ou como pessoas cuja realidade pode ser analisada de forma abstrata impedem a realização da justiça social. Essa posição interpretativa serve como uma orientação jurídica capaz de evidenciar a necessidade de considerarmos pressupostos liberais que fundamentam o discurso jurídico, pressupostos que operam a partir da premissa da homogeneidade do corpo social.[627]

O abandono da premissa da homogeneidade do corpo social se mostra necessário quando consideramos os meios a partir dos quais fenômenos sociais operam, situações que não envolvem apenas indivíduos particulares, mas sim estruturas de poder presentes nos diferentes âmbitos da realidade social. A violência contra a mulher negra só pode ser compreendida de forma adequada quando expomos a forma como o sexismo e o racismo são sistemas de opressão que se relacionam a fim de promover uma inserção social específica da mulher negra, que a submete aos riscos da violência baseada no patriarcalismo e no sistema de dominação racial. O espaço doméstico não pode ser visto como único lugar de violência porque essas pessoas circulam dentro de outros lugares nos quais também são expostas à possibilidade de exclusão social, o que aumenta a vulnerabilidade dos membros desse grupo. Reduzir a explicação da violência doméstica contra a mulher negra ao comportamento de seu agressor impede que possamos compreender a relação desse fenômeno com a exclusão econômica, com valores culturais que legitimam esses atos e com padrões culturais que desvalorizam a mulher negra como sujeito social. A mesma questão pode ser observada na experiência de outros grupos sociais afetados pela

---

[627] COLLINS, Patricia Hill; BILGE, Sirma. *Intersectionality*. Maldon: Polity Press, 2018, pp. 33-42.

convergência de vetores de discriminação que se somam para promover exclusões que atingem indivíduos de forma diferenciada.[628]

Essa teoria de discriminação aponta a relevância da discussão sobre o tema da política da identidade no debate jurídico e político porque categorias como raça e sexo são centrais para entendermos sistemas de marginalização social. Muitos dos que escrevem sobre esse tópico apontam a relevância da ênfase na dimensão política da identidade como um meio para a demonstração da relação entre identidades de grupo e experiências de exclusão. Eles argumentam que a questão da identidade opera aqui como uma categoria política por meio do qual grupos de indivíduos podem se mobilizar politicamente para lutar pela emancipação. Essas identidades são construídas por processos sociais criados para legitimar, no plano cultural, as discriminações que ocorrem no plano material. Há os que enfatizam o aspecto relacional dessas diversas formas de identidade, que devem ser vistas como meios para a coalização entre diferentes grupos minoritários. No lugar da defesa de um mero essencialismo identitário, a interseccionalidade convida as pessoas a pensarem a identidade como um pertencimento social capturado porque os indivíduos não possuem poder suficiente para afirmar suas identidades, para ter protagonismo nesse processo. A luta contra a opressão requer então a criação de articulações políticas entre pessoas que estão lutando contra processos de opressão que as afetam porque operam de maneira simultânea na vida delas.[629]

No artigo inaugural sobre essa teoria, Kimberlé Crenshaw analisa a situação das mulheres negras vítimas de violência doméstica. Ela afirma que essas mulheres estão em uma situação particular porque a situação na qual se encontram é comumente

---

[628] CRENSHAW, Kimberlé. "Mapping the margins: intersectionality, identity politics, and violence against women of color". *Stanford Law Review*, vol. 43, nº 4, 1990, pp. 1245-1250.

[629] Ver: nesse sentido: CARASTATHIS, Anna. "Intersectionality: theorizing power, empowering theory". *Signs*, vol. 38, nº 4, 2013, pp. 941-948.

analisada a partir de fatores isolados. As interseções entre racismo e sexismo não são consideradas em função da tradição de se pensar as experiências de exclusão a partir de um único fator. Mas não se pode compreender a situação de mulheres negras sem a análise da ação simultânea desses vetores de discriminação, o que torna os membros desse grupo estruturalmente diferentes das pessoas que pertencem aos grupos dominantes. Crenshaw reconhece a relevância da política da identidade na articulação de direitos, mas afirma que ela também apresenta problemas porque nem sempre se reconhece a diversidade interna dos grupos minoritários. Esse fato faz com que as experiências de certos segmentos de uma minoria sejam diferentes da dos demais, muitos deles não experienciam a discriminação da mesma forma, porque compartilham algum tipo de privilégio com os grupos majoritários. Vemos que a maioria dos sujeitos não estão apenas em uma posição de privilégio ou em uma situação de subordinação; as pessoas ocupam diferentes posições dentro das estruturas de poder existentes dentro de uma sociedade. Homens negros sofrem as consequências da discriminação racial, mas são beneficiados pelo sistema patriarcal, o que os diferencia das mulheres negras. Mulheres brancas e negras sofrem igualmente as consequências do sexismo, mas as primeiras compartilham os privilégios decorrentes de serem brancas. Mais especificamente, a experiência social da mulher negra é marcada pela ação concomitante do racismo e do sexismo. Isso significa que um ideal de igualdade como tratamento simétrico não é capaz de promover a plena inclusão desse grupo porque este possui uma identidade interseccional: a experiência das mulheres negras não pode ser compreendida sem a consideração simultânea da ação desses dois vetores de discriminação.[630]

---

[630] CRENSHAW, Kimberlé. "Demarginalizing the intersection of race and sex: a black feminist critique of antidiscrimination doctrine, feminist theory and antiracist politics". *University of Chicago Legal Forum*, nº 1, 1989, pp. 166/167.

As mulheres negras são sujeitos interseccionais porque são *minorias dentro de minorias*: elas estão em uma situação de desvantagem na sociedade mais ampla por causa do racismo e também estão na mesma situação dentro da comunidade negra por causa do sexismo. Essa condição indica que elas estão em uma situação distinta dos grupos cognatos com os quais poderiam ser comparadas, porque todos eles não são afetados simultaneamente por dois vetores de discriminação. Esse fato indica que os efeitos desses processos discriminatórios serão mais acentuados entre os membros desse grupo, motivo pelo qual os contextos social e histórico devem ser elementos centrais na consideração da situação na qual elas se encontram. Mais uma vez, a noção de que as pessoas devem ter a mesma consideração e respeito na situação na qual se encontram se faz verdade. A questão da comparação precisa ser relativizada quando consideramos a situação na qual sujeitos interseccionais se encontram para que uma prestação judicial possa ser adequada.[631]

O conceito de interseccionalidade rejeita a noção de homogeneidade social pressuposta pela defesa de um igualitarismo estrito entre grupos sociais ao reconhecer as identidades múltiplas que um indivíduo pode ocupar e as relações de poder existentes entre elas. Essas considerações são particularmente relevantes para a luta contra as formas de subjugação presentes dentro de sociedades divididas em função de elementos como raça e sexo. Por esse motivo, a análise da igualdade a partir de um único vetor mostra-se problemática porque as relações assimétricas de poder não existem apenas entre grupos sociais majoritários e minoritários, mas também entre os diferentes segmentos presentes dentro de um mesmo grupo social. Essas minorias dentro de minorias estão em uma situação jurídica e política diferenciada por serem vítimas de discriminações que

---

[631] Para uma análise da questão da comparação como elemento de análise da interpretação da igualdade ver ABRAMS, Katrhyn. "Complex claimants and reductive moral judgements: new patterns in the search for equality". *University of Pittsburg Law Review*, vol. 57, n° 2, 1995, pp. 337-360.

atuam de forma simultânea. Segundo os parâmetros dessa teoria, as pessoas não existem fora de relações de poder, sendo que todos indivíduos estão situados em múltiplos lugares sociais. As discriminações sofridas por esses indivíduos são reproduzidas dentro dos diferentes grupos aos quais eles pertencem. As mulheres negras são excluídas em função da ação do racismo, situação que as define como uma minoria racial. Porém, a situação de opressão também se reproduz dentro dessa comunidade em função da sua condição de mulher. Elas podem se articular enquanto membros do sexo feminino, um grupo que sofre processos de exclusão social, mas elas ainda sofrerão as consequências de serem uma minoria racial dentro desse grupo específico.[632]

Deve-se ter em mente que a interseccionalidade possui um caráter estrutural e um caráter político. A ação conjunta de sistemas de opressão, como racismo e sexismo, impede que mulheres negras possam ter as mesmas chances de trabalho, porque esses sistemas de opressão também são responsáveis pela violência contra a mulher negra. A situação de mulheres negras vítimas de agressão física podem ser vistas como consequência da falta de oportunidades educacionais e profissionais, o que as coloca em uma situação de dependência econômica de companheiros abusivos. Assim, a noção de discriminação interseccional designa as formas como vetores específicos de discriminação confluem para formar uma vivência social particular construída a partir das formas como racismo e sexismo restringem simultaneamente as oportunidades de um grupo social. Deve-se ter em mente que essas formas interseccionais de opressão não são produzidas intencionalmente como se postula na concepção tradicional de discriminação. Muitas vezes

---

[632] MAY, Vivian. *Pursuing intersectionality, unsettling dominant imaginaries*. Nova York: Routledge, 2015, pp. 212/213.

são consequência de um tipo de opressão que interage com outras já existentes, produzindo assim a continuidade da exclusão.[633]

Mas a interseccionalidade também possui um caráter político porque a experiência da mulher negra não aparece como referência para a formulação de demandas de justiça elaboradas por líderes comunitários. A experiência delas torna-se invisível dentro do processo político e a dificuldade de mobilização política desse grupo contribui ainda mais para agravar esse problema.[634] Por esse motivo, os autores que trabalham com essa teoria enfatizam a importância da sua concepção como uma *estrutura de compreensão* das relações sociais e também como uma *prática social* que deve orientar as ações políticas. Por esse motivo, as estratégias de emancipação social devem estabelecer o propósito de desvelar as interações entre os diversos sistemas de opressão; os indivíduos não podem atingir uma existência plena se não conseguem se ver livres de diferentes formas de desvantagem social. Um objetivo dessa natureza só pode ser alcançado na medida em que falsas relações binárias são abandonadas, elemento que está por trás do raciocínio do Tribunal de Justiça do Rio de Janeiro, que declarou a inconstitucionalidade de ações afirmativas. A decisão parte do pressuposto de que os processos de exclusão social estão baseados fundamentalmente na classe social, posição que claramente ignora as múltiplas determinações da experiência social dos indivíduos.

A premissa segundo a qual as pessoas são oprimidas a partir de diferentes vetores de discriminação é uma referência importante para a crítica de uma concepção liberal dos direitos fundamentais, perspectiva que reproduz a ideia de que as pessoas possuem

---

[633] CRENSHAW, Kimberle. "Mapping the margins: Intersectionality, identity politics, and violence against women of color". *Stanford Law Review*, vol. 36, nº 5, 1990, pp. 1249/1450.

[634] CRENSHAW, Kimberle. "Mapping the margins: Intersectionality, identity politics, and violence against women of color". *Stanford Law Review*, vol. 36, nº 5, 1990, pp. 1243-1248.

experiências sociais inteiramente semelhantes. Essa teoria cumpre um papel importante para a análise do discurso dos direitos porque demonstra que a defesa de um igualitarismo estrito pode ser uma forma de reprodução de desigualdades sociais. Por esse motivo, interpretações procedimentais da igualdade permitem a reprodução de estruturas de opressão porque desconsideram o caráter estrutural das experiências sociais dos sujeitos humanos. Afirmamos anteriormente que a teoria da discriminação direta continua sendo relevante, mas seu caráter comparativo reproduz relações binárias ao determinar que as pessoas precisam sempre ser comparadas com grupos cognatos para provar a discriminação. A interseccionalidade expande nossa compreensão do mundo porque expande uma premissa da discriminação direta ao reconhecer que práticas discriminatórias não apenas pressupõem relações hierárquicas de poder, mas também a ação conjunta de diferentes sistemas de opressão. Dessa forma, abre espaço para reconhecermos que as lutas pela emancipação social também não se resumem ao esforço para a liberação de um único grupo social, porque esse grupo possui uma variedade interna. Mais uma vez, essa teoria indica a necessidade de desconfiarmos de discursos de direitos baseados na ideia de um senso comum de humanidade. Universalizar a experiência humana, argumento frequente daqueles que são contra ações de inclusão racial, pode ser um discurso estratégico que dificulta a luta contra a opressão.

10.2 A teoria da multidimensionalidade de opressões

A teoria da interseccionalidade teve um papel de fundamental importância nos estudos sobre discriminação, mas alguns autores começaram a apontar seus limites para a análise da exclusão de certos grupos minoritários. O primeiro problema deles é a identificação das mulheres negras como único grupo submetido a duplas formas de discriminação. Outros segmentos também podem ser considerados como minorias dentro de minorias, pois o racismo e o sexismo não são os únicos sistemas de controle social responsáveis pela subordinação de minorias. Esse entendimento oferece elementos restritos para a identificação de diferentes tipos de discriminação. As pessoas também sofrem desvantagens sistemáticas em função da ação conjunta do racismo, do sexismo, do classismo e também da homofobia. Normas sociais sobre a regulação de práticas sexuais representam uma forma importante de diferenciação e opressão. Assim, a *teoria da multidimensionalidade propõe um estudo da discriminação a partir de diferentes vetores de discriminação que determinam a experiência social dos indivíduos, particularmente a partir da sexualidade*. Essa perspectiva da atuação paralela de diversos sistemas de opressão nas sociedades permite que tenhamos uma compreensão dos vários fatores que concorrem para promover processos de estratificação.[635]

Argumenta-se que a comunidade negra está composta por pessoas de sexos diferentes que possuem vivências sociais distintas, mas também por pessoas que possuem uma sexualidade dissidente, o que também provoca marginalização econômica. Esse tem sido um dos principais motivos pelos quais a questão da identidade se tornou um ponto central na atual jurisprudência: o sujeito humano deve ser visto a partir das várias posições que ele ocupa dentro da realidade social. Aqueles que são discriminados em função da orientação sexual podem também ser oprimidos por causa da identidade racial, o que gera a exclusão econômica. A racialização da sexualidade e a sexualização da raça provocam desigualdades de *status* cultural e de *status* material que atingem heterossexuais e homossexuais dentro da comunidade negra. A concepção tradicional de discriminação direta permite a formulação de demandas de remédio para tratamento arbitrário, mas apenas a partir de um determinado vetor de discriminação. Mas a exclusão social

---

[635] HUTCHINSON, Darren Lenard. "Ignoring the sexualization of race heteronormativity, critical raced theory and anti-racist policy". *Bufallo Law Review*, vol. 41, nº 1, 1999, pp. 1-16.

acontece ao longo de diversas frentes e isso significa que políticas destinadas à promoção da integração de grupos apenas a partir de um elemento pode não emancipar todos os seus membros. Deve-se também levar em consideração o fato de que a multidimensionalidade problematiza as próprias formas como demandas de justiça são elaboradas por grupos minoritários: demandas de justiça racial devem também construir estratégias contra formas de racismo sexista e também contra o racismo homofóbico, uma vez que é necessário considerar as várias formas como os sistemas de subordinação atuam de forma integrada.[636]

O conceito de multidimensionalidade de opressões tem origem na crítica dirigida a líderes e a acadêmicos de movimentos minoritários que pressupõem a homogeneidade interna desses segmentos, o que os impede de fazer uma análise de como integrantes de um grupo vivenciam a opressão de forma distinta. David Hutchinson prolematiza a forma como a liderança do movimento homossexual examina as demandas de direitos a partir da perspectiva de pessoas brancas, grupo que ainda se beneficia de vantagens associadas ao pertencimento ao grupo racial dominante. Esse autor convida então membros desse grupo a examinar como a opressão baseada na raça e na classe impacta a experiência social de homossexuais negros e hispânicos. O racismo, o sexismo e o classismo não são forças que operam de forma separada, mas atuam para promover maneiras específicas de subordinação de minorias sexuais. Ao excluir raça e classe das análises dos meios de subordinação da comunidade homossexual, ativistas desconsideram a experiência de minorias sexuais, o que silencia as vozes desses setores nas disputas políticas por igualdade. Pensar que homossexuais são afetados apenas pela homofobia impede que soluções possam ser alcançadas para os diferentes segmentos desse grupo; ao pressupor que a eliminação

---

[636] HUTCHINSON, Darren Lenard. "Gay rights for gay whites? race, sexual identity, and the equal protection clause". *Cornell Law Review*, vol. 85, nº 6, 2000, pp. 1365-1372.

da homofobia melhorará a vida de todos os homossexuais, os líderes desse movimento incorrem no erro do essencialismo, ao partir do pressuposto de uma identidade comum a todas as pessoas. Criticando posições essencialistas, o referido autor chama a atenção para o fato de que a própria vivência da homossexualidade pode ter dimensões muito distintas quando as categorias de classe e raça são utilizadas. Se tornar pública a orientação sexual pode ser o principal problema na vida de pessoas homossexuais brancas de classe média, o problema da discriminação racial e da privação econômica serão os elementos mais marcantes na vida de homossexuais negros e de homossexuais pobres. A possibilidade de formarem relacionamentos de longa duração está também associada com classe e raça porque esses fatores determinam as chances de as pessoas terem acesso à segurança financeira suficiente para poderem se casar.[637]

A teoria da multidimensionalidade critica posições baseadas na premissa segundo a qual um vetor de discriminação tem relevância maior no processo de subordinação dos vários grupos sociais. Embora um único sistema de discriminação possa produzir danos materiais significativos a um grupo em diferentes esferas da vida, ele afetará os membros de um grupo de formas distintas em função da sua pluralidade interna. A privação de certos membros de um grupo será maior dependendo da localização deles nos outros tipos de hierarquia às quais eles pertencem. A multidimensionalidade examina os diferentes níveis de identidade pessoal ao propor um meio de examinar como a opressão racial e a privação material contribuem para promover a subordinação ainda maior de minorias sexuais. Essa teoria de discriminação oferece elementos para a análise da dinâmica de poder entre heterossexuais e homossexuais, mas também dentro da própria comunidade homossexual. Estamos

---

[637] HUTCHINSON, Darren Lenard. "Out yet unseen: a racial critique of gay and lesbian legal theory and political discourse". *Connecticut Law Review*, vol. 29, nº 2, 2017, pp. 619-644.

então diante de uma perspectiva metodológica que nos permite examinar como múltiplas formas de desvantagem afetam as vidas de pessoas que são sujeitos sociais complexos. A possibilidade de políticas públicas efetivas depende então de um exame das correlações entre diferentes vetores que fazem com que a experiência da identidade seja distinta para os diversos indivíduos, o que explicita os limites de teorias de justiça e métodos de interpretação da igualdade que pressupõem a universalidade da experiência social. A multidimensionalidade também serve como uma crítica aos processos que permitem que membros de certos segmentos monopolizem a agenda política de um movimento social em nome dos interesses de apenas parte dele.[638]

Assim, políticas universais que usam apenas a classe social como medida de inclusão não serão capazes de integrar minorias raciais porque elas sofrem uma série de problemas decorrentes de desigualdade de *status*. A questão da multidimensionalidade de discriminações também indica que um ideal de justiça identificado apenas com a questão de redistribuição é insuficiente para a afirmação da igualdade porque muitas pessoas são discriminadas por terem identidades consideradas como desviantes. A igualdade exige também uma transformação cultural destinada à eliminação de falsas generalizações sobre os indivíduos. Uma pessoa negra sofre marginalização econômica em função da raça, mas também enfrenta o problema de prisões arbitrárias, evidência de que estereótipos raciais presentes na nossa cultura reproduzem a desigualdade na consideração do valor moral desse ser humano. Assim, temos que considerar a experiência complexa dos seres humanos tendo em vista a multidimensionalidade de opressões sofridas por eles.[639]

---

[638] HUTCHINSON, Darren Lenard. "Ignoring the sexualization of race heteronormativity, critical raced theory and anti-racist policy". *Bufallo Law Review*, vol. 41, nº 1, 1999, pp. 1-116.

[639] ABRAMS, Karthryn. "Complex claimants and reductive moral judgments: new patterns in the search for equality". *University of Pittsburg Law Review*, vol. 57, nº 2, 1995, pp. 341-344.

Os conceitos de interseccionalidade e de multidimensionalidade indicam dois caminhos possíveis para compreendermos o princípio da igualdade no mundo atual. É preciso considerar, em primeiro lugar, que a interpretação tradicional da igualdade a partir de um único fator de comparação parte do pressuposto de que indivíduos possuem uma experiência social unificada, o que permite tratá-los a partir da noção de simetria. Essa perspectiva mostra-se problemática porque eles possuem uma pluralidade de identidades, o que torna a comparação um elemento inadequado para tratar pessoas que estão em situações estruturalmente diferentes. O conceito de justiça simétrica parte do pressuposto de que as relações sociais dentro de uma sociedade liberal estão isentas de hierarquias sociais, o que leva o intérprete a interpretar uma norma sem considerações do contexto social no qual os sujeitos vivem.[640]

As perspectivas referidas também mostram que precisamos examinar a questão da igualdade a partir das diferentes posições que os sujeitos ocupam dentro dessas relações de poder que permeiam a sociedade. A multiplicidade de identidades dos sujeitos humanos implica que eles estão posicionados de diferentes maneiras em relação a diferentes fatores de comparação. Assim, mais do que pensar o

---

[640] BRASIL. Supremo Tribunal Federal. Ação Direta de Inconstitucionalidade n. 3300- 1, Órgão Julgador: Tribunal Pleno, Relator: Carlos Ayres Britto. 21.03.2013 (classificando a igualdade constitucional como um princípio que pretende garantir a igualdade proporcional entre grupos por meio de medidas que reconhecem as disparidades reais entre eles, o que torna a interpretação da igualdade como um princípio que exige o tratamento simétrico em todas as situações inadequada); BRASIL. Tribunal Federal da Quinta Região, Ação Cível 525985, Órgão Julgador: 3ª Turma: Relator: Luis Alberto Gurgel de Faria, 01.09.2011 (afirmando a constitucionalidade de cotas raciais porque elas procuram eliminar as disparidades entre grupos raciais no Brasil, forma para se alcançar a igualdade constitucional); BRASIL. Tribunal de Justiça do Mato Grosso do Sul. Apelação Cível n. 3055, Órgão Julgador: 4ª Turma Cível, Relator: Paschoal Carmello Leandro, 19.05.2009 (classificando ações afirmativas como medidas que procuram materializar a igualdade constitucional, princípio que prevê a possibilidade de medidas que tratam os que estão desigualmente situados de forma desigual).

indivíduo como termo de comparação, deve-se também observar a posição que esse sujeito ocupa dentro das relações sociais. O conceito psicanalítico de posições de sujeito nos ajuda aqui a compreender a peculiaridade da experiência humana na realidade social: a identidade e a posição social do sujeito são criadas e recriadas dentro de uma rede de sentidos culturais que funcionam como uma estrutura que dá sentido à experiência deles. Por esse motivo, a igualdade precisa estar baseada em uma equivalência entre as diferentes formas de lutas emancipatórias, ponto de partida para a compreensão desse princípio como um mecanismo de transformação social.[641]

Esse argumento adquire relevância quando consideramos um aspecto importante da discriminação: o essencialismo. Por um lado, esse termo designa o pensamento do agente discriminador que atribui características imutáveis a membros de certos grupos. Estereótipos dificilmente são modificados por causa da carga emotiva que eles carregam. De outro, o essencialismo aparece no próprio discurso político de grupos minoritários ao pressupor que todos seus membros têm a mesma experiência social. Por causa das diferenças de poder presentes nos diversos movimentos sociais, alguns grupos possuem mais poder social do que outros. Isso significa que suas lideranças não engajam necessariamente com as diversas formas de opressão existentes dentro do grupo, o que impede a expressão política de pessoas que sofrem múltiplas formas de exclusão. O essencialismo promove ainda uma tensão entre segmentos sociais porque muitos de seus membros pensam que suas lutas não possuem quaisquer pontos em comum. Isso impossibilita transformações sociais mais amplas porque a luta contra a opressão depende da coalisão entre diversos grupos, principalmente porque mecanismos de exclusão são comuns a várias dessas formas de marginalização.[642]

---

[641] LACLAU, Ernesto. *Emancipation(s)*. Nova York: Verso, 1996, pp. 1-20.
[642] HUTCHINSON, Darren Lenard. "Out yet unseen: a racial critique of lesbian and gay of legal theory and politicval discourse". *Connecticut Law Review*,

As duas teorias acima analisadas são particularmente relevantes para o estudo dos processos de exclusão social porque elas mostram a natureza múltipla dos critérios de tratamento utilizados para comparar indivíduos. A raça é uma categoria que demonstra de forma clara que esses fatores são produtos de uma construção social na qual aspectos de outros elementos estão presentes. Classificar a raça como um traço biológico de uma pessoa impede a percepção das formas como outros aspectos também a definem. Se, por um lado, ela estrutura estereótipos baseados na atribuição de características negativas a aspectos fisiológicos, por outro, serve como um fator definidor da posição social da pessoa. Ela também é uma expressão de uma sexualidade marginalizada em função das formas como negros e negras são representados. A sexualização da raça e a racialização da sexualidade é então mais uma demonstração de como um critério de comparação é composto de diversas dimensões, outro motivo pelo qual a luta pela emancipação social precisa ocorrer ao longo de diversas frentes em função da multiplicidade interna dos fatores de discriminação.[643]

Embora as teorias da interseccionalidade e da multidimensionalidade tenham sido elaboradas a partir da reflexão sobre diferentes aspectos da discriminação racial, elas são parâmetros para a operação de diferentes formas de exclusão. Pessoas de todos os grupos sociais são atravessadas por diferentes formas de identidade, motivo pelo qual podem ser vítimas de práticas discriminatórias. Pessoas brancas podem ser pobres e homossexuais, podem ser pobres e portadoras de sofrimento mental, podem ser pobres e portadoras de limitações físicas. Por esse motivo, a análise da situação dessas pessoas a partir da dimensão diferencial

---

vol. 29, nº 2, 1997, pp. 620-630.

[643] HUTCHINSON, Darren Leonard. "Ignoring the sexualization of race: heteronormativity, critical race theory and anti-racist politics". *Buffalo Law Review*, vol. 47, nº 1, 1999, pp. 1-25.

da igualdade se torna extremamente relevante para que possamos compreender a complexidade da realidade social.

As teorias da interseccionalidade e da multidimensionalidade de opressões são especialmente relevantes para analisarmos a dimensão diferenciativa da igualdade. Observamos que essa dimensão da igualdade está relacionada com a necessidade de acomodação entre igualdade e diferença, produto de processos sociais responsáveis por diferenças de *status* entre tipos de identidades. Essas teorias nos permitem agora perceber de forma mais clara como isso ocorre: a subordinação ocorre a partir de práticas responsáveis pela criação de uma situação especial de vulnerabilidade em função dos vários pertencimentos sociais dos indivíduos. Por esse motivo, o processo de interpretação da igualdade precisa levar em consideração o contexto social no qual os indivíduos vivem para que a prestação jurisdicional possa ser mais adequada. Uma análise desse princípio a partir de uma perspectiva meramente instrumental impede que as particularidades de uma situação jurídica sejam consideradas por operadores jurídicos, o que pode contribuir para a permanência da condição de subordinação na qual certos sujeitos se encontram.

CAPÍTULO XI

DISCRIMINAÇÃO INCONSCIENTE E DISCRIMINAÇÃO ORGANIZACIONAL

As teorias analisadas neste capítulo correspondem ao que alguns autores chamam de segunda geração de teorias de discriminação. Elas tratam de um tema particularmente relevante para o nosso estudo: a problematização da noção de intencionalidade. Temos aqui reflexões que procuram demonstrar como mecanismos de exclusão social atuam mesmo dentro de uma cultura social e jurídica que proscreve a discriminação. Embora essas mudanças tenham permitido a eliminação de diversas formas de discriminação direta por meio da designação de parâmetros especiais de proteção jurídica, a própria dinâmica do poder social preserva formas de exclusão que podem ocorrer mesmo em instituições cujo funcionamento é inteiramente regulado por normas que buscam alcançar a igualdade. A discriminação no âmbito do trabalho ocorre quando o empregador considera elementos como a raça ou sexo dos indivíduos como critérios para determinar quem serão as pessoas contratadas, promovidas ou transferidas. Essa afirmação decorre do fato de que membros de grupos minoritários devem ser tratados da mesma maneira que as pessoas que pertencem a grupos majoritários. Vemos então que o princípio da igualdade exige o tratamento simétrico entre candidatos porque certos traços não possuem qualquer tipo de correlação com as qualificações exigidas para o desempenho de um cargo. De qualquer modo, devemos estar atentos ao fato que um tratamento simétrico nessa área pode ser uma forma de discriminação quando consideramos as particularidades de certos grupos.

Vimos anteriormente que a igualdade exige considerações das diferenças entre grupos para que eles possam também ter acesso ao mercado de trabalho, o caso das mulheres grávidas ou de pessoas portadoras de limitações físicas, por exemplo. Empresas são dirigidas por pessoas e isso significa que elas também são locais de reprodução das mesmas práticas sociais que ocorrem em outras esferas sociais. Por ser um elemento de imensa relevância para a inserção social dos indivíduos, o mercado de trabalho precisa eliminar arbitrariedades que incidem sobre grupos minoritários, motivo pelo qual essa área da vida social também precisa suprimir práticas discriminatórias contra grupos vulneráveis. Mas enfrentamos desafios dentro do mundo corporativo. Práticas excludentes podem não ocorrer na forma de discriminação direta, podem não ser resultado da intenção consciente de discriminar indivíduos, mas sim de disposições cognitivas responsáveis pela percepção negativa de membros de certos grupos. O mundo corporativo também é um espaço no qual membros de minorias são forçados a se adaptar a padrões que correspondem aos traços dos grupos majoritários, o que pode ser visto como uma violação da dignidade em função da exigência de conformidade. É certo que as empresas procuram pessoas que possuem habilidades específicas, porém a busca de um funcionário ideal pode estar fortemente associada a características de grupos dominantes.[644]

---

[644] LIMA, Firmino Alves. *Teoria da discriminação nas relações de trabalho*. Rio de Janeiro: Elsevier, 2011, pp. 7-20.

11.1 A discriminação inconsciente

Dissemos, na introdução deste livro, que a compreensão da discriminação como um comportamento intencional é um obstáculo significativo para o sucesso da luta contra formas de opressão nas sociedades contemporâneas. Observamos que esse pressuposto equivocadamente assume que atos discriminatórios seriam exceções a uma ordem social que supostamente trata todas as pessoas igualmente. O requisito da intencionalidade implica então que as interações sociais estão geralmente pautadas em relações de equidade e que atos discriminatórios são motivados por razões arbitrárias que podem ser identificadas e punidas. Essa compreensão da dinâmica social desconsidera um aspecto importante do funcionamento da mente humana: atos discriminatórios podem ocorrer, mesmo quando não correspondem à intenção consciente do sujeito. Vimos que os estereótipos atuam como verdadeiros esquemas mentais por meio dos quais as pessoas classificam suas experiências; eles obviamente influenciam o comportamento individual de diversas formas. Os conteúdos sociais presentes nos diferentes tipos de representações culturais sobre minorias também motivam as reações inconscientes dos indivíduos, fazendo com que eles discriminem os outros, mesmo não estando conscientes disso.

Sigmund Freud formulou duas teorias do aparelho psíquico ao longo de sua carreira, teorias que se afastavam do pensamento psicológico da época, que procurava entender o comportamento humano a partir de processos mentais conscientes. A primeira conconcepção representa o psiquismo humano como uma instância composta por três sistemas que mantêm relações próximas, embora operem de formas distintas. Dentro dessa teoria, o sistema consciente engloba os processos responsáveis pela percepção e processamento dos estímulos recebidos do mundo exterior e também aqueles que surgem no plano do interior do indivíduo. A consciência aparece nessa teoria como a percepção imediata da realidade por meio dos sentidos; ela opera a partir do princípio da realidade e determina quais desejos poderão ser realizados tendo em vista as normas culturais internalizadas pelas pessoas. Ela desempenha um papel meramente periférico na economia psíquica porque os processos psíquicos principais ocorrem fora da consciência. Essa primeira teoria freudiana sobre o aparelho psíquico também pressupõe a existência de um sistema pré-consciente no qual estão contidos elementos que deixaram o plano da consciência, mas permanecem acessíveis a ela. Dentro da teoria psicanalítica, o sistema inconsciente reflete o verdadeiro conteúdo do psiquismo humano. O inconsciente é a instância na qual estão presentes as lembranças e os desejos que foram retirados da consciência por ação do recalcamento. Os conteúdos desse sistema psíquico possuem uma natureza dinâmica porque estão sempre tentando ascender à consciência por meio de chistes, de sintomas ou dos sonhos. Entretanto, eles são impedidos de aparecer abertamente porque isso poderia ser uma fonte de angústia para o indivíduo. Por esse motivo, aparecem distorcidos na consciência, produto da ação da condensação de conteúdos em um único ou no processo de deslocamento de sentidos entre os diversos representantes psíquicos que aparecem na consciência.[645]

Freud proporá posteriormente uma nova teoria do aparelho psíquico na qual há três instâncias que operam de forma sobreposta aos sistemas da primeira teoria. Para ele, nosso psiquismo nasce dominado pelo *id*, uma instância regulada pelo princípio do prazer; ele procura a satisfação permanente dos impulsos e necessidades dos indivíduos e seria a fonte inicial de energia psíquica dos seres humanos, sendo que ele se torna cada vez mais inconsciente na medida em que o princípio da realidade adquire prevalência sobre o princípio do prazer. O *ego* se constitui paulatinamente por um processo de diferenciação do *id*, sendo então governado pelo princípio da realidade. Parcialmente consciente, o *ego* aparece na teoria freudiana como algo que se forma a partir das identificações com as pessoas afetivamente significativas para a pessoa na primeira

---

[645] MONZANI, Luiz Roberto. *Freud, o movimento de um pensamento*. Campinas: Editorial Unicamp, 2014, pp. 59-89.

infância. Ele seria então produto de um processo de idealizações a partir das quais o indivíduo molda sua subjetividade. O *ego* observa a possibilidade de realização dos impulsos, ao mesmo tempo que também considera as exigências do *superego*. Desse modo, está em um dos polos do conflito neurótico, sendo responsável pela harmonização dos impulsos do *id* e do *superego*. O *superego*, por sua vez, é uma instância que representa a normatividade social internalizada e que passa a operar como parâmetro para o comportamento dos indivíduos. Além de ser um representante da normatividade cultural no nosso psiquismo, ele também opera como um parâmetro de referência para a construção da própria ação do *ego* dos indivíduos; o *superego* designa para o sujeito os ideais culturais que ele deve observar para que possa se constituir.[646]

A centralidade do inconsciente na vida psíquica dos indivíduos demonstra que o comportamento humano pode ser influenciado por motivações que não estão presentes de forma imediata na mente dos indivíduos. A *discriminação inconsciente* designa aqueles atos que afetam o julgamento do agente sobre membros de outros grupos, sendo que ele não está ciente das motivações de seu comportamento. Ela pode ser classificada como inclinações pessoais que determinam a preferência por ou a rejeição a membros de determinados grupos, sem que essa preferência ou rejeição seja acompanhada de um julgamento consciente sobre eles. A dinâmica inconsciente do preconceito está relacionada com os diferentes tipos de regulação cultural de atitudes individuais. Na medida em que o racismo deixa de ser socialmente aceitável, ele passa a atuar no plano inconsciente; da mesma forma que a cultura rejeita atos racistas, a mente humana reprime suas manifestações conscientes que expressam animosidade em relação a membros de outros grupos. Mas isso não significa que ele não deixa de determinar o comportamento dos indivíduos de uma forma ou de outra, pois as associações negativas sobre membros

---

[646] TALLFERRO, Alberto. *Curso básico de psicanálise*. São Paulo: Martins Fontes, 2016, pp. 47-65.

de outros grupos continuam a determinar a forma como as pessoas são categorizadas. Um empregador pode tentar ser objetivo na sua avaliação da competência dos candidatos a um emprego, mas falsas ideias sobre certas classes de pessoas podem fazer com que a sua decisão de empregar um ou outro candidato possa ser consequência da ação inconsciente de falsas percepções e de animosidade em relação a certos grupos sociais.[647]

Se a teoria psicanalítica proporciona elementos para compreendermos essa dinâmica, a psicologia cognitiva também pode contribuir de forma significativa para esse debate. A discriminação inconsciente decorre de uma série de processos que se alimentam mutuamente. Como a categorização é um elemento central do processo cognitivo, as pessoas estão sempre classificando as outras a partir de normas culturais explícitas ou implícitas, sendo que muitas vezes os sujeitos humanos passam a atuar a partir delas sem um prévio exame de sua veracidade. Essas categorias mentais são emocionalmente investidas, o que as torna um parâmetro do comportamento individual consciente e inconsciente, sendo que quanto maior esse investimento, maior será o nível de preconceito de uma pessoa contra pessoas de certos grupos. Essas categorias psicológicas são produto da maturação de processos culturais que se desenvolvem por um longo período de tempo. Embora muitos indivíduos sejam capazes de reconhecê-las como simples produto de estereótipos, elas continuam atuando na mente das pessoas no plano inconsciente. Esses conteúdos operam então como verdadeiros esquemas mentais que aparecem como uma estrutura cognitiva que contém representações sobre um determinado elemento da realidade, seus atributos e as relações entre eles. Podemos pensar esses esquemas como informações gerais sobre membros de uma classe de objetos, esquemas que fornecem parâmetros para

---

[647] LAWRENCE III, Charles. "The id, the ego, and equal protection: reckoning with unconscious racism". *Stanford Law Review*, vol. 39, n° 2, 1987, pp. 317-388.

a generalização do comportamento deles. Eles permitem que as informações colhidas pelos sentidos possam ser adequadamente processadas, o que possibilita ao indivíduo se situar dentro do mundo à sua volta.[648]

Mas esses esquemas mentais não operam apenas segundo padrões lógicos que nos permitem extrair sentidos das relações entre os diferentes atributos de um objeto ou indivíduo. Os processos cognitivos funcionam segundo valores ou sentidos apreendidos ao longo da socialização. Características como raça e sexo não são atributos naturais, eles são investidos de sentidos por aqueles grupos que têm o poder simbólico para determinar o valor que certos grupos podem ter e o lugar que podem ocupar dentro da sociedade. Assim, raça e gênero são categorias a partir das quais nós classificamos indivíduos, mecanismos que seguem os esquemas mentais reproduzidos e internalizados. Vários sentidos conscientes e inconscientes são imediatamente ativados quando interagimos com membros de certos grupos, nossas reações adquirem um caráter automático quando nos deparamos com pessoas que possuem características que correspondem aos nossos esquemas mentais. Eles possuem uma dimensão cognitiva porque estão baseados nas associações que fazemos sobre classes de indivíduos. Mas eles também possuem um aspecto emocional porque refletem representações de natureza positiva ou negativa que nutrimos em relação a certos segmentos sociais, emoções associadas não apenas com representações culturais, mas também com a posição do indivíduo dentro da estrutura de poder presente em uma sociedade e com seu interesse em mantê-la.[649]

---

[648] KRIEGER, Linda Hamilton. "The content of our categories: a cognitive approach to discrimination and equal employment opportunity". *Stanford Law Review*, vol. 47, nº 4, 1994, pp. 1188-1199.

[649] KANG, Jerry. "Trojan horses of race". *Harvard Law Review*, vol. 118, nº 4, 2004, pp. 1499-1505.

A operação desses esquemas mentais problematiza a posição do tribunal que indeferiu o pedido de implementação de ação afirmativa em um banco privado. O desembargador que proferiu a decisão partiu do pressuposto de que atores sociais agem de forma racional e transparente. Como estereótipos atuam de forma automática e também inconsciente, um agente sempre pode encontrar alguma razão em excluir minorias, como restrições sobre a postura corporal do indivíduo, a forma como ele se veste, o tom da voz da pessoa, questões que provavelmente não seriam levadas em consideração se o candidato fosse branco, heterossexual ou do sexo masculino. Assim, estereótipos descritivos e prescritivos determinam a percepção de que as pessoas têm das outras, problema que pode ter um impacto negativo quando pessoas estão sendo consideradas para uma vaga de emprego, porque os indivíduos são culturalmente treinados para perceberem qualidades positivas nos membros do seu grupo e qualidades negativas nos membros de outros grupos.

11.2 Discriminação organizacional

A doutrina tradicional da discriminação está baseada no pressuposto segundo o qual esse problema ocorre quando algum agente público ou privado impede que pessoas tenham acesso a oportunidades por pertencerem a grupos legalmente protegidos. Mas essa perspectiva enfrenta dificuldades quando analisamos a presença de atos discriminatórios que não estão baseados na intencionalidade. A existência de um corpo de funcionários homogêneo decorre também de processos psicológicos que não são produtos diretos da intenção de discriminar. Isso pode ocorrer porque as pessoas responsáveis pelo processo de contratação ou promoção são culturalmente treinadas para reconhecerem qualidades positivas apenas em pessoas semelhantes a elas ou porque a empresa contrata empregados por meio de indicação de seus funcionários, pessoas que mantêm círculos de amizades compostos por indivíduos semelhantes a elas. Apesar da influência da tese de que a discriminação traz custos para os empregadores, ela se mostra

CAPÍTULO XI – DISCRIMINAÇÃO INCONSCIENTE E...

problemática quando consideramos o fato de que eles podem obter benefícios econômicos por não empregar membros de grupos minoritários, uma vez que as relações de consumo e a prestação de serviços também estão marcadas por práticas discriminatórias.[650]

A persistência da exclusão social de grupos minoritários no mercado de trabalho levou pesquisadores a enfatizar a influência de alguns aspectos pouco explorados nas teorias anteriores. Se discriminação direta pressupõe a existência da intencionalidade, a *teoria da discriminação organizacional* considera o papel de processos inconscientes e da cultura institucional na discriminação de certas classes de indivíduos no mercado de trabalho. Seus elaboradores afirmam que as normas antidiscriminatórias fundadas nas noções de intencionalidade e arbitrariedade não são capazes de proteger grupos minoritários de forma satisfatória. Elas permitem a proteção dessas parcelas da população contra diferentes maneiras de discriminação direta, mas características como raça e sexo ainda continuam a influenciar a tomada de decisões nas empresas de forma encoberta. Aqueles que ocupam posições de comando ainda são motivados por preconceitos inconscientes, pois essas pessoas vivem em uma cultura que reproduz estereótipos negativos sobre minorias cotidianamente.

Desvantagens sociais no mercado de trabalho não estão relacionadas apenas com práticas discriminatórias. Elas também decorrem das preferências por pessoas do mesmo grupo, elemento demonstrado por muitos estudos de psicologia social. Estereótipos sobre grupos minoritários permitem o desenvolvimento da crença que só pessoas do próprio grupo possuem qualidades positivas, o que determina padrões de interação pessoal. O ponto mais relevante da discussão sobre discriminação organizacional é a prevalência

---

[650] CHARNY, David; GULATI, G. Mitu. "Efficiency-wages, tournaments, and discrimination: a theory of employment discrimination law for high-level jobs". *Harvard Civil Rights-Civil Liberties Law Review*, vol. 33, nº 1, 1998, pp. 59-68.

de atitudes preconceituosas em pessoas comprometidas com ideais igualitários. Embora defendam a necessidade do mesmo tratamento entre todas as pessoas, elas ainda atuam segundo estereótipos, o que determina a forma e com quem elas se associam. Tal fato tem consequências significativas quando pertencem a grupos majoritários, indivíduos que controlam o acesso a posições de trabalho. A ação dessas atitudes no plano inconsciente influencia fatores importantes nas decisões sobre contratações e promoções, todos relacionados com sentimentos de animosidade ou simpatia por grupos de pessoas, com maior ou menor escrutínio das qualificações do candidato e o tipo de perguntas feitas a membros de grupos minoritários.[651]

Como Tristin Green argumenta, as premissas dessa teoria entram em conflito com as normas que regulam as relações de trabalho porque estas se baseiam nos pressupostos da teoria da discriminação direta, teoria que requer demonstração de intencionalidade e arbitrariedade. Porém, atitudes negativas ainda influenciam o comportamento das pessoas, situação difícil de ser remediada porque os efeitos negativos sobre grupos minoritários são difíceis de serem provados segundo os parâmetros da doutrina atual. Por esse motivo, os autores que propõem essa teoria se apoiam em inúmeros estudos sobre psicologia cognitiva para mostrar como a ação de estigmas sociais ainda influenciam a vida de grupos minoritários nas corporações. Esses estudos demonstram que estereótipos estruturam os processos ordinários da percepção humana, sendo que a associação deles com traços da cultura de uma organização faz com que as chances de acesso ou ascensão de grupos minoritários sejam dificultadas.[652]

---

[651] BAGENSTOS, Samuel R. "The structural turn and the limits of antidiscrimination law". *California Law Review*, vol. 94, nº 1, 1996, pp. 6/7.
[652] GREEN, Tristin. "A structural approach as antidiscrimination mandate: locating employer wrong". *Vanderbilt Law Review*, vol. 60, nº 3, 2007, pp. 855-862.

CAPÍTULO XI – DISCRIMINAÇÃO INCONSCIENTE E...

Os constantes processos de categorização dos indivíduos são meios pelos quais os conteúdos culturais são reproduzidos, fatores responsáveis pela preservação de diferentes formas de exclusão social que não estão associados à intencionalidade. Esses valores afetam a percepção das pessoas em diferentes situações, mas como o elemento da intencionalidade não está presente, a comprovação do mesmo torna-se difícil. Em função do fato de que a legislação reconhece apenas a discriminação direta ou indireta, aqueles mecanismos excludentes decorrentes de processos inconscientes responsáveis pela subordinação social permanecem sem contestação. A influência de inclinações cognitivas implícitas não apenas motiva a discriminação, como também promove o favoritismo de pessoas por membros do mesmo grupo. A desconfiança de provas estatísticas impede que padrões decisórios baseados na raça ou no gênero dos indivíduos possam constituir evidências de práticas excludentes. Para os autores da teoria estrutural, programas de ação afirmativa têm uma função importante no combate à discriminação, porque funcionam como um mecanismo contra discriminação direta e indireta. Mais do que isso, os programas de ações afirmativas parecem atenuar a força de estereótipos negativos na medida em que as pessoas convivem com grupos minoritários.[653]

A comprovação da discriminação organizacional pode ser especialmente difícil de ser provada por um empregado quando ela assume a forma de predisposições psíquicas que podem ter um impacto negativo das pessoas. Como as pessoas tendem a enxergar outros segmentos sociais como homogêneos, a raça ou o sexo podem ser utilizados como formas de aferição das habilidades profissionais de um candidato. As pessoas geralmente não procuram analisar membros de outros grupos como pessoas únicas; elas

---

[653] CHARNY, David; MILATI, G. Mitu. "Efficiency-wages, tournaments, and discrimination: a theory of discrimination for high-level jobs". *Harvard Civil Rights Civil Liberties Review*, vol. 33, nº 1, 1998, pp. 62-72; DONOHUE, John J. "Employment discrimination law in perspective: three concepts of equality". *Michigan Law Review*, vol. 92, nº 6, 1993, pp. 2587-2597.

não procuram buscar todas as informações colecionadas para que possam fazer um julgamento individual. Pelo contrário, fazem seus julgamentos a partir dos elementos acessíveis a elas em momentos específicos, motivo pelo qual traços operam como parâmetros de avaliações morais imediatas. Estereótipos são estruturas cognitivas que podem operar de maneira inconsciente, determinando a percepção do outro porque eles se tornam reações automáticas: muitas pessoas não fazem análises a partir de processo cognitivamente controlados, mas chegam a conclusões imediatas a partir da mera associação de um indivíduo a um grupo específico. Esse processo também se aplica àqueles que a literatura recente classifica como racistas aversivos, sujeitos que professam e defendem o tratamento igualitário, mas mantêm contato mínimo com minorias raciais porque ainda são influenciados por estereótipos racistas. Por esse motivo, empregadores podem tomar decisões sobre a capacidade de um candidato a partir da sua raça ou sexo, embora não estejam cientes dos motivos reais pelos quais tenham julgado a pessoa em questão como menos qualificada do que outras.[654]

 Tristin Green define o conceito de cultura organizacional como um conjunto de sentidos socialmente compartilhados que expressam a experiência cotidiana das pessoas nas diversas interações humanas. A cultura organizacional está baseada nas mais diversas expectativas cognitivas sobre os comportamentos dos indivíduos, estando então relacionada com as relações de poder presentes em uma sociedade, motivo pelo qual devemos entender esse conceito como algo que possui um caráter dinâmico. Ela decorre das expectativas de comportamento, padrões de interação social, qualificações esperadas, tipos de pessoas que devem ocupar posições dentro da estrutura da organização, assuntos que podem ser discutidos, formas como tratar os clientes ou prestadores de serviços. Os que escrevem sobre esse tema afirmam que a cultura

---

[654] ARMOUR, Jody. "Stereotypes and prejudice: helping decision makers break the prejudice habit". *California Law Review*, vol. 83, nº 3, 1995, pp. 750-758.

organizacional varia de acordo com os níveis de hierarquia, os tipos de funções desempenhadas pelos trabalhadores, além da composição demográfica da área de trabalho. Ela possui uma natureza dinâmica porque está em constante interação com a sociedade como um todo. Obviamente, ela também será influenciada pela valoração cultural dos diferentes grupos sociais; as pessoas obterão maior ou menor respeitabilidade dentro desse espaço em função de seus pertencimentos.[655] Podemos dizer que a discriminação organizacional reproduz no espaço de trabalho padrões de interação existentes na esfera pública. Se relações assimétricas nessa dimensão permitem que grupos majoritários controlem diferentes aspectos da vida social, elas atuam na esfera organizacional atribuindo poder de decisão a esses indivíduos, pela ação inconsciente de estereótipos, pela preferência por pessoas que possuem certas qualidades identificadas com membros dos grupos dominantes.[656]

A discriminação organizacional ocorre em função da construção de uma cultura institucional que cria perfis profissionais ideais. Esses perfis são descritos de forma genérica, mas são frequentemente construídos a partir de características de grupos dominantes. Assim, se a cultura institucional identifica a assertividade como um requisito para o acesso a cargos de chefia, normas que associam essas categorias com homens heterossexuais excluem mulheres, em função da crença de que membros desse grupo não possuem essas características. A construção dessa cultura institucional não aparece diretamente como um comportamento discriminatório, mas indiretamente afeta certas classes de pessoas. Todos podem potencialmente alcançar esses cargos, mas a operação de estereótipos

---

[655] GREEN, Tristin. "Work Culture and discrimination". *California Law Review*, vol. 93, nº 3, 2005, pp. 625-645.
[656] BAGENSTOS, Samuel R. "The structural turn and the limits of antidiscrimination law". *California Law Review*, vol. 94, nº 1, 1996, pp. 5-10.

inconscientes faz com que empregadores escolham de forma automática homens heterossexuais para exercer essas funções.[657]

11.2.1 Cultura institucional e discriminação estética

A construção de tipos ideais presentes nas cultura organizacionais também se manifesta por meio de uma cultura que privilegia certos traços estéticos sobre outros. Muitos estudos no campo da psicologia demonstram que a beleza física traz inúmeros privilégios para as pessoas; os indivíduos fazem julgamentos automáticos quando estão diante de pessoas consideradas como representantes de padrões de beleza. Imediatamente se pensa que elas são mais sociáveis e competentes, embora se tenha poucas informações sobre essas pessoas. Os indivíduos reconhecem a importância da aparência no mundo social, motivo pelo qual estão sempre fazendo o possível para se manterem apresentáveis. Pessoas bonitas são tratadas de forma mais favorável em todos os âmbitos da vida social, o que garante a elas inúmeras vantagens, inclusive no âmbito profissional. Mas, se de um lado, a aparência beneficia pessoas consideradas como belas, a distância desses ideais prejudica de forma significativa os que estão distantes deles. Na verdade, os que se afastam desse ideal são vistos de forma negativa, são vítimas de estereótipos baseados na aparência física. Estamos diante do fenômeno da *discriminação estética*, um problema muito presente na cultura corporativa, algo que surge como preferências explícitas por pessoas que correspondem a modelos ideais ou então como exigência de adaptação a padrões de aparência pessoal.[658]

---

[657] CARBADO, Devon; GULATI, Mitu. "Working identity". *Cornell Law Review*, vol. 85, n° 4, 1999, pp. 1260-1288.

[658] Ver: nesse sentido: MAHAJAN, Ritu. "The naked truth: appearance discrimination, employment, and the law". *Asian American Law Journal*, vol. 14, n° 1, 2007, pp. 165-203.

CAPÍTULO XI – DISCRIMINAÇÃO INCONSCIENTE E...

A discriminação estética impacta minorias raciais de maneira desproporcional porque os ideais ocidentais de beleza estão integramente baseados nos traços fenotípicos de pessoas brancas. Tal fato opera como um fator criador de desvantagens para membros de outras raças, pessoas cujas chances de conseguir emprego dependem da proximidade com os traços fenotípicos de pessoas brancas, exigência que leva muitas delas a se aproximar ao máximo desse ideal. A universalidade do referencial estético europeu como padrão de beleza está por trás do fenômeno do colorismo, mecanismo que garante maiores vantagens para aqueles que possuem a pele mais clara.[659] A discriminação estética pode também aparecer como exigência direta para que os candidatos a um emprego façam mudanças físicas, como o alisamento de cabelo, além das várias regras estabelecidas relativas ao cuidado com a aparência pessoal quando admitidos, atitudes justificadas a partir do interesse na satisfação dos clientes. Esse tipo de tratamento desvantajoso assume a forma de discriminação contra as pessoas que são obesas no processo de contratação e também dentro do trabalho. Elas enfrentam constantes formas de assédio moral baseadas na sua aparência física.[660] De qualquer maneira, muitas das exigências não são relevantes para o desempenho do cargo, além de reforçarem estereótipos que perpetuam a noção de que certos grupos não são capazes de desempenhar funções de forma adequada.[661]

A discriminação estética está relacionada com outro problema que ocorre com frequência no ambiente de trabalho: o assédio

---

[659] RUSSEL, Kathy. *The color complex*: the politics of skin color in anew Millenium. Nova York: Anchor Books, 2013; NOGUEIRA, Oracy. *Preconceito de marca*: as relações raciais em Itapetinga. São Paulo: Edusp, 1996.

[660] Para uma análise desse tema ver geralmente FLINT, Stuart; SNOOK, Jeremé. "Obesity and sicrimination: the next big issue?" *Internaitonal Journal of Discrimination and the Law*, vol. 14, nº 3, 2014, pp. 183-193.

[661] MATHIES, Anaruez. *Assédio moral e compliance na relação de emprego*. Curitiba: Juruá, 2018, pp. 51-73.

moral. Embora assuma várias formas, este se manifesta também pelo uso de características físicas dos indivíduos como base para comentários preconceituosos, sendo que algumas vezes são usados como estratégia para que o empregado seja forçado a abandonar o emprego. Uma prática bastante comum relacionada ao assédio moral é o racismo recreativo. Muitas pessoas brancas reproduzem piadas cujo conteúdo faz referência aos traços estéticos de minorias raciais, comportamento que não se resume a uma pessoa específica, pois é também reproduzido por outros empregados e superiores. O assédio moral também decorre da presença pervasiva em todas as esferas sociais dos mais diversos estereótipos sobre minorias sociais, estereótipos que reproduzem ideias sobre características morais e funções sociais das pessoas. Essas falsas generalizações são responsáveis por comportamentos motivados por representações culturais que sexualizam mulheres em todas as situações, o que leva muitos homens a pensar que eles poderão assediar mulheres por ser uma prerrogativa masculina. A circulação de estereótipos sobre pessoas homossexuais faz com que muitas pessoas pensem que piadas homofóbicas sejam plenamente aceitáveis.[662]

11.2.2 Cultura organizacional e discriminação racional

Se muitas formas de discriminação estão baseadas em generalizações irracionais, outras são produtos de considerações que não expressam necessariamente opiniões falsas sobre grupos de pessoas. Elas estão baseadas em presunções aparentemente racionais que precisam ser utilizadas para tomadas de decisões sobre os mais diversos assuntos. Assim, a eleição de um determinado traço como base para considerações decorre da necessidade de se ter um parâmetro que possa justificar decisões benéficas porque

---

[662] MATHIES, Anaruez. *Assédio moral e compliance na relação de emprego*. Curitiba: Juruá, 2018, pp. 31-49.

estão relacionadas com algum tipo de interesse que pode ser considerado como legítimo. O traço escolhido opera então como uma indicação que membros de um determinado grupo se comportaram de alguma forma esperada. Muitas normas jurídicas estão baseadas em diferenciações calcadas na idade porque esse critério é uma predição, embora imperfeita, de que pessoas de diferentes faixas etárias terão desenvolvido certas habilidades cognitivas, físicas ou morais, enquanto outras não. Estamos aqui diante de diferenciações feitas entre pessoas a partir de um objetivo que é independente delas. Estabelecer uma idade para a obtenção da carteira de motorista é algo que encontra justificação no interesse da segurança pública, um interesse legítimo que não está relacionado com o interesse em discriminar pessoas.[663]

As dimensões discriminatórias da cultura organizacional precisam ser explicadas a partir de outros elementos além dos aspectos psicológicos. Muitos empregadores estão dispostos a discriminar grupos de indivíduos mesmo que essa prática possa implicar custos econômicos. Eles podem querer correr o risco de perder ganhos financeiros com práticas discriminatórias porque não querem empregar minorias raciais, o que pode estar baseado nos próprios preconceitos, na recusa de empregados trabalharem com membros de minorias, ou porque os clientes não querem ser atendidos por essas pessoas. Uma empresa pode então discriminar membros de minorias porque procuram responder às preferências dos consumidores, embora possa receber ganhos menores do que empresas que não utilizam essas práticas. A discriminação contra membros de minorias também está ligada ao fenômeno da discriminação estatística: um traço socialmente saliente aparece como um meio imediato para empregadores obterem informações sobre as qualidades do candidato. Se eles não possuem meios mais

---

[663] SCHAUER, Frederick. "Statistical (and non-statistical) discrimination". *In*: LIPPERT-RASMUSSEN, Kasper. *The Routledge Handbook of the ethics of discrimination*. Nova York: Routledge, 2018, pp. 42-54.

extensos para avaliar a qualificação do candidato para um cargo, esse traço será utilizado para predizer a possibilidade de ele poder trazer os maiores benefícios econômicos possíveis. Vemos então que empregadores utilizam o pertencimento de pessoas a certos grupos para poderem tomar decisões sobre contratação ou promoção de candidatos. Dessa forma, a raça e o sexo do indivíduo surgem como elementos que podem predizer a eficiência das pessoas, procedimento que entra no lugar de uma análise individual do potencial do empregado. A discriminação estatística seria então uma forma de discriminação racional porque está baseada no interesse em evitar conflitos entre empregados, como também em atender as preferências do público consumidor.[664]

A discriminação estatística pode ocorrer quando um empregador precisa escolher entre candidatos igualmente qualificados, mas que pertencem a raças diferentes. Aqui, a maior proximidade com pessoas do mesmo grupo racial faz com que o empregador branco acredite que pessoas da sua raça sejam mais competentes, que o relacionamento com elas seja menos conflituoso e que as chances de reprovação do cliente também sejam menores ou não ocorram. Essa forma de discriminação pode não estar integralmente baseada nas atitudes preconceituosas dos empregadores, mas principalmente em um cálculo sobre os possíveis custos econômicos da contratação de membros de minorias. O que está em jogo aqui também é uma estratégia baseada em uma forma de racionalidade instrumental para maximizar a eficiência, um objetivo legítimo do empregador, mas que está sendo alcançado por meios discriminatórios. Pensar que a raça ou o sexo são indicadores da capacidade profissional de grupos significa fazer uma generalização incorreta porque ela será válida para um número bastante limitado de pessoas. Ser uma mulher não deve ser visto como um indicador da capacidade de membros desse grupo de

---

[664] GERSEN, Joel E. "Markets and discrimination". *New York University Law School*, vol. 82, n° 3, 2007, pp. 696-708.

dirigir aeronaves porque não há qualquer tipo de relação entre o sexo e essa habilidade específica. De qualquer forma, a utilização de traços como indicadores de capacidade profissional está amplamente presente nas interações sociais cotidianas, inclusive nos processos de contratação e promoção de pessoas.[665]

11.2.3 Cultura organizacional e negociação da identidade

Para Devon Carbado, a discriminação organizacional pode se manifestar ainda de outra forma. A existência de uma cultura institucional força empregados a se comportarem de modos específicos a fim de evitar discriminação, mas essas normas nem sempre são objetivamente formalizadas. Tal fato torna difícil examinar outro ponto importante do processo de discriminação que envolve a pressão exercida sobre empregados para evitar a reprodução de estereótipos que podem gerar práticas discriminatórias. Isso significa que a expressão de formas identitárias distintas da dos grupos majoritários pode prejudicar a vida profissional das pessoas, fazendo com que elas escondam parte da sua identidade pessoal. Por esse motivo, empregados estão frequentemente negociando formas de expressão de identidade dentro do ambiente de trabalho para que possam se ajustar às expectativas estabelecidas pelo empregador. A intenção de maximizar as chances de permanecer e conseguir avançar na vida profissional requer então que uma pessoa homossexual mantenha sua orientação sexual em segredo, por exemplo. Esse cálculo parece ser correto quando ele considera que qualidades valorizadas pela instituição estão sempre associadas a pessoas heterossexuais. Esse processo não acontece apenas uma vez; faz parte de uma estratégia

---

[665] SCHAUER, Frederick. "Statistical (and non-statistical) discrimination". *In*: LIPPERT-RASMUSSEN, Kasper. *The Routledge Handbook of the ethics of discrimination*. Nova York: Routledge, 2018, pp. 42-48.

comportamental que precisa ser reproduzida cotidianamente para que o indivíduo possa evitar a discriminação.[666]

Kenji Yoshino explora de forma mais pormenorizada o fenômeno apontado por Carbado. Para esse autor, a assimilação faz parte da experiência de muitos grupos que vivem em uma sociedade marcada por relações assimétricas de poder. Eles são constantemente pressionados a esconder dimensões da identidade para que possam evitar práticas discriminatórias. Isso acontece porque membros desses grupos tentam se afastar dos estigmas culturais para que suas chances de inclusão social não sejam diminuídas. Três estratégias são utilizadas para alcançar esse objetivo. Isso pode acontecer por meio de um processo de *conversion*, no qual alguém altera sua identidade, caso da pessoa homossexual que assume um estilo de vida heterossexual para esconder sua real sexualidade e não ser discriminada. Temos também o fenômeno do *passing*, no qual uma identidade é escondida para que o sujeito possa obter privilégios atribuídos aos membros do grupo dominante. Estamos aqui diante do caso da pessoa que se apresenta como membro do grupo racial dominante para evitar o racismo. Há ainda o processo de *covering*, que acontece quando alguém, mesmo afirmando publicamente sua identidade, utiliza estratégias para deslocar a atenção dela. Para Yoshino, todas essas modalidades implicam um assalto a direitos fundamentais porque são imposições sociais para que a pessoa se adeque a normas culturais, o que reforça as ideologias que pregam a superioridade de um grupo em relação a outro.[667]

Vemos então que esse tipo de discriminação não se adequa à concepção de discriminação como algo que se manifesta por meio da intencionalidade, por meio de comportamentos irracionais. Procura-se, assim, modificar as condições nas quais decisões são

---

[666] CARBADO, Devon; GULATI, Mitu. "Working identity". *Cornell Law Review*, vol. 85, nº 4, pp. 1262-1265.

[667] YOSHINO, Kenji. "Covering". *Yale Law Review*, vol. 111, nº 3, 2001, pp. 771-780.

feitas para que esse problema seja resolvido. Pretende-se, com isso, fazer com que o empregador tome as precauções para que comportamentos discriminatórios sejam evitados. O alcance desse objetivo depende de transformações na forma como se concebe o problema da discriminação. Enquanto a concepção tradicional da discriminação identifica esse comportamento como expressão de motivação individual, o que geraria a obrigação de censurar o comportamento de agentes específicos, a teoria estrutural da discriminação defende a necessidade da criação de mudanças que possibilitem a transformação do próprio contexto institucional no qual essas decisões são tomadas.[668]

11.3 Relações raciais e mercado de trabalho

O ambiente de trabalho pode ser interpretado a partir de diversas perspectivas. Ele é o local no qual as pessoas buscam inserção econômica por meio da troca da sua especialização profissional por compensação salarial; é o local no qual as pessoas procuram reconhecimento pessoal por meio da sua excelência profissional; é também o local no qual as pessoas procuram afirmar dimensões importantes da dimensão pessoal e coletiva. Isso significa que o ambiente de trabalho é um local no qual aspectos relevantes das relações sociais são reproduzidos, motivo pelo qual os padrões de interação racial que ocorrem no espaço público também regulam as relações raciais nesse espaço. O ambiente de trabalho também expressa as relações arbitrárias de poder entre os diversos grupos raciais; na verdade, elas estão especialmente presentes nessa esfera porque esse é o lugar no qual as pessoas obtêm os meios para a sobrevivência econômica. Os problemas relacionados aos processos de estratificação racial se manifestam de maneira especialmente

---

[668] GREEN, Tristin. "A structural approach as antidiscrimination mandate: locating employer wrong". *Vanderbilt Law Review*, vol. 60, nº 3, 2007, pp. 883-895.

acentuada no mercado de trabalho porque o racismo procura garantir vantagens competitivas para pessoas brancas.⁶⁶⁹

As formas de discriminação nas relações de emprego na nossa sociedade assumem as mesmas formas daquelas presentes em outras: o tratamento desvantajoso dos membros de grupos minoritários. Minorias raciais são especialmente vulneráveis a esse tipo de problema; são discriminadas no processo de seleção e de promoção, além de poderem sofrer agressões destinadas a impedir a permanência delas nos empregos. Como membros de minorias raciais qualificados, são sistematicamente discriminados nos trabalhos compatíveis com a qualificação que possuem, candidatam-se a posições inferiores, situação na qual também terão que competir com pessoas brancas. A busca de melhor qualificação profissional não significa melhores oportunidades de trabalho porque esse elemento se mostra irrelevante em uma sociedade hostil a pessoas negras e indígenas: estereótipos descritivos e prescritivos motivam empresas a sempre rejeitarem candidatos negros, principalmente mulheres negras, em função da noção da percepção de que sempre serão inadequados. Membros desses grupos também recebem menores salários para desempenhar as mesmas funções ocupadas por pessoas brancas, e suas possibilidades de promoção são significativamente menores, sendo que essa situação se torna ainda mais problemática quando consideramos a situação das mulheres negras e indígenas.⁶⁷⁰ Alguns fatores estruturais presentes em todas as sociedades ocidentais tornam essas disparidades ainda maiores: a evolução do sistema econômico de um capitalismo industrial para um capitalismo tecnológico cria separações ainda maiores para que

---

669 GREEM, Tristin. "Disconfort at work: workplace assimilation demands and the contact hypothesis". *North Carolina Law Review*, vol. 86, nº 2, 2008, pp. 381-442.

670 ARANHA, Antônia Vitória Soares; SALES, Mara Marçal. "Raça e trabalho: fronteiras da exclusão". *In*: RENAULT, Luiz Otávio Linhares; VIANA, Márcio Túlio; CANTELLI, Paula Oliveira (Coord.). *Discriminação*. São Paulo: LTR, 2010, pp. 326-339.

a igualdade salarial entre grupos raciais possa ser alcançada, porque as diferenças salariais impedem que as pessoas possam ter acesso a um tipo de formação que exige investimento cada vez maior.[671]

Estudos recentes no campo da discriminação organizacional examinam um aspecto muito importante das relações raciais no mercado de trabalho: as emoções raciais. Essa expressão designa as emoções experimentadas no espaço do trabalho quando as pessoas interagem com outras de raças diferentes. Emoções raciais podem assumir formas negativas, o que depende da posição que a pessoa ocupa dentro da dinâmica das interações raciais. Membros de minorias raciais podem experimentar esse tipo de emoção quando são tratados de forma discriminatória no espaço de trabalho. Eles podem experimentar frustração porque foram preteridos de promoção por serem membros de minorias raciais; podem sentir raiva de comportamentos de membros de outro grupo racial que expressam desrespeito por eles; podem ainda sentir vergonha e ressentimento por verem pessoas da própria raça serem submetidas a tratamentos desvantajosos por parte dos membros do grupo racial dominante. Os membros do grupo racial dominante também podem experimentar emoções negativas dentro desse espaço. Isso pode ocorrer quando suas expectativas de tratamento privilegiado são frustradas, quando são obrigados a interagir com membros de minorias raciais que ocupam lugares de comando, quando percebem que minorias não são tratadas de forma justa, quando comportamentos entendidos como "neutros" são interpretados como racistas. Mas membros desses dois grupos também podem experimentar emoções positivas: isso acontece quando percebem que o ambiente de trabalho recompensa as pessoas a partir das qualidades profissionais, quando todos são tratados de forma respeitosa por superiores e colegas ou quando as pessoas expressam admiração por demonstração de competência. Essas considerações

---

[671] WILSON, William Justus. *The declining importance of race*. Chicago: Chicago University Press, 1980.

demonstram que não podemos deixar de reconhecer um aspecto central da discriminação organizacional: as relações humanas no espaço de trabalho refletem os padrões culturais existentes em outras esferas da vida humana.[672]

O estudo das emoções humanas no ambiente de trabalho decorre do interesse de vários atores sociais em estudar as formas como disposições cognitivas implícitas impactam as relações de trabalho. Essa investigação se tornou necessária em função da necessidade de se encontrar critérios objetivos para a comprovação da discriminação, o que a maioria dos juristas entende como algo que assume a forma de comportamentos intencionais e arbitrários expressos em comportamentos que podem ser analisados de forma objetiva. Adotando uma postura contrária, estudos recentes demonstram a relevância dos estudos sobre as emoções nas interações sociais entre membros de diferentes grupos raciais distintos, um campo de análise importante para a criação de medidas que podem reduzir o impacto de estereótipos nessa dimensão da vida humana. Vemos então que essas pesquisas são relevantes para a contraposição do entendimento prevalente do ambiente do trabalho como um espaço no qual as pessoas operam como atores racionais. O ambiente do trabalho pode ser visto como uma arena social na qual as pessoas enfrentam o impacto das diferenças de *status* cultural e *status* material que marcam a vida em uma dada sociedade.[673]

Estudos recentes mostram a relevância do estudo sobre emoções raciais no espaço do trabalho. Expressões de desrespeito por meio de piadas racistas geram sentimentos de imensa frustração pessoal em membros de minorias raciais. O fenômeno do racismo recreativo pode ser visto como uma estratégia de dominação utilizada por membros do grupo racial dominante para tornar o

---

[672] GREN, Tristin. "Racial emotions in the workplace". *South California Law Review*, vol. 86, nº 4, 2013, pp. 961-970.
[673] Para uma análise sistemática dessa questão, ver FINNEMAN, Stephen. *Emotions in organizations*. Londres: Sage, 2006.

ambiente de trabalho exclusivamente branco. Essa expressão designa uma prática racista muito caracteristicamente brasileira: a utilização do humor hostil como estratégia para reproduzir a ideia de que minorias raciais não são atores sociais competentes, o que permite também a manutenção da imagem social positiva porque os que utilizam essa estratégia argumentam que todas as formas de humor são benignas. O racismo recreativo opera como uma estratégia de demonstração de animosidade no espaço do trabalho, estratégia que pessoas brancas classificam como legítimas, embora tenham o propósito de reproduzir a ideia de que minorias raciais não são atores sociais competentes, requisito para a reprodução da dominação branca. A prática do racismo recreativo tem um caráter claramente estratégico porque opera como um meio para agredir membros de minorias raciais, para desestabilizar a autoconfiança dos indivíduos, processos que procuram afirmar o sentimento de superioridade racial inato de pessoas brancas.[674]

---

[674] MOREIRA, Adilson José. *Racismo recreativo*. São Paulo: Pólen Livros, 2019.

CAPÍTULO XII
DISCRIMINAÇÃO INSTITUCIONAL, ESTRUTURAL E INTERGERACIONAL

Muitos participantes do debate jurídico sobre discriminação argumentam que padrões de exclusão social podem ser modificados por meio do combate aos valores irracionais que motivam práticas discriminatórias no plano individual. Eles pensam que a construção de cultura pública baseada em valores igualitários pode resolver esse problema. Esses indivíduos partem do pressuposto de que os fatores responsáveis pela reprodução da discriminação têm um caráter individual, motivo pelo qual tal atitude pode ser modificada. Embora seja sedutora, essa perspectiva não leva em consideração o fato de que a discriminação tem uma dimensão coletiva. Longe de ser um comportamento de alguns indivíduos que não se comportam de acordo com valores liberais, ela está presente no funcionamento das diversas instituições sociais, sejam elas públicas ou privadas. Examinaremos neste capítulo teorias que enfatizam o aspecto coletivo de práticas discriminatórias, um conjunto de ações responsáveis por diversos processos de estratificação social.

12.1 Discriminação institucional

O termo discriminação tem uma significação muito mais ampla do que uma mera proibição de arbitrariedade, sentido predominante nas discussões sobre esse tema no nosso país. A variação de sentido desse termo depende dos atores sociais envolvidos e também dos propósitos que se pretende alcançar com atos de exclusão social. A discriminação pode envolver indivíduos, mas também pode estar presente na operação das instituições sociais, pode implicar a intencionalidade ou pode acontecer pela operação impessoal de mecanismos institucionais. Suas manifestações têm consequências imediatas na vida das pessoas, além de influenciar gerações futuras, pois mecanismos discriminatórios presentes no funcionamento de instituições sociais reproduzem-se ao longo do tempo. O sentido jurídico do termo discriminação esteve identificado, durante muito tempo com o seu aspecto interpessoal, razão pela qual sempre foi entendida como algo que acontecia fundamentalmente nas interações entre indivíduos. Esse entendimento começou a ser superado na medida em que um aspecto importante desse fenômeno passou a ser explorado de forma mais sistemática: as relações assimétricas de poder que caracterizam as interações entre os diversos *grupos sociais*. Atos discriminatórios não acontecem apenas nas interações privadas entre sujeitos sociais; eles acontecem entre membros de grupos que estão posicionados em lugares sociais distintos. Isso permite que os membros dos segmentos majoritários imponham tratamentos desvantajosos a grupos minoritários com o objetivo de manter seu *status* privilegiado. Mas essas relações assimétricas de poder também caracterizam as interações entre sujeitos sociais e agentes que representam instituições. Como grupos dominantes as controlam, eles também estendem esse tratamento discriminatório a esse plano.[675]

---

[675] KALKMAN, Suzana. "Racismo institucional: um desafio para a equidade no SUS?" *Saúde e Sociedade em São Paulo*, vol. 16, n° 2, 2007, pp. 146-155.

Vemos então que as pessoas podem ser vítimas de *discriminação institucional*, forma de tratamento desfavorável que tem origem na operação de instituições públicas ou privadas. Essa manifestação ocorre quando seus agentes tratam indivíduos ou grupos a partir dos estereótipos negativos que circulam no plano cultural. Esse tipo de tratamento tem um objetivo específico: a utilização de certas categorias como critérios de ação institucional com o objetivo específico de promover a subordinação e manter o controle social sobre membros de um determinado grupo. O conceito de discriminação institucional possui uma dimensão coletiva porque expressa a forma como as instituições sociais atuam para promover a subordinação, embora esse não seja seu objetivo primário. Ao contrário de atos individuais de discriminação, que podem ser atribuídos a determinadas pessoas, a discriminação institucional tem um caráter mais encoberto porque não pode ser atribuída à ação de indivíduos específicos. Como nos dizem Stokely Carmichael e Charles Hamilton, esse tipo de discriminação institucional acontece na operação ordinária das instituições, o que impede sua caracterização no sentido tradicional que damos ao termo discriminação.[676]

O tipo de discriminação, que ora analisamos, encontra expressão no plano institucional porque membros dos grupos dominantes controlam os mecanismos de acesso às várias instituições sociais e elas passam a operar segundo normas e práticas que, embora formuladas em termos gerais, expressam os interesses desses segmentos sociais. Agentes dessas organizações, que na maior parte dos casos são representantes dos grupos majoritários, tratam pessoas de acordo com seus próprios preconceitos e também a partir de normas institucionais, ou interpretam essas normas de forma restritiva ou ampliada para excluir minorias. As prisões arbitrárias de homens negros, tão comuns na sociedade brasileira, são um

---

[676] TURE, Kwane; HAMILTON, Charles. *Black power*: the politics of liberation. 2ª ed. Nova York: Vintage Books, 1992, pp. 3/4.

exemplo clássico para o caso. Elas estão baseadas em estereótipos sobre a suposta periculosidade de certos indivíduos, o que motiva as forças policiais a prender um número significativamente maior de negros do que de brancos, mesmo quando componentes desses grupos se encontram em situações semelhantes. Mas prisões arbitrárias não são vistas como práticas racistas, são apresentadas como atos decorrentes da atividade rotineira da instituição. Uma vez que atos discriminatórios são apenas modos de operação da instituição policial, a identificação de motivação discriminatória torna-se mais difícil. Isso demonstra que a discriminação institucional pode não expressar diretamente a intenção de discriminar, pois a desvantagem imposta a grupos decorre da operação de normas supostamente neutras.[677]

O conceito de discriminação institucional traz importantes contribuições para os estudos sobre processos de exclusão social porque permite analisar elementos que não dependem de decisões individuais, pressuposto central da noção de discriminação direta. Isso significa que a definição de discriminação a partir da intenção impede a compreensão adequada das formas como as instituições atuam para produzir desvantagens para certos grupos de pessoas. Por esse motivo, os que investigam a dinâmica da exclusão racial definem, por exemplo, o racismo institucional como quaisquer ações, políticas ou ideologias que produzem desvantagens relativas para grupos raciais minoritários ou vantagens para grupos raciais majoritários quando comparadas.[678] Um ponto central dessa teoria de discriminação está no fato de que, depois de se transformarem em parâmetros que determinam a operação das instituições, as normas que expressam os interesses dos grupos

---

[677] WIEVIORKA, Michel. *The arena of racism*. Londres: Sage, 1996, pp. 62/63.
[678] FRIEDMAN, Robert. "Institutional racism: how to discriminate without really trying". *In*: PETTIGREW, Thomas. *Racial discrimination in the United States*. Nova York: Harper & Row, 1975, p. 386.

dominantes passam a operar de forma independente da vontade de grupos particulares.[679]

A discriminação institucional implica a existência de políticas e práticas que possibilitam a reprodução do aspecto estrutural da discriminação. Esta discriminação ocorre em função de uma série de procedimentos que podem ser produtos da intenção de discriminar grupos minoritários, podendo também acontecer por causa de práticas que não são dirigidas a certos grupos, mas que têm efeitos negativos sobre eles porque estão predicadas sobre elementos como nível educacional ou *status* econômico. Essas práticas podem englobar a intenção de excluir grupos minoritários de posições dentro de instituições, a aceitação de minorias nas instituições em posições subalternas, o impedimento que estas possam alcançar posições de comando, a preferência por pessoas brancas dos círculos de relacionamento pessoal e as exigências de qualificação não relacionadas com as funções do cargo, com o objetivo de excluir minorias.[680]

Vemos então que a discriminação institucional pode assumir a forma de discriminação direta ou a indireta: pode ser dirigida diretamente a certos grupos ou pode afetar certas pessoas de forma desproporcional. Como as instituições são também marcadas por ideologias, suas ações são contestadas socialmente e elas também elaboram formas de negar práticas de caráter discriminatório. Isso pode ocorrer pela afirmação de que os indivíduos que ocupam função de comando não são motivados por preconceitos ou estereótipos porque as instituições estariam apenas seguindo normas institucionais ou expectativas sociais. Seus líderes podem ainda

---

[679] FRIEDMAN, Robert. "Institutional racism: how to discriminate without really trying". *In*: PETTIGREW, Thomas. *Racial discrimination in the United States*. Nova York: Harper & Row, 1975, p. 389.

[680] FRIEDMAN, Robert. "Institutional racism: how to discriminate without really trying". *In*: PETTIGREW, Thomas. *Racial discrimination in the United States*. Nova York: Harper & Row, 1975, pp. 392-394.

recorrer a ideologias sociais correntes que procuram atenuar ou negar a relevância de práticas discriminatórias sob o argumento de que seus agentes atuam de acordo com a moralidade social. Ao classificar um ato como exemplo de operação normal, seus líderes retiram a ideia de intencionalidade que pode estar presente nos arranjos institucionais elaborados para discriminar grupos sociais de forma sistemática.[681]

A discriminação institucional está relacionada com o caráter sistêmico que tipos de discriminação assumem em uma dada sociedade. Ela encontra pontos de convergência com a discriminação estrutural porque parte da existência de sistemas de discriminação que operam em instâncias sociais, uma consequência do fato de que os grupos dominantes controlam as diferentes instituições sociais. Como normas institucionais representam seus interesses, as instituições funcionam de forma independente da vontade de sujeitos específicos, embora criem vantagens sistemáticas para os membros dos grupos dominantes. A discriminação institucional atua de forma paralela à discriminação intergeracional porque membros dos grupos dominantes controlam instituições econômicas ou políticas ao longo de muitas gerações, muitas vezes, com membros da mesma família. Ela permite então que membros dos grupos dominantes monopolizem oportunidades para si mesmos por meio do funcionamento normal das instituições ao longo do tempo. Como ela sempre produz consequência duráveis, a discriminação institucional age como um instrumento de dominação social de certos grupos sobre outros, mesmo que por meio de práticas que não são intencionalmente discriminatórias.[682]

---

[681] Ver nesse sentido, BORGES, Juliana. *Encarceramento em massa*. São Paulo: Polén, 2019; FLAUZINA, Ana Luiza Pinheiro. *Corpo negro caído no chão*: o sistema penal e o projeto genocida do Estado brasileiro. São Paulo: Bradô, 2018.

[682] FEAGIN, Joe. *Systemic racism*: a theory of oppression. Nova York: Routledge, 2005, pp. 1-53.

CAPÍTULO XII – DISCRIMINAÇÃO INSTITUCIONAL...

A discriminação institucional possui também um aspecto sistêmico porque as atividades das diferentes instituições sociais estão interligadas, suas atividades guardam uma relação de interdependência. Essas instituições são afetadas pela interação com outras instituições em função da relação funcional existente entre elas. Isso permite que os padrões de tratamento de grupos minoritários se reproduzam nas interações e nas determinações entre essas instituições, fazendo com que a discriminação adquira um caráter coletivo porque caracteriza as formas como diferentes instituições de um dado sistema de interações sociais tratam membros de certos grupos. Dessa maneira, a qualidade diferenciada nos serviços oferecidos para minorias no âmbito escolar também está presente na área hospitalar porque as mesmas práticas existem em todas as instituições. Isso demonstra o papel de outro aspecto da discriminação institucional: as ideologias sociais que legitimam práticas discriminatórias. Elas não afetam apenas as mentes de indivíduos particulares, mas também a forma como as instituições operam. Essas ideologias podem atuar de forma direta ou indireta ao afetar as motivações conscientes e inconscientes de seus agentes. Não podemos ignorar o fato que elas também não permanecem estáticas: as ideologias que tentam manter o poder de grupos hegemônicos estão sempre mudando e isso significa que as práticas institucionais também terão outras formas para preservar o poder. Esse é o caso de João da Silva, o rapaz morto por policiais brancos. A negligência estatal impede o acesso à escola; ela é um ambiente hostil para crianças negras; as instituições policiais tratam negros como cidadãos de segunda classe; enquanto o sistema judiciário, dominado por homens brancos, também não considera a morte de uma pessoa negra como algo socialmente relevante.[683]

---

[683] Para uma análise histórica do racismo institucional, ver DOMINGUES, Petrónio. *Uma história de discriminação*. São Paulo: Editora Senac, 2005; AVILA, Jerry. *Diploma de brancura*: política social e racial no Brasil. São Paulo: Unesp, 2006, pp. 1917-1945; ROTHSTEIN, Richard. *The color of*

Essa teoria exige que nos afastemos da compreensão discriminação como algo que acontece apenas nas interações pessoais e que entendamos as relações entre grupos sociais dentro das estruturas de poder presentes em uma sociedade. Os processos responsáveis pela dominação social também informam o funcionamento das instituições sociais e isso permite que grupos minoritários sejam constantemente excluídos dos processos decisórios. Embora o poder em uma sociedade democrática seja exercido de forma coletiva, o racismo permite que as instituições funcionem de acordo com os interesses de atores sociais que detêm poder político e econômico, o caso dos membros de grupos raciais dominantes. Assim, nos diz Robert Blauner, mecanismos de discriminação direta deixam de ser relevantes para o processo de dominação quando as instituições estatais funcionam para promover os interesses dos grupos hegemônicos por meio de normas que supostamente expressam o interesse de todos os grupos.[684]

A discriminação institucional pode operar de forma encoberta no funcionamento das instituições, mas tem origem nas atitudes negativas de membros de grupos majoritários em relação a grupos minoritários. Essas atitudes estão ancoradas em um sentimento de superioridade que tem uma dimensão coletiva: membros do grupo dominante pensam ser naturalmente superiores e práticas discriminatórias procuram manter ideologias responsáveis pela criação de uma diferença de *status* cultural e *status* material entre os grupos sociais. A discriminação institucional prejudica minorias sociais e produz privilégios para os segmentos majoritários. Mesmo que uma pessoa não engaje em práticas discriminatórias, a operação das instituições garante a ela vantagens indevidas sobre outros grupos. Isso permite que pessoas dos grupos majoritários

---

law: a forgotten history of how government segregated America. Nova York: Liveright, 2018.

[684] BLAUNER, Bob. *Racial oppression in the United States*. Nova York: Harper Collins, 1972, pp. 9/10.

CAPÍTULO XII – DISCRIMINAÇÃO INSTITUCIONAL...

criem uma imagem positiva de si mesmas: realmente podem não discriminar pessoas, mas a operação das instituições estatais as coloca em uma situação de vantagem estrutural. Assim, sendo uma forma de discriminação coletiva, a discriminação institucional está entranhada na prática de instituições públicas e privadas.[685]

Devemos ter em mente que a discriminação institucional não implica apenas ações comissivas, mas também decorre da negligência de atores públicos e privados. Isso pode acontecer em uma série de situações. As autoridades municipais que deixam de criar postos de saúde, mesmo tendo verbas disponíveis, praticam a discriminação institucional. Ela também pode operar por meio de motivações inconscientes, o caso de juízes que aplicam penas mais severas a minorias quando as circunstâncias dos crimes praticados por pessoas brancas ou de classe social superior são as mesmas. A discriminação institucional pode ocorrer então em função de atos não intencionais inadequados para prestar serviços a todos os membros da população. É importante mencionar o fato de que esses atos de discriminação não são episódicos, mas uma forma regular de operação da instituição, possuindo um caráter sistêmico. Moradores de áreas periféricas, como Fernando, são vítimas constantes de discriminação porque grupos majoritários, por controlarem o processo político, podem determinar como verbas públicas serão utilizadas, o que lhes permite sempre estabelecer seus grupos como uma prioridade.[686]

A discriminação institucional pode assumir quatro formas paradigmáticas. Primeiro, ela pode ocorrer pelo impedimento do acesso à instituição. Estamos aqui diante da situação em que a pessoa tem sua inscrição para um emprego descartada por membro de um grupo majoritário, uma vez que a instituição adota

---

[685] TURE, Kwane; HAMILTON, Charles V. *Black power*: the politics of liberation. 2ª ed. Nova York: Vintage, 1992, p. 5.
[686] GARNER, Steve. *Racisms*: an introduction. London: Sage, 2010, pp. 103-107.

requisitos de acesso aos quais poucas pessoas do seu grupo podem se enquadrar, utiliza um critério de exclusão moralmente neutro, mas fortemente associado a um grupo minoritário, ou ainda estabelece um requisito que viola a integridade moral de uma pessoa.[687] Segundo, ela pode ocorrer por meio da discriminação no interior das instituições. Esse é o caso das pessoas que conseguem ingressar na instituição, mas suas chances de promoção são menores em relação aos membros de grupos majoritários. Esse tipo de discriminação institucional também se manifesta por meio de práticas discriminatórias como racismo, sexismo ou capacitismo. O assédio moral ou sexual sofrido por membros de minorias, muitas vezes com a anuência dos que exercem funções de poder, também pode ser definido como um exemplo desse tipo de discriminação, porque superiores utilizam da posição de poder que ocupam para se comportar de forma criminosa em relação a minorias.[688] Terceiro,

---

[687] Para uma análise da discriminação no acesso a oportunidades profissionais no Brasil ver. TELLES, Edward. *Race in another Latin America*: the significance of skin color in Brazil. Princeton: Princeton University Press, 2004, pp. 139-173.

[688] BRASIL. Tribunal Regional do Trabalho da 1ª Região. Recurso Ordinário n. 0000770-67.2011.5.01.0482. Órgão Julgador 1ª Turma. Rel. Des. Mário Sérgio M. Pinheiro, 25.11.2013 (o reclamante foi dispensado sem justa causa por discriminação racial por parte de seu chefe que afirmou a seus colegas que "não gostava de trabalhar com negros". O Juiz do Trabalho julgou o pedido improcedente e condenou o autor em litigância de má-fé. O Tribunal reformou a decisão, sob o argumento de que "a razão da dispensa do Autor foi a discriminação racial", condenando a reclamada a pagar ao reclamante uma indenização equivalente a um ano da última remuneração); BRASIL. Tribunal Regional do Trabalho da 1ª Região. Recurso Ordinário n. 01103-2006-481- 01-00-1. Órgão Julgador 2ª Turma. Rel. Des. Valmir de Araújo Carvalho, 13.05.2009 (a reclamante sofreu discriminação racial por parte de sua empregadora, que afirmava que, caso não cumprisse suas ordens, "seria colocada no tronco". O ambiente de trabalho também era permeado por discriminações raciais disfarçadas de piadas – racismo recreativo: "o que mais brilha no preto? As algemas"; "o que acontece se um preto cair num monte de bosta? Aumenta o monte". A reclamante também informou que outra empregada negra era chamada de "torradinha". O Juízo de 1ª instância indeferiu o pedido de indenização por dano moral sob o argumento de que a

a discriminação institucional também pode ocorrer por meio da negação dos serviços da instituição, situação na qual as pessoas não conseguem utilizar serviços que deveriam estar disponíveis para todos os pertencentes a algum grupo minoritário.[689] Quarto, ela pode se manifestar também pelo oferecimento diferenciado da qualidade dos serviços em função do pertencimento de uma pessoa a um grupo minoritário. Agentes de instituições públicas e privadas podem atuar de forma discriminatória baseados em estereótipos descritivos e prescritivos. Assim, um médico pode deixar de aplicar a mesma quantidade de um medicamento em uma mulher negra por pressupor que ela seja mais forte; a segurança pública oferecida aos diferentes segmentos sociais pode depender dos lugares nos quais está concentrado o maior número de minorias raciais; professores podem tratar alunos de grupos diferentes de forma diferenciada por suporem que sejam homossexuais.[690]

Não podemos esquecer que as diversas formas de discriminação institucional existentes atualmente são produto de práticas

---

reclamante não fez prova de ter sido discriminada racialmente. O Tribunal reformou a decisão para conceder indenização à reclamante, argumentando que a expressão "colocar no tronco" tem viés racista, referindo-se ao fato de negros escravizados serem colocados no tronco na época da escravidão); BRASIL. Tribunal Regional do Trabalho da 1ª Região. Recurso Ordinário n. 01198-2007-241-01-00-0. Órgão Julgador 7ª Turma. Rel. Des. Zuleica Jorgensen Malta Nascimento, 29.10.2008 (o reclamante ajuizou ação trabalhista por ser apelidado de "neguinho" no ambiente de trabalho. O Juízo de 1ª instância deferiu a reparação por danos morais no importe de 100 vezes o último salário recebido pelo reclamante. A empresa ré se insurgiu contra tal decisão, afirmando que nunca discriminou o autor. O Tribunal considerou que houve abuso por parte do empregador, reforçando a exclusão social.

[689] BASTON, João Luis; GARCIA, Leia Posonato. "Discriminação nosserviços de saúde". *Epidemiologia e Serviços de Saúde*, vol. 24, nº 3, 2015.

[690] Ver nesse sentido BORGES, Juliana. *Encarceramento em massa*. São Paulo: Polém, 2019, pp. 53-87 (sobre tratamento discriminatório no sistema criminal brasileiro); ASSIS, Jussara Francisa de. "Intersseccionalide, racismo institucional e direitos humanos: compreensões à violência obstétrica". *Serv. Soc. Soc.*, São Paulo, nº 133, set./dez. 2018, pp. 547-565.

institucionalizadas de tratamento arbitrário de grupos minoritários que possuem dimensões transnacionais e universais. O racismo institucional assumiu diversas formas ao longo do tempo: primeiro a escravidão, depois sistemas de segregação e ainda mecanismos de exclusão institucionalizados na forma de normas jurídicas. Essas diferentes manifestações do racismo institucional não ocorreram apenas em um país específico; assumiram a mesma forma em dezenas de sociedades ocidentais. O caráter transnacional da discriminação institucional ainda pode ser observado por meio dos sistemas de domínio político e econômico de nações desenvolvidas e nações em desenvolvimento, uma vez que essa relação está baseada na exploração econômica. Podemos dizer ainda que a discriminação institucional possui um caráter universal porque ela atinge membros de certos grupos em todas as sociedades, também sempre com apoio legal. O sexismo é uma prática que existe em todas as sociedades humanas ao longo da história. A opressão de homens sobre as mulheres ocorre em todas as dimensões porque influencia a operação dos diversos sistemas sociais presentes dentro da sociedade. O sexismo não é apenas uma prática cultural: é uma forma de dominação social regulada pelo Direito. A diferenciação de tratamento entre os sexos ainda está presente nas práticas sociais das mais variadas instituições, sejam elas públicas ou privadas, na maioria das sociedades humanas.[691]

12.2 Discriminação estrutural

As pesquisas sobre a dimensão coletiva e sistêmica da discriminação tiveram um papel importante para a identificação do caráter sistêmico de práticas discriminatórias, mas também demonstraram outro elemento muito relevante. A possibilidade de exercício de uma vida digna depende do acesso a diversas categorias

---

[691] Ver: nesse sentido: ARAÚJO, Maria de Fátima. "Diferença e igualdade nas relações de gênero: revisitando o debate". *Psicologia Clínica*, vol. 17, nº 2, 2005, pp. 41-52.

de direitos e oportunidades. Isso significa que as instituições sociais responsáveis pela garantia ou proteção de direitos precisam tratar as pessoas da mesma forma. A ausência do cumprimento desse dever faz com que elas sejam excluídas de oportunidades sociais nos mais diversos aspectos de suas vidas. A inclusão social é muito mais difícil quando diversas instituições públicas e privadas não criam as condições ou não permitem o gozo desses direitos. Os grupos sociais que não têm o mesmo acesso a oportunidades educacionais, não podem obter formação educacional mais elevada, são impedidos de ter acesso às mesmas oportunidades profissionais por falta de educação formal, são discriminadas dentro das empresas nas quais trabalham e não têm poder político para transformar essa situação enfrentam o que se chama de *discriminação estrutural*.[692]

Podemos definir a discriminação estrutural como consequência da existência de sistemas discriminatórios que promovem a exclusão de grupos minoritários nas diversas dimensões da vida, sistemas que operam por meio da ação coordenada das mais diversas instituições, sejam elas públicas ou privadas. Suas práticas discriminatórias estão interligadas porque expressam o interesse comum de promover a exclusão de grupos minoritários para que oportunidades e recursos permaneçam nas mãos dos membros dos grupos majoritários. Dessa forma, temos sistemas sociais, como o Direito, a Economia e a Política, que operam a partir dos interesses desses indivíduos de forma que as hierarquias sociais possam ser mantidas. Critérios de tratamento diferenciados operam então como elementos reguladores do funcionamento de sistemas sociais, o que promove a reprodução de projetos de dominação que se perpetuam ao longo da história. Sistemas de dominação como o racismo e o sexismo possuem então uma natureza política porque fazem parte do funcionamento das instituições sociais que atuam de forma interdependente para que a dominação racial permaneça. A teoria da discriminação estrutural nos convida a reconhecer o caráter

---

[692] WIEVIORKA, Michel. *The arena of racism*. Londres: Sage, 1996, pp. 62/63.

sistêmico da discriminação porque descreve tipos de dominação que fazem parte da operação normal da sociedade. Elas estão inscritas nas normas jurídicas, nas normas políticas, na ordem econômica e no plano cultural.[693]

O conceito de discriminação estrutural está intrinsicamente relacionado com o conceito de dominação social. Ela ocorre por meio de processos sociais que parecem ser formas normais de operação institucional, mas que encobrem os mais diferentes meios de exclusão por expressarem os interesses dos grupos dominantes. Sistemas de dominação não permanecem estáticos; eles mudam na medida em que são contestados pelos grupos discriminados. Aqueles que controlam instituições podem ajustar práticas sociais que são abertamente discriminatórias, mas podem impedir que medidas de inclusão para grupos minoritários sejam discutidas ou implementadas. Por ser caracterizada pelo interesse dos grupos majoritários em sempre apresentarem discriminações como formas democráticas ou como formas corretas de funcionamento, a dominação precisa ser sempre disfarçada pelos grupos dominantes. Por esse motivo, sempre circulam ideologias que atribuem as desigualdades sociais aos membros de grupos minoritários e não às formas de discriminação sistematicamente praticadas. A circulação dessas ideias naturaliza as diversas formas de discriminação presentes na sociedade, estratégia usada para impedir a transformação social.[694]

A dominação racial constitui o exemplo paradigmático da dominação social. Esse tipo de dominação opera segundo uma lógica que pode não ser muito clara para muitas pessoas. Análises tradicionais desse tema procuram explicar conflitos raciais como

---

[693] Ver: nesse sentido: BONILLA-SILVA, Eduardo. "Rethinking racism: toward a structural interpretation". *American Sociological Review*, vol. 62, nº 3, 1997, pp. 465-480; ALMEIDA, Silvio Luiz Almeida. *Racismo estrutural*. São Paulo: Pólen Livros, 2019.

[694] Ver: nesse sentido: DESMOND, Matthew; EMIRBAYER, Mustafa. "What is racial domination?" *Du Bois Review*, vol. 6, nº 2, 2009, pp. 335-355.

CAPÍTULO XII – DISCRIMINAÇÃO INSTITUCIONAL...

um produto de comportamentos discriminatórios que ocorrem no plano individual, posição que nega seu caráter sistêmico. Elas também negligenciam um aspecto central dos meios de dominação racial: o caráter identitário da dominação racial. Sistemas de dominação racial são criados e reproduzidos para proteger o *status* privilegiado dos membros do grupo racial dominante. A dominação racial de brancos sobre negros ocorre primeiro por meio das representações culturais responsáveis pela afirmação da superioridade moral dos primeiros sobre os segundos. Ela também se manifesta por meio do controle das instituições políticas; o controle racial das instituições estatais ocupa um papel central na reprodução dos sistemas de dominação racial, bem como o controle sobre as instituições econômicas. Políticas econômicas são sempre construídas para beneficiar faixas da população que são também as elites brancas que controlam a sociedade como um todo. Todo esse sistema de dominação racial depende da atuação do Direito nesse processo, sistema que também opera para reproduzir a exclusão por meio de discursos que pregam a neutralidade racial como um tipo de justiça social.[695]

Sistemas de dominação social são construídos a partir de um consenso entre os membros dos grupos dominantes sobre os meios a partir dos quais eles podem reproduzir seus interesses por meio do controle sobre esferas centrais da vida social, como a política e a economia. O racismo e o sexismo são formações ideológicas que pressupõem esse tipo de consenso porque são formas de dominação baseadas no sentimento de posição de grupo na sociedade. Por meio da construção do outro como aquele que não pode atuar de forma competente no espaço público, os membros dos grupos dominantes produzem formas de legitimação sociais destinadas a manter hierarquias sociais intactas. Sistemas sociais racializados ou sexualizados precisam então ser explicados a partir das relações

---

[695] MILLS, Charles. "White supremacy as sociopolitical system: a philosophical perspective". *In*: DOANE, Ashley; BONILLA-SILVA, Eduardo. *White out*: the continuing significance of race. Nova York: Routledge, 2003, pp. 35-48.

de poder presentes dentro de uma dada sociedade. O racismo e o sexismo não influenciam apenas os comportamentos de indivíduos; eles também são os elementos centrais de ordenações sociais que se sustentam por meio da operação de instituições que atuam de forma interdependente. A operação dessa ordenação impõe desvantagens permanentes para membros de minorias, dificultando a integração social deles, ao mesmo tempo que permite que membros dos grupos sociais dominantes possam ter acesso facilitado a recursos e oportunidades.[696]

A discriminação adquire um aspecto estrutural em função do caráter cumulativo da desvantagem na vida das pessoas. Observamos até esse momento que a discriminação pode assumir diversas formas e que ela influencia diferentes aspectos da vida dos indivíduos ao longo da vida, motivo pelo qual a permanência desses processos nos diferentes âmbitos da vida social promove a estratificação racial. A acumulação da discriminação na vida de grupos minoritários cria desvantagens em diferentes momentos de sua trajetória, situação que produz diferenciações de *status* social entre grupos em função do caráter coletivo da situação de desvantagem. A discriminação estrutural pode ser apontada então como a causa do *status* subordinado de membros de grupos minoritários porque estabelece impedimentos significativos para que minorias possam estar representadas nas instituições públicas, responsáveis por regular diversos aspectos da vida das pessoas. A ideia de que a discriminação estrutural está relacionada com a acumulação de desvantagem possui relações diretas com as noções de interseccionalidade e de multidimensionalidade de opressões. As desvantagens acumuladas decorrem dos diferentes tipos de discriminação aos quais as pessoas estão submetidas em função da operação de sistemas de dominação: elas não estão em uma

---

[696] REX, John. "Racism: institutionalized and otherwise". *In*: HARRIS, Leonard (Coord.). *Racism*. Amherst: Humanity Books, 2001, pp. 141-161.

CAPÍTULO XII – DISCRIMINAÇÃO INSTITUCIONAL...

situação de subordinação apenas porque estão submetidas a uma única forma de discriminação.[697]

Temos então elementos importantes para entendermos como a discriminação estrutural fomenta a de estratificação social: ela opera por meio da articulação de diferentes tipos de práticas excludentes. O racismo impede que minorias raciais tenham acesso a oportunidades econômicas, cria dificuldades para a representatividade política, reproduz estereótipos negativos sobre membros desse grupo, mecanismos que são representados por ideologias sociais como o funcionamento normal da sociedade. Como diferentes formas de discriminação impedem que minorias possam estar em instituições econômicas, em instituições acadêmicas e políticas, elas continuam operando a partir dos interesses do grupo racial majoritário, grupos que moldam o funcionamento dessas instituições para atender seus interesses. É importante enfatizar o aspecto ideológico dos processos de estratificação: os grupos majoritários criam narrativas culturais que procuram justificar a diferença de *status* entre grupos sociais, principalmente pela representação delas como algo decorrente da atitude dos membros de grupos minoritários. Temos aqui um aspecto relevante das sociedades humanas: elas estão estruturadas em torno de hierarquias sociais que geralmente têm um caráter coletivo. Elas estão baseadas em poder social, prestígio social e privilégios sistemáticos que situam certos segmentos em situações de subordinação de uns em relação a outros, fato sempre apresentado como natural.[698]

A discriminação estrutural ocorre quando a acumulação de desvantagens sociais causadas por diversas formas de discriminação concorre para a estratificação, o que coloca certos grupos em

---

[697] WOLF, Jonathan. *Disvadvantage*. Oxford: Oxford University Press, 2013, pp. 21-36.
[698] ALMEIDA. Silvio. *Racismo estrutural*. São Paulo: Polén, 2019, pp. 46-59; SHELBY, Tommie. *Dark Ghettos*: injust, dissent, and reform. Cambridge: Harvard University Press, 2018.

uma situação de subordinação durável ou permanente. Os autores que formularam o conceito de discriminação estrutural afastam-se de uma compreensão da discriminação como um ato de natureza psicológica e individual; eles enfatizam os processos sociais que convergem para gerar diferentes formas de desvantagens materiais. Afirmam que mecanismos discriminatórios como o racismo ou o sexismo não são apenas expressões comportamentais, mas sim sistemas de controle social que informam diferentes aspectos da vida dos indivíduos. Mais uma vez, essa forma de discriminação leva em consideração a acumulação de desvantagens sofridas por um determinado grupo.[699] Por esse motivo, ações afirmativas não podem ser vistas como práticas discriminatórias porque tentam reverter um quadro que mantém certos grupos em uma situação subalterna. O raciocínio do Tribunal de Justiça do Rio de Janeiro se mostra problemático porque desconsidera o fato que a marginalização incide sobre grupos sociais. Isso significa que medidas pautadas no conceito de discriminação estrutural são necessárias para reverter essa situação.

Podemos dizer que a discriminação contra minorias tem um caráter estrutural quando identificamos a presença de alguns processos que não expressam atos individuais, mas sim forças sociais alimentadas por relações assimétricas de poder. Por esse motivo, podemos dizer que uma forma de discriminação tem um caráter estrutural porque faz parte da operação regular das instituições sociais, causando desvantagens em diferentes níveis e em diferentes setores da vida dos indivíduos. Ela também tem uma dimensão procedimental porque informa as políticas e os procedimentos de instituições públicas e privadas, o que explicita também o seu caráter sistêmico. A discriminação estrutural adquire sua legitimação por meio de ideologias sociais que podem atuar para afirmar a inferioridade

---

[699] BONILLA-SILVA, Eduardo. "Rethinking racism: toward a structural interpretation". *American Sociological Review*, vol. 62, nº 3, 1997, pp. 465-480.

CAPÍTULO XII – DISCRIMINAÇÃO INSTITUCIONAL...

de um grupo, a harmonia entre a exclusão social e normas legais ou também para manter a invisibilidade social dessas práticas.[700]

Michel Wieviorka nos diz que a teoria da discriminação estrutural caracteriza uma proposta teórica que procura entender a discriminação dentro de um sistema que não opera necessariamente de acordo com a vontade de atores sociais específicos. Por exemplo, autores que escrevem sobre o racismo estrutural o classificam como um sistema que opera sem atores sociais. A dimensão estrutural e sistêmica do racismo indica que ele não se reproduz apenas em função do efeito cumulativo de atos discriminatórios, mas por causa dos procedimentos institucionais que possibilitam a manutenção de relações assimétricas de poder entre os grupos e as ideologias sociais criadas para torná-las invisíveis. Eduardo Bonilla-Silva identifica a ascensão de uma forma de racismo marcado por uma ideologia social da neutralidade racial. Essa ideologia permite a construção de uma sociedade racista na qual não há pessoas racistas. A maioria dos norte-americanos condena o racismo, negam que ele não tenha mais relevância social, embora as disparidades abissais entre negros e brancos permaneçam. Isso acontece em função de uma cultura social que condena o racismo, mas que mantém um sistema de exclusão que atua independentemente da vontade individual.[701] Um estudo elaborado no Brasil chegou a uma conclusão semelhante. A quase totalidade dos entrevistados reconhece que o racismo existe em nosso país, mas não se considera racista, não consegue identificar as causas do racismo, as formas a partir das quais ele opera, nem o papel que pode ter na reprodução desse processo.[702]

---

[700] FRIEDMAN, Robert. "Institutional racism: how to discriminate without really trying". *In*: PETTIGREW, Thomas. *Racial discrimination in the United States*. Nova York: Harper & Row, 1975, pp. 386-391.

[701] BONILLA-SILVA, Eduardo. "Rethinking racism: toward a structural interpretation". *American Sociological Review*, vol. 62, nº 3, 1997, pp. 1-20.

[702] TURRA, Cleusa; VENTURI, Ricardo. *Racial cordial*: a mais completa análise sobre o preconceito de cor no Brasil. São Paulo: Ática, 1995, pp. 1-55.

Eduardo Bonilla-Silva argumenta que a discriminação racial tem um caráter estrutural porque os próprios sistemas sociais operam de forma racializada. Ele quer dizer com isso que a discriminação terá um caráter estrutural quando sistemas como a política, a economia, a cultura e a educação operam para situar indivíduos em lugares específicos dentro da estrutura social. Por esse motivo, a discriminação estrutural acontece não apenas em função de atos discriminatórios, mas por causa do lugar do racismo no funcionamento das instituições sociais. A ausência de pessoas negras em uma instituição não significa necessariamente a presença de práticas discriminatórias naquela organização; ela pode ser causada exatamente pelo acúmulo de desvantagens que impedem a igualdade de oportunidades entre os diferentes grupos.[703]

A discriminação estrutural produz consequências relevantes na vida da maioria dos membros de grupos minoritários. Os processos de exclusão sofridos por esses grupos os confinam a uma situação de pobreza crônica, o que lhes impede de ter acesso a recursos e oportunidades para que possam quebrar os ciclos de exclusão que se repetem ao longo do tempo. A pobreza impede que as pessoas possam ter acesso a direitos básicos para uma vida digna, como também dificulta a mobilização política para que essa situação seja transformada. Processos estruturais de discriminação produzem a segregação espacial entre grupos sociais porque minorias são forçadas a viver em áreas periféricas, enquanto membros dos grupos dominantes vivem em áreas abastadas. Os lugares nos quais vivem os membros de grupos afluentes recebem maior atenção do Poder Público, enquanto áreas pobres enfrentam a falta de recursos básicos. Como membros de minorias são sempre discriminados, a criminalidade aparece como uma alternativa para a obtenção de fonte de renda. Embora essa possa ser alternativa para alguns membros de minorias sexuais,

---

[703] BONILLA-SILVA, Eduardo. "Rethinking racism: toward a structural interpretation". *American Sociological Review*, vol. 62, n° 3, 1997, pp. 465-480.

ela se apresenta como alternativa para muitas pessoas que pertencem a minorias raciais. Como essas pessoas vivem concentradas em áreas periféricas e segregadas, o crime pode se tornar outro problema grave para a vida dessas comunidades.[704]

O caráter estrutural da discriminação não impacta apenas as condições materiais da existência dos indivíduos; ele também afeta de maneira particularmente negativa a saúde mental de minorias. Membros de minorias são mais suscetíveis a desenvolver uma série de problemas físicos e mentais, problemas que estão relacionados com a percepção de que nunca serão reconhecidos como pessoas que merecem o mesmo nível de respeitabilidade social destinado a membros dos grupos dominantes. Aqueles que são membros de minorias raciais são mais afetados por doenças circulatórias, por doenças gástricas, por estresse emocional, além de se suicidarem em maior número do que a média da população. As chances de morrerem assassinados também são maiores, pelas mãos de outros membros do mesmo grupo ou por meio da violência estatal institucionalizada. Os que pertencem a minorias sexuais também enfrentam altas taxas de mortalidade, além da segregação imposta pela sociedade ou por eles mesmos. Expressões de desprezo social presentes nas interações cotidianas também comprometem a saúde mental dessas pessoas, que fazem parte do grupo mais suscetível à depressão e ao suicídio. A situação daqueles e daquelas que são minorias dentro de minorias é ainda mais problemática porque sofrem discriminação dentro da sua comunidade e também pela sociedade. Essa é a situação das pessoas que pertencem a minorias raciais e sexuais: a violência contra elas assume um nível de violência ainda maior.[705]

---

[704] Ver: nesse sentido: CLARK, Kenneth. *Dark gueto*: dilemas of social power. Amherst: Wesleyan University Press, 1965; SHELBY, Tommie. *Dark guettos*: injustice, dissent, and reform. Cambridge: Harvard University Press, 2016.

[705] KOH, Audrey; ROSS, Leslie. "Mental health issues: a comparison of lesbian, bisexual and heterosexual women". *Journal of Homosexuality*, vol. 51, nº 1, 2006, pp. 22-57; PERUCHI, Juliana *et al*. "Aspectos psicossociais da

12.3 Discriminação intergeracional

As consequências de práticas discriminatórias não afetam apenas as gerações presentes. O que chamamos de *discriminação intergeracional* indica que efeitos de exclusão social podem se reproduzir ao longo do tempo, fazendo com que diferentes gerações de um mesmo grupo sejam afetadas por práticas discriminatórias. Se uma pessoa é impedida de ter acesso a oportunidades profissionais por ser membro de uma minoria racial, ela terá dificuldades para garantir que seus filhos tenham acesso às melhores oportunidades escolares. Como a discriminação tem por objetivo manter as vantagens materiais de grupos majoritários, os membros da próxima geração também sofrerão as consequências dos mesmos processos discriminatórios. Portanto, a discriminação é algo que se reproduz ao longo de várias gerações, fruto do aspecto estrutural que mecanismos discriminatórios possuem nas sociedades humanas. O que estamos chamando de discriminação intergeracional possui uma dimensão institucional, uma dimensão cultural, uma dimensão econômica e uma dimensão temporal.[706]

Essa teoria de discriminação encontra fundamento na análise da convergência de dois processos. Primeiro, temos a existência do caráter estrutural e sistêmico da discriminação, o que possibilita a estratificação social, fenômeno que impede a inclusão e a mobilidade de grupos minoritários. Tendo em vista o fato que esses processos fazem parte do funcionamento das instituições sociais, ele preserva as desigualdades entre os diversos grupos. Segundo, o caráter intergeracional da discriminação também decorre da dificuldade de minorias, notoriamente minorias raciais, acumularem e transmitirem patrimônio para as gerações seguintes. Isso

---

homofobia intrafamiliar e saúde de lésbicas e gays". *Estudos de Psicologia*, vol. 19, nº 1, 2014, pp. 1-88.

[706] DESMOND, Matthew; EMYRBRAYER, Mustafa. *Racial progress, racial domination.* Nova York: McGraw-Hill, 2009, pp. 10-45.

impede que pessoas possam ter acesso a recursos financeiros em momentos cruciais da vida, principalmente naqueles momentos em que as pessoas fazem escolhas importantes sobre a vida educacional e profissional.[707]

O primeiro aspecto dessa forma de discriminação tem implicações importantes para refletirmos sobre justiça social. Ele está relacionado com a questão da justiça histórica. Certos autores – como Ania Loomba – afirmam que o fim do projeto colonial não significou necessariamente a eliminação da subordinação, embora muitas das nações que tinham um sistema escravocrata tenham se transformado em democracias liberais. Os fatores responsáveis pela criação de desigualdades de *status* cultural e de *status* material continuaram moldando as relações sociais. Suas elites perpetuaram um programa de dominação, decorrência da ligação que elas mantinham com as antigas metrópoles, na velha ordem social anterior. Agora, essa relação de dominação que existia entre as metrópoles e as colônias continua existindo dentro dessas nações entre os grupos raciais dominantes e os povos anteriormente colonizados.[708]

A discriminação intergeracional gera uma série de desvantagens que precisam ser compreendidas a partir das diversas formas que o racismo assume ao longo da história. Se o sistema escravocrata permitiu que pessoas brancas acumulassem patrimônio por meio da exploração do trabalho escravo, ele impediu que pessoas negras e indígenas pudessem construir patrimônio, ter acesso a oportunidades educacionais e profissionais e de terem atuação no plano político. Problemas dessa natureza não desapareceram após a abolição do trabalho escravo porque diferentes manifestações de discriminação limitavam as chances de inclusão social de minorias raciais. Essas são as mesmas formas que a discriminação racial

---

[707] Ver nesse sentido, PILETTY, Thomas. *Capital e ideologia*. São Paulo: Intrínseca 2020, pp. 193-330.

[708] MIGNOLO, Walter. "The geopolitics of knowledge and the colonial difference". *The South Atlantic Quarterly*, vol. 101, nº 1, 2002, pp. 51-95.

assume em todos os momentos históricos: impede que minorias possam ter acesso a condições materiais de existência, além de impedir que possam ser reconhecidas como pessoas capazes de atuar no espaço público de forma competente. Os sistemas racializados funcionam ao longo do tempo, mantendo as mesmas hierarquias de poder presentes em uma sociedade.[709]

    A discriminação intergeracional encontra conexões significativas com os processos históricos de marginalização cultural e exclusão econômica presente ao longo da história de uma determinada sociedade. A articulação entre esses dois fatores produz desigualdades de *status* que perduram ao longo do tempo, mantendo membros de um grupo em uma situação de desvantagem. Certos eventos históricos responsáveis pela situação coletiva de desvantagem social provocam a discriminação intergeracional. A situação de desvantagem estrutural na qual negros se encontram na nossa sociedade decorre das relações próximas entre racismo e capitalismo. O capitalismo mercantil se solidificou como um sistema econômico de escala mundial no mundo moderno em função do projeto colonial europeu. O tráfico internacional de escravos trouxe riquezas tremendas para as elites europeias; ele também servia para garantir mão de obra para o processo de exploração econômica das colônias, processo legitimado por discursos raciais que, primeiro, tinham fundamentação religiosa, mas que adquiriram, depois, sustentação científica. A eliminação do sistema escravocrata ocorreu ao mesmo tempo que as elites brancas brasileiras procuravam formas de eliminar a presença africana por meio de doutrinas e práticas eugenistas, o que as levou a adotar a imigração europeia como forma de transformar racialmente a população, postura vista como requisito para o progresso nacional. A exclusão do sistema educacional e a exclusão do mercado de trabalho se tornaram elementos centrais na operação de processos de injustiça social que

---

[709] MOURA, Clóvis. *Sociologia do negro brasileiro*. São Paulo: Perspectiva, 2019, pp. 259-290.

se reproduziram ao longo do tempo. Vemos então que a história da população negra na nossa sociedade está diretamente ligada à articulação entre dois mecanismos que marcam a modernidade: os discursos sociais destinados à legitimação de opressão social estão ligados ao processo de hierarquias de classe, processo inerente ao sistema capitalista.

Mecanismos de exclusão social continuam atuando para manter os antigos subalternos nas mesmas condições, mesmo que agora eles possam ter acesso aos direitos formais de cidadania. Grupos majoritários ainda possuem o poder de atribuir sentidos culturais, ainda controlam as principais instituições do país, podendo então preservar as relações de poder que existiam quando as divisões sociais estavam assentadas em normas jurídicas, como o regime da escravidão. Isso significa que a construção de sociedades democráticas baseadas em princípios liberais não foi capaz de promover plena emancipação social porque desvantagens de *status* cultural e desvantagens de *status* material ainda continuam mantendo esses indivíduos em uma situação de subordinação. Portanto, a premissa de que as instituições políticas devem proteger os indivíduos torna-se problemática, uma vez que eles continuam em uma condição subalterna em função do pertencimento a grupos sociais, subalternidade causada por discriminações intrageracionais e intergeracionais.[710]

Mas vários atores sociais elaboram discursos que procuram negar a centralidade de processos de exclusão social, cujas consequências se reproduzem ao longo do tempo. Um dos aspectos centrais desse discurso é a tentativa de explicação da realidade atual a partir dos processos históricos, posição que procura esconder os meios a partir dos quais instituições públicas e privadas operam ao longo do tempo para manter as diferenças de *status* entre grupos

---

[710] LOOMBA, Ania. *Colonialism/postcolonialism*. Nova York: Routledge, 2005, pp. 91-107.

sociais. Ao tornar a história um elemento irrelevante para a análise da realidade, esses discursos voltam a responsabilidade da situação para as próprias pessoas que são vítimas da discriminação. Esses discursos servem como fundamento para uma formulação de justiça baseada na ideia de tratamento simétrico entre indivíduos, o que torna medidas distributivas algo indesejável, porque elas supostamente criariam desvantagens para indivíduos que não podem ser responsabilizadas por questões históricas que não afetam a situação das pessoas no momento presente. Essa perspectiva de uma justiça simétrica que considera a situação presente de indivíduos – e não processos históricos de marginalização de grupos – dificulta a conscientização dos processos que são socialmente e historicamente construídos como meios de marginalização social. Isso permite então a classificação de sistemas de dominação que operam de forma permanente como algo irrelevante para a realidade social porque sua existência como uma instituição legalmente justificada deixou de existir. Uma vez que textos constitucionais declaram a igualdade formal como um direito universal, sistemas de opressão deixam de operar na vida e na mente das pessoas.[711]

A discriminação intergeracional decorre de um fato inerente a sociedades fundamentadas em diferenciações de *status* coletivo que se reproduzem ao longo da história: os membros dos grupos dominantes sempre se aproveitam do controle sobre instituições públicas e privadas para tomarem decisões que procuram proteger seus interesses enquanto grupo social. As diferenças de poder político e econômico entre grupos permitem que eles possam sempre tomar decisões que perpetuaram o sistema de vantagens sociais que os beneficiam. Devemos estar atentos então ao fato de que as relações de dominação-subordinação adquirem *status* institucional, e uma

---

[711] MOREIRA, Adilson José. "Igualdade Formal e Neutralidade Racial: Retórica Jurídica como Instrumento de Manutenção das Desigualdades Raciais". *Revista de Direito do Estado*, vol. 19, 2012, pp. 293-328; DEMOND, Matthew; MUSTAFA, Emyrbayer. *Racial domination, racial progress*: the sociology of race in American. Nova York: McGraw-Hill, 2009, pp. 29-31.

de suas consequências é a imposição de barreiras para que membros de grupos minoritários possam acessar essas instituições em grande número. Dessa forma, as relações hierárquicas de poder não são eliminadas. As operações desses mecanismos de exclusão se dão de forma aberta ou encoberta e sempre têm o objetivo de impedir o empoderamento coletivo de membros de grupos minoritários, de forma que as relações de dominação se reproduzam ao longo do tempo. Isso faz com que membros de minorias sempre ocupem posições subordinadas nas diversas categorias de ocupação, faz com que eles estejam em uma situação de desvantagem material, mesmo quando possuem a mesma qualificação dos membros dos grupos sociais dominantes.[712]

O segundo elemento demonstra como a discriminação implica a desvantagem material de caráter durável. Thomas Shapiro chama de recursos transformativos aqueles benefícios financeiros que permitem indivíduos terem oportunidades pessoais melhoradas em função da herança de patrimônio de gerações anteriores. Eles podem avançar a vida econômica em função de recursos que não são produto do esforço pessoal, mas sim dos recursos da geração anterior. Esses recursos permitem que indivíduos possam ter oportunidades pessoais que outros grupos não possuem, porque as famílias dos últimos não tiveram oportunidade de acumular patrimônio em função de práticas discriminatórias que promovem a exclusão. A forma como as famílias utilizam esse patrimônio situa os indivíduos em posições diferentes. Embora esse processo pareça não ter relações com atos arbitrários, ele está relacionado com diferentes formas de discriminação racial. Assim, o privilégio econômico garantido a pessoas brancas em função de práticas discriminatórias permite que as gerações seguintes sejam beneficiadas, enquanto a discriminação racial impede que negros possam ter acesso a melhores oportunidades. O domínio de pessoas brancas

---

[712] FRANKLIN, Raymond. *Shadows of race and class*. Minneapolis: University of Minnesota Press, 1991, pp. 69-89.

sobre instituições públicas e privadas permite que elas sejam constantemente preferidas em relação a membros de outros grupos, motivo pelo qual podem sempre construir patrimônio e transmitir patrimônio para as gerações seguintes, possibilidade que não está aberta à maioria dos que estão em uma situação de marginalização econômica em função da operação de sistemas de dominação.[713]

    Os padrões históricos de discriminação institucional mostram como sistemas de dominação social afetam o *status* coletivo de minorias. Uma das manifestações desse problema está centrada então na possibilidade de que as pessoas possuem de construir patrimônio. Assim, a discriminação racial faz com que grupos minoritários permaneçam insulados de processos que permitem o acúmulo de riqueza. A segregação espacial que concentra pessoas em lugares com oportunidades educacionais restritas faz com que grupos minoritários não tenham formação necessária para terem acesso a trabalho melhor remunerado. Além disso, o tratamento discriminatório no mercado de trabalho faz com que a renda de membros de grupos minoritários decorra apenas do salário. Isso impede que eles tenham acesso a recursos que possam garantir segurança financeira.[714] Edward Telles nos mostra que as diferenças salariais entre negros e brancos no Brasil é um elemento central no processo de reprodução das desigualdades raciais. Enquanto o patrimônio de pessoas brancas decorre de salário e também de patrimônio herdado, o patrimônio de pessoas negras está, na maioria dos casos, restrito ao salário. Se os membros do primeiro grupo podem utilizar esse patrimônio para ter acesso às melhores escolas, a maioria de pessoas negras frequentam escolas públicas de baixa qualidade. Assim, o patrimônio herdado pode

---

[713] SHAPIRO, Thomas. *Toxic inequality*. Boston: Basic Books, 2017; TELLES, Edward. *Racism in another America*: the significance of skin color in Brazil. Princeton: Princeton University Press, 2006, pp. 109-172.

[714] SHAPIRO, Thomas. *The hidden cost of being African American*: how wealth perpetuates inequality. Oxford: Oxford University Press, 2004, pp. 1-21.

transformar a vida social de pessoas brancas, mesmo antes de serem economicamente autônomas.[715]

A discriminação intergeracional indica como exclusões baseadas na raça e na classe dos indivíduos convergem para manter minorias raciais em uma posição subordinada. Isso também nos mostra como a discussão sobre ações afirmativas parte de premissas equivocadas. Muitos participantes desse debate acreditam que ele pode ser reduzido ao problema da racionalidade do uso de classificações sociais; isso permite que questões relacionadas com as desigualdades estruturais sejam encobertas por um discurso igualitarista. Vemos então que a posição dos tribunais que classificam essas medidas como discriminatórias está equivocada porque não considera o fato de que negros e brancos estão em posições estruturalmente desiguais.[716]

---

[715] TELLES, Edward. *Race in another America*: the significance of skin color in Brazil. Princeton: Princeton University Press, 2004, pp. 107-139.

[716] BRASIL. Supremo Tribunal Federal. Ação de Descumprimento de Preceito Fundamental n. 186. Órgão Julgador: Tribunal Plen. Relator: Ricardo Lewandovsky. 26.04.2012 (reconhecendo que as disparidades entre negros e brancos possuem um caráter estrutural e que acompanha os primeiros de geração após geração); BRASIL. Tribunal de Justiça do Rio de Janeiro. Representação por Inconstitucionalidade n. 129, Órgão Julgador: Órgão Especial, Relator: Sérgio Cavalieri Filho, 18.11.2009 (afirmando que ações afirmativas são constitucionais porque são mecanismos que procuram contrabalançar o caráter intergeracional da exclusão social).

CAPÍTULO XIII
O PRIVILÉGIO COMO MECANISMO DE DISCRIMINAÇÃO SOCIAL

Algumas das teorias de discriminação analisadas nos capítulos anteriores sempre tratam de uma forma ou de outra da intencionalidade e da arbitrariedade. Elas estão construídas sobre a noção de que certas práticas são discriminatórias porque envolvem alguma motivação consciente ou inconsciente. Atos discriminatórios podem ter um caráter sistêmico, influenciando as interações sociais ou o funcionamento de instituições públicas ou privadas. Eles afetam de forma negativa o *status* cultural e o *status* material de certos grupos sociais. Em tempos recentes, certos autores voltaram a atenção para processos que não envolvem arbitrariedade ou intencionalidade. Na verdade, eles não envolvem atos discriminatórios, embora sejam responsáveis pela criação de desvantagens sistemáticas. Estamos aqui diante da seguinte realidade: a exclusão social não decorre necessariamente de atos materiais de discriminação, sejam eles diretos ou indiretos. Ela pode acontecer em função de uma dimensão da discriminação que permanece socialmente invisível: as formas como certas pessoas são sistematicamente beneficiadas por pertencerem a grupos majoritários, fato que garante o acesso a oportunidades por serem membros desses segmentos. Os autores que desenvolvem essa teoria afirmam que os processos de exclusão social não poderão ser eliminados enquanto a sociedade não reconhecer a relação estrutural entre privilégio e opressão.

13.1 O que é um privilégio?

Os estudos sobre discriminação sempre enfatizaram o argumento segundo o qual práticas de exclusão social procuram manter uma ordem social na qual certos grupos ocupam posições de subordinação, enquanto outros permanecem em uma situação privilegiada. Tendo em vista tal postulado, eles sempre estiveram focados no estudo dos mecanismos discriminatórios; a identificação destes seria suficiente para a formulação de estratégias efetivas de combate às desigualdades. Uma mudança significativa ocorreu nesse campo de pesquisa ao longo dos últimos vinte anos. Ao contrário das teorias anteriores, que enfatizavam a análise dos mecanismos discriminatórios, certos autores começaram a prestar atenção no privilégio como mecanismo de exclusão social. Atos discriminatórios sempre garantem uma vantagem para os membros de grupos majoritários: todas as vezes que um homem homossexual deixa de ter acesso a um cargo, um homem heterossexual obterá uma vantagem decorrente de uma desvantagem alheia. Isto significa que a heterossexualidade não pode ser vista apenas como expressão da sexualidade humana, pois ela é uma fonte de privilégios, é uma posição de poder. Aqueles que trabalham nessa área argumentam que o privilégio é um mecanismo de exclusão porque a discriminação não procura apenas afirmar a suposta inferioridade de grupos minoritários. Um dos seus objetivos é garantir a permanência de vantagens sociais nas mãos dos grupos dominantes. Aos membros desses grupos, são garantidas várias vantagens apenas em função do *status* que possuem, embora muitas pessoas privilegiadas frequentemente afirmem que estão no lugar que ocupam apenas por mérito pessoal. Compreender o privilégio dentro do contexto de discriminação é mais um exemplo de processos que podem reproduzir a subordinação social, mesmo na ausência de atos materialmente discriminatórios.

Os que escrevem sobre esse tópico afirmam que o privilégio é uma vantagem que alguém possui por fazer parte de um grupo social majoritário, não havendo nenhuma ligação necessária entre a posição social que o sujeito ocupa e a sua competência pessoal. O privilégio é algo atribuído a alguns segmentos da sociedade, ele é um mecanismo de exclusão social porque impede que membros de outros grupos possam disputar oportunidades sociais de forma meritocrática.[717] É, portanto, uma vantagem indevida, situação oposta ao princípio segundo o qual as pessoas devem ser recompensadas pelos seus esforços. Privilégios são transmitidos como forma de herança; eles não são adquiridos por causa de fatores como inteligência, habilidade ou mérito. Muitos daqueles que pertencem aos grupos majoritários, caracterizam a situação de desvantagem de outros grupos como falta de esforço, raciocínio que leva muitas pessoas à conclusão de que minorias estão na condição que estão por conta de algum defeito pessoal. Esse pensamento é frequentemente estabelecido como o "mito da meritocracia", sendo identificado quando uma cultura estabelece que os oprimidos poderiam ter acesso às mesmas oportunidades se possuíssem características semelhantes aos grupos hegemônicos.[718]

O privilégio pode se manifestar de diversas formas. Ele pode ser um poder que uma pessoa exerce sobre as outras em função da sua inserção dentro da estrutura social; pode ser uma garantia de que uma pessoa não será objeto de tratamento desvantajoso em função de seu *status*; pode também ser produto de acesso a certos

---

[717] FARIA E SILVA NETO, Paulo Penteado. *Cotas raciais nas universidades públicas*: estratégias argumentativas, lógica informal e teoria da argumentação. Belo Horizonte: Arraes, 2012, p. 171.

[718] BLAKE, Linda L.; STONE, David. "Expanding the definition of privilege: the concept of social privilege". *Journal of Multicultural Counseling and Development*, vol. 33, 2005, p. 243.

direitos que são conferidos a apenas parte da sociedade ou ainda por representar o modelo a partir do qual todos os outros grupos são comparados. Materialmente, o privilégio se expressa por meio da combinação do funcionamento de sistemas de opressão como o racismo, o sexismo e a homofobia. Esses mecanismos de subordinação social submetem pessoas a tratamentos desvantajosos, mas, por outro lado, garantem vantagens aos membros dos grupos dominantes. Assim, o privilégio racial encontra amparo dentro dos sistemas de opressão que estruturam muitas sociedades humanas, processos que existem para conferir vantagens materiais e subjetivas aos membros dos grupos raciais dominantes. O privilégio racial funciona, por exemplo, como um veículo de opressão de minorias porque estabelece o homem branco heterossexual de classe alta como a norma central para o acesso a oportunidades sociais, como referência de conduta moral, de comportamento sexual adequado e como exemplo de inteligência pessoal.[719]

Aqueles que trabalham nessa área afirmam que o privilégio é um mecanismo de exclusão porque a discriminação não pretende apenas afirmar a suposta inferioridade de minorias; ela procura garantir a permanência de oportunidades sociais nas mãos daqueles que fazem parte dos grupos dominantes. A estes, são garantidas várias vantagens apenas em função do *status* que possuem, embora muitos deles frequentemente afirmem estar no lugar que ocupam por mérito pessoal. A literatura sobre esse tema demonstra que o privilégio é uma vantagem especial atribuída a um número limitado de pessoas que vivem em uma sociedade estruturada a partir de diversas diferenças de *status*. Essas vantagens beneficiam aqueles aos quais elas são destinadas, motivo de opressão dos que não têm acesso a elas. Privilégios sociais são direitos, sanções, imunidades, poderes e vantagens que um grupo hegemônico atribui a uma pessoa simplesmente por fazer parte dele. Os privilégios de certas

---

[719] MCINTOSH, Peggy. "White privilege: unpacking the invisible knapsack". *Peace and Freedom*, 1989, pp. 1-5.

categorias de pessoas estão diretamente relacionados com a opressão de minorias porque a condição na qual tais pessoas vivem provoca a contínua privação de oportunidades sociais. Assim, a opressão acontece porque grupos majoritários têm o poder de impor a outros, rótulos e condições que legitimam uma organização social na qual as pessoas ocupam lugares específicos. Mais problemático ainda é que a situação de subordinação de grupos minoritários passa a ser explicada a partir de supostas características de indivíduos, o que contribui para a invisibilidade dos sistemas de privilégio.[720]

Embora o privilégio tenha sido utilizado com frequência para designar a situação de vantagens estruturais que a discriminação racial confere a pessoas brancas, estudos recentes também utilizam essa categoria para analisar a forma como diferenças de *status* baseadas no gênero e na sexualidade também conferem vantagens sistemáticas a pessoas do sexo masculino e a pessoas heterossexuais. Tais domínios descrevem as identidades visíveis e invisíveis que ilustram melhor a intrigante e complexa natureza da identidade de um indivíduo. Verificamos que o privilégio é qualquer título, sanção, poder, vantagem ou direito garantido a um indivíduo por pertencer a um grupo ou grupos cujas características são representadas como ideais. Isso significa que todas as outras classes de pessoas são oprimidas pelo privilégio. Homens brancos heterossexuais de classe alta se tornaram, dessa forma, o grupo normativo pelo qual todos os outros grupos sociais passaram a ser comparados. Contida nessa polaridade está a implicação de superioridade versus inferioridade. O grupo normativo passa a enxergar valores, crenças e comportamentos como universais, neutros e corretos. Os grupos minoritários que possuem características diversas ou valores, crenças e comportamentos conflitantes são vistos como desviantes ou corrompidos. A estes, são aplicadas

---

[720] BLACK, Linda; STONE, David. "Expanding the definition of privilege: the concept of social privilege". *Journal of Multicultural Counseling and Development*, vol. 33, nº 2, 2009, pp. 244-246.

ameaças, intimidações e opressão para que assimilem os valores majoritários ou não desafiem a ordem social posta.[721]

O privilégio também decorre da formação de redes de relacionamentos pessoais formadas entre membros dos grupos dominantes. A estratificação social pode também ser produto de um sistema de favoritismo pessoal destinado a garantir oportunidades àqueles que detêm o poder. A preferência pela convivência com pessoas que possuem as mesmas características e a circulação de estereótipos sobre grupos tidos como diferentes fazem com que posições profissionais sejam ocupadas por indivíduos que pertencem ao mesmo segmento.[722] A partir dessa constatação, tem-se que o preconceito existe basicamente em um sentido de posição de grupo: mais do que ideias que os membros de um grupo social têm em relação às minorias, eles refletem sentimentos decorrentes da polarização entre diferentes parcelas da população. As pessoas identificam a si mesmas como pertencentes a um grupo social específico, sendo que essa identificação não tem um caráter espontâneo, mas sim um resultado do processo de socialização. O tipo de imagem que um grupo social forma de si mesmo e o tipo de imagem que forma de outros são similarmente produtos da internalização das interações sociais. Entende-se que o processo de formação da imagem dos grupos opera por um processo fundamentalmente coletivo, formalizado através dos meios de comunicação social a partir dos quais membros do grupo dominante constroem outros grupos como diferentes ao se apresentarem como referência social. Nesse sentido, caracterizar outro grupo é caracterizar o próprio grupo por oposição, isto é equivalente a colocar os dois grupos em uma posição comparativa. É esse senso de posição social emergente de

---

[721] BLACK, Linda; STONE, David. "Expanding the definition of privilege: the concept of social privilege". *Journal of Multicultural Counseling and Development*, vol. 33, nº 2, 2009, pp. 243-248.

[722] DASGUPTA, Nilanjana. "Implicit ingroup favoritism, outgroup favoritism, and their behavioral manifestations". *Social Justice Research*, vol. 17, nº 2, 2003, pp. 144-150.

processos coletivos de caracterização que fornece as bases, por exemplo, para o preconceito racial.[723]

Herbert Blumer diz que quatro tipos básicos de sentimento parecem estar sempre presentes no discurso dos grupos dominantes. Primeiro, o sentimento de superioridade aparece nas classificações dos membros dos grupos oprimidos, pessoas estigmatizadas por serem supostamente preguiçosas, desonestas, incapazes ou imorais. Segundo, um sentimento que o grupo social subordinado é intrinsecamente diferente, não possui nenhuma característica em comum com o grupo dominante, o que supostamente explicaria a condição na qual vive. Terceiro, um sentimento de prerrogativa em relação ao acesso a diversas formas de oportunidades sociais. Parte-se do pressuposto de que certos cargos, profissões e posições de comando devem necessariamente ser ocupados pelos grupos dominantes. O quarto tipo de sentimento engloba a percepção de que membros dos grupos subordinados almejam ocupar os lugares sociais dos membros do grupo dominante, o que gera uma sensação de desconfiança entre esses segmentos sociais.[724]

Cada um desses sentimentos tem um efeito particular na relação entre os diversos grupos sociais. O sentimento de superioridade posiciona os grupos oprimidos abaixo, o que reforça a ideia de que são naturalmente inferiores: o sentimento de que são alheios posiciona-os além do reconhecimento de que são pessoas merecedoras de qualquer tipo de empatia; o sentimento de que oportunidades sociais são prerrogativas dos membros do grupo dominante faz com que os integrantes de minorias se tornem uma ameaça. Todos eles expressam então o que Richard Blummer chama de um sentimento de posição de grupo, uma perspectiva que estabelece normas imperativas utilizadas para criar um sentimento de

---

[723] BLUMER, Herbert. "Prejudice as a sense of group position". *Pacific Sociological Review*, vol. 1, nº 1, 1958, p. 4.
[724] BLUMER, Herbert. "Prejudice as a sense of group position". *Pacific Sociological Review*, vol. 1, nº 1, 1958, p. 4.

identidade entre os membros do grupo dominante, como também os parâmetros de interação entre os grupos.⁷²⁵

Indivíduos pertencentes a classes privilegiadas precisam se apoiar na negação ou em outras reações defensivas para manter esse frágil sentimento de superioridade e para combater a dissonância e a confusão que acompanham o reconhecimento e compreensão de seus privilégios. Essa crença acaba por frustrar o desenvolvimento emocional e intelectual dos membros desses segmentos sociais enquanto indivíduos inseridos em sociedade. Por outro lado, indivíduos pertencentes a grupos minoritários sofrem os impactos devastadores da opressão: vivenciam diversas formas de preconceito, fanatismo, ódio baseado em sua percepção de identidade, pobreza, violência física e até mesmo a morte; internamente, podem ver a si mesmos como vítimas ou até mesmo como incompetentes e podem chegar até a expressar formas de racismo, sexismo, heterossexismo e um profundo sentimento de pavor em relação a si mesmos.⁷²⁶

13.2 A epistemologia social do privilégio

Alguns mecanismos culturais permitem que membros de grupos privilegiados tenham uma percepção da sociedade estruturalmente distinta daqueles que pertencem a grupos minoritários. O primeiro deles está baseado no fundamento liberal do discurso dos direitos. Como essa doutrina estabelece a proteção das liberdades individuais como o objetivo fundamental do Estado, surge a percepção de que todas as pessoas estão em uma situação de igualdade e que o sistema jurídico impossibilita a existência de hierarquias arbitrárias. O liberalismo funciona, portanto, como

---

[725] BLUMER, Herbert. "Prejudice as a sense of group position". *Pacific Sociological Review*, vol. 1, nº 1, 1958, p. 5.

[726] BLACK, Linda; STONE, David. "Expanding the definition of privilege: the concept of social privilege". *Journal of Multicultural Counseling and Development*, vol. 33, nº 2, 2009, p. 252.

uma forma de epistemologia social que impede o conhecimento adequado das dinâmicas sociais, posição constantemente reproduzida em políticas públicas.[727] Essa epistemologia social faz com que o privilégio seja algo invisível para membros dos grupos majoritários, especialmente porque a experiência social torna-se algo inteiramente transparente a eles. Assim, pessoas brancas não classificam a si mesmas em termos raciais porque a raça serve apenas para descrever grupos minoritários.[728]

Isso significa que a vasta maioria delas não consegue perceber que o racismo é um sistema de dominação social, que ser branco significa estar em uma posição na qual não há necessidade de construção de uma consciência racial. Como o grupo racial majoritário tem o poder simbólico de construir seus traços culturais e interesses setoriais como regras universais, eles podem viver sem se preocupar com a raça porque são representados como a regra universal a partir do qual todos os outros grupos são julgados. Normas culturais são apenas aparentemente neutras, pessoas brancas são constantemente apresentadas como aqueles que incorporam valores universais, um dos motivos pelos quais elas têm prioridade no acesso a oportunidades. Essas representações atuam tanto no plano cultural quanto no plano inconsciente, determinando o comportamento daqueles que controlam o acesso a bens e oportunidades. O problema com o fenômeno da transparência decorre do fato de que a branquitude é um sistema de dominação social, uma vez que o sistema de privilégios raciais só é construído a partir da universalização do ser branco.[729]

---

[727] FITZPATRICK, Peter. "Racism and the innocence of law". *Journal of Law and Society*, vol. 14, nº 1, 1987, pp. 119-125.

[728] Ver sobretudo SULLIVAN, Shannon. *Race and epistemologies of ignorance*. Nova York: State University of New York Press, 2007, pp. 11-39.

[729] FLAGG, Barbara. "'Was blind, but now I see': white race consciousness and requirement of discriminatory intent". *Michigan Law Review*, vol. 91, nº 3, 1993, pp. 953-1017.

13.3 A invisibilidade social do privilégio branco

A decisão do Supremo Tribunal Federal que declarou a constitucionalidade de ações afirmativas reconheceu a relação direta entre privilégio branco e a opressão negra. Esse argumento tem um papel importante na discussão sobre processos de exclusão social por duas razões: primeiro porque o sistema jurídico não reconhece sua existência ou seu papel nesse processo; segundo porque o mito brasileiro da transcendência racial atua como uma forma de epistemologia social que encobre uma das causas da estratificação racial. A tradicional concepção de discriminação como atos que envolvem intencionalidade e arbitrariedade permite que o privilégio se perpetue porque atos discriminatórios são comportamentos individuais que não expressam uma cultura pública. Seu caráter sistêmico permanece invisível porque sua influência não pode ser detectada a partir da forma que a doutrina tradicional identifica processos discriminatórios.[730]

Porém, a questão do privilégio branco não se resume a considerações sobre como o pertencimento a um determinado grupo racial garante acesso a oportunidades sociais. Ela tem uma dimensão bem mais complexa porque sistemas de privilégios estão ancorados em uma forma de identidade social que se torna um padrão cultural. Esse padrão adquire a forma de um parâmetro cultural que influencia os meios pelos quais a sociedade concebe sua própria forma de funcionamento. Vemos então que a redução da discussão da constitucionalidade de ações afirmativas a partir da consideração da adequação da raça como discrímen ignora o fato de que a raça está longe de ser uma mera categoria biológica. A raça é uma construção social que tem a função particular de organizar

---

[730] Ver: nesse sentido: BONILLA-SILVA, Eduardo. "The invisible weight of whiteness: the racial grammar of everyday life in contemporary America". *Ethnic and Racial Studies*, vol. 35, nº 2, 2012, pp. 173-193; SCHUCMAN, Lia. *Entre o encardido, o branco e o branquíssimo*: branquitude, hierarquia e poder na cidade de São Paulo. São Paulo: Annablume, 2014.

as formas de operação da sociedade. David Owen argumenta que ser branco não designa uma identidade racial, mas sim um lugar dentro das hierarquias de poder que estruturam a sociedade. Para o autor, a branquitude tem uma série de propriedade funcionais, como a formação de uma perspectiva interpretativa da realidade que tem um caráter racializado, quando expressa a forma como pessoas brancas compreendem a si mesmas e o próprio mundo em função da sua posição dentro de um sistema social no qual negros e brancos estão estruturalmente localizados em posições distintas. Ela também designa um lugar de vantagem estrutural em relação a outros grupos sociais e isso significa que pessoas brancas estão situadas dentro de uma posição que garante benefícios de ordem econômica, política, social e cultural. O mesmo autor nos diz ainda que a branquitude não é uma mera identidade racial, é um padrão cultural que se torna invisível porque adquire um *status* de normalidade ou referência universal. Por formar um padrão cultural ideal, ela permanece invisível ou transparente para as pessoas brancas, embora seja claramente visível para os membros dos grupos excluídos de vantagens estruturais. O termo branquitude designa então os interesses materiais e culturais do grupo de pessoas que são socialmente classificadas como brancas. Não se trata de uma raça, mas de um lugar específico dentro das relações sociais que colocam esses indivíduos em uma situação de vantagem estrutural.[731] Essa é uma das razões pelas quais alguns autores afirmam que a branquitude é uma forma de propriedade que designa o funcionamento de uma sociedade na qual ter acesso a oportunidades sociais é uma prerrogativa exclusiva dos membros do grupo racial dominante. A posição de privilégio ocupado por pessoas brancas implica o controle de um sistema que opera para garantir o funcionamento de uma estrutura social que privilegia os membros desse segmento social. Por esse motivo, Paulo acredita que a indicação de um de seus amigos brancos para o cargo de

---

[731] OWEN, David. "Towards a critical theory of whiteness". *Philosophy and social criticism*, vol. 33, nº 2, 2007, pp. 205-207.

trabalho seja resultado de uma escolha inteiramente racional porque meritocrática, embora ele e seu colega façam parte do grupo que concentra poder social.[732]

Esse estado de coisas faz com que pessoas brancas atuem para manter esse tipo de funcionamento social porque a branquitude tem um valor material que significa acesso a diversas formas de vantagens econômicas. É o caso do acesso às melhores oportunidades educacionais, oportunidades profissionais e condições para a aquisição de propriedades. Assim, afirma George Lipsitz, pessoas brancas, enquanto grupo social, fazem o possível para reproduzir um sistema que mantém diversas formas de vantagens econômicas, mas que podem ser mascaradas na forma de funcionamento normal das relações sociais; a ausência de minorias raciais nessas posições pode ser atribuída aos próprios grupos minoritários.[733] Richard Dyer assevera que uma análise social da branquitude não pode se resumir a considerações sobre suas dimensões materiais. Ela é também uma forma de representação cultural plena de significados concretos, mas que são invisíveis porque a branquitude aparece como uma posição social sem marcas. Por ser uma forma de mercadoria cultural formulada dentro dos países centrais e imposta e exportada para outros países, ela possibilita a afirmação de si mesma como a significação do que seja o humano. Enquanto outros grupos raciais e outras identidades culturais são socialmente marcadas, a branquitude é uma categoria que expressa o universal, tornando-se então invisível. Essa forma de identidade social e cultural tem um papel central na reprodução da discriminação

---

[732] HARRIS, Cheryl. "Whiteness as property". *Harvard Law School*, vol. 106, nº 8, 1993, pp. 1710-1791.

[733] LIPSITZ, George. *The possessive investment in whiteness*: how white people profit from identity politics. Philadelphia: Temple University Press, 2006, pp. 1-24.

institucional e da discriminação estrutural porque é um elemento central da operação das instituições sociais.[734]

Os argumentos acima descritos apontam para um aspecto importante, mas frequentemente ignorado nos estudos sobre processos de exclusão social: eles não implicam necessariamente motivação individual, mas sim ações coletivas que procuram manter ou criar vantagens competitivas para os membros de grupos majoritários. Por exemplo, muitas instituições controladas por pessoas brancas atuam como verdadeiros cartéis raciais por reproduzirem formas de discriminação que permitem a concentração de oportunidades nas mãos de pessoas brancas. Isso não decorre necessariamente do fato de uma empresa se recusar a contratar minorias raciais; a homogeneidade racial dos seus quadros pode ser mantida por práticas de referências a círculos de relacionamentos compostos inteiramente por pessoas brancas. Assim, da mesma forma que cartéis econômicos dominam o mercado por meio do controle dos preços e da oferta, cartéis raciais garantem privilégios sociais ao manterem minorias raciais fora de oportunidades que poderiam garantir o mesmo *status* que brancos possuem. Isso impede que negros possam competir por oportunidades nos mesmos termos que brancos. Embora muitos argumentem que a discriminação possui um custo significativo porque o mercado recompensa os mais competentes, o controle sobre o funcionamento das diversas instituições sociais permite que privilégios raciais sejam mantidos porque toda a estrutura social funciona de acordo com os interesses do grupo majoritário. Práticas discriminatórias na contratação fazem com que trabalhadores brancos tenham acesso aos melhores salários; o poder de consumo superior permitirá que eles comprem imóveis em áreas mais valorizadas; essas propriedades manterão o seu valor na medida em que permanecerem racialmente

---

[734] DYER, Richard. "The matter of whiteness". *In*: ROTHENBERG, P. (Coord.). *White privilege*: essential readings on the other side of racism. Nova York: Worth Publishers, 2011, pp. 9-15.

homogêneas; a preservação do valor desses imóveis beneficiará a geração seguinte, que, por sua vez, também terá seus privilégios garantidos pelos mesmos mecanismos.[735]

O privilégio branco adquire o *status* de funcionamento normal da sociedade quando o sistema jurídico deixa de reconhecer a forma como as estruturas de poder funcionam. Isso também acontece quando os interesses dos grupos majoritários são transformados em normas ou princípios legais, o que impede a visibilidade dos sistemas de privilégio. Isso pode ocorrer em função da legalização de sistemas de exclusão racial ou por meio da completa negação da existência de quaisquer relações entre o privilégio branco e a opressão negra. Se a maior parte dos países do mundo aboliu a primeira prática nas últimas décadas, a segunda continua sendo a forma a partir da qual o sistema de privilégio racial se reproduz. Ao reduzir a discussão de ações afirmativas ao problema do uso da raça como critério de tratamento diferenciado, ao afirmar que grupos raciais devem ser tratados da mesma forma em função da irrelevância social dessa característica, ao ignorar as relações entre raça e classe, nosso sistema jurídico impede o reconhecimento das formas como relações assimétricas de poder perpetuam a opressão e também o privilégio. Vemos aqui um dos problemas principais com as noções de intencionalidade e arbitrariedade, elementos que a doutrina tradicional toma como essenciais para a identificação da discriminação: esses elementos não precisam estar presentes dentro de uma sociedade na qual estruturas de privilégio têm caráter sistêmico.[736]

---

[735] ROITHMAYR, Daria. "Racial Cartels". *Michigan Journal of Race and Law*, vol. 46, nº 1, 2010, pp. 46-56.

[736] WILDMAN, Stephanie; DAVIS, Adrienne. "Making systems of privilege visible". *In*: WILDMAN, S. (Coord.). *Privilege revealed*: how invisible preference undermine America. Nova York: New York University Press, 1996, pp. 7-16.

13.4 Explicitando o funcionamento dos sistemas de privilégios

Observamos em capítulos anteriores que a circulação de estereótipos descritivos e prescritivos molda a percepção que as pessoas possuem de membros de grupos minoritários, um dos motivos pelos quais eles estão sujeitos a processos de subordinação. Mas se pessoas são treinadas para atribuir características negativas a membros de grupos minoritários, elas também são motivadas a atribuir características positivas aos membros dos grupos aos quais pertencem. Se percebem membros de outros segmentos sociais como pessoas que possuem traços homogêneos, elas individualizam os integrantes das suas próprias comunidades, os quais são vistos a partir de categorias generalizadas, mas a partir de suas características distintivas. Esse processo tem consequências significativas quando articulamos a forma como os seres humanos classificam os outros com a realidade das relações hierárquicas de poder presentes em uma sociedade. Como estereótipos possuem uma dimensão política, eles desempenham uma função central nos processos de legitimação de subordinação social. Aqueles que pertencem aos grupos dominantes são imediatamente percebidos como pessoas que possuem qualidades positivas simplesmente por serem membros dos segmentos sociais que estão em posições de poder e que são culturalmente representados como ideias sociais.[737]

Dentro da realidade acima descrita, pertencer ao grupo social dominante designa uma vantagem estrutural em relação aos membros de minorias. Essa vantagem tem início no processo cognitivo de categorização dos indivíduos: como heterossexuais são construídos como norma cultural, disposições cognitivas automáticas baseadas na superioridade moral da heterossexualidade

---

[737] PORTILLA, Karla Perez. *Redressing everyday discrimination*: the weakness and potential of anti-discrimination law. Londres: Routledge, 2016, pp. 137-173.

influenciam a percepção que os indivíduos têm dessas pessoas. Embora a vasta maioria de pessoas heterossexuais esteja muito longe de ser moralmente perfeita, valores culturais dominantes associa a heterossexualidade com superioridade moral. Esses processos cognitivos afetam decisões de atores sociais em diversos âmbitos cruciais para a vida dos indivíduos. O fato de uma pessoa ser heterossexual cria vínculos sociais positivos para ela, vínculos que poderão assumir a forma de relações profissionais, garantindo oportunidades materiais. Essa pessoa nunca será submetida a tratamentos desvantajosos em função da sua sexualidade com suas habilidades pessoais. Ela será sempre individualizada, o que torna a sexualidade uma forma de identidade invisível porque representa o padrão social institucionalizado. O fato de uma pessoa ser heterossexual significa que ela sempre poderá contar com as vantagens associadas ao fato de ser membro de um grupo dominante; diferenciações sociais baseadas no comportamento sexual não afetarão nenhum aspecto de sua vida. Por ser uma pessoa heterossexual, seus relacionamentos sempre serão socialmente respeitados, sempre receberão suporte social, desde que seja com pessoa do grupo racial dominante. O processo de organização política também beneficiária heterossexuais porque todas as instituições políticas são controladas por pessoas que têm a mesma sexualidade; instituições públicas e privadas operarão a partir do pressuposto de que todos os membros da comunidade política são heterossexuais e isso significa que as normas que regulam essas instituições espelham o modo de vida e os interesses dos membros desse grupo, situação que se repetirá nas gerações seguintes porque a heterossexualidade continuará sendo representada como uma norma universal.[738]

---

[738] WILDMAN, Stephanie; DAVIS, Adrienne. "Making systems of privilege visible". *In*: WILDMAN, S. (Coord.). *Privilege revealed*: how invisible preference undermine America. Nova York: New York University Press, 1996, pp. 7-25.

Uma vez que membros de grupos sociais dominantes controlam a ampla maioria de instituições públicas e privadas, a operação delas passa a refletir os interesses desses grupos, mas isso aparece como a operação normal das instituições. Essas instâncias passam então a operar como sistemas racializados porque funcionam a partir de mecanismos que reproduzem os interesses do grupo racial dominante. Para que esse objetivo seja alcançado, o ingresso nessas instituições será restrito, seja por meio da discriminação direta ou indireta, seja pela influência de estereótipos que associam traços positivos a pessoas brancas e traços negativos a pessoas negras. Essas mesmas disposições psicológicas também determinarão a percepção da competência pessoal dos funcionários, influenciarão a formação dos padrões de relacionamentos dentro da instituição, impedirão que minorias raciais possam ascender socialmente. Todos esses processos ocorrem mesmo em organizações que professam uma cultura igualitarista e que não adotam práticas abertamente discriminatórias. Entretanto, a discriminação inconsciente ainda continuará a influenciar a percepção das pessoas sobre quem possui as habilidades para exercer posições de comando, julgamentos morais que imediatamente excluem mulheres negras e homossexuais negros. O homem negro heterossexual pode ter maiores chances de destaque profissional, mas ele terá que lutar contra uma cultura social e institucional que identifica a imagem de competência com homens brancos heterossexuais, grupo que ocupa a quase totalidade de postos de comandos na iniciativa privada.[739]

É importante também mostrar como privilégios operam de forma concreta no cotidiano de pessoas brancas, fatores responsáveis pelo gozo de maior bem-estar material e psicológico delas. Peggy McIntosh relata inúmeros exemplos relevantes. Uma pessoa branca pode comprar uma casa em qualquer lugar que queira viver: desde

---

[739] Ver nesse sentido BAGENSTOS, Samuel. "The structural turn and the limits of antidiscrimination law". *California Law Review*, vol. 94, nº 1, 2006, pp. 1-23.

que tenha condições financeiras para isso; os vizinhos desse novo local serão agradáveis com ela porque lhe atribuirão qualidades positivas por ser branca; ela poderá entrar em qualquer loja para comprar móveis para sua nova casa sem ser seguida e sem que os outros duvidem de sua capacidade financeira; seus filhos e filhas não encontrarão dificuldades em criar amizades na nova escola em função da raça deles e sempre estudarão em livros didáticos que conterão narrativas cujas referências serão indivíduos brancos; essa pessoa branca poderá andar na nova vizinhança sem levantar qualquer desconforto com a presença dela naquele lugar; poderá dirigir um carro importado sem que seja parada pela polícia; policiais provavelmente nunca irão abordá-la porque eles sempre atribuirão qualidades positivas a ela em função de sua raça; essa pessoa branca nunca será julgada em função de seu pertencimento racial; será chamada pelo seu nome e não por termos que designam membros de um grupo racial de forma genérica; ela estará certa de que sempre se verá representada em produções culturais e de que as representações sempre serão positivas; a raça dessa pessoa branca nunca impedirá que ela tenha tratamento satisfatório em situações relevantes como uma entrevista de emprego, em uma consulta médica ou na procura por parceiros sexuais.[740]

Esses exemplos mostram algo muito importante: se sistemas de dominação social impõem desvantagens sistemáticas aos membros de grupos minoritários, eles garantem vantagens estruturais aos que fazem parte dos grupos majoritários. A psicologia social nos ajuda a entender um aspecto essencial desse processo: o favoritismo de grupo. Avanços recentes nesse campo demonstram que membros de grupos privilegiados demonstram maior preferência por pessoas que possuem a mesma filiação e preconceitos em relação a membros de minorias. As pessoas tendem a se relacionar com

---

[740] MCINTOSH, Peggy. "White privilege: unpacking the invisible knapsack". *In*: ROTHEMBERG, Paula (Coord.). *White privilege*: essential readings on the other side of racism. Nova York: Worth Publishers, 2008.

indivíduos com os quais elas guardam identidades comuns, além de estarem inclinadas a valorizar aquelas que pertencem aos grupos mais valorizados pela sociedade. Essa tendência é especialmente maior entre os que ocupam posições de poder e prestígio porque essas associações aumentam o sentimento compartilhado de maior estima social. Ter uma identidade comum significa a formação imediata de identificação com outras pessoas que são socialmente mais valorizadas, o que frequentemente leva as pessoas a atribuírem características positivas a esses indivíduos, mesmo quando eles não as possuam. Esse processo significa que membros de minorias mais qualificados podem ser prejudicados por julgamentos estereotipados sobre o seu valor moral. Da mesma forma que julgamentos morais negativos podem ser falsos, julgamentos morais positivos também podem estar baseados em falsas percepções dos indivíduos. Esses processos são em grande parte inconscientes; eles não representam necessariamente uma política institucional, mas afetam a vida de minorias porque ocorrem nas interações entre indivíduos inseridos em relações hierárquicas de poder.[741]

---

[741] DASGUPTA, Nilanja. "Implicit ingroup favoritism, outgroup favoritism, and their behavioral manifestations". *Social Justice Research*, vol. 17, n° 2, 2003, pp. 146-156.

CAPÍTULO XIV
A TEORIA DAS MICROAGRESSÕES

Teorias tradicionais de discriminação partem do pressuposto de que atos discriminatórios envolvem algum aspecto jurídico, ocorrem entre pessoas possuidoras de *status* sociais distintos e se expressam por meio de ações que podem ser consideradas incorretas porque baseadas em critérios de tratamento diferenciado legalmente proibidos. Recentemente, alguns autores identificaram outro tipo de tratamento desvantajoso, cujas características não se enquadram nesses parâmetros. Ele encontra fundamento em um estudo que caracteriza o racismo como um problema de saúde pública porque ele determina as atitudes de populações inteiras, reproduzindo uma série de práticas sociais que impedem a criação de uma cultura pública igualitária. Em um estudo clássico, Charles Pierce argumentou que o racismo é uma doença infecciosa, uma doença perceptiva e uma doença letal. Seu aspecto infeccioso se manifesta nas articulações feitas por membros do grupo racial dominante para manter privilégios, o que requer a constante reprodução de estereótipos sobre minorais raciais. O racismo rapidamente se torna uma forma de ligação entre esses indivíduos, permitindo que eles se reconheçam como pessoas que possuem interesses comuns. Ele também tem um aspecto perceptivo porque a busca de seus próprios interesses faz com que pessoas brancas tenham uma percepção do mundo essencialmente diferente da percepção dos membros de minorias raciais. Estereótipos raciais obscurecem as razões pelas quais grupos estão em posições sociais distintas e porque elas os afetam de forma distinta. Além disso, o racismo possui um aspecto letal porque as pessoas são mortas por causa dele, uma vez que gera uma série de problemas que tornam minorias raciais particularmente vulneráveis.

Mas o racismo não encontra expressão apenas em formas violentas de tratamento de grupos raciais minoritários. Ele é uma prática social que possui uma dimensão ideológica sempre reproduzida por estereótipos presentes nas representações culturais e também nas interações sociais. Ele também se manifesta por meio de formações culturais que supostamente não representam a intenção de desprezar ou aviltar certas classes de pessoas, embora produzam exatamente esse efeito pernicioso. Estamos falando aqui de pequenas atitudes que permitem a constante reafirmação das assimetrias de *status* social entre grupos. Muitas dessas expressões de racismo são inconscientes, têm um caráter automático, além de serem constantemente reproduzidas. Charles Pierce as denomina *microagressões*, que é quando os diversos tipos de comportamentos de membros do grupo racial dominante expressam atitudes de desprezo e aversão por membros de minorias raciais, embora esses tipos de comportamentos não assumam a forma de violação de normas jurídicas. Mesmo não veiculando diretamente ódio racial por essas pessoas na maior parte das vezes, possuem um caráter cumulativo e corriqueiro, fazendo com que sejam um dos motivos principais de conflitos sociais. O autor caracteriza essas microagressões como comportamentos que expressam um sentimento de superioridade de brancos em relação a negros, o que leva os primeiros a pensar que podem controlar os últimos da forma que acharem adequada, porque estes não são agentes que podem atuar na esfera pública da mesma forma que pessoas brancas. Essa atitude mental legitima uma série de ações cujo sentido pode não configurar uma atitude

CAPÍTULO XIV – A TEORIA DAS MICROAGRESSÕES

discriminatória no seu sentido legal, mas expressa descaso por membros desse grupo, o que reforça o sentimento de que apenas pessoas brancas podem ocupar cargos de prestígio, noção que tem consequências materiais concretas. Microagressões estão presentes não apenas na fala e nos gestos, mas também nas representações culturais que reproduzem ideias e imagens sobre a suposta inferioridade de minorias. Além disso, elas encontram expressão na própria invisibilidade de grupos minoritários, motivo pelo qual os membros do grupo racial dominante são transformados em uma referência cultural universal.[742]

As pesquisas conduzidas por Pierce foram corroboradas por uma série de estudos posteriores sobre psicologia social. Eles demonstram que o racismo aberto encontra pouca tolerância social nos dias de hoje, mas pensamentos e representações negativas sobre minorias raciais ainda influenciam largamente o comportamento da vasta maioria das pessoas. Por esse motivo, essas microagressões são geralmente de caráter consciente ou inconsciente e expressam mensagens hostis, derrogatórias e negativas sobre grupos minoritários. Alguns autores dizem que elas são uma nova forma de racismo, que adquiriu agora uma dimensão simbólica ou aversiva. A primeira forma expressa a continuidade de representações negativas de grupos, a segunda designa um tipo de racismo que se apresenta em uma sociedade que abraça ideais igualitários, mas também valores negativos sobre grupos. Isso permite a reprodução de comportamentos que determinam o tratamento de grupos minoritários. Microagressões são insultos sutis dirigidos a minorias que expressam padrões segundo os quais as pessoas são desconsideradas e menosprezadas, o que acontece na forma de olhares de desprezo, gestos que expressam condescendência, recusa de tratamento com a devida deferência ou opiniões já estruturadas a

---

[742] PIERCE, Charles. "Psychiatric problems of the black minority". *In*: ARIETI, S. (Coord.). *American handbook of psychiatry*. Boston: Basic Books, 1974, pp. 512-514.

partir de estereótipos. Essa forma de discriminação causa danos a pessoas porque compromete o desempenho e a confiabilidade que estas têm em si mesmas. Como essas microagressões são cotidianas e acontecem em um número considerável de relações sociais, comprometem a saúde mental dos indivíduos, o que tem repercussões em diversas áreas da vida pessoal.[743] Microagressões podem então ser definidas como as indignidades que membros de minorias enfrentam em suas interações sociais cotidianas por meio de atos verbais, expressões comportamentais e manifestações culturais que expressam mensagens de teor negativo. Seus autores podem não estar cientes de que suas falas ou atos expressam desprezo ou desrespeito por membros desses segmentos; eles não estão cientes da pluralidade de sentidos que possuem, motivo pelo qual sempre os reproduzem, embora pensem que tenham um sentido objetivo. Essa ignorância decorre de padrões de segregação social que restringem contato com outros vistos como diferentes, do imperialismo cultural que representa traços de outros grupos como regras naturais, com categorias cognitivas a partir das quais as pessoas classificam as outras.[744]

O estudo das microagressões é importante porque demonstra como formas sutis de racismo, o sexismo e a homofobia também permitem a reprodução da exclusão social, embora permaneçam invisíveis aos olhos da sociedade. Microagressões são mensagens que circulam dentro de uma sociedade e que veiculam estigmas sobre grupos. É o caso do empregador que pediu para Fabiana para alisar o seu cabelo porque melhoraria a aparência dela, uma demonstração de que a aparência das mulheres negras é supostamente desagradável para muitas pessoas. As piadas dirigidas a Cristiano

---

[743] SUE, Derald Wing *et al*. "Racial microaggressions in everyday life: implications for clinical practice". *American Psychologist*, vol. 62, nº 4, 2007, pp. 271-273.

[744] SUE, Derald Wing. *Microagressions in everyday life*: race, gender, and sexual orientation. Nova York: Willey, 2010.

também exemplificam esse problema. Essas microagressões podem não ser expressas de forma direta, mas motivam atitudes que têm o mesmo efeito que atos manifestos de discriminação. Esses estereótipos passam a comunicar supostas verdades que informam o comportamento de todas as pessoas, até membros dos grupos minoritários que podem passar a se perceber e a tratar outros membros a partir deles. Mais do que isso, essas microagressões não são infrequentes, pois estão presentes em muitas interações e representações, constituindo, segundo Charles Pierce, um constante assalto à autoestima de minorias raciais. A prevalência desse problema faz com que essas pessoas se sintam paralisadas ou impossibilitadas de encontrar motivação para poder criar e atingir planos, uma vez que a sociedade constantemente reproduz mensagens que repetem a noção de que elas não são capazes de operar dentro da comunidade como atores competentes. Como nem todas as pessoas negras conseguem criar mecanismos psicológicos para superar esses problemas, elas desenvolvem um sentimento de incapacidade que dificulta ou impede a adaptação social.[745]

Muitos atos e mensagens causam desconforto ou ofendem minorias porque afirmam padrões culturais que legitimam diferenciações de *status* entre grupos de indivíduos. Um terapeuta que diz para sua paciente que não se choca com sua homossexualidade porque já tratou pessoas que praticavam bestialidade diz para ela que considera sua orientação sexual como algo anormal, por conta da comparação entre sua sexualidade e uma perversão sexual. Uma pessoa que aumenta o volume da voz quando fornece orientações a uma pessoa cega comunica que pensa que ela é disfuncional em todos os aspectos da vida. Uma pessoa branca que diz para uma pessoa negra que não vê cor demonstra insensibilidade à identidade cultural de pessoas negras. Quando uma pessoa negra pergunta a

---

[745] PIERCE, Charles. "Psychiatric problems of the black minority". *In*: ARIETI, S. (Coord.). *American handbook of psychiatry*. Boston: Basic Books, 1974, pp. 520-523.

uma pessoa de origem asiática onde ela nasceu pressupõe que não pode ser daquele país. Uma pessoa branca que diz a uma pessoa negra que ela é muito articulada sugere que pessoas negras são geralmente menos inteligentes. Uma mulher branca que atravessa para o outro lado da rua quando vê um homem negro diz, pelo comportamento dela, que todos os homens negros são criminosos. Uma vendedora que ignora a presença de uma pessoa negra em uma loja diz que não considera que ela tenha dinheiro para comprar bens naquela loja. Uma pessoa heterossexual que se recusa a entrar em uma banheiro com uma pessoa homossexual pressupõe que a última deve ser um predador sexual.[746]

Microagressões podem se manifestar na forma de *microassaltos*, *microinsultos* e *microinvalidações*. A noção de microassalto designa um tipo de ato derrogatório de natureza verbal ou não verbal que tem o objetivo de ofender alguém por diferentes formas. Isso pode acontecer pelo uso de termos racistas, por meio de comportamentos que pretendem evitar interação racial ou atos claramente discriminatórios. De caráter consciente, um microassalto acontece quando alguém utiliza palavras de caráter derrogatório para se referir a alguém ou termos que desconsideram a especificidade da identidade cultural de uma pessoa. Isso ainda se manifesta quando pessoas mantêm distância física, deixam de estender a mão, ignoram a presença de alguém ou dão tratamento preferencial para brancos. Esses incidentes geralmente acontecem em ambientes privados, o que possibilita o anonimato dos autores desses atos.[747]

Um *microinsulto* designa um tipo de comunicação que expressa atitudes negativas de um membro do grupo racial majoritário em relação a minorias. Quase sempre, essas comunicações expressam

---

[746] SUE, Derald. *Microagressions in everyday life*: race, gender, and sexual orientation. Nova York: Wiley, 2020, pp. 3-21.

[747] SUE, Derald. *Microagressions in everyday life*: race, gender, and sexual orientation. Nova York: Wiley, 2020, pp. 21-28.

CAPÍTULO XIV – A TEORIA DAS MICROAGRESSÕES

insensibilidade ou desprezo pela identidade racial ou étnica de uma pessoa. Embora o conteúdo ofensivo dessas mensagens não seja percebido pela pessoa que a enuncia, ele certamente ofende a pessoa à qual é dirigido. Perguntar como uma pessoa negra conseguiu um emprego pode soar como algo desprovido de conteúdo discriminatório, mas, devido aos estereótipos sobre a capacidade intelectual de grupos minoritários, essa pergunta adquire um aspecto ofensivo porque expressa um questionamento da presença de uma minoria racial em uma determinada posição. A situação de Geni, mencionada na introdução, é outro exemplo claro do que estamos falando: uma mulher branca se aproxima dela e diz, supostamente em tom jocoso, que ela deveria ter muitos macaquinhos em casa por conta do número de bananas que estava comprando.

Devemos estar atentos ao fato de que as microagressões também podem ser parte integrante do ambiente cultural no qual as pessoas vivem; elas aparecem como representações que circulam em uma sociedade, sendo que estão associadas a estereótipos negativos em relação a minorias, o que aparece como uma fonte constante de estresse emocional para membros de minorias. As microagressões podem ser também um caráter *representacional*: uma estátua pode ser vista pelos membros do grupo dominante como uma homenagem a uma figura histórica, mas membros de minorias raciais podem interpretar essa homenagem como uma agressão porque a estátua representa um escravagista.

Mais recentemente, estudiosos de outras áreas passaram a utilizar o conceito de microagressões para analisar a experiência de outros grupos sociais, principalmente o caso de minorias sexuais. Da mesma forma que minorias raciais, esses indivíduos sofrem uma série de pequenas indignidades que têm um efeito cumulativo. Elas são motivo de grande estresse mental para aqueles que vivem em uma sociedade na qual a heterossexualidade é uma forma de identidade normativa. Mas, como a discriminação tem um caráter específico, ela atua de acordo com traços de grupos. As microagressões dirigidas a minorias sexuais são distintas daquelas sofridas por minorias raciais. Lisa Platt e Alexandra Lenzen enumeram uma série de elementos que afetam a experiência diária dessas pessoas que não expressam sua orientação sexual ou identidade de gênero de forma convencional. Esses indivíduos são sempre classificados como possuidores de uma sexualidade exacerbada, o que os reduz a pessoas movidas apenas pelo desejo sexual. Eles também são vítimas frequentes de agressões verbais, produto da homofobia presente na sociedade. Mais do que isso, a linguagem expressa uma cultura heterossexual na qual minorias sexuais não encontram expressão. O medo irracional de homossexuais é um dos motivos por trás da representação da homossexualidade como algo contagioso, imagem baseada na ideia de que homossexuais estão sempre empenhados em um esforço de doutrinação. Microagressões contra minorias sexuais tomam a forma da representação dessas pessoas como violadoras de vontade divina, o que é complementado pela percepção de que são pessoas psicologicamente desequilibradas. De forma similar ao que acontece com membros do grupo racial majoritário, heterossexuais que engajam nesse tipo de ato discriminatório frequentemente negam intenção de ofender ou homofobia.[748]

Membros de minorias sexuais sofrem microagressões diariamente em função da presunção da universalidade da heterossexualidade; pessoas heterossexuais sentem-se livres para fazer comentários homofóbicos, principalmente quando estão diante de pessoas cujo comportamento não corresponde aos estereótipos sobre homossexuais. Essa forma de discriminação também se manifesta pela constante circulação de imagens culturais que reforçam a noção de que a heterossexualidade representa a normalidade, o que sempre afirma a diferença de minorias sexuais. Se a primeira manifestação de microagressões contra minorias sexuais pode ser apontada como um exemplo de microassalto, a segunda certamente

---

[748] PLATT, Lisa; LENZEN, Alexandra. "Sexual orientation microagressions and the experience of sexual minorities". *Journal of Homosexuality*, vol. 60, nº 6, 2013, pp. 1113-1115.

CAPÍTULO XIV – A TEORIA DAS MICROAGRESSÕES

constitui uma microinvalidação, porque sempre reproduz a noção de que homossexuais e relações homossexuais possuem menor valor ou valor nenhum. Microagressões contra homossexuais podem se manifestar pela recusa de interação social, de proximidade física, de fazer parte de grupos ou atividades com pessoas homossexuais, de ouvir quaisquer coisas relacionadas à vida privada de pessoas homossexuais e também a diminuição da relevância e da extensão da discriminação contra homossexuais.

Se a discriminação direta tem um impacto negativo no *status* material de minorias, as microagressões prejudicam a saúde mental desses grupos. A introjeção dos sentidos sociais negativos em relação à homossexualidade faz com que indivíduos homossexuais incorporem consciente ou inconscientemente a condenação social. Mais do que impedir a formação de uma visão positiva do indivíduo em relação a si mesmo, a internalização de valores homofóbicos causa um processo de desestruturação do próprio psiquismo. Muitos indivíduos vivenciam um processo de dissonância mental entre as referências culturais internalizadas e a realidade pessoal de uma sexualidade dissidente. O impulso de esconder a identidade sexual não apenas expressa uma tentativa de evitar sanções culturais, mas também indica a experiência da vergonha social de ser homossexual, de uma falha individual de viver de acordo com ideais sociais. Esse sentimento tem consequências negativas em diversos aspectos da vida de uma pessoa, processo que afeta a qualidade dos relacionamentos interpessoais, dos relacionamentos amorosos, da *performance* profissional, além de facilitar o desenvolvimento de problemas mentais.[749] O risco de suicídio é uma das consequências mais significativas do sentimento de estigmatização sofrido por homens e mulheres homossexuais. Pesquisadores apontam uma série de fatores responsáveis pela alta presença de tendências suicidas entre membros desse grupo social: isolamento

---

[749] ALLEN, D. J.; OLESON, T. "Shame and internalized homophobia in gay men". *Journal of Homosexuality*, vol. 37, nº 3, 1999, pp. 33-43.

social causado por experiências de discriminação, conflitos com pessoas próximas em função da orientação sexual, sentimento de alienação social decorrente da dificuldade de formar laços afetivos, ausência de suporte social e internalização de estigmas sociais.[750] Como mostra a equipe de pesquisadores liderada por Abelson, a ideação suicida e as tentativas reais de suicídio também são fenômenos mais comuns entre adolescentes homossexuais em função dos problemas mencionados, sendo que pelo menos um em cada três jovens que sentem atração por pessoas do mesmo sexo consideram a possibilidade de pôr fim à própria vida. A maior incidência de pensamentos suicidas entre adolescentes homossexuais tem sido identificada em estudos em diferentes países, o que demonstra a importância de iniciativas que enquadrem o estresse associado com a identidade sexual como um problema de saúde pública.[751]

As consequências psicológicas da homofobia aumentam quando ela se alia a outros sistemas de opressão social. Essa tem sido a experiência de minorias dentro de minorias, grupo que precisa enfrentar tanto o desprezo social dirigido a homossexuais como também os problemas decorrentes da discriminação racial. Aqui temos uma série de ramificações relacionadas com a experiência de racismo dentro da sociedade e também dentro da comunidade homossexual. Embora sejam pessoas expostas ao tratamento

---

[750] ABELSON, Jeanne et al. "Factors associated with feeling suicidal: the role of sexual identity". *In*: HARCOURT, J. *Current issues lesbian, gay, bisexual and transgender health*. Nova York: Harrington Park Press, 2006, pp. 59-77.

[751] Os altos índices de suicídio entre jovens homossexuais aparecem em estudos desenvolvidos em diversos países. O problema tem sido regularmente estudado nos Estados Unidos, sociedade na qual o problema da homofobia produz inúmeras vítimas. Ver: BUTTON, Deena M.; O'CONNELL, Daniel; GEALT, Roberta. "Sexual minority youth victimization and social support: the intersection of sexuality, gender, race, and victimization". *Journal of Homosexuality*, vol. 59, nº 1, 2012, pp. 18-43; TEIXEIRA-FILHO, Fernando Silva; RONDINI, Carina Alexandra. "Ideações e tentativas de suicídio entre adolescentes com práticas hetero e homoeróticas". *Saúde e Sociedade*, vol. 21, nº 3, 2012, pp. 651-667.

arbitrário por serem homossexuais, homens e mulheres brancos são socializados segundo os parâmetros que impõem a hegemonia branca. Isso significa que eles reproduzirão esses preconceitos contra grupos minoritários dentro do seu próprio grupo. Certos pesquisadores demonstram que minorias raciais experimentam mais discriminação dentro da comunidade homossexual do que na comunidade heterossexual. Embora os estereótipos operem de forma diferenciada em relações aos diferentes grupos raciais, todos esses grupos afirmam que o preconceito racial por parte de homossexuais brancos é mais frequente do que por parte de heterossexuais brancos. Dessa forma, a vivência de dupla forma de preconceito aumenta ainda mais o sentimento de inadequação social entre essas pessoas, tornando a aceitação pessoal um processo ainda particularmente problemático.[752] Mais problemático, a conjunção de discriminação racial e discriminação por orientação sexual dificulta o acesso a oportunidades educacionais e profissionais, transformando a homofobia em um mecanismo de estratificação social.[753] O temor de uma dupla forma de discriminação leva homossexuais a contrair casamento com pessoas do sexo oposto, enquanto ainda mantêm relacionamentos sexuais com pessoas do mesmo sexo, uma situação que compromete a saúde mental dessas pessoas por estarem em relacionamentos que não proporcionam real satisfação pessoal.[754]

---

[752] HAN, Chong-Suk; PROCTOR, Christopher; CHOI, Kyung-Hee. "I know a lot of gay Asian men who are actually tops: managing and negotiating gay racial stigma". *Sexuality & Culture*, vol. 18, n° 2, 2013, pp. 219-234.

[753] MOUTINHO, Laura. "Negociando com a adversidade: reflexões sobre 'raça', (homos)sexualidade e desigualdade social no Rio de Janeiro". *Revista Estudos Feministas*, vol. 14, n° 1, 2006, pp. 103-116.

[754] Certos grupos são ainda mais forçados a utilizar esse subterfúgio para evitar duplas formas de discriminação, como é o caso de homossexuais que são membros também de minorias raciais. Ver BOIKYN, Keith. *Beyond the down low*: sex, lies and denial in black America. Nova York: Caroll & Graff, 2004.

# CAPÍTULO XV
DISCRIMINAÇÃO E TECNOLOGIA

As transformações científicas ocorridas nas últimas décadas suscitaram algumas questões relevantes para o tema que estamos tratando neste livro. Embora tecnologias recentes tenham como objetivo proporcionar benefícios para as pessoas, elas podem ter consequências negativas para grupos vulneráveis. Podem ser utilizadas com objetivos excludentes ou terem efeitos negativos sobre eles, agravando ainda mais a situação na qual vivem. O uso dessas tecnologias pode ser discriminatório porque ele ocorre dentro de uma realidade na qual formas de discriminação sempre estiveram presentes; pode aumentar ainda mais as condições de vulnerabilidade. Mais inquietante, essas tecnologias podem ter um papel relevante na reprodução de tipos de governança destinadas à manutenção de dominação social. Elas abrem a possibilidade da codificação de disparidades entre grupos sociais, algo especialmente problemático em sociedades nas quais a negação da discriminação cumpre um papel especial nos processos de manutenção de práticas discriminatórias. Observamos que esse problema se mostra de forma clara nos diferentes usos da inteligência artificial e também na engenharia genética. Iniciaremos a discussão sobre esse tema a partir de um paralelo entre a mente humana e a inteligência artificial para mostrar como a última opera também como uma mente discriminatória. Observaremos que a inteligência artificial procura emular a operação do pensamento humano, de modo que sofre dos mesmos problemas que permeiam a operação da mente humana.

15.1 Inteligência artificial: conceitos básicos

A inteligência artificial é um campo da computação que conheceu grande desenvolvimento ao longo das últimas cinco décadas. A computação surgiu na segunda metade do século passado a partir o interesse de criar máquinas que pudessem processar grande quantidade de dados e de forma mais rápida do que o cérebro humano. Embora o objetivo fosse superar a capacidade do cérebro humano de processar e armazenar informações, a inteligência artificial tem como objetivo operar de acordo com os mesmos processos a partir dos quais a mente humana funciona. Ela procura então emular o processo a partir do qual os seres humanos pensam: percepção, categorização e generalização. Da mesma forma que os seres humanos raciocinam e operam por meio da aprendizagem com a experiência, a inteligência artificial também constitui um mecanismo que pode obter, processar e classificar dados a partir de determinados parâmetros. A inteligência artificial procura então reproduzir a maneira como o cérebro opera e também simular comportamentos humanos para que sistemas operacionais possam tomar decisões a partir de informações que lhe são oferecidas.[755]

Mais uma vez, a inteligência artificial opera de acordo com os mesmos processos e objetivos da mente humana. O psiquismo humano procura dar sentido aos estímulos que recebe todo o tempo; o processo de classificação desses estímulos a partir de categorias permite que possamos responder uma série de problemas surgidos na nossa vida cotidiana. Ele permite fazer previsões do

---

[755] SHI, Zhongzhi. *Advanced artificial intelliegence*. Londres: World Scientific, 2011, pp. 5-29.

nosso comportamento por meio de raciocínios indutivos baseados na análise de padrões culturais aprendidos. Esse processo permite que tenhamos elementos para solucionar questões novas que podem surgir. A inteligência artificial opera a partir dos mesmos critérios: ela também procura aprender a partir da experiência passada, o que permite o devido processamento de dados a partir de informações e reações acumuladas. Programas de computadores procuram funcionar por meio de decisões automáticas feitas por meio de dedução de raciocínios aprendidos. A linha conexionista da inteligência artificial procura simular o pensamento humano a partir do funcionamento do aparelho neuronal, criando modelos que operam a partir do funcionamento dos neurônios e suas interligações; a linha simbólica parte das associações linguísticas para simular um julgamento inteligente, enquanto a evolutiva está baseada na possibilidade de aprendizagem com a experiência passada, o que permite a tomada de decisões independentes.[756]

Falar sobre inteligência artificial significa falar sobre aprendizado de máquinas. Se muitos programas desempenham funções a partir de orientações diretas, vários deles desempenham tarefas a partir da aprendizagem com experiências. A maior quantidade de informações disponíveis permite que esses programas possam desempenhar tarefas cada vez mais complexas. Esse processo pode ter níveis diversos de interferência humana; os algoritmos poderão ter diferentes níveis de supervisão, sendo que alguns deles podem aprender em tempo real. O processo de aprendizagem se dá por meio da operação de algoritmos, que são os mecanismos a partir dos quais dados fornecidos são processados e articulados. Eles são elementos responsáveis pela captação e processamento de dados coletados, matéria-prima a partir da qual programas funcionam. Algoritmos são os elementos centrais da inteligência artificial e quanto mais sofisticados eles forem, maiores serão as possibilidades

---

[756] BIGONHA, Carolina. "Inteligência artificial em perspectiva". *Inteligência Artificial e Ética*, vol. 10, nº 2, 2018, pp. 2/3.

de eles desempenharem funções cada vez mais complexas e em um número maior de situações. Os algoritmos são formas de linguagem de programação, são um conjunto de programações criadas para que um programa desempenhe funções a partir de padrões estabelecidos. Embora eles sejam criados a partir de instruções estabelecidas por pessoas, podem obter um alto nível de operação independente em função da capacidade de aprendizagem.[757]

Algoritmos são então instruções lógicas que configuram programas de computador empregados para ajudar os seres humanos a tomar decisões em várias áreas, sendo que eles efetivamente têm substituído decisões humanas. Eles operam como meio para o processamento de informações, sendo que alguns dos mais importantes são aqueles que circulam pela ação dos indivíduos na utilização diária do mundo virtual. Esses dados assumem uma variedade de formas. Muitos deles derivam das informações que são compiladas dos usos dos indivíduos no espaço virtual; todas as formas de utilização do mundo virtual se tornam informações que adquirem valor econômico porque permitem a identificação de padrões de consumo, de modos de comportamento, de interesses políticos. O processamento dessas informações é utilizado para a identificação de critérios que representam a forma como grupos de pessoas semelhantes se comportam nesse âmbito, o que permite a filtragem de informações relevantes do ponto de vista econômico, cultural e político. O que tem sido chamado de *big data* compreende então o acúmulo de dados deixados pelos usuários do espaço virtual e também os vários programas e programas de computação que utilizam algoritmos altamente complexos para processar as informações presentes no mundo virtual. Esse termo engloba ainda a ideia de que o volume maciço e altamente complexo desses dados exige o trabalho comunitário de muitos profissionais para a devida compilação e processamento, motivo pelo qual a

---

[757] KAPLAN, Jerry. *Artificial intelligence*: what everyone needs to know. Oxford: Oxford University Press, 2016, pp. 20-38.

atividade da mineração de dados possui grande relevância para a exploração econômica deles.[758]

15.2 Inteligência artificial e padrões culturais

O que chamamos de inteligência artificial faz parte de um campo de atividade que procura criar meios para o processamento e compilação de dados derivados do uso do espaço virtual. Essa atividade está diretamente relacionada à operação de algoritmos, que são basicamente instruções criadas por seres humanos, sendo que eles procuram emular a maneira como a mente humana processa dados. Observamos em capítulos anteriores que a mente humana opera por meio de categorias que representam valores sociais que cumprem uma série de funções, inclusive de legitimação de práticas discriminatórias. Vimos também que muitas dessas práticas não decorrem da intenção consciente de discriminar grupos de indivíduos, mas sim de ações ou omissões motivadas por preconceitos e estereótipos que operam de forma inconsciente. Seguindo a sugestão de alguns autores, podemos afirmar que a inteligência artificial é afligida pelos mesmos males que afetam uma mente discriminatória. Alguns fatores relevantes são responsáveis por esse problema. A criação das instruções a partir das quais algoritmos operam é influenciada pela formação cultural dos funcionários dessas empresas e elas tendem a ser demograficamente homogêneas. Isso significa que o processo de programação de algoritmos reflete as inclinações cognitivas desses indivíduos, inclinações que estão fundamentadas em padrões culturais aprendidos. Assim, estereótipos culturais são transmitidos a esses programas que começam a fazer deduções congruentes e também independentes com os padrões sociais embutidos nas orientações de algoritmos. A inteligência artificial opera da mesma forma que uma

---

[758] SILVA, Alex Fiore. *Big data como forma de governance racial*. São Paulo: Faculdade de Direito da Universidade Presbiteriana Mackenzie, 2018, pp. 11-13. (Trabalho de Conclusão de Curso).

mente discriminatória porque pode não estar ciente dos conteúdos racistas a partir das quais opera.[759]

Esse padrão discriminatório que afeta a inteligência artificial reproduz um aspecto central dos estereótipos: ele reforça a percepção de que os problemas enfrentados por membros de minorias ou traços negativos deles são características reais desses grupos. Algoritmos reforçam associações entre características negativas e minorias, o que contribui para manter a situação de subordinação desses segmentos sociais. Algoritmos operam como uma mente discriminatória porque grande parte de seus programadores não possuem contato social constante com minorias, o que os faz pensar que todos os membros de certos grupos possuem as mesmas características. Eles funcionam então da mesma maneira que pessoas preconceituosas se comportam: reproduzindo direta ou indiretamente valores negativos que têm como objetivo a manutenção do *status* privilegiado dos membros dos grupos majoritários e o *status* subordinado de membros de minorias. A inteligência artificial opera como uma mente discriminadora também porque promove processos de estigmatização de grupos sociais vulneráveis, contribuindo para que eles não tenham acesso às mesmas oportunidades que os membros dos grupos dominantes possuem. Da mesma forma que a inteligência artificial categoriza dados a partir de critérios socialmente construídos, a inteligência artificial os classifica a partir das instruções recebidas dos valores dos membros dos grupos dominantes. Essa manifestação de uma mente discriminadora reproduz estereótipos descritivos e prescritivos, indicando assim supostas características e os lugares que membros de minorias deveriam ocupar na sociedade.[760]

---

[759] Ver: nesse sentido: SUSTEIN, Cass. "Algorithms, correcting biases". *Social Research: An International Quarterly*, vol. 86, nº 2, 2019, pp. 4999-5011.

[760] NOBLE, Safiya. *Algorithms of oppression*. Nova York: New York University Press, 2018, pp. 1-15.

CAPÍTULO XV – DISCRIMINAÇÃO E TECNOLOGIA

15.3 Inteligência artificial, discriminação indireta e estrutural

Mais uma vez, da mesma forma que uma mente discriminadora faz raciocínios dedutivos das informações que ela apreende da realidade, a inteligência artificial reproduz padrões discriminatórios por meio de aprendizagem. As pessoas não apenas absorvem padrões discriminatórios, elas também os criam e reproduzem ativamente a partir da experiência pessoal. Algoritmos também operam da mesma maneira que uma mente discriminadora porque funcionam dentro de uma realidade já estruturada por meio de estruturas discriminatórias. Como podemos entender esse processo de forma mais clara? Aquelas pessoas responsáveis pela criação dos protocolos que determinarão a operação de programas de computadores não refletem sobre os possíveis impactos desproporcionais que eles podem ter em grupos vulneráveis. Elas criam referências que são tidas como gerais, mas que poderão ter um impacto no *status* de grupos vulneráveis. Vemos então que a inteligência artificial prolifera um problema significativo presente nas nossas sociedades: a discriminação indireta. Não podemos esquecer que a discriminação indireta está relacionada com outras formas de discriminação, notoriamente a discriminação estrutural. Processos discriminatórios afetam as mais diversas áreas da vida das pessoas, colocando-as em uma situação de desvantagem estrutural. Essa situação decorre do fato de que sistemas sociais operam de maneira racializada, motivo pelo qual a discriminação racial está presente nas mais diversas esferas da vida humana. A discriminação estrutural também está relacionada com o fato de que práticas arbitrárias fazem parte da operação normal de instituições, entidades que operam de forma interligada e a partir de objetivos que são coletivos porque relacionados com os interesses dos grupos dominantes. Tendo em vista o fato de que minorias raciais e sexuais estão em uma situação de desvantagem estrutural, normas e práticas moralmente neutras que estabelecem as mesmas condições para todas as pessoas afetam esses grupos de maneira desproporcional em função das assimetrias de poder que estruturam uma sociedade. O caráter discriminador da inteligência artificial decorre então do fato de que modos de operação aparentemente neutros reproduzem estruturas desiguais porque operam em uma realidade já marcada por disparidades significativas entre os diversos segmentos sociais.[761]

 Novas tecnologias causam um impacto discriminatório na realidade social porque promovem novas formas de opressão baseada nas mesmas categorias geralmente utilizadas para promover a marginalização de grupos sociais. Isso ocorre pelas seguintes razões. Primeiro, elas são meios a partir dos quais representações culturais negativas baseadas em estereótipos descritivos e prescritivos permeiam os modos de operação de algoritmos que regulam programas utilizados na tomada de decisão de aspectos centrais da vida das pessoas. Segundo, a operação desses algoritmos discriminatórios ocorre de forma invisível, o que sugere, para as pessoas usuárias dessa tecnologia, que resultados derivados da ação deles correspondem a aspectos naturais da sociedade. Terceiro, algoritmos discriminatórios são fatores que potencializam as possibilidades de sistemas de opressão afetarem os mais diversos aspectos da vida social, sem que isso possa ser imediatamente diagnosticado pela sociedade. Quarto, decisões institucionais tomadas por algoritmos substituem processos de deliberação no qual os autores envolvidos podem levar em consideração vários elementos que não contarão em raciocínios tomados de forma automática, por mais avançados que possam ser. Quinto, algoritmos discriminatórios são meios a partir dos quais percepções cognitivas negativas em relação a minorias raciais e sexuais circulam no espaço cultural, o que os torna instrumentos de estratégias deliberadas de dominação de certos grupos

---

[761] CARRERA, Fernanda; CARVALHO, Denise. "Algoritmos racistas: uma análise da hiper-ritualização da solidão da mulher negra em bancos de imagens digitais". *Galáxia-Revista do Programa de Pós-Graduação em Comunicação e Semiótica*, nº 43, 2020, pp. 99-114.

sobre outros. A combinação desses fatores corresponde ao que tem sido chamado de opressão algorítmica porque indica mecanismos de como a inteligência artificial afeta a vida de minorias.[762]

É importante então mencionarmos como essa opressão algorítmica se manifesta concretamente na vida de membros de minorias raciais e sexuais. Um primeiro exemplo está relacionado com o funcionamento de serviços de buscas no espaço virtual. Os algoritmos que regulam esses serviços fazem relações diretas entre determinadas palavras com certos grupos sociais, o que demonstra como eles reproduzem estereótipos descritivos e prescritivos. Os resultados de pesquisas em mecanismos de buscas fazem associações entre animais e negros, entre características físicas negativas e pessoas negras, expressões sexuais e minorias raciais; associam-se atividades estereotipadas com mulheres, criminalidade com homens negros, degradação sexual com homens e mulheres homossexuais. Essas associações são problemáticas porque se tornam referência a partir das quais outros algoritmos operam: esses estereótipos se tornam um meio a partir do qual outros algoritmos processam informações que terão impacto na vida de minorias. A inteligência artificial funciona como uma mente discriminatória porque opera a partir de valores que são compilados e processados por algoritmos alimentados por pessoas concretas.

A inteligência artificial promove a opressão racial porque atua sobre uma realidade estruturada a partir de sistemas de dominação, uma combinação responsável pela manutenção de disparidades entre grupos sociais. Aqueles responsáveis pela criação de algoritmos argumentam que eles operam de forma neutra, a mesma estratégia discursiva utilizada pelos membros do grupo racial dominante. Entretanto, a realidade se mostra muito mais complexa do que essas pessoas procuram nos convencer. A crescente utilização de

---

[762] Ver: nesse sentido: NOBLE, Safiya. *Algorithms of oppression*. Nova York: New York University Press, 2018, pp. 15-64; BENJAMIN, Ruha. *Race after tecnology*. Cambridge: Polity Press, 2019, pp. 77-97.

programas de computador nas diferentes fases do processo decisório no sistema judiciário mostra como esse processo ocorre. Algoritmos que pretendem prever a possibilidade de reincidência de pessoas entendem que negros são mais propensos a esse problema porque observam que muitos moram na mesma área da cidade. A previsão não decorre das particularidades do indivíduo, mas do fato de que ele mora em uma sociedade racialmente segregada. O racismo estrutural presente naquela sociedade faz com que decisões sejam tomadas sem a devida consideração do contexto social e histórico no qual as pessoas estão inseridas.[763]

15.4 Discriminação genética

O desenvolvimento científico permitiu grandes avanços na engenharia genética. Eles ocorreram principalmente em função do esforço coletivo de várias instituições públicas e privadas no mapeamento do genoma humano, o que possibilita a localização e a obtenção de informações sobre os diversos genes dos indivíduos. Muitas aplicações práticas tornam-se possíveis a partir do conhecimento das características de uma pessoa. Ele é útil para a previsão de diferentes problemas que um sujeito e seus descendentes poderão apresentar durante a vida, problemas possíveis de serem sanados por meio de aconselhamento genético ou terapias genéticas que também têm sido criadas ao longo das últimas décadas. É importante enfatizar a quantidade de informações que podemos ter acesso em função do mapeamento do genoma humano: até

---

[763] BENJAMIN, Ruha. *Race after tecnology*. Cambridge: Polity Press, 2019, pp. 97-137; GARCIA, Megan. "Racist in the machine: the disturbing implication of algorithmic bias". *World Policy Journal*, vol. 33, nº 4, 2016, pp. 111-117; KEHL, Danielle; GUO, Priscilla; KESSLER, Samuel. *Algorithms in the Criminal Justice System*: Assessing the Use of Risk Assessments in Sentencing. Disponível em: https://dash.harvard.edu/ handle/1/33746041. Acessado em: 13.08.2020.

CAPÍTULO XV – DISCRIMINAÇÃO E TECNOLOGIA

mesmo aspectos do nosso comportamento podem ser previstos e talvez modificados por meio da manipulação dos nossos genes.[764]

O que chamamos de engenharia genética representa uma série de tecnologias elaboras em tempos recentes que permitem a alteração dos genes dos seres vivos para a modificação das suas capacidades. Essa possibilidade decorre da relação entre o que a doutrina chama de ciência básica e ciência aplicada. O aumento do conhecimento sobre o funcionamento da estrutura genética dos organismos permite a aplicação dele no desenvolvimento e criação de tecnologias. A localização dos genes que determinam certas características e a obtenção das informações neles presentes criam condições para melhoria de diagnósticos de doenças que uma pessoa pode apresentar, bem como o tipo de terapêutica a ser utilizada. Aqueles genes responsáveis por variações são substituídos por meio da inserção de outra sequência genética, o que altera processos responsáveis pela reprodução de certas características. Essa técnica utiliza material genético artificialmente criado em uma série de situações, todas elas envolvendo a modificação da maneira como combinações genéticas naturais ocorrem com o propósito de se alcançar um melhor funcionamento ou potencializar características de um organismo.[765]

Os avanços tecnológicos nessa área também podem ter uma consequência significativa: a discriminação genética. Na medida em que a tecnologia evolui, a possibilidade de detecção de uma doença muito antes de qualquer possível manifestação se torna mais fácil, o que é acompanhado da presença cada vez maior de testes genéticos na vida dos indivíduos. Eles permitem a identificação de variações genéticas humanas que poderão se manifestar em uma pessoa, sendo que algumas podem ser incapacitantes, enquanto

---

[764] Ver sobretuto: MUKHERJEE, Siddharta. *The gene*: an intimate history. Bodley Head, 2016.
[765] CANDEIAS, Josá Alberto Neves. "A engenha genética". *Revista de Saúde Pública*, vol. 25, nº 1, 1991, pp. 3-10.

outras são características benignas do ponto de vista biológico, mas socialmente estigmatizadas. Testes genéticos permitem então a detecção da possibilidade de traços que podem significar custos econômicos para terceiros, o que gera a possibilidade de práticas excludentes. Discriminação no mercado de trabalho, decisões sobre adoção, invasão de privacidade, inclusão de informações genéticas em bancos de dados oficiais, escolha de interrupção da gravidez, além da possibilidade de procedimentos de caráter eugênico são algumas manifestações possíveis. A discriminação genética pode ser definida como práticas desvantajosas contra indivíduos ou membros de sua família em função do conhecimento de que ele carrega alguma variação genética cuja possível manifestação é vista como debilitante ou socialmente indesejável. Embora algumas variações genéticas possam ser responsáveis por manifestações de traços capazes de reduzir a plena capacidade de uma pessoa, outras são vistas dessa forma em função de algum tipo de valoração social. Vemos então que o conceito de discriminação genética compreende práticas que trazem alguma forma de desvantagem em função de características genéticas ainda não manifestas no momento no qual o tratamento arbitrário ocorre. Assim, ela se dirige a pessoas assintomáticas que carregam certos traços genéticos, a pessoas que possuem algum tipo de gene recessivo que não se manifestará como uma possível doença e também a parentes de alguém que possui algum tipo de variação genética.[766]

Como afirma Deborah Hellman, os problemas morais relacionados com a informação genética estão associados com a produção da informação elaborada pelos cientistas, a forma como ela será utilizada por terceiros e também a maneira como a sociedade tratará o indivíduo a partir desse conhecimento. Certos autores argumentam que algumas diferenciações precisam ser feitas para

---

[766] NATOWICZ, Marvin; ALPER, Jane; ALPER, Joseph. "Genetic discrimination and the law". *American Journal of Human Genetics*, vol. 50, 1992, pp. 465-468.

CAPÍTULO XV – DISCRIMINAÇÃO E TECNOLOGIA

que a discriminação genética não seja definida de forma muito ampla. Eles afirmam que precisamos estabelecer uma distinção entre discriminação baseada no genótipo e aquela baseada no fenótipo do indivíduo. Essa diferenciação seria importante em função da necessidade de se identificar procedimentos destinados à previsão de problemas relacionados com a saúde das pessoas, o que pode fornecer informações relevantes para ela, motivo pelo qual a mera testagem genética não pode ser proibida. Por outro lado, o tratamento diferenciado baseado em uma doença já manifesta não deveria ser vista como discriminatória; impedir que uma companhia de seguros cobre uma mensalidade maior por uma doença que já se manifestou seria incorreto. A legislação deve permitir essa última diferenciação, mas deve proibir apenas algumas manifestações da primeira porque elas podem estar relacionadas com questões de saúde. Os seres humanos não devem ser discriminados em função da *probabilidade* de manifestação de uma doença, mas isso não significa que o uso de testes para diagnósticos deva ser também rejeitado. A preocupação com questões relacionadas à privacidade não deve restringir a possibilidade de uma pessoa ter informações sobre a possível ocorrência de doenças na sua vida. A discriminação genética não pode também se resumir a tratamento desvantajoso baseado nos resultados de um teste porque informações sobre manifestações de doença na família que uma pessoa passa para seu médico também é uma fonte de informação sobre predisposições para variações genéticas. Por esse motivo, a discriminação genética deve estar baseada em qualquer tipo de restrição de direitos decorrente de *informação genética* sobre uma pessoa.[767]

Esses problemas estão relacionados com os avanços no campo dos serviços médicos; quanto maiores são os descobrimentos no campo da ciência básica, maiores são suas aplicações nos diagnósticos e tratamentos. O que tem sido chamado de medicina de

---

[767] HELLMAN, Deborah. "What makes genetic discrimination exceptional?" *American Journal of Law & Medicine*, vol. 29, 2003, pp. 77-80.

precisão é um exemplo desse processo. Testes genéticos são cada vez mais utilizados para o fornecimento de previsão de diagnósticos individuais baseados na variação genética, na ação do ambiente e no estilo de vida de uma pessoa. Eles também são utilizados para outros propósitos como a predição da força de certos genes como a inteligência ou as capacidades atléticas de um sujeito específico. A predição de características humanas se torna cada vez mais exata, o que também pode ter consequências negativas para alguns, principalmente quando consideramos o problema da privacidade.[768]

    Questões éticas relacionadas com a testagem genética podem surgir no ambiente do trabalho, um espaço de grande importância para a inserção social dos indivíduos. A busca de informações sobre características genéticas de funcionários pode esconder um interesse do empregador em selecionar, promover ou despedir determinado empregado cujas informações genéticas predizem a possibilidade do desenvolvimento de algum tipo de problema visto como desfavorável ao desempenho dele ou que pode gerar custos significativos. Mas há outras hipóteses nas quais a testagem não procura atender objetivos discriminatórios. Muitas corporações e organizações submetem atletas a testes genéticos para poderem prever o desempenho deles, uma vez que genes determinam esse potencial. Instituições militares são autorizadas a submeter seus integrantes a testes que preveem doenças genéticas que podem causar debilidades acentuadas, motivo pelo qual muitas pessoas são impedidas de seguir carreiras nessas instituições. Surge então a discussão sobre que setores podem e quais não podem lançar mão desse tipo de tecnologia para obterem informações sobre candidatos e funcionários. É certo que ela pode ter objetivos adequados como, por exemplo, servir para detectar traços incompatíveis com certas atividades, o que seria um meio de proteção do empregado. Porém, ela também pode ser utilizada para adotar medidas de seleção, o

---

[768] HELLMAN, Deborah. "What makes genetic discrimination exceptional?" *American Journal of Law & Medicine*, vol. 29, 2003, pp. 80-83.

CAPÍTULO XV – DISCRIMINAÇÃO E TECNOLOGIA

que deixa muitas pessoas em uma situação de desvantagem por serem discriminadas a partir de uma probabilidade que pode se manifestar ou nunca ocorrer.[769]

Em certas jurisdições, o problema da discriminação genética está relacionado principalmente com o acesso a serviços médicos, o que ocorre por meio do trabalho. Como essas nações não possuem um serviço socializado de medicina, a discriminação genética pode ter resultados particularmente graves na vida dos indivíduos. O resultado de um teste genético pode demonstrar a probabilidade de manifestação de alguma condição severa que impede uma pessoa de utilizar plenamente seu potencial, o que obrigaria uma companhia de seguro a pagar por seu tratamento. Em função disso, muitas delas submetiam empregados a testes genéticos e as informações obtidas eram utilizadas para determinar o valor de cobertura, motivo pelo qual muitos eram demitidos em função do alto custo de um possível tratamento. Essa realidade levou muitos estados a promulgar legislação proibindo a discriminação genética para que esse problema fosse evitado. A discriminação genética nesse campo expressa mais as preocupações financeiras e os estereótipos cultivados pelo empregador do que o conhecimento racional sobre as possibilidades de manifestações de variação genética das pessoas. Questões que podem ser originadas a partir de uma série de fatores são reduzidas a uma única consideração, o que gera problemas para o indivíduo.[770]

O acesso à informação genética por terceiros levanta então a questão do problema da privacidade. Esse direito constitucional

---

[769] CHAPMAN, Carolyn Riley et al. "Genetic discrimination: emerging ethical challenges in the context of advancing technology". *Journal of Law and the Biosciences*, vol. 6, nº 2, 2019.

[770] MILLER. Paul Steve. "Genetic discrimination in the workplace". *The Journal of Law, Medicine & Ethics*, vol. 26, nº 3, 1998, pp. 189-193; ROTHISTEIN, Mark. "Discrimination based on genetic discrimination". *Jurismetrics Journal*, vol. 33, nº 1, 1992, pp. 13-15.

está relacionado com a possibilidade de controle das informações sobre a vida privada dos indivíduos, uma dimensão importante do exercício da autonomia. Cabe a eles decidir quais tipos de assuntos poderão ser conhecidos pelos outros e quais deverão ser mantidos em sigilo. A noção de privacidade pressupõe então a possibilidade de uma pessoa tomar decisões sobre aspectos centrais de sua vida íntima. A divulgação deles pode ser uma violação da sua intimidade, pode trazer danos para ela, motivo pelo qual esse conceito está amplamente relacionado com a categoria dos direitos da personalidade. Por essa razão, alguns autores se afastam da tendência em classificar a discriminação genética no ambiente do trabalho como algo análogo ao racismo ou ao capacitismo. A discriminação que estamos analisando opera por meio do uso de informação genética para impor tratamento diferenciado a um indivíduo, motivo pelo qual ela deve ser analisada como uma violação da privacidade. Dados genéticos são informações que possuem uma natureza altamente individual, eles dizem respeito a características particulares de pessoas específicas, fazendo então parte dos fatos atrelados à intimidade dos seres humanos. Por esse motivo, ela deve ser protegida por mecanismos destinados a garantir a privacidade dos indivíduos contra intromissões que podem lhes causar danos. Esse problema se torna ainda mais sério porque informações sobre o perfil genético dos indivíduos ficam armazenadas em sistemas de computadores que podem ser invadidos por aqueles que buscam esse tipo de informação.[771]

A distinção entre variações baseadas no genótipo e aquelas baseadas no fenótipo serve como ponto de partida para outro aspecto desse debate: a possibilidade de modificação genética com propósitos eugênicos. Diferenças de valoração cultural entre grupos sociais estão

---

[771] KIM, Pauline. "Genetic discrimination, genetic privacy: rethinking employee protections for a brave new workplace". *Northwestern University Law Review*, vol. 96, nº 1497-1551; BERNSTEIN, Gaia. "The paradoxes of technological diffusion: genetic discrimination and internet privacy". *Connecticut Law Review*, vol. 39, nº 1, 2006, pp. 253-293.

baseadas na atribuição de valores distintos a traços fenotípicos dos indivíduos, notoriamente nas características utilizadas para racializar os grupos humanos. Uma vez que o pertencimento ao grupo racial dominante permite o acesso a uma série de privilégios decorrentes de maior respeitabilidade gozada pelos membros desse grupo, muitas pessoas podem ser levadas a promover modificações genéticas para que seus descendentes possam gozar de maior integração social. Os avanços da engenharia genética podem permitir que um processo dessa natureza ocorra, motivo pelo qual foram criadas para afastar essa possibilidade, embora esse não seja um obstáculo real para os que têm poder econômico. Tecnologias reprodutivas como as técnicas de implantação de genes selecionados abrem a possibilidade para a escolha daquelas características que serão passadas para a geração seguinte, processo que poderá ser utilizado para a reprodução de um imaginário social baseado na diferenciação do valor de traços fenotípicos dos grupos humanos.[772]

15.5 A ciência e a estrutura democrática

Robert Merton em uma obra clássica estabelece paralelos importantes entre a prática científica e a estrutura democrática. Ele compreende a ciência como um estoque acumulado do conhecimento humano; também diz que esse termo faz referência a um conjunto de métodos e certificação do conhecimento, além de valores que regem os processos de investigação ordenada de objetos do conhecimento. O autor argumenta que os objetivos da ciência não se restringem à produção do conhecimento sobre determinado aspecto da realidade; a ciência é uma atividade desenvolvida dentro de um contexto social específico e ela procura resolver questões revestidas de relevância social em certo momento histórico. A ciência tem uma moralidade própria baseada em alguns elementos centrais,

---

[772] BYRNES, W. Malcolm. "Human genetic technology, eugenics, and social justice". *The National Catholic Bioethics Quarterly*, vol. 1, nº 4, 2001, pp. 555-581.

como procedimentos baseados em critérios impessoais e universais, objetividade e neutralidade de procedimentos e generalizações, completa incompatibilidade com particularismos culturais, interesses setoriais e o uso estratégico do irracionalismo. Além disso, esse campo da atividade humana não opera para criar conhecimento que pode ser socialmente útil, conhecimento que pode ser utilizado para combater formas de discriminação e também para expandir a cultura democrática. O produto das descobertas científicas deve ser prioritariamente empregado para o alcance do bem-estar coletivo, o que implica a relação entre ciência e a estrutura democrática da sociedade. Da mesma forma que decisões políticas devem ser feitas de forma transparente, o conhecimento científico deve ser discutido e divulgado de forma universal. Ele aparece então como um meio relevante para que tomadas de decisões sejam feitas a partir de conhecimento adequado do mundo, para que essas decisões possam ter a maior eficácia possível e também beneficiar o maior número de pessoas.[773]

Esses parâmetros apontados por Merton nos oferecem elementos para pensarmos alguns parâmetros importantes para a utilização ética inteligência artificial. A inserção de algoritmos em processos decisórios por instituições públicas e privadas em contextos que afetam a vida de um número significativo de pessoas levanta a questão da forma como a ciência deve ser utilizada para o avanço da sociedade e para a proteção dos direitos individuais. A inteligência artificial é um tipo de tecnologia que não opera independentemente dos seres humanos; ela é um tipo de tecnologia manipulada por seres humanos e que responde aos comandos criados por eles. O aprendizado de máquinas está inteiramente relacionado com a atuação dos seres humanos, uma vez que são eles os responsáveis pela seleção e preparação de dados, pelo desenho da solução a ser encontrada e pela intenção de uso do programa. Da mesma forma

---

[773] MERTON, Robert. *Ensaios de sociologia da ciência*. São Paulo: Editora 34, 2013, pp. 181-199.

que um ser humano deve ter uma preocupação moral em analisar criticamente as informações que o faz desenvolver concepções equivocados dos indivíduos, os programadores devem estar preocupados com a seleção de dados que serão utilizados na operação de um programa. Esses dados podem reproduzir inclinações cognitivas negativas sobre grupos porque estão associados a características dos membros dos grupos dominantes. A seleção dos dados que farão parte do programa deve ser feita de tal forma que não seja seletiva, que não reflita as desigualdades de *status* presentes na sociedade. Treinamento adequado dos profissionais responsáveis por elaboração de algoritmos e a promoção da diversidade entre funcionários da empresa são elementos centrais para esse processo. Permitir a criação de um corpo de funcionários composto apenas ou principalmente por membros de um mesmo grupo demográfico pode provocar um resultado discriminatório.[774]

As considerações de Merton também nos oferecem elementos para a análise de outra questão relevante, que é a temática da confiança e transparência. Algoritmos são responsáveis por decisões que afetam a vida das pessoas e, por isso, precisamos ter certeza de que eles estão operando de acordo com interesses comunitários. Dessa forma, a questão da transparência dos elementos do funcionamento de algoritmos se torna muito relevante porque precisamos saber quais são os meios a partir dos quais eles operam. Se há tecnologias que permitem que esses protocolos de sistemas operem de uma forma ou de outra, há também meios para a avaliação da operação deles. O caráter comunitário da tecnologia também requer que analisemos as intenções de uso dos algoritmos. Tecnologias não são coisas que operam independentemente da vontade de atores sociais, uma vez que expressam intenções e propósitos das pessoas que as criam.

---

[774] HASSELBERGER, William. "Ethics beyond computation: why we can't (and shouldn't) replace human moral judgement with algorithms". *Social Research: An International Quarterly*, vol. 86, nº 4, 2019, pp. 977-999.

CAPÍTULO XVI
DISCRIMINAÇÃO E ESTRATIFICAÇÃO

Muitas sociedades humanas adotaram a igualdade como um princípio jurídico e político, mas elas reproduzem diversas formas de tratamento arbitrário que impedem a realização desse objetivo. A influência desse parâmetro nas democracias liberais demonstrou a natureza problemática de ideologias sociais que justificavam as diferenças entre grupos a partir de explicação divinas ou a partir de qualidades inatas das pessoas. A noção de igualdade reconhece a igualdade moral entre todos os indivíduos e, ao fazer isso, problematiza desigualdades institucionalizadas por estar baseada em supostas características ou lugares naturais. Esse preceito constitucional teve, portanto, uma importância central na desestruturação de sistemas de estratificação ao longo da história recente. Mas a sociedade que os sistemas constitucionais pretendem construir ainda permanecem a uma realidade muito longe de ser alcançada. Por esse motivo, devemos entender as funções dos mecanismos de discriminação na reprodução de distinções sociais responsáveis pela construção de uma ordem social na qual grupos humanos ocupam certos lugares dentro da hierarquia social, sendo que eles possuem poucas chances de transformação da realidade.

Mesmo sociedades democráticas podem desenvolver hierarquias de *status* que têm a função de determinar qual é o lugar que determinados segmentos devem ocupar. Como afirmado anteriormente, um sistema de sentidos sociais mantém a hierarquia de *status* ao atribuir características positivas e negativas a diferentes populações, processo que procura legitimar as relações assimétricas de poder. Um ponto importante emerge nesse processo: as identidades dos grupos estão necessariamente interligadas, sendo parcialmente construídas em relação à identidade dos membros do outro grupo.[775] Em função disso, quaisquer mudanças no *status* social de um grupo afeta a identidade do outro. Isso significa que a dinâmica social está marcada por uma constante competição pela manutenção ou desestruturação de *status* social. Os sistemas de subordinação possuem certa estabilidade porque os grupos majoritários estão sempre comprometidos com a preservação de uma ordem social baseada em diferenciações entre as várias classes de pessoas. Muitas vezes, as normas jurídicas cumprem um papel central na preservação de hierarquias de *status* cultural, o que acontece quando as diferenciações presentes dentro do mundo social são traduzidas em normas jurídicas. Assim, as diferenças de *status* cultural e *status* material também se reproduzem por meio das diferenças de *status* legal entre os grupos.[776]

As diferentes formas de discriminação que examinamos neste livro cumprem um papel importante: são mecanismos que permitem a reprodução da estratificação. Esse conceito designa arranjos sociais que situam classes de indivíduos em diferentes posições ao longo do tempo de forma que essas distinções adquirem uma estabilidade que dificulta ou impede quaisquer formas de mobilidade. As sociedades humanas criam vários mecanismos

---

[775] BLUMER, Herbert. "Prejudice as a sense of group position". *Pacific Sociological Review*, vol. 1, nº 1, 1958, pp. 3-7.

[776] BALKIN, Jack M. "The constitution of status". *Yale Law Journal*, vol. 106, nº 6, 1996, pp. 2323-2328.

CAPÍTULO XVI – DISCRIMINAÇÃO E ESTRATIFICAÇÃO

para distribuir oportunidades às pessoas e isso significa que elas desenvolvem critérios para distribuição que são geralmente desiguais. Apesar do avanço do ideal democrático ao longo dos séculos, as comunidades políticas estruturadas em torno desse princípio continuam sendo profundamente desiguais; elas não permitem que membros de diferentes grupos tenham acesso às mesmas oportunidades. David Grusky informa que sistemas de estratificação social existem em função de três elementos básicos: os processos institucionais que atribuem valor social a certos bens, a existência de regras de distribuição desses bens entre as diversas ocupações e critérios de mobilidade social que impedem o acesso igualitário a eles. Assim, informa o autor, lugares sociais são estruturados a partir de atribuição de valor distinto, e as pessoas são alocadas nesses lugares a partir da forma como a sociedade as classifica.[777]

David Grusky também nos informa que os bens em questão têm natureza diversa, compreendendo uma série de elementos importantes para afirmar o *status* dos indivíduos dentro da sociedade. Eles incluem bens de natureza econômica, direitos de participação política, capital cultural adquirido pelo processo de socialização, posições que garantem prestígio pessoal, diversas formas de direitos civis e também a aquisição de habilidades e experiências que permitem o desenvolvimento individual e a mobilidade social. O acesso a essas oportunidades marca o lugar que o indivíduo ocupa dentro da sociedade, determinando qual será seu *status* cultural e seu *status* material. Se o primeiro se refere ao prestígio que as pessoas ocupam dentro da sociedade, o segundo encontra base nas condições materiais da existência. Muitas sociedades podem ser classificadas como liberais, mas isso não significa que tenham uma cultura igualitária. De qualquer modo, os princípios desse regime têm o poder de desestabilizar hierarquias assentadas em sentidos

---

[777] GRUSKY, David B. "The past, present, and future of social inequality". *In*: _____. (Coord.). *Social stratification in social perspective*: class, race and gender. Ithaca: Cornell University Press, 2001, p. 3.

culturais que legitimam diferentes formas de opressão como as que designamos anteriormente. A superação das relações de dominação invariavelmente causa reações, cuja finalidade é defender as formas a partir das quais as sociedades são tradicionalmente estruturadas.

As sociedades humanas desenvolveram uma série de sistemas de estratificação, muitos deles baseados em fatores econômicos e outros em fatores culturais, sendo que os dois elementos estão fortemente relacionados. Se, por um lado, os sistemas de produção econômica determinam as posições que as pessoas ocupam, por outro, as formas culturais que os acompanham legitimam outras estratificações baseadas em formas de identidades naturais ou atribuídas a indivíduos. De qualquer maneira, o esquema proposto por Grusky indica a existência de alguns elementos básicos em todas as suas formas. Os autores que defendem uma teoria funcionalista da estratificação social argumentam que as sociedades humanas atribuem diferentes valores aos vários lugares e funções responsáveis pelo estabelecimento das chances de mobilidade dos diversos grupos sociais. Para esses teóricos, a estratificação é um aspecto necessário de todas as sociedades, pois todas elas precisam motivar indivíduos a ocupar determinadas funções para que o seu funcionamento seja possível. Elas precisam distribuir seus membros em diferentes posições e também criar motivações para que possam desempenhar as funções necessárias ao seu funcionamento. Essa motivação acontece em função de um sistema de recompensas para aqueles que ocupam os lugares mais relevantes da sociedade. A estratificação teria então origem na necessidade da criação de um sistema de ocupação que privilegia as pessoas mais competentes para ocupar os diferentes postos de trabalho dentro de uma sociedade.[778]

---

[778] GRUSKY, David B. "The past, present, and future of social inequality". *In*: _____. (Coord.). *Social stratification in social perspective*: class, race and gender. Ithaca: Cornell University Press, 2001, p. 3.

CAPÍTULO XVI – DISCRIMINAÇÃO E ESTRATIFICAÇÃO

Essa teoria tem sido criticada porque não oferece elementos suficientes para explicar a situação daqueles sistemas de estratificação que decorrem de identidades atribuídas aos indivíduos. Seus autores também parecem ignorar que o poder é outro elemento de suma importância no processo de estratificação, diferença que decorre dos lugares distintos que as pessoas ocupam dentro da hierarquia social. Por essa razão, outros estudiosos procuram estabelecer quais seriam os elementos definidores dos processos de estratificação, sendo que muitos desses estudos giram em torno da classe, raça e sexo. Os que escrevem sob a influência marxista afirmam que a estratificação social é produto do sistema de classes produzido pelo capitalismo. Sua operação produz uma forma de inserção subordinada na qual as pessoas têm direitos formais, mas não as condições reais de exercício.[779] Os que seguem o modelo weberiano examinam o problema da estratificação também a partir das diferentes clivagens existentes dentro das classes, além dos grupos criados a partir dos *status* material que ocupam dentro da sociedade. Se os membros do primeiro grupo estão ligados em função da posição na estrutura de classes, os membros do segundo estão ligados em função de critérios de *status* cultural, o que os coloca em uma situação comum.[780] Outros estudiosos, seguindo as duas tradições, enfatizam o caráter múltiplo dos sistemas de estratificação, motivo pelo qual o tema deve ser estudado a partir dos diferentes vetores de discriminação.[781]

Charles Tilly parte da classificação das relações sociais entre diferentes grupos para explicar o processo de estratificação. Ele

---

[779] SANTOS, Boaventura de Souza. *A gramática do tempo*: para uma nova cultura política. São Paulo: Cortez, 2008, pp. 280-284.

[780] GRUSKY, David B. "The past, present, and future of social inequality". *In:* _____. (Coord.). *Social stratification in social perspective*: class, race and gender. Ithaca: Cornell University Press, 2001, pp. 17/18.

[781] HUTCHISON, Daren Lenard. "Ignoring the sexualization of race heteronormativity, critical raced theory and anti-racist policy". *Bufallo Law Review*, vol. 41, nº 1, 1999, pp. 1-116.

afirma que uma sociedade pode ter um caráter aberto quando ela possibilita que seus membros tenham acesso a benefícios materiais e espirituais, o que garante o avanço da igualdade entre os grupos. Mas ela será fechada quando relações assimétricas de poder permitem que apenas alguns desses segmentos tenham essa possibilidade, o que mantém os outros em uma situação de exclusão. Sociedades altamente estratificadas estão marcadas por relações fechadas, o que permite o controle sobre as pessoas que terão acesso a bens materiais e espirituais. Tilly parte desses conceitos para afirmar que processos de estratificação social estão largamente baseados em critérios específicos que criam diferenças categóricas entre dois grupos. Esse seria o caso de distinções entre negros e brancos, homens e mulheres ou entre heterossexuais e homossexuais. A construção dessas diferenças categóricas implica que elas regulam o funcionamento de instituições sociais, além de estruturar valores culturais. Embora elas não impeçam a mobilidade social de certos membros dos grupos subordinados em função dos múltiplos pertencimentos, certamente fundamentam regras de relacionamento que permitem a exploração e a acumulação de oportunidades entre os membros do grupo dominante. Isso possibilita que as desigualdades entre esses grupos sejam duráveis, ocasionando a estratificação social ao longo desses critérios de diferenciação.[782]

Charles Tilly afirma que outros dois processos permitem a reprodução de desigualdades duráveis: a *emulação* e a *adaptação*. O primeiro designa a reprodução de modelos organizacionais baseados nessas diferenças categóricas de um contexto para outro, o que acarreta a propagação de exploração e acumulação de oportunidades em diversos contextos. O segundo designa a utilização de distinções sociais na operação do *modus vivendi* dos grupos sociais, determinando padrões de interação como relações interpessoais e relações políticas. Os processos de estratificação social

---

[782] TILLY, Charles. *Durable inequality*. Berkeley: University of California Press, 1999, pp. 6/7.

ocorrem então quando diversas instituições sociais adotam essas diferenças categóricas, fazendo com que elas se tornem pervasivas. Como essas instituições controlam o acesso a oportunidades, grupos minoritários são sistematicamente excluídos, o que cria uma desigualdade categórica entre eles. A estratificação ocorre porque diferenças categóricas regulam diversas redes de relacionamento e ocorrem em diversas formas de interação, fazendo com que grupos minoritários sejam excluídos das redes de relacionamento que controlam o acesso a oportunidades.[783] Assim, as sociedades baseadas em relações fechadas são estratificadas quando elas criam mecanismos de exploração, o que ocorre quando membros do grupo dominante são capazes de expropriar bens produzidos por membros de outro, impedindo então que os segundos possam obter pleno benefício daquilo que produziram, um fator essencial para a criação de igualdade e mobilidade social. Simultaneamente, os membros do grupo dominante promovem uma acumulação de oportunidades quando impedem ou dificultam acesso a oportunidades por meio de discriminação ou pela exigência de retribuição.

16.1 A psicologia social da estratificação social

Para Douglas Massey, a estratificação social teria início no plano psicológico em função da criação de categorias cognitivas que atribuem características negativas a membros de certos grupos. A criação cultural dessas diferenças permite a atribuição de certas identidades a esses indivíduos, identidades que não correspondem à realidade deles, mas aos sentidos culturais que pretendem legitimar diferenciações. Essas formações culturais criam então distinções e barreiras entre diferentes grupos sociais, sendo que os membros do grupo dominante passam a atuar a partir delas. De certa forma, esse processo teria origem no próprio funcionamento do psiquismo

---

[783] TILLY, Charles. *Durable inequality*. Berkeley: University of California Press, 1999, pp. 8-13.

humano que atua por um processo de categorização. A cognição humana procura sempre alguma forma de consistência para que os estímulos recebidos possam ser adequadamente categorizados. A mente humana opera segundo esquemas mentais que o indivíduo utiliza para avaliar outros com o quais se depara nas diversas situações cotidianas, o que o leva a generalizar características de um grupo para outro. As percepções podem mudar ao longo do tempo na medida em que a própria experiência demonstra os equívocos associados com esses esquemas mentais.[784]

Teun Andreas van Dijk argumenta que esses esquemas mentais não são apenas processos moralmente neutros que designam como as pessoas apreendem a realidade social. Essa estrutura cognitiva opera articulando uma série de crenças sociais que determinam a apreensão e percepção das relações sociais de certas maneiras. Mais do que uma análise de como as estruturas ideológicas estruturam práticas políticas, essa abordagem conecta as normas sociais e os processos cognitivos a fim de proporcionar uma compreensão adequada dos meios a partir das quais as estruturas do discurso reproduzem estruturas de poder. As cognições sociais que aparecem são a ligação entre narrativas culturais e a compreensão individual do mundo. Esse conjunto estruturado de crenças sociais influencia a formação de cognições sociais, uma série de representações mentais que os indivíduos adquirem por meio do processo de socialização. Essas cognições sociais são formadas em diferentes instituições que regulam o exercício do poder e, consequentemente, têm a capacidade de transmitir várias formas de discurso social. Cognições sociais adquirem o seu conteúdo substantivo das ideologias políticas, de doutrinas religiosas ou de prescrições sociais gerais de comportamento adequado. Esses conteúdos transmitem pontos de vista daqueles

---

[784] MASSEY, Douglas. S. *Categorically unequal*: the American stratification system. Nova York: Rusell Sage Foundation, 2007, pp. 7-9.

CAPÍTULO XVI – DISCRIMINAÇÃO E ESTRATIFICAÇÃO

que controlam essas instituições e procuram institucionalizar projetos políticos particulares.[785]

Devemos ter em mente que os processos responsáveis pela estratificação social não são produtos apenas de mecanismos de discriminação direta, de atos que procuram excluir indivíduos de oportunidades ou direitos em função de traços moralmente irrelevantes. A opressão possui um caráter sistêmico porque muitas práticas e sentidos culturais são reproduzidos nas diferentes formas de interação humana, sendo que eles também informam a cultura de diversas instituições. Assim, os fatores responsáveis pelo caráter sistêmico da opressão não residem apenas na existência de normas jurídicas discriminatórias, mas também nos valores culturais que são constantemente reproduzidos no funcionamento de diversas instituições sociais. Eles sedimentam entendimentos sobre os lugares sociais dos diversos grupos, naturalizando as suas formas de organização. Uma vez que esses sentidos passam a determinar o funcionamento das instituições, as relações de poder deixam de operar exclusivamente dentro da oposição entre grupos majoritários e minoritários. A possibilidade de conformar sentidos culturais que determinam o funcionamento das instituições tornam desnecessárias as formas de discriminação direta. O próprio funcionamento dessas instituições perpetua as relações assimétricas de poder que reproduzem a opressão de grupos minoritários. Dessa forma, a circulação de valores que determinam os lugares de homens e mulheres nas diversas instâncias sociais é um fator que dirige as tomadas de decisões que beneficiam homens e mantêm mulheres em uma situação estrutural de desigualdade.[786]

A marginalização tem sido considerada como um obstáculo particularmente significativo para a construção de uma sociedade

---

[785] DIJK, Teun Andreas. *Elite discourse and racism*. Londres: Sage, 1993, pp. 265-271.
[786] YOUNG, Iris Marion. *Justice and the politics of difference*. Princeton: Princeton University Press, 1990, pp. 42-44.

democrática porque cria subclasses de pessoas excluídas da plena participação social. Esses grupos são discriminados em função de sentidos culturais que representam certas características como negativas, tornadas socialmente salientes porque marcam uma diferença que funciona como motivo de opressão.[787] A marginalização mantém esses grupos em uma situação de privação dos recursos necessários para a construção de uma vida minimamente digna dentro de uma sociedade. A constante circulação de preconceitos e estereótipos torna ineficazes as medidas que procuram integrar membros de grupos marginalizados, principalmente porque elas partem do pressuposto de que processos de exclusão social têm natureza econômica. Dessa forma, a marginalização não deixa de operar quando membros de certos grupos conseguem acesso a oportunidades materiais porque os preconceitos continuam criando impedimentos sociais e institucionais para a inclusão social desses grupos. A marginalização impede a participação de grupos no processo de decisão política, fazendo com que eles não tenham condições reais de transformar as condições de opressão em que vivem.[788]

Como observa Jack Balkin, o embate entre a política do reconhecimento proposta por minorias sexuais e a política da virtude moral defendida por líderes religiosos exemplifica uma tensão presente em muitas sociedades contemporâneas: a reação à desestruturação de hierarquias sociais em função do progresso da cultura democrática. Conflitos culturais relacionados com a posição social de minorias sexuais são lutas sobre o *status* social dessas pessoas e dos sentidos culturais a elas relacionados. A posição dos grupos dentro da sociedade decorre do nível de prestígio e aprovação que lhes é atribuído, tendo maior ou menor respeitabilidade a

---

[787] LIPPERT-RASMUSSEN, Kasper. *Born free and equal?* a philosophical inquiry into the nature of discrimination. Oxford: Oxford University Press, 2014, pp. 30-36.

[788] YOUNG, Iris Marion. *Justice and the politics of difference.* Princeton: Princeton University Press, 1990, pp. 53-55.

CAPÍTULO XVI – DISCRIMINAÇÃO E ESTRATIFICAÇÃO

depender de como são classificados.[789] A atribuição de *status* social e de sentidos culturais constitui a identidade social de diferentes grupos: os que são mais influentes têm o poder de instituir valores para toda a sociedade, o que permite a construção deles como algo positivo e a afirmação do outro como diferente e inferior. Mesmo as sociedades democráticas mantêm hierarquias de *status* que são reproduzidas por estigmas responsáveis pela construção de certos segmentos como pessoas que não merecem o mesmo respeito. Mas a cultura democrática permite que os que ocupam posições subalternas questionem esses sentidos culturais responsáveis pela legitimação de práticas discriminatórias.[790]

16.2 Estratificação social e processos de legitimação

As reflexões elaboradas na seção anterior indicam que a estratificação social é um processo que precisa ser socialmente legitimado, tendo em vista a incongruência entre valores democráticos e a persistência de desigualdades sociais. Harold Kerbo diz que podemos examinar os processos de legitimação no plano individual e também no plano social. A legitimação das diferentes formas de estratificação social em sociedades democráticas requer elementos necessários para resolver os problemas gerados pela distância entre o princípio da igualdade e a desigualdade de fato presente na realidade. Sociedades democráticas estabelecem padrões de justiça social que determinam como oportunidades devem ser distribuídas, sendo que elas invariavelmente partem do pressuposto de que as pessoas devem ser avaliadas segundo as suas habilidades. Diversos padrões sociais estabelecem formas como devemos avaliar os outros, mas também regras para que as

---

[789] DIMOND, Paul. "The anti-caste principle: toward a constitutional standard for review of race cases". *Wayne Law Review*, vol. 30, nº 1, 1983, pp. 5-10.
[790] BALKIN, Jack M. "The constitution of status". *Yale Law Journal*, vol. 106, nº 6, 1996, pp. 2328-2322.

pessoas avaliem a si mesmas. A avaliação da percepção pessoal e, consequentemente, do lugar que as pessoas podem ocupar dentro da sociedade varia de acordo com o grupo e como os critérios culturalmente estabelecidos para que julguem a si mesmas. Assim, os indivíduos podem resolver a dissonância cognitiva entre promessas de igualdade e concentração de oportunidades justificando para si mesmos o lugar que ocupam. O autor citado nos diz que classe social é uma forte indicação de como uma pessoa poderá avaliar a si mesma. Pessoas de classes mais altas são socializadas para serem mais autônomas, o que permite o desenvolvimento de uma autoestima positiva. Ao contrário, pessoas de classe social inferior aprendem a ter maior deferência à autoridade, o que justifica cognitivamente a posição que ocupam dentro da sociedade. Isso faz com que elas aceitem maiores níveis de desigualdade porque uma das funções das ideologias sociais é exatamente impedir que os níveis de desigualdade sejam percebidos.[791]

Mas a estratificação social não pode ser justificada apenas no plano individual, ela precisa também ser legitimada no plano político, função destinada àqueles que se beneficiam da concentração de oportunidades. Teun Andreas van Dijk afirma que crenças sociais não são meras opiniões pessoais, mas sim convicções que eles compartilham com outras pessoas que pertencem ao mesmo grupo. Ele classifica o conhecimento compartilhado por membros de um grupo social como cognições sociais que compõem representações de relações sociais e esquemas mentais reguladores do processamento de informações. Membros de vários grupos internalizam ideologias por meio de cotidianos de interação social e aprendizagem cognitiva que se tornam um conhecimento social compartilhado, premissa central da experiência comum desses indivíduos. Essas crenças constituem a base de uma linguagem

---

[791] KERBO, Harold. *Social stratification and inequality*: class conflict in historical, comparative, and global perspective. 5ª ed. Boston: McGrrasw Hill, 2003, pp. 429-432.

comum que contêm várias premissas do que os membros do grupo percebem como representações válidas da realidade social. Essas crenças gerais implicam a existência de opiniões avaliativas sobre várias questões sociais, expressando, assim, as opiniões de um grupo sobre alguns fatores. Apesar da possível variedade de opiniões entre os seus membros, as premissas gerais de sua ideologia social afetam em maior ou menor grau a compreensão do mundo e a identidade dessas pessoas como agentes sociais.[792]

Tomando como ponto de partida estudos de psicologia social e teoria linguística, Teun Adrianus van Dijk conceitua cognições sociais como estados mentais que têm uma dimensão ideológica. Processos cognitivos não derivam apenas de *insights* psicológicos sobre o mundo, eles são incorporados em processos sociais que informam as estruturas de representações mentais. Vários mecanismos de socialização fornecem aos indivíduos informações sobre posição deles na estrutura social. Esse conhecimento sociocultural constitui um sistema de representações sobre o mundo em sua memória, um conjunto de conteúdos cognitivos que moldam sua compreensão da realidade. Como mencionamos antes, o conhecimento sociocultural representa o que as pessoas consideram ser uma interpretação correta do mundo, de acordo com a perspectiva dos vários grupos aos quais pertencem, por exemplo, as feministas que consideram a igualdade de gênero como um valor moral e político fundamental e criam um programa político com base nesses princípios.

A crença na igualdade entre os sexos tem outras funções. Ideologias desempenham um papel fundamental na formação da cognição porque controlam o conteúdo de representações mentais. Isto significa que as feministas irão interpretar papéis tradicionais de gênero como prescrições sociais que promovem a subordinação

---

[792] DIJK, Teun Andreas. *Society & Discourse*: how social context influence text and talk. Cambridge: Cambridge University Press, 2009, pp. 28-33.

ao invés de lugar natural da mulher na sociedade. Essas crenças sociais são organizadas de acordo com normas e valores compartilhados por membros de grupos, fornecendo parâmetros para avaliar o conhecimento social. Diferentes grupos sociais podem dar a mesma importância a normas e valores, como as ideias de igualdade de tratamento e de liberdade, mas podem entender de maneiras bem diferentes quando se considera a sua posição na estrutura social.[793]

O conceito de ideologia como um sistema de crenças sociais geralmente implica a consideração de questões sociais e políticas relevantes para determinados grupos sociais. Esses problemas geralmente tocam aspectos centrais da sua condição social dentro de uma dada sociedade, aspectos que definem as suas chances de manter ou transformar a sua posição como uma consequência das estruturas sociais atuais. Essas questões incluem o acesso aos recursos sociais importantes, a sua capacidade de preservar os aspectos centrais da sua identidade social e sua capacidade de mobilização política. Em poucas palavras, as ideologias referem-se às ações sociais e institucionais que definem a identidade de um grupo social, reproduzindo as características do grupo dentro da estrutura social. Mais uma vez, a questão da igualdade de gênero exemplifica a questão. As expectativas sobre o papel das mulheres nas cognições sociais moldam a sociedade e determinam suas chances de ter acesso a uma série de oportunidades acadêmicas e profissionais. O movimento em direção à igualdade de gênero demonstra que as ideologias motivam a criação de metas, uma série de interesses que organizam as práticas sociais e as interações discursivas de feministas com membros de outros grupos.[794]

---

[793] DIJK, Teun Andreas. *Society & Discourse*: how social context influence text and talk. Cambridge: Cambridge University Press, 2009, pp. 28-33.

[794] DIJK, Teun Andreas. *Ideology*: a multidisciplinary approach. Londres: Sage, 1998, pp. 14/15.

16.3 Legitimação e discriminação: sobre as relações raciais no Brasil

O debate sobre a inclusão de minorias raciais no nosso país é um bom exemplo de como ideologias legitimam processos de estratificação. A implementação de programas de ações afirmativas, ao longo dos últimos dez anos, gerou uma ampla discussão sobre dois temas de grande relevância: a intepretação do princípio da igualdade e a natureza das relações raciais em nosso país.

Uma perspectiva interpretativa que equaciona uma série de afirmações sobre as funções da isonomia constitucional com várias teses sociológicas fundadas na ideologia da democracia racial forma a perspectiva a partir da qual muitos tribunais examinam a questão da constitucionalidade de ações afirmativas. A combinação entre princípios jurídicos abstratos e a representação do país como uma sociedade sem conflitos raciais fornece as bases para uma narrativa cultural que considera os programas de ações afirmativas violações do princípio da igualdade. Muitas dessas decisões não mencionam quaisquer estudos sociológicos que fundamentem os argumentos sociológicos nelas defendidos. Elas simplesmente expressam um consenso social de muitos setores das nossas elites brancas sobre a questão racial no Brasil, servindo, assim, como pressupostos que sustentam uma retórica jurídica carente de base fática. Essas decisões demonstram que a ideologia da democracia racial opera como um conhecimento de grupo. Os tribunais que condenam essas iniciativas recorrem a uma concepção de isonomia identificada como mero limite ao poder regulador estatal. Parte-se do pressuposto de que políticas públicas baseadas na raça dos indivíduos violam o texto constitucional. Muitas cortes brasileiras argumentam que a Constituição Federal requer a implementação de medidas governamentais universais, pois devem sempre beneficiar o maior número possível de pessoas. Esses tribunais alegam que medidas generalistas podem perfeitamente produzir a desejada inclusão social de afrodescendentes, uma vez que as desigualdades sociais presentes na nossa sociedade são produto de exclusão econômica e não de discriminação racial sistemática. Mesmo após a decisão do Supremo Tribunal Federal, que reconheceu a constitucionalidade de cotas raciais, esses argumentos ainda influenciam a interpretação de normas constitucionais nos casos referentes aos sistemas de cotas nos concursos públicos.[795]

Ignorando os pressupostos do caráter intergeracional da discriminação, muitos desses tribunais recorrem a uma representação do Brasil como uma nação racialmente homogênea para legitimar uma posição segundo a qual ações afirmativas ofendem o princípio da igualdade. Afirma-se que não se pode estabelecer limites claros entre os grupos raciais brasileiros em função do alto grau de miscigenação que sempre existiu no país. Todos os brasileiros possuem herança genética de diversos grupos raciais, o que torna a população brasileira um grupo social multirracial.

Como a raça é uma categoria impossível de ser claramente delimitada em função dessa realidade, sua utilização infringe o princípio segundo o qual pessoas igualmente situadas devem ser tratadas de forma igual. De acordo com esses tribunais, as políticas de ações afirmativas ferem o ideal de justiça simétrica, que

---

[795] Ver: por exemplo: BRASIL. Tribunal de Justiça de Minas Gerais, Ação Direta de Inconstitucionalidade (ADIN) n. 1.0000.00.327572-4/000(1), Órgão Julgador: Corte Superior, Relator: Correa de Martins, 03/12/2003 (declarando a inconstitucionalidade de programa de cotas raciais em concurso público sob o argumento de que as desigualdades sociais entre negros e brancos decorrem da falta de investimento em políticas educacionais universais); BRASIL. Tribunal de Justiça do Espírito Santo, Apelação Cível n. 024070612809, Órgão Julgador: Tribunal Pleno, Relator: Ney Batista Coutinho, 15/12/2009 (afirmando que o investimento em políticas públicas que procuram atender a brasileiros de todas as cores é a melhor solução para as disparidades entre negros e brancos); BRASIL. Tribunal de Justiça de Santa Catarina, Arguição de Inconstitucionalidade n. 2005.021645-7/0001.00, Órgão Julgador: Tribunal Pleno, Relator: Luiz César Medeiros, 27/09/2007 (declarando a inconstitucionalidade de um programa de ações afirmativas em curso superior porque o princípio da igualdade não admite a utilização de critério que viole o ideal da universalidade das normas jurídicas).

CAPÍTULO XVI – DISCRIMINAÇÃO E ESTRATIFICAÇÃO

informa o princípio da igualdade formal entre os indivíduos.[796] Outro argumento muito comum na jurisprudência brasileira é a caracterização de políticas raciais como iniciativas discriminatórias contra a população branca, perspectiva que desconsidera por completo as diferenças de *status* cultural e *status* material entre negros e brancos. Muitas cortes brasileiras entendem que isso é algo extremamente problemático porque brancos raramente incorrem em comportamento discriminatório contra os negros no Brasil. Não se ignora a presença de racismo no país, mas isso se resume ao comportamento de alguns poucos indivíduos, não podendo ser tomado como prática generalizada na nossa sociedade.

A maioria dos tribunais que condena os programas de ações afirmativas alega que possíveis manifestações discriminatórias contra afrodescendentes não são uma expressão de intolerância racial. Esse tratamento discriminatório, quando existe, revela um preconceito individual em relação à classe dos indivíduos, consequência da associação da cor da pele com o *status* social deles. Vemos então que a ideia prevalente entre nossos tribunais, a de que as pessoas só são discriminadas a partir de um único vetor, impede a percepção de que sistemas de opressão, como o racismo e o classicismo, operam de forma simultânea.[797]

---

[796] Ver: por exemplo: BRASIL. Supremo Tribunal Federal, Medida Cautelar em Arguição de Descumprimento de Preceito Fundamental n. 186-2, Relator: Gilmar Mendes, 31/07/2009 (argumentando que o Brasil viveu um processo de miscigenação, o que torna problemática a criação de políticas públicas baseadas na raça dos indivíduos); BRASIL. Tribunal de Jutiça do Rio de Janeiro, Ação direta de inconstitucionalidade n. 00009/2009, Órgão Julgador: Órgão Especial, Relator: José Carloa S. Murta Ribeiro, 25/05/2009 (classificando programas de ações afirmativas como violadores da igualdade porque o processo de miscigenação presente no país impede a utilização da raça como um critério para o estabelecimento de políticas públicas).

[797] Ver: por exemplo: BRASIL. Supremo Tribunal Federal, Medida Cautelar em Arguição de Descumprimento de Preceito Fundamental n. 186-2, Relator: Gilmar Mendes, 31/07/2009 (afirmando que a possível intolerância contra afro-brasileiros demonstra reconceito em relação à classe social e não em relação à raça dos mesmos); BRASIL. Tribunal de Justiça de Minas Gerais,

Esses argumentos estão baseados em algumas proposições altamente problemáticas e que requerem uma análise minuciosa. A afirmação de que políticas universais necessariamente promovem igualdade racial está fundamentada na identificação entre o princípio da igualdade com a noção da universalidade das normas jurídicas. Contudo, não podemos confundir a necessidade de construção das leis em termos impessoais com o ideal de equiparação material dos membros da comunidade política.

Iniciativas governamentais universais não são necessariamente mais aptas a produzir uma sociedade mais igualitária do que políticas que estabelecem consequências jurídicas distintas entre grupos raciais. Nada no nosso ordenamento jurídico impede o tratamento diferenciado entre pessoas quando se pretende erradicar a exclusão social. O tratamento diferenciado entre indivíduos também não pode ser justificado apenas como um desvio circunstancial do princípio da universalidade das normas jurídicas.

A implementação de políticas públicas voltadas para a promoção de emancipação encontra fundamentação no conjunto de princípios abrigados pelo sistema constitucional. O nosso sistema jurídico procura criar uma sociedade igualitária na qual impera o princípio da justiça social. O intérprete deve também considerar a constitucionalidade da norma em questão a partir da avaliação da existência de uma congruência entre o ato governamental e a

---

Incidente de Constitucionalidade n. 1.0000.07.449458-4/000(1), Órgão Julgador: Corte Superior, Relator: Reynaldo Ximenes Carneiro, 27/06/2007 (classificando a adoção de cotas raciais em concurso público como uma iniciativa discriminatória contra brancos porque estabelece tratamento diferenciado com base na pele dos indivíduos, o que ofende o princípio da igualdade formal entre os indivíduos); BRASIL. Tribunal de Justiça de Santa Catarina, Arguição de Inconstitucionalidade n. 2005.021645-7/0001.00, Órgão Julgador: Tribunal Pleno, Relator: Luiz César Medeiros, 27/09/2007 (classificando programas de ações afirmativas como uma forma de apartheid social em um país sempre comprometido com a igualdade racial entre os grupos raciais).

CAPÍTULO XVI – DISCRIMINAÇÃO E ESTRATIFICAÇÃO

situação material do grupo social específico. A implementação de políticas públicas que procuram erradicar a marginalização social dos afrodescendentes tem, portanto, ampla fundamentação constitucional. Esse objetivo não pode ser alcançado sem a devida consideração das dimensões institucionais e estruturais que o racismo possui na sociedade brasileira.[798]

A caracterização dos programas de ações afirmativas como iniciativas discriminatórias está baseada em uma série de proposições equivocadas. Não se pode comparar atos governamentais que procuram subordinar um grupo social com políticas públicas de caráter emancipatório. Esse raciocínio decorre da utilização da noção de justiça simétrica, o que seria o único parâmetro para avaliação da constitucionalidade dessas medidas. A noção de justiça simétrica está baseada no princípio da generalidade das leis, preceito que exige a atribuição da mesma consequência jurídica a todos os membros de um mesmo grupo. O argumento da miscigenação presente no discurso da neutralidade racial fornece o fundamento para uma perspectiva interpretativa segundo a qual qualquer utilização da raça constitui uma violação da igualdade. Mas o nosso texto constitucional também abriga as noções de justiça distributiva e também de justiça corretiva, o que justifica a implementação de programas que procuram reverter a situação de desvantagem social dos afrodescendentes no país. Essas concepções de justiça possuem grande relevância dentro dessa discussão quando consideramos o fato de que a situação da população afrodescendente decorre da atuação de formas de discriminação direta presentes no momento atual e também das consequências da discriminação intergeracional.[799]

---

[798] Essa posição tem sido defendida por vários tribunais brasileiros no debate sobre ações afirmativas. Ver: MOREIRA, Adilson José. "Discourses of Citizenship in American and Brazilian affirmative action". *American Journal of Comparative Law*. vol. 64, nº 2, 2016, pp. 455-504.

[799] O artigo 3 da Constituição Federal dispõe: Constituem objetivos fundamentais da República Federativa do Brasil: I – Construir uma sociedade livre,

Os argumentos contrários aos programas de ações afirmativas apresentados pelos nossos tribunais enfrentam ainda outro problema: a redução da noção de racismo à ideia de discriminação direta. Racismo e discriminação são conceitos conexos, mas claramente distintos. O racismo não se confunde com a noção de discriminação porque ele é um conjunto de ideologias socialmente construídas. Elas têm a função de sustentar um sistema de privilégios fundado na hierarquia entre grupos raciais. Devido à sua natureza ideológica, o racismo adquire novas significações em diferentes momentos históricos e em diferentes sociedades. Como um conjunto de ideias que procura legitimar a estratificação racial, a noção de racismo pode se manifestar de muitas formas, prescindindo até mesmo da atuação de agentes sociais para a sua propagação.[800] Ideologias raciais fundamentam uma série de arranjos sociais percebidos como uma organização natural de uma determinada sociedade. Esse tem sido um dos objetivos fundamentais da institucionalização da doutrina da democracia racial no Brasil. Afirma-se que as disparidades entre negros e brancos refletem

---

justa e solidária; II – garantir o desenvolvimento nacional; III – erradicar a pobreza e a marginalização e reduzir as desigualdades sociais e regionais; IV – promover o bem de todos, sem preconceitos de origem, raça, sexo, cor, idade e quaisquer outras formas de discriminação. Os tribunais superiores brasileiros têm interpretado esse artigo como uma norma programática que abriga o princípio da igualdade material como também uma concepção de justiça distributiva. Ver: por exemplo: BRASIL. Supremo Tribunal Federal. Ação de descumprimento federal n. 182, Órgão Julgador: Tribunal Pleno, Relator Ricardo Lewandowski, 2012, p. 53 ("No que interessa ao presente debate, a aplicação do princípio da igualdade, sob a ótica justiça distributiva, considera a posição relativa dos grupos sociais entre si. Mas, convém registrar, ao levar em conta a inelutável realidade da estratificação social, não se restringe a focar a categoria dos brancos, negros e pardos. Ela consiste em uma técnica de distribuição de justiça, que, em última análise, objetiva promover a inclusão social de grupos excluídos ou marginalizados, especialmente daqueles que, historicamente, foram compelidos a viver na periferia da sociedade").

[800] Para uma análise da noção de racismo institucional, ver: BETTER, Shirley. *Institutional racism*: a primer on theory and strategy for social change. Nova York: Rowman & Littlefield, 2007.

CAPÍTULO XVI – DISCRIMINAÇÃO E ESTRATIFICAÇÃO

nada mais do que a estrutura de classes na sociedade capitalista, o que seria gradualmente eliminado em função de racionalização das forças do mercado.[801]

O enfoque dos nossos tribunais no aspecto da discriminação direta impede que eles interroguem o privilégio social como fator responsável pela estratificação racial existente em nossa sociedade. A democracia racial constitui assim um conjunto de práticas e crenças culturais formuladas para defender vantagens sociais baseadas na raça, uma construção social que estrategicamente ignora as relações de poder presentes nas interações entre grupos raciais. Como toda forma de ideologia racista, a doutrina da democracia racial reproduz uma estrutura fundada na subordinação da população negra, mas, em vez de recorrer à adoção oficial de práticas racistas, ela opera pela negação da relevância do racismo entre nós.[802]

A jurisprudência brasileira sobre ações afirmativas contém várias teses sociológicas e históricas a respeito das relações raciais no país, ações afirmativas que têm a função específica de legitimar uma ordem social baseada no privilégio branco. Elas constituem uma forma de narrativa fundada na premissa de que a história social brasileira pode ser classificada como um processo de desenvolvimento gradual na direção da neutralidade racial. Uma das estratégias discursivas mais frequentes nessa narrativa é a afirmação de que as elites brasileiras são um grupo social sempre comprometido com o tratamento igualitário entre grupos raciais.[803]

---

[801] Essa posição tem sido defendida por vários tribunais brasileiros. Para uma análise desse tema, ver: MOREIRA, Adilson José. "Igualdade Formal e Neutralidade Racial: Retórica Jurídica como Instrumento de Manutenção das Desigualdades Raciais". *Revista de Direito do Estado*, vol. 19, 2012, pp. 293-328.

[802] Para uma análise da ideologia da democracia racial, ver: HASENGALG, Carlos. *Discriminação e desigualdades raciais no Brasil*. Belo Horizonte: Editora UFMG, 2005, pp. 232-268.

[803] GUIMARÃES, Antônio Sérgio. *Classes, raças e democracia*. São Paulo: Editora 34, 2002, pp. 137-172.

Mas vários estudos históricos demonstram que tal fato nunca teve qualquer correspondência com a história do país. Essa forma de interpretação da história das relações raciais é uma construção ideológica que surgiu em momento no qual havia uma rearticulação de poder entre setores das elites brancas brasileiras. A ideologia da democracia racial surgiu quando o novo segmento que ascendeu ao poder procurou uma nova forma de legitimação da sua posição social. Isso foi conseguido por meio do equilíbrio entre a permanência dos privilégios sociais nas mãos dos brancos e uma forma de inclusão subordinada da população negra brasileira na vida econômica e política da nação.[804]

Mas a doutrina da democracia racial é apenas uma das ideologias historicamente utilizadas para se manter a supremacia branca no nosso país. O alcance da independência política do Brasil e a adoção de um regime constitucional moldado nos padrões do liberalismo despertaram a discussão sobre o lugar do negro no futuro da nação brasileira. As elites daquela época pensavam que a possibilidade do progresso nacional estava seriamente comprometida em função da presença dos descendentes de africanos e indígenas no país. Mais do que uma simples presença dentro de um espaço social, a miscigenação criava um empecilho ainda maior porque promovia a degeneração constante da população brasileira. Convencidos da inferioridade racial dos negros, primeiro em função da doutrina católica e depois pela influência de teses científicas, as elites brasileiras procuraram alternativas para a solução desse problema. A presença de negros impediria a criação de um povo e de uma nação nos moldes dos países europeus, sociedades formadas por pessoas de raça branca.[805] Tendo em vista a realidade social

---

[804] AZEVEDO, Thales. *Democracia racial*: ideologia e realidade. Petrópolis: Vozes, 1975, pp. 34-38.

[805] SCHWARCZ, Lilia. *O espetáculo das raças*: cientistas, instituições e a questão da racial no Brasil, 1870-1930. São Paulo: Companhia das Letras, 1993, pp. 11-22.

CAPÍTULO XVI – DISCRIMINAÇÃO E ESTRATIFICAÇÃO

do país, procurou-se criar uma solução que poderia transformar o Brasil em uma nação branca, requisito necessário para o progresso nacional. A saída aceita pela maior parte das elites brancas foi a estratégia do branqueamento da população por meio da promoção da imigração de europeus. Essa busca pelo branqueamento da população aconteceria não apenas pelo aumento numérico do número de pessoas brancas, mas também por meio da miscigenação de europeus e brasileiros. A eliminação da população negra aconteceria por meio de um processo eugênico, pois a superioridade genética dos brancos seria responsável pela eliminação do gene negro.[806]

A representação do Brasil como uma democracia racial tornou-se a ideologia oficial do país em função de uma série de processos históricos e sociológicos responsáveis pela reconfiguração do poder nas primeiras décadas do século passado. As tradicionais elites agrárias foram destituídas do poder e substituídas pelas elites urbanas. Iniciou-se, assim, uma nova busca pela legitimação do poder, o que nesse momento histórico estava associado à criação de um novo projeto de nação.[807] Se a política racial do período histórico anterior procurou eliminar a raça negra por meio de processos eugênicos, a nova ideologia racial, que então se delineava, tinha como objetivo a integração subordinada da população negra. Tem início um processo de reconstrução da ideia de nação brasileira a partir da valorização da cultura negra como parte integrante da identidade nacional. A ideologia da democracia racial está fundamentada em uma série de pressupostos relacionados com os conceitos de miscigenação racial, classe social, igualdade social, identidade cultural e nacional. A representação do Brasil como uma sociedade comprometida com o tratamento igualitário decorre da celebração da miscigenação, o que seria evidência de tolerância entre grupos raciais. Esse constante amalgamento racial criou uma sociedade

---

[806] SKIDMORE, Thomas. *Preto no branco*: raça e nacionalidade. São Paulo: Companhia das Letras, 2010, pp. 70-96.
[807] FAUSTO, Boris. *História do Brasil*. 14ª ed. São Paulo: EDUSP, 2015.

que rejeita a discriminação racial em função da criação de uma população e uma cultura que incorporam traços dos grupos raciais formadores da população brasileira. Nessa celebração do Brasil como uma sociedade claramente tolerante e inclusiva, a figura da pessoa miscigenada torna-se o símbolo de uma nação que tem uma identidade cultural miscigenada. A mobilidade social dos mestiços seria então uma evidência de que o preconceito racial não é um obstáculo ao avanço de negros e mestiços. A possível existência de tratamento discriminatório em relação aos negros não decorre de intolerância racial, mas do preconceito baseado na classe social, uma consequência do processo histórico da escravidão, e não de práticas discriminatórias. A identificação entre grupos raciais e classes sociais impossibilita a presença de discriminação racial no país, pois não se pode classificar claramente as pessoas segundo as suas origens raciais.[808]

 Todos esses elementos estão por trás de várias práticas sociais cotidianas que variam da cordialidade à estigmatização. Essa cordialidade decorre da estabilização das relações assimétricas de poder presentes na sociedade brasileira. Além de diminuir a tensão entre os grupos raciais, a naturalização dos lugares sociais de negros e brancos constitui uma forma de conhecimento da realidade social das elites brancas brasileiras. Essas elites, por meio de várias formas de produção discursiva, interpretam a realidade social como igualitária, uma decorrência de uma suposta ausência de conflitos raciais. A atribuição de estratificação racial a problemas de classe social é então uma orientação ideológica em função da qual os membros do grupo racial majoritário entendem os seus privilégios como um dado natural da construção social. A suposta cordialidade das relações raciais conduz à criação de um pacto de silêncio entre os dois grupos raciais, elemento que desaparece quando negros questionam arranjos sociais que historicamente

---

[808] GUIMARÃES, Antônio Sérgio Alfredo. *Classes, raças e democracias*. 2ª ed. São Paulo: Editora 34, 2012, pp. 137-174.

CAPÍTULO XVI – DISCRIMINAÇÃO E ESTRATIFICAÇÃO

beneficiam brancos.[809] Como observa Carlos Hasenbalg, "o núcleo da democracia racial permite a substituição de medidas redistributivas em favor de não-brancos por sanções ideológicas positivas e integração ideológica dos socialmente subordinados".[810]

Inúmeros estudos sociológicos demonstram como a realidade social representada por essa ideologia difere radicalmente da vida cotidiana de afrodescendentes no nosso país. Os conceitos de discriminação institucional e intergeracional nos ajudam a demonstrar como práticas discriminatórias legitimadas por diferentes ideologias raciais construíram e perpetuaram a estratificação racial em nossa sociedade. A análise de disparidade de renda é um exemplo dos mecanismos de exclusão social que impedem a mobilidade social de afrodescendentes. As desigualdades atuais decorrem de uma série de políticas públicas implementadas ao longo dos últimos dois séculos, cujo objetivo é o de privilegiar os brancos. Esse processo teve início logo após a nossa independência em função do deslocamento ocupacional de negros livres, uma consequência da política imigratórias adotadas no país. Imigrantes europeus começaram a tomar muitas das ocupações profissionais mais rentáveis e que estavam nas mãos de negros livres vivendo em centros urbanos. Isso os obrigou a procurar ocupações menos rentáveis nos espaços urbanos ou a procurar empregos na economia agrária. Alguns estados brasileiros criaram verdadeiros programas de ações afirmativas para brancos ao dar terras e proporcionar treinamento profissional para os imigrantes europeus, possibilidade fechada aos negros livres e também aos escravos libertos posteriormente.[811]

---

[809] SALES JÚNIOR, Ronaldo Laurentin. *Raça e justiça*: o mito da democracia racial e o racismo institucional no fluxo da justiça. Recife: Centro de Filosofia e Ciências Humanas, Universidade Federal de Pernambuco, 2006. (Tese de Doutorado em Sociologia).

[810] HASENBALG, Carlos. *Discriminação e desigualdades raciais no Brasil*. Belo Horizonte: Editora UFMG, 2005, p. 253.

[811] Ver: nesse sentido: DOMINGUES, Petrônio. *Uma história não contada*. São Paulo: SENAC, 2004. (examinando as políticas estatais brasileiras para o

A influência de teorias científicas racistas e o preconceito racial contra negros foram responsáveis por políticas públicas que davam prioridade aos brancos nos trabalhos disponíveis na então nascente indústria brasileira, um claro mecanismo de reprodução do privilégio branco.[812]

O processo de exclusão social que se inicia com essa política institucional racista persistirá ao longo das décadas seguintes, principalmente nas regiões sul e sudeste do país. As disparidades de renda entre negros e brancos não decorre simplesmente de pontos de partidas diferentes, mas de diferenças de oportunidades causadas por políticas institucionais racistas. Essas políticas discriminatórias foram responsáveis pela concentração da população afrodescendente nos setores rurais e extrativos, enquanto a população branca era absorvida nos setores mais dinâmicos da economia. Afrodescendentes também enfrentavam processo de exclusão na área comercial e na de prestação de serviços em função do menor acesso à educação, como também da necessidade de contato com consumidores, o que ainda leva muitos empregadores a dar preferência a brancos. Os surtos de crescimento industrial acontecidos no país não eliminaram as práticas discriminatórias, como argumentam aqueles que acreditam na força racionalizadora do mercado. Na verdade, essas diferenças aumentaram ao longo do tempo, uma prova de que discriminação racial e desenvolvimento industrial não são fenômenos incompatíveis.[813]

---

processo de embranquecimento da população brasileira).

[812] HASENBALG, Carlos. *Discriminação e desigualdades raciais no Brasil*. Belo Horizonte: Editora UFMG, 2005, pp. 171-175.

[813] Para uma análise pormenorizada da discriminação racial de afro-descendentes no mercado de trabalho, ver: TELLES, Edward. *Racismo à brasileira*: uma nova perspectiva sociológica. Rio de Janeiro: Relume-Dumará -Fundação Ford, 2003, pp. 185-219; PAIXÃO, Marcelo J. *Desenvolvimento humano e relações raciais*. São Paulo: DP&A, pp. 1-50; HASENBALG, Carlos. *Discriminação e desigualdades raciais no Brasil*. Belo Horizonte: Editora UFMG, 2005, pp. 172-203.

CAPÍTULO XVI – DISCRIMINAÇÃO E ESTRATIFICAÇÃO

Estudos recentes demonstram que profissionais brancos ganham mais do que o dobro do salário de profissionais afrodescendentes em praticamente todas as áreas ocupacionais. Todos esses estudos revelam que essa disparidade salarial não guarda relação com as diferenças educacionais entre grupos raciais. Elas só podem ser atribuídas à discriminação sistemática no mercado de trabalho. Verifica-se também que essa diferença de renda entre profissionais com mesma formação educacional tem graves consequências em outras áreas da vida. A disparidade salarial entre os grupos raciais torna afrodescendentes mais vulneráveis à mortalidade infantil, diminui a expectativa de vida, além de impedir a transmissão de benefícios financeiros e educacionais às gerações seguintes. Pode-se dizer que esse é um dos mecanismos responsáveis pela perpetuação da estratificação racial e elemento impeditivo para a oferta de melhores condições de vida para a geração seguinte, por parte daqueles que investiram na educação. Esses estudos demonstram que a mobilidade social da população branca acontece principalmente em função da combinação do aumento da escolaridade e a consequente melhoria da condição social das gerações seguintes. Esse quadro tem se mantido inalterado ao longo das últimas cinco décadas, o que mostra a efetividade e permanência das práticas discriminatórias que mantêm a exclusão de afrodescendentes.[814]

O discurso da neutralidade racial presente na jurisprudência brasileira possui, portanto, uma série de argumentos claramente problemáticos quando consideramos a evolução do processo de interpretação e aplicação da igualdade. Muitos dos tribunais que defendem a neutralidade racial recorrem apenas à igualdade formal para avaliar a constitucionalidade dos programas de ações afirmativas. Ao desconsiderar os pressupostos que fundamentam

---

[814] SILVA JÚNIOR, Hédio. "Do racismo legal ao princípio da ação afirmativa: a lei como obstáculo e como instrumento dos direitos e interesses do povo negro". *In*: GUIMARÃES, Antônio Sérgio A.; HUNTLEY, Lynn. *Tirando a máscara*: ensaio sobre o racismo no Brasil. São Paulo: Paz e Terra, 2000, pp. 33-41.

a interpretação constitucional no atual paradigma constitucional, essas cortes constroem uma narrativa jurídica baseada na premissa de justiça simétrica como a única forma de tratamento adequado entre indivíduos. Assim, esse raciocínio articula uma leitura abstrata da igualdade com pressupostos de uma ideologia racial, que representa o país como uma comunidade política onde o racismo não existe. A combinação de igualdade formal e democracia racial serve então para rechaçar políticas que buscam promover o bem-estar da população negra, uma forma de iniciativa que encontra ampla fundamentação legal em nosso sistema jurídico. Embora a noção de igualdade formal seja um dos fundamentos centrais da nossa ordem jurídica, ela não impede a implementação de políticas que buscam promover a justiça material entre grupos raciais, uma vez que a isonomia constitucional não se limita à ideia de tratamento simétrico perante a lei.[815]

A retórica do mérito levanta outros problemas de grande relevância para o processo de interpretação da igualdade. Esse preceito está fundamentado nos princípios da filosofia individualista que fundamenta o liberalismo. Parte-se do pressuposto de que os indivíduos devem ser recompensados pelos seus esforços, decorrência da ideia de que as instituições estatais devem criar condições para que eles possam alcançar os seus objetivos pessoais. A noção de meritocracia está ligada a uma sociedade racionalmente organizada de acordo com regras impessoais e universais. O argumento da meritocracia enfrenta sérios problemas quando consideramos as noções de racismo mencionadas anteriormente. Oportunidades sociais não existem em um vácuo social: elas são determinadas por condições materiais de existência que reproduzem

---

[815] Para uma análise da constitucionalidade dos programas de ações afirmativas, Ver: entre outros: BARROZO, Paulo Daflon. "A ideia de igualdade e as ações afirmativas". *Lua Nova*, nº 63, 2004, pp. 103-141; MOREIRA, Adilson José. "Miscigenando o círculo do poder: ações afirmativas, diversidade racial e sociedade democrática". *Revista da Faculdade de Direito do UFPR*, vol. 61, nº 2, 2016, pp. 117-148.

CAPÍTULO XVI – DISCRIMINAÇÃO E ESTRATIFICAÇÃO

arranjos baseados em relações de poder entre grupos. As universidades públicas não são um universo branco apenas em função da capacidade intelectual dos alunos brancos. O acesso privilegiado desses alunos aos bancos das universidades públicas é produto de práticas discriminatórias que impedem o acesso de afrodescendentes a oportunidades educacionais. A falta de acesso à boa educação é então uma consequência dos mecanismos sociais que garantem privilégios profissionais aos brancos no Brasil. Os empregadores brancos que discriminam funcionários negros não estão preocupados com a capacidade profissional destes: eles não os contratam porque não querem ter funcionários negros. Em suma, o discurso da meritocracia serve apenas para racionalizar um sistema de exclusão social que tem beneficiado os brancos historicamente.[816]

---

[816] Para uma análise crítica da noção de meritocracia no debate sobre a constitucionalidade de ações afirmativas para empregos públicos, ver: LAWTON, Anne. "The meritocracy myth and the illusion of equal employment opportunity". *Minnesotta Law Review*, vol. 85, n° 3, 2000, pp. 587-662.

CAPÍTULO XVII
DISCRIMINAÇÃO RACIAL

Observamos neste trabalho que a discriminação possui uma dimensão material e uma dimensão cultural. A primeira se manifesta por meio dos diversos mecanismos utilizados por agentes públicos e privados para promover a exclusão de minorias do gozo de oportunidades e recursos. A segunda permite que essas práticas excludentes sejam legitimadas na medida em que discursos sociais operam para convencer as pessoas da adequação da ordem social existente. O racismo, uma das manifestações mais frequentes de discriminação, deve ser entendido a partir dessas duas dimensões, uma vez que pode ser visto como uma ideologia cultural e uma prática social que reproduz a dominação racial. Essa ideologia social encontra fundamento na utilização da raça como um fator de diferenciação entre os seres humanos, muito embora ela possa assumir diferentes significações ao longo da história de uma mesma sociedade. A raça aparece então como um fator de diferenciação entre os indivíduos, o que determina as chances que eles possuem de serem reconhecidos como pessoas igualmente dignas. Assim, analisaremos neste capítulo alguns temas fundamentais para discorrer sobre essa manifestação da discriminação amplamente presente nas sociedades atuais das mais diversas formas. Um elemento precisa ficar claro desde o início: nossa análise do racismo o aborda como um elemento central das relações sociais pautadas pelo problema do poder. Assim, não adotaremos posturas culturalistas que compreendem o racismo como um problema associado a representações inadequadas do outro. Ele será examinado como algo que estrutura relações sociais dentro das comunidades políticas. Por isso, nós analisaremos esse tema a partir de sua dimensão cultural, de sua dimensão econômica e de sua dimensão política.

17.1 A lógica da operação de uma ordem racial

Muitas pessoas acreditam que a discriminação racial designa comportamentos inadequados de pessoas e instituições que operam de forma contrária ao consenso social sobre o dever de tratamento igualitário entre todos os indivíduos. Essa concepção se mostra inadequada porque deixa de analisar esse tema a partir de alguns elementos do contexto social. A discriminação racial é um meio de operação normal de uma organização que pode ser entendida como uma *ordem racial*. Essa expressão designa um tipo de funcionamento social no qual sistemas como a cultura, a política e a economia operam a partir de processos racializados. A raça determina a forma como esses sistemas sociais operam e como eles organizam aspectos centrais da vida social; a discriminação racial se torna um aspecto pervasivo da realidade. Uma sociedade que opera como uma ordem racial classifica grupos humanos em grupos raciais, o que será utilizado para atribuir um *status* social privilegiado a certas pessoas e um *status* social subordinado a outras. Os que pertencem ao primeiro grupo terão acesso privilegiado a oportunidades recursos, enquanto os que pertencem ao segundo são impedidos de exercer a cidadania de forma plena porque são sempre discriminados. Os membros do grupo racial dominante mantêm o controle sobre os recursos econômicos e sobre a vida política, o que garante o domínio sobre minorias raciais ao longo do tempo. A possibilidade de mobilidade social dos membros de minorias raciais é claramente limitada por normas legais discriminatórias, pela aplicação discriminatória de normas legais universais, pela utilização de práticas sociais e representações culturais que têm o propósito de impedir que chances de inserção coletivas estejam abertas às minorias raciais.[817]

O tema da discriminação racial não pode ser adequadamente compreendido sem uma referência a um assunto geralmente ignorado por muitos estudos sobre racismo na nossa sociedade: os arranjos sociais coletivos que giram em torno do que alguns autores chamam de política identitária branca. Como afirmamos anteriormente, o racismo é um sistema de dominação que almeja reproduzir vantagens materiais e culturais para os membros do grupo racial dominante. Mecanismos de discriminação racial procuram garantir que pessoas brancas tenham acesso privilegiado ou exclusivo a oportunidades sociais, o que pode ser alcançado por meio da diferenciação de *status* cultural. Esse processo não se resume a circulação de preconceitos e estereótipos; sua motivação está nos mecanismos utilizados por pessoas brancas para garantir seus interesses coletivos, o que opera pelo investimento nos processos responsáveis pela construção da identidade racial como uma forma de construção de vínculo social. Esse interesse coletivo faz com que membros do grupo racial dominante procurem investir nas significações culturais que legitimam diferenciações entre grupos raciais, nas diferenciações que afirmam a superioridade de pessoas da comunidade à qual eles pertencem, o que pode ser feito de forma direta ou indireta. Muitas pessoas brancas se organizam em torno desse interesse coletivo na manutenção do *status* privilegiado, o que requer a preservação na ideia de que eles são os únicos atores sociais naturalmente mais competentes. A solidariedade racial entre pessoas brancas, acompanhada da concentração do poder,

---

[817] Ver: nesse sentido: EMIRBAYER, Mustafa; DESMOND, Matthew. *The racial order*. Chicago: Chicago University Press, 2015; FREDRICKSON, George. *White supremacy*: a comparative study of American and South African history. Oxford: Oxford University Press, 1981.

permite que elas utilizem o poder institucional para a manutenção do *status* social privilegiado.[818]

Embora seja um consenso entre pesquisadores de que a maioria de pessoas brancas não se classificam a partir de critérios raciais, análises recentes demonstram de forma muito clara como a identidade racial é um espaço de investimento considerável dos membros desse segmento. O conceito de identidade racial designa a internalização de um senso de pertencimento a um grupo racial, sendo que esse pertencimento se torna uma maneira pela qual a pessoa forma sua identidade individual, o que empresta sentido à sua vida social. As pessoas estão especialmente ligadas àqueles traços identitários que são especialmente significativos, características que determinam grande parte da experiência social delas, motivo pelo qual se empenham para que eles sejam refletidos nas formas de organização social. Esse investimento pode assumir diversas formas. Primeiro, os interesses raciais se manifestam por meio do controle do aparelhamento ideológico das instituições sociais para que estas reflitam os valores culturais desse grupo. Segundo, estão presentes nas articulações políticas arquitetadas para que as práticas de instituições públicas reflitam os interesses dos membros de seu grupo. Terceiro, os interesses raciais são apresentados como valores e práticas que beneficiam toda a sociedade, embora apenas os membros do grupo racial dominante possam realmente ter acesso aos benefícios fornecidos pelos arranjos sociais defendidos.[819]

---

[818] JARDINA, Ashley. *White identity politics*. Cambridge: Cambridge University Press, 2019, pp. 21-50.

[819] Ver: nesse sentido: SILVA BENTO, Maria Aparecida. *Pactos narcísicos do racismo*: branquitude e poder nas organizações empresariais e no Poder Público. São Paulo: Universidade de São Paulo, 2002. (Tese de Doutorado em Psicologia); LIPSITZ, George. *The possessive investment in whiteness*: how white people profit from identity politics. Philadelphia: Temple University Press, 2006, pp. 1-16.

17.1.2 Raça e racialização

O conceito de raça pode ser analisado a partir de perspectivas distintas. Segundo sua compreensão tradicional, designa um conjunto de traços fenotípicos comuns a certos grupos humanos que vivem em um mesmo território. Esses traços são passados de geração para geração, motivo pelo qual todos os membros do grupo possuem as mesmas características. A visão da raça como uma categoria biológica fundamenta a percepção de minorias raciais que está por trás de diferentes formas de práticas discriminatórias. Mais do que designar características biológicas, o conceito acaba por ser relacionado a traços morais, culturais e intelectuais dos membros do grupo. Ao longo da história, tem sido visto como traços que indicam uma hereditariedade que pode ser remontada a grupos que herdaram algum tipo de maldição ancestral. A raça seria então o sinal de que aquelas pessoas são descendentes de indivíduos que representaram um mal que acompanha todas as pessoas do grupo. Essa compreensão da raça associa formas de degeneração moral constitutiva aos membros de um grupo racial, motivo pelo qual eles não podem ter a mesma forma de respeitabilidade social de pessoas brancas.[820]

Os traços fenotípicos de determinadas populações humanas também apontam outra forma de compreensão do termo raça: a designação de *tipos humanos*. A raça não seria apenas um conjunto de traços que carregam características morais, mas tipos humanos constitutivamente distintos. Essas distinções se manifestam de várias maneiras, seja na força física ou na capacidade cognitiva, sendo que essas diferenças são produtos da posição que as pessoas ocupam dentro do processo de evolução. Os diversos tipos humanos devem ocupar diferentes atividades, atividades adequadas aos seus traços naturais. Essa forma de se considerar a raça encontra

---

[820] FREDERICKSON, George M. *Racism, a short history*. Princeton: Princeton University Press, 2003, pp. 15-49.

ampla ressonância na cultura atual, que também reproduz a noção de que membros de grupos raciais formam grupos sociais distintos com lugares e funções particulares. Estereótipos descritivos e prescritivos encontram ampla legitimação nessa percepção de que as raças humanas designam tipos sociais essencialmente diferentes uns dos outros, motivo pelo qual eles não podem cumprir as mesmas funções porque não possuem as mesmas qualidades. Manifestações de discriminação direta e institucional encontram fundamento nessa concepção de raça, na ideia de que ela aponta grupos de pessoas com traços morais e físicos distintos.[821]

Por ser um parâmetro a partir do qual se estruturam relações de poder entre segmentos sociais, a raça também pode ser pensada como uma forma de *status*. Devemos ver a raça como um atributo que designa o lugar que os indivíduos ocupam dentro das estruturas hierárquicas presentes dentro de uma sociedade. O racismo opera como um mecanismo que possui um papel central na reprodução das relações assimétricas de poder existentes em uma dada sociedade porque a raça aparece exatamente como a forma de designação dos lugares dos indivíduos dentro delas. Conclusões importantes decorrem desse processo de classificação da raça como um tipo de *status* social. Primeiro, normas culturais e práticas sociais serão criadas para impedir envolvimentos sexuais entre os membros de grupos distintos, com o objetivo de não comprometer o sistema de diferenciação. Segundo, esse processo de classificação criará formas de segregação espacial e cultural para que distinções sociais também fiquem bastante claras entre as pessoas. Terceiro, as atividades dos membros dos diferentes grupos raciais não podem ocupar as mesmas funções; aquelas que são mais valorizadas devem ser desempenhadas por membros do grupo racial dominante. Quarto, os membros de minorias raciais não podem ter o mesmo nível de respeitabilidade que as pessoas pertencentes aos grupos

---

[821] BANTON, Michael. *Racial theories*. Cambridge: Cambridge University Press, 1998, pp. 44-80.

CAPÍTULO XVII – DISCRIMINAÇÃO RACIAL

dominantes possuem. O conceito de raça como *status* implica que o racismo existe para manter pessoas brancas em uma situação perene de privilégio. Essa concepção da raça explica aspectos do caráter sistêmico que o racismo encontra na sociedade brasileira: ele funciona como um meio para a preservação dos privilégios que sistematicamente beneficiam pessoas brancas.[822]

    O caráter estrutural e intergeracional da discriminação racial indica a existência de outro sentido do conceito de raça: como *designação de classe social*. Os diversos tipos de discriminação que examinamos neste livro promovem a marginalização econômica de pessoas negras, motivo pelo qual uma grande porcentagem delas está em uma situação de desvantagem material permanente. Algumas conclusões são sempre associadas com as muitas desvantagens materiais que minorias raciais enfrentam. Certos indivíduos afirmam que a raça não possui valor explicativo para a situação desses grupos porque todas as pessoas pobres enfrentam o mesmo problema. Políticas universalistas seriam suficientes para a promoção da integração desses grupos. Outros argumentam que a consciência de classe seria a melhor forma de promover a transformação social porque pessoas de todos os grupos raciais enfrentam o mesmo problema. O racismo seria outro tipo de ideologia, que tem o propósito de promover a exploração do trabalho humano. A concepção da raça como classe também motiva muitos atores e instituições a classificarem todos os membros de minorias raciais como pessoas pobres, um sinal de que eles possuem uma cultura associada aos lugares nos quais vivem, razão pela qual não progridem socialmente. Compreensões de raça como classe estão presentes em discursos contrários a iniciativas que buscam promover a integração de minorias raciais; muitos atores sociais afirmam que a pobreza não decorre da raça, mas da noção de que

---

[822] WELKMAN, David T. *Portraits of white racism*. Cambridge: Cambridge University Press, 1993, pp. 1-27; BANTON, Michael. *Racial theories*. Cambridge: Cambridge University Press, 1998, pp. 117-166.

negros são pobres, sinal de que não teríamos preconceito racial, mas preconceito de classe.[823]

Estudos mais recentes sobre a raça classificam-na como uma *construção social*. Os que a compreendem dessa forma argumentam que a raça não existe como uma realidade biológica, mas sim como um mecanismo de classificação de indivíduos decorrente de um processo cultural chamado de racialização. Membros do grupo racial dominante têm o poder de criar sentidos culturais, poder que utilizam para atribuir conotações negativas a traços fenotípicos dos grupos humanos que querem explorar economicamente. Assim, não temos raças humanas, mas processos culturais a partir dos quais categorias de classificação de seres humanos são criadas em um contexto histórico específico. Alguns estudos importantes corroboram essa linha argumentativa. O pertencimento de alguns grupos étnicos à raça branca varia de forma significativa ao longo do tempo. Irlandeses não eram considerados como brancos durante boa parte de tempo da história dos Estados Unidos. Eles passaram a ser classificados dessa maneira após o fim da escravidão, em um momento no qual havia o interesse em evitar a criação de uma consciência de classe entre brancos e negros pobres. Sistemas de classificação racial também variam de lugar para lugar: pessoas consideradas como brancas em algumas sociedades podem ser consideradas como negras em outras; membros de grupos minoritários podem adquirir parte do *status* social de pessoas brancas quando possuem dinheiro e popularidade.[824]

---

[823] IANNI, Octavio. *Raças e classes sociais no Brasil*. Rio de Janeiro: Civilização Brasileira, 1972, pp. 163-190.

[824] DEMOND, Matthew; MUSTAFA, Emyrbayer. *Racial domination, racial progress*: the sociology of race in American. Nova York: McGraw-Hill, 2009, pp. 40-103.

CAPÍTULO XVII – DISCRIMINAÇÃO RACIAL

17.2 Por uma definição adequada da discriminação racial

A legislação que define os sentidos e as manifestações da discriminação racial apresenta elementos comuns. Percebemos que a maioria dos exemplos são casos de de discriminação direta. Uma leitura da lei que define os crimes de racismo demonstra que essas práticas sempre pressupõem a *intenção de discriminar*, uma vez que todos os verbos nela presentes implicam ações conscientes destinadas a impedir que minorias raciais possam ter acesso ao tratamento igualitário nos mais diversos âmbitos da vida social.[825] Observamos então que essa lei compreende o racismo como *tratamento diferenciado* entre pessoas, tratamento baseado em uma categoria que não pode ser utilizada como forma de discriminação negativa. A lei em questão também aborda a dimensão institucional da discriminação racial, uma vez que contempla situações de discriminação que envolvem agentes públicos ou privados. Observamos que ela reconhece a dimensão ideológica do racismo porque criminaliza diferentes tipos de incitação à discriminação racial.[826] A definição de discriminação racial presente no Estatuto da Igualdade Racial apresenta esses elementos, mas acrescenta alguns aspectos importantes. Primeiro, está presente nessa legislação o reconhecimento da existência de hierarquias sociais que se reproduzem ao longo do tempo para promover formas de desigualdade racial duráveis. Segundo, também vemos ali o reconhecimento da dimensão cultural do racismo, motivo pelo qual estão previstas medidas para a representatividade positiva de minorias raciais nos meios

---

[825] Ver: por exemplo, os artigos 3 e 5 da Lei n. 7.716, que classifica crimes de racismo: "Impedir ou obstar o acesso de alguém, devidamente habilitado, a qualquer cargo da Administração Direta ou Indireta, bem como das concessionárias de serviços públicos", "Negar ou obstar emprego em empresa privada".

[826] Ver: por exemplo, o artigo 5 da Lei n. 7.716: "Negar ou obstar emprego em iniciativa privada: penal: de dois a cinco anos de reclusão". BRASIL. *Lei n. 7.716*, de 05 de janeiro de 1989, define os crimes de preconceito de raça e de cor. Disponível em http:// www.planalto.gov.br/ccivil_03/leis/l7716.htm.

de comunicação, forma de transformação de imagens negativas sobre membros de minorias raciais.[827] Terceiro, o Estatuto também reconhece o fato de que o racismo afeta homens negros e mulheres negras de forma distinta, evidência de que reconhece a noção de interseccionalidade como aspecto importante da discriminação racial.[828] Esses elementos estão presentes na Convenção Contra Toda Forma de Discriminação, tratado de direitos humanos que, ao definir a discriminação racial, reconhece sua dimensão direta, sua dimensão institucional, sua dimensão indireta e também sua dimensão estrutural, ao instigar os signatários a combaterem a discriminação racial em todas as dimensões da vida social. Portanto, esse documento também reconhece o aspecto estrutural do racismo nas sociedades humanas, motivo pelo qual fomenta a criação de políticas destinadas à promoção de inclusão racial.[829]

Essas definições de discriminação racial presentes na legislação precisam ser adequadamente sistematizadas para que possamos compreender sua dinâmica. A análise das formas de discriminação

---

[827] O inciso V do Estatuto da desigualdade racial estabelece: A participação da população negra, em condição de igualdade de oportunidade, na vida econômica, social, política e cultural do País será promovida, prioritariamente, por meio de: (...) V-eliminação dos obstáculos históricos, socioculturais e institucionais que impedem a representação da diversidade étnica nas esferas pública e privada.

[828] O inciso III do décimo artigo do Estatuto da Igualdade Racial dispõe: "Para o cumprimento do disposto no art. 9o, os governos federal, estaduais, distrital e municipais adotarão as seguintes providências: (...) desenvolvimento de campanhas educativas, inclusive nas escolas, para que a solidariedade aos membros da população negra faça parte da cultura de toda a sociedade".

[829] ORGANIZAÇÃO DAS NAÇÕES UNIDAS. Convenção Internacional Sobre a Eliminação de Todas as Formas de Discriminação Racial. Artigo 1. "Para fins da presente Convenção, a expressão 'discriminação racial' significará toda distinção, exclusão, restrição ou preferência baseada em raça, cor, descendência ou origem nacional ou étnica que tenha por objeto ou resultado anular ou restringir o reconhecimento, gozo ou exercício em um mesmo plano (em igualdade de condição) de direitos humanos e liberdades fundamentais nos campos político, econômico, social, cultural ou em qualquer outro campo da vida pública".

CAPÍTULO XVII – DISCRIMINAÇÃO RACIAL

realizada nos capítulos anteriores demonstra que devemos entender a discriminação racial a partir de algumas dimensões fundamentais. Primeiro, ela pode se expressar por uma motivação, motivação baseada nos diversos estereótipos raciais negativos sobre minorias que circulam no meio social. Esses estereótipos fazem parte de uma dinâmica que impele as pessoas de desenvolver sentimentos negativos em relação a minoras raciais, grupos que elas acreditam ser uma massa indiferenciada de indivíduos que possuem as mesmas características.[830] A motivação está também baseada no interesse dos membros do grupo racial dominante em manter o *status* privilegiado que ocupam na nossa sociedade. Ela possui uma dimensão coletiva, uma vez que representa o interesse comum de pessoas brancas em manter hierarquias sociais existentes na sociedade brasileira. Embora seja uma prática coletiva, muitas pessoas brancas sistematicamente negam a relevância da discriminação racial, estratégia que tem o propósito de encobrir as intenções reais das próprias ações dessas pessoas.[831]

---

[830] BRASIL. Tribunal Regional do Trabalho da 2ª Região. Processo n. 0019400-46.2007.5.02.0075. Órgão Julgador 4ª Turma. Rel. Des. Ricardo Artur Costa e Trigueiros, 12.02.2008 (dando provimento ao recurso da autora para condenar a empresa ré ao pagamento de indenização por danos morais por discriminação racial. É certo que no local de trabalho o superior hierárquico da autora lhe dirigia frases como "poxa... macaco..." e "só podia ser...", referindo-se a sua cor de pele); BRASIL. Tribunal Regional do Trabalho da 1ª Região. Recurso Ordinário n. 0010959-37.2015.5.01.0071. Órgão Julgador 10ª Turma. Rel. Des. Edith Maria Corrêa Tourinho, 18.10.2017 (a reclamante ajuizou ação trabalhista pleiteando indenização por danos morais uma vez que seu superior hierárquico tecia comentários preconceituosos referentes a sua cor de pele, utilizando-se de palavras de baixo calão e de tom ameaçador. Segundo testemunhas, o superior hierárquico da reclamante comparava negros a macacos. Em gravação, foi possível ouvi-lo dizendo "bota essa pretinha pra trabalhar um pouco".

[831] Ver: nesse sentido: BREWER, Marilynn. "The psychology of prejudice: ingroup love or outgroup hate?" *Journal of Social Issues*, vol. 55, nº 3, 1999, pp. 429-444.

Segundo, a discriminação racial implica a existência de práticas arbitrárias dirigidas contra minorias raciais. Como ilustrado na legislação sobre o racismo, elas podem assumir diversas formas, tais como impedir acesso de minorias raciais a empregos públicos, a oportunidades educacionais em instituições públicas ou privadas ou impedir acesso à ascensão profissional. A discriminação racial se manifesta então na forma de um tratamento diferenciado e negativo em relação a minorias raciais, o que seria um exemplo de discriminação direta. Não podemos esquecer, entretanto, que mecanismos discriminatórios contra minorias podem assumir a forma de medidas neutras cujo objetivo encoberto é o de prejudicar membros desses grupos. A discriminação racial implica a existência de atos intencionais explícitos ou encobertos que objetivam impedir que minorias possam ter o mesmo tratamento direcionado a pessoas brancas. Observamos então uma relação direta entre intenção e ação na discriminação racial, razão pela qual devemos entender a dinâmica sociológica e psicológica do racismo.[832]

Terceiro, a discriminação racial deve ser analisada também a partir dos seus *efeitos* na vida dos alvos de práticas sociais. Essas práticas podem ser intencionais e arbitrárias ou podem ser o produto de medidas que afetam minorias raciais de maneira desproporcional, embora sejam moralmente neutras. Elas podem ser produto da operação regular de instituições públicas ou privadas, cujas normas representam os interesses dos membros do grupo racial dominante. Os diversos tipos de discriminação analisados neste livro são responsáveis por processos de marginalização e segregação que restringem as chances de inclusão social de minorias raciais. Os efeitos da discriminação racial podem afetar um indivíduo particular, mas eles também possuem um impacto

---

[832] ARTHUR, John. *Race, equality, and the burdens of history.* Cambridge: Cambridge University Press, 2007, pp. 8-43; POWELL, John. "Post-racialism or targeted universalism?" *Denver University Law Review*, vol. 86, nº 3, 2009, pp. 785-806.

CAPÍTULO XVII – DISCRIMINAÇÃO RACIAL

coletivo porque práticas arbitrárias contra minorias raciais são praticadas diariamente. As consequências podem assumir as mais diversas formas e dependem da consideração do contexto social e do momento histórico no qual práticas discriminatórias ocorrem: marginalização cultural, exclusão econômica, segregação espacial, danos físicos e psicológicos. Essa realidade nos mostra que não podemos reduzir a discriminação racial à discriminação direta, a atos intencionais e arbitrários, porque sistemas de exclusão social podem operar independentemente da vontade de indivíduos.[833]

Quarto, a discriminação racial faz parte de um programa de dominação social que tem como objetivo a manutenção dos privilégios raciais que beneficiam os membros do grupo racial dominante. A discriminação racial não decorre apenas de representações inadequadas sobre minorias raciais, embora também exista para satisfazer necessidades psicológicas de pessoas brancas. Seu objetivo fundamental é a reprodução permanente dos diversos arranjos institucionais que garantem a pessoas brancas acesso privilegiado ou exclusivo a oportunidades sociais. A motivação de práticas discriminatórias não se resume à forma como a mente humana opera; ela também está diretamente relacionada com o sentido de posição de grupo que as pessoas ocupam dentro da sociedade. Muitos dos que estão em uma situação de privilégio pensam que membros de minorias são uma ameaça permanente, motivo pelo qual a discriminação racial precisa estar presente em todos os âmbitos sociais e em todos os momentos históricos. É importante mencionar novamente o caráter coletivo e estratégico da discriminação: ela constitui uma multiplicidade de atos discriminatórios que ocorrem no espaço público e no espaço privado, em grande parte de forma articulada, para a manutenção das hierarquias sociais. Esse tema precisa ser examinado como uma

---

[833] CORBO, Wallace. "O direito à adaptação razoável e a teoria da discriminação indireta: uma proposta metodológica". *Revista da Faculdade de Direito da UERJ*, n° 43, 2008, pp. 201-238.

estratégia para a manutenção do sistema de vantagens raciais destinado à reprodução das hierarquias sociais.[834]

Quinto, a discriminação racial precisa ser analisada a partir da diferenciação entre espaço público e espaço privado. Muitas pessoas identificam a discriminação racial com formas de tratamento arbitrário institucionalizadas, o que ocorre apenas no espaço público. Embora a discriminação racial se manifeste amplamente nessa dimensão da vida social, a desigualdade racial também decorre de atos privados de discriminação. Os membros do grupo racial dominante que se recusam a empregar minorias raciais e os que se recusam a interagir com pessoas pertencentes a esse segmento também concorrem para a preservação das hierarquias raciais. A discriminação interpessoal tem um efeito negativo na vida de minorias raciais porque o poder econômico e político sempre esteve concentrado nas mãos de pessoas brancas. O acesso a posições de comando requer acesso a redes de relacionamento que são formadas por membros do grupo racial dominante. Em resumo, as hierarquias sociais entre negros e brancos são mantidas por atos públicos e privados que possuem uma continuidade nas diferentes dimensões da vida social.[835]

Sexto, a discriminação racial possui um caráter cumulativo porque os padrões de discriminação racial ocorrem nos diversos sistemas sociais. Eles estão presentes na vida política, no campo da cultural, na dimensão econômica. Não apenas em um momento histórico, mas ao longo das gerações. A discriminação racial pode ocorrer na forma de microagressões, mas elas não acontecem isoladamente e nem na vida de apenas alguns membros de minorias raciais. Elas estão presentes nas diferentes instâncias da vida dos indivíduos, e o impacto delas importa em um custo significativo para

---

[834] Ver, nesse sentido: BLUMER, Herbert. "Prejudice as a sense of group position". *Pacific Sociological Review*, vol. 1, nº 1, 1958, p. 4.

[835] KARST, Kenneth. "Sources of status-harm and group disadvantage in private behavior". *Issues in Legal Scholarship*, vol. 2, nº 1, 2002, pp. 1-24.

CAPÍTULO XVII – DISCRIMINAÇÃO RACIAL

membros de minorias raciais. Não podemos deixar de observar o fato de que as formas de opressão sofridas por um membro de um grupo afetam os outros membros porque são sinais de que os últimos também estão expostos à possibilidade de serem vítimas de tratamento semelhante. Na verdade, algumas formas de discriminação tem o propósito específico de servir como um tipo de mensagem para todos os membros de minorias raciais. Observamos então que o caráter cumulativo da discriminação é uma consequência de sua natureza sistêmica: os membros padrões de discriminação estão presentes em diferentes esferas sociais, o que provoca desvantagens para os indivíduos em diversas áreas durante toda a vida.[836]

As considerações anteriores mostram então que a discriminação racial não pode ser definida a partir de um único parâmetro. Esse fato nos conclama a adotar um tipo de perspectiva que reconheça a multiplicidade das formas que tratamentos desvantajosos podem assumir em uma sociedade. A apreciação de casos de discriminação racial não pode ser feita a partir da consideração de uma única perspectiva, uma interpretação que pode ser feita a partir da leitura da legislação que regula os crimes de racismo. Adotar uma perspectiva dessa natureza representaria trabalhar com o racismo a partir do ponto de vista do opressor, seria adotar a ideia de que a discriminação só pode ser configurada quando se pode identificar a intenção de discriminar, algo que não pode ser detectado com muita clareza em muitos casos. Partir desse pressuposto seria negar a relevância das dimensões essenciais da discriminação, discutidas nesta parte. Mais importante, não podemos ignorar o fato de que a discriminação racial tem um propósito fundamental: garantir benefícios materiais para membros do grupo racial dominante. O objetivo de reproduzir os privilégios raciais de pessoas brancas pode ser alcançado das mais diversas formas, sendo que ele pode

---

[836] Para uma análise do impacto do racismo na vida de suas vítimas, ver geralmente FEAGIN, Joe. *The many costs of white racism*. Nova York: Rowman & Littlefield, 2002.

ocorrer por atos discriminatórios no espaço público ou no espaço privado. Ele também pode ser alcançado por meio do controle de instituições públicas e privadas, o que torna a defesa de privilégios raciais um propósito institucional e político. Esse aspecto da discriminação racial deve ser sempre enfatizado contra aqueles que classificam o racismo como um tipo de falsa percepção da realidade e que reduzem as desigualdades raciais a um problema de classe.[837]

17.3 O racismo e suas várias manifestações

Estudos que se dedicam à invesstigação de padrões de relações raciais a partir de um ponto de vista comparado identificam certos elementos comuns nos processos responsáveis pelo estabelecimento de dominação racial nas várias sociedades humanas. O racismo estrutura relações hierárquicas entre grupos sociais por meio de um processo a partir do qual um grupo consegue estabelecer uma relação de superioridade sobre outro. Isso permite que a possibilidade de subjugação de minorias raciais, uma situação na qual os membros do grupo racial mais poderoso ocupam posições de poder e prestígio, enquanto integrantes do grupo em situação de desvantagem estão sempre subordinados. Essa diferenciação de poder entre esses segmentos ocorre por meio de práticas discriminatórias de caráter sistemático, as quais procuram diferenciações de *status* cultural e *status* material entre grupos de forma permanente. O controle que os membros do grupo racial dominante exercem sobre as instituições sociais permite que eles possam excluir minorias raciais de posições que poderiam alterar as relações de poder entre os grupos ou que poderiam garantir o mesmo nível de respeitabilidade social. É importante levar em consideração o fato de que sistemas de dominação racial permitem algum nível de integração social dos membros de minorias raciais, desde que

---

[837] Ver: nesse sentido: LEONG, Nancy. "Racial capitalism". *Harvard Law Review*, vol. 126, nº 8, 2013, pp. 2153-2227.

CAPÍTULO XVII – DISCRIMINAÇÃO RACIAL

isso não comprometa o *status* social privilegiado dos membros do grupo racial dominante.[838]

Conceituar as relações raciais como um processo marcado por relações hierárquicas de poder requer que identifiquemos alguns aspectos importantes das formas como são estabelecidos os padrões de dominação de um grupo racial sobre outro. Isso ocorre por meio de uma conexão entre o caráter ativo do poder e a habilidade do uso desse poder. O primeiro decorre da possibilidade que um grupo tem de exercer influência sobre diferentes aspectos do comportamento dos membros de outro grupo. O segundo faz referência aos recursos disponíveis para que os membros do grupo racial dominante influenciem a vida de minorias raciais, independentemente se essa influência realmente ocorre. Os membros do grupo racial dominante têm acesso a recursos de poder para influenciar os atos dos membros de minorias raciais, o que ocorre em função do poder cultural, institucional, jurídico e político que eles possuem. Esses recursos de poder operam como meios de indução do comportamento dos indivíduos para que se comportem de acordo com os interesses dos membros do grupo racial dominante. A diferença de poder entre grupos e a possibilidade de as parcelas dominantes terem acesso permanente a recursos sociais destinados à manutenção da superioridade de *status* permitem então a criação e preservação de relações hierárquicas de poder entre grupos sociais.[839]

Pierre van den Berghe aponta algumas manifestações de relações raciais modeladas a partir das relações que se desenvolvem ao longo das transformações econômicas em uma dada sociedade. Esse autor afirma que relações raciais podem assumir a forma de

---

[838] Para uma análise geral desse processo, ver HOETINK, Howard. *Slavery and race relations in the Americas*. Nova York: Harper & Row, 1973.

[839] WILSON, William Julius. *Power, racism, and privilege*: race relations in theoretical and sociohistorical perspectives. Nova York: Free Press, 1973, pp. 11-23.

relações paternalistas, situação em que as relações entre grupos raciais assumem a forma na qual os minorias raciais são vistas como pessoas que só podem operar de forma adequada se estiverem sob a vigilância e tutela do primeiro grupo. Elas também podem ter um caráter familiar, na qual as interações raciais são baseadas em supostas relações de intimidade entre dominantes e subordinados; as relações entre esses segmentos seriam pautadas pelo reconhecimento de uma humanidade, embora elas ainda operem de forma assimétrica. Se essas relações eram características do período colonial escravocrata, as interações entre grupos raciais assumem outra forma quando interações servis são eliminadas: elas agora adquirem um caráter competitivo, situação na qual os grupos raciais procuram ter acesso a recursos e oportunidades a partir de uma organização social baseada na noção de tratamento igualitário. Apesar disso, as relações raciais podem manter formas similares às que haviam no período escravocrata: o controle sobre as maioria das instituições sociais permite que o grupo majoritário continue a explorar o grupo minoritário, mas agora essa relação assume uma forma de colonização interna, modelo no qual a integração ocorre de forma subordinada, de modo que minorias raciais se tornam uma fonte permanente de exploração econômica.[840]

    O estabelecimento de relações hierárquicas de poder ocorre por meio de um longo processo histórico, pelo qual podemos observar o desenvolvimento de diferentes níveis de operação do racismo. Primeiro, temos o aparecimento e a divulgação de ideias preconceituosas que se transformam em doutrinas a partir das quais as pessoas começam a fazer diferenciações entre elas. Começam a legitimar formas de violência, diferenciações de valoração cultural, o que acabará sendo refletido no funcionamento de algumas instituições. Há um segundo nível de operação, no qual o racismo pode atuar de forma fragmentada, mas ele já se apresenta na forma

---

[840] VAN DEN BERGHE, Pierre. *Race and racism*: a comparative perspective. Nova York: John Wiley & Sons, 1978.

CAPÍTULO XVII – DISCRIMINAÇÃO RACIAL

de uma doutrina cultural claramente articulada em torno da diferenciação entre grupos de seres humanos, fatores responsáveis por processos de segregação social e discriminação de caráter mais sistemático. No terceiro nível de operação do racismo, ele funciona como um parâmetro de atuação política de diversos grupos sociais comprometidos com a dominação racial; adquire, assim, o caráter de uma forma de mobilização de diversos grupos que procuram a institucionalização dos seus interesses e identidades. O racismo age em um nível ainda mais problemático quando ele se torna uma forma de operação das instituições estatais, sendo que elas desenvolvem medidas e práticas destinadas à criação e preservação de meios oficiais de discriminação. O racismo assume agora sua plena significação, quando se torna um parâmetro regulador da operação de sistemas de organização social, como a política, a economia e a cultura.[841]

A discriminação racial está fundamentada em uma ideologia social que pretende garantir a reprodução de vantagens sociais para os membros do grupo racial dominante. Essa ideologia assume diferentes formas e diferentes momentos históricos, motivo pelo qual alguns autores falam em projetos raciais, expressão que designa configurações dos padrões de dominação racial em um contexto social e histórico específico. Esses projetos raciais operam a partir de diferentes representações sobre a raça, categoria utilizada para a classificação dos grupos humanos ao longo do tempo. Cada forma de dominação racial encontra legitimação em um tipo de ideologia, evidência de que o racismo assume manifestações distintas, até mesmo por meio de discursos que negam sua existência como fator gerador de disparidades entre grupos sociais. A discriminação racial seguirá então as formas ideológicas presentes em um momento histórico, embora certos elementos sempre estejam presentes em todas as formas de projetos de dominação racial. Devemos então examinar como diferentes tipos

---

[841] WIEVIORKA, Michel. *The arena of racism*. Londres: Sage, 1991, pp. 38-42.

de racismo justificam diferentes tipos de práticas discriminatórias contra minorias raciais, sendo que essas práticas sempre terão o mesmo objetivo: garantir a manutenção do sistema de privilégios raciais dos grupos dominantes.[842]

O conceito de projeto racial nos ensina que o racismo é uma prática social, mas também uma ideologia cultural que possui um caráter dinâmico. Ele sempre se adapta às novas realidades sociais que surgem a partir de suas contestações. Pessoas brancas estão sempre procurando adaptar as estratégias de dominação às novas realidades. O discurso religioso serviu para justificar a escravidão durante o período colonial, o racismo científico cumpriu esse papel para negar direitos iguais durante o regime monárquico, o discurso eugênico legitimou a necessidade de transformação racial da nossa população, as teses sociológicas da cordialidade brasileira foram utilizadas por décadas para encobrir práticas racistas, e o discurso científico, agora na forma de estudos genômicos, aparece novamente para defender políticas universais como forma de justiça social.[843]

A discriminação racial pode ser definida de várias maneiras. Podemos classificá-la como um tipo de prática social baseada na inferiorização e na antipatia em relação a membros de minorias raciais. A inferiorização corresponde a uma diversidade de práticas sociais que, ao longo do tempo, mantiveram esses segmentos sociais em uma situação de marginalização para que membros do grupo racial dominante pudessem ter acesso privilegiado a recursos e oportunidades. Esses sistemas históricos de discriminação racial, como a escravidão e a segregação, são responsáveis pela criação de desigualdades duráveis entre grupos raciais e também pela consolidação de um imaginário social que representa minoras raciais como pessoas naturalmente inferiores, porque são incapazes de

---

[842] Ver nesse sentido OMI, Michael; WINANT, Howard. *Racial formation in the United States*. Nova York: Routledge, 2014, pp. 103-105.

[843] OMI, Michael. *Racial formation in the United States*. Londres: Routledge, 2014, pp. 105-137.

CAPÍTULO XVII – DISCRIMINAÇÃO RACIAL

desempenhar funções sociais de forma competente. A antipatia racial surge então das ideologias sociais criadas com o propósito específico de afirmar a inferioridade essencial de segmentos sociais racionalizados. Uma pessoa racista é aquela que nutre uma antipatia em relação a membros de minorias raciais, antipatia baseada em estereótipos e preconceitos que fazem parte da forma como interage com pessoas de outras raças. Essa antipatia opera a partir de padrões de comportamentos que expressam ideologias sociais de inferioridade presentes em uma sociedade, ideologias que procuram legitimar arranjos sociais ilegítimos. Atos racistas são ações motivadas por ideologias e representações que expressam desprezo por minorias, o que pode assumir a forma de um gesto, uma piada ou uma declaração. Um ato pode ser racista quando tem o potencial de produzir dano a uma pessoa ou ao grupo que ela pertence; um ato será racista quando for a expressão de estigmas que reproduzem a noção de inferioridade constitutiva de minoras raciais. A motivação racista é produto de estereótipos racistas que expressam desprezo por pessoas negras. São expressões que contribuem para a estigmatização de minorias raciais, o que podem legitimar a exclusão racial.[844]

O racismo pode assumir a forma de uma discriminação interpessoal, situação na qual um ato discriminatório tem origem nas representações que um indivíduo específico guarda em relação a membros de minorias raciais. Essa animosidade pode ser expressa de várias formas, seja por meio da recusa de interagir com minorias raciais no espaço público ou no espaço privado, seja pela reprodução de imagens negativas de membros de minorias, seja por meio do ataque à imagem pública dessas pessoas, com o objetivo de impedir que tenham o mesmo nível de respeitabilidade

---

[844] BLUM, Lawrence. *"I'm not a racist, but..."*: the moral quandary of race. Ithaca: Cornell University Press, 2002, pp. 1-33.

social que os membros do grupo racial dominante possuem.⁸⁴⁵ O racismo interpessoal é um dos meios pelos quais indivíduos particulares se tornam agentes do projeto de dominação racial presente em uma sociedade. Como observamos anteriormente, ele também permite a satisfação mental de pessoas racistas porque afirma o sentimento de superioridade racial que elas nutrem. Seja por meio de discriminação direta, seja por meio de microagressões, esse tipo de racismo opera como uma forma de reprodução de desigualdades no plano das interações pessoais, um dos espaços importantes para a realização do objetivo político mais amplo da manutenção de uma ordem social racializada.⁸⁴⁶

O racismo assume frequentemente a forma de discriminação institucional. Isso significa que ele não opera apenas no plano das relações interpessoais, mas também no funcionamento das instituições públicas e privadas. As pessoas não existem apenas

---

⁸⁴⁵ BRASIL. Tribunal Regional do Trabalho da 4ª Região, Recurso Ordinário n. 0000260-53.2010.5.04.0402, Órgão julgador: 5ª Turma, Relator: Clóvis Fernando Such Santos (afirmam que os apelidos, formas e o tratamento no ambiente de trabalho por ser negro causaram constrangimento, humilhação, atingiram a sua honra subjetiva do funcionário, contrariando assim o princípio da dignidade humana); BRASIL. Tribunal Regional do Trabalho da 1ª Região. Recurso Ordinário n. 01103-2006-481-01-00-1. Órgão Julgador 2ª Turma. Rel. Des. Valmir de Araújo Carvalho, 13.05.2009 (a reclamante sofreu discriminação racial por parte de sua empregadora, que afirmava que, caso não cumprisse suas ordens, "seria colocada no tronco". O ambiente de trabalho também era permeado por discriminações raciais disfarçadas de piadas – racismo recreativo: "o que mais brilha no preto? As algemas"; "o que acontece se um preto cair num monte de bosta? Aumenta o monte". A reclamante também informou que outra empregada negra era chamada de "torradinha". O Juízo de 1ª instância indeferiu o pedido de indenização por dano moral sob o argumento de que a reclamante não fez prova de ter sido discriminada racialmente. O Tribunal reformou a decisão para conceder indenização à reclamante, argumentando que a expressão "colocar no tronco" tem viés racista, referindo-se ao fato de negros escravizados serem colocados no tronco na época da escravidão).

⁸⁴⁶ ALPORT, Gordon. *The nature of prejudice*. Nova York: Basic Books, 1979, pp. 107-126.

CAPÍTULO XVII – DISCRIMINAÇÃO RACIAL

na condição de individualidades subjetivadas; elas também são agentes institucionais. Muitas delas são integralmente controladas por pessoas que fazem parte do grupo racial dominante, o que permite a elas imprimir seus interesses ao funcionamento das instituições às quais estão vinculadas. Esse poder assume a forma de criar normas de operação que visam manter diferenciações sociais destinadas a reproduzir hierarquias raciais dentro e fora das instituições. O *racismo institucional* ocorre então na forma de negação de oportunidades, na dificuldade de se obter promoção dentro da instituição, no tratamento diferenciado quanto à oferta de serviços, bem como no acesso a eles. Essa forma de racismo motiva diversos tipos de tratamento arbitrário de pessoas negras, como prisões arbitrárias, assassinatos por policiais, violência obstétrica, discriminação no mercado de trabalho, entre outras. O racismo institucional também pode ocorrer por meio das práticas e normas que causam um impacto negativo em membros de minorias raciais.[847]

O *racismo simbólico* também motiva uma série de práticas discriminatórias que afetam de forma significativa minorias raciais. Se em tempos históricos anteriores, formas institucionalizadas de racismo eram aceitáveis, sua contínua contestação faz com que elas sofram mutações, embora seu propósito central permaneça. O que muitos autores chamam de racismo simbólico, expressão que designa o comportamento daqueles que se dizem contrários à discriminação direta de minorias raciais, mas as culpabilizam pela situação na qual se encontram. Membros do grupo racial dominante afirmam que negros estão em uma situação de desvantagem permanente porque eles não se comportam de acordo com parâmetros tradicionais da cultura liberal, como o esforço pessoal e as demandas de tratamento preferencial. O racismo simbólico opera de acordo com a lógica da cultura individualista,

---

[847] BETTER, Shirley. *Institutional racism*: a primer on theory and strategy for social change. Nova York: Rowman & Littlefield, 2007, pp. 23-37.

cultura segundo a qual a eliminação dos mecanismos oficiais de discriminação implica a eliminação dos obstáculos à integração de minorias. Esse fato teria tornado o respeito por direitos individuais um elemento central da ordem política, motivo pelo qual os membros do grupo racial dominante passaram a tratar as pessoas negras de forma justa. Medidas de inclusão racial seriam uma afronta a uma cultura pública que supostamente sempre esteve comprometida com o tratamento igualitário entre membros de todos os grupos raciais.[848]

Outra mutação importante do racismo tradicionalmente baseada na inferioridade biológica de certos grupos humanos é o *racismo aversivo*, algo muito característico da nossa sociedade. Essa teoria está baseada no pressuposto de que mudanças na moralidade social em relação a formas de discriminação direta de minorias raciais não eliminaram atitudes racistas. Os autores que desenvolveram essa teoria observam que muitas pessoas brancas podem defender o tratamento igualitário entre grupos raciais, embora elas ainda sejam influenciadas por estereótipos descritivos e prescritivos que motivam a restrição do contato com pessoas de outras raças. Mesmo defendendo tratamento igualitário na esfera pública entre todos os grupos raciais, muitas pessoas brancas ainda evitam contato com certos grupos no espaço privado. Ao contrário das atitudes racistas baseadas no desprezo e ódio por minorias raciais, os racistas aversivos sentem desconforto significativo no contato com pessoas negras, o que os leva a evitar contato com elas. Eles estão convencidos de que a discriminação racial é algo

---

[848] MCCONAHAY, John B. "Symbolic racism". *Journal of Social Issues*, vol. 32, nº 2, 1976, pp. 23-45. Para uma análise dessa manifestação no Brasil, ver CARVALHO, José Jorge de. *Inclusão étnica e racial no Brasil*: a questão das cotas no ensino superior. São Paulo: Attar, 2006, pp. 88-109; PAIXÃO, Marcelo. "A santa aliança: estudo sobre o consenso crítico às políticas de promoção de equidade racial no Brasil". *In*: ZONINSEI, Jonas; FERES JÚNIOR, João. *Ação afirmativas no ensino superior brasileiro*. Belo Horizonte: Editora da UFMG, 2008, pp. 135-175.

CAPÍTULO XVII – DISCRIMINAÇÃO RACIAL

contrário aos valores democráticos, mas ainda são influenciados por estereótipos negativos em relação a grupos minoritários. Há então uma grande ambivalência entre a postura pública desses indivíduos e os sentimentos que nutrem por pessoas de outras raças. Eles são contrários à discriminação racial, apoiam medidas de inclusão racial, mas ainda se comportam de maneira moralmente ambígua. Essa ambivalência decorre da mudança das atitudes públicas relacionadas ao racismo e a continuidade de representações negativas de membros de minorias raciais.[849]

Uma forma de discriminação racial amplamente presente na sociedade brasileira é o *racismo recreativo*. Esse tipo de racismo opera pelo uso estratégico do humor racista por pessoas brancas e por instituições controladas também por pessoas brancas. Esse tipo de humor permite que elas expressem condescendência, desprezo e ódio por minorias raciais, mas ele também possibilita a manutenção de uma imagem social positiva, porque se alega que todas as manifestações de humor têm um caráter benigno. O racismo recreativo pode ser entendido como uma política cultural e como uma narrativa jurídica. Primeiro, ele pode ser visto como uma manifestação do racismo cultural porque associa características negativas a minorias raciais com o propósito de referendar a ideia de que só pessoas brancas são capazes de atuar de forma competente no espaço público. Segundo, ele influencia a defesa de pessoas acusadas de crimes de injúria e racismo, pessoas que recorrem à narrativa da cordialidade essencial do povo brasileiro para afirmar que seus atos não podem ser classificados como racismo porque o elemento subjetivo do tipo penal, a intenção de ofender, não estava presente, pois se tratava de uma piada ou brincadeira

---

[849] GAERTNER, Samuel. "Aversive racism". *In*: NIELSEN, L. B. (Coord.). *Handbook of employment discrimination research*. Nova York: Springer, 2005, pp. 377-395.

inofensiva.[850] O racismo recreativo opera então como uma forma de pedagogia racial ao ensinar para pessoas negras que elas não podem demandar a mesma respeitabilidade social que pessoas brancas possuem na sociedade brasileira. Ele promove gratificação psicológica a pessoas brancas porque o humor racista implica a superioridade inata de pessoas negras em relação àquelas.[851]

O racismo também pode assumir uma forma particularmente curiosa: o *racismo sem racistas*. Estamos aqui diante de um fenômeno no qual uma parte do público afirma que o racismo não representa mais um obstáculo à inclusão racial, embora as diferenças entre membros de grupos raciais dominantes e subordinados permaneçam em grande parte inalteradas. Esse tipo de racismo tem um objetivo específico: deslegitimar medidas de inclusão racial. Seu tema central é a defesa da neutralidade racial como

---

[850] Ver: por e exemplo, BRASIL. Tribunal Regional do Trabalho da 1ª Região. Recurso Ordinário n. 01103-2006-481-01-00-1. Órgão Julgador 2ª Turma. Rel. Des. Valmir de Araújo Carvalho, 13.05.2009 (a reclamante sofreu discriminação racial por parte de sua empregadora, que afirmava que, caso não cumprisse suas ordens, "seria colocada no tronco". O ambiente de trabalho também era permeado por discriminações raciais disfarçadas de piadas – racismo recreativo: "o que mais brilha no preto? As algemas"; "o que acontece se um preto cair num monte de bosta? Aumenta o monte". A reclamante também informou que outra empregada negra era chamada de "torradinha". O Juízo de 1ª instância indeferiu o pedido de indenização por dano moral sob o argumento de que a reclamante não fez prova de ter sido discriminada racialmente. O Tribunal reformou a decisão para conceder indenização à reclamante, argumentando que a expressão "colocar no tronco" tem viés racista, referindo-se ao fato de negros escravizados serem colocados no tronco na época da escravidão); BRASIL. Tribunal Regional do Trabalho da 2ª Região. Processo n. 0001897-58.2014.5.02.0433. Órgão Julgador 5ª Turma. Rel. Des. Maria da Conceição Batista, 30.06.2015 (condenando a empresa ré a pagar indenização por danos morais pela prática de discriminação racial. A supervisora da autora praticava racismo recreativo contra ela frequentemente, afirmando em tom de piada "negada tem cheiro de macaco" e "não fica fazendo macaquice". Ademais, quando a autora estava grávida sua supervisora disse que ela estava "esperando Cirilo").

[851] MOREIRA, Adilson José. *Racismo recreativo*. São Paulo: Pólen Livros, 2019, pp. 147-158.

uma forma de justiça social. Os que defendem essa perspectiva afirmam que iniciativas dessa natureza são problemáticas porque preservam a noção de que a raça é uma categoria social relevante em uma sociedade que superou a questão da discriminação racial. Cotas raciais seriam então uma forma de discriminação contra pessoas brancas, pessoas que não estão mais engajadas em práticas discriminatórias. O discurso brasileiro da democracia racial é um grande exemplo dessa manifestação do racismo.[852] Ao interpretar as desigualdades raciais como assimetrias de classe, essa narrativa racial procura encobrir as formas como práticas discriminatórias impedem que pessoas negras possam ter as mesmas chances de inclusão que pessoas negras possuem. A doutrina da neutralidade racial como forma de justiça possui um caráter estratégico porque pretende utilizar como forma de justiça o mecanismo responsável pela preservação da opressão racial. Aqueles que defendem a neutralidade racial argumentam que a meritocracia deve ser o principal parâmetro para distribuição de oportunidades sociais; os indivíduos devem receber os frutos dos seus esforços pessoais, motivo pelo qual restrições de direitos em benefício de outros grupos não podem ser impostas a pessoas que não têm responsabilidade sobre injustiças sociais. Obviamente essa perspectiva ignora a forma como privilégios raciais sistematicamente beneficiam os membros do grupo racial dominante.[853]

O *racismo encoberto* compartilha características com a modalidade anterior. Ele se manifesta por meio de práticas privadas, encobertas e estratégicas que variam entre contextos sociais, mas sempre com o objetivo de promover vantagens sociais para pessoas brancas. Esse tipo de racismo sempre opera de maneira estratégica

---

[852] BONILLA-SILVA, Eduardo. *Racism without racists*: color-blind racism and the persistence of racial inequality. Nova York: Rowman & Littlefield, 2009.
[853] MOREIRA, Adilson. "Direito, poder, ideologia: discurso jurídico como narrativa cultural". *Direito & Práxis*, vol. 8, nº 2, 2017; SANTOS, Tiago Vinícius André dos. *Desigualdade racial midiática*. Belo Horizonte: Letramento, 2019.

para subverter uma ordem social que prega a igualdade entre todas as pessoas, o que ocorre por meio de discursos plausíveis que negam a intenção dessas práticas, fator que dificulta ou impede que a vítima possa formular uma queixa exata da forma como a discriminação racial se manifesta. O racismo encoberto, muitas vezes, aparece oculto por normas e práticas relacionadas com formas de associação ou afiliação de pessoas a grupos ou instituições. Assim, preferências por membros do grupo racial dominante são mascaradas por formas de discurso baseadas na escolha por afinidade pessoal, por critérios meritocráticos que não estão baseados em regras claras. Essas práticas decorrem de costumes sociais que procuram manter distanciamento entre grupos raciais, mas que aparecem na forma de discursos institucionais de igualdade de oportunidade entre todas as pessoas. Esse tipo de racismo está amplamente baseado em uma política de negação da relevância do racismo. A raça das pessoas não é nada mais do que uma mera característica que não define as chances de se atingir um objetivo de vida. Há uma tentativa constante de desvincular as relações entre raça e desvantagem para que a estrutura de privilégios não seja desvelada e questionada.[854]

A discriminação racial também pode assumir a forma de uma *discriminação estatística* ou *discriminação racional*, situação na qual aquele que discrimina utiliza a identidade racial como um sinal provável de outra característica, geralmente de caráter negativo. Esse tipo de discriminação não envolve necessariamente animosidade em relação a minorias raciais; ele se baseia em uma avaliação que, para o sujeito, parece ser razoável em função de informações acumuladas em relação a minorias, informações que ele não se esforça para verificar a sua verossimilhança. Os que utilizam a discriminação racional operam a partir de estereótipos descritivos; o estereótipo pode partir de um único ou de poucos

---

[854] COATES, Rodney. *Covert racism*: theories, institutions, and experiences. Boston: Brill, 2011, pp. 1-13.

incidentes amplamente divulgados, o que não ocorre com a mesma frequência com comportamentos negativos dos membros de grupos raciais dominantes. Estamos então diante de uma situação na qual generalizações feitas a partir de um ou alguns casos são apresentados como sinais de que todos os membros de um grupo racial se comportam da mesma forma.[855]

17.4 O racismo como prática discursiva

Vimos anteriormente que a noção de racismo está diretamente relacionada com o conceito de raça e tal fato tem consequências teóricas significativas. Muitos atores sociais entendem a noção de raça como uma mera categoria biológica, posição largamente compartilhada por muitos operadores do Direito. Eles argumentam que a desqualificação da ideia de raça como um parâmetro biológico válido contribuiu para a sua eliminação como um critério legítimo no que se refere à implementação de políticas públicas.[856] Eles argumentam que a opinião pública tem internalizado esse entendimento de raça como um acidente genético sem validade, o que contribuiu para a mudança da moralidade social em relação à discriminação racial. Tal perspectiva é particularmente problemática porque essa categoria não foi construída e posteriormente desacreditada como um termo científico. Algumas populações humanas foram expostas a um processo de racialização fundado em uma política cultural baseada na ideia da superioridade da raça branca. Esse processo de atribuição de sentido social a certas características biológicas ocorreu em função da validação científica da noção de inferioridade de grupos raciais. Isso significa que a raça pode não ser uma categoria biológica, mas é certamente uma

---

[855] BLUM, Lawrence. *"I'm not a racist, but..."*: the moral quandary of race. Ithaca: Cornell University Press, 2002, pp. 85-89.
[856] Ver: nesse sentido: FRY, Peter; MAGGIE, Yvonne. *Divisões perigosas*: políticas raciais no Brasil contemporâneo. Rio de Janeiro: Civilização Brasileira, 2007.

construção social que procura legitimar uma ordem social fundada na supremacia branca. Uma investigação sobre a constitucionalidade de políticas raciais requer, assim, uma compreensão da raça como uma construção cultural que continua possuindo consequências sociais bastante palpáveis.[857]

O processo de construção social da raça nos auxilia a compreender um aspecto de fundamental importância da política cultural que está por trás dos diferentes mecanismos de racialização dos grupos humanos. Esse processo está fundado na caracterização da raça branca como uma norma cultural a partir da qual todos os outros grupos humanos devem ser avaliados. A construção da raça branca como o parâmetro de normalidade em várias esferas da vida social implica a construção das características de outros grupos como algo desviante do normal. Tal fato serve para legitimar uma ordem social na qual pessoas com certas características físicas devem naturalmente ocupar certos lugares sociais em função de atributos que são vistos como naturais. A construção cultural da raça branca como um padrão de beleza serve para justificar uma série de práticas sociais que dão acesso prioritário a posições sociais para pessoas classificadas como brancas.[858] Vemos aqui um mesmo processo que atribui consequências distintas a grupos humanos diferentes. Brancos também sofrem um processo de racialização a partir do qual eles são alocados em determinado grupo social em função de certos traços supostamente relacionados com certos traços genéticos.[859]

As considerações desenvolvidas no parágrafo anterior apontam para a necessidade de uma análise das estratégias discursivas legitimadoras da estratificação racial. Como as ideologias raciais procuram legitimar relações assimétricas de poder em uma

---

[857] MILES, Robert. *Racism*. Nova York: Routlege, 2003, pp. 87-92.
[858] GARNER, Steve. *Whiteness*: an introduction. Nova York: Routledge, 2007.
[859] MILES, Robert. *Racism*. Nova York: Routledge, 2003, p. 100.

CAPÍTULO XVII – DISCRIMINAÇÃO RACIAL

determinada sociedade, o racismo tem a função fundamental de manter privilégios sociais nas mãos do grupo racial que domina as instituições de poder. Esse tem sido um dos objetivos fundamentais da institucionalização da ideologia da democracia racial: a negação da existência de racismo em nosso país como forma de mascarar o privilégio das elites brancas, como um dado natural da realidade social brasileira. A classificação dos programas de ações afirmativas como um caso de discriminação racial impede que os nossos tribunais interroguem o privilégio social como fator responsável pela estratificação racial existente no país. A democracia racial constitui, assim, um conjunto de práticas e crenças culturais criadas para defender vantagens sociais baseadas na raça. Como toda forma de ideologia racista, a doutrina da democracia racial reproduz uma estrutura social fundada na subordinação da população negra, mas, em vez de recorrer à adoção oficial de práticas racistas, ela opera pela negação da existência de racismo como algo estrutural da sociedade brasileira.[860]

Entendemos o racismo como uma ideologia social que tem como objetivo central a preservação de relações assimétricas de poder entre grupos raciais. O racismo possui então uma dimensão discursiva e uma dimensão material, sendo que a primeira serve de substrato para legitimar a segunda. Esse conceito de racismo leva em consideração a raça como uma categoria socialmente relevante em função dos persistentes processos de racialização fundados em uma política cultural que procura privilegiar aqueles classificados como brancos. Daremos ênfase a dois aspectos geralmente ignorados pela literatura sociológica brasileira: o racismo como uma defesa de privilégios sociais e a construção da raça branca como um lugar social que serve para legitimar práticas de caráter discriminatório. Racismo será interpretado aqui como um conjunto de ideologias e práticas sociais que têm como objetivo

---

[860] HASENBALG, Carlos. *Discriminação e desigualdades raciais no Brasil*. Belo Horizonte: Editora UFMG, 2005, pp. 246-266.

principal a manutenção das vantagens sociais dos brancos.[861] Em vez de compreender o racismo como apenas a exteriorização de atos discriminatórios fundados em estereótipos raciais, recorro à noção de racismo como um sentimento associado à posição social que os membros de um grupo possuem em relação a outro. Tal perspectiva compreende então a noção de poder social como um elemento fundamental da dinâmica das relações entre grupos raciais, um aspecto estrategicamente ignorado por muitos daqueles que condenam políticas raciais.[862]

Enquanto algumas teorias do racismo privilegiam a análise das práticas sociais responsáveis pela reprodução da estratificação racial, outras concepções desse problema social exploram as correlações entre discurso e poder. Os autores que desenvolveram essa teoria entendem por racismo uma série de estratégias discursivas legitimadoras das relações assimétricas de poder dentro de uma dada sociedade. Elas fazem parte de uma cultura social pela qual as pessoas são socializadas, processo responsável pela formação de estruturas mentais que determinam a percepção social dos indivíduos. Além de serem responsáveis pela formação de categorias mentais pelas quais as pessoas interpretam a realidade, ideologias racistas são constantemente reproduzidas por instituições sociais que têm o poder de conformar o debate público sobre relações raciais. Como as elites brancas têm acesso privilegiado a essas instituições, os autores dessa teoria afirmam que elas exercem um papel fundamental na reprodução da estratificação racial. Muitas das práticas racistas presentes em uma sociedade são controladas e reproduzidas pelas elites brancas, grupo social que tem o poder de dar significação específica aos fatos sociais. Os membros dessas elites políticas, econômicas e acadêmicas são capazes de formar

---

[861] WELKMAN, David T. *Portraits of white racism*. Cambridge: Cambridge University Press, 1993, p. 29.
[862] WILSON, William Julius. *Power, racism, and privilege*: race relations in theoretical and sociohistorical perspectives. Nova York: Free Press, 1973.

CAPÍTULO XVII – DISCRIMINAÇÃO RACIAL

um consenso sobre a situação de grupos raciais, formando, assim, uma cultura que determina a percepção dos membros do grupo dominante sobre questões raciais. Essas elites criam uma narrativa racial que legitima a posição dos diversos grupos raciais dentro da sociedade em função da influência que elas exercem sobre as instituições formadoras da opinião pública. O sistema de manutenção do poder acontece pela legitimação discursiva das condições materiais dos vários grupos sociais, o que permite a reprodução do poder dessas elites brancas. A estrutura de privilégios raciais acontece, portanto, em função de um contexto sociocultural criado por diversas formas de discurso presentes na arena política, acadêmica e jurídica. Todas essas instâncias funcionam como aparelhos ideológicos que cumprem a mesma função dentro da realidade: a legitimação do poder social das elites brancas.[863]

Enquanto muitos autores focam a análise do racismo como um fenômeno individual, perspectiva que levou pesquisadores a dar ênfase à sua dimensão psicológica, outros autores examinam o problema a partir das relações de poder entre grupos raciais. Esse foco nas relações de poder levou muitos sociólogos a situar o racismo como um sentimento de posição de grupo. Parte-se da premissa de que o preconceito racial pressupõe necessariamente a identificação de uma pessoa a um grupo e a atribuição de certas características a membros de outro grupo racial. Indivíduos formam essa identificação com grupos raciais por meio do processo de socialização, fator responsável pela criação de imagens positivas do grupo com o qual se identifica e de imagens negativas sobre outros grupos. A formação da identidade de uma pessoa com um grupo não é um mero fenômeno psicológico, mas um processo coletivo formado por normas culturais que atribuem diferentes valores aos diversos grupos raciais. Afirma-se que a formação coletiva desse processo identificatório está baseada em uma série de presunções por parte

---

[863] DIJK, Teun Andreas. *Elite discourse and racism*. Londres: Sage, 1993, pp. 1-15.

dos membros do grupo dominante. Esses indivíduos acreditam na ideia de que eles são naturalmente superiores aos membros de outros grupos por conta das diferenças intrínsecas entre eles. Esse sentimento de superioridade fundamenta uma postura que assume o gozo de privilégios sociais como algo natural. Os membros do grupo racial dominante também acreditam que as minorias raciais anseiam por ocupar o lugar naturalmente atribuído aos primeiros, o que implica a necessidade da criação de um sistema de exclusão social dos últimos, uma forma de se manter acesso privilegiado a oportunidades sociais. Esses sentimentos do grupo racial dominante transcendem o plano individual, servindo como uma forma de orientação para todos aqueles que são socializados segundo esses valores. Todos esses sentimentos formam então um senso de posição de grupo em função do qual as pessoas se orientam no mundo das relações sociais.[864]

O mito da ideologia da democracia, com a sua idealização das relações raciais, faz referência a uma sociedade que supostamente tem andado no sentido da eliminação do racismo. Dois elementos importantes caracterizam essa concepção desse progresso histórico em direção à neutralidade racial. Essa representação está baseada na ideia de que o Estado Liberal é uma instituição governada por regras racionais que têm o poder de eliminar gradualmente os obstáculos ao alcance da igualdade entre os indivíduos. Essa ideologia racial representa as elites brancas brasileiras como um grupo essencialmente comprometido com o tratamento igualitário dos grupos raciais minoritários. A celebração da miscigenação racial como evidência de tolerância racial foi responsável pela fragmentação da identidade racial dos afrodescendentes. Uma das consequências mais problemáticas desse processo foi a dissipação do uso da raça

---

[864] BLUMER, Herbert. "Prejudice as a sense of group position". *Pacific Sociological Review*, vol. 1, nº 1, 1958, pp. 3-7.

CAPÍTULO XVII – DISCRIMINAÇÃO RACIAL

como princípio de mobilização política.[865] A descrença na noção de raça como uma categoria científica pode ter desencorajado as elites brancas brasileiras a defender o branqueamento como política pública, mas elas continuam defendendo esse ideal por meio de uma clara política cultural que representa a raça branca como um ideal a ser alcançado. Esse ideal acabou sendo incorporado por muitos afrodescendentes que buscam o branqueamento social e biológico.[866]

Observamos que sistemas de dominação racial possuem uma natureza dinâmica, motivo pelo qual elas assumem diferentes formas para continuar garantindo vantagens para pessoas brancas. A negação de que o racismo seja tema de relevância social no mundo atual é uma das estratégias utilizadas por grupos sociais comprometidos com a preservação das disparidades sociais entre grupos raciais. Esse discurso assume a mesma forma em diferentes sociedades. Primeiro, ele reduz o racismo a um problema de caráter individual e que pode ser resolvido com a responsabilização específica da pessoa responsável por um ato discriminatório. Segundo, por ter uma natureza individual e comportamental, o racismo não pode ser visto como um fator responsável por disparidades entre pessoas negras e brancas. Terceiro, os ideais liberais da igualdade e da meritocracia devem ser os parâmetros fundamentais a partir dos quais a sociedade deve dividir oportunidades sociais. Quarto, como a raça não determina divisões sociais entre as pessoas, ela não pode ser utilizada como parâmetro de política pública, evidência de que ela não pode ser utilizada contra o ideal do tratamento igualitário, que determina o mesmo tratamento para pessoas igualmente situadas. Quinto, os elementos anteriores são utilizados

---

[865] HANCHARD, Michael. *Orpheus and power*: the moviment negro of Rio de Janeiro and São Paulo, 1945-1988. Princeton: Princeton University Press, 1994, pp. 43-77.

[866] Para uma história da ideologia racial brasileira, ver SANTOS, Gislene Aparecida. *A invenção do ser negro*. São Paulo: EDUC, 2006; GOMES, Flávio. *Negros e política*, 1888- 1937. São Paulo: Zahar, 2005.

para a formação de uma perspectiva de interpretação da igualdade baseada na ideia de que neutralidade racial é a única forma de justiça social compatível com uma sociedade democrática.[867]

Essa estratégia discursiva encontra ampla legitimação na narrativa cultural da democracia racial, um tipo de argumentação manifestada em várias sociedades contemporâneas. A noção de neutralidade racial ou de transcendência racial tem sido utilizada em uma variedade de situações, notoriamente para deslegitimar demandas formuladas por minorias raciais, como respeitabilidade social e distribuição de oportunidades. É importante notar que essa retórica utiliza os mesmos argumentos de lideranças negras: ela está baseada na noção de igualdade de tratamento, de igualdade de oportunidades e na ideia de que a raça não deve ser um parâmetro para tratamento diferenciado entre as pessoas. Entretanto, o propósito desse discurso almeja negar as formas como as diversas hierarquias de poder podem conviver com princípios democráticos, porque os membros de grupos dominantes podem moldar o funcionamento de instituições democráticas para os benefícios deles, fator responsável pela continuidade da dominação racial de um grupo social sobre outro. Temos na nossa sociedade uma narrativa racial que está na base da cultura de negação da relevância social da raça, um elemento central para a preservação de medidas universalistas que nunca consideram essa questão nesses termos na sociedade brasileira.[868]

A análise elaborada nos parágrafos anteriores nos mostra a necessidade de entendermos alguns elementos da dinâmica cultural do racismo, o que pode ser considerado como um campo discursivo

---

[867] MOREIRA, Adilson José. "Miscigenando o círculo do poder: ações afirmativas, diversidade racial e sociedade democrática". *Revista da Faculdade de Direito do UFPR*, vol. 61, nº 2, 2016, pp. 117-148.

[868] MOREIRA, Adilson José. "Discourses of Citizenship in American and Brazilian affirmative action". *American Journal of Comparative Law*, vol. 64, nº 2, 2016, pp. 455-504.

CAPÍTULO XVII – DISCRIMINAÇÃO RACIAL

no qual são elaboradas formas de legitimação da dominação racial de alguns grupos sobre outros. O racismo pode ser visto como uma narrativa cultural, na qual são formados elementos para classificar pessoas de acordo com critérios raciais variantes ao longo do tempo; como uma prática discursiva, a partir da qual se criam classificações sociais que desembocam no estabelecimento de parâmetros para inclusões e exclusões de oportunidades sociais e respeitabilidade social; como um conjunto de atos discriminatórios contra pessoas de acordo com critérios de classificação social dos grupos a partir de pertencimentos raciais. O racismo também é um sistema de crenças que guiam atos racistas de agentes sociais no espaço público e no espaço privado; suas manifestações são expressas por meio de atos cotidianos destinados a marcar a distinção moral e social entre pessoas de grupos raciais distintos. Essa forma de narrativa cultural que chamamos de racismo pode então ser definida como uma formação discursiva que ordena correlações entre simbolismo cultural, organização de oportunidades sociais e funcionamento das instituições sociais.[869]

17.5 Proteção social de minorias raciais

Nosso percurso demonstrou que a discriminação racial assume diversas formas, faz parte da operação regular de instituições públicas e privadas e estrutura sistemas sociais como a Política, a Economia, a Cultura e o Direito. Isso nos mostra que a proteção de minorias raciais precisa também ter um caráter estrutural, uma vez que requer ações necessárias para combater práticas discriminatórias diretas e indiretas, abertas e encobertas, bem como os efeitos dessas diferentes formas de discriminação nos mais diversos âmbitos da vida de minorias raciais, além das narrativas culturais que legitimam essas práticas. Mencionaremos, nesta parte, alguns

---

[869] GOLDBERG, David Theo. "The social formation of racist discourse". *In*: GOLDBERG, David Theo (Coord.). *Anatomy of racism*. Minneapolis: University of Minnesota Press, 1990, pp. 295-313.

parâmetros que julgamos importantes para a proteção de minorias raciais, medidas que podem ser utilizadas pelo Poder Público, mas que também podem servir como inspiração por instituições privadas. Uma vez que a discriminação racial se manifesta no comportamento de pessoas concretas, também mencionaremos alguns parâmetros éticos que os indivíduos devem seguir na vida cotidiana para que não contribuam para a reprodução da discriminação racial na sociedade brasileira.

17.5.1 Ações institucionais

O combate à discriminação racial requer medidas que procuram corrigir seus efeitos no tempo presente e também mecanismos que possam inibir práticas de impedimento à integração social de minorias raciais no futuro. Essas medidas devem ser historicamente conscientes porque precisam reconhecer a existência de padrões de discriminação que operam ao longo do tempo para produzir a marginalização dos membros desses grupos. São necessárias iniciativas que possam aliviar a situação de pessoas que se encontram estruturalmente impedidas de terem maiores níveis de inclusão porque não tiveram acesso aos meios para a integração social, como também medidas que possam eliminar as várias consequências da operação de padrões de discriminação para as gerações futuras. O progresso racial depende de ações institucionais conscientes destinadas à promoção da igualdade racial. Essas ações podem assumir diversas formas, sendo que todas elas devem estar atentas à dimensão cultural e à dimensão material da vida de minorias raciais.[870]

Medidas de inclusão racial podem ocorrer por meio de políticas distributivas de renda. O propósito constitucional da luta contra a marginalização social requer ações direcionadas ao alívio

---

[870] Ver: nesse sentido: CARVALHO, José Jorge de. *Inclusão étnica e racial no Brasil*: a questão das cotas no ensino superior. São Paulo: Attar, 2006.

CAPÍTULO XVII – DISCRIMINAÇÃO RACIAL

imediato de pessoas impedidas de terem acesso a condições mínimas de sobrevivência em decorrência da pobreza extrema à qual estão submetidas. As instituições governamentais devem sempre monitorar a situação de minorias raciais que vivem em uma situação de pobreza extrema para que possam desenhar iniciativas destinadas ao alívio da situação extrema de miséria, condição na qual vive grande parte de minorias raciais. Essas medidas devem ser duradouras ou permanentes devido ao caráter estrutural do racismo. Além dessas formas de ações institucionais, também devem ser implementadas políticas públicas que possam garantir um nível mínimo de inclusão para esses grupos, principalmente no que diz respeito ao acesso à escolarização e garantia de acesso ao trabalho. O analfabetismo afeta principalmente minorias raciais, o que exige ações integradoras dessa natureza. Um governo comprometido com os preceitos constitucionais que ordenam nosso sistema político deve reconhecer a necessidade de reparações a minorias raciais a partir de políticas públicas distributivas que procuram melhorar as condições de vida dos membros desse grupo.[871]

A luta contra a discriminação racial também requer a adoção de medidas destinadas à prevenção de discriminações direta e indireta que podem afetar pessoas negras de todas as classes sociais. Ações afirmativas são especialmente importantes nesse sentido porque permitem o alcance desse objetivo. Elas englobam uma série de medidas destinadas à integração de minorias raciais nos diversos campos de atividades educacional e profissional presentes em uma sociedade. Podem assumir muitas formas, inclusive a reserva de vagas para membros de minorias raciais, política cuja eficiência tem sido amplamente demonstrada. Elas operam dentro da lógica de consciência histórica que mencionamos anteriormente. São sensíveis aos padrões de discriminação que impõem

---

[871] Ver: nesse sentido: JACCOUD, Luciana. *A construção de uma política de promoção da igualdade racial*; uma análise dos últimos 20 anos. Brasília: IPEA, 2009.

desvantagens a minorias raciais e também atuam para impedir que práticas institucionais excludentes possam impedir ou dificultar o acesso a oportunidades acadêmicas e profissionais. Essas medidas beneficiam não apenas minorias raciais e étnicas, mas a sociedade como um todo porque permitem que talentos presentes em todos os grupos sociais possam ser cultivados para benefício do indivíduo e da sociedade.[872]

Medidas protetivas também precisam partir de instituições governamentais responsáveis pela efetivação de diferentes categorias de direitos fundamentais. Isso deve ocorrer por meio da criação de grupos de trabalho especiais dentro das instituições públicas para monitorar as práticas institucionais. A atuação do Ministério Público se mostra especialmente relevante nesse aspecto para que possam ser criadas medidas sensíveis aos problemas enfrentados pelos diversos segmentos de minorias raciais em nossa sociedade. Essas ações precisam estar atentas a práticas discriminatórias e aos efeitos que estas podem ter na vida das pessoas. Esses grupos de trabalho precisam ser criados nos planos municipal, estadual e nacional para que medidas protetivas integradas sejam tomadas. A existência de ouvidorias pode ser vista como uma solução importante para o monitoramento interno do problema da discriminação racial nas instituições públicas porque ela permite a criação de ações institucionais destinadas ao combate de práticas discriminatórias diretas ou indiretas. É importante enfatizar a relevância de que esses grupos sejam racialmente diversificados e formados por pessoas conhecedoras das formas como o racismo opera em nossa sociedade.

O combate à discriminação racial requer a implementação de políticas públicas que precisam tratar de diferentes aspectos da questão. Políticas públicas são meios a partir dos quais

---

[872] Para uma análise sobre ações afirmativas como política dirigida a grupos sociais, ver APPIAH, Kwane Anthony. "'Group rights' and racial affirmative action". *Journal of Ethics*, vol. 15, nº 3, 2011, pp. 265-280.

instituições governamentais estabelecem diretrizes para a alocação de recursos, processo que deve ser guiado pelos princípios que estruturam nosso sistema jurídico. A luta contra a discriminação requer medidas dirigidas para minorias raciais, bem como a consideração do impacto que elas podem ter na vida dessas pessoas. Esse aspecto é essencial em todas as políticas públicas relacionadas a elementos centrais da vida social, tais como políticas educacionais, políticas de saúde, políticas de emprego, políticas econômicas e medidas jurídicas. O sucesso delas depende da consideração dos interesses dos grupos atingidos por elas, razão pela qual iniciativas governamentais devem também partir das experiências concretas de minorias raciais. O alcance da justiça racial depende então da possibilidade de participação de membros de minorias raciais ou de pessoas que sejam especialistas sobre elas. Deve ser observada a composição racial dos corpos que decidem e implementam políticas públicas para que estas sejam de fato sensíveis aos problemas enfrentados por minorias.

Políticas públicas só podem ser bem-sucedidas na medida em que estejam baseadas em pesquisas empíricas sobre o aspecto da realidade a ser atacado por elas. Tal fato mostra a relevância de linhas de pesquisa que têm como tópico diferentes aspectos da questão racial. Por meio delas, as autoridades podem contar com dados adequados sobre a realidade social de minorias raciais. A promoção de ações afirmativas nas universidades tem o potencial de aumentar o número de pesquisas sobre questões relacionadas com os diversos aspectos da vida de pessoas negras, um requisito para que políticas públicas sejam efetivas. A efetividade de iniciativas destinadas à inclusão de minorias raciais depende então do avanço da democracia participativa, pois o sucesso delas requer a expansão de canais de comunicação entre autoridades e a sociedade.

Políticas públicas precisam reconhecer a pluralidade interna presente nas experiências sociais dos membros de minorias raciais. A discriminação racial afeta, de forma distinta, pessoas negras de diferentes classes sociais, de diferentes identidades de gênero e de diferentes orientações sexuais, motivo pelo qual políticas públicas devem ser pensadas a partir do reconhecimento de que as pessoas possuem uma variedade de pertencimentos sociais. Cada membro de uma minoria racial vivencia sua condição a partir de critérios diferentes; mulheres vivenciam a raça a partir da questão do gênero, homossexuais negros vivenciam a raça a partir da sexualidade, negros pobres vivenciam a raça a partir da classe. Os que pertencem a minorias raciais e sexuais são ainda mais socialmente vulneráveis, sendo que as múltiplas formas de exclusão tornam esses indivíduos ainda mais dependentes de políticas públicas inclusivas.[873]

A criação de políticas públicas requer o reconhecimento dos partidos políticos da centralidade da questão racial na estruturação das ações governamentais. Esse tema não pode continuar a ser visto como um problema da ordem de classe social. Muitos atores sociais recorrem a uma representação do Brasil como uma nação racialmente homogênea para classificar medidas distributivas como uma ofensa ao princípio da igualdade. Eles afirmam que não podemos estabelecer limites claros entre os grupos raciais brasileiros em função do alto grau de miscigenação que sempre existiu no país. Todos os brasileiros possuem herança genética de diversos grupos raciais, o que torna a população brasileira um grupo social multirracial. Como a raça é uma categoria impossível de ser delimitada em função de nossa realidade social, a utilização da mesma ofende o princípio segundo o qual pessoas igualmente situadas devem ser tratadas de forma igual. De acordo com esses atores sociais, as políticas de ações afirmativas ferem o ideal de justiça simétrica que informa o princípio da igualdade formal.[874] Outro argumento comum

---

[873] Ver: nesse sentido: MOREIRA, Adilson José. "Direitos fundamentais como estratégias anti-hegemônicas: um estudo sobre a multidimensionalidade de opressões". *Quaestio Iuris*, vol. 9, nº 3, 2016, pp. 1559-1999.

[874] Ver: por exemplo: STF, Medida Cautelar em Arguição de Descumprimento de Preceito Fundamental n. 186-2, Relator: Gilmar Mendes, 31/07/2009 (argumentando que o Brasil viveu um processo de miscigenação, o que torna problemática a criação de políticas públicas baseadas na raça dos

CAPÍTULO XVII – DISCRIMINAÇÃO RACIAL

no debate público brasileiro é a caracterização de políticas públicas destinadas a minorias sociais como iniciativas discriminatórias porque não obedecem ao princípio da universalidade das normas. Não se ignora a presença de racismo no país, mas isso se resume ao comportamento de poucos indivíduos. A maioria dos atores sociais que condena políticas distributivas alega que possíveis manifestações discriminatórias contra afrodescendentes não é uma manifestação de intolerância racial. Esse tratamento discriminatório, quando existe, revela um preconceito em relação à classe social dos indivíduos, consequência da associação da cor da pele com o *status* social.[875]

A luta contra a discriminação racial deve ser adotada como um elemento central das plataformas dos nossos partidos políticos; não podemos continuar a mascarar essa realidade, postura que tem o propósito de preservar a situação de desigualdade presente na nossa sociedade. O alcance desse ideal requer que uma contínua identificação das várias narrativas culturais que procuram justificar hierarquias sociais presentes. A luta contra o racismo também precisa ocorrer no plano ideológico e a atuação política e a presença de pessoas comprometidas com essa agenda política nas estruturas partidárias é de grande importância. Um dos aspectos centrais da reprodução do racismo no Brasil é a sua negação, o que tem o objetivo estratégico de negar a relevância do problema. Os meios de comunicação também podem desempenhar um papel relevante nesse processo porque eles são um dos principais veículos de reprodução de estereótipos raciais. Os meios de comunicação são a principal forma a partir da qual um número considerável de pessoas obtém informações sobre a realidade

---

indivíduos); TJRJ, ADIN n. 00009/2009, Órgão Julgador: Órgão Especial, Relator: José Carloa S. Murta Ribeiro, 25/05/2009 (classificando programas de ações afirmativas como violadores da igualdade porque o processo de miscigenação presente no país impede a utilização da raça como um critério para o estabelecimento de políticas públicas).

[875] Para uma análise desse discurso ver MOREIRA, Adilson José. "Direito, poder, ideologia: discurso jurídico como narrativa cultural". *Direito & Práxis*, vol. 8, nº 2, 2017, pp. 830-868.

social. Pessoas brancas são onipresentes nas produções culturais brasileiras, o que legitima representações sociais baseadas na ideia de que só elas podem desempenhar funções sociais de maneira adequada. Isso também leva muitos a pensar que apenas pessoas brancas podem ser plenamente consideradas como seres humanos. A presença quase exclusiva de pessoas brancas nos nossos meios de comunicação molda uma percepção de que apenas elas devem ocupar quaisquer funções sociais relevantes na sociedade. Esse aspecto das produções culturais também faz com que apenas homens brancos e mulheres brancas sejam vistos como parceiros sexuais adequados. A presença exclusiva de membros desse grupo permite, por um lado, a associação constante de qualidades positivas a pessoas brancas e, por outro, a associação de qualidades negativas a pessoas negras. A luta contra a discriminação racial não pode ser vencida sem a transformação dos padrões culturais responsáveis pela construção de minorias raciais como indivíduos que não possuem o mesmo nível de humanidade das pessoas brancas. Os meios de comunicação precisam valorizar a multiplicidade de culturas presentes em nossa sociedade; devem abraçar de forma real o multiculturalismo a que sempre fazem referência quando discutem medidas de inclusão racial.[876]

17.6 Ações individuais e coletivas

A luta contra a discriminação racial não pode se resumir a ações de instituições públicas. Ela também exige que os indivíduos comprometidos com a construção de uma sociedade democrática não reproduzam os mecanismos responsáveis pela opressão. Vimos que o racismo é uma ideologia e uma prática social que motiva pessoas a agirem de uma forma ou de outra, motivo pelo qual seu combate também precisa estar presente nas interações cotidianas. Por isso, devemos também estabelecer parâmetros para a criação

---

[876] FRASER, Nancy. "Recognition without ethics?" *Theory, Culture and Society*, vol. 18, nº 21, 1997, pp. 28-33; MOREIRA, Adilson José. *Racismo recreativo*. São Paulo: Polém 2019, pp. 93-103.

CAPÍTULO XVII – DISCRIMINAÇÃO RACIAL

de padrões de civilidade necessários para a reconstrução da nossa ordem social de forma que a igualdade racial seja uma prática e não apenas uma retórica. Mencionaremos várias estratégias que pessoas negras e brancas podem adotar na vida cotidiana para que formas de discriminação racial não sejam legitimadas ou reproduzidas.

O alcance de uma sociedade igualitária requer que os indivíduos reconheçam o fato de que as relações humanas estão marcadas por relações arbitrárias de poder. Esse fato possibilita que grupos dominantes possam fazer uso do controle sobre instituições sociais para que as hierarquias sejam reproduzidas. Isso nos força a reconhecer que estratégias utilizadas por pessoas dos grupos dominantes para preservar arranjos institucionais existentes beneficiam direta e indiretamente todos os membros dos grupos dominantes, até mesmo aqueles que são contrários a práticas discriminatórias. Essas práticas são construídas para garantir o protagonismo coletivo dos membros do grupo dominantes e, por isso, beneficiam todas as pessoas do grupo. Aqueles homens e mulheres comprometidos com a construção de uma sociedade igualitária precisam então reconhecer a forma como o racismo estrutura as relações sociais de forma direta e indireta. Pessoas negras e brancas não estão situadas da mesma forma na sociedade brasileira porque o racismo existe em todas as instâncias da vida social. Portanto, nossas escolhas pessoais sobre candidatos, nossas opiniões pessoais sobre políticas públicas não podem estar baseadas em nossas experiências pessoais, nem na experiência de indivíduos particulares que conseguiram atingir posições de poder e prestígio. Membros dos grupos dominantes estão em uma posição estrutural de privilégio porque são beneficiados por arranjos sociais criados para que membros do seu grupo sempre estejam em uma situação de vantagem. Uma pessoa branca pode interagir com pessoas negras cotidianamente, mas isso não significa que todas as outras pessoas brancas se comportem da mesma forma.[877]

---

[877] KENDI, Ibran. *How to be an antiracist*. Nova York: Randon House, 2019, pp. 35-44.

Reconhecer a existência do lugar diferenciado que as pessoas ocupam dentro das estruturas de poder exige então que tomemos algumas atitudes importantes. Uma delas é a crítica dos padrões culturais de estigmatização racial sempre reproduzidos nas interações cotidianas. Devemos, sempre que possível, questionar as pessoas sobre o sentido de falas e atos racistas que, para elas, podem parecer naturais ou aceitáveis porque seriam cômicos. Os seres humanos adquirem informações sobre o mundo a partir das interações sociais, principalmente daqueles que pertencem aos mesmos segmentos sociais. Esse tipo de conhecimento é compartilhado entre os membros desses grupos e se torna referência correta, uma vez que é referendado por indivíduos iguais a eles. Assim, um dos meios de combate à discriminação racial é o questionamento de atitudes racistas que formam a percepção que pessoas do grupo racial dominante têm de minorias raciais. É também importante questionar padrões sociais naturalizados, como a presença exclusiva de pessoas brancas nos meios de comunicação e em posições de comando em todas as situações. Esses temas precisam ser discutidos porque não são processos naturais, são expressões diretas do interesse em reproduzir a ordem social existente sem nenhum questionamento.[878]

Os que estão comprometidos com a construção de uma sociedade democrática precisam necessariamente estar atentos a vários aspectos do comportamento humano que geram divisões sociais entre grupos raciais. A vigilância das nossas ações e da nossa fala nas interações com membros de minorias raciais precisa ser submetida a um escrutínio. Não podemos nunca assumir que há uma homogeneidade entre os membros de minorias raciais e que todos os membros do grupo racial dominante são pessoas individualizadas. Embora esse seja um aspecto da forma como o sistema cognitivo humano funciona, nós precisamos estar atentos ao fato de que pessoas negras e indígenas são também indivíduos com vivências sociais muito distintas em função da

---

[878] RIBEIRO, Djamila. *Pequeno manual antirracista*. São Paulo: Companhia das Letras, 2019, pp. 31-37.

classe, do gênero, da escolaridade e da sexualidade. Todas as pessoas possuem uma pluralidade de identidades, sendo que muitas delas não correspondem ao que essas pessoas são, mas são um tipo de classificação exterior a elas. Os processos de racialização reproduzem a noção de que certos grupos populacionais necessariamente possuem certos traços, enquanto, na verdade, são apenas produtos de estereótipos. É claro que grupos populacionais classificados de acordo com critérios fenotípicos criam cultura, mas precisamos estar atentos àquilo que é criado por eles e o que é atribuído a eles.[879]

    Os que estão interessados na construção de uma verdadeira democracia racial no nosso país precisam então abandonar a posição de que não são responsáveis pelos vários processos de exclusão social presentes na sociedade brasileira. A abstenção da prática de atos discriminatórios não é suficiente para a construção de uma sociedade igualitária porque processos de discriminação racial operam independentemente da vontade de pessoas individuais quando se tornam formas de operação ordinária de instituições sociais. Uma pessoa branca não pode dizer que não possui qualquer tipo de responsabilidade pela violência policial contra pessoas negras porque ela não é um dos policiais responsáveis por esse problema. Essa violência ocorre por meio da constante reprodução de estereótipos raciais negativos nas interações pessoais, e os indivíduos que não os questionam contribuem para a reprodução desse problema. É preciso então confrontar falas racistas, é preciso estimular políticas de diversidade no ambiente de trabalho, exigir a diversidade racial nos meios de comunicação de massa, exigir de nossos representantes que incluam o debate sobre a questão racial em suas agendas políticas.[880]

---

[879] KENDI, Ibran. *How to be an antiracist*. Nova York: Randon House, 2019, pp. 81-92.
[880] RIBEIRO, Djamila. *Pequeno manual antirracista*. São Paulo: Companhia das Letras, 2019, pp. 31-37.

CAPÍTULO XVIII
DISCRIMINAÇÃO SEXUAL

A discriminação sexual é a mais antiga forma de tratamento diferenciado entre os seres humanos, motivo pelo qual precisa ser adequadamente analisada em um livro como este. Da mesma forma que a discriminação racial, ela está baseada em sentidos culturais atribuídos a características físicas das pessoas. Esses valores culturais determinam os lugares que homens e mulheres devem ocupar na sociedade, sendo elementos centrais de praticamente todas as representações culturais sobre pessoas do sexo feminino, indivíduos que não têm controle sobre esses sentidos. Diversos tipos de discriminação contra mulheres são culturalmente legitimados e vistos como aspectos da constituição natural da organização das sociedades humanas. Da mesma forma que a discriminação racial, a discriminação sexual precisa ser analisada como um fator estruturante dos diversos sistemas sociais, razão pela qual devemos examinar sua dimensão cultural, sua dimensão política, sua dimensão econômica e sua dimensão jurídica. Sua compreensão requer uma análise estrutural para que suas manifestações possam ser identificadas e combatidas.

18.1 A significação social do sexo

18.1.1 A dimensão cultural da discriminação sexual

Nossa análise da discriminação sexual deve começar com um exame de sua dimensão cultural. Ela está baseada no sexo das pessoas, categoria cuja validade explicativa tem sido amplamente contestada. Da mesma forma que a raça, as concepções sobre o significado social do sexo têm sofrido grandes transformações ao longo do tempo. Tradicionalmente, o sexo tem sido considerado como um conjunto dos traços biológicos que determinam uma série de características das pessoas. A diferença anatômica entre homens e mulheres tem operado ao longo da história para marcar a diferenciação das funções que homens e mulheres devem desempenhar, o que também está relacionado com as dimensões da vida social nas quais podem atuar. A definição dessas funções e lugares está amplamente ligada ao tema da procriação. Como as mulheres gestam filhos e filhas, as culturas humanas atribuem a elas a função de criação da prole e os cuidados com o espaço doméstico. As atividades relacionadas com essa esfera da vida humana são então classificadas como femininas, o que motiva uma correlação direta entre a identidade feminina e o espaço privado. O sexo supostamente designa uma série de traços morais que legitimam essa separação de funções. Mulheres são vistas como pessoas emotivas, psicologicamente dependentes, destinadas ao cuidado dos outros, incapazes de exercer atividades de comando.[881]

O sexo serve então como ponto de partida para a construção da feminilidade, algo oposto à masculinidade. Essas duas categorias são construídas como formas identitárias decorrentes do sexo dos indivíduos, cada uma delas correspondendo a uma forma de identidade psicossocial natural de homens e mulheres. Os homens são

---

[881] FAUST-STERLING, Anne. *Sexing the body*: gender and the construction of sexuality. Nova York: Basic Books, 2000, pp. 1-30.

CAPÍTULO XVIII – DISCRIMINAÇÃO SEXUAL

pessoas que possuem uma série de traços que os qualificam para atuar no espaço público, como a assertividade e a engenhosidade. As mulheres são marcadas pela delicadeza e sensibilidade, o que as predispõe para operar no âmbito doméstico. A oposição entre essas identidades estabelece a heterossexualidade como um tipo de subjetivação para homens e mulheres, o que faz parecer para eles um tipo natural de comportamento das pessoas de ambos os sexos. Essas identidades que se constituem em uma relação de oposição são o ponto de partida para o estabelecimento de relações hierárquicas de poder entre os sexos. O que tem sido chamado de patriarcalismo pode ser definido como um sistema de organização social baseado na subjugação das mulheres aos homens em todos os espaços sociais. A função feminina da maternidade adquire grande relevância porque está relacionada com a reprodução da propriedade privada dentro da mesma família. O corpo feminino deve então ser constantemente controlado, suas atividades precisam ser monitoradas devido à relevância econômica do processo de reprodução.[882]

A percepção de que diferenciações sociais entre homens e mulheres são feitas a partir de identidades psicossociais tem levado autoras a utilizarem a noção de gênero para designar as distinções entre eles. A categoria gênero designa, assim, as funções e características atribuídas a homens e mulheres, processos que representam construções culturais que operam para legitimar uma ordem social baseada nas várias relações hierárquicas de poder entre os sexos. O conceito de gênero representaria um tipo de *performance* exigida das pessoas e não uma manifestação natural das identidades dos indivíduos. O gênero seria uma construção cultural, uma forma por meio da qual o corpo humano é sexualizado, sinal de que também pode ser considerado como uma construção social. O gênero não designa

---

[882] Ver, nesse sentido: CHUSED, Richard. "Gendered spaces". *Florida Law Review*, vol. 42, n° 1, 1990, pp. 125-150; ARNOT, Madeleine. "Changing femininity, changing concepts of citizenship and private spheres". *European Journal of Women's Studies*, vol. 7, n° 1, 2000, pp. 149-168.

uma realidade biológica, mas identidades socialmente construídas. Dessa forma, o gênero pode ser visto como produto de construções nas quais se relacionam questões culturais, econômicas e políticas. Diversas autoras utilizam o termo gênero para indicar a organização cultural sobre os corpos humanos que estrutura relações de poder entre os sexos, motivo pelo qual a igualdade precisa ser construída a partir de diversas frentes; ela exige uma ampla modificação cultural e também mecanismos de redistribuição de oportunidades para que mulheres possam ter o mesmo nível de respeito social destinado às pessoas do sexo masculino.[883]

O gênero deve ser visto como um tipo de construção cultural que tem um caráter relacional porque está construído a partir de relações de poder, relações fundadas em uma compreensão binária presente no processo de construção dos sentidos de masculinidade e feminilidade. Essas relações binárias permitem a afirmação da heterossexualidade como um tipo de identidade compulsória derivada da realidade biológica dos sexos. Os desejos masculino e feminino só podem se manifestar de uma forma específica, que é o interesse pelo sexo oposto, sendo que o desejo sexual feminino existe em relação ao desejo sexual masculino. A lógica binária que regula as diversas relações entre o masculino e o feminino fundamenta a construção da heterossexualidade como um tipo de identidade compulsória construída a partir de sentidos culturais que subordinam as mulheres aos homens. As várias formas de discriminação que afetam as mulheres no espaço público e no espaço privado são produto de um processo de sexuação dos corpos. Para alguns autores, o tema da sexuação remete à natureza discursiva do sexo, sinal de que ele não pode ser pensado como uma mera categoria biológica. A diferenciação sexual seria um tipo de subjetivação dos

---

[883] BUTLER, Judith. *Gender trouble*: feminism and the subversion of identity. Nova York: Routledge, 1990, pp. 3-33; CORRÊA, Mariza. "Do feminismo aos estudos de gênero no Brasil: um exemplo pessoal". *Cadernos Pagu*, nº 16, 2991, pp. 13-30.

CAPÍTULO XVIII – DISCRIMINAÇÃO SEXUAL

indivíduos a partir da qual eles se tornam homens ou mulheres. Uma vez que homens controlam as instituições sociais, podem atribuir sentidos a traços biológicos, o que também permite designar os lugares sociais que as mulheres podem ocupar. O corpo humano possui uma existência biológica; ele existe no campo cultural, a partir dos papéis sociais atribuídos às pessoas.[884]

A construção da identidade feminina a partir da oposição com a masculina tem grande relevância para entendermos outras formas de oposições que sustentam a dominação masculina. Como afirmado anteriormente, essa dominação sustenta a divisão entre esfera pública e esfera privada, identificando a mulher com a segunda e o homem com a primeira. Como o espaço público é o espaço de exercício do poder, os homens podem criar todas as normas que regulam as relações entre eles e mulheres em ambos os espaços. A dominação dos homens sobre mulheres também está centrada na oposição entre feminino e masculino, que atribui aos sexos os lugares que podem ocupar na sociedade. A dominação também está construída na distinção entre cultural e biológico, sendo que a última permite a construção dos lugares sociais como dados naturais. Essa distinção também serve como parâmetro para as categorias cognitivas a partir das quais as pessoas são classificadas. O sexo é uma das categorias cognitivas pelas quais as pessoas julgam outras de forma automática; por isso, constitui categorias que são especialmente difíceis de serem eliminadas. O gênero aparece como um dado que permite julgamentos objetivos sobre as pessoas, pois designa características que todos os indivíduos do sexo feminino possuem, como também os lugares que devem ocupar. Papéis sexuais operam também a partir da oposição entre estruturas cognitivas e estruturas objetivas porque as primeiras

---

[884] Para uma análise desse tema, Ver: geralmente, FUSS, Diana. *Essentiallly speaking*. Nova York: Routledge, 1989.

permitem a atribuição de sentidos ao mundo, processo que organiza as relações entre os sexos a partir de certas características.⁸⁸⁵

Da mesma forma que a questão racial, as categorias cognitivas a partir das quais as pessoas classificam as demais segundo o sexo estão baseadas no pressuposto de que elas possuem traços presentes em todas as pessoas do sexo feminino. O essencialismo é um elemento central das formas a partir das quais homens compreendem as características das pessoas do sexo feminino. As últimas supostamente possuem uma série de traços imutáveis que marcam todas as mulheres, motivo pelo qual todas devem ocupar lugares determinados. Esse elemento da forma como mulheres são representadas nas produções culturais alimenta estereótipos descritivos e prescritivos que restringem a possibilidade de terem maior nível de autonomia no espaço público e no espaço privado. Essa concepção das formas de existência de homens e mulheres estrutura o imaginário heterossexual, que, por sua vez, determina os papéis sexuais destinados a ambos na sociedade. Esses papéis são constituídos então a partir de uma rede de significação social que alguns autores chamam de heteronormatividade, um sistema de sentidos sociais que estrutura os papéis psicossexuais dos indivíduos.⁸⁸⁶

Uma postura essencialista caracteriza os estereótipos culturais que legitimam a discriminação contra mulheres. Alguns aspectos culturais permitem a reprodução das categorias a partir das quais as pessoas classificam as outras. O sexo é um dos elementos que geram julgamentos morais imediatos sobre as pessoas; as cognições sociais cumprem o papel de reproduzir as teorias a partir das

---

⁸⁸⁵ ARNOT, Madeleine. "Changing femininity, changing concepts of citizenship and private spheres". *European Journal of Women's Studies*, vol. 7, n° 1, 2000, pp. 149-168.

⁸⁸⁶ Ver: nesse sentido: INGRAHAM, Chrys. "The heterosexual imaginary: feminist sociology and theories of gender". *Sociological Theory*, vol. 12, n° 2, 1994, pp. 203-219; HARRIS, Angela. "Race and essentialism in feminist legal theory". *Stanford Law Review*, vol. 42, n° 2, 1990, pp. 581-615.

CAPÍTULO XVIII – DISCRIMINAÇÃO SEXUAL

quais associações mentais são feitas de modo automático quando pessoas se deparam com mulheres. O sexismo constitui um tipo de conhecimento social criado e reproduzido por homens, uma forma de conhecimento que determina a forma como se concebem os lugares e as funções das mulheres. Muitos autores observam que um dos maiores obstáculos enfrentados pela luta contra o sexismo é o fato de que muitas mulheres compartilham os mesmos valores que muitos homens criam para legitimar a dominação masculina. Esse fato levanta dificuldades porque muitas mulheres pensam que formas de tratamento diferenciado entre os sexos constituem uma violação do princípio da igualdade.

A dominação masculina não está baseada apenas em diferenças biológicas. Essa forma de exercício do poder sempre esteve associada com a vontade divina. Assim, os arranjos sociais decorrentes das diferenças de gênero expressam a própria organização da natureza, motivo pelo qual não podem ser questionados. Por ser algo que transcende a regulação social, a subordinação feminina tem sido institucionalizada ao longo do tempo por normas jurídicas por expressar a ordem natural da sociedade. Nesse sentido, a noção de tratamento igualitário entre os sexos não poderia fazer parte de um imaginário no qual o lugar da mulher estaria determinado por algo que representa a ordem natural da sociedade. Se o Direito institucionaliza a desigualdade entre os sexos, ele também legaliza as violências existentes no espaço privado, esfera construída a partir das prerrogativas legais atribuídas aos homens. A própria noção de igualdade não poderia surgir dentro de uma ordem cultural na qual as assimetrias de poder eram vistas como manifestações de algo que transcende a vontade estatal.[887]

Sherry Otner sugere alguns parâmetros a partir dos quais podemos identificar padrões de discriminação sexual. Podemos

---

[887] Ver BOURDIEU, Pierre. *A dominação masculina*. Rio de Janeiro: Bertrand Brasil, 2002, pp. 1-32.

perceber que esse processo está presente quando notamos a presença de mensagens culturais que abertamente desvalorizam as mulheres por meio da expressão de desprezo pelas atividades e funções, com o propósito de afirmar a superioridade masculina. O mesmo elemento pode estar presente nos mecanismos simbólicos que implicam uma avaliação inferior das atividades e funções relacionadas ao universo feminino. A discriminação sexual estará presente quando uma sociedade cria e reproduz mecanismos que excluem mulheres da participação dos meios nos quais os destinos da sociedade são decididos, tornando esses lugares espaços de dominação masculina.[888] A presença desse problema não pode ser contestada; uma análise superficial das diferenças salariais entre os sexos demonstra que a atividade laboral da mulher não tem o mesmo valor que a dos homens. Além disso, as mulheres enfrentam o problema da segmentação das atividades profissionais, encontrando grande dificuldade em atividades consideradas como masculinas, ocupações que garantem, muitas vezes, maiores rendimentos às pessoas.[889]

18.1.2 A dimensão política da discriminação sexual

A dominação sexual indica também que essa categoria opera como um parâmetro para a construção dos espaços sociais. A sexualização dos espaços sociais designa um processo a partir do qual esferas de ação social são estruturadas de acordo com relações de poder entre os sexos. As regras sociais que regulam espaços públicos e espaços privados são pensadas a partir da premissa de que são lugares dominados por homens, porque as posições de poder

---

[888] ORTNER, Sherry. "Is male to female as nature is to culture?" *In*: ROSALDO, Michelle Zimbalist; LAMPHERE, Louise (Coord.). *Woman, culture, and society*. Stanford: Stanford University Press, 1974, pp. 67-89.

[889] PRONI, Thaisa; PRONI, Marcelo. "Discriminação de gênero em grandes empresas no Brasil". *Revista de Estudos Feministas*, vol. 26, nº 1, 2018, pp. 1-21.

social são ocupadas por pessoas do sexo masculino. Esse processo está então baseado nos papéis atribuídos a homens e mulheres. Por serem geridos por homens, muitos espaços são então vistos a partir das dualidades a partir das quais a cultura atribui lugares sociais a homens e mulheres, processo que pode não ser mais legitimado pelo Direito, mas mantido por tradições culturais que determinam a forma como as pessoas pensam quem deve ocupar lugares de comando nos diferentes espaços.[890] Essas divisões sexuais ainda desempenham um papel central na operação das instituições políticas. O domínio masculino esteve baseado na negação de direitos políticos às pessoas do sexo feminino, o que, para os homens, representava a ordem natural. Esse processo sempre esteve ligado à construção do espaço público como um espaço masculino; as mulheres não eram pensadas como sujeitos políticos porque suas atividades já estavam determinadas.[891]

É relevante notar como a heteronormatividade condiciona sistemas identitários que transcendem a designação de papéis sexuais de homens e mulheres. Os debates sobre os lugares sociais das mulheres demonstram o caráter político que a discussão sobre a questão do gênero possui nas sociedades contemporâneas. Muitos atores sociais contrários à igualdade entre os sexos afirmam que as assimetrias de poder entre os sexos precisam ser mantidas porque a própria existência depende da manutenção dos lugares sociais atribuídos a homens e mulheres. A preservação da nação depende da continuidade de uma ordem social na qual as mulheres se ocupam da reprodução e os homens das várias atividades necessárias para o sustento dos filhos. A preservação da sociedade requer que homens e mulheres desempenhem seus lugares atribuídos pela natureza. Por

---

[890] Para uma análise do conceito de papéis sociais em geral e do tema dos papéis sexuais em particular, ver MEYERS, David G.; TWENGE, Jean. *Social psychology*. Nova York: McGraw Hill, 2018, pp. 111-173.

[891] Ver geralmente PATEMAN, Carole. *The sexual contract*. Stanford: Stanford University Press, 1988.

esse motivo, o casamento homossexual não pode ser reconhecido porque pessoas do mesmo sexo não podem desempenhar os papéis de homem e mulher perante seus filhos, o que seria um fator central para que os descendentes possam se tornar heterossexuais na vida adulta e, assim, dar continuidade à reprodução social. Há então uma relação direta entre a identidade dos indivíduos e a identidade da nação porque sua preservação só pode ocorrer dentro de uma ordem na qual a heterossexualidade ordena todas as relações sociais.[892]

O pensamento feminista tem apresentado de forma bastante clara a dimensão política da discriminação sexual. Um dos pressupostos centrais da política moderna está na representação da sociedade como resultado de um acordo entre indivíduos racionais. Eles conseguem viver em harmonia porque criam normas universais de conduta que todos reconhecem como válidas porque refletem direitos que lhes são inerentes. Embora tenha um caráter hipotético, essa teoria está construída em cima de um contrato real feito entre pessoas que possuem características concretas; são indivíduos que vivem em uma sociedade específica e que representam grupos sociais específicos. O contrato social seria, assim, um contrato sexual porque expressa o acordo político entre pessoas do sexo masculino, indivíduos que excluíram as mulheres da possibilidade de participação na formação da vontade estatal. Esse contrato social supostamente permite o exercício da liberdade de todas as pessoas, mas apenas das pessoas que podem gozar de direitos reais dentro da esfera pública, instância identificada com o sexo masculino. Por trás da ideia de proteção da liberdade, há uma permissão para o exercício de poder sobre a mulher, uma vez que o acordo pressupõe regras patriarcais.[893] Esses argumentos são plenamente plausíveis quando consideramos o fato de que as normas jurídicas institucionalizam papéis sexuais culturalmente produzidos e

---

[892] MOREIRA, Adilson José. *Cidadania sexual*: estratégia para ações inclusivas. Belo Horizonte: Arraes, 2017.
[893] PATEMAN, Carole. *The sexual contract*. Stanford: Stanford University Press, 1988, pp. 1-19.

socialmente inculcados nas mentes das pessoas, de forma que criam regimes disciplinares que têm a função de controle sobre os indivíduos por meio da obrigatoriedade de conformidade com normas culturais de gênero. Essas normas culturais se tornam normas jurídicas que, por sua vez, são apresentadas como elementos centrais da vida política, ao serem ligadas à própria ideia de nação, uma instância pensada a partir da heterossexualidade.

18.1.3 A dimensão econômica da discriminação sexual

As manifestações da discriminação contra as mulheres são responsáveis por um processo que afeta todas elas: a desvantagem econômica. Mulheres são submetidas aos efeitos da discriminação institucional em diversas situações, o que faz com que não tenham acesso às mesmas oportunidades profissionais que homens têm. Os estereótipos culturais que circulam no espaço corporativo determinam a percepção da competência feminina, sendo que reduzem as chances de contratação de mulheres para funções tidas como masculinas, motivam empresários a pensar que elas não são capazes de desempenhar funções de comando e motivam ainda a exclusão de candidatas, as quais os empregadores julgam mais preocupadas com funções maternas do que com a carreira profissional. O racismo afeta de forma ainda mais grave aquelas mulheres pertencentes a minorias raciais, fazendo com que suas chances de contratação sejam menores. O sexismo atrela o desempenho de certas funções a mulheres e desqualifica culturalmente essas funções por serem desempenhadas por elas, o que legitima a atribuição de salários menores. O nível de desprezo social será maior e a compensação salarial será menor quando o sexismo opera com o racismo para atribuir funções subalternas a mulheres que pertencem a minorias raciais.[894]

---

[894] Para uma análise da subordinação econômica da mulher negra, ver CARNEIRO, Sueli. *Escritos de uma vida*. São Paulo: Pólen Livros, 2019, pp. 13-60; GONZALEZ, Lelia. "A mulher negra na sociedade brasileira:

É importante observar que mulheres sempre desempenharam funções de valor econômico, mas estas sempre foram culturalmente representadas como decorrentes do lugar natural da mulher. Atividades domésticas não recebem remuneração porque são vistas como funções naturais das mulheres, embora tenham valor econômico. O século passado testemunhou o aumento do acesso de mulheres à educação de nível médio e superior, o que tem garantido a elas chances de maiores salários. Apesar dessa evolução social, elas continuam sendo impedidas de obter a compensação correta pelo trabalho que desenvolvem. A maioria das mulheres que trabalham fora ainda são as principais responsáveis pelas atividades domésticas pelas quais não recebem compensação, tendo então que se submeter a uma dupla jornada de trabalho. Aquelas que são membros de minorias raciais enfrentam a mesma situação, sendo que muitas delas são chefes da casa, o que as situa em uma situação de grande vulnerabilidade social. A pobreza se torna cada vez mais feminina na medida em que a marginalização econômica provocada pela ação do racismo e do sexismo impede que as mulheres gozem de níveis maiores de segurança.[895]

A dificuldade de entrada e de permanência no mercado de trabalho está também relacionada com outras questões importantes, que precisam ser abordadas. Muitas nações não possuem políticas voltadas para a promoção de maior participação das mulheres no mercado de trabalho; muitas mulheres não podem contar com redes de apoio social como creches, sendo que também não contam com medidas transformadoras dos padrões culturais que reproduzem a noção de que homens possuem responsabilidade restrita no processo de criação de seus filhos e filhas. Mulheres continuam sendo

---

uma abordagem político-econômica". *In*: LUIZ, Madel. *Lugar da mulher*: estudos sobre a condição feminina na sociedade atual. Rio de Janeiro: Graal, 1981.

[895] BRUSCHINI, Cristina. "O trabalho da mulher brasileira nas décadas recentes". *Revista Estudos Feministas*. Rio de Janeiro: CIEC/ECO/UFRJ, nº especial/2, semestre 1994.

CAPÍTULO XVIII – DISCRIMINAÇÃO SEXUAL

empregadas em um número muito menor de ocupações quando comparadas aos homens, o que aponta a presença de processos de segregação sexual no mercado de trabalho. As mulheres estão principalmente concentradas no setor público, setor no qual o processo de seleção não está baseado em critérios estabelecidos por pessoas do sexo masculino. É certo que a presença de mulheres tem crescido constantemente no setor privado, mas elas estão concentradas em ocupações de menor compensação salarial.[896]

A discriminação sexual contra as mulheres no âmbito empresarial ocorre ainda de outras formas. Ao lado da segregação ocupacional, podemos observar discriminação de caráter vertical e horizontal. Posições de gerência são desproporcionalmente ocupadas por homens, principalmente as mais próximas do topo do comando; as possibilidades de ascensão profissional são limitadas por questões estruturais que afetam sobretudo mulheres que são membros de minorias raciais. Profissões são sexualmente tipificadas dentro das organizações e no mercado de maneira geral; o avanço das mulheres dentro de certas ocupações provoca a diminuição da média de salários e a maior presença delas em diferentes setores não elimina as disparidades salariais, realidade que tem um caráter transnacional, apesar das variações entre os diversos países. A tipificação sexual, fato relacionado com a identificação entre sexo e ocupação, pode ser vista como um dos principais fatores responsáveis pela diferença de salário entre os sexos: a divisão de atividades entre os sexos persiste até mesmo quando homens e mulheres desempenham as mesmas funções. Processos responsáveis pela reprodução de hierarquias sexuais em todos os âmbitos de atividades profissionais são produto de decisões rotineiras baseadas em suposições sobre que atividades são mais adequadas para homens ou para mulheres. É importante mencionar ainda o

---

[896] DUNN, Dana; SKAGGS, Sheryl. "Gender and paid work in industrial nation". *In*: CHAFETZ, Janet Saltzman (Coord.). *Handbook of sociology of gender*. Nova York: Springer, 2006, pp. 321-342.

fato de que demandas profissionais também estruturam relações de gênero fora do ambiente do trabalho, uma vez que exigem dos funcionários a priorização do trabalho sobre outros aspectos da vida profissional, o que prejudica as mulheres de forma significativa. Esse problema afeta principalmente mulheres grávidas que precisam arcar com os custos econômicos da gravidez, geralmente com a demissão imediata ou futura, na medida em que o cuidado materno requer maior dedicação aos filhos, problema não enfrentado por homens.[897]

18.2 A definição legal e conceitual de discriminação sexual

A discriminação sexual tem sido definida como toda prática que cria distinções e gera exclusões baseadas no sexo e que possa ter como resultado a criação de obstáculos ao reconhecimento do pleno gozo de direitos da mulher nos diversos planos da vida social, tais como no campo jurídico, na cultura, na economia, na vida civil ou em quaisquer espaços relevantes de exercício da cidadania. Observamos nessa definição a proibição de diversos tipos de discriminação. Essa definição afirma que a discriminação negativa baseada no sexo das pessoas não pode ser tolerada, que as instituições sociais não podem incorrer na mesma prática, que a opressão sexual pode assumir a forma de uma discriminação indireta e que a discriminação sexual possui um caráter estrutural. A discriminação sexual pode se manifestar pela ausência de proteção legal especial para as mulheres, pela negação da necessidade de tratamento diferenciado delas em algumas situações, pela ausência de representação adequada das mulheres nos diversos processos de deliberação, na inexistência de normas que tipifiquem como crime

---

[897] ACKER, Joan. "Gender and organizations". *In*: CHAFETZ, Janet Saltzman (Coord.). *Handbook of sociology of gender*. Nova York: Springer, 2006, pp. 177-194.

CAPÍTULO XVIII – DISCRIMINAÇÃO SEXUAL

a discriminação contra elas, pela ausência de medidas destinadas a promover o seu progresso social, pela permanência de padrões culturais que naturalizam funções sobre as quais elas não possuem poder para determinar seus limites e sentidos.[898]

A psicologia social oferece alguns elementos relevantes para analisarmos o tema da discriminação sexual. O conceito de papéis sociais designa as prescrições sociais que as pessoas devem ocupar em função das suas identidades sociais. Eles são construções culturais internalizadas pelas pessoas e que determinam a forma como devem se comportar no espaço público e no espaço privado. Papéis sociais são reproduzidos por normas culturais e jurídicas e formam um universo cultural a partir do qual as pessoas interpretam seus lugares e suas funções no mundo. Papéis de gênero são constantemente reproduzidos por diferentes campos de normatividade social, sendo um meio a partir do qual homens e mulheres se representam na realidade. A discriminação sexual está amplamente fundamentada na forma como a sociedade compreende os papéis sociais de homens e mulheres, sempre partindo do pressuposto de que designam realidades naturais. Mulheres são sistematicamente discriminadas quando não correspondem a essas expectativas sociais e também porque suas funções já estão determinadas.[899]

---

[898] O artigo primeiro da Convenção Sobre a Eliminação de Todas as Formas de Discriminação contra Mulher afirma "Para os fins da presente Convenção, a expressão 'discriminação contra a mulher' significará toda a distinção, exclusão ou restrição baseada no sexo e que tenha por objeto ou resultado prejudicar ou anular o reconhecimento, gozo ou exercício pela mulher independentemente de seu estado civil com base na igualdade do homem e da mulher, dos direitos humanos e liberdades fundamentais nos campos: político, econômico, social, cultural e civil ou em qualquer outro campo".

[899] O artigo quinto da Convenção Sobre a Eliminação de Todas as Formas de Discriminação contra a Mulher assevera "Para os fins da presente Convenção, a expressão 'discriminação contra a mulher' significará toda a distinção, exclusão ou restrição baseada no sexo e que tenha por objeto ou resultado prejudicar ou anular o reconhecimento, gozo ou exercício pela mulher independentemente de seu estado civil com base na igualdade do homem e da mulher, dos direitos humanos e liberdades fundamentais nos

A discriminação sexual está amplamente relacionada com a forma como a nossa sociedade atribui funções sociais para homens e para mulheres. As distinções legais entre os sexos impediram que mulheres pudessem ser reconhecidas como pessoas jurídicas ou pudessem exercer atos da vida civil. A discriminação sexual, muitas vezes, assume a forma de discriminação direta porque utiliza o gênero como critério de tratamento diferenciado entre homens e mulheres. Normas e práticas sociais fazem distinções entre as pessoas a partir do sexo, o que contraria normas jurídicas que prescrevem o tratamento igualitário entre os sexos. A discriminação sexual também pode se manifestar a partir dos efeitos desproporcionais que as mulheres sofrem nos diversos aspectos da vida social. Práticas e normas sociais ignoram, muitas vezes, o fato de que as diferentes atribuições de papéis fazem com que mulheres tenham que desempenhar funções não atribuídas a pessoas do sexo masculino.[900]

Mulheres também são vítimas de discriminação institucional de diversas formas. Podemos classificar o sexismo como um tipo de diferenciação que informa a operação de praticamente todos os sistemas sociais. O caráter estrutural do sexismo faz com que ele esteja presente na operação de instituições públicas e privadas porque estas são controladas por homens, o que garante a eles a possibilidade de criar normas que sempre representam seus interesses. Mulheres são impedidas de terem acesso a instituições para desempenhar certas funções porque são consideradas como atividades masculinas, são discriminadas dentro das instituições

---

campos: político, econômico, social, cultural e civil ou em qualquer outro campo". Para uma análise sobre papéis sexuais dentro do discurso jurídico, ver o excelente ensaio: RENDER, Meredith. "The man, the state and you: the role of the state in regulating gender hierarchies". *American University Journal of Gender, Social Policy and Law*, vol. 14, nº 1, 2006, pp. 73-127.

[900] Ver: nesse sentido: SOUZA, Luana Passos de; GUEDES, Dyego Rocha. "A desigual divisão sexual do trabalho: um olhar sobre a última década". *Estudos Avançados*, vol. 30, nº 87, 2016, pp. 123-139.

CAPÍTULO XVIII – DISCRIMINAÇÃO SEXUAL

porque enfrentam obstáculos para ascensão profissional, também são admitidas em cargos diferenciados em função do sexo, além de não conseguirem ter acesso a serviços nas mesmas condições que homens teriam.[901] A discriminação institucional também pode se manifestar por meio de microagressões sofridas por pessoas do sexo feminino, comportamentos que podem assumir a forma de atos estratégicos que procuram reproduzir a dominação masculina.[902]

---

[901] Ver: por exemplo, BRASIL. Tribunal Regional do Trabalho da 1ª Região, Recurso Ordinário n. 0100133-73.2017.5.01.0043, Órgão julgador: 3ª Turma, Relator: Desembargador Cesar Marques Carvalho (afirma que a pressão excessiva e o exercício de outras funções sendo mulher configura tratamento discriminatório e fere o princípio da igualdade e dignidade do trabalhador); BRASIL. Supremo Tribunal Federal, Ação Indireta de Inconstitucionalidade no 3165/SC, Relator: Min. Dias Toffoli, 11.11.2015 (afirma que empresas que exijam a realização de teste de gravidez ou a apresentação de atestado de laqueadura no momento de admissão de mulheres no trabalho praticam discriminação de gênero, que vai além do âmbito do direito do trabalho, desta forma sendo inconstitucional e viola o princípio da igualdade e dignidade da pessoa humana); BRASIL. Tribunal Regional do Trabalho da 1ª Região. Recurso Ordinário n. 0100306- 04.2017.5.01.0074. Órgão Julgador 1ª Turma. Rel. Des. Bruno Losada Albuquerque Lopes, 30.01.2018 (a reclamante ajuizou ação trabalhista pretendendo obter indenização por danos morais decorrentes de assédio moral, uma vez que sua superior hierárquica se dirigia a ela, na frente de outros funcionários, expressando seu descontentamento com a gravidez da reclamante. A supervisora demonstrava descontentamento com as faltas justificadas com atestado médico da reclamante, afirmando que "gravidez não é doença". Por diversas vezes, a supervisora exigia serviços urgentes com a proibição da reclamante ir ao banheiro, inclusive durante sua gravidez. O Tribunal considerou que não foi comprovado o assédio moral, negando provimento ao recurso da reclamante. Palavras-chaves: assédio moral; gravidez; discriminação organizacional; funcionário ideal; sexismo; discriminação sexual); BRASIL. Tribunal Regional do Trabalho da 2ª Região. Processo n. 1001607-57.2017.5.02.0033. Órgão Julgador 16ª Turma. Rel. Des. Regina Duarte, 01.10.2018 (condenando a empresa ré a pagar indenização por danos morais a funcionária em razão de ela ter sido vítima de preconceito de gênero no ambiente de trabalho, uma vez que seu chefe afirmava que preferia trabalhar com homens e dizia às mulheres da equipe para não engravidarem.

[902] BERTOLIN, Patricia Tuma; MACHADO, M. S. "Cidadania e Participação das Mulheres: um direito individual ou social?" *Revista Direitos Fundamentais & Democracia*, vol. 23, 2018, pp. 182-199.

Essas manifestações de discriminação institucional afetam de forma ainda mais grave mulheres que são membros de minorias raciais, uma vez que elas também sofrem as consequências do racismo. Essa forma de discriminação sexual situa esse grupo em uma situação de vulnerabilidade social ainda maior porque sofrem as consequências de diferentes formas de discriminação. A discriminação interseccional pela qual mulheres que são parte de minorias passam é muito difícil de ser erradicada, porque os problemas sofridos por mulheres negras e indígenas não são tematizados por autoridades, não são considerados por políticas públicas destinadas a combater formas de discriminação sexual. Mulheres negras e indígenas não vivenciam o gênero a partir da mesma forma que mulheres brancas porque estão expostas aos problemas decorrentes da pobreza e do racismo. A convergência do racismo e do sexismo faz com que estereótipos sobre a capacidade laboral e intelectual de mulheres negras e indígenas sejam ainda mais potentes: além de não estarem nos lugares sociais destinados às mulheres, também devem estar em lugares de subordinação por pertencerem a minorias raciais.[903]

O espaço corporativo é um dos lugares nos quais a discriminação sexual opera de forma mais expressiva. A separação entre espaço público e espaço privado tem aqui uma grande relevância porque essa forma de tratamento diferenciado decorre da noção de que ocupações laborais devem ser ocupadas por pessoas do sexo masculino. Esse estereótipo faz com que mulheres sejam percebidas como pessoas incapazes de desempenhar atividades de comando, perspectiva que restringe possibilidade de ascensão profissional. Muitos estereótipos sexuais também determinam que funções podem ser desempenhadas por elas. A cultura institucional de corporações reproduz os papéis sexuais que circulam no meio cultural, papéis que refletem estereótipos descritivos e prescritivos sobre as

---

[903] CARNEIRO, Sueli. *Escritos de uma vida*. São Paulo: Pólen Livros, 2019, pp. 150-185.

mulheres. Os padrões culturais responsáveis pela reprodução do patriarcalismo influenciam decisões sobre contratação, promoção e atribuições de tarefas. Os problemas que afetam mulheres negras são ainda mais pronunciados do que os de mulheres brancas porque as primeiras estão mais distantes da representação do funcionário ideal, o homem branco heterossexual.

O sexismo está presente na operação de instituições responsáveis pela vida política, nas instituições que regulam a vida econômica e nas diversas instituições jurídicas. As mulheres estão em uma situação de desvantagem em todos os âmbitos da vida, sendo que as que também pertencem a minorias raciais se encontram em uma situação de exclusão ainda maior. A discriminação estrutural que mulheres sofrem as situa em uma situação permanente de desvantagem, pois os mecanismos que impedem o progresso social operam ao longo do tempo e geração após geração, impedindo que os membros desse grupo possam ascender socialmente. Elas fazem parte do grupo que sempre está em situação de vulnerabilidade, embora aquelas que pertencem ao grupo racial dominante encontrem melhores chances de ascensão.[904]

A discriminação sexual também deve ser entendida dentro de um sistema que tem o propósito fundamental de garantir uma estrutura de privilégios sociais para pessoas do sexo masculino. Da mesma forma que a discriminação racial, ela procura garantir que homens sempre terão acesso privilegiado a posições de poder e prestígio, por meio da constante reprodução de estereótipos que procuram reproduzir papéis sociais tidos como naturais a homens e mulheres. Esses estereótipos se manifestam de várias formas, por meio de compensação financeira, pela reprodução de poder político, pela constante possibilidade de gratificação psicológica

---

[904] Para uma análise bastante ampla da forma como o racismo e o sexismo afetam a vida de mulheres negras, ver sobretudo WING, Adrien Katherine. *Critical race feminism, a reader*. Nova York: New York University Press, 1997.

decorrente da afirmação da superioridade masculina. Ser uma mulher representa algo negativo quando comparado com o pertencimento ao sexo masculino; o simples pertencimento ao sexo feminino desperta uma série de pressuposições imediatas sobre as habilidades de uma pessoa, o que determina o acesso de alguém a diversas formas de oportunidades sociais. O fato de alguém pertencer ao sexo masculino garante uma série de benefícios em vários aspectos da vida, razão pela qual muitos fazem todo o possível para manter um sistema de significações sociais que lhes garante benefícios permanentes.[905]

A preservação de papéis sexuais pode beneficiar homens materialmente, mas, por outro lado, também pode prejudicá-los. Eles expressam expectativas sociais que devem ser estritamente observadas por todos; quaisquer comportamentos que não correspondam aos parâmetros estritos da masculinidade servem para degradar homens, o que os aprisiona a uma situação de estrita observação de expectativas sociais. Como a masculinidade é uma forma de identidade normativa, seus limites precisam ser sempre claramente delimitados para que permaneça como fonte de diferenciação social. Suas limitações fazem com que a masculinidade seja também um tipo de prisão psicológica da qual homens não podem escapar para que suas identidades construídas sobre a noção de domínio social continuem a fazer sentido.[906]

---

[905] Ver BLACK, Linda; STONE, David. "Expanding the definition of privilege: the concept of social privilege". *Journal of Multicultural Counseling and Development*, vol. 33, nº 2, 2009, pp. 247-249; WILDMAN, Stephanie. "The quest for justice: the rule of law and invisible systems of privilege". *In*: WILDMAN, Stephanie (Coord.). *Privelege revealed*: how invisible preference undermine America. Nova York: Nova York University Press, 1996, pp. 139-160.

[906] Ver nesse sentido, NEGREIROS. "Masculino e femino na família contemporânea". *Estudos e Pesquisas em Psicologia*, vol. 4, nº 1, 2004, pp. 34-47; MYERS, David. *Psicologia social*. Porto Alegre: Artes Médicas, 2014, pp. 50-83.

CAPÍTULO XVIII – DISCRIMINAÇÃO SEXUAL

18.3 Quais são os objetivos da luta feminista?

Certos fatos devem ser muito celebrados porque contribuem significativamente para a mudança da maneira como nos percebemos e também como vemos o mundo no qual vivemos. Eles permitem que entendamos as particularidades dos lugares que ocupamos na sociedade, passo importante para práticas transformadoras. Mais do que isso, possibilitam, se forem devidamente analisados, que novos tipos de diálogo sejam estabelecidos, condição para a construção de uma sociedade mais igualitária. Esse processo é particularmente difícil quando consideramos o fato de que modos tradicionais de percepção do mundo são conformados pelas relações arbitrárias de poder presentes na realidade. Formas de conhecimento do mundo estão calcadas em certos tipos de racionalidade que determinam a maneira a partir das quais refletimos sobre a igualdade entre grupos sociais. A busca da igualdade tem sido um objetivo central do movimento feminista, mas tem sido sempre interpretado como um tipo de defesa da mera diferença. Essa questão precisa ser devidamente analisada para que os propósitos dos membros desse grupo social sejam devidamente esclarecidos. Acreditamos ser muito importante que comecemos pela análise das transformações jurídicas buscadas por mulheres, uma vez que o sistema jurídico sempre operou como um elemento de subordinação feminina.

O movimento feminista encontra sua justificação em um dos elementos centrais do constitucionalismo moderno: a defesa de uma esfera de ação autônoma individual que permite a pessoa dirigir sua vida nas direções capazes de lhe proporcionar felicidade. Essa afirmação encontra fundamentação nos pressupostos do Estado Liberal de Direito, concepção da organização política que tem como propósito fundamental a proteção das liberdades individuais. Entretanto, devemos estar cientes do fato de que a realidade ideal que subjaz ao discurso jurídico não corresponde à realidade social. O mundo moderno exalta a autonomia, mas mantém muitas das hierarquias sociais que existiam em períodos anteriores, o que inclui a discriminação sexual. A incorporação dessas formas de diferenciação social não se limita ao plano cultural: o gênero será incorporado como uma categoria central do raciocínio jurídico; ele será uma categoria natural de diferenciação entre as pessoas. Observaremos na modernidade a identificação entre a categoria genérica do sujeito de direito com pessoas do sexo masculino, o que ocorre pela diferenciação jurídica de diferenciação de *status* entre homens e mulheres. As normas jurídicas operam no mundo moderno como instrumentos de criação de diferença de *status* entre os sexos, diferenças que existem tanto no plano cultural como no plano material, diferenciação de *status* construída em torno de uma identidade específica.[907]

O movimento feminista utiliza a questão da identidade como forma de articulação política e precisamos entender o significado desse termo nesse contexto. A luta das mulheres por igualdade de direitos está centrada nas diferenciações culturais e jurídicas que lhes submete a um *status* social inferior ao dos homens. Esse fato demonstra que a luta pela igualdade requer algo mais do que a mera igualdade de direitos porque as normas jurídicas podem estabelecer assimetrias de tratamento entre categorias de indivíduos, o que não implica uma violação do princípio da igualdade. Portanto, a teorização da identidade não se refere a uma luta pela afirmação da diferença subjetiva entre pessoas; ela não se resume a uma demanda pelo reconhecimento da particularidade. Ela está relacionada com a utilização de critérios de tratamento diferenciado que resulta em assimetrias de poder entre grupos sociais. Assim, as feministas estão interessadas em analisar o gênero como uma forma de categorização de indivíduos que prescreve às pessoas uma forma de identidade utilizada para a manutenção de diferenças de poder entre grupos. As mulheres não estão interessadas em defender o feminino como uma condição identitária, mas como algo que

---

[907] Para uma análise desse processo, ver geralmente NAFFINE, Ngaire. "Sexing the subject of law". *In*: THORNTON, Margaret (Coord.). *Public and private*: feminist legal debates. Oxford: Oxford University Press, 1996, pp. 19-28.

designa características coletivas e funções sociais que elas devem ocupar. A afirmação da dimensão política das experiências pessoais decorre da necessidade da discussão da forma como instituições sociais operam para reproduzir uma ordem social baseada na dominação masculina. Esse é o motivo central pelo qual as mulheres formularão uma política de igualdade pautada pelo respeito da diferença de *status* social criada pelo patriarcalismo.[908]

As estratégias de busca pela igualdade que as mulheres têm utilizado ao longo das últimas décadas são distintas. As primeiras versões da luta pela igualdade sexual estavam centradas nos parâmetros tradicionais da reflexão sobre a justiça: tratamento simétrico e igualdade de oportunidades. Feministas liberais entendem que a sociedade deve garantir direitos a homens e mulheres, uma exigência do sistema democrático. Por outro lado, feministas radicais apontam a insuficiência do discurso liberal de direitos para tratar as diferenças constitutivas de experiências sociais entre os sexos. Elas afirmam que a busca de igualdade simétrica não pode ser vista como um objetivo fundamental porque o alcance de uma vida autônoma para mulheres requer a acomodação entre igualdade e diferença. A igualdade só pode ocorrer com o reconhecimento das consequências das diferenças de papéis sociais na vida cotidiana das mulheres; a igualdade não poderá ser alcançada sem o reconhecimento das consequências da maternidade na vida profissional das mulheres, motivo pelo qual muitas feministas defendem a articulação entre igualdade e diferença. Outras feministas se distanciam da defesa de igualdade de oportunidades como meio para o alcance da igualdade sexual porque esse objetivo só pode ser alcançado por mulheres que não sofrem as consequências de outras formas de opressão social, como o racismo e o classismo. Elas se voltam contra o essencialismo presente dentro de certas vertentes do discurso feminista que compreendem a categoria mulheres como um

---

[908] MINDA, Gary. *Postmodern legal movements*. Nova York: New York University Press, 1995, pp. 128-138.

conjunto de pessoas que possuem as mesmas experiências sociais. A igualdade só pode ser alcançada na medida em que as pessoas são capazes de identificar padrões de dominação, sendo que eles operam em diferentes categorias de pessoas, as quais, por sua vez, estão incluídas dentro da categoria mulheres.[909]

O feminismo interseccional pode ser visto como um desdobramento importante da luta das mulheres por igualdade. Embora essa vertente também tenha uma pluralidade interna, o tema da convergência de opressões pode ser visto como uma perspectiva comum de análise entre feministas negras. Elas definem o feminismo como uma filosofia da igualdade, mas ele não pode estar baseado nos mesmos pressupostos das feministas liberais. Se as últimas estão preocupadas com a igualdade de oportunidades, as primeiras estão centradas na conquista da igualdade de resultados: pleiteiam intervenções estatais que possam garantir que mulheres alcancem o mesmo nível de bem-estar que pessoas do sexo masculino alcançam. A igualdade não poderá ser alcançada a partir da premissa de que todas as mulheres possuem a mesma experiência porque elas são categorizadas a partir de diferenciações de *status* social. A construção de uma sociedade justa requer então o reconhecimento de que mulheres negras sofrem as consequências da operação conjunta de diferentes vetores de discriminação, motivo pelo qual apenas formas de igualdade complexa podem promover a inclusão de mulheres que são minorias dentro de minorias.[910]

Por exemplo, Patricia Hill Collins nos convida a ver o pensamento feminista negro como uma epistemologia do ser no mundo que propõe também uma epistemologia do olhar. Ela nos mostra como as condições materiais da existência das mulheres negras

---

[909] FREEMAN, M. D. A. *Introduction to jurisprudence*. Londres: Sweet & Maxwell, 2001, pp. 1123-1129.

[910] Ver: nesse sentido: LORDE, Audre. *Sou sua irmã*. São Paulo: Ubu, 2020, pp. 13-21; HARRIS, Angela. "Race and essentialism in feminist legal theory". *Stanford Law Review*, vol. 42, nº 2, 1990, pp. 581-615.

CAPÍTULO XVIII – DISCRIMINAÇÃO SEXUAL

nos seu país determinaram um tipo específico de mobilização política, que se afasta das demandas que requerem um mero tipo de tratamento simétrico entre as pessoas. Se as condições de vida das mulheres negras são distintas de todos os outros grupos, os meios de conscientização e emancipação também devem ser diferentes. Esse movimento requer então que mulheres negras possam construir as próprias definições a partir das quais elas analisarão a situação na qual se encontram. Mais do que menções a princípios abstratos, elas devem incorporar a sabedoria adquirida e acumulada por elas mesmas em função da experiência histórica de subordinação, mas também de resistência cultural a esse processo. É preciso lutar contra a supressão do pensamento das mulheres negras, mas também utilizar as reflexões elaboradas pelo grupo para adquirir conhecimento de si mesmas, o que permite a construção de políticas de empoderamento que passam necessariamente pela afirmação de uma proposta de emancipação coletiva. Decorre daí a necessidade de construirmos uma forma de racionalidade que expresse as perspectivas de um grupo específico, uma perspectiva baseada em um tipo de olhar do mundo, mas que precisa dialogar com outros sujeitos sociais.[911]

Esse tipo de racionalidade está fundamentalmente marcado pela interseccionalidade das diversas formas de opressão que as mulheres negras sofrem. A obra de Collins chama nossa atenção para a complexidade desse conceito. Mulheres negras são afetadas por uma série de práticas sociais responsáveis pela criação de diferenças de *status* cultural e de *status* material. Essas diferenças legitimam uma série de mecanismos discriminatórios que incidem simultaneamente sobre os membros desse grupo. A construção cultural do racismo e do sexismo está ancorada em várias imagens sociais que reproduzem generalizações sobre pessoas negras e sobre pessoas do sexo feminino. Elas designam supostas características desses

---

[911] COLLINS, Patricia Hill. *Pensamento feminista negro*. São Paulo: Boitempo, 2019, pp. 29-61.

indivíduos e também os lugares a serem ocupados no interior da sociedade. Mulheres negras se encontram então em uma situação de vulnerabilidade social extrema porque são vistas como pessoas que não podem atuar de forma competente no espaço público precisamente por serem mulheres e por serem negras. Collins analisa os processos culturais responsáveis pela subordinação da mulher negra, processos que as representam como pessoas que só podem ocupar lugares sociais específicos em função de suas supostas características sociais. Esses estereótipos descritivos e prescritivos são manifestações do funcionamento conjunto do racismo e do sexismo, dois sistemas de dominação que se reproduzem a partir da objetificação social dos indivíduos. Políticas raciais e políticas sexuais são então responsáveis pela subordinação da mulher negra em dimensões da vida social. A elas, são negados postos de trabalho em função do racismo, uma vida sexual autônoma em função do sexismo, como também a integração no mundo político e acadêmico em função da ação conjunta desses dois fatores.[912] Patricia Hill Collins nos convida a interpretar o pensamento feminista negro como um tipo de epistemologia que se constitui a partir da disputa com epistemologias dominantes. O que chamamos de feminismo negro ainda pode ser chamado de um tipo de conhecimento subjugado porque não corresponde aos parâmetros vigentes de legitimação acadêmica, sendo que estes refletem as perspectivas dos membros daqueles grupos sociais específicos que controlam esses espaços. Esse *status* de subordinação dentro desse lugar ocorre em função da maneira como mulheres negras construíram historicamente suas formas de saber e técnicas de resistência, meios alternativos ao tipo de racionalidade liberal-individualista que corresponde ao discurso de direitos. As epistemologias dominantes rejeitam experiências particulares como meio de conhecimento adequado do mundo, uma posição particularmente problemática para pessoas cujo processo de emancipação depende do reconhecimento da

---

[912] COLLINS, Patricia Hill. *Pensamento feminista negro*. São Paulo: Boitempo, 2019, pp. 135-169.

CAPÍTULO XVIII – DISCRIMINAÇÃO SEXUAL

mulher negra como um sujeito interseccional, cuja ação autônoma só pode ser conquistada pela busca de uma igualdade complexa, de uma igualdade que reconheça a pluralidade de experiências e de identidades dos seres humanos.[913]

---

[913] COLLINS, Patricia Hill. *Pensamento feminista negro*. São Paulo: Boitempo, 2019 pp. 365-401.

CAPÍTULO XIV
DISCRIMINAÇÃO POR ORIENTAÇÃO SEXUAL

A discriminação por orientação sexual está presente nas mais diversas esferas da vida social, sendo que ela opera de forma similar às outras manifestações anteriormente analisadas. Observamos que muitas de suas características também estão marcadas por dualidades que caracterizam a construção de papéis sociais, de construções cognitivas e também de categorização das pessoas. Entretanto, a discriminação por orientação sexual possui características que a distinguem de outros tipos de exclusão social porque ela está baseada na expressão do desejo sexual e suas relações com os sentidos sociais de gênero. Homens e mulheres homossexuais enfrentam as mesmas formas de discriminação que afetam outras minorias, mas como a sexualidade não é algo necessariamente visível, essas pessoas podem ocultar o elemento que pode motivar atos discriminatórios. Por não poderem expressar um aspecto central de sua identidade, são submetidas a danos psicológicos significativos. Por diferirem das normas sociais que expressam a normatividade social, elas são impedidas de terem acesso ao exercício pleno da cidadania, o que inclui a possibilidade de regulação autônoma de suas vidas. Por diferirem dos papéis designados para os sexos, homens e mulheres homossexuais correm risco de vida constante dentro da nossa sociedade.

19.1 Homossexualidade e orientação sexual

A homossexualidade pode ser suscintamente definida como o comportamento das pessoas que procuram satisfação emocional e sexual em relacionamentos com pessoas do mesmo sexo.[914] Ao contrário do que muitas pessoas pensam, o termo homossexualidade tem origem muito recente na literatura científica. Ela surgiu no momento histórico no qual o comportamento humano se tornou um objeto de investigação científica, processo responsável pela patologização e proscrição legal.[915] As explicações científicas sobre a homossexualidade e sobre as determinações da orientação sexual variaram significativamente ao longo do tempo. Alguns autores classificaram a homossexualidade como um tipo de distúrbio mental, posição baseada na noção de que a heterossexualidade representa uma determinação biológica. Essa posição encontrou oposição desde o início da psiquiatria porque os estudiosos não conseguiam encontrar um comprometimento das funções psíquicas como ocorre em outros comportamentos classificados como distúrbios mentais. Assim, a classificação da homossexualidade como um tipo de doença mental tem sido amplamente contestada ao longo do tempo na medida em que estudos demonstraram que a maioria das pessoas não pode ser classificada exclusivamente como homossexual ou heterossexual, pois as inclinações sexuais podem variar em diferentes momentos da vida. Além disso, a classificação de um comportamento como uma forma de doença mental requer que os sintomas se manifestem na forma de distúrbios do

---

[914] FONE, Byrne. *Homophobia, a history*. Nova York: Henry Holts and Company, 2000, pp. 4/5.

[915] Ver: nesse sentido: KATZ, Jonathan. *A invenção da heterossexualidade*. Rio de Janeiro: Ediouro, 1996.

CAPÍTULO XIV – DISCRIMINAÇÃO POR ORIENTAÇÃO SEXUAL

pensamento, do humor e sensoriais, sendo que nenhum deles está associado à homossexualidade.[916]

A orientação sexual pode ser compreendida a partir de várias perspectivas. De uma perspectiva comportamental, a orientação sexual designa uma posição subjetiva baseada em disposições psicológicas que determinam o interesse sexual e afetivo de um indivíduo por pessoas do mesmo sexo. Essa posição compreende a orientação sexual como algo que influencia a prática sexual do indivíduo; podemos depreender a sexualidade dele a partir dos tipos de atos sexuais nos quais ele engaja. Os atos sexuais determinam então a orientação sexual de uma pessoa, sendo que sua vida sexual tem início e continuidade quando começa e mantém as mesmas práticas sexuais ao longo do tempo. A orientação sexual também pode ser vista como uma forma de identificação pessoal, posição que não estabelece uma relação entre atos sexuais e inclinações afetivas.[917] Pessoas podem se sentir sexualmente atraídas por pessoas do mesmo sexo, embora não mantenham relações sexuais com elas. Essa concepção da orientação sexual sugere que ocorrerá uma correspondência entre as inclinações afetivas e as práticas eróticas quando houver as condições sociais adequadas para que essa situação ocorra. Se não houver obstáculos exteriores que dificultem ou impeçam a expressão do desejo sexual, o indivíduo poderá operar de acordo com as suas verdadeiras inclinações. Também podemos conceber a orientação sexual como uma forma de inclinação que decorre de um longo processo de identificações durante a formação do ego de um indivíduo. A escolha do desejo

---

[916] GONSORIEK, John. "The empirical basis for the demise of the illness model of homosexuality". *In*: GONSORIEK, John; WEIRICH, James. *Homosexuality, research implications for public policy*. Londres: Sage, 1991, pp. 115-135; WHITBOURNE, Susan; HALGIN, Richard. *Psicopatologia, perspectivas clínicas dos transtornos psicológicos*. Porto Alegre: Artmed, 2015, pp. 2-46.

[917] STEIN, Edward. *The mismeasure of desire*: the science, theory, and ethics of sexual orientation. Oxford: Oxford University Press, 1999, pp. 39-45.

sexual não seria algo relacionado com disposições, mas sim o produto da eleição de um objeto relacionado com uma dinâmica identificatória ocorrida na primeira infância. Muitos compreendem a orientação sexual como algo que possui uma natureza plástica, razão pela qual procuram se afastar dos que a entendem como algo naturalmente determinado. Eles argumentam que ela não pode ser vista em oposição à heterossexualidade porque em muitas culturas não há uma relação direta entre práticas sexuais e orientação sexual, e também porque pessoas podem engajar em relacionamentos homossexuais durante certos períodos, situação que não necessariamente voltará ao longo de sua vida.[918]

19.2 A discriminação por orientação sexual: aportes teóricos

A discriminação por orientação sexual está associada a uma série de elementos que precisam ser individualmente discutidos. Primeiro, ela está baseada na homofobia, um tipo de comportamento discriminatório produto de condicionamentos culturais e também psicológicos. Encontra fundamento nos estigmas sobre homossexuais que circulam na sociedade, estereótipos que representam membros do grupo como predadores sexuais, como indivíduos moralmente degradados, como violadores da ordenação divina, como pessoas que se comportam contra a ordem natural. A homofobia também faz referência a uma constelação cultural que reduz a homossexualidade a atos sexuais e que classifica os indivíduos como revoltantes e maléficos porque contaminam a sociedade como um todo. Assim, os estereótipos sobre homossexuais os representam como uma ameaça à unidade social, compreensão utilizada para promover a discriminação sistemática dos membros desse grupo. Essa política cultural da aversão contra homossexuais impulsiona

---

[918] STEIN, Edward. *The mismeasure of desire*: the science, theory, and ethics of sexual orientation. Oxford: Oxford University Press, 1999, pp. 46-55.

CAPÍTULO XIV – DISCRIMINAÇÃO POR ORIENTAÇÃO SEXUAL

comportamentos discriminatórios que partem do pressuposto de que a sociedade precisa ser protegida dessa categoria de pessoas.[919]

A homofobia mobiliza os indivíduos psicologicamente porque está relacionada com elementos centrais da forma como as pessoas compreendem a sociedade, como entendem as funções das demais e também como elas representam a si mesmas. A proximidade como uma pessoa homossexual ou com alguém que elas percebem como homossexual gera um desconforto significativo entre muitos homens e muitas mulheres que constroem a própria identidade a partir de oposições radicais entre o masculino e o feminino. A demanda de tratamento igualitário entre homossexuais e heterossexuais significa para essas pessoas a aprovação social da homossexualidade, o que representa a perda de um referencial cultural construído em torno de dualidades que estruturam as relações entre as pessoas em um sistema patriarcal. Como a heterossexualidade se mostra como um tipo de identidade compulsória, os que não se comportam de acordo com os seus preceitos são vistos como anormais, como pessoas que representam um perigo social a ser combatido por toda a sociedade.[920]

A análise da homofobia como mecanismo de discriminação por orientação sexual exige que consideremos as maneiras como a heteronormatividade reproduz a noção de que pessoas de ambos os sexos possuem identidades naturais que motivam atos que devem ter uma forma específica de expressão. Esse sistema de significação cultural tem uma função extremamente importante: estabelecer papéis de gênero como formas de inteligibilidade cognitiva da realidade, determinando padrões de comportamento e formas

---

[919] NUSSBAUM, Martha. *From disgust to humanity*: sexual orientation and constitutional law. Oxford: Oxford University Press, 2009, pp. 1-31.

[920] WEEKS, Jeffrey. *Invented moralities*: sexual values in an age of uncertainty. Nova York: Columbia University Press, 1995, pp. 1-10; DOLLIMORE, Jonathan. *Sexual dissidence*: Augustine to Wilde, Freud to Foucault. Oxford: Oxford University Press, 1991, pp. 169-233.

de identidade. Esses meios de compreensão dos sujeitos sobre si mesmos indicam parâmetros a partir dos quais as *performances* devem ocorrer. A masculinidade e a feminilidade se tornam então instrumentos de regulação que operam no plano psíquico e no plano cultural, moldando o comportamento dos indivíduos e também criando certas expectativas sobre o comportamento das outras pessoas. Dentro dessa lógica cultural, a masculinidade se torna um comportamento hegemônico que regula o comportamento de todos os homens em todas as esferas da vida social. A masculinidade hegemônica surge como um tipo de subjetivação que instaura os preceitos dos comportamentos que podem ter expressão no espaço público e privado. A homossexualidade deve ser proscrita porque contraria as expectativas de como os indivíduos devem se constituir como sujeitos na ordem social. A homofobia opera como um forte mecanismo discriminatório porque é um regime de poder que dita a forma como os sujeitos podem ser e expressar seus desejos. Como outras formas de opressão, a homofobia pode ser vista como um comportamento arbitrário que encontra fundamento na designação do outro como alguém inferior ou anormal, classificações feitas a partir da contraposição com a moralidade dominante e com as identidades naturais.[921]

A discriminação por orientação sexual opera a partir de oposições que também devem ser examinadas. Além da oposição entre homossexualidade e heterossexualidade, ela também está construída a partir da oposição entre masculinidade e feminilidade e ainda entre espaço público e espaço privado. O heterossexismo existe como um tipo de lógica cultural que representa a heterossexualidade como uma identidade natural, identidade construída em torno da relação de oposição com a homossexualidade. Se a heterossexualidade possui essa natureza, homens e mulheres só podem expressar desejo sexual por pessoas do sexo oposto. Assim,

---

[921] CHAMBERS, Samuel. "An incalculable effect: subversions of heteronormativity". *Political Studies*, vol. 55, 2007, pp. 656-679.

CAPÍTULO XIV – DISCRIMINAÇÃO POR ORIENTAÇÃO SEXUAL

heterossexismo e homofobia operam de forma paralela para manter a opressão daqueles que não se conformam com papéis sociais que lhes são designados. A crença na heterossexualidade como uma identidade compulsória motiva uma série de estratégias responsáveis por rituais institucionalizados de humilhação dos que são homossexuais e também de vigilância sistemática das formas como todas as outras pessoas se comportam em todos os aspectos da vida social. Assim, a discriminação tem a função de operar como um tipo de pedagogia sexual a partir da qual as pessoas são conformadas a atuar de acordo com as expectativas sociais. Essa pedagogia sexual funciona por meio de controles sociais sobre os corpos e sobre as mentes dos indivíduos, ditando os meios de conformidade social.[922]

A discriminação por orientação sexual está também baseada na separação entre espaço público e espaço privado. A construção da heterossexualidade como um tipo de identidade compulsória estimula a sua identificação com o espaço público: ela é a única forma de vivência da sexualidade humana que pode ter expressão no mundo público, motivo pelo qual se torna uma identidade institucionalizada por normas culturais e jurídicas. A heterossexualidade se torna então um requisito para o alcance de direitos porque é construída como um tipo de identidade natural e universal. Assim, a identidade homossexual só pode ter expressão no espaço privado, desde que não contrarie as normas de direito público, as quais também regulam essa instância da vida privada. Por esse motivo, certos autores afirmam que a discriminação por orientação sexual ocorre por meio de uma escravidão moral: pessoas

---

[922] Ver: nesse sentido: MOREIRA, Adilson José. *Cidadania sexual*: estratégia para ações inclusivas. Belo Horizonte: Arraes, 2017, pp. 106-146; PHARR, Suzane. *Homophobia, a weapon of sexism*. Little Rock: Chardon Press, 1988; PRADO, Marco Aurélio Máximo; JUNQUEIRA, Rogérnio Diniz. "Homofobia, hierarquização e humilhação social". *In*: VENTURY, Gustavo; BOKANY, Vilma (Coord.). *Diversidade sexual e homofobia no Brasil*. São Paulo: Fundação Perseu Abramo, 2011.

homossexuais são forçadas a esconder a orientação sexual para que possam evitar práticas discriminatórias. Eles são obrigados a se apresentar socialmente como heterossexuais, fato que representa o fenômeno do encobrimento, o que designa as estratégias utilizadas pelos indivíduos para se fazerem passar por membros do grupo social dominante a fim de que possam gozar dos direitos aos quais os últimos têm acesso. Como essa prática precisa ocorrer em todos os momentos da vida, essas pessoas são submetidas a um constante processo de estresse mental. Obviamente, apenas homens masculinos e mulheres femininas podem utilizar essa estratégia de forma efetiva. A discriminação por orientação sexual sempre acompanha aqueles cuja apresentação social não corresponde aos ideais de masculinidade e de feminilidade.[923]

As considerações anteriores mostram que a discriminação por orientação sexual se manifesta de uma forma especialmente insidiosa: a negação da identidade individual. A autonomia pessoal é um dos princípios centrais da cultura dos direitos humanos, razão pela qual os direitos humanos são vistos como mecanismos que permitem a tomada de decisões fundamentais na vida das pessoas. O conceito de dignidade pessoal decorre exatamente do entendimento de que os indivíduos podem ser reconhecidos como atores sociais competentes. A discriminação por orientação sexual, por negar acesso a direitos, impede que esse grupo de pessoas possa exercer direitos básicos, por exemplo, a possibilidade de expressão da sua identidade, a possibilidade de ser verdadeiro consigo mesmo e com os demais. Ela também não permite ou restringe a possibilidade de os indivíduos poderem ter uma vida afetiva estável com seus parceiros, o que nega algo de grande importância para as pessoas, a necessidade de se ter relacionamentos amorosos com quem se escolhe. A estigmatização da identidade de homens e mulheres homossexuais as impele a viver uma vida nas sombras,

---

[923] RICHARDS, David A. J. *Identity and gay rights*. Chicago: University of Chicago Press, 1999.

CAPÍTULO XIV – DISCRIMINAÇÃO POR ORIENTAÇÃO SEXUAL

impõe a elas um custo psicológico significativo porque estão sempre certas de que a descoberta de sua identidade poderá resultar em discriminação nas mais diversas formas. Isso significa que o sentido do termo opressão não pode ser reduzido à dimensão política ou econômica: ela também se manifesta por meio da degradação moral dos indivíduos nas diferentes esferas da vida social. Embora homossexuais sejam economicamente marginalizados, a opressão que os atinge também tem essa dimensão moral. Apesar de a orientação sexual não ser um tipo de traço socialmente saliente, como a raça e o sexo, a discriminação baseada nela decorre de um sistema institucionalizado de humilhação que atinge todos aqueles que não se conformam com a norma heterossexual. Se minorias raciais são discriminadas porque não são membros do grupo racial dominante, minorias sexuais são desprezadas porque não se adequam aos padrões identitários do grupo social dominante.[924]

É importante observar que a discriminação por orientação sexual afeta homens e mulheres de maneiras distintas. Embora as duas categorias sejam discriminadas porque violam normas culturais de gênero, homens homossexuais são vítimas de discriminação porque o imaginário social reforça a noção de que permitem ser sexualmente penetrados, o que os coloca em uma situação paralela à das mulheres, um grupo social desprezado. Como as mulheres são vistas como objetos sexuais disponíveis aos homens, homossexuais do sexo masculino violam a norma cultural de que a participação masculina no ato sexual só pode ser de dominação do outro. A reação à homossexualidade masculina sugere então que o sexismo está na raiz da homofobia: o que efetivamente impulsiona a discriminação contra homens homossexuais é o desprezo social por mulheres. Mulheres homossexuais também enfrentam a estigmatização social porque estão fora da expectativa social em relação a elas no que diz respeito ao desejo sexual feminino. Como tem

---

[924] ALTMAN, Dennis. *Homosexual oppression and liberation*. Nova York: New York University Press, 1971, pp. 50-80.

sido apontado, o imaginário heterossexual está construído sob a premissa de que o desejo sexual feminino existe em oposição e complementariedade em relação ao desejo sexual masculino. Assim, as relações sexuais entre mulheres ferem uma norma cultural segundo a qual o desejo feminino só faz sentido dentro de uma relação heterossexual; ele não pode existir como algo autônomo, nem estar voltado para pessoas do mesmo sexo.[925]

A discriminação por orientação sexual difere das duas manifestações exploradas nos capítulos anteriores porque ela está baseada na invisibilidade social forçada, nas práticas sociais que obrigam as pessoas a se manterem em silêncio sobre aspectos centrais da sua identidade. Enquanto a raça e o sexo são elementos socialmente salientes que geram reações sociais imediatas, a orientação sexual não se expressa da mesma forma no caso da maioria das pessoas homossexuais. A homofobia pode ser vista como consequência dos elementos que caracterizam a ordem sexual das sociedades humanas. O termo "ordem sexual" designa as estruturas sociais e políticas que regulam as relações entre os sexos e entre as sexualidades humanas, estruturas que conferem sentido às formações culturais e às identidades individuais. Um elemento central dessa ordem sexual é o essencialismo, a percepção de que o corpo biológico determina uma forma de orientação sexual específica, o que assume a forma de condição para a existência da sociedade.[926]

O aspecto fundamental dessa forma de discriminação é a negação da autonomia pessoal no espaço público e no espaço privado. Essas pessoas são submetidas a regime disciplinar que opera pela afirmação da heterossexualidade como uma identidade compulsória. Minorias sexuais se encontram em uma situação bem mais problemática do que minorias raciais porque a mobilização

---

[925] LAW, Silvia. "Homosexuality and the social meanings of gender". *Wisconsin Law Review*, vol. 1988, nº 1, 1988, pp. 187-235.
[926] BORRILLO, Daniel. *Homofobia*: história e crítica de um conceito. São Paulo: Autêntica, 2016, pp. 30-45.

política pode ser um meio para a discriminação. Se a raça opera como um meio de solidariedade entre os membros de minorias raciais em todos os espaços, a sexualidade pode motivar a perda de apoio social de pessoas de todos os círculos de relacionamentos, inclusive de familiares. Homens e mulheres homossexuais precisam guardar a vida privada em segredo para que não sofram perda de oportunidades materiais ou humilhação pública. Devido à natureza pervasiva da homofobia na sociedade brasileira, membros desse grupo precisam sempre se proteger socialmente, levantar barreiras pessoais para que não corram o risco de terem sua sexualidade descoberta. Esse padrão de comportamento tem início dentro da família, se expande para o ambiente escolar, profissional, religioso e aos espaços recreativos.[927]

19.3 A discriminação por orientação sexual: definição e manifestações

A discriminação por orientação sexual pode ser definida como toda distinção, exclusão ou restrição baseada na orientação sexual dos indivíduos que tenha como resultado direto ou indireto prejudicar o acesso ou gozo igualitário dos mesmos direitos destinados a pessoas heterossexuais. Ela engloba práticas que se manifestam na operação de instituições públicas e privadas, bem como em sistemas sociais, tais como a política, a economia e a cultura. A necessidade de proteção de homossexuais decorre de um princípio básico da ordem jurídica: devemos reconhecer que todos os seres humanos são pessoas que merecem o mesmo tratamento perante as normas jurídicas. Assim, as normas que se afastam desse princípio são discriminatórias, a não ser que possam ser racionalmente justificadas, sendo que isso não ocorrerá quando no caso de discriminação negativa. A orientação

---

[927] Ver: nesse sentido: RICH, Adrienne. "Compulsory heterosexuality and lesbian existence". *Signs*, vol. 5, nº 4, 1980, pp. 631-660; SEDGWICK, Ever Kosofky. *Epistemology of the closet*. Los Angeles: University of California Press, 1990.

sexual não pode ser base para a discriminação arbitrária porque isso contraria a noção de que as pessoas não podem ser excluídas do gozo de direitos por fatores que não podem ser moralmente justificados, o caso do tratamento discriminatório contra homens e mulheres homossexuais.[928]

A discriminação por orientação sexual pode assumir a forma de uma discriminação interpessoal, uma de suas manifestações mais comuns. Muitas pessoas desenvolvem uma aversão ou temor de pessoas homossexuais, o que tem por base estereótipos: seriam predadores sexuais, pessoas cujo centro da existência seria a sexualidade. Esse comportamento decorre da animosidade gerada pela percepção de que homossexuais se recusam a desempenhar funções naturalmente designadas para os sexos, algo que contraria as hierarquias baseadas nas diferenças entre os gêneros. Muitas vezes esse tipo de discriminação assume a forma de discriminação direta, pois as pessoas negam acesso a gozo de direitos quando percebem ou tem conhecimento de que o indivíduo é homossexual ou apoia direitos de pessoas homossexuais.[929] É importante notar

---

[928] ALAMINO, Felipe Nicolau Pimentel. "Os Princípios de Yogyakarta e a proteção de direitos fundamentais das minorias de orientação sexual e de identidade de gênero". *Revista da Faculdade de Direito*, vol. 113, 2018, pp. 645-688.

[929] BRASIL. Tribunal de Justiça do Estado de São Paulo. Apelação n. 994.03.056864-0. Órgão Julgador 7ª Câmara de Direito Privado. Rel. Des. Luiz Antonio Costa, 16.06.2010 (o apelante teria xingado o apelado e seu pai de "veados". Foi ajuizada ação objetivando que ele pagasse indenização por danos morais e o mesmo alegou que não houve a configuração do dan. O Tribunal argumentou que "a palavra desferida pelo recorrente – conquanto não possua desvalor intrínseco ao designar aspectos da sexualidade humano – foi manejada com vistas a vulnerar a integridade psicofísica do recorrido", condenado o réu a pagar 20 salários mínimos ao autor. Palavras-chave: homofobia; discriminação por orientação sexual; preconceito); BRASIL. Tribunal Regional do Trabalho da 1ª Região. Recurso Ordinário n. 0000482-80.2015.5.01.0031. Órgão Julgador 8ª Turma. Rel. Des. Roque Lucarelli Dattoli, 07.05.2013 (a reclamante foi dispensada sem justa causa de seu trabalho e sofreu discriminação por conta de sua orientação sexual, sendo que o gerente a chamava de "laranja podre" na frente de outros funcionários. O

CAPÍTULO XIV – DISCRIMINAÇÃO POR ORIENTAÇÃO SEXUAL

que a manifestação da discriminação direta contra homossexuais independente dos traços dos sujeitos. Muitos indivíduos que sofrem ataques homofóbicos são heterossexuais, o que ocorre porque eles não se comportam de acordo com as expectativas sociais. Os próprios homossexuais podem também discriminar outros homossexuais porque querem afastar a suspeita, para estes ou para as outras pessoas, de que possam ser homossexuais.

Homossexuais também sofrem frequentemente as consequências da discriminação indireta porque normas sociais são formuladas a partir da pressuposição de que todas as pessoas são heterossexuais. Isso faz com que oportunidades sociais sejam pensadas a partir da ideia de que todos poderão satisfazer requisitos como o de ser casado e de ter um comportamento social que concorde com os parâmetros da masculinidade e da feminilidade. Esse mesmo grupo de pessoas também é vítima frequente de outro tipo de discriminação que afeta todos os grupos minoritários: a discriminação institucional. Como a vasta maioria das instituições sociais são controladas por pessoas heterossexuais, a orientação sexual do grupo dominante se torna o parâmetro a partir do qual as normas institucionais são formuladas e aplicadas. Como o conhecimento da orientação sexual de alguém pode ser fonte de tratamento discriminatório, muitos homossexuais preferem se manter calados quando decisões sobre a operação da instituição estão sendo tomadas. A invisibilidade social forçada impede muitas vezes que minorias sexuais se expressem para poder demandar tratamento igualitário porque isso pode gerar a discriminação. Muitos homossexuais, notoriamente homens efeminados e mulheres masculinizadas, são sistematicamente discriminados no mercado de trabalho, o que lhes impede de ter acesso a instituições que oferecem oportunidades

---

Tribunal negou provimento ao recurso por considerar que não há prova de discriminação por orientação sexual nos autos. Palavras-chave: homofobia; discriminação por orientação sexual; preconceito; discriminação organizacional; funcionário ideal).

profissionais. Os que conseguem ser admitidos têm que enfrentar o problema da discriminação cotidiana, manifestada por meio de microagressões ou impedimento de ascensão profissional. Muitos membros desse grupo também são sistematicamente discriminados por agentes públicos e privados, não tendo acesso ao tratamento que deveria ser dispensado a todas as pessoas.[930]

A discriminação por orientação sexual não opera separadamente de outros tipos de sistemas de opressão. Encontramos uma variedade significativa de atores sociais dentro da comunidade homossexual, motivo pelo qual muitos de seus membros são afetados pelos problemas do racismo e do classismo. Os que pertencem a minorias raciais e sexuais enfrentam níveis de discriminação e de violência ainda maiores do que os que fazem parte do grupo racial dominante. Os problemas que eles enfrentam são ainda intensos quando não se expressam de acordo com os ditames da heterossexualidade compulsória. Os que são membros de minorias raciais enfrentam ainda o preconceito interno dessa comunidade, grupo que também funciona de acordo com muitos dos padrões culturais no grupo racial dominante. Mesmo os que são brancos e pobres também são afetados negativamente, uma vez que podem estar mais expostos à discriminação no ambiente escolar ou no trabalho. A compulsão à conformidade social faz com que os membros de minorias raciais adotem um estilo de vida heterossexual para evitar duplas formas de discriminação, uma situação que prejudica de

---

[930] SEFFNER, Fernando. "Identidade de gênero, orientação sexual e vulnerabilidade social: pensando algumas situações brasileiras". *In*: VENTURY, Gustavo; BOKANY, Vilma (Coord.). *Diversidade sexual*. São Paulo: Fundação Perseu Abramo, 2011, pp. 39-49; FRANK, Jefferson. "Is the male privilege premium evidence of discrimination against gay men?" *In*: LEE, M.V.; FRANK, Jefferson. *Sexual orientation discrimination*: an international perspective. Nova York: Routledge, 2007, pp. 93-104.

CAPÍTULO XIV – DISCRIMINAÇÃO POR ORIENTAÇÃO SEXUAL

forma indireta mulheres que poderiam estar tendo relações mais gratificantes com pessoas heterossexuais.[931]

Homens e mulheres homossexuais também enfrentam grandes dificuldades no mercado de trabalho, principalmente os que não se expressam de acordo com os padrões heteronormativos. O que chamamos anteriormente de cultura institucional se manifesta por meio da afirmação da heterossexualidade como identidade compulsória. As chances de ingresso e promoção no espaço corporativo está amplamente ligado à orientação sexual das pessoas; sendo um mundo dominado por homens heterossexuais, estes se tornam o modelo de funcionário a ser seguido para que as pessoas possam ter sucesso profissional. Membros de minorias sexuais precisam engajar em processo constante de negociação da identidade para que não sofram discriminação nesse espaço; quaisquer evidências de que não se conformam com a identidade dominante poderá motivar formas discriminação. O espaço corporativo é um lugar de manifestação de formas de microagressões contra os que são homossexuais, o que se apresenta desde a recusa de estar no mesmo espaço social até comentários homofóbicos feitos constantemente, como se fossem uma prática aceitável. Por esse motivo, muitos homossexuais adotam uma imagem pública contrária à própria orientação sexual ou então permanecem socialmente isolados nesse espaço.

Como outros sistemas de opressão, a discriminação por orientação sexual não pode ser vista apenas como atos que expressam apenas a atitude de certos indivíduos. Ela congrega uma série de práticas sociais que almejam manter uma ordem social construída em torno da dominação masculina como forma de operação social. A discriminação por orientação sexual deve ser

---

[931] Para uma análise do tema, ver MOREIRA, Adilson José. *Cidadania sexual*: estratégia para ações inclusivas. Belo Horizonte: Arraes, 2017, pp. 244-280; BOYKIN, Keith. *One more river to cross*. Nova York: Anchor Books, 1996, pp. 85-123; BOIKYN, Keith. *Beyond the down low*: sex, lies and denial in black America. Nova York: Caroll & Graff, 2004.

compreendida na sua dimensão econômica porque permite que pessoas heterossexuais sejam beneficiadas pela exclusão de homossexuais. Ela também está presente no plano político, uma vez que a pregação da homofobia é uma estratégia frequente dos grupos econômicos para eleger políticos conservadores que vão beneficiar grandes corporações. O debate político sobre direitos de minorias sexuais, na verdade, encobre o interesse na manutenção de uma cultura patriarcal, o que está baseado na dominação masculina e heterossexual. A manutenção desse sistema de dominação requer a proscrição de todas as formas de comportamento contrárias aos papéis sociais atribuídos aos indivíduos e que sustentam as relações hierárquicas de poder entre os grupos sociais. Por esse motivo, o discurso de ódio contra homossexuais tem sido uma moeda política sempre presente nos discursos daqueles que pretendem perpetuar uma ordem social que encontra fundamentação na dominação de um grupo sobre outro.[932]

19.4 Proteção política e jurídica de minorias sexuais

A proteção de minorias sexuais requer uma série de ações no campo jurídico, no campo político, no campo cultural e no campo econômico. Tribunais constitucionais e casas legislativas desenvolveram uma série de perspectivas interpretativas e de garantias de direitos que melhoraram a qualidade de vida de muitos membros desses grupos, mas elas ainda não são suficientes para promover a integração de todos eles. A jurisprudência dos tribunais brasileiros passou por um processo de transformação significativo em tempos recentes. Seguindo o mandamento constitucional que proíbe a discriminação negativa, eles reconheceram a orientação

---

[932] Ver: nesse sentido: PEREIRA, Graziela Raupp; BAHIA, Alexandre Gustavo Melo Franco. "Direito fundamental à educação, diversidade e homofobia da na escola: desafios à construção de um ambiente de aprendizado livre, plural e democrático". *Educar em Revista*, nº 39, 2011, pp. 51-71.

CAPÍTULO XIV – DISCRIMINAÇÃO POR ORIENTAÇÃO SEXUAL

sexual como um fator protegido pelas normas jurídicas. Muitas decisões entenderam que os princípios da dignidade humana e da cidadania exigem o tratamento igualitário de pessoas homossexuais em todas as esferas da vida, motivo pelo qual instituições públicas e privadas não podem submeter os membros desse grupo a tratamentos arbitrários. Esse raciocínio fundamentou dezenas de decisões que reconheceram uniões homoafetivas como uniões estáveis, um passo significativo para o afastamento de que esses relacionamentos são moralmente degradados.[933]

Podemos observar nessas decisões o desenvolvimento de algo muito importante para a promoção da igualdade entre heterossexuais e homossexuais: a utilização da noção de cidadania sexual como um critério objetivo de controle de constitucionalidade. Vemos que muitas decisões estão baseadas no pressuposto de que a noção de cidadania não se resume à sua concepção tradicional de um *status* jurídico e político. Ela também deve ser vista como um valor republicano porque implica formas de pertencimento baseados nas noções de reconhecimento do pluralismo social e do igual valor moral das pessoas. Certos tribunais fazem referência ao conceito de reconhecimento como um fator importante para uma ordem constitucional que pretende garantir que todas as pessoas possam ser vistas como capazes de atuar de forma competente no espaço público. Esses tribunais também afirmaram que normas jurídicas que reproduzem estigmas ou impedem a plena realização dos indivíduos violam a noção de cidadania, valor que deve ser entendido como um princípio estruturante da nossa ordem jurídica.[934]

---

[933] MOREIRA, Adilson José. *União homoafetiva*: a construção da igualdade na jurisprudência brasileira. 2ª ed. Curitiba: Juruá, 2012, pp. 65-144; VECHIATTI, Paulo Roberto Iott. *Manual da homoafetividade*. São Paulo: Método, 2012, pp. 351-465.

[934] MOREIRA, Adilson José. *Cidadania sexual*: estratégia para ações inclusivas. Belo Horizonte: Arraes, 2017, pp. 147-204.

Tribunais estrangeiros têm seguido direção semelhante nas discussões sobre o tratamento igualitário entre heterossexuais e homossexuais em diferentes contextos. O tema da cidadania sexual também opera como um parâmetro importante nessas decisões. Observamos que alguns desses tribunais articulam as noções de cidadania e autonomia em decisões que trabalham com a noção de cidadania moral, termo baseado na noção de que o sistema jurídico não pode reproduzir práticas sociais que estigmatizam grupos de indivíduos, impedindo que eles possam ver a si mesmos e serem vistos pelos outros como merecedores do reconhecimento da sua igual dignidade. Eles adotam critérios de controle de constitucionalidade que consideram os propósitos e os impactos que uma norma pode ter no *status* social dos membros de minorias sexuais. Essa norma ou prática será considerada constitucional se promove a melhoria das condições de vida de minorias; será vista como discriminatória se tiver o potencial de contribuir para a preservação da condição de subordinação na qual as pessoas se encontram.[935]

Esses desenvolvimentos são de grande importância para a criação de estratégias destinadas à proteção de minorias sexuais. A luta pelo tratamento igualitário para os membros desse grupo não é um mero tipo de identitarismo, posição muito defendida por pessoas de esquerda e de direita. Ela é uma luta pela expansão da democracia, um sistema político que pretende expandir os sentidos e as formas de proteção da igualdade. O conceito de igualdade guarda uma relação estrutural com a noção de dignidade, motivo pelo qual devemos lutar contra formas de opressão que impõem formas de subordinação moral, como a imposta a homossexuais. Assim, a noção de cidadania moral ocupa um papel importante nesse debate, principalmente se levarmos em consideração os danos mentais que

---

[935] Ver: nesse sentido: HAMILTON, Frances. *Same-sex relationships, law and social change*. Nova York: Routledge, 2020; MOREIRA, Adilson José. *Cidadania sexual*: estratégia para ações inclusivas. Belo Horizonte: Arraes, 2017, pp. 182-201.

CAPÍTULO XIV – DISCRIMINAÇÃO POR ORIENTAÇÃO SEXUAL

a homofobia causa nas pessoas. A circulação de estigmas culturais sobre homossexuais não apenas motiva atos discriminatórios: ela é responsável pela introjeção da desaprovação social, o que torna o indivíduo alvo da sua própria desaprovação. A homofobia internalizada representa um grande custo psíquico porque suas vítimas tornam especialmente vulneráveis a problemas psicológicos.[936]

As considerações desenvolvidas na parte sobre igualdade demostram as formas como a discriminação por orientação sexual situa as pessoas em uma situação de imensa desvantagem. Minorias sexuais sofrem perdas materiais significativas porque são sempre impedidas de terem acesso a oportunidades necessárias para que possam funcionar socialmente de forma adequada. Essa situação impede que elas possam desenvolver as capacidades necessárias para exercer as liberdades substantivas garantidas a todas as pessoas. Principalmente, a discriminação por orientação sexual opera por meio de um processo de estigmatização constante que cria situações de hostilidade contra esses indivíduos em quase todos os espaços sociais. Esses elementos das teorias da igualdade apresentam direções importantes para o processo de interpretação jurídica: devemos ter em mente as consequências que normas e práticas terão no *status* material e no *status* cultural dos indivíduos. A invisibilidade social forçada à qual homossexuais são sempre submetidos tem consequências gravíssimas do ponto de vista psicológico, notoriamente na concepção que um indivíduo tem de si mesmo. Como tem sido afirmado por inúmeras escolas de psicologia, a concepção que uma pessoa tem de si mesma está diretamente relacionada com a imagem social que as outras pessoas têm dela. O processo de formação da personalidade humana tem

---

[936] Ver: nesse sentido: RICHARDS, David A. J. "Sexual autonomy and the constitutional right to privacy: a case study in human rights and the unwritten Constitution". *Hastings Law Review*, vol. 30, nº 4, 1978, pp. 957-1018. Para uma análise do impacto da homofobia na saúde mental dos indivíduos, ver ANTUNES, Pedro Paulo Sammarco. *Homofobia internalizada*: o preconceito do homossexual contra si mesmo. São Paulo: Annablume, 2017.

um caráter intersubjetivo, sinal de que a percepção que um indivíduo tem de si mesmo está relacionada com a percepção que os outros têm dele. Cabe às instituições jurídicas garantir que práticas sociais não operem como um instrumento para a reprodução de estereótipos que negam a humanidade de membros de minorias sexuais. O comprometimento com a eliminação de castas sociais é um dos propósitos centrais do princípio da igualdade, o que mostra a relevância da consideração desse princípio constitucional nessa matéria, requisito para a construção de uma cidadania igualitária em nossa sociedade.[937]

Precisamos também estar atentos a outros motivos pelos quais devemos garantir a proteção jurídica e política a membros de minorias sexuais. O tipo de discriminação que estamos analisando pode ser classificado como mais uma manifestação de processos de exclusão social que têm o objetivo de promover a subordinação de um grupo em relação a outro, o que contraria os princípios norteadores do sistema democrático. De qualquer forma, devemos estar atentos ao fato de que a homofobia não opera de forma isolada. Ao contrário, atua de forma paralela para reforçar ainda mais o processo de exclusão social que afeta outros grupos de indivíduos. Esse sistema de opressão pode ser um meio para a propagação do sexismo na medida em que é também uma forma de delimitação dos lugares sociais de homens e mulheres. Ao utilizar a homofobia como uma forma de controle dos limites da heterossexualidade, o sistema patriarcal enforca papéis sexuais atribuídos a homens e mulheres. Todas as mulheres heterossexuais devem se comportar segundo as expectativas sociais para que não sejam expostas à execração pública. Mulheres são frequentemente acusadas de serem lésbicas porque se recuam a aceitar investidas sexuais masculinas ou porque não atendem as exigências de seus companheiros. Assim, a homofobia permite que a opressão de homens sobre mulheres

---

[937] KOPPELMAN, Andrew. *Antidiscrimination law and social equality*. Nova Haven: Yale University Press, 1998, pp. 146-152.

CAPÍTULO XIV – DISCRIMINAÇÃO POR ORIENTAÇÃO SEXUAL

seja preservada, processo incompatível com o projeto antidiscriminatório presente em nosso texto constitucional.[938]

O compromisso jurídico com o combate contra a homofobia também encontra base no interesse na erradicação do racismo. Alguns autores elaboraram um argumento que merece nossa atenção. A proibição do casamento entre pessoas de raças distintas estava baseada na noção de que a interação sexual entre elas corrompia a pureza da raça branca. Essa forma de interação era vista como uma degradação da atividade sexual porque envolvia a relação entre pessoas que ocupavam lugares distintos nas hierarquias sociais. As relações sexuais entre pessoas de raças diferentes eram classificadas como um tipo de ato contrário à natureza porque os seres humanos foram criados e colocados em continentes distintos, sinal de que o contato sexual entre as raças não fazia parte dos planos divinos. A criminalização dos relacionamentos inter-raciais pressupunha então uma hierarquia natural entre as raças, motivo pelo qual eles não poderiam ocorrer. Esses autores argumentam que intolerância social em relação a homossexuais segue a mesma lógica. Relacionamentos sexuais entre pessoas do mesmo sexo são estigmatizados porque supostamente também violam a ordem natural, porque homens desempenham, nesse caso, o papel sexual atribuído a mulheres dentro de uma lógica baseada na classificação destas como meros objetos sexuais. Esse argumento parte da premissa segundo a qual formações culturais não reconhecem as mulheres como sujeitos sexuais, mas sim como seres que cumprem uma função subordinada em todas as esferas, inclusive nas relações sexuais. Da mesma forma que a defesa de hierarquias raciais era utilizada naquele momento histórico para justificar a proibição dos casamentos entre pessoas de raças distintas, as hierarquias entre heterossexuais e homossexuais ainda é utilizada parra legitimar práticas discriminatórias contra os últimos em diferentes instâncias

---

[938] PHARR, Suzane. *Homophobia, a weapon of sexism*. Little Rock: Chardon Press, 1988, pp. 1-27.

da vida social. Dessa forma, a luta contra a homofobia tem grande relevância social porque também guarda ressonâncias culturais com o racismo, uma vez que relações entre pessoas de raças distintas ainda enfrentam imensa resistência social.[939]

Tendo em vista que a discriminação por orientação sexual opera por meio de um processo constante de estigmatização cultural, surge a questão dos limites do direito de liberdade de expressão, uma vez que muitos atores sociais ainda pregam abertamente a perseguição a homossexuais no espaço público. Os princípios discutidos na primeira parte deste livro apresentam parâmetros para a questão. Originariamente, o que hoje chamamos liberdade de expressão não tinha como objetivo proteger quaisquer mensagens ou opiniões. Seu propósito era garantir a circulação de informações relevantes para o processo de decisão política dentro de um regime democrático: quanto maior for o acesso a diferentes perspectivas oferecidas pelos membros da comunidade política, maior será a legitimidade das decisões governamentais. Essa liberdade constitucional tinha então o objetivo de fornecer opiniões adequadas e verdadeiras para que o processo de deliberação política pudesse ocorrer da forma mais adequada. Embora ele permita a circulação de conteúdos políticos que expressam pontos de vistas opostos, seu sentido original não comtempla o discurso de ódio como um tipo de mensagem legalmente protegido. Nosso sistema constitucional mantém esse sentido: as pessoas são livres para expressar

---

[939] Para uma análise dos argumentos jurídicos envolvidos nos debates sobre relacionamentos entre pessoas de raças distintas, ver WADLINGTON, Waler. "The Loving case: Virginia's anti-miscegenation statute in historical perspective". *Virgina Law Review*, vol. 52, nº 4, 1966, pp. 1190-1223. Para uma discussão sobre a comparação entre homofobia e racismo, ver KOPPELMAN, Andrew. "The miscegenation analog: sodomy law as sex discrimination". *Yale Law Journal*, vol. 98, nº 1, 1988; CLARK, J. Stephen. "Same-Sex But Equal: Reformulating the Miscegenation Analogy". *Rutgers Law Journal*, vol. 34, nº 107, 2002; MUMFORD, Kevin. "The miscegenation analogy revisited: same-sex marriage as a civil rights story". *American Quarterly*, vol. 57, nº 2, 2005, pp. 523-531.

CAPÍTULO XIV – DISCRIMINAÇÃO POR ORIENTAÇÃO SEXUAL

opiniões políticas, expressões artísticas, críticas sociais, mas elas não têm a permissão legal para divulgar fatos inverídicos que procuram legitimar práticas discriminatórias. Dessa forma, não têm a liberdade para pregar a limitação de direitos de minorias sexuais porque são pessoas moralmente degradadas. Essa posição não pode ser validada pela psiquiatria ou pela psicologia, motivo pelo qual ela não é um parâmetro válido para debates públicos sobre quais grupos sociais devem ser protegidos pelas normas jurídicas. A laicidade do Estado também protege minorias sexuais de discursos de ódio supostamente baseados em princípios religiosos. Estudos importantes demonstram o caráter estratégico que o ódio contra homossexuais ocupa na agenda política de determinados grupos sociais, motivo pelo qual devemos examinar o recurso à liberdade de expressão com muito cuidado.[940]

A posição acima defendida está baseada em uma compreensão importante sobre o direito de liberdade de expressão. A ordem constitucional pode impor limites a ela da mesma forma que impõe limites a outras garantias. Há uma razão muito importante para que isso ocorra. Nosso sistema constitucional está comprometido com a defesa da dignidade de todos os membros da comunidade política; todos são pessoas que pessoas que merecem o mesmo respeito e consideração, todos são pessoas que podem atuar de forma competente no espaço público. Ser considerado um agente social capaz tem relevância central para a inserção social dos indivíduos, uma vez que disso depende o acesso a oportunidades sociais. A homofobia é um discurso de ódio que tem o propósito de afirmar a

---

[940] Para uma análise da natureza e do caráter estratégico do discurso de ódio contra minorias sexuais, ver ESKRIDGE, William. "No promo homo: the sedimentation of antigay discourse and the channeling effect of judicial review". *New York University Law Review*, vol. 75, nº 5, 2000, pp. 1327-1412; NATIVIDADE, Marcelo; OLIVEIRA, Leandro de. A*s novas guerras sexuais*: diferença, poder religioso e identidade LGBT no Brasil. Rio de Janeiro: Garamond, 2013; MOREIRA, Adilson José. *Cidadania sexual*: estratégia para ações inclusivas. Belo Horizonte: Arraes, 2017, pp. 106-146.

ideia de que homens e mulheres homossexuais não são pessoas que merecem o mesmo respeito e consideração, que não podem ser vistos como indivíduos que podem desempenhar funções sociais de maneira adequada porque seriam naturalmente degenerados. Vemos então que ela é um tipo de discurso social que produz ou tem o potencial de produzir danos muito graves na vida das pessoas: não apenas estimula a violência contra esses indivíduos, como também impede que possam ter acesso aos meios necessários para a sobrevivência social. Os mesmos princípios que devem proteger homossexuais em outras instâncias da vida social, também devem ser aplicados nesse contexto. O discurso de ódio é o meio principal de operação da opressão contra esse grupo; a estigmatização da identidade homossexual é a forma a partir da qual essas pessoas deixam de ter acesso a condições para construírem uma vida digna. Dessa forma, tribunais devem impedir a proliferação desse discurso porque ele prejudica a vida das pessoas de forma bastante objetiva.[941]

19.5 Cidadania sexual

O sexismo e a homofobia são dois sistemas de dominação por meio dos quais ocorre a ordenação da vida sexual na maioria das sociedades contemporâneas. Como afirmado anteriormente, eles têm o objetivo de promover a conformidade das pessoas a papéis sociais, mecanismos que legitimam sistemas de significação por meio dos quais as pessoas constituem suas identidades e vivenciam sua sexualidade. Além de determinarem parâmetros que regulam aspectos essenciais da vida sexual, esses sistemas de dominação também podem ser identificados como diferentes formas de configuração de poder: o sexismo designa relações assimétricas de

---

[941] Seguimos aqui a linha de argumentação elaborada por WALDRON, Jeremy. *The harm of hate speech*. Cambridge: Harvard University Press, 2012. Ver também, no mesmo sentido: WALDRON, Jeremy. *Dignity, rank and rights*. Oxford: Oxford University Press, 2012; MOREIRA, Adilson José. *Racismo recreativo*. São Paulo: Pólen Livros, 2019, pp. 159-175.

CAPÍTULO XIV – DISCRIMINAÇÃO POR ORIENTAÇÃO SEXUAL

poder entre homens e mulheres e a homofobia entre heterossexuais e homossexuais. Esses sistemas de significação cultural e de relações de poder impedem o pleno exercício da vida autônoma dos indivíduos, além de situarem mulheres e homossexuais em condição de vulnerabilidade social permanente, situação contrária ao que determina o nosso texto constitucional, documento que estabelece a cidadania como um princípio estruturante da nossa ordem jurídica. Devemos então entender qual é o papel desse preceito constitucional na proteção desses grupos minoritários.

O conceito de cidadania está relacionado com duas dimensões centrais da igualdade: a dimensão jurídica e a dimensão política, aspectos centrais da vivência das pessoas nas sociedades democráticas, estabelecendo o *status* dos indivíduos dentro de uma comunidade política. Ao longo dos últimos duzentos anos, entretanto, observamos desenvolvimentos relevantes que exercem um papel relevante para o entendimento desse preceito. O processo de diferenciação dos direitos tem operado um papel central na redefinição da cidadania ao incluir novas categorias necessárias para uma existência autônoma. Se os pressupostos da universalidade dos direitos atribuíam a titularidade de direitos a todas as pessoas durante o constitucionalismo liberal, o constitucionalismo social cria novas categorias de direitos dirigidos a grupos economicamente vulneráveis, reconhecimento de que as pessoas só podem ter existências autônomas quando possuem condições materiais de existência. O atual paradigma constitucional criará mecanismos para proteger grupos que sociais que são ou estão em uma situação de vulnerabilidade por estarem expostos a processos contínuos de discriminação pelos grupos dominantes.[942]

Esse processo demonstra algo muito relevante para a nossa reflexão: a ênfase na dimensão moral, na dimensão psicológica e

---

[942] CARVALHO NETTO, Menelick. "Requisitos pragmáticos para a interpretação jurídica no paradigma do Estado Democrático de Direito". *Revista de Direito Comparado*, Belo Horizonte, vol. 3, 1998, pp. 461-479.

na dimensão diferenciativa da igualdade. Muitas decisões de tribunais nacionais e internacionais que garantiram direitos a grupos minoritários mencionam a ideia de cidadania moral para poderem legitimá-la como parâmetro central da reflexão sobre a cidadania no mundo contemporâneo. Elas estão baseadas na noção de que a legislação deve ser interpretada de tal forma a permitir a emancipação material e moral de grupos minoritários, o que implica a luta contra os mecanismos que criam diferenciações de *status* social e de *status* moral entre grupos sociais.

A compreensão do texto constitucional como um sistema de princípios que atuam de forma integrada para proteger as diversas instâncias da vida dos indivíduos determina a forma como devemos pensar a cidadania dentro do nosso sistema jurídico. A caracterização dessa categoria política como um dos fundamentos centrais da nossa ordem política denota o seu *status* como um fator estruturante do sistema constitucional brasileiro. Isso significa que ela presta inteligibilidade às demais normas constitucionais, definindo quais são os seus propósitos e sentidos. Assim, por ter um caráter teleológico dentro da arquitetura de nossa ordem jurídica, a cidadania funciona como um pressuposto lógico da operação de outras normas. As diferentes dimensões desse princípio indicam que a nossa ordem constitucional está construída em torno da ideia de que as instituições estatais existem para garantir direitos que possibilitam o exercício da autonomia individual. Uma compreensão adequada da cidadania como princípio constitucional estruturante requer uma análise das relações do mesmo com as normas que estabelecem os objetivos da nossa ordem constitucional. A construção da solidariedade social, a garantia do desenvolvimento, a eliminação da marginalização e a promoção do bem de todos são princípios relacionados com a noção de inclusão social. Essas metas funcionam como parâmetros para os poderes estatais adotarem medidas que possam garantir a melhoria das condições daqueles que são impedidos de participar completamente dos benefícios da cidadania.

CAPÍTULO XIV – DISCRIMINAÇÃO POR ORIENTAÇÃO SEXUAL

A Constituição brasileira estabelece uma relação direta entre igualitarismo e inclusão, o que implica o combate aos mecanismos responsáveis pela estratificação social. O tratamento igualitário de grupos minoritários aparece então como um princípio de justiça que possibilita a afirmação da cidadania, estando focada na situação de parcelas da população que se encontram em uma situação de desvantagem estrutural. Embora a noção de inclusão social não se confunda com a promoção do bem-estar para todos, ela está baseada no princípio de que as instituições estatais precisam promover a melhoria de condições de vida de grupos marginalizados. Isso só pode ser alcançado quando esses grupos têm acesso a condições materiais, mas também quando estão aptos a participar da vida social em condições de igual respeito. Assim, a inclusão social requer não apenas o acesso a condições materiais, mas também o reconhecimento da dignidade comum dos membros desses grupos pela sociedade como um todo. Como tem sido apontado por acadêmicos e juristas, a inclusão social pressupõe o gozo de bens que têm um caráter material e também imaterial, porque a própria cidadania está fundamentada na noção do autogoverno. Essa possibilidade só pode se tornar real na medida em que os diversos processos sociais responsáveis pela circulação de estigmas que reforçam desvantagens materiais são eliminados.[943]

O caráter estruturante do conceito de cidadania sexual encontra legitimidade dentro da compreensão das funções dos direitos fundamentais no nosso sistema constitucional. Tem-se afirmado frequentemente que os direitos fundamentais possuem uma dimensão subjetiva e outra objetiva. A primeira os compreende como direitos públicos subjetivos, como limites ao exercício do poder estatal, perspectiva que surge com o constitucionalismo liberal. A transição para o constitucionalismo social fez surgir uma nova função dos direitos fundamentais dentro do sistema constitucional. Mais do

---

[943] COLLINS, Hugh. "Discrimination, equality and social inclusion". *The Modern Law Review*, vol. 66, nº 1, 2003, pp. 21-25.

que garantias individuais perante as instituições estatais, os direitos fundamentais aparecem agora como mandamentos constitucionais que requerem a atuação estatal para a sua realização. Eles também encerram os valores que governam uma sociedade democrática, servindo como parâmetro para a atuação das diferentes esferas do Poder Público. Os direitos fundamentais congregam uma série de princípios que servem como regras hermenêuticas do sistema constitucional; mesmo aquelas normas que apenas estabelecem direções para a ação dos poderes públicos condicionam a compreensão do sistema de direitos. Assim, os direitos fundamentais possuem uma dimensão objetiva que impõe ao Estado a função de agir como um agente responsável pela implementação do projeto político estabelecido pelo conjunto dessas normas.[944]

Podemos chegar à conclusão de que a cidadania possui funções diversas dentro do nosso sistema constitucional: ela estabelece parâmetros para a regulação dele; significa um *status* que se consubstancia no gozo dos direitos fundamentais; e impõe uma função negativa, como também uma função positiva, aos órgãos estatais. Se, por um lado, direitos fundamentais como o direito de liberdade individual, o direito à privacidade, o direito à livre associação e o direito à igualdade permitem o livre exercício de aspectos importantes da cidadania sexual, a dimensão objetiva da cidadania estabelece uma obrigação estatal de proteger minorias sexuais. A promoção da cidadania sexual pressupõe, de um lado, acesso a categorias de garantias materiais que possibilitam o funcionamento dos indivíduos dentro da sociedade. Isso significa que se deve fazer o possível para que minorias sexuais possam ter acesso a oportunidades educacionais e profissionais. Por outro lado, como nossos tribunais têm afirmado, a proteção de membros desses grupos também requer ações estatais voltadas

---

[944] SARMENTO, Daniel. "A Dimensão Objetiva dos Direitos Fundamentais: fragmentos de uma teoria". *Arquivos de Direitos Humanos*, vol. 4, 2002, pp. 63-102.

CAPÍTULO XIV – DISCRIMINAÇÃO POR ORIENTAÇÃO SEXUAL

para eliminação dos estigmas sociais institucionalizados. Nossas autoridades precisam agir para que aqueles valores culturais que legitimam práticas discriminatórias sejam eliminados do espaço público e do espaço privado.[945]

A defesa do direito à identidade sexual adquire maior clareza quando a consideramos dentro da cultura constitucional que informa o nosso sistema jurídico. As decisões que estenderam tratamento igualitário aos casais homossexuais identificam uma correlação entre sexualidade e democracia, consideração que sugere uma compreensão da igualdade como um princípio emancipador. Esse caráter também caracteriza o projeto de transformação social presente na Constituição Federal, projeto baseado em um compromisso com a construção de uma sociedade igualitária. Essa empreitada implica a existência de um esforço pela transformação das instituições sociais e políticas como também das relações de poder que existem dentro de uma sociedade. Um projeto dessa natureza requer reformas substanciais para que uma nação possa chegar ao ideal de ser uma comunidade política democrática na qual práticas inclusivas permitam o gozo das mesmas oportunidades. O que tem sido chamado de constitucionalismo transformador procura então criar uma sociedade altamente igualitária, respeitadora do pluralismo social e que estimula novas formas de democracia participativa.[946] Essa forma de se compreender o sistema jurídico está associada ao aparecimento de textos constitucionais

---

[945] WEST, Robin. "Progressive and conservative constitutionalism". *Michigan Law Review*, vol. 88, nº 3, 1991, pp. 693/694.

[946] Ver: por exemplo, STF, ADI 3300 MC/DF, Relator: Celso de Mello, DJ 09.02.2006 (referindo-se ao pluralismo como princípio constitucional que justifica o reconhecimento das uniões homoafetivas, preceito que tem sido mencionado de forma recorrente pelos tribunais brasileiros); TJAC, AC n. 2007.001819-4, Órgão Julgador: Câmara Cível, Relatora: Miracele Lopes, 25.09.2007 (classificando o atual paradigma constitucional como um momento cultural marcado pelo pluralismo e diversidade cultural); TJRS, AC n. 59836255, Órgão Julgador: 8ª Câmara Cível, Relator: José Siqueira Trindade, 01.03.2000 (argumentando que o texto constitucional traz como

que possuem um caráter claramente substantivo. Isso significa que eles incorporam valores como justiça social e igualdade material, preceitos que estabelecem uma concepção de cidadania e também uma noção de Estado. Se a primeira categoria aparece como um princípio que pretende articular diferentes categorias de direitos, a segunda indica que o Estado deve ser um agente de transformação social. No caso brasileiro, esse compromisso com uma concepção substantiva de cidadania está presente no preâmbulo da carta constitucional, no qual se identificam os princípios que regulam a ordem jurídica brasileira: a construção de um regime democrático legitimado pela efetivação de princípios tais como a igualdade e a liberdade, o desenvolvimento harmonizado com o bem-estar de todos, a justiça social e o respeito pelo pluralismo, bem como a realização da fraternidade como princípio moral e parâmetro de regulação social.[947]

19.6 A cidadania sexual no Brasil

Segundo William Eskridge, o processo de emancipação social de homens e mulheres homossexuais geralmente desenvolve-se de acordo com uma lógica que envolve três estágios. O primeiro está centrado na discriminalização da sodomia, pois essa restrição legal impede que pessoas possam exercer a autonomia sexual. Os passos seguintes dificilmente seriam alcançados com a presença de normas

---

princípio fundamental a criação de uma sociedade livre de quaisquer formas de discriminação).

[947] O preâmbulo da Constituição brasileira dispõe: "Nós, representantes do povo brasileiro, reunidos em Assembleia Nacional Constituinte para instituir um Estado Democrático, destinado a assegurar o exercício dos direitos sociais e individuais, a liberdade, a segurança, o bem-estar, o desenvolvimento, a igualdade e a justiça como valores supremos de uma sociedade fraterna, pluralista e sem preconceitos, fundada na harmonia social e comprometida, na ordem interna e internacional, com a solução pacífica das controvérsias, promulgamos, sob a proteção de Deus, a seguinte Constituição da República Federativa do Brasil".

CAPÍTULO XIV – DISCRIMINAÇÃO POR ORIENTAÇÃO SEXUAL

jurídicas que estigmatizam atos sexuais entre pessoas do mesmo sexo. Uma vez que essas leis são eliminadas, a militância política concentra-se na aprovação das normas que proíbem a discriminação baseada na orientação sexual das pessoas. Esse estágio é seguido pela tentativa de legalização das uniões entre pessoas do mesmo sexo, uma conquista importante para a afirmação da cidadania também na esfera privada.[948]

O esquema acima mencionado também pode ser utilizado para explicar o desenvolvimento do processo de integração de homens e mulheres homossexuais na história recente do nosso país. Embora as relações sexuais entre pessoas do mesmo sexo tenham deixado de ser consideradas como uma atividade criminosa há mais de cento e cinquenta anos, as autoridades brasileiras utilizavam outras normas penais para perseguir homossexuais durante muitas décadas.[949] Recentemente, em função da redemocratização do país, municípios e estados promulgaram leis que proíbem a discriminação baseada na orientação sexual das pessoas. Além disso, vários tribunais começaram a classificar a orientação sexual como um critério proibido de discriminação.[950] A busca pelo reconhecimento

---

[948] ESKRIDGE, William. "Pluralism and distrust: how courts can lower the stakes of politics". *Yale Law Journal*, vol. 114, nº 4, 2005, pp. 641-648.

[949] TREVISAN, João Silvério. *Devassos no paraíso*. São Paulo: Objetiva, 2018.

[950] BRASIL. Superior Tribunal de Justiça. Recurso Especial n. 154.857-DF, Órgão Julgador: Sexta Turma, Rel. Luiz Vicente Cernicchiaro, DJ 26.10.1998 (afirmando que a exclusão de testemunha em função da sua homossexualidade viola o princípio da igualdade, pois tal fato não descredencia a participação de um indivíduo nos atos da vida pública). Outras decisões mencionam essa decisão para estender tratamento igualitário a gays e lésbicas em outros contextos. Ver: por exemplo, BRASIL. Tribunal de Justiça do Rio Grande do Sul. Ação Cível, n. 7000724340, Órgão Julgador: 8ª Câmara Cível, Rel: José Siqueira Trindade, 06.10.2003 (mencionado a decisão do STJ para justificar o reconhecimento das uniões homoafetivas como uniões estáveis sob o argumento de que a jurisprudência brasileira proíbe a discriminação por orientação sexual); BRASIL. Tribunal de Justiça do Rio Grande do Sul. Ação Cível, n. 598.362.655, Órgão Julgador: 8ª Câmara Cível, Rel. José Siqueira Trindade, 01.03.2000 (referindo-se a essa decisão para justificar a

das uniões homoafetivas no Brasil também adquiriu ímpeto com a promulgação de um texto constitucional progressista. Baseados na longa tradição brasileira de conferir proteção jurídica às uniões livres, as nossas cortes aceitaram o argumento de que as uniões homoafetivas poderiam ser comparadas com as uniões concubinárias para fins patrimoniais. As várias ações judiciais solicitando benefícios previdenciários para companheiros homossexuais abriram a discussão sobre a possibilidade de reconhecimento das uniões homoafetivas como entidades familiares. Os tribunais brasileiros começaram pouco a pouco a reconhecer uniões entre pessoas do mesmo sexo como uniões estáveis, o que permitiu o acesso a direitos previdenciários para todos os casais homossexuais. Mudanças nas atitudes culturais e na jurisprudência abriram caminho para uma decisão do Supremo Tribunal Federal, que estendeu os direitos da união estável a todos os casais formados por pessoas do mesmo sexo. Seguindo os mesmos argumentos presentes nas decisões que garantiram acesso a direitos matrimoniais, o Superior Tribunal de Justiça decidiu, meses após, que as uniões estáveis entre pessoas do mesmo sexo poderiam ser convertidas em casamento civil. Essa decisão serviu como uma das justificações para a diretiva do Conselho Nacional de Justiça, que autorizou a oficialização do casamento civil entre pessoas do mesmo sexo, passo extremamente importante na expansão da cidadania sexual.[951]

A correlação entre cidadania e sexualidade é um dos aspectos mais relevantes da Ação de Descumprimento de Preceito Fundamental decidida pelo Supremo Tribunal Federal em maio de 2011. Mais do que uma inovação judicial, o conceito de cidadania sexual ali desenvolvido pode ser visto como um tema que fundamenta muitas demandas de direitos. Tradicionalmente,

---

atribuição do julgamento de questões relacionadas com as uniões homossexuais às varas de família).

[951] MOREIRA, Adilson José. *União homoafetiva*: a construção da igualdade na jurisprudência brasileira. Curitiba: Juruá, 2010, pp. 45-95.

CAPÍTULO XIV — DISCRIMINAÇÃO POR ORIENTAÇÃO SEXUAL

membros de minorias sexuais são socialmente tolerados na medida em que as suas práticas ficam circunscritas ao espaço privado. O espaço público permanece identificado com a heterossexualidade e com a masculinidade, separação que marca os limites do exercício da liberdade pessoal. A designação da esfera privada como lugar de exercício da sexualidade dissidente enfrenta obstáculos na medida em que essa dimensão também está identificada com a heterossexualidade. O mundo privado é o lugar das relações familiares e as normas jurídicas representam a família como inerentemente heterossexual.[952]

Ao contrário daqueles que defendem a normatividade social como critério de legitimidade para a ação estatal, homossexuais têm questionado sistematicamente as construções culturais que reproduzem os estigmas sociais e as desvantagens materiais às quais são constantemente submetidos. A formulação de novas formas de cidadania implica a articulação de diversas categorias de direitos, processo que modifica a forma como as relações entre as instituições estatais e os indivíduos são estabelecidas. Se o surgimento dos direitos sociais trouxe funções mais complexas para as instituições governamentais em relação àquelas que existiam no constitucionalismo liberal, as demandas de direitos relativos à sexualidade também exigem que essa relação se estabeleça de outra forma. A discriminação baseada na orientação sexual tem um caráter especial: a invisibilidade social do critério de tratamento diferenciado. Se a raça e o sexo são características a partir das quais as pessoas podem ser classificadas imediatamente, a identidade sexual permanece largamente invisível para as pessoas. Ela institui uma forma de subordinação específica porque impõe o silêncio a um determinado grupo, o que pode ser caracterizado como uma negação da identidade. As conexões entre cidadania e identidade são particularmente complexas nesse caso porque

---

[952] BELL, David; BINNIE, Jon. *The sexual citizen*: queer politics and beyond. Londres: Polity Press, 2000, pp. 9-11.

a normatividade social exige que essa expressão da sexualidade permaneça invisível.[953]

Tendo em vista o fato de que a heterossexualidade é uma identidade compulsória que implica um padrão de normalidade nos diferentes espaços sociais, a cidadania sexual está centrada em uma ordenação política específica de esferas distintas da vida individual, uma vez que a luta para a sua afirmação está centrada na possibilidade de dissolução dos limites da esfera pública e da esfera privada. O conceito de cidadania sempre esteve associado à possibilidade do indivíduo poder exercer a autonomia pessoal, o que depende de acesso a direitos articulados na esfera pública. Dessa forma, a mobilização em torna da sexualidade adquire importância crescente, principalmente quando se percebe que sexualidade e cidadania estão relacionadas de diversas formas, desde a atribuição de lugares sociais de acordo com o sexo das pessoas, passando pela regulação legal da constituição da família, até a determinação de quais formas de sexualidade podem ser expressas na vida pública.[954]

Vemos então que o conceito de cidadania sexual possui uma pluralidade de sentidos porque procura afirmar a igualdade de direitos em diferentes instâncias da vida das pessoas. Se, por um lado, não se afasta inteiramente das formulações tradicionais que a situam como um conjunto de direitos jurídicos e políticos, por outro, enfatiza a importância da orientação sexual e da identidade de gênero como formas de pertencimento social e como referência para o desenvolvimento da autonomia pessoal. A sexualização da cidadania é um produto da proeminência da subjetividade sexual na vida das pessoas, processo social responsável pela crítica às formas de regulação social do exercício de direitos. Observamos que as minorias sexuais se empenham em desconstruir a hegemonia da

---

[953] FREDMAN, Sandra. *Discrimination law*. Oxford: Oxford University Press, 2011, pp. 86-88.

[954] BELL, David; BINNIE, Jon. *The sexual citizen*: queer politics and beyond. Londres: Polity Press, 2000, pp. 3-9.

CAPÍTULO XIV – DISCRIMINAÇÃO POR ORIENTAÇÃO SEXUAL

heterossexualidade na vida social, pois esses grupos acreditam que a afirmação de seus direitos requer o reconhecimento do pluralismo de identidades sexuais. Por ser vista como algo que deve estar restrito ao espaço privado, a homossexualidade requer o devido reconhecimento. Isso só pode ser alcançado a partir da discussão sobre a proteção de identidade sexual dentro do espaço público, passo necessário para o alcance de sua proteção jurídica.[955]

De certa perspectiva, o termo cidadania sexual pode ser classificado como uma manifestação da luta por formas mais inclusivas de pertencimento social. A identificação tradicional da cidadania com a heterossexualidade indica que o *status* das minorias sexuais nas democracias liberais pode ser classificado como uma cidadania de caráter parcial. Os membros desses grupos são cidadãos parciais porque muitas categorias de direitos não estão ao seu alcance em função da instituição da heterossexualidade como identidade normativa.[956] O caráter abstrato da cidadania como conjunto de direitos e obrigações potencializa a injustiça porque impõe uma necessidade de assimilação aos interesses majoritários. Dessa forma, o propósito de afirmar a possibilidade do autogoverno, premissa básica do constitucionalismo moderno, perde sentido porque os indivíduos possuem uma série de pertencimentos. Esse parâmetro continua sendo um elemento importante da noção de cidadania sexual, mas ele só pode ser concretizado na medida em que as pessoas gozam de tratamento igualitário em uma pluralidade de dimensões.[957]

Os estudiosos desse tema referendam argumentos articulados na jurisprudência brasileira sobre uniões homoafetivas. Afirma-se que a cidadania sexual deve ser vista como uma possibilidade de

---

[955] JOHNSON, Carol. "Heteronormative and the politics of passing". *Sexualities*, vol. 5, nº 3, 2002, pp. 19-21.
[956] KESLER, Tanya; ROBSON, Ruthann. "Unsettling sexual Citizenship". *McGILL Law Journal*, vol. 53, nº 2, 2008, pp. 541/542.
[957] TULLY, James. *Strange multiplicity*: Constitutionalism in an age of diversity. Cambridge: Cambridge University Press, 1997, pp. 1-9.

afirmação e expressão da identidade sexual. Parte-se do pressuposto de que os indivíduos devem poder manifestar a orientação sexual e a identidade de gênero na sua vida cotidiana sem que isso gere consequências negativas para eles. Dessa forma, a cidadania sexual aparece como um tipo de pertencimento social que permite ao indivíduo integrar aspectos centrais da sua identidade pública e sua identidade privada. Ela também implica a democratização da esfera privada, processo que almeja eliminar as relações hierárquicas baseadas na hegemonia heterossexual e masculina. A sexualidade surge como um espaço de formulação de demandas de direitos de grupos que sempre foram excluídos dos benefícios plenos da cidadania. A inclusão social depende, portanto, de uma reforma cultural e política que busca reconhecer a igual dignidade dos indivíduos independentemente da orientação sexual. Esse movimento torna-se necessário porque a cidadania parcial restringe a autonomia individual de diferentes formas. A inexistência de leis antidiscriminatórias possibilita a perpetuação da homofobia no mercado de trabalho e no ambiente escolar, a exclusão das instituições que regulam as uniões adultas impedem que casais homossexuais tenham acesso a direitos sucessórios e a direitos sociais e a constante reprodução de estereótipos negativos faz com que minorias sexuais sejam particularmente vulneráveis a diversas formas de violência física.[958]

---

[958] COSMAN, Brenda. "Sexing citizenship, privatizing sex". *Citizenship Studies*, vol. 6, nº 4, 2007, pp. 6/7.

CAPÍTULO XX
OS CUSTOS EMOCIONAIS DOS SISTEMAS DE DISCRIMINAÇÃO

Este livro abordou até o presente momento as consequências da operação de sistemas de discriminação no espaço público e no espaço privado, na forma como eles criam diferenças de *status* entre grupos que impedem o pleno gozo de direitos. Embora essa análise seja de fundamental importância para um estudo sobre normas e medidas antidiscriminatórias, nós precisamos estar atentos ao fato de que processos de marginalização têm impacto psicológico significativo na vida das pessoas que afetadas por elas. Vimos em capítulos anteriores que o sentimento de dignidade pessoal está amplamente relacionado com o reconhecimento dos indivíduos como atores sociais competentes, evidência de que eles são reconhecidos como pessoas que merecem o mesmo respeito e consideração. Esse processo possui conexões diretas com o sentimento de integridade pessoal, uma vez que a formação da nossa personalidade guarda relações estruturais com as relações interpessoais que formamos ao longo da vida. A possibilidade de ter referências sociais positivas desempenha um papel central na formação de um senso de valor pessoal, aspecto negado por aquelas pessoas que são membros de grupos minoritários. Embora muitas delas desenvolvam um senso de resiliência mental significativo apesar das adversidades, isso não significa que não sejam afetadas por processos constantes de estigmatização. Examinaremos neste capítulo as possíveis consequências desse processo na vida dos membros de grupos minoritários.

20.1 Identidade e personalidade

O tema da identidade tem sido amplamente debatido na psicologia. Uma das contribuições mais relevantes para o entendimento desse tema é apresentada por Erik Erikson. Esse autor desenvolve sua teoria do psiquismo a partir da análise da relevância de processos identificatórios no desenvolvimento moral dos seres humanos. Ele parte do pressuposto de que nosso desenvolvimento moral e cognitivo pode ser entendido como um processo no qual a referência ao outro ocupa um papel central na forma como o indivíduo concebe a si mesmo. Esse outro pode ser entendido como as pessoas que desempenham o papel de cuidadores da criança e também como as referências culturais trazidas a ela por essas pessoas. O autor acredita que enfrentamos uma série de crises morais ao longo da vida, sendo que as relações afetivas e identificatórias com o outro determinam a formação da nossa personalidade. Erikson afirma que a criança poderá desenvolver um sentimento de confiança básica ou de desconfiança básica em relação ao meio no qual vive na medida em que recebe ou deixa de receber condições adequadas para sobrevivência, reciprocidade de afeto, além de estímulos para desenvolver habilidades cognitivas e motoras. A formação de um sentimento de autonomia ou de incompetência dependerá da forma como seus cuidadores treinam o controle da criança sobre seu próprio corpo; a formação da percepção psicológica de que a pessoa pode controlar seu corpo de forma adequada condiciona a sua consciência de que é um ator social competente. Aquelas crianças que são estimuladas a explorar o mundo fisicamente e cognitivamente se sentem mais aptas para o processo de socialização. O sentimento de confiança pessoal e a possibilidade de compreensão cognitiva do mundo são elementos relevantes para que o indivíduo possa se ver como um ator social competente, sendo que a aquisição dessas habilidades dependerá da qualidade das relações intersubjetivas com as pessoas com as quais se relaciona. A transição para a vida adulta representa um momento crítico na vida dos seres humanos porque eles terão que administrar a pressão social para tomarem decisões duradouras sobre suas vidas e como se apresentarão para o mundo. Esse processo se mostra problemático porque as pessoas não adquiriram pleno desenvolvimento emocional; elas ainda estão em um processo de experimentação moral. Os indivíduos precisam articular as exigências sociais para que tomem decisões duradouras sobre suas vidas, o que só pode ser tomado se possuem acesso a condições institucionais relevantes. O tema do repertório identificatório ocupa um papel central no período de moratória moral: as pessoas precisam ter acesso a direitos humanos e também precisam ter a confiança necessária para se verem como atores sociais competentes, o que requer a respeitabilidade social dos indivíduos. Os indivíduos que possuem identidades sociais estigmatizadas sofrerão dificuldades significativas para o ajustamento social.[959]

A questão do impacto psicológico negativo de estigmas sociais na formação do psiquismo dos indivíduos levou esse autor a se manifestar sobre o impacto do racismo na vida emocional de pessoas negras. Relações identitárias positivas ocupam um papel central no processo de formação de uma personalidade integrada, objetivo que se mostra problemático para aqueles segmentos representados culturalmente de forma sempre negativa. Esse autor examina a forma como estigmas culturais complicam o processo de formação de um sentimento de integridade psíquica, o que também pode ocorrer quando certas formas de identidade são invisibilizadas. Para Erikson, estigmas sociais atravessam gerações, o que constitui um impedimento para que membros de minorias raciais possam

---

[959] ERIKSON, Erik. *Childhood and society*. Nova York: Norton & Company, 1963, pp. 247-274.

ser reconhecidos como atores que merecem o mesmo respeito e consideração. Membros de minorias raciais estão envolvidas em uma longa luta para serem reconhecidos como pessoas que devem ter a possibilidade de determinar a si mesmos, o que os leva a lutar contra os estereótipos que procuram restringir essa possibilidade. Essas pessoas estão envolvidas em uma batalha para recuperarem uma identidade capturada, uma identidade atribuída pelos grupos dominantes com o objetivo de manter minorias raciais em um processo de subordinação. A ênfase no tema da identidade, afirma o autor, não se resume a uma preocupação com a afirmação da diferença, mas sim com a possibilidade de correção de processos culturais que concorrem para a marginalização. Erikson argumenta que estereótipos desempenham um papel importante no que ele chama de territorialidade das identidades, nas estratégias que grupos dominantes criam para justificar a dominação de um grupo sobre o outro; a diferenciação de *status* cultural e material requer a representação das minorias como diferentes e inferiores. Esse movimento será responsável pela criação de identidades positivas associadas aos grupos majoritários e identidades negativas associadas aos grupos minoritários. Isso significa que a identidade psicossocial dos indivíduos será marcada por uma prevalência de elementos negativos, o que pode comprometer seu bem-estar pessoal. Os membros do grupo opressor têm um interesse na manutenção dessa identidade negativa porque ela justifica a dominação, mas também porque permite que eles possam ter a satisfação narcísica de se sentirem completos.[960]

Embora Erikson analise os efeitos da discriminação no psiquismo de pessoas negras, o processo descrito por ele descreve pode ser utilizado para analisar a situação de outros grupos que são vítimas de desvalorização social, como mulheres e homossexuais. Esse processo de ausência de referências culturais positivas

---

[960] ERIKSON, Erik. *Identity, youth and crisis*. Nova York: Norman & Company, 1968, pp. 295-320.

vivenciado por membros de grupos minoritários pode ser examinado a partir do que Anthony Giddens chama de perda de segurança ontológica. Nossa identidade psicossocial está relacionada com a noção de que certos elementos, como a respeitabilidade social, estarão disponíveis para os indivíduos que vivem em uma sociedade democrática. A presença pervasiva de estereótipos negativos faz com que indivíduos desenvolvam um nível significativo de ansiedade porque reconhecem que nunca terão os elementos necessários para o reconhecimento enquanto pessoas capazes de atuar de forma competente no espaço público.[961] Esse reconhecimento tem um papel central no que psicólogos sociais têm chamado de processo de autoverificação. Essa expressão designa o sentimento que o indivíduo tem de que poderá ser reconhecido e reconhecer a si mesmo como alguém que pode operar de forma adequada no espaço social e também como alguém psicologicamente integrado. As pessoas que vivenciam uma situação de desvalorização constante de suas identidades poderão desenvolver: no lugar do senso de uma confirmação de sua eficácia como indivíduo, a noção de desamparo aprendido, termo que faz referência à percepção de que a pessoa não tem controle sobre elementos básicos de sua vida, por exemplo, oportunidades materiais e respeitabilidade social.[962]

20.2 Processos discriminatórios e dinâmica psicológica da regulação social

Estudos elaborados por pesquisadores no campo do Direito e da psicologia mostram como processos de exclusão operam para situar membros de minorias em uma situação de subordinação social e de estresse psicológico constante. Eles estão amplamente

---

[961] GIDDENS, Anthony. *Modernity and self-identity*: self and society in the late modern age. Stanford: Stanford University Press, 1991, pp. 35-70.
[962] FERREIRA, Darlene Cardoso. "Desamparo aprendido e incontrolabilidade: relevância para uma abordagem analítico-comportamental da depressão". *Psicologia: Teoria e Pesquisa*, vol. 29, nº 2, 2013, pp. 211-219.

relacionados com a dinâmica dos papéis sociais, categorias que designam os roteiros sociais atribuídos aos indivíduos em função dos lugares e identidades que eles possuem. Papéis sociais cumprem uma função importante no processo de socialização porque operam como esquemas de compreensão que os indivíduos possuem de si mesmos e dos outros, como também dos lugares que as pessoas devem ocupar na sociedade. Embora as pessoas estejam sempre em tensão com esses roteiros sociais elas, essas prescrições determinam, em grande parte, a formação da nossa personalidade e a forma como construímos relacionamentos com outras pessoas. Papéis sociais designam como as pessoas devem se comportar no espaço público e no espaço privado; eles designam expectativas sociais utilizadas com o propósito de regulação dos comportamentos sociais, uma estratégia utilizada pela sociedade para que as relações humanas ocorram a partir de critérios específicos.[963]

A operação de sistemas de dominação social, como o racismo, o sexismo e a homofobia, está amplamente baseada na ideia de que as pessoas se comportarão de acordo com as expectativas criadas e lugares socialmente atribuídos a elas. Papéis sociais são meios de reprodução de estereótipos descritivos e prescritivos, fator a partir do qual formas de discriminação são socialmente legitimadas, muitas vezes, de forma institucionalizada, na medida em que normas institucionais representam interesses dos membros dos grupos dominantes. Algo dessa natureza pode ocorrer quando critérios de distribuição de funções dentro de uma instituição operam a partir da presunção de que membros de certos grupos são mais aptos para essa ou aquela função. Assim, mulheres desempenham funções administrativas em grandes escritórios de advocacia, enquanto homens são mais frequentemente designados para desempenhar funções que exigem maior engajamento intelectual. A operação dessa lógica androcêntrica mostra, para mulheres, que demonstrações

---

[963] HEIZEN, Thomas; GOODFRIEND, Wind. *Social psychology*. Londres: Sage, 2013, pp. 56-91.

de competência profissional não serão suficientes para garantir as mesmas oportunidades profissionais a que homens têm acesso.[964]

A noção de que as pessoas possuem funções sociais naturalmente determinadas opera como motivação para diversas formas de exclusão de garantias de direitos. Papéis sociais desempenham uma função muito relevante no modo como as pessoas estruturam suas personalidades e como percebem a função dos outros. O problema da violência contra minorias sexuais é amplamente motivado pela percepção de que membros desses grupos são se recusam a se comportar de acordo com determinações naturais, o que é percebido como um tipo de insubordinação, o que leva muitas pessoas a vê-los como uma ameaça à ordem social estabelecida. O comportamento entra em conflito com estruturas cognitivas erigidas a partir de articulações entre normatividade social e ameaça pessoal, o que situa minorias sexuais em condição de constante vulnerabilidade a qualquer comportamento visto como um tipo de dissidência que possa comprometer a dinâmica social.[965]

A identidade entre normas institucionais e identidades sociais também afeta minorias raciais de forma significativa. Observamos que instituições sociais desenvolvem um modelo de funcionário ideal que corresponde aos membros dos grupos dominantes, fato que impõe a minorias a necessidade de adequação a esses parâmetros tidos como universais. Esse processo requer então que elas disfarcem ou apaguem sinais de diferença cultural, que controlem o que podem falar e como devem se vestir nesse ambiente. Esses indivíduos são então constantemente forçados a emular as identidades dos grupos dominantes, o que exige o apagamento das suas especificidades e dos seus traços físicos e culturais. O ambiente de

---

[964] Ver: nesse sentido: BERTOLIN, Patrícia Tuma Martins. "Feminização da Advocacia e ascensão das mulheres nas sociedades de advogados". *Cadernos de Pesquisa*, vol. 47, 2017, pp. 16-42.

[965] BORRILLO, Daniel. *Homofobia*: história e crítica de um conceito. São Paulo: Autêntica, 2016, pp. 21-34.

trabalho também se torna um lugar de produção de estresse mental porque minorias raciais estarão sempre tentando lutar contra estereótipos culturais que as representam como indivíduos inferiores. Se o ambiente laboral deveria ser um espaço de cooperação entre pessoas, ele se torna, muitas vezes, mais um espaço no qual a identidade racial vem a ser objeto de considerações negativas, motivo pelo qual ela precisa ser invisibilizada.[966]

Vemos então que sistemas de discriminação operam para reproduzir uma ordem cultural na qual as pessoas devem ocupar lugares e funções muito definidas. Como esses lugares e funções estão associados aos membros dos grupos dominantes, as interações sociais são fontes constantes de estresse emocional, porque pautadas em uma forma de relação de poder no qual uma identidade procura de forma direta ou indireta afirmar a subordinação da outra. Esse processo pode ocorrer por meio de manifestações de discriminação direta ou indireta, mas também pode assumir a forma de um tipo de cultura institucional, que opera a partir de uma lógica de assimilação. Oportunidades são asseguradas na medida em que as pessoas se adequam a uma cultura institucional moldada a partir dos parâmetros do grupo dominante. O apagamento da diferença de identidades decorrente das diferenças de identidades concorre para que mecanismos estruturais de exclusão social sejam debatidos a partir de uma lógica que procura garantir igualdade de oportunidades para todos, um aspecto central de discursos contemporâneas que defendem a neutralidade em relação a raça e sexo como forma de justiça social. Mais uma vez estamos diante de uma situação na qual os custos sociais e emocionais são compartilhados apenas por minorias, enquanto sistemas de opressão – sistemas de privilégios – permanecem invisíveis.[967]

---

[966] DAVID, E. J. *Internalized oppression*: the psychology of marginalized groups. Nova York: Springer, 2013, pp. 1-20.
[967] CARBADO, Devon; GULATI, Mitu. "Working identity". *Cornell Law Review*, vol. 85, nº 4, pp. 1267-1276.

20.3 Os custos emocionais dos sistemas de discriminação

20.3.1 Sistemas de discriminação e trabalho emocional

Pesquisas recentes no campo da psicologia social demonstram a relevância de um aspecto central das relações humanas no espaço laboral, aspecto importante para a nossa discussão: a noção de trabalho emocional. Esse conceito designa a resposta das pessoas às exigências institucionais e culturais de regulação da expressão de emoções nos espaços sociais que são profissionalmente relevantes para elas. A gestão das emoções está amplamente relacionada com os mecanismos culturais utilizados para a administração dos interesses dos vários atores sociais que operam nos ambientes profissionais, o que implica a forma como as pessoas devem se comportar nas suas diversas interações. Esses são locais nos quais as pessoas estão submetidas a várias regras de conformidade social, o que inclui a maneira como devem se comportar com outras pessoas de dentro e de fora da instituição. O controle sobre as emoções, principalmente daqueles que dirigem uma empresa, tem grande importância para que vários interesses sociais sejam atingidos. Tendo em vista o fato de que o ambiente de trabalho tem uma natureza hierárquica e que regras de comando precisam ser obedecidas para que a pessoa seja vista como um bom funcionário ou boa funcionária, ela deverá expressar competência profissional, mas também a capacidade de controlar as diferentes emoções que podem surgir a partir das interações com diferentes indivíduos e em diferentes situações.[968]

Como as hierarquias de poder presentes em uma dada sociedade também estão refletidas no ambiente do trabalho, as

---

[968] FROYU, Carissa. "For the betterment of kids who look like me: professional emotional labour as a racial project". *Ethnic, and Racial Studies*, vol. 36, nº 6, 2013, pp. 1070-1089.

exigências de gestão das emoções variam entre os grupos sociais e de acordo com as funções desempenhadas. Instituições públicas e privadas criam diferentes regras para a expressão das emoções para as várias categorias de trabalhadores, o que frequentemente tem um impacto desproporcional em minorias raciais e sexuais. Quanto mais alto for o cargo de uma pessoa, menores serão as chances de ela ser constrangida por normas que regulam expressão de emoções; essa posição estabelece a ideia de que a pessoa merece maior deferência em relação a outras que ocupam cargos menores, expectativa que não segue a noção de que os que estão em posição superior devem subordinados da mesma maneira. A posição de grupos minoritários no trabalho acompanha os sistemas de subordinação dentro da sociedade, o que torna a exigência do controle das emoções ainda maior, uma vez que essas pessoas estão em uma situação de desvantagem em relação a outros trabalhadores. O controle das emoções implica a concordância com as expectativas dos membros dos grupos dominantes para que possam ter a permanência nos seus empregos. Assim, quanto maior for o poder que uma pessoa possui, maiores serão as chances dela de ter controle sobre regras que regulam emoções; quanto menor for o *status* social de um indivíduo, maiores serão as pressões para que se adeque a regras de controle de emoções.[969]

Os estudos sobre esse tema decorrem do interesse dos especialistas em entender como emoções são reguladas por diferentes normas e estruturas sociais. A operação do trabalho emocional acompanha e determina a forma como as pessoas devem reagir, processo que opera segundo a lógica das diversas interações humanas nas instituições às quais elas estão vinculadas. O espaço do trabalho é um local que reflete as relações sociais presentes em outras esferas sociais, motivo pelo qual a regulação de emoções

---

[969] SANTOS Elaine F.; FONTENELLE, Isleide. "A construção de sentido para o trabalho emocional". *Revista de Administração Mackenzie*, vol. 20, nº 1, 2019, pp. 1-22.

surge como um elemento central das relações humanas nesse lugar. As pessoas são forçadas a apresentar certas emoções independentemente da correspondência delas com seus sentimentos, o que gera um processo de dissonância cognitiva constante e torna o espaço de trabalho um lugar de estresse emocional. Como minorias raciais estão entre os que ocupam parte significativa de ocupações menos qualificadas, elas estão mais expostas a esses processos de conflitos entre suas identidades e à exigência de expressar suas emoções de acordo com regras externas. A administração das emoções está então relacionada com o fato de que as pessoas controlam ativamente suas emoções a partir de normas externas que as constrangem de forma direta ou indireta.[970]

A administração das emoções presente no trabalho emocional opera a partir de normas que expressam não apenas uma lógica institucional voltada para o alcance de maior eficiência, mas também regras que são direta ou indiretamente identificadas com os traços culturais dos grupos dominantes. A universalização dos traços fenotípicos europeus como ideal de beleza universal cria um parâmetro ao qual membros de outras raças precisam se adaptar; o fato de um ambiente de trabalho ser majoritariamente branco desencoraja pessoas negras a falar sobre suas experiências sobre racismo, porque elas estão cientes de que serão vistas como excessivamente sensíveis; mulheres são forçadas a aquiescerem com uma lógica de assimilação que torna as diferenças de experiências de homens e mulheres invisíveis, mas que opera de acordo com os padrões masculinos; o fato de pessoas homossexuais trabalharem em lugares nos quais quase todas as pessoas são heterossexuais faz com que escondam ou neguem sua sexualidade para que não sejam prejudicadas.[971]

---

[970] Ver: nesse sentido: WHARTON, Amy S. "The sociology of emotional labor". *Annual Review of Sociology*, vol. 35, 2009, pp. 147-165.

[971] Ver: nesse sentido: ASHFORTH, Blake. "Emotional labor in service roles: the influence of identity". *Academy of Management Review*, vol. 18, n° 1,

Dentro dos estudos sobre trabalho emocional, o tema das emoções raciais merece atenção especial. Pesquisas nessa área apontam a grande possibilidade de membros de minorias raciais terem emoções negativas como raiva, frustração e ansiedade no espaço de trabalho, porque pensam que sempre estarão sendo julgados a partir de estereótipos negativos, o que poderá comprometer seus meios de sobrevivência. Interações como membros de minorias raciais também podem ser uma fonte de ansiedade para pessoas brancas porque pensam que suas falas e comportamentos poderão ser interpretados como formas de preconceito. Estamos, portanto, diante de um aspecto comum: padrões culturais operam como formas de antecipação de como as interações sociais ocorrerão, o que pode ser uma fonte constante de estresse emocional para minorias. Observamos aqui uma expressão do que tem sido chamado de ameaça à identidade, um mecanismo que provoca mobilização emocional dos indivíduos, porque estes estão diante de uma situação na qual certas situações são interpretadas como um ataque ao *status* pessoal e coletivo que possuem. As pessoas podem reagir a esse problema de diversas formas: podem esconder o sentimento de frustração, evitar contato com a situação ou com pessoas, reagir de forma agressiva ou ainda engajar no processo para questionar falas e atos preconceituosos, o que pode ter um custo para elas.[972]

20.3.2 As consequências emocionais da discriminação

Sistemas de discriminação afetam a operação do psiquismo humano de forma significativa. Membros de minorias são discriminados nas mais diversas dimensões da vida, fato que leva muitos

---

1993, pp. 88-115; BULAN, H. F.; ERICKSON, R. J.; WHARTON, A. S. "Doing for others on the job: The affective structure of service work". *Social Problems*, vol. 44, 1993, pp. 235-256.

[972] GREN, Tristin. "Racial emotions in the workplace". *South California Law Review*, vol. 86, nº 4, 2013, pp. 970-978.

deles a uma situação de estresse permanente, o que ocorre em razão de estarem cientes das dificuldades de serem reconhecidos como iguais independentemente do quanto demonstrem que são atores sociais competentes. Esse fato faz com que a vida social seja uma fonte permanente de ansiedade, motivo pelo qual podem desenvolver problemas de ordem emocional. Centenas de estudos nos campos da sociologia, da psicologia e da psiquiatria, elaborados ao longo das últimas décadas, mostram como membros de minorias estão mais vulneráveis a desenvolverem problema de ordem emocional. Como mecanismos de discriminação operam de forma sistêmica, minorias estarão sempre sendo impedidas de terem acesso a oportunidades sociais, o que pode gerar problemas de ordem psicológica, principalmente entre aqueles que não possuem um sistema de suporte social adequado. Esses problemas se multiplicam quando indivíduos são duplas minorias: a submissão a dois ou mais sistemas de opressão cria barreiras ainda mais sérias à inserção social porque também dificulta a criação de redes de solidariedade dentro das diferentes comunidades a que uma pessoa pertence.[973]

O termo saúde tem sido definido por organizações internacionais como um estado de bem-estar que compreende a saúde física e a saúde psíquica, fatores dependentes do nível de integração pessoal que um indivíduo goza na sociedade na qual vive. O alcance desse estado se torna especialmente difícil quando uma pessoa está submetida a variadas formas de marginalização; essa situação se estende ao próprio acesso à saúde, o que implica maior estado de vulnerabilidade. Sistemas de dominação estão baseados na antipatia social e na discriminação ativa, o que cria impedimentos para que as pessoas possam obter condições dignas de existência. Essas diferentes dimensões da saúde estão interligadas: a saúde física depende da saúde psíquica, sendo que o gozo das duas depende

---

[973] Ver: entre outros, ANEHENSEL, Carol; PHELAN, Jo. "The sociology of mental health. Surveying the field". *In*: _____. (Coord.). *Handbook of the sociology of mental health*. Nova York: Springer, 2013, pp. 1-17.

das condições de existência de uma pessoa. Vemos então que os mesmos fatores responsáveis pela negação de acesso ao gozo de direitos afetarão as chances de uma pessoa poder ter boa saúde, no sentido amplo desse termo, porque esse fato depende diretamente das formas de *status* social que o indivíduo possui. Como a exclusão de direitos atinge certas coletividades, seus membros estarão mais sujeitos a problemas dessa natureza.[974]

As consequências das diferentes formas de discriminação na vida emocional das pessoas são significativas. Experiências de discriminação geram reações físicas imediatas nas pessoas, tais como, aumento de batimentos cardíacos, aumento de pressão arterial e comportamento de risco. Ao lado dessas alterações físicas, os indivíduos que sofrem esse problema passam por processos que comprometem a autoestima; a experiência da discriminação pode gerar dúvidas sobre a capacidade pessoal e até mesmo da relevância de continuarem vivendo. Essas reações decorrem do fato de que episódios de discriminação não são isolados; na verdade, têm um caráter cumulativo porque se repetem ao longo da vida. Por conta disso, membros de minorias chegam à conclusão que nunca gozarão de respeitabilidade social, um dos motivos pelos quais são mais vulneráveis ao problema do suicídio. Os que são vítimas de discurso de ódio apresentam comportamentos bastante problemáticos, como isolamento social, sintomas depressivos e sentimento de desespero pessoal, por perceberem que sempre estarão suscetíveis a esse tipo de agressão. Além da desconfiança generalizada em relação aos membros dos grupos majoritários, essas pessoas são convencidas de que sempre estarão em uma situação de vulnerabilidade, o que se estende a todos os outros membros do grupo. Alguns podem fazer o possível para evitar a identificação com o próprio grupo ao qual pertencem para evitar novas manifestações de discriminação.[975]

---

[974] FEAGIN, Joe. *The many costs of white racism*. Nova York: Rowman & Littlefield, 2002, pp. 7-22.
[975] DELGADO, Richard; STEFANCI, Jean. *Understanding words that wound*. Boston: Westview, 2004, pp. 13-16.

Problemas psicológicos decorrem de um problema que afeta muitos membros de minorias raciais e sexuais: a internalização dos estereótipos negativos, o que gera no indivíduo sentimentos de inadequação e de desprezo por si mesmo. A internalização de representações culturais negativas pode fazer com que desenvolva sintomas depressivos, processos de sabotagem pessoal, além do sentimento de desamparo aprendido, fonte constante de ansiedade pessoal. Esse é um problema que afeta minorias sexuais com grande frequência. Muitos incorporam a noção de que são pessoas repulsivas, que não merecem qualquer tipo de respeitabilidade social, que são a causa principal dos problemas sofridos. Muitos desenvolvem comportamento sexual de risco, dificuldade de estabelecer vínculos afetivos, sentimento de hostilidade em relação a pessoas do mesmo grupo, além do risco maior a problemas psicológicos em função da necessidade de esconder a sexualidade para que possam sobreviver socialmente. Mesmo os que conseguem desenvolver uma imagem positiva de si mesmos podem sofrem em algum momento da vida as consequências da internalização de preconceitos. A perspectiva de discriminação pode levar muitos ao engajamento político, mas muitos não conseguem desenvolver estratégias psíquicas para adquirir resiliência mental.[976]

As pesquisas que correlacionam a raça como um fator importante na predição de desenvolvimento de problemas psicológicos são numerosas. As variações de diferença de saúde mental entre grupos raciais podem ser sutis ou bastante pronunciadas, sendo que em ambos os casos mostram as formas como o racismo pode comprometer o funcionamento social dos indivíduos. A raça e a etnia são *status* sociais relacionados com experiências que podem provocar grandes níveis de estresse emocional nas pessoas. Sistemas de discriminação impactam de forma negativa a vida de minorias

---

[976] ANTUNES, Pedro Paulo Sammarco. *Homofobia internalizada*: o preconceito do homossexual contra si mesmo. São Paulo: Annablume, 2017, pp. 197-234.

étnicas e raciais porque operam como mecanismos que impedem o funcionamento adequado de um processo fundamental para a construção da integridade psíquica dos indivíduos: a existência de referências culturais positivas nos processos de interação subjetiva responsáveis pela formação da identidade dos indivíduos. Por ser um processo por meio do qual as pessoas integram traços dos outros para construir sua própria personalidade, a formação da identidade tem um aspecto especular; ele decorre das referências ideais que circulam no seu meio social. Uma vez que sistemas de discriminação estabelecem diferenças de *status* cultural entre os membros da sociedade, minorias estão sempre recebendo referências negativas sobre si mesmas em função da circulação de estigmas culturais. Assim, o que as pesquisas que associam a construção de um senso positivo de identidade principalmente à dinâmica entre grupos majoritários e grupos subordinados afirmam é o seguinte: estigmas sociais comprometem a possibilidade de formação de um senso de autoestima.[977]

---

[977] Ver: nesse sentido: DAMASCENO, Marizete Gouveia; ZANELO, Valeska. "Saúde mental e racismo contra negros: produção bibliográfica brasileira nos últimos quinze anos". *Psicologia, Ciência e Profissão*, vol. 38, nº 3, 2018, pp. 450-464; BURKE, Peter J. "Identity process and social stress". *American Sociological Review*, vol. 56, nº 6, pp. 836-849; BROWN, Tony. "Race, ethnicity, and culture in the sociology of mental health". *In*: ANENHENSEL, Carol; PHELAN, Jo (Coord.). *Handbook of the sociology of mental health*. Nova York: Kluwer Academic, 1999; SCHIMITT, Nyla; HARVEY, Richard. "Perceiving pervasive discrimination among African-Americans: implications for group identification and well-being". *Journal of Personality and Social Psychology*, vol. 77, nº 1, 1999, pp. 135-149.

CAPÍTULO XXI

ANTIDISCRIMINAÇÃO, GOVERNANÇA CORPORATIVA E *COMPLIANCE*

O projeto de transformação social presente no nosso texto constitucional requer o engajamento de instituições públicas, porque elas desempenham um papel central na promoção dos direitos fundamentais. Assim, por meio da interpretação e aplicação dessas normas constitucionais, elas podem promover as modificações necessárias para a proteção de todos os grupos sociais e também estabelecer medidas para o fomento da promoção da integração daqueles que ainda enfrentam maiores dificuldades de acesso a condições dignas de existência. Mas não podemos esquecer que os direitos fundamentais devem ser interpretados e aplicados a partir de sua dimensão objetiva porque ela expressa uma concepção de sociedade comprometida com a justiça social, realidade que vincula a ação dos agentes estatais. Mas essa afirmação nos leva à uma discussão muito relevante: os direitos fundamentais também possuem uma dimensão horizontal, vinculando também as ações de atores privados. Esse aspecto precisa ser adequadamente analisado, pois esses atores sociais também podem ter um papel muito relevante na realização do projeto de transformação acima referido. A convergência entre esses dois fatores, a ordem objetiva dos direitos fundamentais e o fato de que eles também são referências importantes para a ação de instituições privadas, oferece elementos para pensarmos sobre as formas como empresas podem contribuir para a inclusão de minorias raciais e sexuais. Não estamos falando aqui apenas da conformidade com a exigência de tratamento igualitário, mas sim de medidas positivas a serem implementadas por elas. Direitos fundamentais também devem ser vistos como preceitos que devem pautar a transformação da cultura das empresas; também podem ser princípios para a integração de membros de minorias, de forma que companhias como estas também possam contribuir para a realização dos objetivos políticos do nosso sistema jurídico.

Muitos estudos demonstram que membros de minorias enfrentam sérios problemas no ambiente corporativo. Eles vão desde o acesso ao trabalho, passam pelas dificuldades de gestão de emoções e de manutenção do emprego, até a possibilidade de promoção. Membros de minorias raciais e sexuais são os primeiros a serem despedidos; são também afetados de forma negativa por decisões de corporações na vida cotidiana, além de sofrerem as consequências de atos discriminatórios dentro das empresas. Alguns autores argumentam que companhias desempenham um papel central no processo de dominação racial, porque são controladas por pessoas brancas que utilizam o poder institucional para garantir que hierarquias de *status* sempre sejam reproduzidas pela exclusão de minorias das oportunidades profissionais oferecidas em empresas, além de tentarem influenciar o Poder Público para que esse tome decisões que beneficiem interesses dos membros do grupo racial dominante. Por meio do poder econômico das empresas, os membros do grupo racial dominante formariam cartéis raciais que procuram manter o poder econômico e político entre pessoas brancas. Os autores em questão afirmam que cabe aos juristas elaborarem estratégias para que esse espaço passe por um processo de democratização, de forma que possa também cumprir um papel relevante dentro da agenda democrática.[978]

A Constituição brasileira elenca a iniciativa privada como algo aberto a todas as pessoas, mas subordina a ordem econômica ao preceito da justiça social. Esse fato tem consequências significativas na promoção de direitos fundamentais. Embora atores privados tenham como objetivo principal o engajamento em atividades que lhes possam proporcionar lucros, o exercício delas está submetido ao imperativo da promoção da integração social. A atividade empresarial não existe em um vácuo: ocorre dentro de uma sociedade que apresenta certos aspectos que devem ser considerados nos diversos processos decisórios de uma empresa. O respeito aos direitos fundamentais é um desses parâmetros, mas, como mencionado, não devemos pensar essa obrigação apenas de uma perspectiva negativa. As empresas não são apenas obrigadas a eliminar práticas discriminatórias fora do seu âmbito de atuação. De qualquer maneira, devemos pensar as funções das empresas dentro do projeto de transformação presente no texto constitucional. Precisamos refletir sobre a responsabilidade que elas podem ter no processo de emancipação social inscrito no texto constitucional. Devemos formular então os parâmetros a partir dos quais a atividade empresarial pode ser um meio para a promoção da inclusão de grupos sociais marginalizados.

Argumentaremos neste capítulo que a atividade empresarial não deve ser pensada apenas como algo comprometido com a conformidade da legislação, posição baseada no pressuposto de que esse dever significaria apenas uma posição de neutralidade ou de observação do compromisso de não discriminar. Pensamos que a

---

[978] Para uma análise do papel das corporações no processo de reprodução de desigualdades raciais, ver sobretudo ROITHMAYR, Daria. "Racial Cartels". *Michigan Journal of Race and Law*, vol. 46, nº 1, 2010, pp. 45-79; ROYSTER, Deirdre A. *Race and the invisible hand*: how white networks exclude black men from blue-collar Jobs. Berkeley: University of California Press, 2003.

atividade empresarial pode ter um papel central na integração de minorias raciais e sexuais por meio da adoção de políticas inclusivas. Acreditamos que a compreensão da igualdade como paridade de *status* entre grupos e como um princípio destinado a eliminar práticas excludentes legitima e compele o engajamento de empresas públicas e privadas no projeto de reconstrução presente em nossa ordem constitucional. Demonstraremos que os pressupostos que regulam a governança corporativa guardam plena consonância com os propósitos de inclusão presentes em nossa ordenação jurídica. Partiremos da premissa de que há plena convergência entre aquelas teorias que enfatizam as dimensões políticas e integrativas da governança corporativa com os objetivos do sistema político brasileiro, notoriamente a afirmação da cidadania e da dignidade humana, além do compromisso com a eliminação da marginalização e promoção de melhores condições de vida para todas as pessoas, principalmente para minorias. Vimos que o projeto antidiscriminatório presente na Constituição Federal implica uma forma de igualdade comprometida com a igualdade de *status* entre grupos, sendo que a atuação do setor privado poder ter um papel central na realização desse princípio, porque permite a integração de grupos sociais. A reformulação da cultura corporativa desempenha papel central nesse processo porque possibilita a identificação dos mecanismos responsáveis pela exclusão de um segmento das partes interessadas no processo decisório da empresa. O conceito de responsabilidade social, elemento central das teorias contemporâneas de governança corporativa, opera como um elemento que pode integrar diferentes mandamentos constitucionais, entre eles, a iniciativa privada e a justiça social, o que demonstraremos neste capítulo.

A análise da articulação entre princípios da governança corporativa com os princípios constitucionais acima mencionados será feita a partir de alguns conceitos da Teoria Crítica Racial. Trabalharemos com a premissa segundo a qual sistemas sociais, como a política, o Direito, a cultura e a economia são instâncias racializadas que são direta ou indiretamente responsáveis pela reprodução de desigualdades entre grupos raciais. Os diversos sujeitos sociais operam como agentes de reprodução de sistemas de opressão nas suas práticas diárias, o que ocorre também dentro do mundo corporativo. Apesar da influência da tese segundo a qual práticas discriminatórias são incompatíveis com a lógica do mercado, observaremos que empresários empregam ou são coniventes com a discriminação porque procuram se adaptar a valores sociais; o mercado não opera por meio de uma lógica puramente econômica, mas também a partir da regulação cultural e política das relações públicas e privadas. Tendo em vista essa realidade, devemos estar atentos às formas a partir das quais normas institucionais representam os interesses de grupos específicos, mesmo quando dirigida à generalidade dos indivíduos. Partiremos do pressuposto de que o ambiente corporativo deve ser visto como um sistema racializado, motivo pelo qual precisa ser submetido a um escrutínio das formas como mecanismos de discriminação operam no seu interior. Essa reflexão tem papel fundamental para a eficácia da adoção de um sistema efetivo de *compliance*. O *compliance* funcionará de maneira adequada para evitar práticas excludentes dentro de uma empresa quando utilizado como um instrumento para a análise da relação entre governança corporativa e responsabilidade social.

21.1 Princípios da ordem econômica brasileira

As normas constitucionais que regulam nossa ordem econômica estabelecem uma série de parâmetros para o exercício da livre iniciativa. Embora seja um dos fundamentos do nosso sistema político, a livre iniciativa guarda relações próximas com outros princípios, sendo que eles formam um conjunto de pressupostos normativos que determinam como a atividade empresarial será exercida. A classificação de nossa nação como um Estado Democrático de Direito implica uma concepção específica das funções das instituições estatais: elas devem atuar como mecanismos que possam promover a integração social. Esse postulado decorre da ordem objetiva dos direitos fundamentais, normas constitucionais que expressam valores substantivos do nosso sistema jurídico, sendo que eles compreendem prescrições de ações negativas e também ações positivas. Ao mencionarmos a noção de Estado Democrático de Direito, também fazemos referência ao fato de que normas constitucionais devem ser interpretadas de forma sistemática, o que nos leva à conclusão de que os valores substantivos do nosso sistema constitucional também operam como princípios substantivos de interpretação das normas constitucionais. Por esse motivo, devemos enfatizar a noção de que uma análise dos princípios que regulam a ordem econômica também implica um dever positivo de agentes privados de concorrer para a promoção da inclusão social.[979]

A plausibilidade dessa tese está baseada na eleição da dignidade humana como um fundamento republicano e uma finalidade da ordem econômica. Assegurar uma existência digna surge então como um princípio normativo e um objetivo do nosso sistema jurídico, uma articulação presente em diferentes textos constitucionais contemporâneos. A dignidade humana é direito individual e também um preceito vetor da forma como a livre iniciativa deve operar dentro de uma sociedade que estabelece a justiça social como um objetivo de seu sistema jurídico. Mais uma vez, ela aparece como um direito fundamental e também como um princípio conformador, motivo pelo qual opera como um horizonte de regulação das normas que determinam a atividade econômica. O *status* constitucional desse princípio nos mostra que ele atua como um pressuposto programático que deve guiar a ação de atores públicos e privados, tendo em vista o caráter horizontal dos direitos fundamentais. A realização desse princípio exige o gozo de liberdades formais e também de liberdades substantivas. Essas considerações nos permitem argumentar que a livre iniciativa também pode ser um meio de concretização de liberdades substantivas: ela não está apenas vinculada pela obrigação de não discriminar, mas também

---

[979] FERNANDES, Bernardo Gonçalves. *Curso de Direito Constitucional*. São Paulo: Juspodium, 2014, pp. 1233-1237.

CAPÍTULO XXI – ANTIDISCRIMINAÇÃO, GOVERNANÇA...

pela possibilidade de promoção da inclusão por meio de medidas que procuram garantir a inserção social de grupos vulneráveis.[980]

O princípio da livre iniciativa também deve ser analisado a partir de outro preceito importante da nossa ordem econômica: a valorização do trabalho humano. Esse preceito encontra fundamento no pressuposto de que o trabalho tem um valor social significativo em dois aspectos. Primeiro, ele tem relevância central na ordenação econômica de uma sociedade porque dele depende sua vida econômica.[981] Segundo, o trabalho é uma atividade que deve ter proteção especial porque é um meio de inclusão privilegiado em uma sociedade capitalista. Terceiro, essa proteção e essa valorização demandam remuneração justa para que as pessoas possam obter condições de vida dignas; também demandam que os trabalhadores estejam devidamente protegidos. Quarto, o reconhecimento do valor social do trabalho não está relacionado apenas com a proteção contra práticas discriminatórias, mas também com o seguinte: a sociedade deverá criar meios para promover a inclusão do mercado, uma vez que a luta contra a marginalização econômica é um de seus pressupostos fundamentais.[982] Um regime baseado na justiça

---

[980] GRAU, Eros Roberto. *A ordem econômica na Constituição de 1988*. São Paulo: Malheiros, pp. 195-198.

[981] BRASIL. Supremo Tribunal Federal Ação Direta de Inconstitucionalidade n. 319, Tribunal Pleno, Relator: Min. Moreira Alves, 03/03/1993. (Afirmando que em face da atual Constituição, para conciliar o fundamento da livre iniciativa e do princípio da livre concorrência com os da defesa do consumidor e da redução das desigualdades sociais, em conformidade com os ditames da justiça social, pode o Estado, por via legislativa, regular a política de preços de bens e serviços, abusivo que é o poder econômico que visa o aumento arbitrário dos lucros); BRASIL. Supremo Tribunal Federal, Ação Direta de Inconstitucionalidade n. 4.613, Tribunal Pleno, Relator: Min. Dias Toffoli, 20/09/2018. (Afirmando que o princípio da livre iniciativa não pode ser invocado para afastar regras de regulamentação do mercado e de defesa do consumidor).

[982] BRASIL. Tribunal Regional Federal da Primeira Região, Apelação Cível n. 2004.34.00.014857-9/DF, Quinta Turma, Relator: Des. Fed. Souza Prudente, 21/10/2015. (Afirmando que se incluem os valores sociais do trabalho e da livre iniciativa, bem assim, a dignidade da pessoa humana, como fundamentos

social é aquele no qual as pessoas terão comando dos elementos necessários para terem uma vida digna, o que inclui o acesso a um direito social fundamental como o direito ao trabalho.[983]

O debate sobre as relações entre governança corporativa e práticas inclusivas deve também ocorrer a partir de uma discussão da função social da empresa. Essa expressão está relacionada com a noção de propriedade privada, algo que deixou de ser visto como direito de poder sobre bens para também ser analisado a partir da função que pode cumprir nos diferentes aspectos das relações jurídicas em uma sociedade democrática. Os negócios jurídicos fundados a partir da propriedade privada podem ter uma pluralidade de funções na vida social, embora os donos ainda possam também escolher destinações para ela. Esse preceito está baseado na noção de poder e controle sobre bens de produção, mas ele pode ser utilizado para a promoção de finalidades sociais, como a integração de grupos minoritários. É possível então pensar a função social da empresa como a possibilidade de dar a essa instituição objetivos que correspondam ao interesse coletivo, sendo que a inclusão de grupos vulneráveis é um dos propósitos centrais do nosso sistema político. As empresas podem desempenhar um papel estratégico na inclusão desses segmentos porque são atores fundamentais na vida econômica de uma sociedade. A livre iniciativa está aberta a

---

do Estado Democrático de Direito, com vistas na construção de uma sociedade livre, justa e solidária); BRASIL. Tribunal Regional Federal da Primeira Região Apelação Cível n. 31541220014013400/DF, Quinta Turma, Relator: Des. Fed João Batista Moreira, 17/02/2010. (Afirmando que a Constituição brasileira estabelece como um dos fundamentos da República os valores sociais da livre iniciativa; como fim da atividade econômica, o de assegurar a todos existência digna, conforme os ditames da justiça social; e como princípios gerais da atividade econômica a defesa do consumidor, a defesa do meio ambiente e a redução das desigualdades regionais e sociais).

[983] SILVA, José Afonso da. *Curso de Direito Constitucional positivo*. 23ª ed. São Paulo: Malheiros, 2003, pp. 765-777.

todas as pessoas, mas isso não significa que as empresas não tenham uma função social pela qual podem contribuir para a sociedade.[984]

A função social da empresa tem sido pensada a partir dos seguintes parâmetros. A empresa mantém uma relação de interdependência com a sociedade, motivo pelo qual seus propósitos não estão necessariamente em oposição aos interesses coletivos; eles podem ser harmonizados com os últimos porque há uma convergência entre os interesses de condições ideais para a atividade empresarial e a necessidade da sociedade de que a livre iniciativa possa também promover interesses coletivos como a integração social. Propriedade privada e função social não são questões mutualmente excludentes; eles podem se articular de forma harmônica para a construção de uma ordem econômica que procura alcançar uma sociedade mais justa. A propriedade privada não se restringe ao poder de uso absoluto sobre bens de produção, uma vez que o processo capitalista ocorre dentro de uma sociedade que possui propósitos como a adequação da livre iniciativa à proteção do valor social do trabalho. O atual paradigma constitucional requer que a propriedade privada seja regulada por uma pluralidade de direitos constitucionalmente protegidos e que pretendem promover diferentes exigências da vida social. A formulação da sua função social aparece no nosso sistema jurídico associada à noção de direitos individuais, motivo pelo qual devemos pensar os limites entre seu *status* enquanto direito subjetivo e sua função social. De acordo com a doutrina, a função social altera o entendimento da propriedade como direito individual ao estabelecer a noção de função social. Ela não se restringe à ideia de que a propriedade indica domínio pleno; esta, na verdade, está relacionada com interesses coletivos. Estamos falando de um preceito que tem uma função importante

---

[984] COMPARATO, Fábio Konder. "Função social de propriedade dos bens de produção". *In*: COELHO, Fábio Ulhôa (Coord.). *Tratado de Direito Comercial*. vol. 1. São Paulo: Saraiva, 2015.

porque designa também o papel do proprietário da empresa no alcance de interesse público.[985]

21.1.1 Governança corporativa: definição e funções

O conceito de governança corporativa nasceu e se desenvolveu dentro de um contexto histórico no qual os princípios que regulam a atividade empresarial sofriam modificações significativas. Sua consolidação como forma de operação de empresas está relacionada com os debates jurídicos sobre as consequências éticas e políticas do impacto da atividade empresarial. Muitas empresas proeminentes enfrentavam processos judiciais há cerca de quatro décadas, processos decorrentes da ausência de regulação interna adequada para suas atividades. Suas ações não levavam em consideração o impacto de suas operações na comunidade da qual faziam parte e também reproduziam internamente práticas sociais contrárias a elementos básicos da moralidade pública e de princípios jurídicos. O surgimento de um número cada vez maior de normas que regulam diversos aspectos da gestão empresarial, o interesse crescente do público sobre as ações das corporações e o debate político sobre o papel social das corporações fizeram com que o tema da forma como as empresas são governadas se tornasse um objeto de preocupação de diversos agentes sociais. Muitas pessoas procuraram refletir sobre as maneiras a partir das quais grandes companhias poderiam contribuir para a produção de melhorias sociais, o que procura acompanhar o debate em torno da responsabilidade social daquelas. Esse processo foi acelerado pelo surgimento, em algumas jurisdições, de legislação que permite ou exige a consideração dos interesses de agentes externos à corporação. Essa realidade fez com que surgisse uma preocupação com a adoção de práticas internas destinadas à promoção da conformidade da atividade empresarial

---

[985] FRAZÃO, Ana. *Função social da empresa*. Rio de Janeiro: Renovar, 2011, pp. 93-120.

com exigências relacionadas ao funcionamento e a continuidade da operação das empresas.[986]

Outros processos também devem ser mencionados. A literatura sobre esse tópico menciona elementos importantes, como as transformações internas do capitalismo, em especial aquelas relacionadas com o atrelamento do funcionamento das empresas com o mercado de capitais. O crescente monitoramento externo do desempenho das empresas por agentes externos interessados no valor financeiro de seus investimentos, o que exige delas eficiência significativa, também pode ser uma explicação para o surgimento do que hoje chamamos de governança corporativa. Mas forças econômicas não determinaram por completo o aparecimento dessa prática ao longo das últimas décadas. Há ainda aqueles autores que atribuem esse processo à percepção da governança como uma alternativa mais eficiente de geração de benefícios sociais do que a ação do governo. Por esse motivo, ela se tornou um objeto de interesse de debate público porque opera como uma instância semelhante às instituições estatais: uma estrutura para fornecer os elementos necessários para uma gestão adequada que, por sua vez, poderá afetar de forma positiva processos internos e externos.[987]

A governança corporativa pode ser definida a partir dos seguintes elementos. Ela designa a maneira como o poder de comando dever ser exercido dentro de uma empresa, o que inclui sua estrutura administrativa e também as normas jurídicas que estruturam o exercício desse poder. Essa expressão também engloba as regras que regulam os interesses e as relações entre as instâncias que controlam

---

[986] SILVEIRA, Alexandre di Miceli da. *Governança corporativa no Brasil e no mundo*. Rio de Janeiro: Elsevier, 2010, pp. 3-6.
[987] PARGENNDER, Mariana. "The corporate governance obsession". *The Journal of Corporation Law*, vol. 42, nº 2, 2016, pp. 369-378; LICHT, Amir. "The maximands of corporate governance: a theory of values and cognitive style". *Delaware Journal of Corporate Law*, vol. 29, nº 3, 2004, pp. 686-715.

a organização. Esses elementos formam os sistemas aplicados no gerenciamento das empresas, o que implica as práticas utilizadas para a regulação da atividade e das relações entre as diferentes instâncias da administração. A governança corporativa define os princípios que direcionam a atividade da empresa, princípios decorrentes do aparato jurídico, da natureza da atividade empresarial, dos elementos que sustentam a responsabilidade delas. Esse conceito também designa o processo de deliberação no qual são implementados objetivos, o monitoramento das atividades, a análise de riscos de operações e a avaliação da atuação da empresa. Podemos definir esse conceito como os processos a partir dos quais a administração utiliza os recursos econômicos e humanos para atingir a maximização de lucros, de forma que esteja em conformidade com as expectativas dos seus investidores e também das pessoas impactadas pela gestão. A governança corporativa objetiva transformar princípios básicos em formas efetivas para a operação das empresas, de maneira que eles se transformem em orientações que serão incorporadas à cultura institucional com vistas à sua preservação.[988]

O termo governança faz referência aos processos decisórios que ocorrem dentro de uma empresa, mecanismos relacionados com diversos aspectos de gerenciamento, atividade desempenhada por certos setores da instituição, mas também a mecanismos externos. Quanto aos primeiros, temos o conselho de administração, o principal órgão responsável pela governança corporativa, uma vez que representa os interesses dos acionistas junto aos executivos responsáveis pela administração. Esse órgão toma decisões centrais sobre o negócio, mas as atividades básicas da administração permanecem nas mãos de executivos especializados. O conselho de administração cumpre papel central no desenvolvimento de boas

---

[988] PLESSIS, Jean Jacques; HARGOVAN, Anil; BAGARIC, Mirko. *Principles of contemporary corporate governance*. Oxford: Oxford University Press, 2011, pp. 3-8; INSTITUTO BRASILEIRO DE GOVERNANÇA CORPORATIVA. *Compliance à luz da governança corporativa*. São Paulo: Instituto Brasileiro de Governança Corporativa, 2017, pp. 10/11.

práticas de governança corporativa porque dele depende a adoção das melhores formas de gestão. Essas práticas incluem não apenas aquelas decisões que podem agregar valor para a empresa, mas também os interesses daqueles que ocupam um papel fundamental no interior da corporação, os acionistas. A administração também de uma empresa está relacionada com o sistema de remuneração dos executivos, elementos que ocupam um papel importante na administração, pois estão relacionados com aqueles incentivos que recebem pelas suas funções, sendo que é importante garantir o melhor desempenho da empresa. O sistema de remuneração também deve ser pensado a partir da relação entre executivos e acionistas porque ambas as partes são interessadas na criação das melhores estratégias para a administração.[989]

Como afirmado acima, a governança corporativa engloba ainda critérios externos que condicionam diversos aspectos da administração interna. Embora seja uma gestão privada, a atividade empresarial é amplamente regulada por normas públicas sobre os mais diversos aspectos da atividade empresarial, da forma de obtenção de capital a regras sobre responsabilidade social. A governança corporativa também engloba a fiscalização por agentes do mercado, estando submetida à exigência de transparência para atores externos, outro motivo pelo qual boas práticas de governança são necessárias. A gestão empresarial está inserida em uma ordem jurídica que submete a iniciativa privada ao imperativo da justiça social, um princípio de grande relevância para pensarmos o dever de conformidade com a legislação, bem como a consideração dos interesses dos sujeitos sociais afetados pela gestão empresarial.[990]

Vários agentes e órgãos desempenham diferentes funções na governança de uma empresa. Os acionistas são aqueles que

---

[989] ANDRADE, Adriana; ROSSETTI, José Paschoal. *Governança corporativa*: fundamentos, desenvolvimento e tendências. São Paulo: Atlas, 2007, pp. 245-297.
[990] SILVEIRA, Alexandre di Miceli da. *Governança corporativa no Brasil e no mundo*. Rio de Janeiro: Elsevier, 2010, pp. 10/11.

determinam as regras de funcionamento, além de escolherem as pessoas responsáveis pela administração de acordo com prescrições legais. Os membros do conselho de administração decidem os rumos estratégicos do negócio. Eles cumprem um papel central na governança corporativa: são os guardiões dos parâmetros da gestão empresarial, função exercida por meio do monitoramento da observação dos valores que guiam a empresa, além dos padrões de comportamento dos diversos agentes que nela trabalham. Cabe a eles ainda avaliar o impacto desses preceitos tanto no desempenho da empresa, quanto no impacto que a atividade empresarial tem no seu entorno social. Já os diretores são aqueles agentes responsáveis pela operacionalização dos planos estratégicos da empresa, como também processos operacionais e transações financeiras necessárias para esse propósito. Eles devem também fazer o possível para que as políticas internas estejam em conformidade com a legislação, um dos princípios centrais da governança corporativa. A governança corporativa também conta com a ação dos órgãos de controle e auditoria, setores relacionados com a função de *compliance*. Aqueles profissionais responsáveis pela operacionalização de programas de *compliance* desempenham papel muito relevante dentro da governança corporativa, pois são os indivíduos responsáveis por monitorar a ação de outros agentes e das políticas da empresa.[991]

Devemos estar atentos ao fato de que o debate sobre governança corporativa não se reduz a uma análise de gestão empresarial, uma vez que ela pressupõe a adoção de medidas que atendam aos interesses das várias de partes afetadas pela gestão empresarial. Precisamos então refletir sobre estratégias que permitam o aumento do valor agregado do negócio, o que requer a consideração de uma pluralidade de fatores. Assim, práticas de boa governança são aquelas que permitem a solução de problemas de ordem administrativa

---

[991] INSTITUTO BRASILEIRO DE GOVERNANÇA CORPORATIVA. *Compliance à luz da governança corporativa*. São Paulo: Instituto Brasileiro de Governança Corporativa, 2017, pp. 21-29.

CAPÍTULO XXI – ANTIDISCRIMINAÇÃO, GOVERNANÇA...

e de tensões entre atores internos das empresas, consideram as exigências de condicionantes externos e ainda a sua responsabilidade no entorno social no qual a corporação se insere. Por esse motivo, observamos ao longo das últimas décadas uma mudança na reflexão sobre esse tema, algo que parte do foco exclusivo no interesse de acionistas para as noções de transparência e responsabilidade social. Práticas adequadas de governança devem conter um modelo que permita empresas testarem sua efetividade para atingir objetivos legítimos, modelos que serão conduzidos com a intenção de mostrar ao público sua conformidade com uma pluralidade de pessoas interessadas, sejam os agentes internos, sejam agentes externos afetados pela atividade empresarial.[992]

Práticas adequadas de governança estão relacionadas com bom desempenho de diversas formas. Elas diminuem riscos de problemas como corrupção, enriquecimento ilícito, colapso financeiro, processos judiciais. Uma empresa que as emprega também pode obter outro benefício considerável: a maior criação de riqueza por meio de uma administração honesta que melhora a sua situação financeira. Embora a atividade empresarial contenha toda sorte de risco, práticas adequadas de governança também aumentam o interesse de investidores, porque estes ficam cientes quando uma empresa é – ou não – bem administrada. Essa empresa pode utilizar a reputação positiva para garantir a constante possibilidade de empréstimos financeiros; a qualidade de seus produtos e de seus serviços também será vista como algo que lhe empresta valor adicional. O aumento de sua eficiência econômica opera então como um incentivo para atores externos, mas também para atores internos. Atores internos se sentirão ainda mais motivados para seguir com práticas que garantam sucesso para a empresa, as

---

[992] PLESSIS, Jean Jacques; HARGOVAN, Anil; BAGARIC, Mirko. *Principles of contemporary corporate governance*. Oxford: Oxford University Press, 2011, pp. 20-30; ANDRADE, Adriana; ROSSETTI, José Paschoal. *Governança corporativa*: fundamentos, desenvolvimento e tendências. São Paulo: Atlas, 2007, pp. 28-104.

relações entre executivos e acionistas serão harmônicas, enquanto os empregados também estarão mais motivados a ter um desempenho melhor porque confiam na administração da empresa.[993]

Alguns princípios regulam a governança corporativa, princípios observados em diferentes jurisdições ao redor do mundo. Aquelas empresas interessadas na adoção de um programa efetivo de governança corporativa devem estabelecer mecanismos sólidos para gerenciamento e monitoramento de agentes internos, o que inclui os papéis que eles desempenham dentro da empresa. Elas também devem criar um conselho encarregado de criar e operacionalizar os seus propósitos, além de se encarregarem das diversas responsabilidades por funções de governança. O tema em questão está fundamentalmente relacionado com o estabelecimento de parâmetros éticos para os processos de tomada de decisão nos diferentes em âmbitos. Uma empresa interessada em obter a melhor performance deve também criar uma estrutura independente que possa analisar sua vida financeira de forma que resultados e movimentações sejam sempre analisados. O dever de transparência constitui um dos elementos centrais da governança corporativa, como visto anteriormente. As companhias também devem remunerar de forma correta todos os agentes responsáveis pela sua performance, de forma que os indivíduos possam ter ideia do valor de sua própria performance. A governança corporativa não pode ser separada da análise do tema da responsabilidade social. As empresas não existem em um vácuo social, nem devem tomar os seus interesses como a única referência nos processos decisórios. Assim, elas devem reconhecer os interesses dos diversos atores sociais que direta ou indiretamente estão relacionados com sua atividade ou são afetados por ela. As empresas não apenas produzem riquezas

---

[993] RODRIGUEZ, Gregório Mancebo; BRANDÃO, Mônica Mansur. *Visões de governança corporativa*: a realidade das sociedades por ações e sustentabilidade. São Paulo: Saraiva, 2010, pp. 39-51; SILVEIRA, Alexandre di Miceli da. *Governança corporativa no Brasil e no mundo*. Rio de Janeiro: Elsevier, 2010, pp. 7-9.

para si mesmas; são peças importantes no desenvolvimento e na integração de diversos grupos sociais.[994]

A análise da governança corporativa requer a análise do papel de *stakeholders*, um termo que designa as pessoas afetadas pela gestão empresarial, o que as torna partes interessadas nesse processo. São aqueles indivíduos e órgãos que contribuem de alguma forma para a criação da riqueza e operação da empresa, sendo então pessoas que podem ser beneficiadas ou então afetadas por ela. Da mesma forma que a empresa se beneficia com a ação desses indivíduos, eles também são afetados pela empresa. Essas partes interessadas são agentes internos e externos à corporação; enquanto os primeiros incluem diretores, administradores e empregados, os últimos são os consumidores, competidores e agentes estatais, além de outros grupos de interesse, como a comunidade na qual a empresa se encontra. Todos esses atores são influenciados ou influenciam a gestão empresarial, o que pressupõe o seu impacto na operação dela. Os acionistas são um grupo de pessoas interessadas especialmente na governança corporativa porque detêm ações da empresa. Elas investem capital na empresa para que esta possa operar.

Os empregados formam outro grupo de interessados de papel também relevante na governança corporativa. As empresas são obviamente importantes para eles porque são elas que garantem acesso a formas de compensação financeira no presente e também no futuro para muitos. Esses indivíduos estão preocupados com salários, condições de trabalho, estratégias de operação utilizadas e possíveis meios que as empresas têm de divisão de ganhos com eles. O tratamento que os empregados recebem dentro delas também determina a forma como se relacionam com as empresas; estas são obrigadas a agir em conformidade com a legislação trabalhista e

---

[994] PLESSIS, Jean Jacques; HARGOVAN, Anil; BAGARIC, Mirko. *Principles of contemporary corporate governance*. Oxford: Oxford University Press, 2011, pp. 14-19.

devem tratar todos de forma equitativa, impedindo que sejam discriminados por razões que não estejam, de uma forma ou de outra, relacionadas com a capacidade de cada empregado. A legislação de cada país determina as maneiras a partir das quais empregados podem participar no processo de governança corporativa, mas o processo decisório certamente deve ter em mente os interesses dos membros desses indivíduos. Se alguns países contemplam a possibilidade de participação mais direta nos atos de governança, em outros, essa chance está bastante limitada. Essa possibilidade será bem restrita naquelas jurisdições focadas na criação de riqueza para as empresas, uma vez que elas privilegiam meios de criação de maior valor para as companhias, o que pode incluir menores níveis de despesas com empregados.[995]

Os credores também devem ser mencionados como companhias que possuem papel relevante na governança corporativa, porque a atividade da empresa os afeta de forma direta. Os que garantem capital para as empresas estão interessados em uma governança efetiva porque querem ter certeza do retorno do dinheiro emprestado a elas. Os fornecedores também podem ser incluídos nessa categoria porque esperam ser pagos pelos serviços e mercadorias fornecidos; práticas adequadas de governança são então essenciais para que seus interesses também sejam satisfeitos. Os consumidores são outro grupo também afetado pela gestão empresarial, uma vez que esperam que os produtos e serviços oferecidos pela empresa tenham a qualidade desejada. Além disso, os consumidores não são mais uma massa amorfa de pessoas; suas decisões de consumo são influenciadas pelo tipo de prática adotada pelas empresas, uma razão pela qual a governança corporativa deve ser guiada pelas melhores práticas.[996]

---

[995] PLESSIS, Jean Jacques; HARGOVAN, Anil; BAGARIC, Mirko. *Principles of contemporary corporate governance*. Oxford: Oxford University Press, 2011, pp. 25/26.

[996] PLESSIS, Jean Jacques; HARGOVAN, Anil; BAGARIC, Mirko. *Principles of contemporary corporate governance*. Oxford: Oxford University Press, 2011, pp. 29/30.

A comunidade na qual a empresa opera também pode ser apontada como um seguimento afetado por suas atividades. A atividade empresarial afeta a sociedade como um todo de várias maneiras. Os empregados de uma empresa fazem parte da sociedade, e isso significa que estão em uma relação recíproca com ela, mas também com a sociedade, pois a empresa é uma das instituições sociais a partir das quais os indivíduos são integrados para poderem atingir seus objetivos de vida. A comunidade na qual a atividade empresarial está situada tem seu interesse nela porque empresas fazem parte de programas de desenvolvimento local e nacional; a abertura política para a sua atuação parte de incentivos políticos para determinadas atividades. Não podemos esquecer que as empresas, assim como várias outras atividades humanas, são instituições que têm a responsabilidade sobre o impacto ambiental no espaço em que atuam. É por esse motivo que a atividade empresarial está hoje amplamente relacionada com a noção de sustentabilidade: a criação de riquezas deve observar os cuidados necessários para a preservação do ambiente. As empresas devem estar atentas ao fato de que operam dentro de um espaço no qual as pessoas vivem e de que ele é um sistema vital de sobrevivência social. Por esse motivo, os riscos ambientais postos pela atividade empresarial devem sempre ser um objetivo de consideração nas deliberações das empresas, uma forma de reconhecimento de sua responsabilidade social.[997]

21.2 Teorias de governança corporativa

Estudiosos elaboraram diferentes teorias sobre governança corporativa, evidência da complexidade desse campo de estudo. Podemos afirmar que a teoria da maximização da riqueza é uma das mais influentes dessas teorias. Observamos que essa teoria

---

[997] WADE, Cheryl. "Effective compliance with antidiscrimination law: corporate personhood, purpose and social responsibility". *Washington & Lee Law Review*, vol. 74, nº 4, 2017, pp. 1192-1200.

guarda relações próximas com a do pensamento econômico, pois está baseada na premissa segundo a qual os executivos devem se preocupar com o aumento do patrimônio dos proprietários da empresa. Seria direito deles receber o maior lucro possível, uma vez que são os maiores investidores e os que mais arcam com responsabilidades entre as partes interessadas na gestão empresarial. A maior responsabilidade dos membros desse grupo também legitima o seu protagonismo nos processos de tomada de decisão. Não cabe aos executivos tomar decisões que procuram balancear interesses de diferentes partes, mas sim garantir a criação de riqueza para os acionistas, partes que indicam quem irá compor o conselho administrativo da empresa. Os que esposam essa teoria asseveram que aumentar o poder econômico dos acionistas beneficia todas as outras partes interessadas, porque permite a longevidade da própria empresa.[998]

A corporação também pode ser compreendida como uma entidade composta por grupos de indivíduos vinculados por meio de relações contratuais. Uma corporação pode ser vista como uma entidade regulada por grupos de pessoas que mantêm relações legais umas com as outras, relações legais cujos princípios estão presentes na sua constituição. Essas normas legais operam como normas contratuais entre pessoas que desempenham funções dentro da corporação, como conselho de diretores e conselho de acionistas. Elas estabelecem então regras contratuais entre a corporação e cada um dos responsáveis pela sua administração, princípios que devem observar os parâmetros da legislação. Membros do conselho de administração estão vinculados não apenas por regras contratuais, mas também por obrigações de atuar no melhor interesse de agentes internos e externos.[999]

---

[998] SILVEIRA, Alexandre di Miceli da. *Governança corporativa no Brasil e no mundo*. Rio de Janeiro: Elsevier, 2010, pp. 64/65.

[999] BOTTOMLEY, Stephen. *The constitutional corporation*: rethinking corporate governance. Hampshire: Ashgate, 2007, pp. 20-25.

A preocupação sobre a harmonização dos interesses das partes envolvidas na atividade empresarial fez com que perspectivas jurídicas ou econômicas tenham sido substituídas, ao longo do tempo, por aquelas interessadas na responsabilidade social das empresas. Segundo os teóricos que trabalham com essa perspectiva, seria função dos executivos implementar meios para harmonizar a demandas de agentes internos e externos, uma vez que a continuidade da empresa não depende apenas dos investidores. O diálogo entre administradores e sociólogos tem sido responsável pelo aparecimento de uma perspectiva que procura compreender a atividade empresarial dentro do entorno social no qual a empresa opera. Esse fato requer que administradores sejam sensíveis às demandas desses diferentes grupos, o que pode contribuir para a longevidade da empresa. O gerenciamento ativo desses processos permite a criação de medidas que convirjam com os interesses das diversas partes envolvidas na atividade empresarial. A maximização dos interesses destas diversas partes seria então uma forma de se produzir maior riqueza para a empresa porque fomenta o comprometimento delas com a organização. Essa direção da atividade empresarial designaria uma postura normativa interessada na consideração dos valores morais e políticos que devem regular a atividade empresarial.[1000]

A teoria constitucional terá grande relevância para nossa análise das relações entre governança e antidiscriminação. Essa perspectiva compreende corporações a partir da teoria constitucional tradicional, o que pressupõe uma corporação como um tipo de comunidade, fundada a partir de um documento formal e regulada por princípios básicos que procuram atingir objetivos substantivos. Os documentos que regulam uma corporação fornecem parâmetros coletivos para que os indivíduos tomem decisões racionais a partir dos critérios racionais. A constituição opera como um parâmetro a partir do qual cada indivíduo tomará decisões que regulam os processos de

---

[1000] SILVEIRA, Alexandre di Miceli da. *Governança corporativa no Brasil e no mundo*. Rio de Janeiro: Elsevier, 2010, pp. 66-68.

tomada de decisão. Ela também pode operar como uma referência para que os indivíduos possam tomar decisões a partir de preferências anteriormente estabelecidas por meio de normas que determinam funcionamentos da estrutura e os procedimentos adotados em uma organização. Estamos aqui diante de uma posição que marca o constitucionalismo liberal: criar parâmetros e limites para que os indivíduos possam tomar decisões que não afetem negativamente o direito das outras partes. O constitucionalismo corporativo decorre então de uma perspectiva diretamente relacionada com a noção de Estado de Direito: as decisões tomadas dentro de uma organização política precisam ser legalmente justificadas. Uma constituição cria então os parâmetros centrais do processo de governança corporativa; ela define a identidade da instituição e também estabelece as normas que irão reger as relações entre os diferentes membros de uma organização. Analisar corporações como se fossem instituições políticas exige que consideremos temas referentes ao constitucionalismo, mas a partir de uma perspectiva específica. Uma perspectiva constitucionalista da governança corporativa compreende o direito societário como direito constitucional, pois cria a corporação, estabelece regras de funcionamento, define direitos e obrigações, aponta órgãos responsáveis por decisões e administração. O conceito de constitucionalismo corporativo engloba os arranjos institucionais a partir dos quais as ações individuais são expressas e as decisões coletivas são elaboradas. Não se pode esquecer que essas normas devem estar em consonância com as normas jurídicas mais amplas que regulam as responsabilidades de indivíduos e corporações. Corporações são instituições que operam por meio de normas de Direito privado, mas construídas e interpretadas pelo Direito público. O conceito de constitucionalismo corporativo incorpora aspectos importantes da teoria geral do constitucionalismo, como a noção de que as instituições sociais existem para fomentar interesses públicos. Por esse motivo, instituições políticas devem criar princípios para regular o poder social e político das companhias.[1001]

[1001] BOTTOMLEY, Stephen. *The constitutional corporation*: rethinking corporate governance. Hampshire: Ashgate, 2007, pp. 33-55.

Para os que defendem essa perspectiva, a limitação da liberdade individual não deve ser vista como algo indevido porque a autonomia de instituições privadas pode estar em harmonia com os interesses da sociedade como um todo. As corporações podem operar como agentes de intermediação entre os cidadãos e o governo na medida em que também operam como meios de integração social dos indivíduos. Corporações podem tomar decisões capazes de afetar de forma significativa toda a sociedade, razão pela qual não devem ser vistas como entidades inteiramente privadas; suas decisões frequentemente têm impacto na vida da comunidade política e esse poder precisa ser analisado também a partir da sua natureza como um agente público. Por esse motivo, as instituições estatais têm o poder de determinar como companhias devem exercer suas funções, porque precisam regular a grande concentração de poder nas mãos dos agentes privados que controlam grandes corporações.[1002]

O constitucionalismo societário absorve outro elemento importante da teoria do constitucionalismo republicano. A regulação estatal da atividade corporativa implica que a realização dos interesses privados deve ter como meta o fomento de interesses públicos, principalmente a eliminação de tratamentos discriminatórios e a construção de uma cultura institucional pautada pelo reconhecimento da igual dignidade entre as pessoas que atuam dentro da companhia. Essas organizações devem ter um programa interno de responsabilização do exercício de poder para que ele seja exercido de forma responsável. Corporações devem ser vistas como exemplos de uma comunidade política, uma vez que são compostas por indivíduos cujas ações são reguladas por normas que todos reconhecem como justas, uma vez que elas decorrem de princípios jurídicos. Elas operam como um tipo de ordenação do comportamento de atores privados, indivíduos que também

---

[1002] Ver nesse sentido STUCKE, Maurice. "In search of effective ethics and compliance programs". *The Journal of Corporation Law*, vol. 39, nº 4, 2014, pp. 770-835.

devem estar cientes do dever moral de tratar todas as pessoas com a mesma consideração e respeito, além dos valores que regulam os direitos fundamentais. Assim, o ordenamento constitucional privado encontra fundamentação nos pressupostos que guiam a comunidade política como um todo. A constituição de uma corporação regula o comportamento de agentes privados, mas também a forma como devem tratar agentes externos; isso significa que a consideração das partes externas afetadas pela corporação também deve operar da mesma maneira.[1003]

21.3 Governança corporativa e *compliance*

A consolidação da governança corporativa ao longo das últimas décadas guarda relações próximas com o surgimento do *compliance* como um dos elementos centrais dos diversos processos relacionados com a tomada de decisão dentro das empresas. Diversos fatores têm sido responsáveis pela exigência da conformidade da gestão empresarial com inúmeras expectativas sociais sobre a gestão empresarial, entre eles, uma discussão cada vez mais complexa sobre os propósitos políticos e jurídicos das grandes corporações. Se por muito tempo teóricos e juristas argumentavam que a governança corporativa tinha como objetivo principal a contínua produção de riqueza, atualmente esses mesmos atores sociais asseveram que a tomada de decisão deve considerar uma série de questões que vão desde a conformidade com o direito penal econômico a problemas relacionados com a adoção de medidas destinadas a promover a sustentabilidade, passando pela observação de práticas antidiscriminatórias no interior das empresas. O monitoramento cada vez mais estrito da atividade empresarial pelo Poder Público e também por outros agentes sociais fez com que a adoção de um sistema

---

[1003] GARRIGA, Elisabet; MELÉ, Domènec. "Corporate social responsibility theories. Mapping the territory". *Journal of Business Ethics*, vol. 53, 2004, pp. 56/57; BOTTOMLEY, Stephen. *The constitutional corporation*: rethinking corporate governance. Hampshire: Ashgate, 2007, pp. 53-77.

interno de *compliance* se tornasse um dos elementos centrais da discussão sobre a governança corporativa. Estamos diante de uma realidade social que exige das empresas a construção de uma cultura institucional atenta a diversas questões morais e políticas relacionadas com a operação e os impactos de suas atividades nos diversos âmbitos da sociedade e também na vida de diferentes segmentos sociais. A exigência de que a atividade empresarial esteja em conformidade com normas que regulam diferentes aspectos de gestão decorre então de transformações importantes sobre a compreensão do papel das empresas na sociedade.[1004]

O termo *compliance* pode ser entendido como um conjunto de medidas internas de governança corporativa que cumprem uma série de propósitos, sendo que todas elas são formas de condução do processo decisório com vistas à promoção de uma cultura interna pautada em padrões éticos delineados por instâncias internas e externas. Esses padrões morais e políticos operam como uma proteção contra desvios de conduta, contra decisões imprudentes que podem gerar custos adicionais significativos para a empresa ou danos para a sociedade como um todo. A adoção de um programa de conformidade com diversos aspectos da legislação implica então em um interesse na condução de medidas adequadas de governança que possam prevenir atos que podem assumir a forma de condutas ativas ou omissivas consideradas ilegais. A adoção de um sistema de *compliance* procura construir uma cultura institucional baseada em medidas e procedimentos que estão de acordo com as expectativas legais e sociais sobre a atividade empresarial. Ser uma empresa que adota as medidas devidas para a criação de uma cultura ética significa atuar de forma consciente para a construção de uma identidade empresarial vinculada à ação ética dos seus administradores, o que implica a observação dos interesses dos diversos atores afetados pela atividade empresarial;

[1004] GRIFFITH, Sean. "Corporate governance in an era of compliance". *William & Mary Law Review*, vol. 57, nº 6, 2016, pp. 2077-2082.

isso pode contribuir de forma significativa para a longevidade da empresa quando se torna um elemento ligado à sua identidade. O conceito de *compliance* pressupõe a noção de integridade, o que designa a coerência entre princípios e procedimentos adotados para a observação da legislação.[1005]

Como afirmado anteriormente, o interesse na criação e observação de programas de conformidade legal decorre de diretivas do Poder Público que respondem à necessidade de discussão sobre o papel das empresas na vida social. Muitas jurisdições ao redor do mundo enfrentam graves consequências das ações ilegais de empresas que burlam normas para aumentar a lucratividade, postura que ignora os impactos negativos que suas atividades na sociedade. Esses acontecimentos fizeram com que autoridades públicas adotassem medidas restritivas, como também a exigência de que a atividade empresarial seja pautada pelo princípio da transparência. As corporações devem comprovar empenho na adoção de medidas de conformidade com a legislação porque suas atividades precisam estar em consonância com vários outros valores necessários para a vida social. Programas dessa natureza são produto da exigência de instituições governamentais que influenciam as companhias por meio da exigência de estruturas destinadas a satisfazer princípios da legislação referente à atividade empresarial. Essas medidas exigem a criação de departamentos internos responsáveis pela observação da conformidade das práticas institucionais com as diversas formas de legislação. Vemos que o avanço da noção de *compliance* se tornou, ao longo do tempo, um elemento chave da governança corporativa, sendo que não podemos pensar a última sem as implicações da primeira.[1006]

[1005] INSTITUTO BRASILEIRO DE GOVERNANÇA CORPORATIVA. *Compliance à luz da governança corporativa*. São Paulo: Instituto Brasileiro de Governança Corporativa, 2017, pp. 9-11.

[1006] GRIFFITH, Sean. "Corporate governance in an era of compliance". *William & Mary Law Review*, vol. 57, nº 6, 2016, pp. 2077-2081.

A construção de uma organização íntegra requer a coerência entre princípios e ações que expressam a responsabilidade corporativa, um conceito que precisa observar questões que não se resumem à adoção de medidas de combate à corrupção. Na verdade, o *compliance* está também relacionado com outras questões sociais, entre elas, os interesses das diversas partes externas afetadas pela atividade empresarial. A centralidade da ideia de *compliance* na cultura corporativa significa a necessidade da criação de interação ética com as diversas partes interessadas na atividade empresarial, o que inclui clientes, credores, fornecedores, trabalhadores e moradores. O que se pretende então é a criação de um processo deliberativo que informa as operações internas das organizações, além de suas interações com diversas partes. Os códigos de conduta adotados devem conter regras e diretrizes para que se possa evitar aquelas ações que podem causar danos aos vários indivíduos implicados no processo de operação da corporação. Se a noção de *compliance* também visa proteger o patrimônio das empresas contra atos ilícitos de administradores, ela também procura construir e preservar uma identidade cultural específica, o que pode gerar valor para elas.[1007]

O interesse em estabelecer regras para a implementação de programas internos de *compliance* também está presente na legislação brasileira recente, normas criadas para a proteção da concorrência. Uma análise dessas normas mostra que o *compliance* opera por meio de uma lógica preventiva, repressiva e educativa porque procura criar uma cultura baseada na manutenção de parâmetros adequados para a competição entre as empresas. Os mesmos elementos que norteiam a ação de empresas em outras jurisdições também guiam a lógica da governança corporativa na

---

[1007] GRIFFITH, Sean. "Corporate governance in an era of compliance". *William & Mary Law Review*, vol. 57, nº 6, 2016, pp. 2099-2106; ANDRADE, Adriana; ROSSETTI, José Paschoal. *Governança corporativa*: fundamentos, desenvolvimento e tendências. São Paulo: Atlas, 2007, pp. 177-197.

cultura jurídica brasileira: o programa de *compliance* tem como objetivos principais reforçar o compromisso de agentes com valores e objetivos da legislação, uniformizar o comportamento dos agentes em relação à tomada de decisões relacionadas aos riscos inerentes à atividade empresarial e impedir que esse processo tenha como parâmetro tentativas de maximizar lucros dentro de uma cultura que estimula ações ilegais. A efetividade de programas de *compliance* embarca ações em áreas diversas, como o monitoramento das atividades de agentes econômicos, a análise dos impactos sociais da atividade empresarial, a luta contra formas de corrupção ativa ou passiva. Vemos que a noção de *compliance* também é encarada na nossa legislação como um elemento central da governança corporativa, pois opera como uma diretriz das decisões tomadas pelos conselhos das empresas.[1008]

A adoção de um programa efetivo de *compliance* pressupõe ações integradas dos diversos aspectos exigidos pela obrigação de conformidade com as normas legais e as expectativas sociais. Um programa dessa natureza opera então em diferentes frentes, o que inclui o combate à corrupção, a atenção das regras de concorrência, a adoção de práticas antidiscriminatórias e a observação de regras de sustentabilidade. Esse programa deve ser visto como um elemento da cultura interna da empresa, o que, como observamos, pode trazer frutos positivos para ela. A integração das diferentes dimensões dos programas de conformidade adquire imensa relevância porque a procura da conformidade não deve contemplar um único aspecto, mas sim a pluralidade de determinações legais que uma empresa deve observar. Embora todas as empresas possam se beneficiar de regimes de *compliance*, grandes organizações são as que mais podem se beneficiar deles. Os regimes podem prevenir riscos e as consequências relacionadas com a violação da legislação; a atual

---

[1008] INSTITUTO BRASILEIRO DE GOVERNANÇA CORPORATIVA. *Compliance à luz da governança corporativa*. São Paulo: Instituto Brasileiro de Governança Corporativa, 2017, pp. 13-15.

legislação prevê uma série de penalidades para organizações que praticam atos ilícitos, sendo que estes geram perda da credibilidade e de riqueza para a empresa. Problemas dessa natureza podem ser evitados pela identificação antecipada de condutas indesejadas de agentes internos, o que permite uma resposta imediata pela empresa, bem como a adoção de soluções mais palatáveis junto às autoridades. Além disso, uma empresa motivada a construir uma cultura de conformidade consegue algo importante: o reconhecimento de atividades ilícitas em outras organizações, o que pode ter um efeito negativo na empresa. Programas de *compliance* podem melhorar de forma significativa a reputação das empresas, além de promover a conscientização de seus funcionários para a necessidade de uma atuação ética dentro da instituição e na vida profissional em outras organizações.[1009]

Mais do que algo que determina a obrigação de conformidade com a legislação, o conceito de *compliance* pode ser visto como um princípio que deve governar as atividades da empresa, como um aspecto da governança corporativa ativamente buscado por agentes internos responsáveis pela administração da instituição. Essa perspectiva está baseada na premissa segundo a qual a conformidade com a legislação demonstra a preocupação de uma empresa com a integridade de suas ações, o que pressupõe uma harmonia entre as normas que a regulam e a sua gestão efetiva. A integridade deve ser vista como uma meta relevante da empresa, pois ações éticas precisam ser parte de sua cultura institucional. Deliberações serão moralmente corretas quando considerarem a identidade da empresa, o que compreende os propósitos e valores que regulam a atividade empresarial. O processo deliberativo deve ser marcado pela transparência e pela aderência àqueles princípios que fazem parte da identidade da corporação. O agir ético nesse

---

[1009] CENTRO ADMINISTRATIVO DE DEFESA ECONÔMICA. *Programas de compliance*: orientações sobre estruturação e benefícios da adoção dos programas de *compliance* concorrencial. Brasília, 2016, pp. 9-14.

contexto específico significa a coerência entre os diversos preceitos que expressam uma concepção de responsabilidade social reguladora das diversas instâncias decisórias da gestão empresarial.[1010]

A observação das normas que regulam a atividade empresarial deve ser um dos elementos mais importantes do tipo de liderança presente em uma empresa. Assim, um programa efetivo de conformidade com a legislação requer não apenas posturas éticas, mas o conhecimento efetivo dos vários documentos jurídicos que regulam a atividade empresarial, bem como dos elementos que caracterizam as relações estruturais entre *compliance* e governança. Os códigos de conduta devem então elencar os princípios éticos que agentes internos devem observar no desempenho de suas atividades cotidianas, sendo que a preocupação com a transparência deve ser um dos mais importantes. A existência de um código dessa natureza e a observação concreta dele fomentam a confiabilidade dos agentes internos, porque estes sabem que suas ações estão de acordo com os valores da empresa, e também dos agentes externos, porque estão cientes dos esforços para que as decisões das empresas impactem a comunidade como um todo de forma positiva.[1011]

A criação de um esquema dessa natureza implica o monitoramento constante das atividades daqueles que fazem parte do processo decisório, o que requer a existência de mecanismos adequados para a identificação de desvios das normas. O gerenciamento da empresa exige sempre a consideração dos riscos da atividade empresarial, o que determina a necessidade de analisar se uma decisão poderá desrespeitar normas legais. Dessa forma, o *compliance* não pode ser separado da governança corporativa,

---

[1010] PLESSIS, Jean Jacques; HARGOVAN, Anil; BAGARIC, Mirko. *Principles of contemporary corporate governance*. Oxford: Oxford University Press, 2011, pp. 14-18.

[1011] CENTRO ADMINISTRATIVO DE DEFESA ECONÔMICA. *Programas de compliance*: orientações sobre estruturação e benefícios da adoção dos programas de *compliance* concorrencial. Brasília, 2016.

uma vez que é uma parte central das considerações a serem feitas pelos administradores. As estratégias tomadas pelas empresas para atingir seus objetivos econômicos devem ser guiadas por diretrizes que expressam os parâmetros éticos que informam a sua identidade. Para isso, elas devem levar em consideração os impactos sociais que poderão ter na sociedade. Vemos então que o tema da governança deve ser um tema de preocupação de todos os agentes de governança corporativa. Isso inclui a análise do papel dos sócios ao indicar profissionais que farão parte do conselho de administração, sendo que os membros desse órgão devem fazer o possível para disseminar os padrões de conduta ética entre todas as esferas da empresa, providenciar todo o apoio possível para o sistema de *compliance*, além de assegurar a autoridade para que os profissionais atuem de forma independente.[1012]

A exigência de conformidade com a legislação é um elemento fundamental da governança; ela deve ser uma função que tem a mesma relevância de outros aspectos da gestão de uma empresa. Políticas de governança são decisões tomadas pelo conselho que expressam os objetivos institucionais e também a forma como uma empresa deve atingir esses objetivos a partir de uma postura compatível com a identidade institucional. Essas decisões políticas têm um papel central na construção da credibilidade da instituição aos olhos da sociedade, o que contribui para o sucesso da empresa ao longo do tempo. Assim, o conselho de administração cumprirá funções políticas internas importantes, como a análise do mapeamento regulatório formulado pelos profissionais de *compliance*, a avaliação da efetividade interna e externa do sistema em conformidade com a legislação, a criação de comitês independentes para a condução de investigações e o monitoramento do cumprimento de atividades legais definidas pelas políticas internas. Programas

---

[1012] INSTITUTO BRASILEIRO DE GOVERNANÇA CORPORATIVA. *Compliance à luz da governança corporativa*. São Paulo: Instituto Brasileiro de Governança Corporativa, 2017.

de *compliance* operam de forma coordenada, mas também autônoma em relação aos outros aspectos do processo de tomada de decisão. Os responsáveis por esse aspecto da gestão empresarial operam dentro de uma estrutura de gestão que permite atuar de modo adequado por meio do acesso aos recursos necessários para o desempenho de suas atividades. A empresa também deve garantir a devida independência da atuação dos profissionais responsáveis pela conformidade em relação às normas jurídicas, o que exige ainda o material humano para que esse trabalho seja desenvolvido. Um programa dessa natureza pressupõe também a independência das investigações necessárias para a análise das ações ilegais, o que implica a imunidade daqueles que conduzem esse processo e a responsabilização dos possíveis culpados.[1013]

Como observado, o estímulo para a criação de um sistema de *compliance* faz com que empresas, principalmente as de grande porte, contratem profissionais ou formem uma equipe de profissionais responsáveis pela adoção de uma série de medidas e planos internos com a finalidade de monitorar as atividades da empresa, tendo em vista à sua conformidade com as normas jurídicas. As responsabilidades desses profissionais são bem diversas. Elas incluem, por exemplo, o gerenciamento dos riscos que a atividade empresarial pode trazer para agentes internos e externos, o desenvolvimento de atividades estratégicas e operacionais com outros setores da empresa, a coordenação de canais de denúncias sobre possíveis desvios ocorridos, a criação de políticas de conscientização dos agentes internos do dever de observarem as políticas internas, além da formulação de mecanismos para verificar o nível de aderência dos funcionários da instituição a essas políticas institucionais e os riscos decorrentes do descumprimento das normas que regulam a atividade empresarial. Esses campos de risco incluem questões diversas, como corrupção, negligência de práticas concorrenciais,

---

[1013] MATHIES, Anaruez. *Assédio moral e compliance na relação de emprego*. Curitiba: Juruá, 2018, pp. 131-145.

práticas discriminatórias contra funcionários, negligência ou desrespeito aos direitos humanos e impactos ambientais que ameaçam o bem-estar da comunidade.[1014]

21.3.1 Responsabilidade social corporativa

As considerações elaboradas sobre os princípios da governança corporativa nas partes anteriores nos remetem a um tema de grande importância da presente análise: a questão da responsabilidade social das empresas. Estamos falando aqui de iniciativas que organizações corporativas adotam como forma de autorregulação, iniciativas por meio das quais elas consideraram os possíveis impactos de suas atividades nas diferentes partes afetadas por suas operações. Esse tema está então relacionado com a necessidade de consideração das implicações da conduta interna e externa da empresa na vida social, uma vez que suas ações podem ter impactos consideráveis, porque cumprem um papel relevante nas diversas esferas da dinâmica social. Os que escrevem sobre esse assunto asseveram que o processo deliberativo deve transcender a tradicional preocupação com a maximização dos lucros para incluir questões de justiça social, o que pode contribuir de forma direta e indireta para a criação de riquezas e longevidade dos negócios. Assim, a preocupação com essa questão tem a mesma origem do que os debates sobre a própria noção de governança corporativa e a necessidade de adoção de regimes de *compliance*: o impacto negativo que ações ilícitas ou irresponsáveis de empresas podem ter na sociedade como um todo. As medidas voltadas para a consideração do papel social das empresas nos processos sociais encontram legitimidade no preceito segundo o qual a gestão empresarial deve também considerar o entorno social no qual as empresas atuam; elas produzem riqueza por meio de relações estruturais com o

---

[1014] GRIFISH, Sean. "Corporate governance in an era of *compliance*". *William & Mary Law Review*, vol. 57, nº 6, 2016, pp. 2099-2105.

meio social, motivo pelo qual elas também devem contribuir para a melhoria das condições nele presentes.[1015]

Como ocorre com as teorias sobre governança e *compliance*, há uma variedade de concepções sobre responsabilidade social das empresas. Algumas delas estão baseadas na premissa segundo a qual as empresas são mecanismos de criação de riqueza, perspectiva que privilegia então as relações econômicas entre a corporação e seu entorno. Os que defendem essa concepção instrumental argumentam que a responsabilidade social tem apenas o objetivo de operar como meio para a criação de riqueza social. A empresa teria apenas a responsabilidade de procurar alcançar seu objetivo principal, a produção de riqueza, a partir de meios legais. Assim, a gestão empresarial deve considerar apenas os meios necessários para maximizar a produção de riqueza, o que atende os interesses de agentes externos e internos que contribuem de forma instrumental para esse objetivo. Os objetivos econômicos são então integrados na lógica social inerente a uma sociedade capitalista regulada por normas jurídicas. Todas as vezes que uma empresa promove o aumento de seu capital a longevidade do negócio por meios éticos ela está agindo de maneira socialmente responsável.[1016]

Outros autores reconhecem o poder político derivado da produção da riqueza, o que os leva a definir a responsabilidade social como o reconhecimento de deveres sociais, bem como a necessidade de cooperação com o Poder Público para finalidades sociais. Os que esposam essa posição interpretam a atividade empresarial como uma fonte de poder muito relevante dentro das sociedades; para eles,

---

[1015] Ver: nesse sentido: WADE, Cheryl. "Corporate compliance that advances racial diversity and justice and why business deregulation does not matter". *Loyola University Chicago Law Journal*, vol. 49, n° 3, 2018, pp. 611-638.

[1016] OKPARA, John; IDOWU, Samuel. "Corporate social responsibility: a review of the concept and analysis of the business case for corporate social responsibility in the twenty-first century". *In:*_____. (Coord.). *Corporate social responsibility*. Bloomsburg: Springer, 2013, pp. 3-8.

esse poder deve ser exercido de forma responsável e não decorre apenas do sucesso da gestão empresarial, mas também das forças políticas que privilegiam grupos que detêm poder econômico. A responsabilidade corporativa deriva do poder social de empresários e empresárias; eles devem exercer esse direito de forma responsável, o que inclui a consideração de possíveis intervenções para que a sociedade possa alcançar maior nível de justiça. O uso do poder deve então ser utilizado de maneira responsável, o que inclui a aceitação de deveres que normas impõem aos que desenvolvem atividades empresariais. O fato de que muitas empresas são companhias atuantes em diversos países mostra que muitas delas têm mais poder político e também maior riqueza que muitos países. Esse tem sido um dos fatores pelos quais a ideia de cidadania corporativa tem adquirido atenção crescente nas últimas décadas, uma vez que corporações detêm poder político para a promoção de certas agendas políticas sempre identificadas com o Poder Público. A consideração de deveres sociais no processo de deliberação interna expressa a noção de que as corporações devem reconhecer direitos e responsabilidades sociais decorrentes das suas atividades.[1017]

Escrevendo em uma direção semelhante à anterior, certos estudiosos acreditam que a responsabilidade corporativa requer a integração das demandas sociais no processo decisório, uma vez que o sucesso de seus negócios depende da sociedade. Imanente a essa posição está a pressuposição da existência de um contrato social entre empresários e a sociedade, o que implica a responsabilidade deles em relação ao meio no qual operam. A responsabilidade social decorre então de um consenso entre essas partes: a necessidade de que os objetivos da atividade empresarial integrem propósitos estruturais nos quais negócios podem ter um papel significativo.

[1017] Para uma análise dessas perspectivas, ver sobretudo OKPARA, John; IDOWU, Samuel. "Corporate social responsibility: a review of the concept and analysis of the business case for corporate social responsibility in the twenty-first century". *In*: _____. (Coord.). *Corporate social responsibility*. Bloomsburg: Springer, 2013, pp. 7-20.

Empresários devem então ser sensíveis aos interesses razoáveis da comunidade, principalmente no que diz respeito à integração de grupos sociais e a questões de sustentabilidade. A gestão empresarial deve integrar as demandas sociais nas suas operações porque a sobrevivência de sua atividade depende da sociedade, motivo pelo qual o processo deliberativo também deve ser pautado por valores políticos. Responsabilidade corporativa não significa que as empresas têm o dever de responder às demandas de grupos sociais específicos, mas que elas precisam se comprometer com o alcance de interesses de caráter público. A responsabilidade pública opera então como um tipo de reconhecimento dos deveres que as organizações têm em cooperar com os interesses sociais, sendo que elas podem considerar objetivos de políticas públicas na tomada de decisões. O gerenciamento dos interesses de partes afetadas pela atividade empresarial seria uma forma de integrar demandas de justiça nas decisões das empresas.[1018]

Outro grupo de autores enfatizam as premissas éticas que regulam as relações entre negócios e sociedade. As empresas devem necessariamente aceitar responsabilidades sociais decorrentes da atividade empresarial, responsabilidades vistas como obrigações morais. Essa perspectiva considera o papel das empresas nos esforços necessários para o alcance de uma sociedade justa. Ela está fundamentada em uma premissa principal: que grupos de interessados afetados pela atividade empresarial são pessoas que têm interesse legítimo nos aspectos formais e substantivos da gestão empresarial. Uma empresa socialmente responsável não pauta suas decisões apenas nos interesses de agentes internos, mas nos interesses de todos os agentes afetados por suas atividades. Essa preocupação ética deve fazer parte da identidade da empresa, deve ser parte

---

[1018] Ver: nesse sentido: KING, Mervyn. *The corporate citizen*: governance for all entities. Joanesburgo: Penguin, 2006; HOND, Frank den *et al*. *Managing corporate social responsibility*: talking, doing and measuring. Aldershot: Ashgate Publishing, 2007.

central da identidade corporativa; as empresas devem procurar harmonizar princípios gerais de direitos humanos com o interesse na produção de riqueza, o que expressa o caráter normativo de sua identidade. Mais do que instituições interessadas na produção de riqueza, empresas devem também pautar suas atividades no princípio do bem comum.[1019]

21.4 Governança corporativa e práticas discriminatórias

Um tema de importância central para os estudos sobre governança corporativa permanece amplamente inexplorado na literatura brasileira sobre esse tema: as conexões entre Direito Constitucional, Direito Corporativo e Direito Antidiscriminatório. Uma análise das teorias de governança corporativa sugere que o objetivo de maximização dos interesses de agentes internos e externos seria algo que motiva as empresas a eliminar práticas discriminatórias. Uma vez que a discriminação cria obstáculos para o alcance desse objetivo, elas não utilizariam medidas arbitrárias. Elas estariam interessadas em ter os melhores candidatos para os seus cargos, pois isso permitiria um desempenho mais eficiente. Entretanto, esse pressuposto sempre esteve bem distante da nossa realidade. Empresas têm cumprido um papel central na marginalização de minorias raciais ao longo da história. A influência de práticas discriminatórias em diversos âmbitos da vida social faz com que o poder econômico esteja concentrado nas mãos dos membros dos grupos dominantes, sendo que eles direta ou indiretamente contribuem para a reprodução dessa

---

[1019] Ver: sobretudo WADE, Cheryl. "Corporate governance as corporate social responsibility: empathy and race discrimination". *Tulane Law Review*, vol. 76, nº 5, 2002, pp. 1463-1484.

realidade, inclusive por meio do poder econômico e político que dispõem enquanto agentes de instituições privadas.[1020]

A ausência de uma reflexão sobre as relações entre essas três áreas jurídicas nos parece problemática por alguns motivos muito relevantes. Primeiro, a luta pelo alcance de justiça social nos seus mais variados âmbitos passa necessariamente pela inserção econômica de grupos minoritários. As empresas podem desempenhar um papel de grande relevância nesse sentido pela eliminação de mecanismos discriminatórios e a adoção de medidas inclusivas que visam à emancipação econômica de grupos marginalizados. Segundo, a ausência dessa reflexão reflete um problema estrutural da nossa sociedade: a atitude negacionista relativa à presença pervasiva de práticas discriminatórias em quase todas as esferas da vida social. Corporações também são ambientes estruturados a partir de critérios que produzem diferenças de *status* entre grupos; isso significa que a presença hegemônica de membros de grupos dominantes nas empresas, principalmente na direção delas, faz com que a identidade dos seus diretores expresse também as identidades dos indivíduos que as comandam. Terceiro, a falta de trabalhos sobre esse assunto faz com que essa realidade se torne invisível para os que comandam programas de conformidade com a legislação, indivíduos que podem ter uma compreensão restrita do que seja discriminação. Quarto, a ausência de debate sobre esse tema permite a reprodução de sistemas de exclusão no qual empresas desempenham função importante, porque membros de grupos dominantes procuram garantir a concentração de benefícios materiais nas mãos dos seus pares, processo que pode ocorrer mesmo na ausência de intenção de alcançar um objetivo dessa natureza, pois sistemas discriminatórios operam independentemente da vontade de indivíduos particulares. Quinto, políticas de *compliance* só poderão ser bem-sucedidas se conseguirem promover uma transformação efetiva

---

[1020] ANDRADE, Adriana; ROSSETTI, José Paschoal. *Governança corporativa*: fundamentos, desenvolvimento e tendências. São Paulo: Atlas, 2007, pp. 107-118.

da cultura corporativa, o que implica uma discussão sobre medidas para a prevenção de atos discriminatórios.[1021]

Uma análise das relações entre governança corporativa e práticas inclusivas exige que respondamos uma questão inicial: qual a relevância social de uma discussão dessa natureza? Essa pergunta pode ser respondida de diferentes maneiras. Primeiro, esse tema tem imensa relevância para o alcance de uma sociedade mais justa, uma vez que nossa ordem constitucional concebe a atividade empresarial como algo que possui uma função social. Segundo, os autores que tratam esse tema não o abordam a partir da perspectiva aqui apresentada; embora mencionem o tema da função social, eles não fazem uma articulação dela com práticas antidiscriminatórias. Terceiro, o entendimento da função social da empresa só poderá ser plenamente compreendido se o examinarmos ao lado das práticas sociais que impedem o acesso dos indivíduos ao trabalho. Quarto, devemos entender o papel que empresas ocupam nesses sistemas de dominação e as medidas que podemos adotar para que elas possam cumprir os objetivos constitucionalmente determinados. Faremos nesta parte uma análise das relações entre governança corporativa e discriminação racial para que esse tema fique mais claro.

A discussão sobre governança corporativa na nossa cultura jurídica geralmente ocorre apenas a partir de preceitos de princípios do Direito Econômico, do Direito Societário, do Direito Penal e do Direito Administrativo, além de elementos da Administração de Empresas. A maioria das obras jurídicas sobre esse tema raramente abordam o contexto social no qual corporações operam, raramente examinam o impacto na atividade empresarial na sociedade. Esse padrão se estende à discussão sobre a questão racial: os autores brasileiros não discutem as possíveis interações entre esses dois tópicos. Esse fato nos parece bastante problemático porque a ausência da

---

[1021] WADE, Cheryl. "Transforming discriminatory corporate cultures". *Maryland Law Review*, vol. 65, nº 1, 2006, pp. 346-379.

discussão dos impactos discriminatórios da atividade empresarial tem imensa relevância para a empresa e também para operadores jurídicos que atuam nessas áreas. As imensas disparidades entre negros e brancos no mercado de trabalho demonstram de forma clara que a discriminação é um elemento presente no funcionamento cotidiano de muitas corporações brasileiras. Ela pode ocorrer das mais diversas formas, o que já tivemos oportunidade de observar nesta obra. A forma como corporações são administradas tem imensa relevância para a construção de uma sociedade justa, motivo pelo qual a discussão sobre a função social da empresa precisa ser articulada com mecanismos de combate às várias formas de discriminação racial presentes nesse campo da atividade humana.[1022]

Autores que elaboram trabalhos sobre governança corporativa de acordo com os pressupostos da Teoria Crítica Racial enfatizam a necessidade da discussão da questão racial em todos os campos do Direito, inclusive no Direito Societário. Eles enfatizam a importância desse esforço porque o racismo estrutura a operação de diversos sistemas sociais. Uma das consequências do aspecto estrutural do racismo é a formação de uma percepção de que as diferenças sociais entre grupos raciais são aspectos naturais da realidade social ou que podem ser explicadas por fatores impessoais, como a operação do sistema de classes das sociedades capitalistas. As disparidades raciais entre negros e brancos ocorrem dentro das empresas, como demonstram vários estudos sobre diferenças salariais, mas também fora das empresas, o que pode ser visto por meio da análise do racismo ambiental. Mas, para esses autores, as empresas também podem ser instrumentos importantes de inclusão racial na medida em que promoverem transformações importantes na sua cultura corporativa. Essas transformações exigem que se considerem os meios a partir dos

---

[1022] Ver: nesse sentido: WADE, Cheryl. "Attempting to discuss race in business and corporate law courses and seminars". *Saint Johns Law Review*, vol. 77, nº 3, 2003, pp. 901-917.

quais esses processos excludentes são reproduzidos dentro e fora das empresas, bem como o papel exercido por mecanismos psicológicos e práticas sociais na reprodução dessas disparidades.[1023]

21.4.1 Discriminação como vantagem econômica

Teorias econômicas tradicionais partem da premissa de que o mercado opera a partir de normas de racionalidade; as empresas estão à procura da promoção de maior lucro possível, o que as encoraja a eliminar práticas que podem implicar um custo maior para a produção ou significar uma desvantagem competitiva. Mas outras perspectivas parecem fazer mais sentido quando consideramos que as instituições sociais podem operar para garantir a hegemonia de interesses do grupo racial dominante. Assim, o que poderia ser algo negativo dentro da lógica do mercado pode ser uma vantagem competitiva para certos segmentos sociais. Da mesma forma que uma empresa pode fazer todo o possível para obter monopólio sobre certas áreas do mercado, grupos de pessoas podem adotar a mesma estratégia quando encontram os meios para preservar vantagens competitivas em relação a membros de outros grupos. Observamos anteriormente que práticas discriminatórias pretendem garantir o acesso privilegiado ou exclusivo dos membros dos grupos dominantes a oportunidades. Sistemas de dominação como o racismo operam para manter vantagem competitiva para pessoas brancas por meio das mais diversas formas de discriminação. São então formados cartéis raciais por meio dos quais pessoas brancas podem preservar uma série de vantagens quando seus interesses informam o funcionamento das diversas instituições sociais. O caráter estrutural do racismo permite que sistemas de vantagem

---

[1023] Ver nesse sentido, WADE, Cheryl. "Corporatte compliance that advances racial diversity and why business deregulation does not matter". *Loyola University of Chicago Law Review*, vol. 49, nº 3, pp. 611-636; LAWRENCE III, Charles. "Each other's harvest: diversity's deeper meaning". *University of San Francisco Law Review*, vol. 31, nº 3, 1997, pp. 757-778.

social sejam reproduzidos independentemente da vontade de indivíduos porque se tornam parte da operação normal de instituições. Por ser uma prática coletiva, a discriminação adquire um caráter encoberto e invisível, sendo confundida com a operação natural da realidade. Assim, sistemas sociais racializados permitem que pessoas brancas tenham vantagens competitivas em todas as situações. Pessoas brancas formam cartéis raciais que têm o propósito de preservar vantagens competitivas para os membros de grupos raciais dominantes.[1024]

A criação desses cartéis raciais remonta ao início da história nacional. O sistema capitalista brasileiro surgiu sob a forma de um sistema econômico racializado baseado na exploração do trabalho de minorias raciais, o que era legitimado por meio do discurso religioso. A passagem para o capitalismo industrial também esteve marcada pela história de dominação racial: negros eram impedidos de trabalharem nas fábricas porque as elites brancas achavam necessário transformar racialmente a mão de obra para que a sociedade brasileira pudesse se tornar uma nação desenvolvida, ideia que levou as autoridades brasileiras a promover a imigração de países de população branca. O objetivo de garantir o acesso privilegiado de pessoas brancas às melhores posições de trabalho tem sido uma prática permanente na sociedade brasileira, fator responsável pelo processo de estratificação racial presente em nosso país. Essa realidade se reproduz ao longo do tempo por meio da disparidade de oportunidades educacionais, o que contribui para que negros não tenham as mesmas chances de qualificação abertas a pessoas brancas.[1025] Essa vantagem competitiva de um

---

[1024] ROITHMAYR, Daria. "Racial cartels". *Michigan Journal of Race & Law*, vol. 15, nº 1, 2010, pp. 65-76.

[1025] Ver nesse sentido GOMÊS, Flávio; DOMINGUES, Petrônio (Coord.). *Políticas da raça*: experiências e legados da abolição e da pós-emancipação no Brasil. São Paulo: Selo Negro, 2014; HASENBALG, Carlos. *Discriminação e desigualdades raciais no Brasil*. Belo Horizonte: Editora da UFMG, 2005, pp. 67-125.

grupo racial sobre o outro não permanece restrita a uma geração; ela acaba sendo transferida de uma geração para outra porque práticas que discriminam grupos minoritários operam ao longo do tempo. Mais do que vantagens historicamente reproduzidas, práticas discriminatórias também são responsáveis pela reprodução da riqueza dos membros do grupo racial dominante. Esse processo faz com que membros de minorias raciais se tornem um grupo de indivíduos que existe para a expropriação econômica dos membros do grupo racial dominante, sendo então uma colônia dentro de uma sociedade democrática.[1026]

Acreditamos que o debate sobre os princípios que regulam a noção de governança corporativa não pode ter plena relevância se não considera um aspecto sempre desprezado na literatura brasileira sobre o tema: as relações estruturais entre atividade empresarial e medidas antidiscriminatórias. Observaremos, se analisarmos os pressupostos das teorias recentes da noção de governança corporativa e de responsabilidade social, que a gestão empresarial deve incluir a preocupação com a legalidade de seus atos no plano interno e no plano externo, mas também demandas feitas por agentes externos, um reconhecimento de que interesses de agentes internos devem ser considerados no processo decisório. Essa literatura abre espaço para defendermos a hipótese de que a implementação de medidas inclusivas deve ser um objetivo importante das instituições corporativas, porque tal fato permite uma atuação que possa melhorar as condições de vida dos atores sociais afetados pela atividade empresarial. Minorias raciais e sexuais são consumidoras de produtos e de serviços, uma das muitas razões pelas quais a integração de membros desses grupos nos seus quadros deve ser vista como um objetivo central da gestão empresarial. Assim, o reconhecimento das

---

[1026] Ver nesse sentido SOUZA, Pedro H. G. *Uma história de desigualdade*: a concentração de rendas entre ricos no Brasil de 1926 – 2013. São Paulo: HUCITEC, 2018; SHAPIRO, Thomas. *The hidden cost of being African American*. Oxford: Oxford University Press, 2005.

relações entre governança e antidiscriminação pressupõe também o reconhecimento das relações entre antidiscriminação e *compliance*. Vemos que esses campos estão estruturalmente ligados porque tratam questões relacionadas com a atividade empresarial, aqui compreendida como uma atividade integrada em contextos sociais complexos. As empresas que negligenciam ou promovem práticas discriminatórias enfrentam problemas significativos, como perdas financeiras decorrentes de processos judiciais, além da perda de credibilidade institucional. Precisamos então compreender de forma adequada quais são os desafios que instituições corporativas enfrentam para a criação de uma cultura fundamentada na responsabilidade social acima caracterizada.[1027]

Precisamos entender de forma mais próxima as relações entre temas que foram anteriormente abordados: governança, *compliance* e discriminação. Pensamos que a mesma relação estrutural existente entre *compliance* e governança também existe entre *compliance* e discriminação, motivo pelo qual esses termos precisam ser discutidos dentro do processo decisório, questão que não pode ser resumida ao dever de eliminar as práticas abertas de discriminação. As consequências da atividade empresarial são mais complexas do que a mera obrigação de produção de riquezas de acordo com as normas positivas; uma cultura baseada na noção de responsabilidade corporativa não pode ter uma simples visão negativa das obrigações da corporação. A passagem de uma cultura negligente em relação ao tema da discriminação para uma cultura comprometida com os valores morais que informam normas jurídicas e morais parte do reconhecimento de que práticas discriminatórias podem existir no ambiente corporativo de diferentes maneiras. Empresas são espaços de interação social entre indivíduos e isso significa que problemas presentes na esfera pública provavelmente se manifestarão nesse ambiente. Um dos primeiros obstáculos para

---

[1027] WADE, Cheryl. "Transforming discriminatory corporate culture: this is not just women's work". *Maryland Law Review*, vol. 54 n° 2, 2006, pp. 346-379.

a construção de uma cultura corporativa de caráter inclusivo está na forma como os seres humanos raciocinam. Foi observado em capítulos anteriores que nosso processo de percepção opera por meio da categorização e classificação dos indivíduos; estímulos culturais são relacionados a partir de mensagens culturais que ordenam a forma como percebemos membros de minorias. Assim, os vários estereótipos sobre minorias moldam a percepção daqueles funcionários responsáveis pela seleção de candidatos, como também dos que têm o papel de decidir quem serão as pessoas que serão promovidas. Seus funcionários são pessoas socializadas a partir de valores culturais que reproduzem estereótipos negativos sobre minorias raciais e sexuais, o que condicionará o comportamento delas também nessa dimensão. Isso significa que a discriminação direta está também presente nesse espaço de importância vital para a inserção dos indivíduos.[1028]

A discriminação indireta pode ocorrer no espaço corporativo de muitas formas. Ela pode afetar agentes internos por meio de normas e expectativas que parecem ser racionais e universais, mas que têm um impacto desproporcional sobre minorias. Ela ocorre porque os indivíduos que estabelecem essas regras partem do pressuposto de que todas as pessoas possuem o mesmo tipo de experiência social, o que os faz desconsiderar fatos exteriores que podem afetar as pessoas no ambiente do trabalho. Certas práticas podem ter um impacto discriminatório quando empregadas sem a consideração da realidade social na qual pessoas vivem. Um corpo de funcionário pode ser racialmente homogêneo porque a empresa contrata pessoas por meio de indicação, prática que sempre coloca minorias raciais e sexuais em desvantagem, tendo em vista o fato de que a maioria das pessoas se associam a indivíduos iguais a elas. A discriminação indireta pode ocorrer quando exigências

---

[1028] Ver nesse sentido ARMOUR, Jody. "Stereotypes and prejudice: helping legal decisionmakers break the prejudice habit". *California Law Review*, vol. 83, nº 3, 1995, pp. 733-772.

que não estão relacionadas com as habilidades necessárias para o trabalho excluem minorias, quando a vasta maioria dos membros de minorias não são capazes de atender essas exigências.[1029]

Empresas são instituições e isso significa que práticas discriminatórias podem não ser produtos de atos individuais, mas padrões que refletem a forma como membros responsáveis pela gestão pensam e operam. A discriminação institucional pode ser poduto da dificuldade ou impossibilidade de acesso a oportunidades de emprego na instituição, pode ocorrer por meio de obstáculos ou impedimentos ao progresso profissional dentro da empresa, pelo oferecimento diferenciado de serviços ou atendimento a clientes ou até pela negação de prestação de serviços a pessoas ou regiões. Por ser um microcosmo social, o ambiente corporativo também pode estar marcado pela prática de microagressões, o que incentiva comportamentos discriminatórios contra membros de minorias. A discriminação organizacional é um gênero da discriminação institucional e ela trata de um tema muito relevante para o que estamos discutindo: a cultura corporativa. Ela está em torno de um tipo de funcionário ideal que reflete as identidades dos membros dos grupos dominantes, motivo pelo qual minorias são sempre prejudicadas nesse ambiente. Observamos também que o espaço corporativo é um lugar privilegiado de manifestações de microagressões e o *status* subordinado de grupos minoritários nesse ambiente faz com que eles sejam vítimas frequentes dessa forma de agressão. Essa é uma das razões pelas quais o trabalho emocional de minorias pode ser apontado como uma fonte constante de estresse emocional para grupos vulneráveis, porque sempre precisam contemporizar com práticas racistas para poderem manter o trabalho.[1030]

[1029] CONNOLLY, Michael. *Discrimination law*. Londres: Sweet & Maxwell, 2011, pp. 151-170.

[1030] Ver geralmente PLATT, Lias. "Sexual orientation microaggressions and the experience of sexual minorities". *Jourunal of Homosexuality*, vol. 60, nº 7, 2013, pp. 1011-1034.

CAPÍTULO XXI – ANTIDISCRIMINAÇÃO, GOVERNANÇA...

Atos discriminatórios podem criar um ambiente incompatível com os princípios da responsabilidade social quando assumem a forma da discriminação racional, na medida em que os empresários procuram atender demandas de clientes ou porque tomam medidas que procuram maximizar a lucratividade da empresa sem levar em consideração os interesses dos funcionários ou princípios de justiça social. Além disso, a discriminação ocorre dentro das organizações porque a cultura institucional dessas organizações impulsiona as pessoas a permanecer em um processo constante de negociação de suas identidades para que não percam oportunidades dentro do espaço de trabalho. Esse problema decorre do fato de que elas percebem de seus colegas e de seus superiores que não terão o mesmo nível de respeitabilidade se falarem sobre sua orientação sexual, se mencionarem práticas religiosas ou ainda se revelarem a origem social. O ambiente corporativo frequentemente desenvolve uma cultura de caráter normativo bastante estrito, ao qual minorias tentam se aproximar, um esforço bastante problemático porque não deveriam ter que negociar a própria identidade para poderem sobreviver.[1031]

Essas diferentes formas de discriminação demonstram os limites de teorias que compreendem a discriminação apenas como produto de atos intencionais e arbitrários, perspectiva que exige a demonstração da intenção de discriminar para que os responsáveis possam ser responsabilizados. Sistemas de opressão são sempre dinâmicos, eles sempre criam novos meios para a preservação das hierarquias sociais presentes em uma sociedade. Muitos desses mecanismos operam de forma encoberta ou expressam atos motivados por ideias inconscientes que condicionam a percepção dos indivíduos. Todas essas questões apontam para um fato importante a ser observado pelas empresas interessadas na adoção de um regime de *compliance* efetivo: a construção de uma cultura institucional baseada na ideia de tratamento igualitário, princípio

---

[1031] YOSHINO, Kenji. *Covering*. Nova York: Handon House, 2006, pp. 50-74.

que regula a ação de instituições privadas, precisa considerar as complexas manifestações que a discriminação pode ter dentro do espaço corporativo.

21.5 Diversidade racial e governança corporativa

O conceito de constitucionalismo corporativo oferece elementos importantes para pensarmos as relações entre governança corporativa e práticas antidiscriminatórias. Dizer que devemos entender a corporação como um conjunto de indivíduos que operam de acordo com preceitos institucionais semelhantes aos que regulam a comunidade política significa afirmar que eles devem regular suas ações de acordo com princípios republicanos. O reconhecimento de que todos os indivíduos são atores que podem atuar de forma competente no espaço público significa considerar o dever de tratar todas as pessoas com a mesma consideração e respeito. Esses parâmetros implicam a adoção de medidas destinadas a eliminar práticas discriminatórias dentro do espaço corporativo. Se o espaço público está marcado por uma forma de racionalidade pública que reconhece todas as pessoas como merecedoras do acesso às mesmas oportunidades sociais, então o espaço corporativo deve ser um local no qual a cultura institucional não pode fomentar processos responsáveis pela exclusão social. A cultura corporativa deve ter o propósito de eliminar comportamentos que possam impedir o pleno desenvolvimento das pessoas. Ela precisa estar baseada em princípios igualitários, o que implica a noção de reconhecimento do mesmo valor moral dos indivíduos, de que membros de todos os grupos podem contribuir de forma efetiva para a atividade empresarial.

O conceito de constitucionalismo corporativo não faz referência apenas ao dever de não discriminar pessoas, mas também ao dever de promover a inclusão social. Nosso sistema jurídico estabelece a luta contra a discriminação como um objetivo político, motivo pelo qual instituições públicas e privadas podem ter um papel importante nesse processo. As considerações anteriores sobre governança corporativa e responsabilidade social nos leva a considerar o papel das empresas na inclusão de grupos minoritários. Tivemos a oportunidade de observar que a noção de responsabilidade corporativa está relacionada com a representação de empresas como instituições que possuem deveres políticos, o que pode incluir a atuação para a promoção da integração social. Observamos também que a ideia de responsabilidade corporativa pode ser vista como contrato moral entre negócio e sociedade na medida em que depende da última para poder existir. O conceito também parte do pressuposto de que a atividade empresarial tem um caráter integrador, uma vez que demandas sociais devem ser observadas no processo deliberativo. O conceito de cidadania corporativa pode ser um ponto de partida muito relevante para o debate de um ponto muito importante: a forma como corporações podem contribuir para a inclusão de minorias raciais e sexuais. O conceito de cidadania corporativa requer um esforço para que integremos dois princípios estruturantes da ordem política brasileira: iniciativa privada e cidadania. Vale lembrar que os tribunais brasileiros consideram a cidadania como um princípio substantivo de controle de constitucionalidade, o que inclui tanto a cidadania racial como a cidadania sexual de acordo com inúmeras decisões. Tendo em vista a relação sistêmica entre princípios estruturantes e normas programáticas, nós afirmaremos que as empresas podem desempenhar um papel essencial na luta contra formas de discriminação estrutural por meio de medidas que possam integrar membros desses grupos. Isso pode ocorrer por meio de ações afirmativas, o que pode assumir formas diferentes.[1032]

A importância do debate sobre ações afirmativas requer uma definição precisa dessa política pública e também de seus objetivos.

[1032] MOREIRA, Adilson José. *Cidadania sexual*: estratégia para agendas inclusivas. São Paulo: Arraes, 2017, pp. 234-280.

Elas podem ser definidas como um conjunto de medidas que almejam promover maior acesso de grupos minoritários a oportunidades acadêmicas e profissionais, objetivo que pode ser buscado por instituições públicas e privadas. Elas servem como um instrumento que procura suplantar os problemas gerados pela existência de práticas discriminatórias que criam obstáculos à inclusão social desses grupos, mecanismos cuja operação nem sempre pode ser reconhecida e eliminada por normas jurídicas. Tais mecanismos restringem ou impedem o acesso a oportunidades, o que subverte o ideal democrático de que todos os grupos sociais sejam tratados com a mesma consideração e respeito. Ações afirmativas surgem como uma política social que procura manter uma presença significativa de membros de grupos minoritários nas posições de poder existentes dentro da sociedade. Como uma prática institucional, essas medidas instituem procedimentos que utilizam os mesmos critérios responsáveis pela exclusão social para garantir a inclusão de grupos minoritários. Agentes públicos e privados conferem um tratamento preferencial a grupos tradicionalmente discriminados ao utilizar critérios como raça e gênero para a promoção da inclusão. Isso pode assumir a forma de reserva de vagas, atribuição de pontos no processo de seleção, incentivos à formação acadêmica de minorias com o objetivo de aumentar a competividade e processos de mentoria destinadas a elas.[1033]

Quanto aos seus objetivos, as ações afirmativas procuram construir um futuro igualitário ao concorrer para a realização da justiça social, o que pode acontecer pela garantia da igualdade de resultados. Medidas dessa natureza procuram interromper ciclos de exclusão social reproduzidos ao longo do tempo, elemento relevante para a eliminação dos processos de estratificação social que atingem minorias. Ações afirmativas também são importantes para a promoção

---

[1033] Para uma análise de argumentos favoráveis à adoção de ações afirmativas ver sobretudo ALEINIKOFF, T. Alexander. "A case for race-consciousness". *Columbia Law Review*, vol. 91, nº 4, 1991, pp. 1060-1125.

da diversificação dos espaços de poder, objetivo especialmente relevante porque representantes dos diferentes segmentos sociais devem estar adequadamente representados nas instituições que tomam decisões que afetam as vidas de todos os segmentos sociais. Ações afirmativas são então relevantes para a legitimação dos processos decisórios em instituições que devem operar de acordo com regras democráticas. Elas almejam a criação de uma realidade social na qual o pluralismo social esteja representado na constituição de instituições públicas e privadas. Esse não é um interesse político abstrato. Quanto maior a representatividade nas instâncias decisórias, maiores serão as chances de atingir objetivos de forma mais adequada.[1034]

É importante mencionarmos as concepções de igualdade que legitimam a adoção de ações afirmativas. Elas encontram fundamento na dimensão política da igualdade porque permitem a participação dos indivíduos nos processos decisórios, o que realiza o princípio de que o poder deve ser exercido coletivamente entre pessoas que se enxergam como pessoas igualmente competentes. Essas iniciativas também estão relacionadas com a dimensão psicológica da igualdade porque a criação de uma cultura corporativa comprometida com a integração social opera como um mecanismo de reconhecimento da igual dignidade das pessoas. Ações afirmativas também podem ser justificadas pela dimensão diferenciativa da igualdade porque procuram superar as diferenças de *status* presentes em uma sociedade. Os agentes públicos e privados que implementam essa forma de política não discriminam os membros de um grupo para garantir privilégios a outros: atuam para que grupos minoritários tenham acesso a oportunidades que estão geralmente fora do seu alcance.[1035]

[1034] MOREIRA, Adilson José. "Miscigenando o círculo do poder: Ações afirmativas, diversidade racial e sociedade democrática". *Revista da Faculdade de Direito da UFPR*, vol. 61, nº 2, 2016, pp. 117-148.

[1035] BOYLAN, Michael. "Affirmative action: strategies for the future". *Journal of Social Psychology*, vol. 33, nº 1, 2002, pp. 117-123; CROSBY, Faye.

Como sugerido anteriormente, essa forma de política pública tem sido defendida a partir de duas perspectivas. Ações afirmativas são justificadas a partir do princípio de justiça reparativa, pois elas procuram remediar as consequências de injustiças históricas que se perpetuam no tempo presente. Essa iniciativa procura então anular os efeitos contemporâneos dos mecanismos discriminatórios que criaram uma relação de subordinação de um grupo em relação a outro. Ações afirmativas também encontram fundamentação no conceito de justiça redistributiva, pois esse preceito procura alocar oportunidades sociais tendo em vista a situação real dos indivíduos no meio social. Ações afirmativas partem então da noção de igualdade de resultados, um princípio que justifica medidas que têm por objetivo garantir que membros de diversos grupos tenham o mesmo nível de sucesso social. De certa forma, essas duas dimensões da justiça estão relacionadas porque elas levam em consideração as diferenças estruturais existentes entre grupos sociais.[1036] Mas essas medidas de inclusão racial também têm sido caracterizadas como uma política de caráter integracionista. O objetivo de se construir uma sociedade na qual pessoas de diferentes grupos sociais estejam adequadamente representadas nas posições de poder aparece aqui como um ideal político e moral a ser alcançado. Mais do que reparar os erros do passado histórico, pretende-se criar mecanismos para que as instituições sociais espelhem o pluralismo social, o que contribui para a legitimidade das instituições públicas e privadas.[1037]

"Understanding affirmative action". *Basic and Applied Social Psychology*, vol. 15, nº 1, 1991, pp. 13-18.

[1036] ROSENFELD, Michel. "Affirmative action, justice, and equality: a philosophical and constitutional appraisal". *Ohio State Law Journal*, vol. 46, nº 3, 1985, pp. 860-865.

[1037] ESTLUND, Cynthia. "Putting Grutter to work: Diversity, integration and affirmative action in the workplace". *Berkeley Journal of Employgment and Labour Law*, vol. 26, nº 1, 2005, pp. 2-40.

Devemos nesse momento apresentar a seguinte questão: programas de ações afirmativas são realmente aptos a promover esses resultados? Uma análise da adoção dessas iniciativas governamentais nos processos de seleção para candidatos para instituições de ensino superior responde essa questão. A adoção de programas de ações afirmativas nas universidades brasileiras de ensino superior tem surtido efeitos extremamente positivos; podemos dizer que essa é uma política pública extremamente bem-sucedida. Ao contrário do que seus opositores alegavam, cotas raciais trouxeram benefícios reais para os seus beneficiários e para as instituições que as adotaram. Os relatórios divulgados por muitas universidades demonstram que o rendimento médio dos alunos cotistas está, em muitos casos, acima da média do rendimento dos alunos que entram no vestibular pelo processo tradicional. Mais do que isso, esses estudos apontam que o desempenho dos cotistas é superior em muitos dos cursos mais concorridos das universidades brasileiras. Vemos que esses alunos têm um elevado desempenho, realidade que desmente o argumento de que as cotas raciais e sociais iriam contribuir para a queda da qualidade de ensino das universidades. Os mesmos estudos também indicam que o índice de evasão dos alunos cotistas é menor, uma possível evidência do comprometimento destes com a oportunidade social que lhes foi conferida.[1038]

Ações afirmativas podem ser justificadas a partir dos princípios de justiça e das dimensões de igualdade que mencionamos acima, mas elas também podem ser referenciadas a partir da noção de diversidade. O conceito de diversidade passou a designar o interesse na criação de ambientes institucionais pluralistas, o que permite o alcance de objetivos discutidos nos parágrafos anteriores. Essa diversidade diz respeito às diferenças sociais que

---

[1038] Ver: por exemplo, VELLOSO, Jacques. "Cotistas e não-cotistas: rendimento dos alunos da Universidade de Brasília". *Cadernos de Pesquisa*, vol. 39, nº 137, 2009, pp. 621-644; FERES JÚNIOR, J.; ZONINSEIN, J. *Ação afirmativa e universidade*: experiências nacionais comparadas. Brasília: Editora da UnB, 2006, pp. 166-182.

se tornaram significativas e que afetam as interações sociais de uma sociedade. Essas distinções estão baseadas em fatores que são frequentemente utilizados para designar o lugar social de grupos minoritários, reproduzindo então relações assimétricas de poder. Elas designam uma coletividade cujos membros possuem uma experiência social específica em função dos processos de estratificação nelas fundamentados. Embora essas categorias sejam socialmente construídas, são interpretadas como diferenças reais entre grupos. Seus membros são sistematicamente excluídos de oportunidades, processos que têm como objetivo a manutenção do poder social nas mãos de grupos majoritários.[1039] Dentre outros fatores, o conceito de minoria passou a ser algo socialmente relevante por causa dos movimentos sociais de libertação ocorridos na segunda metade do século passado em vários lugares do mundo. Grupos sociais excluídos questionaram a legitimidade de práticas discriminatórias responsáveis pela opressão social, processo que ocasionou uma mudança significativa na situação dessas classes de indivíduos. Muitos deles conseguiram alcançar a igualdade formal em relação aos grupos dominantes, apesar da persistência de práticas discriminatórias nas interações cotidianas. Em alguns casos, esses movimentos mobilizaram vários grupos em torno da tentativa de se criar uma sociedade mais inclusiva. A luta pelos direitos civis dos negros norte-americanos pode ser vista como o exemplo paradigmático desse processo.[1040]

Como forma de contrabalançar as consequências de processos históricos de discriminação racial, instituições públicas e privadas adotaram iniciativas que procuram garantir o acesso de minorias a oportunidades acadêmicas e profissionais. Como observado anteriormente, essas medidas, no contexto norte-americano, têm

---

[1039] BELL, Derrick. "Diversity Distractions". *Columbia Law Review*, vol. 103, n° 6, 2003, p. 4.
[1040] SKRENTNY, John D. *The minority rights revolution*. Cambridge: Harvard University Press, 2002.

agora um foco integracionista; elas não se apresentam como políticas que procuram promover reparação histórica. Os argumentos utilizados para justificar ações afirmativas na jurisprudência foram transformados em princípios que agora guiam a implementação de programas de ações afirmativas no setor público e no setor privado. Mais do que uma simples preocupação em seguir as normas legais impostas pela jurisprudência, a noção de diversidade passou a representar a forma como diferentes agentes sociais devem compreender a sociedade, inclusive como corporações devem construir seu corpo de funcionários.[1041]

Embora a diversidade como princípio jurídico e como prática social tenha sido atacada por diferentes setores sociais, esse preceito se transformou em uma verdadeira política social por segmentos dos setores públicos e privados. Mais do que uma iniciativa que tem como objetivo remediar um passado de discriminação, a diversidade passou a ser vista como uma estratégia que pode trazer ganhos consideráveis para as instituições que a empregam. Essas vantagens estão relacionadas com a melhoria da competividade das empresas no mercado, com a melhora das respostas às demandas sociais dirigidas a essas instituições e com o dever moral de promover a inclusão social. Um dos elementos mais importantes para a mudança da lógica das ações afirmativas teve início com a percepção de que o desempenho das empresas privadas depende da capacidade delas em responder às demandas do pluralismo no plano nacional e internacional. Esse argumento está fundamentado na premissa de que a diversidade pode facilitar a operacionalização e aumentar a lucratividade dos negócios. Isso porque a globalização das economias exige a contratação de pessoas que tenham a capacidade de compreender as particularidades culturais e políticas dos diferentes mercados. Uma força de trabalho racialmente

---

[1041] DOBBIN, Fran. "The architecture of inclusion: evidence from corporate diversity programs". *Harvard Journal of Land & Gender*, vol. 30, n° 2, 2007, pp. 279-301.

e culturalmente homogênea seria menos capaz de tratar questões que podem surgir dos conflitos gerados pelo pluralismo cultural. Os diferentes grupos sociais têm interesses e exigências distintas e os que não possuem competência cultural para negociar com eles enfrentam grandes dificuldades. A diversidade adiciona um valor considerável às empresas por causa do aumento de sua competividade no mercado.[1042]

A prática da diversidade também fez com que ela passasse a ser vista como algo positivo do ponto de vista da eficiência gerencial. Para alguns, ela representa uma vantagem importante, pois permite que as instituições respondam aos interesses de diversos grupos da forma mais efetiva possível. Os que escrevem sobre esse tema afirmam que um corpo de funcionários diversificado melhora o desempenho da instituição ao incrementar a capacidade de análise e solução de problemas. Esses estudos demonstram que as perspectivas trazidas por pessoas de diferentes origens sociais e com experiências diversas fazem com que a capacidade institucional de solução de problemas seja superior àquelas empresas cujos corpos de funcionários são uniformes. Empresas que congregam pessoas de diferentes raças, de ambos os gêneros, de orientações sexuais diversas criam os meios para aumentar o surgimento e troca de novas ideias, o que é algo particularmente desejável em um mercado no qual grupos minoritários adquirem um poder de compra cada vez maior.[1043]

Além das vantagens decorrentes da eficiência gerencial dos negócios, a diversidade também tem sido adotada por instituições privadas com base na noção de responsabilidade social. Além das vantagens relacionadas com competividade e eficiência, a promoção

---

[1042] COX, Taylor; BLAKE, Stacy. "Managing cultural diversity: implications for organizational competitiveness". *The Executive*, vol. 5, nº 3, 1991, pp. 45-55.

[1043] HAWKINGS, Stacy. "A deliberative defense of diversity". *Columbia Journal of Race and Law*, vol. 2, nº 1, 2012, pp. 88-90.

da diversidade começou a ser vista como um dever moral, principalmente em sociedades pluralistas. Segundo esse raciocínio, muitos autores interpretam a diversidade como um mecanismo importante para a realização da responsabilidade social das corporações, sendo que elas devem considerar o impacto social das suas atividades. A incorporação de pessoas de diversos segmentos sociais possibilita o acesso a oportunidades profissionais, além de aumentar a participação nas tomadas de decisões que têm o potencial de afetar toda a sociedade. A governança corporativa se aproxima da ideia de que as suas decisões devem ser tomadas por pessoas que representam a variedade de grupos e de interesses existentes na realidade social. Portanto, a justificação da prática da diversidade não se restringe ao caráter reparatório da ação afirmativa, mas se justifica pelo seu caráter inclusivo.

Como afirmando anteriormente, muitos atores sociais defendem a diversidade tem a partir de uma pluralidade de perspectivas, sendo que a melhoria da competitividade da empresa tem sido uma das mais comuns, um argumento interessante para articularmos a dimensão impulsiva da função social da propriedade e o interesse na inclusão social. Alguns elementos corroboram esse argumento, o que nos convida a fazer uma análise de cada um deles. A literatura sobre esse assunto demonstra que a diversidade traz benefícios para as empresas em um aspecto especialmente importante: a vantagem competitiva. Essa vantagem se manifesta pela capacidade de uma corporação em aumentar a criatividade e pela capacidade de resolver problemas que surgem dos obstáculos presentes em uma economia capitalista baseada na competitividade. Um corpo de funcionários homogêneos tira as chances de as empresas terem contribuições de pessoas com diferentes experiências sociais; a diversidade aparece aqui como um benefício para a empresa que a adota, de modo que chegará a soluções que outros competidores não chegariam com a mesma rapidez. A prática da diversidade se torna um aspecto da identidade institucional de uma companhia e essa reputação faz com que se torne atraente para membros de minorias que demonstram ter grande talento e podem agregar ganhos para a empresa. Quando maior a diversidade de uma organização, maiores serão as perspectivas a serem consideradas para o processo decisório, o que também aumenta a eficácia das estratégias adotadas para a empresa. Mas o benefício de uma força de trabalho diversificada requer também esforços para a manutenção do seu quadro. Corporações devem também adotar mecanismos para que o ambiente de trabalho apresente possibilidades reais de satisfação profissional para membros de minorias; um ambiente no qual ainda imperam microagressões, um ambiente no qual o trabalho emocional seja produto de conflitos entre funcionários não reterá pessoas que fazem parte de minorias. A diversidade traz benefícios para a empresa, mas ela também implica um custo de manutenção que exige uma transformação cultural da corporação para que membros de minorias se vejam comprometidos com suas funções. Esses custos vão além de programas de sensibilização para funcionários; eles também estão relacionados com incentivos para membros de grupos vulneráveis e ajustes de requisitos para os diferentes grupos.[1044]

Nosso percurso nos permite então construir um argumento persuasivo para a adoção de programas de diversidade nas empresas. Estas operam de acordo com a mesma lógica de uma comunidade política, a partir de regras que regulam as ações dos diferentes agentes institucionais, pessoas cujas interações estão baseadas na premissa da solidariedade social. O interesse na criação de medidas de integração de minorias raciais encontra fundamento nos princípios que regulam nossa ordem econômica, tais como os princípios da dignidade humana, do valor social do trabalho e o da função social da empresa. Eles legitimam essas iniciativas porque permitem que corporações possam operar como agentes de transformação social por garantirem a inclusão social de grupos vulneráveis, um

---

[1044] COX, Taylor; BLAKE, Stacy. "Managing cultural diversity: implications for organizational competitiveness". *The Executive*, vol. 5, nº 3, 1991, pp. 45-48.

dos objetivos da ordem objetiva dos direitos fundamentais, os quais também vinculam a ação de agentes privados. A realização dessa função política contribui para que se crie, no interior da corporação, uma cultura ética desde que ela também crie formas para administrar os programas de diversidade. Corporações não são apenas agentes econômicos, são também agentes políticos porque podem contribuir de forma direta para a realização de alguns dos objetivos centrais do nosso sistema político: a integração de membros de grupos vulneráveis. Esse processo permite a criação do que tem sido chamado de condições objetivas de paridade de participação: instrumentos para que os indivíduos possam ter os meios materiais para serem reconhecidos como atores sociais competentes.

A promoção da diversidade em empresas privadas enfrenta alguns obstáculos que devem ser considerados. Primeiro, os que são contrários a essa iniciativa argumentam que corporações operam de forma racional porque estão à procura dos melhores funcionários, o que as desestimula a discriminar pessoas que podem ter grande desempenho profissional. Esta objeção se mostra bastante problemática, uma vez que demonstramos que práticas discriminatórias podem ocorrer de diversas formas, seja pela recusa de contratar minorias, seja pela ação de disposições cognitivas implícitas responsáveis por escolhas aparentemente neutras, mas que estão baseadas em estereótipos. Essa realidade nos mostra que as conexões entre interesses econômicos e processos culturais são muito mais complexas do que muitos acreditam. Segundo, os opositores dessas medidas afirmam que elas seriam discriminatórias porque restringem direitos de pessoas brancas. Este argumento também se mostra problemático porque pessoas brancas não têm um direito a empregos. Oportunidades profissionais atendem uma série de necessidades, entre elas o interesse da empresa em ter um corpo de funcionários diversificado e, portanto, mais capaz de produzir benefícios materiais para ela. Terceiro, temos a ideia de que as instituições estatais são as únicas forças sociais que devem promover a inclusão de minorias raciais. Essa posição encontra obstáculos porque minorias interagem cotidianamente com atores privados que as discriminam, mas que também podem ter um papel central na integração dos membros desse grupo.[1045]

A promoção da diversidade pode ser vista como um elemento central do que tem sido chamado de cidadania institucional. Esse termo faz referência à ideia de que empresas privadas tem interesses na ordem social que estão além de propósitos econômicos. A noção de cidadania nesse contexto não significa apenas um *status* individual de pessoas em uma ordem política, mas também o papel que instituições privadas podem desempenhar na integração de grupos minoritários. Elas podem atuar como agentes de integração social na medida em que criam programas para eliminar práticas discriminatórias ou que tem efeitos discriminatórios, além de adotarem processos direcionados especificamente para fomentar a inclusão por meio da diversificação do seu corpo de funcionários. Essas medidas implicam então que empresas comprometidas com a transformação social devem ver a si mesmas como cidadãs institucionais na medida em que contribuem para a transformação do *status* social de grupos minoritários ou vulneráveis. A cidadania institucional está calcada na ideia de uma responsabilidade institucional de caráter normativo, o que está pressuposto por teorias de governança baseadas na noção de constitucionalismo corporativo.[1046]

21.6 Ações afirmativas, cidadania corporativa e repertório identificatório

Devemos examinar ainda outro aspecto das relações entre ações afirmativas, cidadania corporativa e teorias de igualdade. Muitos autores afirmam que essas iniciativas são constitucionais porque promovem a igualdade material, uma vez que diminuem

---

[1045] Ver nesse sentido CHARLES, Guy Uriel. "Toward a new civil rights framework". *Harvard Journal of Law & Gender*, vol. 30, nº 2, 2007, pp. 333-363.

[1046] STURM, Susan. "The architecture of inclusion: advancing workplace equity in higher education". *Harvard Journal of Law & Gender*, vol. 29, nº 2, 2006.

as disparidades entre grupos raciais, um objetivo democrático relevante. Outros argumentam que a presença de minorias em posições de poder e prestígio tem um aspecto especialmente relevante: cria referências sociais positivas para integrantes de minorias, além de demonstrarem para todos que seus membros são atores sociais competentes. Vimos também que ações afirmativas são justificadas pelo interesse na criação de instituições que refletem o pluralismo presente na sociedade. Há também aqueles que reconhecem a relevância de ações afirmativas para a promoção da emancipação de minorias, requisito para que uma sociedade possa alcançar patamares mais altos de integração social. Embora todas essas explicações sejam plausíveis, devemos ainda nos perguntar se ações afirmativas também são capazes de promover outras dimensões da igualdade, especialmente a dimensão moral e a dimensão diferenciativa desse preceito.[1047]

Medidas de inclusão racial podem ser justificadas a partir da ideia da responsabilidade social das empresas, mas pensamos que elas também encontram fundamento nas relações entre desenvolvimento econômico e desenvolvimento humano. Esse tema está presente em formulações recentes sobre justiça social, principalmente naquelas que correlacionam esses dois tópicos ao argumentarem que esforços para a promoção da riqueza não podem estar separados da adoção de mecanismos destinados à integração social. O debate sobre a construção de políticas de desenvolvimento precisa integrar a preocupação com a promoção das capacidades humanas; a possibilidade de cultivo delas permite que uma sociedade possa alcançar maior nível de liberdade pessoal por meio da transformação dos seres humanos em agentes econômicos capazes. Argumenta-se então que o cultivo das liberdades humanas contribui para o aumento de produção de riquezas porque os indivíduos estarão

---

[1047] Para uma discussão dessas várias posições ver sobretudo KENNEDY, Randall. *For discrimination*: race, affirmative action, and the law. Nova York: Vintage, 2013.

mais aptos a contribuírem para a sociedade. Da mesma forma que o avanço econômico pode produzir melhores condições de vida para as pessoas, a produção de liberdades também permite que elas contribuam para o desenvolvimento da nação.

    O tema da responsabilidade social das empresas possui grande importância nessa discussão, uma vez que essas instituições são atores centrais no processo de crescimento econômico e também na integração social de minorias. Devemos então nos perguntar como a noção de cidadania corporativa pode nos ajudar a compreender de forma mais clara o papel que elas podem desempenhar na mediação entre desenvolvimento econômico e desenvolvimento humano. Pensamos que essa correlação deve partir da análise das maneiras como interesses de grupos afetados pela atividade empresarial podem ser incorporados pelas empresas, um meio de transformar a situação de minorias ao promover as capacidades dos integrantes desses segmentos. Utilizaremos a tese do estruturalismo jurídico tal como sistematizada por Pedro Ramunno para estabelecermos essas conexões. Acreditamos também que a psicanálise pode nos ajudar nessa tarefa. Abrir oportunidades econômicas significa criar mecanismos para a expansão do repertorio identificatório de minorias raciais e sexuais.

    De acordo com o autor mencionado no parágrafo anterior, o novo estruturalismo jurídico pode ser identificado como um movimento baseado na premissa de que o Direito tem uma particularidade relevante: ele pode contribuir para a modificação das estruturas sociais, uma vez que a conexão entre elas permite que mudanças em um setor possam provocar mudanças também em outros. Dentro dessa perspectiva, fenômenos da vida social só se tornam inteligíveis na medida em que as diversas relações dentro das quais eles estão situados são adequadamente examinadas, sendo que elas formam uma estrutura de efeitos que se estendem de um campo a outro. Essa perspectiva, afirma o autor, possibilita uma leitura distinta da tradicional perspectiva segundo a qual o sistema jurídico contêm todos os elementos necessários parra a solução dos problemas presentes na realidade, uma vez que eles possuem causas únicas. Ele argumenta que mudanças nas práticas empresariais podem implicar em mudanças na forma como o sistema econômico funciona, processo importante para pensarmos alternativas para o desenvolvimento econômico que inclua também as externalidades, as demandas elaboradas por agentes sociais pelas empresas. Assim, podemos passar de uma noção de desenvolvimento econômico ainda relacionada com a geração de riqueza para outra perspectiva que privilegia a preocupação com a produção de liberdades substantivas.[1048]

As teses de Erik Erikson sobre o desenvolvimento moral dos seres humanos mostram-se relevante nesse contexto porque revelam a relação desse tema com a produção social de liberdades. Esse autor elaborou uma teoria bastante influente obre o desenvolvimento moral dos seres humanos. Observamos no capítulo anterior que esse psicanalista atribuiu grande importância à questão da identidade na sua produção acadêmica, conceito entendido aqui como uma dimensão da existência baseada na construção de um senso de integração psíquica e competência pessoal. O autor afirma que podemos construir um sentimento de segurança psicológica na medida em que estamos inseridos em um ambiente no qual as pessoas responsáveis por nós oferecem os cuidados e estímulos necessários para desenvolvermos habilidades emocionais, cognitivas e sociais. Quanto maior for o empenho dos nossos cuidadores para que isso ocorra, maiores serão as possibilidades da formação de funções psíquicas de maneira positiva. Eles podem desempenhar esses papéis na medida em que também possuem competência afetiva e recursos institucionais, o que depende das condições materiais da existência. Vemos então que a possibilidade de cultivo das capacidades humanas está

[1048] RAMUNNO, Pedro Alves Lavacchini. *Commons empresariais*: a aplicação do regime dos bens comuns para determinados bens materiais. São Paulo: Almedina, 2020, pp. 45-63.

diretamente relacionada com o acesso a capacidades secundárias que se manifestam na forma de direitos.[1049]

Para Erikson, a soma das experiências individuais e as oportunidades institucionais formam o que ele chama de repertório identificatório. O indivíduo que tem acesso a diversas categorias de direitos humanos terá as condições para tomar decisões duradouras ou permanentes na sua vida. Isso permitirá que ele se afirme como um sujeito produtivo e obtenha estima social. Esse conceito também está relacionado com aquelas identidades que podem ter expressão no espaço público. Enquanto algumas delas são institucionalizadas, outras são marginalizadas, sendo parâmetros a partir dos quais pessoas são excluídas de direitos. Os que estão nessa condição não conseguem ter oportunidades materiais, nem respeitabilidade social, o que torna a vida em sociedade uma carga emocional e negativa constante. Portanto, nosso desenvolvimento psíquico está amplamente relacionado com as políticas estatais vigentes. Quanto maior for o empenho do Estado para a construção da segurança material das famílias, maiores serão as chances de nos afirmarmos como sujeitos competentes. Da mesma forma, o nível de inclusão social determina as chances de um indivíduo poder ter respeitabilidade, requisito para que ele possa desenvolver um senso positivo de autoestima positiva.[1050]

O conceito de repertório identificatório aqui proposto deve ser pensado como um princípio explicativo e também como uma direção para ações estatais e também para instituições privadas. Ele nos convida a entender a natureza multifatorial no qual estão envolvidas ideologias e práticas relacionadas com as condições materiais e culturais a partir das quais identidades sociais são criadas e reproduzidas. Partimos da premissa de que a identidade

---

[1049] ERIKSON, Erik. *Identity, youth and crisis*. Nova York: Norton & Company, 1968, pp. 91-122.
[1050] ERIKSON, Erik. *Identity, youth and crisis*. Nova York: Norton & Company, 1968, pp. 129-135.

não é uma mera construção pessoal, mas fundamentalmente o produto da interação entre o sujeito e o mundo que o cerca. Assim, a noção que estamos analisando também deve ser entendida como um princípio para a ação das instituições governamentais porque nos permite diagnosticar as formas a partir das quais diferentes sistemas de opressão operam para produzir a exclusão. Se de um lado o conceito de repertório identificatório nos auxilia a identificar os meios pelos quais a reprodução de estereótipos e desvantagens materiais restringem as oportunidades das pessoas, permitindo a criação de uma identidade negativa que pode conduzir à exclusão, de outro ele permite atuar para a construção de uma sociedade mais democrática ao instituir parâmetros para a criação de mecanismos que fomentam a autonomia humana.[1051]

Tendo em vista o papel das capacidades para a afirmação e expansão da liberdade de agir dos indivíduos, devemos voltar a nossa atenção para o aspecto instrumental das liberdades para o desenvolvimento, de como ações afirmativas expandem o repertório identificatório, o que leva à expansão de riquezas. Como afirma Sen, esse aspecto está relacionado com os meios a partir dos quais diferentes capacidades são articuladas para promover a liberdade e consequentemente o desenvolvimento. As liberdades individuais estão interligadas porque um tipo contribui para o avanço de outras. O autor afirma que elas têm um caráter constitutivo e também um caráter instrumental. O primeiro decorre do papel delas na garantia de uma vida plena. Liberdades substantivas incluem todos aqueles direitos necessários para o funcionamento de uma pessoa dentro de uma sociedade, tais como o acesso a direitos sociais que permitam ter bases materiais necessárias para o desenvolvimento de suas capacidades. Também podemos citar

---

[1051] STEVENS, Richard. *Erikson*: explorer of identity and life cycle. Nova York: Palgrave, 2008, pp. 60-90; MOREIRA, Adilson José; FABRETTI, Humberto Barrionuevo. "Masculinidade e criminalidade em Moonlight". *Revista de Direitos e Garantias Fundamentais*, vol. 19, nº 2, 2018, pp. 60-65.

as capacidades necessárias para que o sujeito possa tomar parte da vida política, além daquelas garantias necessárias para que ele possa atuar como um ser autônomo no espaço público e privado. O autor classifica de liberdades instrumentais aquelas que contribuem de forma direta ou indireta para a expansão de outros tipos de liberdade. Assim as liberdades políticas podem ser consideradas como instrumentais em um sentido amplo porque elas permitem a participação no processo político; participar nas deliberações coletivas sobre os destinos da sociedade, participar de forma ampla do processo de formação da vontade estatal é uma forma de ampliação e defesa de liberdades. A liberdade econômica também possui um aspecto instrumental na expansão das liberdades porque a integração social depende da possibilidade de participação no mercado, seja por meio do consumo, seja por meio do acesso à produção ou por salários que permitam seguridade econômica, o que ações afirmativas podem garantir. Oportunidades sociais como os diversos meios que os estados implementam para garantir seguridade social como saúde e educação também são vistas pelo autor como necessárias para as pessoas poderem viver melhor. Além disso, Sen menciona a garantia de transparência, o que ele define como a característica de uma sociedade na qual os valores que regulam as interações entre as pessoas e também a relação delas com atores institucionais são claros para todos e todas.[1052]

Podemos dizer que programas de ações afirmativas são meios de produção de desenvolvimento humano porque expandem o repertório identificatório de minorias raciais e sexuais. Práticas discriminatórias estão sempre restringindo oportunidades desses segmentos, além de serem um impedimento do gozo de plena respeitabilidade social. Medidas de inclusão no espaço corporativo contribuem para o desenvolvimento humano na medida em que criam meios para o cultivo suas capacidades nos sentidos anteriormente

---

[1052] SEN, Amartya. *Development as freedom*. Nova York: Anchor Books, 1988, pp. 38-40.

estudados. A responsabilidade social das empresas, expressa no fomento à diversidade, realiza a cidadania corporativa ao incorporar os interesses de pessoas afetadas pela atividade empresarial; elas também são meios a partir dos quais o desenvolvimento humano é garantido, o que, por sua vez, promove o desenvolvimento econômico de uma nação. Dessa forma, mudanças dentro do espaço corporativo podem contribuir para o aumento do nível de justiça social porque elas podem provocar uma mudança na mentalidade baseada no discurso da meritocracia, estratégia discursiva utilizada para escamotear ações discriminatórias.

CAPÍTULO XXII
PARÂMETROS PARA POLÍTICAS PÚBLICAS E MEDIDAS LEGISLATIVAS

Muitas teorias desenvolvidas neste livro são voltadas para o poder judiciário, mas elas também são extremamente relevantes para o Poder Legislativo e para o poder executivo. Observamos no primeiro capítulo deste livro que o Direito Antidiscriminatório tem como objetivo criar meios para a plena efetivação do sistema protetivo presente em nosso sistema jurídico. Seu alcance requer a observação das teses aqui defendidas por atores sociais que operam nessas diferentes instâncias, motivo pelo qual devemos também indicar orientações específicas para aqueles e aquelas que aí atuam. Essas orientações decorrem da articulação das teorias de igualdade e também das teorias de discriminação que examinamos nos capítulos anteriores. Todas elas giram em volta da discussão de um tema especial: medidas relevantes para a eliminação dos processos de estratificação decorrentes das diferenciações de *status* cultural e *status* material entre grupos sociais. Partimos da premissa segundo a qual o poder executivo e o Poder Legislativo devem estar igualmente empenhados na criação do que tem sido chamado de condições subjetivas e condições objetivas de paridade de participação. Uma sociedade justa precisa criar meios para que as pessoas sejam reconhecidas como atores sociais competentes, o que implica a consideração das diferentes dimensões da igualdade no processo de elaboração de políticas públicas e iniciativas legislativas.

Observamos no segundo capítulo desta obra que a igualdade possui uma pluralidade de dimensões, sendo que o Poder Público precisa considerar esse fato quando pretende implementar medidas dirigidas à generalidade das pessoas. Seus agentes devem estar especialmente atentos à dimensão moral e à dimensão diferenciativa da igualdade, uma vez que as pessoas não estão igualmente posicionadas na realidade social. Muitos que atuam nas esferas governamentais acreditam que todas as medidas devem ser dirigidas à generalidade das pessoas, posição que se mostra problemática devido ao pluralismo de experiências existentes em nossa sociedade. Mesmo quando ações governamentais pretendem garantir o mesmo procedimento, o que justificaria a consideração apenas de garantir a dimensão jurídica e a dimensão política da igualdade, podemos nos encontrar diante de uma situação na qual esse tratamento não pode ser alcançado, porque as pessoas estão em situações muito distintas. Portanto, o contexto deve ser sempre levado em consideração nos processos de deliberação sobre todas as ações governamentais para que estas possam ser realmente efetivas. Nosso caminho demonstrou que os pressupostos do individualismo liberal não são adequados para a elaboração de políticas públicas ou medidas legislativas porque as pessoas existem dentro de relações de poder; o sucesso dessas iniciativas exige que nos afastemos de uma perspectiva interpretativa que não considere a situação especial no qual as pessoas se encontram.[1053]

[1053] Ver nesse sentido CRENSHAW, Kimberlé. "Mapping the marings: intersectionality, identity politics, and violence against women of color". *Stanford Law Review*, vol. 43, nº 4, 1990, pp. 1245-1255; FLAUZINA, A. L. P.; PIRES, Thula Oliveira. "Políticas da morte: Covid-19 e os labirintos da cidade negra". *Revista Brasileira de Políticas Públicas*, vol. 10, 2020, pp. 67-84.

CAPÍTULO XXII – PARÂMETROS PARA POLÍTICAS PÚBLICAS...

Ações governamentais devem estar atentas aos propósitos a serem atingidos. Observamos que a igualdade tem uma dimensão expressiva e isso significa que uma norma não deve referendar distinções sociais que expressam desprezo por membros de grupos vulneráveis. Medidas legislativas e políticas públicas dessa natureza contribuem para a divisão social; elas comprometem o ideal republicano que deve guiar uma sociedade democrática, parâmetro baseado na premissa de que todas as pessoas devem gozar do mesmo respeito e consideração. Portanto, ações de atores públicos e privados não podem escapar da necessidade de avaliar o impacto que uma medida pode ter em um *status* cultural de membros de grupos vulneráveis, uma vez que a estigmatização de grupos sempre cria obstáculos para a integração material das pessoas. Os seres humanos interpretam a estigmatização e a discriminação decorrente delas como uma ameaça coletiva, o que produz estresse emocional em todos os membros de minorias sociais.[1054]

Políticas públicas e medidas legislativas devem ter um parâmetro extremamente relevante: uma análise do potencial de ações governamentais que permitam o fomento das capacidades humanas. Mais uma vez, esse exame exige que consideremos as diferenças entre os seres humanos e a complexidade dos parâmetros que utilizamos para fazer comparações entre eles. Essa teoria da igualdade nos ensina que ações governamentais destinadas à promoção do desenvolvimento devem almejar o cultivo das capacidades humanas, um requisito para desenvolvimento de uma sociedade. A promoção da dimensão diferenciativa da igualdade opera então como um meio para o avanço da integração social ao focar na perspectiva do desenvolvimento humano, um dos objetivos do nosso sistema constitucional. O combate à marginalização social está diretamente

---

[1054] CORBO, Wallace. *Discriminação indireta*: conceito, fundamentos e uma proposta à luz da Constituição de 1988. Rio de Janeiro: Lumen Juris, 2017, pp. 194-210.

relacionado com a promoção das capacidades humanas, o que pode ser alcançado por instituições públicas e privadas.[1055]

As pessoas responsáveis pela apresentação e apreciação de medidas legislativas devem observar a importância da necessidade das normas jurídicas em acomodar dois elementos importantes: a igualdade e a diferença. Vivemos em uma sociedade pluralista, motivo pelo qual atores sociais devem levar em consideração a necessidade de pautar o processo legislativo a partir na necessidade de proteção dos interesses de grupos minoritários. Além da preocupação com o conteúdo expressivo na norma jurídica, esses atores sociais também devem examinar a relevância dela em acomodar demandas de inclusão elaboradas por grupos minoritários, um dever que decorre do compromisso constitucional com a justiça social. Isso se torna necessário quando consideramos o tema do pluralismo social e as estratégias que membros de grupos dominantes utilizam para garantir que normas públicas atendam seus interesses.[1056]

Como afirmamos acima, ações governamentais devem estar cientes das diferenças entre grupos de indivíduos. Essas diferenças não decorrem de diferenciações baseadas nas identidades dos indivíduos, mas nas distinções de *status* presentes em uma dada sociedade. Esse problema pode ser apenas parcialmente resolvido com medidas destinadas à generalidade dos indivíduos; elas devem ser dirigidas à transformação da situação de desvantagem na qual as pessoas se encontram. Políticas públicas e medidas legislativas devem levar em consideração critérios socialmente utilizados para a criação de distinções injustas entre grupos de indivíduos, algo que está em plena harmonia com os princípios que regulam nosso sistema constitucional. A construção de uma sociedade baseada na

---

[1055] Ver nesse sentido NUSSBAUM, Martha. "Constitution e Capabilities: 'perception' against loft universe". *Harvard Law Review*, vol. 121, nº 1, 2006, pp. 1-92.

[1056] Ver nesse sentido HELMMAN, Deborah. "The expressive dimension of equal protection". *Minnesota Law Review*, vol. 85, nº 1, 2000, pp. 1-66.

justiça social requer medidas que procurem transformar o *status* de membros de grupos sociais vulneráveis. Devemos prestar atenção especial às considerações que tribunais nacionais e estrangeiros chamam de cidadania moral: uma sociedade democrática deve promover ações que permitam a integração dos indivíduos, o que também implica o reconhecimento deles como pessoas que devem encontrar os meios para afirmarem sua humanidade, o que inclui o acesso a diferentes dimensões da igualdade. Novamente vemos a articulação das noções de condições objetivas e condições subjetivas de paridade de participação entre os indivíduos como um objetivo estatal a ser buscado por instituições sociais.

Devemos estar atentos ao fato de que ações governamentais voltadas para grupos vulneráveis não podem negligenciar as diferenças internas presentes dentro de minorias. Observamos que sistemas de dominação operam de forma paralela, criando várias hierarquias sociais que podem afetar uma mesma pessoa. A porcentagem de pessoas que se encontram nessa situação não pode ser desprezada porque engloba um número significativo de indivíduos que vivem em uma sociedade recortada por diferenças baseadas na raça, no sexo, na classe e na sexualidade das pessoas. Os temas da interseccionalidade e da multidimensionalidade de opressões devem ser um parâmetro a ser considerado na elaboração de iniciativas governamentais porque a marginalização não decorre de um único fator: ela sempre está relacionada com uma pluralidade de fenômenos que precisam ser examinados de forma adequada. Essa análise passa então pela avaliação dos impactos que ações governamentais poderão ter em minorias raciais, minorias sexuais e pessoas em desvantagem econômica. Os responsáveis por medidas legislativas e políticas públicas não podem desconsiderar o fato de que a opressão decorre de um processo que marginaliza as pessoas a partir de diferentes parâmetros.[1057]

[1057] COLLINS, Patricia Hill; BILGE, Silma. *Intersectionality*. Londres: Polity Press, 2016, pp. 31-63.

A luta contra sistemas de opressão e de seus efeitos não poderá ser bem-sucedida a partir de ações governamentais que compreendem a sociedade como uma comunidade composta por indivíduos com as mesmas experiências sociais. Ela precisa levar em consideração o fato que as pessoas existem dentro da sociedade como membros de grupos sociais, sendo que a maioria das pessoas pertence a mais de um deles. Membros de minorias raciais são afetados por preconceitos que geram julgamentos injustos sobre eles, estereótipos que determinam os lugares que podem ocupar na sociedade, a negação de ação a direitos. Essas pessoas estão submetidas a relações de poder sem que tenham autonomia para transformá-las, relações que encontram legitimação ideológica em construções fundamentadas em bases biológicas, o que contribui para a reprodução da noção de que todos os membros do grupo possuem as mesmas características.[1058]

Aqueles agentes sociais envolvidos em ações governamentais devem pautar deliberações a partir de algumas considerações importantes. Primeiro, eles devem fazer um exame dos próprios sentimentos que guardam em relação às pessoas que serão afetadas pela proposta em discussão. Nossas formas de inserção social influenciam a maneira como percebemos os diferentes grupos de pessoas, percepções que operam no plano consciente e também no plano inconsciente. Essa análise deve ser seguida de uma segunda consideração sobre os padrões de comportamento e de pensamento dos atores sociais envolvidos nos processos de deliberação. A promoção da diversidade dos grupos responsáveis pela elaboração de ações governamentais assume relevância tremenda porque permite que as pessoas tenham uma postura crítica sobre o que está sendo discutido. Grupos homogêneos tendem a reproduzir conformidade social, o que pode sempre prejudicar o objetivo de promover a integração social. É também necessário avaliar a forma como relações

---

[1058] MOREIRA, Adilson José. *Pensando como um negro*: ensaio de hermenêutica jurídica. São Paulo: Contracorrente, 2019, pp. 153-195.

hierárquicas de poder influenciam a vida das pessoas afetadas por ações governamentais, uma vez que elas são em grande parte formas do operação de muitas instituições públicas e privadas.[1059]

Um parâmetro importante para políticas públicas e iniciativas legislativas está relacionado com a abordagem adequada dos problemas a serem tratados. Elas não podem utilizar uma percepção reducionista de questões cujas origens possuem uma diversidade de causas. Isso ocorre, por exemplo, quando se promove a medicalização de condutas humanas, quando elas estão na verdade ligadas a inúmeros fatores que precisam ser adequadamente considerados para que sejam resolvidos. Tratar problemas comportamentais apenas a partir de problemas mentais ou associar problemas de natureza psicológica a atitudes de grupos específicos permite a difusão da ideia de que grupos não merecem a devida atenção, de que seus atos decorrem de opções pessoais, de que seus problemas não podem ser resolvidos. Essa é uma dificuldade que sempre aparece quando se debate medidas destinadas a pessoas portadoras de sofrimento mental ou então de indivíduos que apresentam condutas criminosas. A medicalização da condição desses grupos, a explicação de que seus comportamentos são reflexos de características biológicas e não de fatores multidimensionais, contribui para que possíveis iniciativas não sejam efetivas ou benéficas.[1060]

Ações governamentais devem estar focadas em um tópico fundamental: o empoderamento de grupos minoritários e de grupos vulneráveis. Observamos ao longo desta obra que as diversas manifestações de discriminação situam esses segmentos sociais em uma situação de desvantagem e de vulnerabilidade social. Essa constatação nos leva a três conclusões relevantes. Primeiro, a transformação da situação deles não pode ocorrer a partir de

---

[1059] THOMPSOn. Neil. *Anti-discriminatory practice*. Londres: Palgrave, 2016, pp. 35-39.
[1060] THOMPSON, Neil. *Anti-discriminatory practice*. Londres: Palgrave, 2016, pp. 22-24.

medidas de caráter universal: elas devem ser dirigidas aos membros desses grupos, elas devem estar baseadas nas considerações sobre as condições particularidades deles. Segundo, essas medidas devem ter em mente que a transformação da situação individual está relacionada com mudanças na coletividade, uma vez que o *status* individual está relacionado com o *status* do grupo ao qual ele está ligado. Terceiro, empoderamento significa ter acesso aos meios necessários para que grupos possam ter protagonismo político, protagonismo econômico, protagonismo educacional, protagonismo social. A promoção desse objetivo também está ligada ao combate a todo tipo de estereótipos ou pressuposições sobre lugares sociais que grupos indivíduos ocupam na sociedade. Assim, ações governamentais devem ter cuidado para não fazer associações que reproduzirão práticas excludentes no lugar de promover transformações de *status*. Agentes estatais devem estar atentos às premissas que reproduzem concepções sobre lugares de homens e mulheres na família, sobre a dinâmica das relações raciais em uma sociedade, sobre tipos de comportamento de minorias sexuais.[1061]

Políticas públicas e iniciativas legislativas também devem ser sensíveis a um aspecto importante da nossa realidade: o pluralismo. Ações governamentais precisam estar atentas ao fato de que o pluralismo implica a diversidade cultural, o que não pode ser visto de forma negativa. Tendências etnocêntricas podem influenciar ações governamentais quando seus formuladores tomam as próprias características e inserções sociais como parâmetro de universalidade e normalidade. Por esse motivo, deve ser observada a diversidade na composição de órgãos responsáveis pela formulação de ações governamentais para que esse problema seja dirimido. Quanto maior for a diversidade dos grupos responsáveis pela elaboração e discussão de medidas, quanto maior for a preocupação desses grupos de considerarem as posições e demandas dos segmentos

---

[1061] THOMPSON, Neil. *Anti-discriminatory practice*. Londres: Palgrave, 2016, pp. 76-79; BERTH, Joice. *Empoderamento*. Sao Paulo: Polén, 2019.

beneficiários das ações estatais, maior será a possibilidade de elas promoverem a transformação social desejada. Os responsáveis pela formulação de iniciativas dessa natureza também não podem desconsiderar o fato de que a transformação desejada requer que a preocupação com a diversidade permeie a formulação, a aplicação, o gerenciamento dessas ações. Medidas interessadas a minorias raciais devem estar preocupadas com a diversidade racial em todas essas etapas para que o sucesso delas possa ser alcançado.[1062]

É preciso também fazer uma diferenciação importante quando falamos sobre ações governamentais destinadas a grupos vulneráveis. Devemos fazer uma distinção entre vulnerabilidade extrínseca e vulnerabilidade intrínseca. O primeiro tipo decorre dos sistemas de dominação social que situa grupos de pessoas em uma situação na qual podem estar em permanente de desvantagem social. O segundo tipo faz referência àqueles grupos de pessoas que estão nessa situação porque não são plenamente funcionais. Se membros de minorias raciais estão expostos ao perigo da violência em função de forças sociais que negam a eles dignidade, portadores de sofrimento mental estão expostos a tratamentos discriminatórios em função de uma condição especial. Todavia, não devemos esquecer de que a segunda forma de vulnerabilidade pode ser ainda mais grave quando se torna motivo para descaso social. Não devemos nos ater então a um modelo voltado apenas para a consideração da situação do indivíduo, mas também as condições sociais que impedem que esses indivíduos possam ter acesso aos meios necessários para a integração social.[1063]

[1062] THOMPSON, Neil. *Anti-discriminatory practice*. Londres: Palgrave, 2016, pp. 104/105.

[1063] THOMPSON, Neil. *Anti-discriminatory practice*. Londres: Palgrave, 2016, pp. 150-152.

CAPÍTULO XIII
POR QUE É ERRADO DISCRIMINAR?

Por que devemos nos preocupar com normas e práticas que trazem desvantagens para as pessoas? Essa questão pode ser respondida a partir de uma perspectiva jurídica, moral, sociológica e política. Embora essas dimensões sejam desenvolvidas em campos distintos do conhecimento, todas elas partem do pressuposto da necessidade de defesa e criação de mecanismos sociais para que as pessoas possam ter uma vida plena. A celebração da dignidade humana como um princípio central do nosso sistema jurídico oferece parâmetros fundamentais para refletirmos sobre essa questão. Práticas discriminatórias são obstáculos à realização de direitos fundamentais e isso significa que o tratamento arbitrário de indivíduos impede que eles possam ter acesso aos meios necessários para uma vida autônoma. Direitos fundamentais são interdependentes, pois o exercício de um direito depende da possibilidade do gozo de outros. Consequentemente, atos discriminatórios afetam diferentes dimensões da vida das pessoas; a permanência desses processos ao longo do tempo faz com que estejam em uma situação de perene subordinação. O mesmo problema surge quando analisamos a discriminação a partir de outro aspecto dos direitos fundamentais, a noção de indivisibilidade. Os que são impedidos de ter acesso a direitos de segunda geração encontram dificuldades de realizar seus direitos de primeira geração. Dessa maneira, o caráter interdependente e indivisível dos direitos fundamentais mostra que a vida das pessoas deve ser vista a partir de um aspecto multidimensional. Discriminar é algo errado do ponto de vista jurídico porque tal comportamento impede o gozo de direitos que possuem importância instrumental para uma vida integrada. Desvantagens impostas a grupos humanos dificultam a realização de objetivos centrais de todos os sistemas jurídicos democráticos: a emancipação humana.[1064] É por esse motivo que a situação de Francisco é problemática. A ausência de moradia adequada impede o gozo de boa saúde, o que o torna ainda mais vulnerável.

  Discriminar significa impor desvantagens a grupos de pessoas, significa agir de forma arbitrária. Ações dessa natureza violam os princípios da proporcionalidade e da razoabilidade, preceitos que regulam a produção, interpretação e a aplicação das normas de Direito. Os sistemas jurídicos dos regimes democráticos estão baseados na noção de justiça, o que está diretamente relacionada com a ideia de racionalidade. Agir de forma justa significa agir de forma justificada, e a possibilidade de justificação existe na medida em que um ato ou uma norma pode estar fundada em uma razão válida. O ideal de justiça decorre da expectativa que uma pessoa será tratada de acordo com as normas que governam uma determinada situação jurídica, e essa expectativa está fundamentada na noção da justiça como racionalidade, racionalidade baseada no pressuposto de que a produção e a aplicação das leis têm o propósito de realizar a dignidade humana.[1065] Atos que violam o dever de que o tratamento dos indivíduos e entre indivíduos deve

---

[1064] KOLM, Serge-Cristophe. *Modern theories of justice*. Cambridge: MIT University Press, 1996, pp. 7/8.

[1065] KOLM, Serge-Cristophe. *Modern theories of justice*. Cambridge: MIT University Press, 1996, pp. 9-13.

CAPÍTULO XIII – POR QUE É ERRADO DISCRIMINAR?

ser justo cria problemas de outra ordem. Direitos fundamentais não são apenas normas jurídicas, eles têm outra dimensão relevante. Possuem um aspecto material que expressa o consenso político de uma comunidade sobre as formas como indivíduos devem ser tratados dentro de uma comunidade política. A discriminação desestabiliza a ordem jurídica porque foge do consenso moral expresso pelas normas legais sobre o tratamento de pessoas. Atos discriminatórios violam as diferentes dimensões do princípio da igualdade, o que, mais uma vez, dificulta a realização do princípio da dignidade humana.[1066]

Nossa reflexão também requer algumas considerações éticas importantes. Certos autores afirmam que tratar pessoas de forma discriminatória em função de certos traços é algo reprovável porque estes não possuem relevância moral, motivo pelo qual devemos considerar que isso é um comportamento irracional. Tratar pessoas a partir de fatores arbitrários implica a desconsideração do valor moral delas, razão pela qual o pertencimento a um determinado grupo não deve ter lugar no julgamento dos indivíduos. A irracionalidade também caracteriza outro motivo pelo qual não devemos discriminar pessoas: certas características utilizadas para tratá-las de forma desvantajosa estão fora do controle delas. Assim, uma discriminação negativa seria errada porque as pessoas em questão não podem escolher fazer parte de um grupo e também porque esse pertencimento não diz nada sobre os seres humanos. Aquele que escolhe subtrair algo de alguém está fazendo uma escolha, mas fazer parte do sexo feminino está além da possibilidade de decisão consciente. Fazer diferenciações a partir do *status* de um indivíduo quando se pretende fazer uma discriminação positiva é

[1066] Para uma análise das relações entre igualdade e dignidade, ver sobretudo: SARLET, Ingo. *Dignidade da pessoa humana e direitos fundamentais*. Curitiba: Livraria do Advogado, 2008, pp. 81-129.

correto, mas ele será um parâmetro inadequado quando utilizado para desprestigiar alguém.[1067]

Kasper Lippert-Rasmussen também afirma que a discriminação é moralmente condenável porque impede a realização de dois objetivos importantes de uma sociedade democrática: a igualdade de oportunidades e a igualdade de resultados. Idealmente, todas as pessoas deveriam ter as mesmas oportunidades para poderem desenvolver suas potencialidades; elas também não deveriam encontrar obstáculos decorrentes de relações assimétricas de poder e que impedem o alcance de objetivos, o que seria possível se não fossem expostas a tratamento desvantajoso ao longo da vida. O autor identifica outra razão pela qual podemos dizer que a discriminação é algo moralmente incorreto: ela produz a exclusão social. Mecanismos discriminatórios são geralmente estáveis, eles sustentam processos de estratificação que mantêm certos grupos em uma situação de exclusão social permanente. O mesmo autor menciona um motivo adicional pelo qual atos discriminatórios devem ser proscritos: eles estão baseados em uma animosidade em relação a certos grupos, atitude que tem origem em estados mentais que expressam opiniões inadequadas sobre esses indivíduos. Mais do que exprimir um estado mental que tem origem em estereótipos negativos, a discriminação se manifesta por meio do desrespeito. A discriminação baseada em preconceitos impede a criação de relações sociais baseadas no reconhecimento da dignidade de todas as pessoas, ou seja, na possibilidade de uma pessoa ser reconhecida como um membro competente da comunidade política.[1068]

[1067] LIPPERT-RASMUSSEN, Kasper. *Born free and equal?* a philosophical inquiry into the nature of discrimination. Oxford: Oxford University Press, 2014, pp. 105-107.

[1068] LIPPERT-RASMUSSEN, Kasper. *Born free and equal?* a philosophical inquiry into the nature of discrimination. Oxford: Oxford University Press, 2014, pp. 114-117.

CAPÍTULO XIII – POR QUE É ERRADO DISCRIMINAR?

Embora considerações sobre a motivação subjetiva da discriminação façam parte de todas as reflexões sobre esse tópico, algumas teorias sobre a inadequação moral da discriminação enfatizam as consequências objetivas de práticas discriminatórias. Os que escrevem a partir dessa perspectiva argumentam que a discriminação deve ser condenada principalmente em função de seus sentidos sociais e não apenas em função das motivações pessoais por trás delas. Deborah Hellman caracteriza a discriminação como uma expressão objetiva da negação do reconhecimento de uma pessoa como um agente que merece o mesmo respeito que deveria ser dispensado a todos os membros da comunidade política. Para ela, discriminar significa aviltar ou degradar alguém em função de certas características que a sociedade trata de forma negativa, embora não tenham relevância moral. Discriminar implica a existência de uma relação assimétrica de poder entre atores sociais: os envolvidos possuem *status* distintos, o que permite aos grupos dominantes expressar desprezo por aqueles que são membros de minorias. Atos que aviltam alguém encontram base nas representações culturais sobre minorias, eles expressam esses sentidos sociais por meio de atitudes de desprezo entre pessoas que possuem *status* sociais distintos.[1069]

Autores como Axel Honneth afirmam que devemos condenar a discriminação porque ela produz problemas que afetam suas vítimas de outra forma relevante. Por estarem baseadas em estigmas sociais sobre grupos minoritários, atos discriminatórios impedem que as pessoas possam desenvolver uma compreensão positiva de si mesmas. Os direitos possuem uma dimensão intersubjetiva e isso significa que eles têm uma função central na forma como as pessoas se representam. Aqueles sujeitos sociais que são excluídos de oportunidades sociais não têm a possibilidade de construir uma imagem positiva de si mesmos porque não são reconhecidos como

---

[1069] HELLMAN, Deborah. *When is discrimination wrong?* Cambridge: Harvard University Press, 2008, pp. 34-37.

pessoas competentes para atuar na esfera pública.[1070] Os direitos são um instrumento de promoção do reconhecimento da dignidade das pessoas. Isso significa que a negação de direitos é também uma negação da humanidade. Aqueles que não têm sua humanidade reconhecida também enfrentam dificuldades de desenvolver um sentimento de respeito pelo outro, o que abre espaço para o conflito social. Honneth argumenta que a história cultural está repleta de episódios nos quais grupos minoritários são invisíveis para os membros de grupos dominantes. Isso decorre da dificuldade do reconhecimento da igualdade moral das pessoas, uma vez que apreendem grupos minoritários a partir dos esquemas mentais que elas mesmas criam e circulam para legitimar seus interesses. Por esse motivo, discriminar é algo errado porque dificulta ou impede o estabelecimento de processos de reconhecimento mútuo da igual humanidade das pessoas.[1071]

[1070] Ver nesse sentido BRASIL. Supremo Tribunal Federal, Arguição de Descumprimento de Preceito Fundamental n. 186, Órgão Julgador: Tribunal Pleno, Relator: Ricardo Lewandowiski, 24.04.2012 (declarando a constitucionalidade de ações afirmativas no ensino superior sob o argumento de que elas são um instrumento importante para a formação de uma liderança negra, elemento importante para a construção de uma imagem positiva de grupos raciais minoritários); BRASIL. Supremo Tribunal Federal. Ação de Descumprimento de Preceito Fundamental n. 132. Órgão Julgador: Tribunal Pleno, Relator: Carlos Ayres Brito, 05.05.2011 (afirmando que o tratamento isoômico entre homossexuais e heterossexuais tem um papel central na formação da cidadania cívico-moral dos membros de minorias sexuais).O mesmo argumento está presente na jurisprudência de tribunais estrangeiros. ESTADOS UNIDOS. Suprema Corte de Massachussetts, *Goodridge v. Department of Public Health*, 440 Mass. 309 (2003) (argumentando que o Estado não pode usar o seu poder regulador para afetar a dignidade humana dos indivíduos negando acesso a direitos necessários para a definição da identidade pessoal); CANADÁ. Supremo Corte. *Halpern v. Canada*, (2003) S.C.C.A n. 337 (QL) (afirmando que a dignidade humana está relacionada com o respeito próprio e o sentimento de valorização pessoal que as pessoas sentem em relação a si mesmas, o que decorre da integridade psicológica dos indivíduos).

[1071] HONNETH, Axel. *The struggle for recognition*: the moral grammar of social conflicts. Cambridge: MIT Press, 1996, pp. 131-142.

CAPÍTULO XIII – POR QUE É ERRADO DISCRIMINAR?

    Amartya Sen argumenta que a exclusão social produzida nas interações pessoais ou decorrente da operação de mecanismos institucionais traz consequências negativas para toda a sociedade. Ele estabelece uma relação direta entre liberdade e desenvolvimento: para Sen, o respeito pelos seres humanos implica o apoio ao desenvolvimento e exercício de algumas habilidades ou capacidades fundamentais, principalmente a seleção e escolha de oportunidades sociais. Para o referido autor, a noção de capacidade representa a liberdade que uma pessoa tem de escolher diferentes estilos de vida, levando-se em consideração as possibilidades presentes na sociedade na qual ela vive. Essas capacidades englobam liberdades substantivas e instrumentais que permitem ao indivíduo construir um projeto de vida de sua escolha. Assim, o acesso de uma pessoa a direitos sociais permite que ela esteja em uma posição na qual diversas possibilidades estão abertas; a falta dos direitos, por sua vez, impede que ela tenha a liberdade de escolher diferentes caminhos para a sua existência devido ao estado de privação na qual se encontra.[1072]

    Tendo em vista o papel das capacidades para a afirmação e expansão da liberdade de agir dos indivíduos, devemos voltar a nossa atenção para o aspecto instrumental das liberdades para o desenvolvimento. Como afirma Sen, esse aspecto está relacionado com a articulação entre as diferentes capacidades. As liberdades individuais estão interligadas porque um tipo de liberdade contribui para o avanço de outras. O autor afirma que as liberdades têm um caráter constitutivo e instrumental. O aspecto constitutivo decorre do papel delas na garantia de uma vida plena. Tais liberdades incluem todos aqueles direitos necessários para o funcionamento de uma pessoa dentro de uma sociedade, como o acesso a direitos sociais que permitam ter bases materiais necessárias para o desenvolvimento de suas capacitações. Também podemos citar as capacidades

---

[1072] SEN, Amartya. "Capability and well-being". *In*: SEN, A; NUSSBAUM, M. (Coord.). *The quality of life*. Oxford: Oxford University Press, 1993, pp. 30/31.

necessárias para que o sujeito possa tomar parte da vida política da sociedade na qual vive, além daquelas garantias necessárias para que ele possa atuar como um ser autônomo no espaço público e privado. O autor classifica como liberdades instrumentais aquelas que contribuem de forma direta ou indireta para a expansão de outros tipos de liberdade. Atos discriminatórios impedem que as pessoas possam exercer a liberdade de ser e de buscar o bem-estar, o que indiretamente traz consequências negativas para toda a sociedade, porque eles também impedem o desenvolvimento social. Por esse motivo, a discriminação seria errada porque impede que a sociedade como um todo possa usufruir das habilidades que os indivíduos podem desenvolver.[1073]

Kenneth Karst pensa que a discriminação compromete o funcionamento da democracia porque esse regime político está baseado no princípio da cidadania, uma categoria que pressupõe o reconhecimento de todos os membros da comunidade política como pessoas merecedoras da mesma consideração e respeito. A cidadania implica uma forma de igualitarismo moral necessário para o funcionamento de uma sociedade fundada em princípios morais. Para o autor, a noção de cidadania está centrada no ideal do pleno pertencimento, o que pode acontecer quando a sociedade procura implementar uma ética de respeito mútuo e estima recíproca. Isso significa que as diferentes categorias de direitos deverão ser estendidas a todos para que eles possam se sentir como membros da sociedade. Por esse motivo, a discriminação impede a afirmação da cidadania porque ela reproduz estigmas sociais responsáveis pela construção do outro como ser incapaz de atuar no espaço público de forma competente. Estigmas sociais que legitimam a discriminação são incompatíveis com o propósito da expansão e afirmação da cidadania; embora nem todas as desigualdades entre pessoas produzam o estigma, as desigualdades, afirma o autor,

---

[1073] SEN, Amartya. *Development as freedom*. Boston: Anchor Books, 1999, pp. 13-35.

CAPÍTULO XIII – POR QUE É ERRADO DISCRIMINAR?

pressupõem a inferioridade da pessoa. Segundo Karst, a existência de estigmas já é uma violação de direitos.[1074]

Se alguns teóricos afirmam que a discriminação é algo ruim porque expressa animosidade em relação a certos grupos ou porque expressa sentidos sociais que degradam pessoas, outros asseveram que ela é altamente problemática porque afeta o *status* dos membros de grupos sociais. Os que defendem essa perspectiva afirmam que o princípio da igualdade possui uma dimensão emancipatória, pois ele objetiva eliminar as diferenças de *status* entre grupos.[1075] A discriminação seria algo problemático porque causa danos ao *status* de grupos sociais, o que pode acontecer de duas formas. Alguns alegam que a discriminação deve sempre ser condenada porque afeta o *status* cultural dos grupos sociais, o que dificulta ou impossibilita o reconhecimento deles como participantes competentes dentro do mundo político. Outros argumentam que a discriminação é moralmente reprovável porque causa danos ao *status* material das pessoas, o que também dificulta a existência delas dentro do mundo social.

[1074] KARST, Kenneth. "Foreword: Citizenship Equal citizenship under the Fourteenth Amendment". *Harvard Law Review*, vol. 91, nº 1, 1976, pp. 1-67.

[1075] Ver nesse sentido: BRASIL. Superior Tribunal de Justiça, Recurso Especial n. 238715/RS, Órgão Julgador: 6ª Turma, Relator: Barros Monteiro, DJ 02.10.2006 (afirmando que homossexuais não são cidadãos de segunda categoria e que a opção sexual não diminui direitos ou a dignidade humana para justificar a garantia de direitos previdenciários a casais formados por pessoas do mesmo sexo); BRASIL. Tribunal Regional Federal da 2ª Região, Ação Cível n. 2002.51.01.019576-8, Órgão Julgador: 7ª Turma, Relator: Sérgio Schwaitzer, 04.07.2007 (argumentando que a recusa de se reconhecer as uniões homoafetivas como uniões estáveis decorre de preconceito contra a homossexualidade, o que impede o acesso a direitos necessários a uma vida digna); BRASIL. Tribunal de Justiça do Rio Grande do Sul, Ação Cível, n. 598362655, Órgão Julgador: 8ª Câmara Cível, Relator: José Siqueira Trindade, 01.03.2000 (dizendo que os princípios estruturantes do nosso sistema constitucional procura eliminar processos responsáveis pela subordinação social, o que justifica o reconhecimento das uniões homoafetivas como uniões estáveis).

Segundo Andrew Koppelman, a primeira posição parte do pressuposto de que o princípio da igualdade pretende modificar ou eliminar valores culturais que estigmatizam membros de grupos minoritários. Estereótipos representam certos segmentos como essencialmente inferiores, motivo pelo qual as pessoas deixam de ter acesso a oportunidades materiais e ao reconhecimento da igual dignidade, dois requisitos para o pleno desenvolvimento humano. Para os seus formuladores, a circulação dessas falsas generalizações viola os ideais igualitários associados à noção de cidadania, uma construção baseada na afirmação do igual valor moral de todos os membros da sociedade política. Estigmas legitimam práticas que promovem a exclusão de grupos dos benefícios abertos aos demais membros da sociedade, algo contrário ao objetivo da defesa da autonomia pessoal, o que também impede a construção e o fortalecimento de uma sociedade pluralista.[1076] Outros autores que escrevem dentro dessa tradição, nos diz Andrew Koppelman, estão preocupados com a tarefa de construir um parâmetro de interpretação da igualdade que leva em consideração as diferenças de *status* material. A consideração da experiência social torna-se importante dentro dessa visão porque a igualdade material considera a posição dos grupos dentro da estrutura social. Assim, no lugar da consideração do indivíduo como ponto de partida para a aplicação da igualdade, a perspectiva em questão reconhece

---

[1076] Ver nesse sentido: BRASIL. Supremo Tribunal Federal, Ação Direta de Inconstitucionalidade n. 3300, Relator: Celso de Mello, DJ 09.02.2006 (referindo-se ao pluralismo como princípio constitucional que justifica o reconhecimento das uniões homoafetivas); BRASIL Superior Tribunal de Justiça, Recurso Especial n. 395.904, Órgão Julgador: 6ª Turma, Relator: Hélio Quaglia Barbosa, DJ 06.02.2005 (estendendo direito previdenciário a um companheiro homossexual sob o argumento de que cabe às instituições estatais, por meio dos direitos fundamentais, a criação de uma sociedade multicultural e hiperinclusiva); BRASIL. Tribunal de Justiça de Minas Gerais, Ação Cível n. 1.0024.06.930324-6/001(1), Órgão Julgador: 7ª Câmara Cível, Relator: Heloisa Combat, 22.05.2007 (afirmando que o reconhecimento da diferença pelo sistema jurídico constitui uma exigência do atual paradigma constitucional, doutrina baseada no pluralismo social).

CAPÍTULO XIII – POR QUE É ERRADO DISCRIMINAR?

grupos como objetos de proteção jurídica, pois a situação deles está diretamente ligada aos destinos sociais da comunidade à qual pertencem. A desigualdade estrutural aparece como um problema em função de processos que geram relações assimétricas de poder, uma realidade contrária ao ideal emancipatório que anima o princípio da igualdade.[1077]

Alguns teóricos argumentam que tratamentos discriminatórios afetam o *status* de grupos sociais de uma forma ainda mais profunda. Eles asseveram que a persistência de atos discriminatórios e a constante circulação de estigmas que os legitimam permitem a criação de grupos sociais que se tornam castas com uma vivência social distinta. Estamos falando de pessoas que ocupam os lugares mais baixos na estrutura de classes. Essas pessoas sofrem um processo de isolamento social porque não são reconhecidas como seres humanos. Por esse motivo, vivem em uma situação de ostracismo porque muitos acreditam que o contato com elas é algo degradante e perigoso. Embora façam parte da sociedade, esses indivíduos não conseguem ter sua dignidade reconhecida, o que os coloca em uma situação de verdadeiras castas, de grupos que vivem à margem da sociedade. Essas categorias aparecem regularmente dentro das sociedades humanas, mesmo dentro de democracias liberais; isso autoriza que certos indivíduos sejam tratados de forma inferior por todas as pessoas, que se sentem autorizadas a agir de forma arbitrária. Processos discriminatórios que geram situações como essas são inteiramente condenáveis porque as pessoas não podem ser responsabilizadas por certas formas de *status*, o caso de pertencimento a grupos étnicos ou raciais. Condenar certos segmentos populacionais a uma situação de completo ostracismo social ofende os princípios básicos sobre os quais os regimes democráticos estão constituídos. A criação de castas implica a criação de uma mentalidade que autoriza as pessoas a discriminar certos

---

[1077] KOPPELMAN, Andrew. *Antidiscrimination law and social equality*. Nova Haven: Yale University Press, 1998, pp. 50-75.

grupos em função de certas formas de *status*, e a violência física e simbólica são incompatíveis com os valores humanitários que regulam os regimes democráticos.[1078]

[1078] FARBER, Daniel; SHERRY, Suzanna. "The pariah principle". *Constitutional commentary*, vol. 13, nº 2, 1996, pp. 265-271.

REFERÊNCIAS BIBLIOGRÁFICAS

ABBAGNANO, Nicola. *Dicionário de filosofia*. São Paulo: Martins Fontes, 2012.

ABELSON, Jeanne *et al*. "Factors associated with feeling suicidal: the role of sexual identity". *In*: HARCOURT, J. *Current issues lesbian, gay, bisexual and transgender health*. Nova York: Harrington Park Press, 2006.

ABERNETHY, George L. *The idea of equality*. Richmond: John Knox, 1964.

ABRAMS, Karthryn. "Complex claimants and reductive moral judgments: new patterns in the search for equality". *University of Pittsburg Law Review*, vol. 57, nº 2, 1995.

ACKER, Joan. "Gender and organizations". *In*: CHAFETZ, Janet Saltzman Chafetz (Coord.). *Handbook of sociology of gender*. Nova York: Springer, 2006.

ACKERMAN, Bruce. *We, the people*: the civil rights revolution. Cambridge: Harvard University Press, 2014.

_____.*We, the people*: foundations. Cambridge: Harvard University Press, 1993.

AKOTIRENE, Carla. *Interseccionalidade*. São Paulo: Pólen Livros, 2018.

ALEINIKOFF, T. Alexander. "A case for race-consciousness". *Columbia Law Review*, vol. 91, nº 3, 1991.

ALEXANDER, John M. *Capabilities and social justice*: the political philosophy of Amartya Sen and Martha Nussbaum. Nova York: Routledge, 2008.

ALEXANDER, Larry. "What makes wrongful discrimination wrong: Biasesbiases, preferences, stereotypes, and proxies". *University of Pennsylvania Law Review*, vol. 141, nº 1, 1992.

ALLEN, D. J.; OLESON, T. "Shame and internalized homophobia in gay men". *Journal of Homosexuality*, vol. 37, nº 3, 1999.

ALMEIDA, Silvio Luiz. *Racismo estrutural*. São Paulo: Pólen Livros, 2019.

ALPORT, Gordon. *The nature of prejudice*. 2ª ed. Nova York: Perseus Books, 1992.

_____. *The nature of prejudice*. Nova York: Basic Books, 1979.

ALSTON, Philip; GOODMAN, Ryan. *International human rights*. Oxford: Oxford University Press, 2013.

ALTAMAN, Dennis. *Homosexual oppression and liberation*. Nova York: New York University Press, 1971.

AMATO, Salvatore. *Il soggetto e il soggetto di diritto*. Torino: Giapichelli, 1990.

ANDERSON, Elizabeth; PILDES, Richard. "Expressive theories of law". *University of Pennsyvania Law Review*, vol. 148, nº 5, 2000.

ANDRADE, Adriana; ROSSETTI, José Paschoal. *Governança corporativa*: fundamentos, desenvolvimento e tendências. São Paulo: Atlas, 2007.

ANEHENSEL, Carol; PHELAN, Jo. "The sociology of mental health. Surveying the field". *In*: _____. (Coord.). *Handbook of the sociology of mental health*. Nova York: Springer, 2013.

ANTUNES, Pedro Paulo Sammarco. *Homofobia internalizada*: o preconceito do homossexual contra si mesmo. São Paulo: Annablume. 2017.

APPIAH, K. Anthony. "Stereotypes and the shapping of identity". *California Law Review*, vol. 88, nº 1, 1985.

_____. "'Group rights' and racial affirmative action". *Journal of Ethics*, vol. 15, nº 3, 2011.

_____. *The lies that bind*: rethinking identity. Nova York: Norman & Company, 2018.

ARAIZA, William. *Animus*: a short introduction to bias in the law. Nova York: New York University Press, 2017.

REFERÊNCIAS BIBLIOGRÁFICAS

ARANHA, Antônia Vitória Soares; SALES, Mara Marçal. "Raça e trabalho: fronteiras da exclusão". *In*: RENAULT, Luiz Otávio Linhares; VIANA, Márcio Túlio; CANTELLI, Paula Oliveira (Coord.). *Discriminação*. São Paulo: LTR, 2010.

ARAÚJO, Maria de Fátima. "Diferença e igualdade nas relações de gênero: revisitando o debate". *Psicologia Clínica*, vol. 17, 2005.

ARMITAGE, Faith. "Respect and types of justice". *Res Publica*, vol. 12, 2006.

ARMOUR, Jody. "Stereotypes and prejudice: helping decision makers break the prejudice habit". *California Law Review*, vol. 83, n° 3, 1995.

ARNOT, Madeleine. "Changing femininity, changing concepts of citizenship and private spheres". *European Journal of Women's Studies*, vol. 7, n° 1, 2000.

ARTHUR, John. *Race, equality, and the burdens of history*. Cambridge: Cambridge University Press, 2007.

ASHBURN-NARDO, Leslie. "The importance of implicit and explicit measures for understanding social stigma". *Journal of Social Issues*, vol. 66, n° 3, 2010.

ASHFORTH, Blake. "Emotional labor in servisseservice roles: the influence of identity". *Academy of Management Review*, vol. 18, n° 1, 1993.

ATTAL-GALLY, Yael. *Droits de l'homme et categories d'individus*. Paris: LGDJ, 2003.

ÁVILA, Humberto. *Teoria dos princípios*: da definição à aplicação dos princípios jurídicos. São Paulo: Malheiros, 2005.

AVILA, Jerry. *Diploma de brancura*: política social e racial no Brasil, 1917-1945. São Paulo: Unesp, 2006.

AZEVEDO, Thales. *Democracia racial*: ideologia e realidade. Petrópolis: Vozes, 1975.

BAGENSTOS, Samuel R. "The structural turn and the limits of antidiscrimination law". *California Law Review*, vol. 94, n° 1, 1996.

BAHIA, Alexandre Gustavo Melo Franco. "Sobre a (in)capacidade do direito de lidar com a gramática da diversidade de gênero". *Revista Jurídica da Presidência*, vol. 18, 2017.

BAKER, C. Edwin. "Outcome equality or equality of respect: the substantive context of equal protection". *University of Pennsylvania Law Review*, vol. 131, n° 4, 1983.

BALK, Jack M.; SIEGEL, Reva. "The American civil rights tradition: antidiscrimination or anti-subordination?" *University of Miami Law Review*, vol. 58, nº 1, 2003.

_____. "Ideology as cultural software". *Cardozo Law Review*, vol. 16, nº 5, 1995.

_____. "The constitution of status". *Yale Law Journal*, vol. 106, nº 6, 1996.

BALKIN, Jack M. "Understanding legal understanding: the legal subject and the problem of legal co-herence". *Yale Law Journal*, vol. 103, nº 1, 1993.

BAMFORT, Nicholas. "Setting the limits of anti-discrimination law: some legal and social concepts". *In*: DINE, Janet; WATT, Bob. *Discrimination law*: concepts, limitations and justifications. Nova York: Long-man, 1996.

BANDEIRA DE MELLO, Celso Antônio. *O conteúdo jurídico do princípio da igualdade*. 6ª ed. São Paulo: Malheiros, 2006.

BANTON, Michael. *Discrimination*. Bristol: Open University Press, 1994.

_____. *Racial theories*. Cambridge: Cambridge University Press, 1998.

BARBALET, John. *Cidadania*. Lisboa: Estampa, 1999.

BARROSO, Luis Roberto. *Interpretação e aplicação da Constituição*: fundamentos de uma dogmática constitucional transformadora. 3ª ed. São Paulo: Saraiva, 1999.

BARROZO, Paulo Daflon. "A ideia de igualdade e as ações afirmativas". *Lua Nova*, nº 63, 2004.

BARRY, Brian. *Justice as impartiality*. Oxford: Oxford University Press, 2002.

BELL, Derick. "Racial realism". *Connecticut Law Review*, vol. 24, nº 2, 1991.

BENJAMIN, Ruha. *Race after tecnology*. Cambridge: Polity Press, 2019.

BERNSTEIN, Mary. "Identity politics". *Annual Review of Sociology*, vol. 31, 2005.

BERTH, Joice. *Empoderamento*. São Paulo: Polén Livros, 2018.

BERTOLIN, Patrícia Tuma Martins. "Feminização da Advocacia e ascensão das mulheres nas sociedades de advogados". *Cadernos de Pesquisa*, vol. 47, 2017.

BERTOLIN, Patricia Tuma; MACHADO, M. S. Machado. "Cidadania e Participação das Mulheres: um direito individual ou social?" *Revista Direitos Fundamentais & Democracia*, vol. 23, 2018.

REFERÊNCIAS BIBLIOGRÁFICAS

BETTER, Shirley. *Institutional racism*. Nova York: Rowman & Littlefield, 2008.

_____. *Institutional racism*: a primer on theory and strategy for social change. Nova York: Rowman & Littlefield, 2007.

BIASED, Jennifer Eberhardt. *Bias*: uncovering the hidden prejudice that shapes what we see, think, and do. Nova York: Random Hause, 2019.

BICKEL, Alexander. *The least dangerous branch*: the Supreme Court at the bar of politics. New Haven: Yale University Press, 1986.

BIGONHA, Carolina. "Inteligência artificial em perspectiva". *Inteligência Artificial e Ética*, vol. 10, n° 2, 2018.

BITTON, Yifat. "The limits of equality and the virtues of discrimination". *Michigan State Law Review*, n° 2, 2006.

BLACK, Linda; STONE, David. "Expanding the definition of privilege: the concept of social privilege". *Journal of Multicultural Counseling and Development*, vol. 33, n° 2, 2009.

BLAKEMORE, Jessica. "Implicit racial bias and public defenders". *Georgetown Journal of Legal Ethics*, vol. 29, n° 4, 2016.

BLAUNER, Bob. *Racial oppression in the United States*. Nova York: Harper Collins, 1972.

BLUM, Lawrence. *"I'm not a racist, but..."*: the moral quandary of race. Ithaca: Cornell University Press, 2002.

_____. "Racial and other asymmetries: a problem for the protected categories framework for anti-discrimination thought". *In*: HELLMAN, D.; MOREAU, S. *Philosophical foundations of discrimination law*. Oxford: Oxford University Press, 2013.

BLUMER, Herbert. "Prejudice as a sense of group position". *Pacific Sociological Review*, vol. 1, n° 1, 1958.

BOBBIO, Norberto. *Igualdade e liberdade*. Ediouro: Rio de Janeiro, 1996.

BOHLER-MULLER, Narnia. "Western liberal legalism and its discontents: a perspective from South Africa". *Socio-Legal Review*, vol. 3, n° 1, 2022.

BOIKYN, Keith. *Beyond the down low*: sex, lies and denial in black America. Nova York: Caroll & Graff, 2004.

BONAVIDES, Paulo. *Curso de Direito Constitucional*. 14ª ed. São Paulo: Malheiros, 2004.

_____. *Do estado liberal ao estado social*. Belo Horizonte: Del Rey, 1993.

BONILLA-SILVA, Eduardo. "Rethinking racism: toward a structural interpretation". *American Sociological Review*, vol. 62, nº 3, 1997.

_____. "The invisible weight of whiteness: the racial grammar of everyday life in contemporary America". *Ethnic and Racial Studies*, vol. 35, nº 2, 2012.

_____. *Racism without racists*: color-blind racism and the persistence of racial inequality. Nova York: Rowman & Littlefield, 2009.

BORRILLO, Daniel. *Homofobia*: história e crítica de um conceito. São Paulo: Autêntica, 2016.

BOTTOMLEY, Stephen. *The constitutional corporation*: rethinking corporate governance. Hampshire: Ashgate, 2007.

BOURDIEU, Pierre. *A dominação masculina*. Rio de Janeiro: Bertrand Brasil, 2002.

BOYKIN, Keith. *Beyond the down low*: sex, lies and denial in black America. Nova York: Avalon, 2005.

_____. *One more river to cross*. Nova York: Anchor Books, 1996.

BRANCH, Taylor. *Parting the waters*: America in the King Years. Simon & Schuster, 1989.

BREST, Paul. "In defense of the antidiscrimination principle". *Harvard Law Review*, vol. 90, nº 1, 1976.

BREWER, Marilynn. "The psychology of prejudice: ingroup love or outgroup hate?" *Journal of Social Issues*, vol. 55, nº 3, 1999.

BROEKMAN, Jan. *Derecho y antropologia*. Madrid: Civitas, 1993.

BROOKS, Roy L. "Critical race theory and classical liberal civil rights scholarship: a distinction without a difference". *California Law Review*, vol. 82, nº 3, 1994.

BROWN, Rebecca. "Accountability, liberty, and the Constitution". *Columbia Law Review*, vol. 98, nº 2, 1998.

BROWN, Rupert. *Prejudice, its social psychology*. Malden: Wiley & Sons, 2010.

BROWN, Tony. "Race, ethnicity, and culture in the sociology of mental health". *In*: ANENHENSEL, Carol; PHELAN, Jo (Coord.). *Handbook of the sociology of mental health*. Nova York: Kluwer Academic, 1999.

BRUNER, Jerome. "On perceptual readiness". *Psychological Review*, vol. 64, nº 2, 1957.

BULAN, H. F.; ERICKSON, R. J.; WHARTON, A. S. "Doing for others on the job: the affective structure of service work". *Social Problems*, vol. 44, 1993.

BURDEAU, George. *Droit constitutionel et institutions politiques*. Paris: LGDJ, 1974.

_____. *Les libertés publiques*. Paris: LGDJ, 1972.

_____. *O liberalismo*. Lisboa: Europa-América, 1985.

BURKE, Peter J. "Identity process and social stress". *American Sociological Review*, vol. 56, nº 6, 1991.

BUTLER, Judith. *Gender trouble*: feminism and the subversion of identity. Nova York: Routledge, 1990.

BUTTON, Deena M.; O'CONNELL, Daniel; GEALT, Roberta. "Sexual minority youth victimization and social support: the intersection of sexuality, gender, race, and victimization". *Journal of Homosexuality*, vol. 59, nº 1, 2012

CAHN, Edmond. "Ego and equality". *Yale Law Journal*, vol. 60, nº 1, 1951.

CANOTILHO, J. J. Gomes. *Direito Constitucional e Teoria da Constituição*. Lisboa: Almedina, 2003.

CANTÓN, Octávio. *Igualdad y derechos*: apuntes y reflexiones. Cidade do México: Porrúa, 2006.

CARASTATHIS, Anna. "Intersectionality: theorizing power, empowering theory". *Signs*, vol. 38, nº 4, 2013.

CARBADO, Devon; GULATI, Mitu. "Working identity". *Cornell Law Review*, vol. 85, nº 4, 1999.

CARBONELL, Miguel. *Los derechos fundamentales en México*. Cidade do México: Porrua, 2019.

_____. *Teoria del neoconstitucionalismo*. Madrid: Editorial Trotta, 2010.

CARBONNEL, Miguel; JARAMILLO, Leonardo García. *El canon neoconstitucional*. Madrid: Editorial Trotta, 2010.

CARNEIRO, Sueli. *Escritos de uma vida*. São Paulo: Pólen Livros, 2019.

CARNOIS, Bernard. *La cohérence de la doctrine kantienne de la liberté (l'ordre philosophique)*. Paris: Éditions du Seuil, 1973.

CARRERA, Fernanda; CARVALHO, Denise. "Algoritmos racistas: uma análise da hiper-ritualização da solidão da mulher negra em bancos de imagens digitais". *Galáxia-Revista do Programa de Pós-Graduação em Comunicação e Semiótica*, nº 43, 2020.

CARROLL, David. *The color of freedom*: race and contemporary American liberalism. Nova York: State University of New York Press, 1990.

CARTER, Ian. "Respect as the basis of equality". *Ethics*, vol. 131, nº 3, 2011.

CARVALHO NETTO, Menelick de. "A hermenêutica constitucional e os desafios postos aos direitos fundamentais". *In*: SAMPAIO, José Adércio Sampaio (Coord.). *Jurisdição Constitucional e direitos fundamentais*. Belo Horizonte: Del Rey, 2003.

_____. "Requisitos pragmáticos da interpretação jurídica sob o paradigma do Estado democrático Democrático de Direito". *Revista de Direito Comparado da Faculdade de Direito da UFMG*, Belo Horizonte, vol. 3, 1998.

CARVALHO, José Jorge de. *Inclusão étnica e racial no Brasil*: a questão das cotas no ensino superior. São Paulo: Attar, 2006.

CAUDILL, David. *Lacan and the subject of law*: toward psychoanalytical legal theory. Nova York: Humanity Books, 1997.

CENTRO ADMINISTRATIVO DE DEFESA ECONÔMICA. *Programas de compliance*: orientações sobre estruturação e benefícios da adoção dos programas de *compliance* concorrencial. Brasília, 2016.

CHAMBERS, Samuel. "An incalculable effect: subversions of heteronormativity". *Political Studies*, vol. 55, 2007.

CHARNY, David; GULATI, G. Mitu. "Efficiency-wages, tournaments, and discrimination: a theory of employment discrimination law for high-level jobs". *Harvard Civil Rights-Civil Liberties Law Review*, vol. 33, nº 1, 1998.

CHEMERINKY, Erwin. *Constitutional law*. Nova York: Wolters Kluwer, 2013.

_____. *We, the people*: a progressive reading of the Constitution. Nova York: Picador, 2018.

CHUSED, Richard. "Gendered spaces". *Florida Law Review*, vol. 42, nº 1, 1990.

CIZEK, Eugen. *Mentalités et institution politiques romaines*. Paris: Fayard, 1990.

REFERÊNCIAS BIBLIOGRÁFICAS

CLARK, J. Stephen. "Same-Sex But Equal: Reformulating the Miscegenation Analogy". *Rutgers Law Journal*, vol. 34, n° 107, 2002.

CLARK, Kenneth. *Dark gueto*: dilemas of social power. Amherst: Wesleyan University Press, 1965.

CLARKE, Jessica. "Against immutability". *Yale Law Journal*, vol. 125, n° 1, 2015.

COATES, Rodney. *Covert racism*: theories, institutions, and experiences. Boston: Brill, 2011.

COHEN, Joshua. "Democratic equality". *Ethics*, vol. 99, n° 4, 1989.

COLKER, Ruth. "Antisubordination abovel all: sex, race, and equal protection". *New York University Law Review*, vol. 61, n° 6, 1986.

COLLINS, Hugh. "Discrimination, equality and social inclusion". *The Modern Law Review*, vol. 66, n° 1, 2003.

COLLINS, Patricia Hill. *Pensamento feminista negro*. São Paulo: Boitempo, 2019.

COLLINS, Patricia Hill; BILGE, Sirma. *Intersectionality*. Maldon: Polity Press, 2018.

COMPARATO, Fábio Konder. "Função social de propriedade dos bens de produção". *In*: COELHO, Fábio Ulhôa (Coord.). *Tratado de Direito Comercial*. vol. 1. São Paulo: Saraiva, 2015.

CONNOLLY, Michael. *Discrimination law*. 2ª ed. Londres: Sweet & Maxwell, 2011.

CONNOLLY, William. *Identity/difference*: democratic negotiations of political paradox. Minneapolics: University Of Minnesota Press, 2002.

CORBO, Wallace. "O direito à adaptação razoável e a teoria da discriminação indireta: uma proposta metodológica". *Revista da Faculdade de Direito da UERJ*, n° 43, 2008.

_____. *Discriminação indireta*: conceitos, fundamentos e uma proposta de enfrentamento à luz da Constituição de 1988. Rio de Janeiro: Lumen Juris, 2017.

CORBO, Wallace. *Discriminação indireta*. Rio de Janeiro: Lumen Juris, 2017, *view*, vol. 58, n° 1. Sitivismo jurídico e a nova filosofia constitucional, *In*: QUARESMO, Regina (Coord.). *Neoconstitucionalismo*. Rio de Janeiro: Forense, 2009.

CORMIER, Phillipe. *Généalogie da la personne*. Paris: Ad Solen, 2015.

CORRÊA, Mariza. "Do feminismo aos estudos de gênero no Brasil: um exemplo pessoal". *Cadernos Pagu*, n° 16, 2001.

COSTA, Sérgio. "O branco como meta: apontamentos sobre a difusão do racismo científico no Brasil pós-escravocrata". *Estudos Afro-Asiáticos*, vol. 38, n° 1, 2006.

COX, Taylor; BLAKE, Stacy. "Managing cultural diversity: implications for organizational competitiveness". *The Executive*, vol. 5, n° 3, 1991.

CRENSHAW, Kimberlé. "Demarginalizing the intersection of race and sex: a black feminist critique of antidiscrimination doctrine, feminist theory and antiracist policitspolitics". *University of Chicago Legal Forum*, n° 1, 1989.

_____. "Mapping the margins: intersectionality, identity politics, and violence against women of color". *Stanford Law Review*, vol. 36, n° 5, 1990.

_____. "Race, reform, and retrenchment: transformation and legitimation in antidiscrimination law". *Harvard Law Review*, vol. 101, n° 7, 1988.

CULP JR., Jerome. "Toward a black legal scholarship and teaching: race and the original understandings". *Duke Law Journal*, vol. 1991, n° 1, 1991.

CUPIS, Adriano de. *Direitos da personalidade*. São Paulo: Quorun, 2008.

DAMASCENO, Marizete Gouveia; ZANELO, Valeska. "Sáude mental e racismo contra negros: produção bibliográfica brasileira nos últimos quinze anos". *Psicologia, Ciência e Profissão*, vol. 38, n° 3, 2018.

DASGUPTA, Nilanjana. "Implicit ingroup favoritism, outgroup favoritism, and their behavioral manifestations". *Social Justice Research*, vol. 17, n° 2, 2003.

DAVID, E. J. *Internalized oppression*: the psychology of marginalized groups. Nova York: Springer, 2013.

DELGADO, Richard; STEFANCI, Jean. *Understanding words that wound*. Boston: Westview, 2004.

_____. *Critical race theory*: an introduction. Nova York: New York University Press, 2001.

DEMOND, Matthew; MUSTAFA, Emyrbayer. *Racial domination, racial progress*: the sociology of race in American. Nova York: McGraw-Hill, 2009.

REFERÊNCIAS BIBLIOGRÁFICAS

_____. "What is racial domination?" *Du Bois Review*, vol. 6, n° 2, 2009.

DEVINE, Patricia. "Stereotypes and prejudice: their automatic and controlled components". *Journal of Personality and Social Research*, vol. 56, n° 1, 1989.

DIJK, Teun Andreas. *Discourse and society*: how social context influence text and talk. Cambridge: Cambridge University Press, 2009.

_____. *Elite discourse and racism*. Londres: Sage, 1993.

_____. *Ideology*: a multidisciplinary approach. Londres: Sage, 1998.

_____. *Society & Discourse*: how social context influence text and talk. Cambridge: Cambridge University Press, 2009.

DIMITRI, Dimoulis; MARTINS, Lenardo. *Teoria Geral dos Direitos Fundamentais*. 2ª ed. São Paulo: Rt, 2010.

DIMOND, Paul. "The anti-caste principle: toward a constitutional standard for review of race cases". *Wayne Law Review*, vol. 30, n° 1, 1983.

DIMOULIS, Dimitri; LUNARDI, Soraya. *Curso de processo constitucional*: controle de constitucionalidade e remédios constitucionais. São Paulo: Atlas, 2011.

DINIZ, Maria Helena. *Norma constitucional e seus efeitos*. São Paulo: Saraiva, 2009.

DOLLIMORE, Jonathan. *Sexual dissidence*: Augustine to Wilde, Freud to Foucault. Oxford: Oxford University Press, 1991.

DOMINGUES, Petrônio. *Uma história não contada*. São Paulo: SENAC, 2004.

DONOHUE, John J. "Employment discrimination law in perspective: three concepts of equality". *Michigan Law Review*, vol. 92, n° 6, 1993.

DUCOIS, Michelle. *Les romans et la loi*. Paris: Belles Lettres, 1984.

DUGUIT, Léon. *Traité de droit constitutionnel*. tomo 1. Paris: Ancienne, 1923.

DUMONT, Louis. *O individualismo*: uma perspectiva antropológica de uma ideologia moderna. Rio de Janeiro: Rocco, 1993.

DUNN, Dana; SKAGGS, Sheryl. "Gender and paid work in industrial nation". *In*: CHAFETZ, Janet Saltzman Chafetz (Coord.). *Handbook of sociology of gender*. Nova York: Springer, 2006.

DWORKIN, Gerald. "Acting freely". *Nous*, vol. 4, n° 4, 1970.

DWORKIN, Ronald. *Taking rights seriously*. Cambridge: Harvard University Press, 1977.

DYER, Richard. "The matter of whiteness". *In*: ROTHENBERG, P. (Coord.). *White privilege*: essential readings on the other side of racism. Nova York: Worth Publishers, 2011.

EBERHARDT, Jennifer. *Biased*: uncovering the hidden prejudice that shapes what we see, think, and do. Nova York: Penguin Books, 2019.

EHRENBERG, Victor. *L'etat grec*. Paris: Foundations, 1984.

ELLIS, Evelyn; WATSON, Philipa. *Euroepan Union anti-discrimination law*. Oxford: Oxford University Press, 2013.

ELY, John Hart. *Democracy and distrust*: a theory of judicial review. Cambridge: Harvard University Press, 1980.

EMIRBAYER, Mustafa; DESMOND, Matthew. *The racial order*. Chicago: Chicago University Press, 2015.

ERIKSON, Erik. *Childhood and society*. Nova York: Norton & Company, 1963.

_____. *Identity, youth and crisis*. Nova York: Norman & Company, 1968.

ESKRIDGE, William. "A pluralist theory of the equal protection clause". *University of Pennsylvania Journal of Constitutional Law*, vol. 11, n° 4, 2009.

_____. "Channeling: identity-based social movements and public law". *University of Pennsylvania Law Review*, vol. 150, n° 2, 2001

_____. "No promo homo: the sedimentation of antigay discourse and the channeling effect of judicial review". *New York University Law Review*, vol. 75, n° 4, 2000.

_____. "Pluralism and distrust: how courts can lower the stakes of politics". *Yale Law Journal*, vol. 114, n° 4, 2005.

_____. *Gaylaw*: challenging the apartheid of the closet. Cambridge: Harvard University Press, 2002.

EVERS, Tilman. "Identidade: a face oculta dos novos movimentos sociais". *Novos Estudos Cebrap*, vol. 2, n° 4, 1984.

EWIC, Patricia; SILBEY, Susan. "Subversive stories and hegemonic tales: toward a sociology of narrative". *Law & Society Review*, vol. 29, n° 2, 1996.

REFERÊNCIAS BIBLIOGRÁFICAS

FARBER, Daniel; SHERRY, Suzanna. "The pariah principle". *Constitutional Commentary*, vol. 13, nº 2, 1996.

FARIA E SILVA NETO, Paulo Penteado. *Cotas raciais nas universidades públicas*: estratégias argumentativas, lógica informal e teoria da argumentação. Belo Horizonte: Arraes, 2012.

FASSÓ, Miguel. *História de la filosofia del derecho*. Antiguidad y Edad Media. Madrid: Piramide, 1979.

FAUSTO, Boris. *História do Brasil*. 14ª ed. São Paulo: EDUSP, 2015.

FAUST-STERLING, Anne. *Sexing the body*: gender and the construction of sexuality. Nova York: Basic Books, 2000.

FAYE, Ernest. *Subjectivités-Encyclopedie philosophique universelle*: le notions philosophiques. vol. 2. Paris: PUF, 1990.

FEAGIN, Joe. *Systemic racism*: a theory of oppression. Nova York: Routledge, 2005.

FEAGIN, Joe. *The many costs of white racism*. Nova York: Rowman & Littlefield, 2002.

FEAGIN, Joe; VERA, Hernan; BATUR, Pinar. *White racism*: the basics. Londres: Routledge, 2001.

FEDERMAN, Lilian. *The gay rights revolution*: the story of the struggle. Nova York: Simon & Schutter, 2015.

FEINBERG, Joel. "Autonomy, sovereignty and privacy: moral ideals in the constitution?" *Notre Dame Law Review*, vol. 58, nº 3, 1982.

FERES JÚNIOR, J.; ZONINSEIN, J. *Ação afirmativa e universidade*: experiências nacionais comparadas. Brasília: Editora da UnB, 2006.

FERNANDES, Bernardo Gonçalves. *Curso de Direito Constitucional*. São Paulo: Juspodium, 2014.

FERRAJOLI, Luigi. "Igualdad y diferencia". *In*: FERRAJOLI, Luigi; CARBONELL, Miguel. *Igualdad y diferencia de género*. Cidade do México: Consejo Nacional para Prevenir la Discriminación, 2007.

FERREIRA, Darlene Cardoso. "Desamparo aprendido e incontrolabilidade: relevância para uma abordagem analítico-comportamental da depressão". *Psicologia: Teoria e Pesquisa*, vol. 29, nº 2, 2013.

FIGUEIREDO, Luis Cláudio Mendonça. *A invenção do psicológico*: quatro séculos de subjetivação-1500-1900. São Paulo: Escuta/Educ, 1996.

FIGUEIREDO, Luis Cláudio. *As matrizes do pensamento psicológico*. Petrópolis: Vozes, 1993.

_____. *Modos de subjetivação no Brasil e outros escritos*. São Paulo: Escuta, 1995.

_____. *Revisitando as psicologias*. Petrópolis: Vozes, 1995.

FIGUEROA, Alfonso García. "La teorìa del derecho en tiempos de neocons- titucionalismo". *In*: CARBONELL, Miguel (Coord.). *Neoconstitucionalismo(s)*. Madrid: Trotta, 2003.

FINANCE, Joseph de. *El conocimiento del ser*. Madrid: Gredos Editorial, 1971.

FINNEMAN, Stephen. *Emotions in organizations*. Londres: Sage, 2006.

FISS, Owen. "Another equality". *Issues in Legal Scholarship*, 2004.

_____. "Groups and the equal protection clause". *Philosophy and Public Affairs*, vol. 5, nº 2, 1976.

FITZPATRICK, Peter. "Racism and the innocence of law". *Journal of Law and Society*, vol. 14, nº 1, 1987.

FLAGG, Barbara. "'Was blind, but now I see': white race consciousness and requirement of discriminatory intent". *Michigan Law Review*, vol. 91, nº 3, 1993.

FLETCHER, G. P. "Human dignity as a constitutional value". *University of Western Ontario Law Review*, vol. 22, nº 1, 1984.

FONE, Byrne. *Homophobia, a history*. Nova York: Henry Holts and Company, 2000.

FORBATH, William. "Caste, class, and equal citizenship". *Michigan Law Review*, vol. 98, nº 1, 1999.

FOURRIER, Carina. "To praise and to scorn: the problem of inequalities of esteem for social egalitarianism". *In*: FOURRIER, Carina; SCHUPPERT, Fabian; WALLIMAN-HELMER, Ivo. *Social equality*: on What it means to be equals. Oxford: Oxford University Press, 2015.

FOURRIER, Carina; SCHUPPERT, Fabian; WALLIMAN-HELMER, Ivo. "The nature and distinctiveness of social equality: an introduction". *In*: _____. (Coord.). *Social equality*: on What it means to be equals. Oxford: Oxford University Press, 2015.

FRAISSE, Jean. *Philia, la notion de l ámitie dans la philosophie antique*. Paris: Vrin, 1974.

FRANK, Jefferson. "Is the male privilege premium evidence of discrimination against gay men?" *In*: LEE, M. V.; FRANK, Jefferson. *Sexual orientation discrimination*: an international perspective. Nova York: Routledge, 2007.

FRANKFURT, Harry. "Concerning the freedom and limits of the will". *Philosophical Topics*, vol. 17, n° 1, 1989.

FRANKLIN, Raymond. *Shadows of race and class*. Minneapolis: University of Minnesota Press, 1991.

FRASER, Nancy; HONNETH, Axel. *Redistribution or recognition?* a political- philosophical exchange. Nova York: Verso, 2003.

FRASER. Nancy. "Recognition without ethics?" *Theory, Culture and Society*, vol. 18, n° 21, 1997.

FRAZÃO, Ana. *Função social da empresa*. Rio de Janeiro: Renovar, 2011.

FREDERICKSON, George M. *Racism, a short history*. Princeton: Princeton University Press, 2003.

FREDMAN, Sandra. "Redistribution and recognition: reconciling inequalities". *South African Journal on Human Rights*, vol. 23, n° 2, 2007.

_____. *Discrimination law*. Oxford: Oxford University Press, 2011.

FREDRICKSON, George M. *White supremacy*: a comparative study in American and South African history. Oxford: Oxford University Press, 1982.

FREEMAN, Alan David. "Legitimizing racial discrimination through antidiscrimination law: a critical review of the Supreme Court doctrine". *Minnesota Law Review*, vol. 62, n° 4, 1977.

FREEMAN, M. D. A. *Introduction to jurisprudence*. Londres: Sweet & Maxwell, 2001.

FRICKER, Miranda. *Epistemic injustice*: power and ethics of knowing. Oxford: Oxford University Press, 2007.

FRIEDMAN, Robert. "Institutional racism: how to discriminate without really trying". *In*: PETTIGREW, Thomas. *Racial discrimination in the United States*. Nova York: Harper & Row, 1975.

FROYU, Carissa. "For the betterment of kids who look like me: professional emotional labor as a racial project". *Ethnic, and Racial Studies*, vol. 36, n° 6, 2013.

FRY, Peter; MAGGIE, Yvonne. *Divisões perigosas*: políticas raciais no Brasil contemporâneo. Rio de Janeiro: Civilização Brasileira, 2007.

FUSS, Diana. *Essentially speaking*: feminism, nature and difference. Nova York: Routledge, 1989.

GAERTNER, Samuel. "Aversive racism". *In*: NIELSEN, L. B. (Coord.). *Handbook of employment discrimination research*. Nova York: Springer, 2005.

GAETNER, Samuel *et al*. "Racial stereotypes: associations and ascriptions of positive and negative characteristics". *Social Psychology Quarterly*, vol. 46, nº 1, 1983.

GARCIA MORENTE, Manuel. *Fundamentos de filosofia*. São Paulo: Mestre Jou, 1970.

GARCIA, Megan. "Racist in the machine: the disturbing implication of algorithmic bias". *World Policy Journal*, vol. 33, nº 4, 2016.

GARNER, Steve. *Racisms*: an introduction. Londres: Sage, 2010.

_____. *Whiteness*: an introduction. Nova York: Routledge, 2007.

GARRIGA, Elisabet; MELÉ, Domènec. "Corporate social responsibility theories: mapping the territory". *Journal of Business Ethics*, vol. 53, 2004.

GAUDAMET, Jean. *Instituitions de la antiquité*. Paris: Sirey, 1967.

GERSEN, Joel E. "Markets and discrimination". *New York University Law School*, vol. 82, nº 3, 2007.

GIDDENS, Anthony. *Modernity and self-identity*: self and society in the late modern age. Stanford: Stanford University Press, 1991.

_____. *Sociology*. Cambridge: Polity Press, 1996.

GIERKE, Otto. *Natural law and theory of society*: 1500-1800. Boston: Beacon Press, 1957.

GOFFMAN, Erving. *Stigma*: notes on the management of spoiled identity. Londres: Penguin, 1990.

GOLDBERG, David Theo. "The social formation of racist discourse". *In*: GOLDBERG, David Theo (Coord.). *Anatomy of racism*. Minneapolis: University of Minnesota Press, 1990.

GOLDBERG, Suzanne. "Equality by comparison". *Yale Law Journal*, vol. 120, nº 4, 2011.

REFERÊNCIAS BIBLIOGRÁFICAS

GOLDONI, Marco; WILKINSON, Michael. "Introdução à constituição material". *Revista da Faculdade de Direito da UFPR*, vol. 63, n° 3, 2018.

GOMES, Flávio. *Negros e política*, 1888-1937. São Paulo: Zahar, 2005.

GONSORIEK, John. "The empirical basis for the demise of the illness model of homosexuality". *In*: GONSORIEK, John; WEIRICH, James. *Homosexuality, research implications for public policy*. Londres: Sage, 1991.

GONZALEZ URIBE, Héctor. *Teoria política*. Cidade do México: Porrua, 1973.

GONZALEZ, Lelia. "A mulher negra na sociedade brasileira: uma abordagem político-econômica". *In*: LUIZ, Madel. *Lugar da mulher*: estudos sobre a condição feminina na sociedade atual. Rio de Janeiro: Graal, 1981.

GOYARD-FABRE, Simone. *O que é a democracia?* a genealogia filosófica de uma grande aventura moderna. São Paulo: Martins Fontes, 2003.

_____. *Os fundamentos políticos do direito político moderno*. São Paulo: Martins Fontes, 1999.

GRAU, Eros Roberto. *A ordem econômica na Constituição de 1988*. São Paulo: Malheiros, 2013.

GREEN, S. J. D. "Competitive equality of opportunity". *Ethics*, vol. 100, n° 1, 1989.

GREEN, Tristin. "A structural approach as antidiscrimination mandate: locating employer wrong". *Vanderbilt Law Review*, vol. 60, n° 3, 2007.

_____. "Work Culture and discrimination". *California Law Review*, vol. 93, n° 3, 2005.

_____. "Racial emotions in the workplace". *South California Law Review*, vol. 86, n° 4, 2013.

GRIFFITH, Sean. "Corporate governance in an era of compliance". *William & Mary Law Review*, vol. 57, n° 6, 2016.

GRUSKY, David B. "The past, present, and future of social inequality". *In*: _____. (Coord.). *Social stratification in social perspective*: class, race and gender. Ithaca: Cornell University Press, 2001.

_____. "The past, present, and future of social inequality". *In*: _____. (Coord.). *Social stratification in social perspective*: class, race and gender. Ithaca: Cornell University Press, 2001.

GUEL, Pedro E. "El programa cultural de la identidade". *Persona y Sociedad*, vol. 10, nº 1, 1996.

GUIMARÃES, Antônio Sérgio Alfredo. *Classes, raças e democracia*. 2ª ed. São Paulo: Editora 34, 2012.

GUSDORF, Georges. *Les sciences humaines et la pensée occidentale*: les origenes des sciences humaines. vol. 2. Paris: Payot, 1966.

GUTMANN, Amy. *Identity in democracy*. Princeton: Princeton University Press, 2004.

_____. *Liberal equality*. Cambridge: Cambridge University Press, 1980.

HABERLE, Peter. *El Estado Constitucional*. Buenos Aires: Astrea, 2007.

HABERMAS, Jürgen. *A inclusão do outro*: estudos de teoria política. São Paulo: Unesp, 2019.

_____. *Pensamento pós-metafísico*. Rio de Janeiro: Tempo Brasileiro, 1990.

HALL, Stuart. *A identidade cultural na pós-modernidade*. Porto Alegre: DPIA, 1997.

HALLEY, Janet. "Sexual orientation and the politics of biology: a critique of the argument from immutability". *Stanford Law Review*, vol. 46, 1993.

HAMILTON, Frances. *Same-sex relationships, law and social change*. Nova York: Routledge, 2020.

HAMMING, John. *Ouro vermelho*: a conquista dos índios brasileiros. São Paulo: Edusp, 2008.

HAN, Chong-Suk; PROCTOR, Christopher; CHOI, Kyung-Hee. "I know a lot of gay Asian men who are actually tops: managing and negotiating gay racial stigma". *Sexuality & Culture*, vol. 18, nº 2, 2013.

HANCHARD, Michael. *Orpheus and power*: the movement negro of Rio de Janeiro and São Paulo, 1945-1988. Princeton: Princeton University Press, 1994.

HARRIS, Angela P. "Race and essentialism in feminist legal theory". *Stanford Law Review*, vol. 42, nº 2, 1990.

HARRIS, Cheryl. "Whiteness as property". *Harvard Law Review*, vol. 106, nº 8, 1993.

HARTMANN, Nicolai. *Ontologia III*: la fabrica del mundo real. Ciudad do México: Fondo de Cultura Econômica, 1954.

REFERÊNCIAS BIBLIOGRÁFICAS

HASENGALG, Carlos. *Discriminação e desigualdades raciais no Brasil*. Belo Horizonte: Editora UFMG, 2005.

HASSELBERGER, William. "Ethics beyond computation: why we can't (and shouldn't) replace human moral judgement with algorithms". *Social Research: An International Quarterly*, vol. 86, n° 4, 2019.

HEARSCHER, Guy. *Filosofia dos direitos do homem*. Lisboa: Instituto Piaget, 1993.

HEIZEN, Thomas; GOODFRIEND, Wind. *Social psychology*. Londres: Sage, 2013.

HELLER, Agnes. *O homem do renascimento*. Lisboa: Editorial Presença, 1982.

HELLMAN, Deborah. "Equality in the key of resepctrespect". *Yale Law Journal*, vol. 123, n° 6, 2014.

_____. "The expressive dimension of equal protection". *Minnesota Law Review*, vol. 85, n° 2000.

_____. *When is discrimination wrong?* Cambridge: Harvard University Press, 2008.

HERNSTEIN, Ori J. "Historic injustice, group membership, and harm to individuals". *Harvard Blackletter Law Journal*, vol. 25, n° 2, 2009.

HIGGINS, E. Tory; KING, Gillian. "Accessibility of Social Constructs: Information-Processing Consequences of Individual and Contextual Variability". *In*: CANTOR, N.; KIHLSTROM, J. F. (Coord.). *Personality, cognition, and social interaction*. Nova Jersey: L. Erlbaum Associates, 1969.

HITBOURNE, Susan; HALGIN, Richard. *Psicopatologia, perspectivas clínicas dos transtornos psicológicos*. Porto Alegre: Artmed, 2015.

HOETINK, Howard. *Slavery and race relations in the Americas*. Nova York: Harper & Row, 1973.

HOLLINGER, David. "From identity to solidarity". *Daedalus*, vol. 135, n° 4, 2006.

HOND, Frank den *et al*. *Managing corporate social responsibility*: talking, doing and measuring. Aldershot: Ashgate Publishing, 2007.

HONNETH, Axel. "Recognition and justice: outline of a plural theory of justice". *Acta Sociológica*, vol. 47, n° 4, 2004.

_____. "Recognition". *Proceedings of the Aristotelian Society*, vol. 75, 2001.

_____. *A luta pelo reconhecimento*. São Paulo: Editora 34, 2003.

_____. *O direito à liberdade*. São Paulo: Martins Fontes, 2017.

_____. *The struggle for recognition*: the moral grammar of social conflicts. Cambridge: MIT Press, 1996.

HOOKS, Bell. *Ain't I a woman?* black women and feminism. Boston: South End Press, 1999.

_____. *Erguer a voz*: pensar como feminista, pensar como negra. São Paulo: Elefante, 2018.

HUGHEY, Matthew. "The (dis)similarities of white racial identities: the conceptual framework of 'hegemonic whiteness'". *Ethnic and Racial Studies*, vol. 33, nº 8, 2009.

HUGUES, R. A. *Identity, law and politics*. Boston: University of New England Press, 1995.

HUTCHINSON, Darren Lenard. "Gay rights for gay whites? race, sexual identity, and the equal protection clause". *Cornell Law Review*, vol. 85, nº 6, 2000.

_____. "Ignoring the sexualization of race heteronormativity, critical raced theory and anti-racist policy". *Bufallo Law Review*, vol. 41, nº 1, 1999.

_____. "Out yet unseen: a racial critique of gay and lesbian legal theory and political discourse". *Connecticut Law Review*, vol. 29, nº 2, abr. 2017.

IANNI, Octavio. *Raças e classes sociais no Brasil*. Rio de Janeiro: Civilização Brasileira, 1972.

INGRAHAM, Chrys. "The heterosexual imaginary: feminist sociology and theories of gender". *Sociological Theory*, vol. 12, nº 2, 1994.

INSTITUTO BRASILEIRO DE GOVERNANÇA CORPORATIVA. *Compliance à luz da governança corporativa*. São Paulo: Instituto Brasileiro de Governança Corporativa, 2017.

JACCOUD, Luciana. *A construção de uma política de promoção da igualdade racial*: uma análise dos últimos 20 anos. Brasília: IPEA, 2009.

JAEGER, Werner. *Paidéia*: a formação do homem grego. São Paulo: Martins Fontes, 1997.

JARDINA, Ashley. *White identity politics*. Cambridge: Cambridge University Press, 2019.

JENKINS, Richard. *Social identity*. Nova York: Routledge, 2004.

REFERÊNCIAS BIBLIOGRÁFICAS

JOSEPHY, Peniel E. *Waiting 'til the midnight hour*: a narrative history of black power in America. Nova York: Henry Holt & Co, 2006.

JUBILUT, Liliana Lyra; BAHIA, Alexandre Gustavo Melo Franco; MAGALHÃES, José Luiz Quadros. *Direito à diferença*: aspectos de proteção específica às minorias e aos grupos vulneráveis. vol. 2. São Paulo: Saraiva, 2013.

KALKMAN, Suzana. "Racismo institucional: um desafio para a equidade no SUS?" *Saúde e Sociedade em São Paulo*, vol. 16, nº 2, 2007.

KANG, Jerry. "Trojan horses of race". *Harvard Law Review*, vol. 118, nº 4, 2004.

KAPLAN, Jerry. *Artificial intelligence*: what everyone needs to know. Oxford: Oxford University Press, 2016.

KARST, Kenneth. "Sources of status-harm and group disadvantage in private behavior". *Issues in Legal Scholarship*, vol. 2, nº 1, 2002.

_____. "The freedom of intimate association". *Yale Law Journal*, vol. 89, nº 2, 1980.

_____. "The liberties of equal citizens: groups and the due process clause". *UCLA Law Review*, vol. 55, nº 1, 2007.

_____. "Foreword: Citizenship Equal citizenship under the Fourteenth Amendment". *Harvard Law Review*, vol. 91, nº 1, 1977.

KATZ, Jonathan. *A invenção da heterossexualidade*. Rio de Janeiro: Ediouro, 1996.

KEHL, Danielle; GUO, Priscilla; KESSLER, Samuel. *Algorithms in the Criminal Justice System*: Assessing the Use of Risk Assessments in Sentencing. Disponível em: https://dash.harvard.edu/handle/1/33746041. Acessado em: 13.08.2020.

KENDI, Ibran. *How to be an antiracist*. Nova York: Randon House, 2019.

KENNEDY, Duncan. *A critique of adjudication*. Cambridge: Harvard University Press, 1998.

KENNEDY, Randall. "Persuasion and distrust: a comment of the affirmative action debate". *Harvard Law Review*, vol. 99, nº 4, 1985.

KERBO, Harold R. *Social stratification and inequality*: class conflict in historical, comparative, and global perspective. 5ª ed. Boston: McGraw Hill, 2003.

KHAITAN, Tarunabh. "Dignity as an expressive norm: neither vacuous nor a panacea". *Oxford Journal of Legal Studies*, vol. 32, n° 1, 2012.

_____. "Indirect discrimination". *In*: LIPPERT-RASMUSSEN, Kasper. *The Routledge handbook of the ethics of discrimination*. Nova York: Routledge, 2018.

_____. *A theory of antidiscrimination law*. Oxford: Oxford University Press, 2015.

_____. *The philosophy of discrimination law*. Oxford: Oxford University Press, 2015.

KILOMBA, Grada. *Memórias da plantação*: episódios de racismo cotidiano. São Paulo: Cobogó, 2017.

KING, Mervyn. *The corporate citizen*: governance for all entities. Johannesburg: Penguin Books, 2006.

KLARE, Karl. "Legal culture and transformative constitutionalism". *South African Journal of Human Rights*, vol. 146, n° 1, 1998.

KLARMAN, Michael. "An interpretive history of modern equal protection". *Michigan Law Review*, vol. 90, n° 2, 1991.

_____. *From Jim Crow to civil rights*: the Supreme Court and the struggle for racial equality. Oxford: Oxford University Press, 2004.

KOH, Audrey; ROSS, Leslie. "Mental health issues: a comparison of lesbian, bisexual and heterosexual women". *Journal of Homosexuality*, vol. 51, n° 1, 2006.

KOLM, Serge-Christophe, *Modern theory of justice*. Cambridge: MIT University Press, 1996.

KOPPELMAN, Andrew. "The miscegenation analog: sodomy law as sex discrimination". *Yale Law Journal*, vol. 98, n° 1, 1988.

_____. *Antidiscrimination law and social equality*. Nova Haven: Yale University Press, 1998.

KOVEL, Joel. *White racism*: a psychohistory. 2ª ed. Nova York: Columbia University Press, 1984.

KRAUT, Richard. *Aristotle Political philosophy*. Oxford: Oxford University Press, 2002.

KRIEGER, Linda Hamilton. "The content of our categories: a cognitive approach to discrimination and equal employment opportunity". *Stanford Law Review*, vol. 47, n° 4, 1994.

REFERÊNCIAS BIBLIOGRÁFICAS

LACHANCE, George. *Le droit et les droits de l'homme*. Paris: PUF, 1954.

LACLAU, Ernesto. *Emancipation(s)*. Nova York: Verso, 1996.

LAPORTA, Francisco Javier. "El princípio de igualdad: introducción a sua análisis". *Sistema Revista de Ciencias Sociales*, vol. 67, 1985.

LAW, Silvia. "Homosexuality and the social meanings of gender". *Wisconsin Law Review*, nº 1, 1988.

LAWRENCE III, Charles. "The id, the ego, and equal protection: reckoning with unconscious racism". *Stanford Law Review*, vol. 39, nº 2, 1987.

LAWTON, Anne. "The meritocracy myth and the illusion of equal employment opportunity". *Minnesotta Law Review*, vol. 85, nº 3, 2000.

LE GOFF, Jacques. *O homem medieval*. Lisboa: Editorial Presença, 1989.

LECA, Jean. "Individualism et citoyenneté". *In*: LECA, Jean; BIRNBAUM, J. *Essai sur l'individualism*. Paris: Presses de la Fundation Nationale des Sciences Politiques, 1991.

LEONG, Nancy. "Racial capitalism". *Harvard Law Review*, vol. 126, nº 8, 2013.

LICHT, Amir. "The maximands of corporate governance: a theory of values and cognitive style". *Delaware Journal of Corporate Law*, vol. 29, nº 3, 2004.

LIMA, Firmino Alves. *Teoria da discriminação nas relações de trabalho*. Rio de Janeiro: Elsevier, 2011.

LIPPERT-RASMUSSEN, Kasper. *Born free and equal?* a philosophical inquiry into the nature of discrimination. Oxford: Oxford University Press, 2014.

LIPSITZ, George. *The possessive investment in whiteness*: how white people profit from identity politics. Philadelphia: Temple University Press, 2006.

LONG, Brooke. "Stigmatized identities". *In*: STETS, Jan; SERPE, Richard (Coord.). *New directions in identity theory and research*. Oxford: Oxford University Press, 2016.

LOOMBA, Ania. *Colonialism/postcolonialism*. Nova York: Routledge, 2005.

LOPEZ, Ian Haney. "Intentional blindness". *New York University Law Review*, vol. 87, nº 6, 2012.

_____. "The social construction of race: some observations on illusion, fabrication, and choice". *Harvard Civil Rights, Civil Liberties Law Review*, vol. 29, nº 1, 1994.

LORDE, Audre. *Sou sua irmã*. São Paulo: Ubu, 2020.

LOURY, Glen. *The anatomy of racial inequality*. Cambridge: Harvard University Press, 2003.

MACITYRE, Alasdair. *After virtue*. Notre Dame: Notre Dame University Press, 1984.

MADALOZZO. Regina. "CEOs e composição do conselho de administração: a falta de identificação pode ser motivo para existência de teto de vidro para mulheres no Brasil?" *Revista de Administração Contemporânea*, vol. 15, nº 1, 2011.

MAHAJAN, Ritu. "The naked truth: appearance discrimination, employment, and the law". *Asian American Law Journal*, vol. 14, nº 1, 2007.

MAIA, Antônio Cavalcanti. "Neoconstitucionalismo, positivismo jurídico e a nova filosofia constitucional". *In*: QUARESMO, Regina (Coord.). *Neoconstitucionalismo*. Rio de Janeiro: Forense, 2009.

MAJOR, Brenda; O'BRIEN, Laurie. "The social psychology of stigma". *Annual Review of Psychology*, vol. 56, 2005.

MARSHALL, T. H. *Cidadania, classe social e status*. Rio de Janeiro: Zahar, 1967.

MARTINEZ, Gregório Peces-Barba. *Curso de derechos fundamentales*. Madrid: Universidad Carlos II de Ma-drid, 1999.

_____. *Curso de derechos fundamentales*: teoria general. Madrid: Boletin Oficial del Estado, 1995.

MASSEY, Douglas S. *Categorically unequal*: the American stratification system. Nova York: Russell Sage Foundation, 2007.

MATHIES, Anaruez. *Assédio moral e compliance na relação de emprego*. Curitiba: Juruá, 2018.

MATSUDA, Mari. "When the first quail calls: multiple consciousness as a jurisprudential method". *Women's Law Report*, vol. 11, nº 1, 1989.

MATTEUCCI, Nicola. "Liberalismo". *In*: BOBBIO, Norberto. *Dicionário de política*. Brasília: UnB, 1988.

MAY, Vivian. *Pursuing intersectionality, unsettling dominant imaginaries*. Nova York: Routledge, 2015.

REFERÊNCIAS BIBLIOGRÁFICAS

MCCOLGAN, Aileen. *Discrimination law*: texts, cases and materials. Oxford: Hart Publishing, 2005.

_____. *Discrimination, equality and the law*. Oxford: Aileen Publishing, 2014.

MCCONAHAY, John B. "Symbolic racism". *Journal of Social Issues*, vol. 32, n° 2, 1976.

MCINTOSH, Peggy. "White privilege: unpacking the invisible knapsack". *Peace and Freedom*, jul./ago. 1989.

_____. "White privilege: unpacking the invisible knapsack". *In*: ROTHEMBERG, Paula (Coord.). *White privilege*: essential readings on the other side of racism. Nova York: Worth Publishers, 2008.

MERTON, Robert. *Ensaios de sociologia da ciência*. São Paulo: Editora 34, 2013.

MEYERS, David G.; TWENGE, Jean. *Social psychology*. Nova York: McGrawHill, 2018.

MIDDLETON, David. "Three types of self-respect". *Res Publica*, vol. 12, n° 1, 2006.

MIGNOLO, Walter. "The geopolitics of knowledge and the colonial difference". *The South Atlantic Quarterly*, vol. 101, n° 1, 2002.

MILLER, David. "Equality and justice". *Ratio*, vol. 10, n° 3, 1997.

MILLS, Charles. "White supremacy as sociopolitical system: a philosophical perspective". *In*: DOANE, Ashley; BONILLA-SILVA, Eduardo. *White out*: the continuing significance of race. Nova York: Routledge, 2003.

MINDA, Gary. *Postmodern legal movements*. Nova York: New York University Press, 1995.

MONDIN, Battista. *O homem, quem é ele?* Elementos de antropologia filosófica. São Paulo: Paulus, 2014.

MONZANI, Luiz Roberto. *Freud, o movimento de um pensamento*. Campinas: Editorial Unicamp, 2014.

MOREIRA, Adilson José. "Cidadania racial". *Quaestio Iuris*, vol. 10, n° 2, 2016.

_____. "Cidadania sexual: postulado interpretativo da igualdade". *Direito, Estado e Sociedade*, vol. 48, 2016.

_____. "Direito, poder, ideologia: discurso jurídico como narrativa cultural". *Direito & Práxis*, vol. 8, n° 2, 2017.

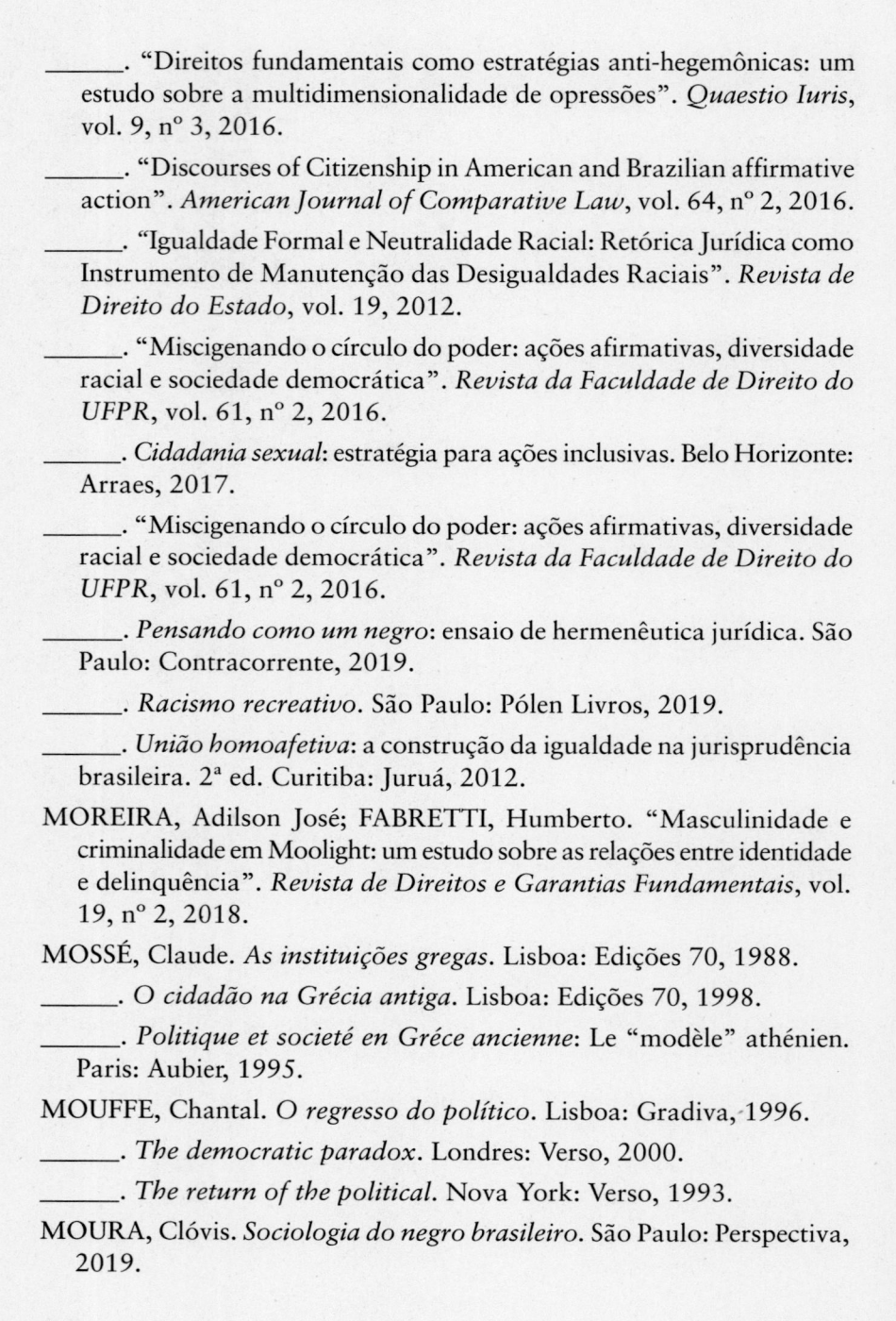

_____. "Direitos fundamentais como estratégias anti-hegemônicas: um estudo sobre a multidimensionalidade de opressões". *Quaestio Iuris*, vol. 9, n° 3, 2016.

_____. "Discourses of Citizenship in American and Brazilian affirmative action". *American Journal of Comparative Law*, vol. 64, n° 2, 2016.

_____. "Igualdade Formal e Neutralidade Racial: Retórica Jurídica como Instrumento de Manutenção das Desigualdades Raciais". *Revista de Direito do Estado*, vol. 19, 2012.

_____. "Miscigenando o círculo do poder: ações afirmativas, diversidade racial e sociedade democrática". *Revista da Faculdade de Direito do UFPR*, vol. 61, n° 2, 2016.

_____. *Cidadania sexual*: estratégia para ações inclusivas. Belo Horizonte: Arraes, 2017.

_____. "Miscigenando o círculo do poder: ações afirmativas, diversidade racial e sociedade democrática". *Revista da Faculdade de Direito do UFPR*, vol. 61, n° 2, 2016.

_____. *Pensando como um negro*: ensaio de hermenêutica jurídica. São Paulo: Contracorrente, 2019.

_____. *Racismo recreativo*. São Paulo: Pólen Livros, 2019.

_____. *União homoafetiva*: a construção da igualdade na jurisprudência brasileira. 2ª ed. Curitiba: Juruá, 2012.

MOREIRA, Adilson José; FABRETTI, Humberto. "Masculinidade e criminalidade em Moolight: um estudo sobre as relações entre identidade e delinquência". *Revista de Direitos e Garantias Fundamentais*, vol. 19, n° 2, 2018.

MOSSÉ, Claude. *As instituições gregas*. Lisboa: Edições 70, 1988.

_____. *O cidadão na Grécia antiga*. Lisboa: Edições 70, 1998.

_____. *Politique et societé en Gréce ancienne*: Le "modèle" athénien. Paris: Aubier, 1995.

MOUFFE, Chantal. *O regresso do político*. Lisboa: Gradiva, 1996.

_____. *The democratic paradox*. Londres: Verso, 2000.

_____. *The return of the political*. Nova York: Verso, 1993.

MOURA, Clóvis. *Sociologia do negro brasileiro*. São Paulo: Perspectiva, 2019.

REFERÊNCIAS BIBLIOGRÁFICAS

MOUTINHO, Laura. "Negociando com a adversidade: reflexões sobre 'raça', (homos)sexualidade e desigualdade social no Rio de Janeiro". *Revista Estudos Feministas*, vol. 14, n° 1, 2006.

MUMFORD, Kevin. "The miscegenation analogy revisited: same-sex marriage as a civil rights story". *American Quarterly*, vol. 57, n° 2, 2005.

MUNANGA, Kabengele. *Rediscutindo a mestiçagem no Brasil*. São Paulo: Autêntica, 2019.

MUNOZ VALLE, Isidoro. "Las origenes socioculturales del hombre moderno". *Revista de Estudios Políticos*, n° 204, 1975.

NAFFINE, Ngaire. "Sexing the subject of law". *In*: THORNTON, Margaret (Coord.). *Public and private*: feminist legal debates. Oxford: Oxford University Press, 1996.

NAGEL, Thomas. *Equality and partiality*. Oxford: Oxford University Press, 1995.

NATIVIDADE, Marcelo; OLIVEIRA, Leandro de. A*s novas guerras sexuais*: diferença, poder religioso e identidade LGBT no Brasil. Rio de Janeiro: Garamond, 2013.

NELSON, William. *Marbury v. Madison*: the origins and legacy of judicial Review. Kansas: Kansas University Press, 2000.

NEUBERG, Stephen L. "Behavioral Implications of Information Presented Outside of Conscious Awareness: the Effect of Subliminal Presentation of Trait Information on Behavior in the Prisoner's Dilemma Game". *Social Cognition*, vol. 6, n° 2, 1988.

NOBLE, Safiya. *Algorithms of oppression*. Nova York: New York University Press, 2018.

NOONAM, Harold. *Personal identity*. Nova York: Routledge, 1991.

NORMAN, Richard. "The social basis of equality". *Ratio*, vol. 10, n° 3, 1997.

NUSSBAUM, Martha. *From disgust to humanity*: sexual orientation and constitutional law. Oxford: Oxford University Press, 2009.

_____. "Capabilities and human rights". *Fordhan Law Review*, vol. 66, n° 1, 1997.

OKPARA, John; IDOWU, Samuel. "Corporate social responsibility: a review of the concept and analysis of the business case for corporate social responsibility in the twenty-first century". *In*: _____. (Coord.). *Corporate social responsibility*. Bloomsburg: Springer, 2013.

OMI, Michael. *Racial formation in the United States*. Londres: Routledge, 2014.

ORTNER, Sherry. "Is male to female as nature is to culture?" *In*: ROSALDO, Michelle Zimbalist; LAMPHERE, Louise (Coord.). *Woman, culture, and society*. Stanford: Stanford University Press, 1974.

OWEN, David. "Towards a critical theory of whiteness". *Philosophy and social criticism*, vol. 33, n° 2, 2007.

PAES, Sara Maria Stroher. "Sistema brasileiro de controle de constitucionalidade". *Revista de Informação Legislativa*, vol. 20, n° 118, 1993.

PAIXÃO, Marcelo J. PP. *Desenvolvimento humano e relações raciais*. São Paulo: DP&A.

_____. "A santa aliança: estudo sobre o consenso crítico às políticas de promoção de equidade racial no Brasil". *In*: ZONINSEI, Jonas; FERES JÚNIOR, João. *Ação afirmativas no ensino superior brasileiro*. Belo Horizonte: Editora da UFMG, 2008.

PARGENNDER, Mariana. "The corporate governance obsession". *The Journal of Corporation Law*, vol. 42, n° 2, 2016.

PATEMAN, Carole. *The sexual contract*. Stanford: Stanford University Press, 1988.

PELLISARI, Maria Aparecida. *Valores éticos da cidadania*. Piracicaba: UNIMEP, 1995.

PEREIRA, Graziela Raupp; BAHIA, Alexandre Gustavo Melo Franco. "Direito fundamental à educação, diversidade e homofobia da na escola: desafios à construção de um ambiente de aprendizado livre, plural e democrático". *Educar em Revista*, n° 39, 2011.

PÉREZ LUNO, Antônio Enrique. *Derechos humanos*: Estado de Derecho y Consitucion. Madrid: Tecnos, 1992.

_____. *Dimensiones de la igualdad*. Madrid: Dykinson, 2007.

_____. "El concepto de igualdad como fundamento de los derechos economicos, sociales y culturales". *Anuario de Derechos Humanos*, vol. 1, n° 1, 1981.

_____. *Los derechos fundamentales*. Madrid: Tecnos, 1984.

REFERÊNCIAS BIBLIOGRÁFICAS

PERUCHI, Juliana. "Aspectos psicossociais da homofobia intrafamiliar e saúde de lésbicas e gays". *Estudos de Psicologia*, vol. 19, n° 1, 2014.

PETTIGREW, Thomas F. "Prejudice". *In*: PETTIGREW, Thomas F. *et al.* (Coord.). *Prejudice*. Cambridge: Harvard University Press, 1994.

PHARR, Suzane. *Homophobia, a weapon of sexism*. Little Rock: Chardon Press, 1988.

PHILIPS, Anne. "Defending equality of outcome". *Journal of Political Philosophy*, vol. 12, n° 1, 2004.

PIERCE, Charles. "Psychiatric problems of the black minority". *In*: ARIETI, S. (Coord.). *American handbook of psychiatry*. Boston: Basic Books, 1974.

PIZA ROCAFORT, Rodolfo. *Igualdad de derechos*: isonomía y no discriminación. San José [Costa Rica]: Universidad Autonoma de Centro America, 1997.

PLATT, Lisa; LENZEN, Alexandra. "Sexual orientation microaggressions and the experience of sexual minorities". *Journal of Homosexuality*, vol. 60, n° 6, 2013.

PLESSIS, Jean Jacques; HARGOVAN, Anil; BAGARIC, Mirko. *Principles of contemporary corporate governance*. Oxford: Oxford University Press, 2011.

PORTILLA, Karla Pérez. *Principio de igualdad, alances y perspectivas*. Cidade do México: Porrúa, 2007.

_____. *Redressing everyday discrimination*: the weakness and potential of anti-discrimination law. Londres: Routledge, 2016.

PORTIS, Edward B. "Citizenship and personal identity". *Polity*, vol. 18, n° 9, 1986.

POWELL, John. "Post-racialism or targeted universalism?" *Denver University Law Review*, vol. 86, n° 3, 2009.

PRADO, Marco Aurélio Máximo; JUNQUEIRA, Rogérnio Diniz. "Homofobia, hierarquização e humilhação social". *In*: VENTURY, Gustavo; BOKANY, Vilma (Coord.). *Diversidade sexual e homofobia no Brasil*. São Paulo: Fundação Perseu Abramo, 2011.

PRADO, Marco Aurélio Máximo; MACHADO, Frederico Viana. *Preconceito contra homossexualidades*. São Paulo: Cortez, 2011.

PRESSMAN, Sarah. "Does positive affect influence health?" *Psychological Bulletin*, vol. 131, nº 6, 2005.

PRONI, Thaisa; PRONI, Marcelo. "Discriminação de gênero em grandes empresas no Brasil". *Revista de Estudos Feministas*, vol. 26, nº 1, 2018.

RAE, Douglas. *Equalities*. Cambridge: Harvard University Press, 1981.

RAMOS, César Augusto. "A individualização do direito natural moderno e a referência à subjetividade". *Anais do 4º Encontro Brasileiro de Filosofia*, Diamantina, 1994.

RAWLS, John. "The idea of public reason revisited". *University of Chicago Law Review*, vol. 64, nº 3, 1997.

_____. *A theory of justice*. Cambridge: Harvard University Press, 2003.

_____. *Justiça como equidade*. São Paulo: Martins Fontes, 2003.

_____. *Political pluralism*. Nova York: Columbia University Press, 1993.

REALE, Giovanni. *História da filosofia antiga*: os sistemas da era helenística. São Paulo: Loyola, 1994.

REAUME, Denise. "Dignity, equality, and comparison". *In*: HELLMAN, D.; MOREAU, S. *Philosophical foundations of discrimination law*. Oxford: Oxford University Press, 2013.

RENAUT, Alain. *L'ere de l'individu*: contribuition a une histoire de la subjectivité. Paris: Gallimard, 1988.

RENDER, Meredith. "The man, the state and you: the role of the state in regulating gender hierarchies". *American University Journal of Gender, Social Policy and Law*, vol. 14, nº 1, 2006.

REX, John. "Racism: institutionalized and otherwise". *In*: HARRIS, Leonard (Coord.). *Racism*. Amherst: Humanity Books, 2001.

RIBEIRO, Djamila. *Lugar de fala*. São Paulo: Pólen Livros, 2019.

_____. *Pequeno manual antirracista*. São Paulo: Companhia das Letras, 2019.

RIBEIRO, Eduardo Ely Mendes. *Individualismo e verdade em Descartes*: o processo de construção do sujeito moderno. Porto Alegre: EDIPUCRS, 1995.

RICH, Adrienne. "Compulsory heterosexuality and lesbian existence". *Signs*, vol. 5, nº 4, 1980.

REFERÊNCIAS BIBLIOGRÁFICAS

RICHARDS, David A. J. "Sexual autonomy and the constitutional right to privacy: a study in human rights and the unwritten constitution". *Hastings Law Journal*, 30, n° 4, 1979.

_____. *Identity and gay rights*. Chicago: University of Chicago Press, 1999.

_____. *The case for gay rights*. Kansas: Kansas University Press, 2005.

_____. "Sexual autonomy and the constitutional right to privacy: a case study in human rights and the unwritten Constitution". *Hastings Law Review*, vol. 30, n° 4, 1978.

RICHARDS, Janet Radcliffe. "Equality of opportunity". *Ratio*, vol. 10, n° 2, 1997.

RICHARDSON, Diane R. "Sexuality and Citizenship". *Sociology*, vol. 32, n° 1, 1998.

RICHARDSON, Song. "Implicit racial bias and racial anxiety: implications for stops and frisks". *Ohio State Journal of Criminal Law*, vol. 15, n° 1, 2017.

RIESENBERG, Peter. *Citizenship in the western tradition*. Chappel Hill: North Carolina University Press, 1992.

RIOS, Roger Raupp. *Direito da antidiscriminação*: discriminação direta, indireta e ações afirmativas. Porto Alegre: Livraria do Advogado, 2008.

ROBERT, Jacques. *Droits de l'homme et libertes fundamentales*. Paris: Montchrestien, 1996.

ROCAFORT, Piza. *Igualdad de derechos y no discriminación*. São José de Costa Rica: Universidad Autônoma de Centro America, 1997.

RODRIGUEZ, Gregório Mancebo; BRANDÃO, Mônica Mansur. *Visões de governança corporativa*: a realidade das sociedades por ações e sustentabilidade. São Paulo: Saraiva, 2010.

RODRIGUEZ, Virgilio Ruiz. *Discriminación*: negación de la persona. Cidade do México: 2016.

ROITHMAYR, Daria. "Racial Cartels". *Michigan Journal of Race and Law*, vol. 46, n° 1, 2010.

ROMILLY, Jacqueline de. *La Grèce antique à la découverte de la liberté*. Paris: Fallois, 1989.

_____. *La loi dans la pensée grecque*: des origens à Aristote. Paris: Belles Letres, 1971.

RONALDS, Chris; RAPER, Elizabeth. *Discrimination*: law and practice. Annandale: Federation Press, 2012.

ROSENFELD, Michel. "Equality and the dialectic between identity and difference". *Israel Law Review*, vol. 39, nº 1, 2006.

_____. *Affirmative action & justice*: a philosophical and constitutional inquiry. New Haven: Yale University Press, 1991.

ROTHSTEIN, Richard. *The color of law*: a forgotten history of how government segregated America. Nova York: Liveright, 2018.

ROYSTER, Deirdre A. *Race and the invisible hand*: how white networks exclude black men from blue-collar Jobs. Berkeley: University of California Press, 2003.

RUBENFELD, Jed. "The rights to privacy". *Harvard Law Review*, vol. 102, nº 4, 1989.

SAGÜÉS, Néstor Ernesto. *Elementos de Derecho Constitucional*. 3ª ed. Buenos Aires: Astrea, 2001.

SALES JÚNIOR, Ronaldo Laurentino. *Raça e justiça*: o mito da democracia racial e o racismo institucional no fluxo da justiça. Recife: Centro de Filosofia e Ciências Humanas, Universidade Federal de Pernambuco, 2006. (Tese de Doutorado em Sociologia).

SALGADO, Joaquim Carlos. *A ideia de Justiça em Kant*. 3ª ed. Belo Horizonte: Del Rey, 2012.

SAMPAIO, José Adércio Leite. *Teoria da Constituição e dos direitos fundamentais*. Belo Horizonte: Del Rey, 2013.

SANCHÍS, Luis Prieto. *Justicia constitucional y derechos fundamentales*. Madrid: Trotta, 2007.

_____. "Los derechos sociales y el principio de igualdad sustancial". *Revista del Centro de Estudios Constitucionales*, nº 25, 1995.

SANDEL, Michael J. *Justiça*: o que é fazer a coisa certa. Rio de Janeiro: Civilização Brasileira, 2011.

SANTOS Elaine F.; FONTENELLE, Isleide. "A construção de sentido para o trabalho emocional". *Revista de Administração Mackenzie*, vol. 20, nº 1, 2019.

SANTOS, Boaventura de Souza. *A gramática do tempo*: para uma nova cultura política. São Paulo: Cortez, 2008.

REFERÊNCIAS BIBLIOGRÁFICAS

_____. *Pela mão de Alice*: o social e o político na pós-modernidade. São Paulo: Cortez, 2018.

_____. *A crítica da razão indolente*: contra o desperdício da experiência. São Paulo: Cortez, 2000.

SANTOS, Gislene Aparecida. *A invenção do ser negro*. São Paulo: EDUC, 2006.

SANTOS, Milton. *O espaço do cidadão*. São Paulo: Edusp, 2014.

SANTOS, Tiago Vinícius André dos. *Desigualdade racial midiática*. Belo Horizonte: Letramento, 2019.

SARLET, Ingo; MARINONI, Luiz Guilherme; MITIDIERO, Daniel. *Curso de Direito Constitucional*. São Paulo: Saraiva, 2015.

_____. *A eficácia dos direitos fundamentais*. Porto Alegre: Livraria do Advogado, 2015.

_____. *Dignidade da pessoa humana e direitos fundamentais*. Curitiba: Livraria do Advogado, 2008.

SARMIENTO, Daniel. *Direito Constitucional*: teoria, história, métodos de trabalho. Belo Horizonte: Fórum, 2012.

SCHAUER, Frederick. "Statistical (and non-statistical) discrimination". *In*: LIPPERT-RASMUSSEN, Kasper. *The Routledge Handbook of the ethics of discrimination*. Nova York: Routledge, 2018.

SCHEFFLER, Samuel. "The practice of equality". *In*: FOURRIER, Carina; SCHUPPERT, Fabian; WALLIMAN-HELMER, Ivo. *Social equality*: on What it means to be equals. Oxford: Oxford University Press, 2015.

SCHEMMEL, Christian. "Why relational egalitarians should care about distributions". *Social Theory and Practice*, vol. 37, nº 3, 2011.

SCHEMMEL, Samuel. "Distributive and relational equality". *Politics, Philosophy & Economics*, vol. 11, nº 2, 2011.

SCHIMITT, Nyla; HARVEY, Richard. "Perceiving pervasive discrimination among African-Americans: implications for group identification and well- being". *Journal of Personality and Social Psychology*, vol. 77, nº 1, 1999.

SCHNEEWIUD, J. B. *A invenção da autonomia*. São Leopoldo: Editora Unisinos, 2001.

SCHNEIDER, David. *The psychology of stereotyping*. Nova York: Guilford Press, 2004.

SCHUCMAN, Lia. *Entre o encardido, o branco e o branquíssimo*: branquitude, hierarquia e poder na cidade de São Paulo. São Paulo: Annablume, 2014.

SCHWARCZ, Lilia. *O espetáculo das raças*: cientistas, instituições e a questão da racial no Brasil, 1870-1930. São Paulo: Cia. das Letras, 1993.

SEDGWICK, Ever Kosofky. *Epistemology of the closet*. Los Angeles: University of California Press, 1990.

SEFFNER, Fernando. "Identidade de gênero, orientação sexual e vulnerabilidade social: pensando algumas situações brasileiras". *In*: VENTURY, Gustavo; BOKANY, Vilma (Coord.). *Diversidade sexual*. São Paulo: Fundação Perseu Abramo, 2011.

SEN, Amartya. "Capability and well-being". *In*: SEN, A.; NUSSBAUM, M. (Coord.). *The quality of life*. Oxford: Oxford University Press, 1993.

SEN, Amarthya. "Rights and agency". *Philosophy & Public Affairs*, vol. 11, n° 1, 1982.

_____. *Desigualdade reexaminada*. Rio de Janeiro: Record, 2001.

_____. *Development as freedom*. Boston: Anchor Books, 1999.

_____. *Equality and discrimination*: essays in freedom and justice. Stuttgart: Franz Steiner, 1985.

_____. *Inequality reexamined*. Oxford: Oxford University Press, 1998.

_____. *The idea of equality*. Cambridge: Harvard University Press, 2009.

SGARBI, Adrian. *Introdução à Teoria do Direito*. São Paulo: Marcial Pons, 2013.

SHAPIRO, Thomas. *The hidden cost of being African-American*: how wealth perpetuates inequality. Oxford: Oxford University Press, 2004.

_____. *Toxic inequality*. Boston: Basic Books, 2017.

SHELBY, Tommie. *Dark guettos*: injustice, dissent, and reform. Cambridge: Harvard University Press, 2016.

SHEPPARD, Collen. *Inclusive equality*: the relational dimensions of systematic discrimination in Canada. Quebec: McGill-Queen University Press, 2010.

REFERÊNCIAS BIBLIOGRÁFICAS

SHI, Zhongzhi. *Advanced artificial intelliegence*. Londres: World Scientific, 2011.

SHIN, Patrick S. "Is there a unitary concept of discrimination?" *In*: HELLMAN, Deborah; MOREAU, Sophia. *Philosophical foundations of discrimination law*. Oxford: Oxford University Press, 2013.

SIDANIUS, Jim; PRATTO, Felicia. *Social dominance*: an intergroup theory of social hierarchy and oppression. Cambridge: Cambridge University Press, 1999.

SIEGEL, Reva. "Discrimination in the eyes of the law: how 'color blindness' discourse disrupts and rationalizes social stratification". *California Law Review*, vol. 77, n° 1, 2000.

_____. "From colorblindness to antibalkanization: an emerging ground of decisions in race equality cases". *Yale Law Journal*, vol. 120, n° 6, 2011.

SILVA BENTO, Maria Aparecida. *Pactos narcísicos do racismo*: branquitude e poder nas organizações empresariais e no Poder Público. São Paulo: Universidade de São Paulo, 2002. (Tese de Doutorado em Psicologia).

SILVA JÚNIOR, Hédio. "Do racismo legal ao princípio da ação afirmativa: a lei como obstáculo e como instrumento dos direitos e interesses do povo negro". *In*: GUIMARÃES, Antônio Sérgio A.; HUNTLEY, Lynn. *Tirando a máscara*: ensaio sobre o racismo no Brasil. São Paulo: Paz e Terra, 2000.

SILVA, Alex Fiore. *Big data como forma de governance racial*. São Paulo: Faculdade de Direito da Universidade Presbiteriana Mackenzie, 2018. (Trabalho de Conclusão de Curso).

SILVA, José Afonso da. *Curso de Direito Constitucional positivo*. São Paulo: Malheiros, 2004.

SILVA, Vírgílio Afonso da. "O proporcional e o razoável". *Revista dos Tribunais*, vol. 798, 2002.

SILVEIRA, Alexandre di Miceli da. *Governança corporativa no Brasil e no mundo*. Rio de Janeiro: Elsevier, 2010.

SINGLY, François. "Identité personelle et identité statutaire dans la sphere privée et la sphere publique". *Archives de Philosophie du droit*, Paris, vol. 141, 1997.

SINHORETO, Jacqueline; SILVESTRE, Giani; SCHILITTER, Maria Carolina. *Desigualdade racial e segurança pública em São Paulo*:

letalidade policial e prisão em flagrante. Disponível em: http://www.ufscar.br/gevac/wp-content/uploads/Sum%C3%A1rio-Executivo_FINAL_01.04.2014.pdf. Acessado em: 24.01.2016.

SKIDMORE, Thomas. *Preto no branco*: raça e nacionalidade. São Paulo: Companhia das Letras, 2010.

SOUZA, Luana Passos de; GUEDES, Dyego Rocha. "A desigual divisão sexual do trabalho: um olhar sobre a última década". *Estudos Avançados*, vol. 30, n° 87, 2016.

STEIN, Edward. *The mismeasure of desire*: the science, theory, and ethics of sexual orientation. Oxford: Oxford University Press, 1999.

STUCKE, Maurice. "In search of effective ethics and compliance programs". *The Journal of Corporation Law*, vol. 39, n° 4, 2014.

SUE, Derald Wing *et al*. "Racial microaggressions in everyday life: implications for clinical practice". *American Psychologist*, vol. 62, n° 4, 2007.

_____. *Microagressions in everyday life*: race, gender, and sexual orientation. Nova York: Willey, 2010.

SULLIVAN, Shannon. *Race and epistemologies of ignorance*. Nova York: State University of New York Press, 2007.

SUSTEIN, Cass. "Algorithms, correcting biases". *Social Research: An International Quarterly*, vol. 86, n° 2, 2019.

TALLFERRO, Alberto. *Curso básico de psicanálise*. São Paulo: Martins Fontes, 2016.

TAYLOR, Charles. *Argumentos filosóficos*. São Paulo: Edições Loyola, 2000.

TAYLOR, Charles. *As fontes do "self"*: a construção da identidade moderna. São Paulo: Loyola, 1997.

TEIXEIRA-FILHO, Fernando Silva; RONDINI, Carina Alexandra. "Ideações e tentativas de suicídio entre adolescentes com práticas hetero e homoeróticas". *Saúde e Sociedade*, vol. 21, n° 3, 2012.

TELLES, Edward. *Race in another America*: the significance of skin color in Brazil. Princeton: Princeton University Press, 2004.

_____. *Racismo à brasileira*: uma nova perspectiva sociológica. Rio de Janeiro: Relume-Dumará -Fundação Ford, 2003.

TENBROEK, Jacobus. *Equal under law*. Nova York: Collier Books, 1965.

REFERÊNCIAS BIBLIOGRÁFICAS

THOMPSON, Neil. *Anti-discriminatory practice*. Londres: Palgrave, 2016.

THOMSEN, Frej Klen. "Direct discrimination". *In*: LIPPERT-RASMUSSEN, Kasper. *The Routledge handbook of the ethics of discrimination*. Nova York: Routledge, 2018.

TILLY, Charles. *Durable inequality*. Berkeley: University of California Press, 1999.

TOBLER, Christa. *Indirect discrimination*: a case study into the development of the legal concept of indirect discrimination under EC Law. Oxford: Intersentia, 2005.

TOURAINE, Alain. *Crítica da modernidade*. Petrópolis: Vozes, 2011.

TREVISAN, João Silvério. *Devassos no paraíso*. São Paulo: Objetiva, 2018.

TRIGEAUD, Jean-Marc. "La personne juridique dans la philosphie européenne". *In*:_____. (Coord.). *Philosophie juridique europeenne*: les instituitions. Roma: Jupadre, 1988.

_____. "La personne". *Archives de Philosophie du Droit*, Paris, vol. 34, 1989.

TRILLING, Lionel. *Autenticidade e sinceridade*: a vida em sociedade e a afirmação do eu. São Paulo: É Realizações, 2014.

_____. *Sincerity and antenticity*. Cambridge: Harvard University Press, 1973.

TULLY, James. *Strange multiplicity*: Constitutionalism in an age of diversity. Cambridge: Cambridge University Press, 1997.

TURE, Kwane; HAMILTON, Charles V. *Black power*: the politics of liberation. 2ª ed. Nova York: Vintage Books, 1992.

TURRA, Cleusa; VENTURI, Ricardo. *Racismo cordial*: a mais completa análise sobre o preconceito de cor no Brasil. São Paulo: Ática, 1995.

TUSSMAN, Joseph; TENBROEK, Jacobus. "The equal protection of the laws". *California Law Review*, vol. 37, nº 3, 1949.

TWINE, Fred. *Citizenship and social rights*: the interdependence of self and society. Londres: Sage, 1994.

VALCÁRCEL, Amelia. *El concepto de igualdad*. Madrid: Editorial Pablo Iglesias, 1994.

VALDES, Francisco; CHO, Sumi. "Critical race materialism: theorizing justice in the wake of global neoliberalism". *Connecticut Law Review*, vol. 43, nº 5, 2011.

VAN DEN BERGHE, Pierre. *Race and racism*: a comparative perspective. Nova York: John Wiley & Sons, 1978.

VANOSSI, Jorge Reinaldo. *El estado de derecho en el constitucionalismo social*. Buenos Aires: Eudeba, 2000.

VANOSSI, José Reinaldo. *El estado de derecho nel constitucionalismo social*. Buenos Aires: Editorial Universitária de Buenos Aires, 1982.

VÁSQUEZ, Adolfo Sánchez. *Ética*. Rio de Janeiro: Civilização Brasileira, 2014.

VAZ, Henrique Cláudio de Lima. "Antropologia e direitos humanos". *Revista Eclesiástica Brasileira*, vol. 37, nº 145, 1977.

_____. "Moral, sociedade e nação". *Revista Brasileira de Filosofia*, São Paulo, vol. 14, nº 53, jan./mar. 1964.

_____. *Antropologia filosófica I*. São Paulo: Loyola, 1992.

_____. *Escritos de filosofia*: introdução à ética filosófica. São Paulo: Loyola, 1999.

_____. *Escritos de filosofia*: problemas de fronteira. São Paulo: Loyola, 2002.

VECCHIATTI, Paulo Roberto Iotti. *Constituição dirigente e concretização judicial das imposições constitucionais ao legislativo*. São Paulo: Spessotto, 2019.

_____. *Manual da homoafetividade*. São Paulo: Método, 2012.

VELLOSO, Jacques. "Cotistas e não-cotistas: rendimento dos alunos da Universidade de Brasília". *Cadernos de Pesquisa*, vol. 39, nº 137, 2009.

VERNANT, Jean Pierre. *As origens do pensamento grego*. São Paulo: Difel, 1984.

VIDA, Maria Ángeles Martín. *Evolución histórica del princípio de igualdad y paradoxas de exclusión*. Granada: Editoral Universidad de Granada, 2004.

VITA, Álvaro de. *A justiça igualitária e seus críticos*. São Paulo: Martins Fontes, 2007.

VLASTOS, Gregory. *Studies on greek philosophy*: the presocratics. Princeton: Princeton Univeristy Press, 1994.

WADE, Cheryl. "Attempting to discuss race in business and corporate law courses and seminars". *Saint Johns Law Review*, vol. 77, nº 3, 2003.

_____. "Corporate compliance that advances racial diversity and justice and why business deregulation does not matter". *Loyola University Chicago Law Journal*, vol. 49, n° 3, 2018.

_____. "Corporate governance as corporate social responsibility: empathy and race discrimination". *Tulane Law Review*, vol. 76, n° 5, 2002.

_____. "Effective compliance with antidiscrimination law: corporate personhood, purpose and social responsibility". *Washington & Lee Law Review*, vol. 74, n° 4, 2017.

_____. "Transforming discriminatory corporate cultures". *Maryland Law Review*, vol. 65, n° 1, 2006.

WADLINGTON, Waler. "The Loving case: Virginia's anti-miscegenation statute in historical perspective". *Virginia Law Review*, vol. 52, n° 4, 1966.

WALDRON, Jeremy. "Status versus equality: the accommodation of difference". *Israel Law Review*, vol. 39, n° 2, 2006.

_____. *Dignity, rank and rights*. Oxford: Oxford University Press, 2012.

_____. *Law and disagreement*. Oxford: Oxford University Press, 2004.

_____. *The harm of hate speech*. Cambridge: Harvard University Press, 2012.

WALZER, Michael. *Esferas da justiça*. São Paulo: Martins Fontes, 2003.

WASSERMAN, David. "The concept of discrimination". *In*: CHADWICK, R. (Coord.). *Encyclopedia of applied ethics*. San Diego: Academic Press, 1998.

WEEKS, Jeffrey. *Invented moralities*: sexual values in an age of uncertainty. Nova York: Columbia University Press, 1995.

WELKMAN, David T. *Portraits of white racism*. Cambridge: Cambridge University Press, 1993.

WEST, Robin. "Progressive and conservative constitutionalism". *Michigan Law Review*, vol. 88, n° 3, 1991.

WESTEN, Peter. "The empty idea of equality". *Harvard Law Review*, vol. 95, n° 3, 1982.

WHARTON, Amy S. "The sociology of emotional labor". *Annual Review of Sociology*, vol. 35, 2009.

WHITLEY JR, Bernand; KITE, Mary. *The psychology of prejudice and discrimination*. Belmont: Wadsworth, 2010.

WIEVIORKA, Michel. *The arena of racism*. Londres: Sage, 1991.

WILDMAN, Stephanie; DAVIS, Adrienne. "Making systems of privilege visible". *In*: WILDMAN, S. (Coord.). *Privilege revealed*: how invisible preference undermine America. Nova York: New York University Press, 1996.

WILSON, William Julius. *Power, racism, and privileg*: race relations in theoretical and sociohistorical perspectives. Nova York: Free Press, 1973.

_____. *The declining importance of race*. Chicago: Chicago University Press, 1980.

WING, Adrien Katherine. *Critical race feminism, a reader*. Nova York: New York University Press, 1997.

WOLFF, Jonathan; DE-SHALT, Avner. *Disadvantage*. Oxford: Oxford University Press, 2007.

WOLLHEIN, Richard; BERLIN, Isaiah. "Equality". *Meeting of the Aristotelian Society*, vol. 56, 1955.

YOSHINO, Kenji. "Covering". *Yale Law Review*, vol. 111, n° 3, 2001.

YOUNG, Iris Marion. "Polity and group difference: a critique of the ideal of universal citizenship". *Ethics*, vol. 99, n° 2, 1999.

_____. *Justice and the politics of difference*. Princeton: Princeton University Press, 1990.

YUVAL-DAVIS, Nira. "Women, citizenship, and difference". *Feminist Review*, vol. 57, 1997.

ZARKA, Yves Charles. "L'invention du sujet du droit". *Archives de Philosophie*, Paris, vol. 60, n° 4, 1997.

ZEPELA, Jesus Rodríguez. "Las fontes culturales de la discriminación". *In*: ZEPELA, Jesus Rodríguez *et al*. *El derecho humano a la no discriminación*: hacia uma política pública inclusiva para el âmbito local. Queretaro: Par Tres Editores, 2014.

ZOLO, Danilo. "Teoria e crítica do Estado Direito". *In*: ZOLO, Danil; COSTA, Pietro. *O Estado de Direito*: história, teoria, crítica. São Paulo: Martins Fontes, 2006.

ZOLO, Danilo; COSTA, Pietro. *O Estado de Direito*: história, teoria, crítica. São Paulo: Martins Fontes, 2006.

NOTAS

NOTAS

NOTAS

A Editora Contracorrente se preocupa com todos os detalhes de suas obras! Aos curiosos, informamos que este livro foi impresso no mês de maio de 2023, em papel Pólen Natural 80g, pela Gráfica Grafilar.